中国旅行指南系列

陕西

本书作者

孙澍　龚宥文　何苗苗　谢滢

陕北
188页

关中
126页

西安和周边
66页

陕南
244页

中国地图出版社

计划你的行程

欢迎来陕西	4
陕西亮点	6
陕西Top 10体验	8
行前参考	22
新线报	24
如果你喜欢	25
当地人推荐	28
省钱妙计	30
每月热门	31
旅行线路	34
负责任的旅行	48
带孩子旅行	50
博物馆之旅	54
野生动植物和自然保护区	59

在路上

西安和周边 66
西安市	70
西安周边	110
临潼	110
蓝田	114
长安	116
鄠邑	120
周至	122

关中 126
渭南	130
渭南市	130
少华山	131
华山	131
老潼关	136
韩城	137
合阳	143
蒲城	145

咸阳 148
咸阳市	149
礼泉	155
唐乾陵	157
彬州	159
三原	160
泾阳崇文塔	162

宝鸡 163
宝鸡市	164
法门寺文化景区	170
太白山国家森林公园	172
黄柏塬	175
凤翔	177
岐山	178
麟游	180
陇县	182

铜川 183
铜川市	183

博物馆之旅（见54页）

旅行线路（见34页）

目录

了解陕西

陕北 188
延安 **191**
延安城区（宝塔区）... 192
安塞 197
壶口瀑布 199
延川 200
子长 203
黄帝陵 205
洛川 206
甘泉雨岔大峡谷 208
志丹永宁山古寨 209
榆林 **210**
榆林城区（榆阳区）... 211
横山 219
靖边 220
佳县 223
吴堡石城 226
米脂 227

绥德 230
神木 232
府谷 237
定边 241

陕南 244
汉中 **248**
汉中市 248
勉县 255
宁强 257
青木川 258
留坝 261
城固 262
洋县 264
长青华阳 266
佛坪 267
西乡 268
安康 **270**
安康市 270
南宫山 273
石泉 273
凤堰古梯田 275
紫阳 276
旬阳 278
商洛 **279**
商洛市 279
柞水 280
镇安 282
山阳 283
丹凤 284
金丝峡 285

了解陕西

今日陕西 288
历史 291
丝绸之路起点 304
陕西人 307
艺术 311
饮食 315
环境 320

生存指南

出行指南 326
交通指南 334
健康指南 338
幕后 342
索引 344
地图图例 349
我们的作者 350

特别呈现

带孩子旅行 50
博物馆之旅 54
野生动植物和
自然保护区 59
漫步回坊 78
元代建筑在韩城 139

看壶口瀑布，去陕西
还是去山西？ 199
2000多年前的高速
公路——秦直道 209
丝绸之路起点 304
绿皮火车风景线 335

野生动植物和自然保护区
（见59页）

欢迎来陕西

巍巍秦岭，划分开中国的北方和南方；古都长安，凝聚了中华民族的历史骄傲。秦岭雄壮，长安厚重，自然与人文交相辉映，让地处中国版图中央的陕西，成了游历华夏神州绕不开的目的地。这里如同一卷内容深厚丰满的史书：从蓝田猿人到半坡遗址，从青铜文明到秦兵马俑，从大汉雄风到盛唐韶华，周、秦、汉、唐等13个王朝的定都史，涤荡出波澜壮阔的历史长河；丝绸之路的胡商驼队将这里和遥远的异域紧紧相连，1000年前世界中心的昌盛和自信，直到今天还令人仰望。这里还像一套解读自然的百科图鉴：黄土高坡的陕北、千里沃野的关中、秦巴山区的陕南，为陕西铺展开一幅气势磅礴的风景长卷，滔滔黄河、悠悠汉江游走其间，熊猫、朱鹮和金钱豹也早已和这片古老的大地生息与共。

Lonely Planet中文作者孙澍
关于本书作者的更多信息，见350页

西安城墙东南城角角楼

©西安大卫摄影/图虫创意

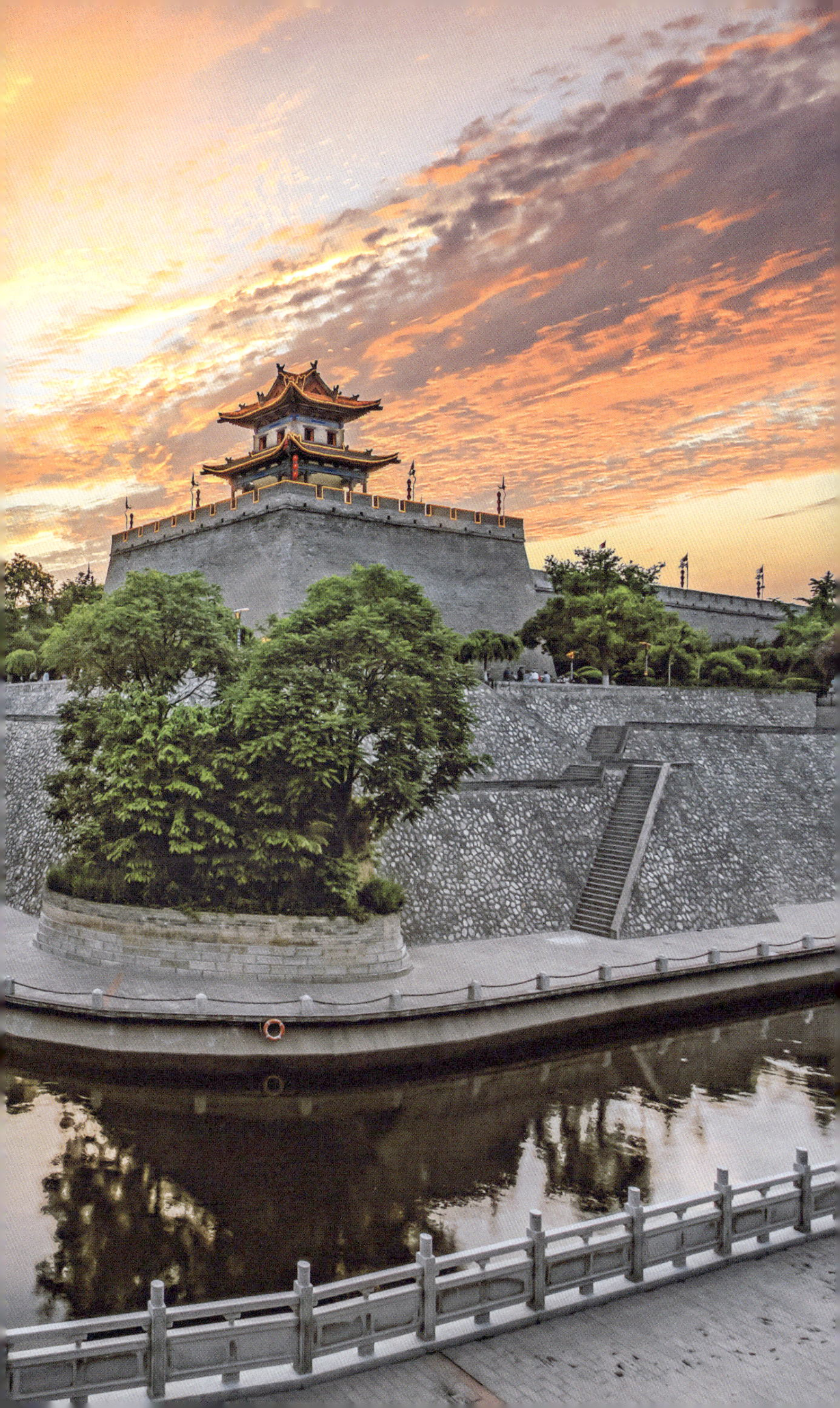

陕西亮点

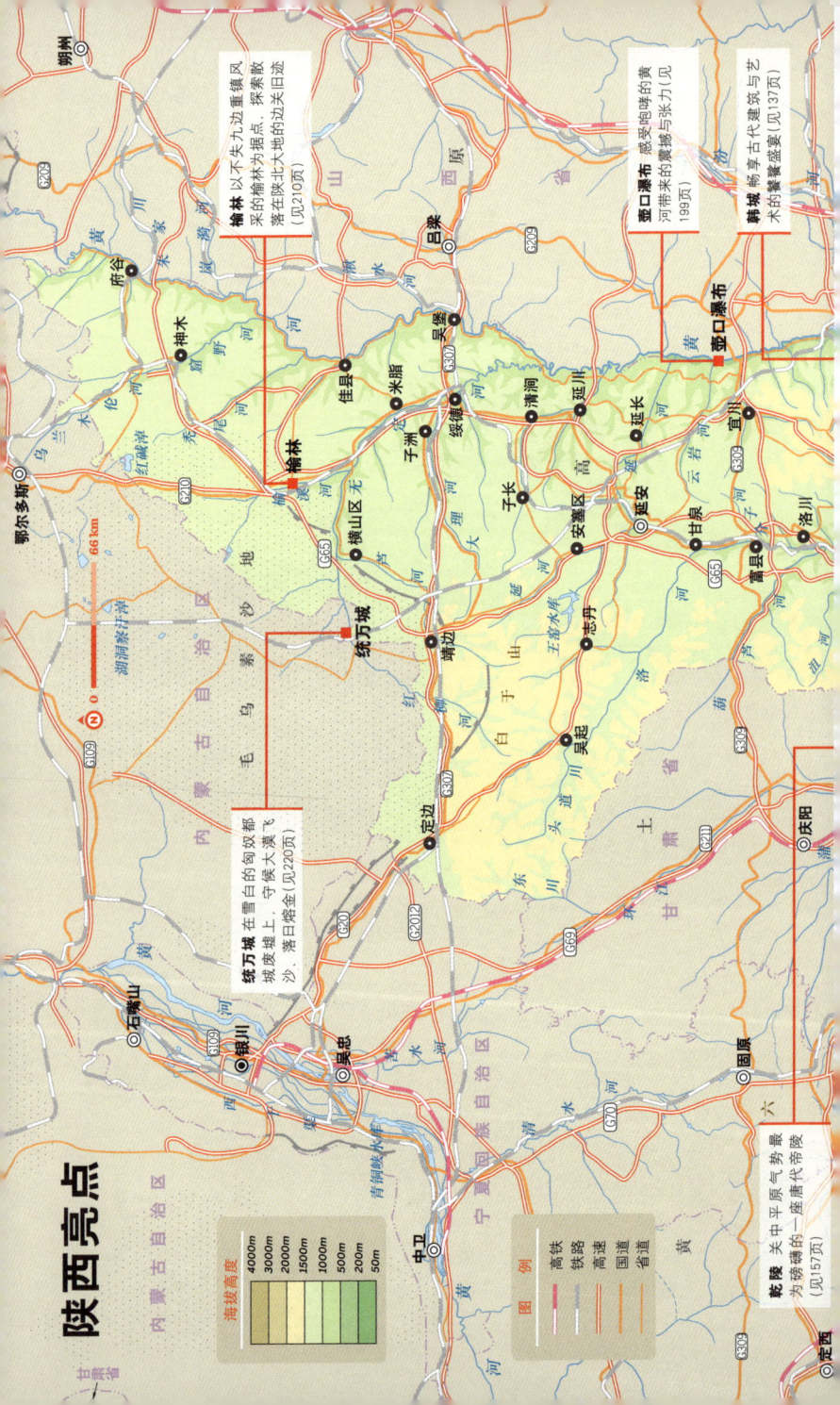

榆林 以不失九边重镇风采的榆林为据点，探索散落在陕北大地的边关旧迹（见210页）

壶口瀑布 感受咆哮的黄河带来的震撼与张力（见199页）

韩城 畅享古代建筑与艺术的饕餮盛宴（见137页）

统万城 在雪白雪都的匈奴大漠上，守候废墟飞沙，落日熔金（见220页）

乾陵 关中平原气势景为磅礴的一座唐代帝陵（见157页）

图例
- 高铁
- 铁路
- 高速
- 国道
- 省道

海拔高度
4000m / 3000m / 2000m / 1500m / 1000m / 500m / 200m / 50m

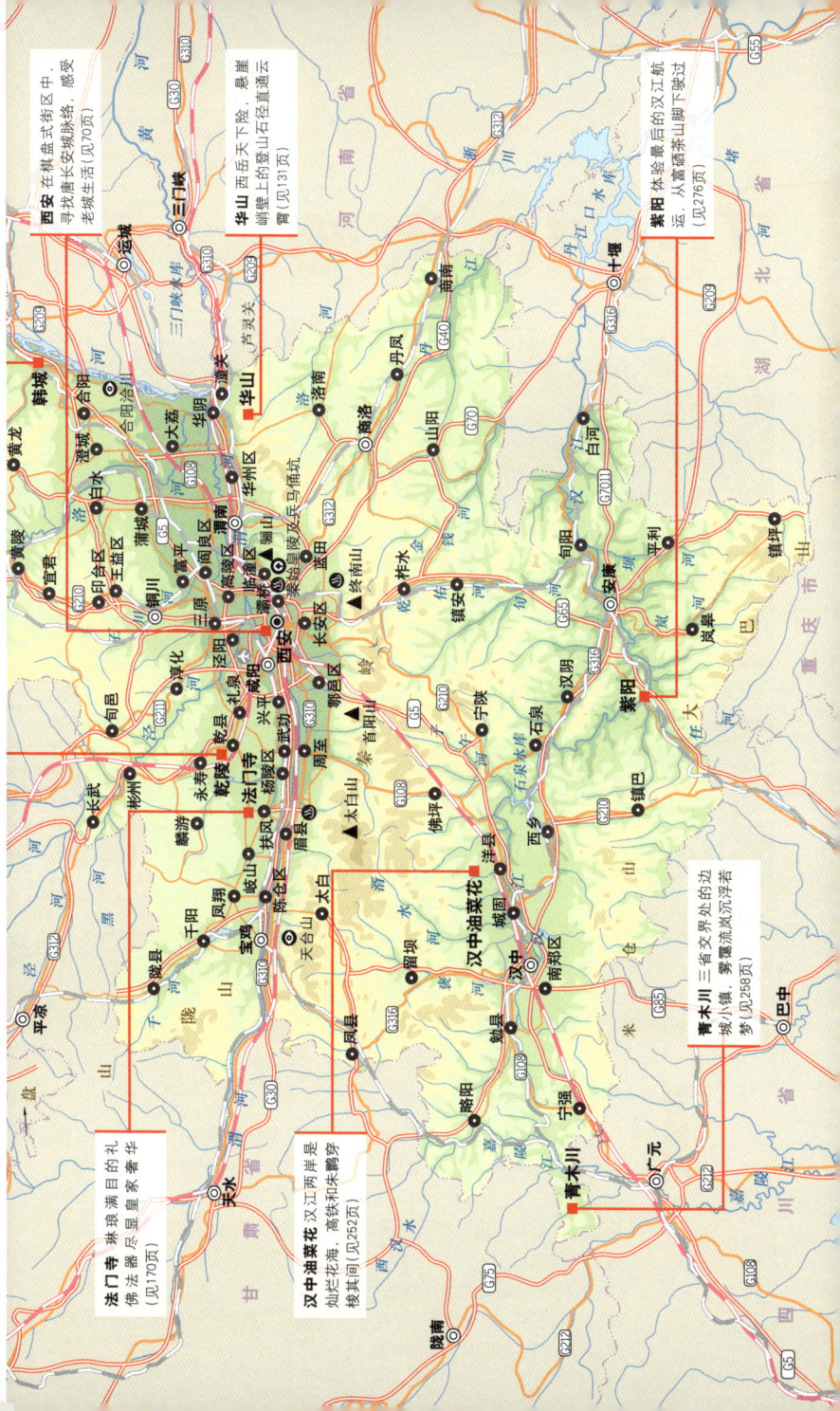

西安 在棋盘式街区中，寻找唐长安城脉络，感受老城生活（见70页）

华山 西岳天下险，悬崖峭壁上的登山石径直通云霄（见131页）

紫阳 体验最后的汉江航运，从富硒茶山脚下驶过（见276页）

法门寺 琳琅满目的礼佛法器尽显皇家奢华（见170页）

汉中油菜花 汉江两岸是灿烂花海，高铁和米鹦穿梭其间（见252页）

青木川 三省交界处的边城小镇，雾霭流岚沉浮古梦（见258页）

陕西
Top 10 体验

©丁刘剑伟／图虫创意

1 寻找唐长安

"百千家似围棋局,十二街如种菜畦"的唐长安城样貌早已没了踪迹。不过,在至今犹存的横平竖直的棋盘式街区中,碑林博物馆仍顽强地记录着历史,大雁塔和小雁塔幸运地躲过了时光追杀,再加上何家村窖藏出土的精美金碗和银香囊,唐长安城的脉络未曾完全中断。虽然战火纷飞的过往,令"千宫之宫"的大明宫化为不同形态的黄土遗址和沟壑,后代层层叠加的居民楼建筑将城门和东市压在地下,但幸好在唐诗的美妙辞藻中,长安永存。站在遗址公园和文物展柜回味前人留下的文字,我们在西安依旧能重回长安。

计划你的行程 陕西 Top 10 体验

西安碑林博物馆

看到南城墙脚下几棵古槐树环抱着落款"孔庙"的古老照壁,就到西安碑林博物馆了。一座座巍峨石碑,上刻唐玄宗、颜真卿、柳宗元等人的手书真迹,令书法爱好者寸步难移。而写有古叙利亚语的唐碑,更见证了丝绸之路的繁华和开放。唐太宗陵前的昭陵六骏浮雕也收藏于此,其矫健身姿展示了初唐征伐的历史。见73页

陕西历史博物馆

在高台上的陕西历史博物馆那仿唐宫殿建筑内部,数以千计的珍贵文物仿佛从时空隧道走来,在现代化灯光的聚焦下,向往来不绝的参观者展示着三秦大地的辉煌过往。皇家秘色瓷器和三彩女立俑让人一窥盛唐气度,何家村窖藏揭开唐玄宗在承天门(今莲湖公园)舞马助兴生日的场景,以及与杨贵妃诀别后"香囊仍在"的悲欢离合往事。见82页

遗址公园

唐代的含元殿万国来朝,千年后,曾经的盛世景象化作尘埃。如今,大明宫(见93页)以遗址公园的身份维护着每一块碎片、每一片夯土,昔日的商街上建起了大唐西市博物馆(见95页),而作为四方楼阁式砖塔的大雁塔(见85页;右下图)和小雁塔(见86页)像是从唐朝穿越来的两位老者,淡然面对当代"网红"变化,继续护佑古都。

2 西安老城生活

西安老城生活的韵律起伏于城市的巷弄,与城墙、护城河、钟楼和"坊"的历史元素无缝衔接,仿佛不受现代化的干扰。在城墙内,被限高的建筑物为天空保留了难得的宽阔空间;狭窄的街道则拉近了人与人之间的距离,街坊邻里的亲切问候就发生在城墙脚下的早市中。人们也依旧习惯以不同的城门和钟楼为参照物,描述自己的所在方位。周末邀请好友走一趟"坊上",寻访清真古寺,饿了就近找一间清真小馆满足口腹之欲。恍惚间,仿佛自明洪武年创建西安府,这里的生活节奏就一直没变过。

上下城墙

西安城墙是这座城市的象征,也深深融入了当地人的生活。天刚微亮,城墙脚下的早市商贩已开始招呼路人吃早餐。环城公园将城墙包裹在绿植、清水和跑道之内,使这里成为慢跑、打太极的好去处。夕阳下登城墙,乘风骑行在青砖上,而华灯初上的西安城将是另一番景致。见71页

计划你的行程 陕西 Top 10 体验

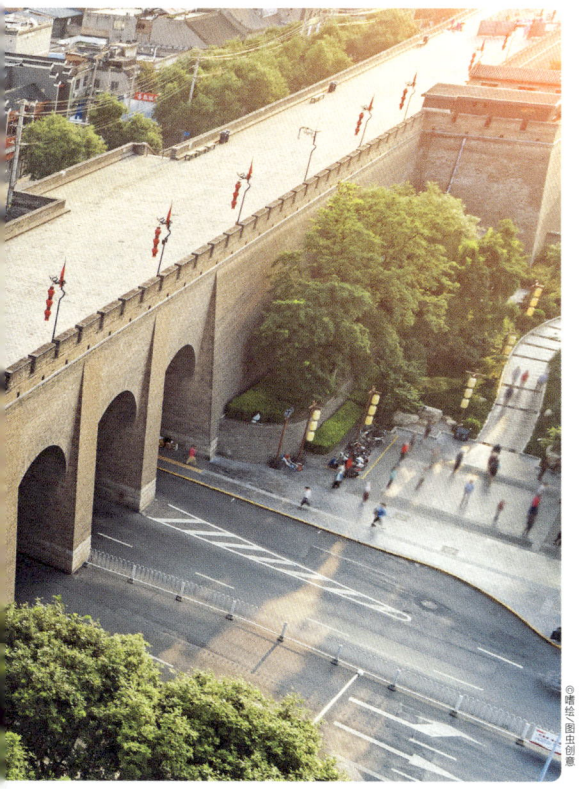

钟楼和鼓楼

始建于明洪武年间的钟楼和鼓楼（左上图）扎根于西安城墙中心处，是城内最古老的方位参照物，也因商城环绕、地铁从下穿过，总是人潮汹涌。这里的夕阳和夜景尤其醉人，站在环岛人行道的东南角看霓虹灯装点古建，或登楼俯瞰车水马龙，已成为西安最不容错过的体验之一。见74、75页

回坊

这片位于鼓楼西北侧的老城区，不仅有千滋百味的清真小吃，还是体验唐长安"坊"概念的难得所在。走进窄路深巷，不经意便会遇见一堵雕刻精致的清真寺砖墙，还能跟穆斯林同胞一起购买点心及腊牛羊肉。独属于回坊的数百年沉淀的魅力，就在每一次转角的偶遇中。见75页

3 东方帝王谷

作为周、秦、汉、隋、唐等十三朝古都的京畿地区,关中平原上的一座座"坟头"是最深沉的历史印记。"陕西的黄土埋皇帝",这里已确定的帝王陵墓就有44座,"秦皇汉武、唐宗宋祖"四有其三都长眠于此。尽管大多数陵墓都曾遭到盗墓者的破坏,但考古发掘的文物仍不断刷新着人们的认知。如果有时间,不妨去山里田间寻觅那些尚未开发的汉唐帝陵,黄土垄中,这些帝王从未远离故国长安。

计划你的行程 陕西 Top 10 体验

秦帝陵

不少人到了西安就直奔秦始皇兵马俑博物馆（见110页）。眼前的千军万马威武列阵，仿佛即刻就能跃马扬鞭，张弓射箭。秦国故都雍城（今宝鸡凤翔）的秦公陵园（见177页）埋葬着东周时期的数位秦王，部分出土藏品在陕西历史博物馆展出。

汉帝陵

渭河北岸的咸阳塬上，雄伟的西汉帝陵和众星捧月的陪葬墓绵延近40公里。汉武帝茂陵宏大的封土堆规模仅次于秦始皇陵，汉景帝阳陵（右上图）的"地下王国"凝固了帝王生前的荣华，汉代"事死如事生"的葬仪可见一斑。

唐帝陵

关中平原渭河以北的北山脚下，沉睡着大唐王朝的19位帝王。连绵的峰丘是天然的陵山，唐太宗昭陵的九嵕山最为雄奇。石刻和壁画彰显着唐陵极高的艺术价值，简单的线条勾画着时代的风尚和兴衰，唐乾陵（跨页图）和唐桥陵自是其中翘楚。

4 华山

一整块花岗巨岩在秦岭群峰间傲然矗立,直冲云霄之际生出三座花瓣般的山峰——西岳华山以超尘脱俗的身形,满足了中国古人对仙山秘境的无尽想象。作为五岳最高峰(海拔2154.9米),华山紧邻陕晋豫三省交界处的黄河大拐弯,这样大山大水的组合让人得以尽情感叹天地造化的伟大。华山还是一座全真道教的名山圣地,金庸先生毫不吝啬地写下了三次"华山论剑"。仙风道骨或是仙剑奇侠,和这座清瘦矍铄的山岳,气质都很搭。

自古华山一条路

从玉泉院经北峰登顶，这条传统的登山之路需攀岩走壁，你在步步惊心之际，也在一步步地和天穹靠近。在回心石（见133页）畔，你必须做出最终的去留决定，而苍龙岭（见133页）上有穿越时空的恐高共鸣。身体力行地走完这条登山古道，你才会明白什么叫"华山天下险"。见133页

长空栈道

几百年前，华山南峰的万仞悬崖上，健步如飞的全真道人踩踏着悬空木板，前往尽头一处天然的小平台打坐修身。今天，一批批的勇士继续挑战着长空栈道，完成一个来回后，会有那些羡慕又敬佩的眼光环绕。还不过瘾？那就再来一趟"华山第二险"鹞子翻身。见134页方框

西岳庙

华山北面的华阴城里，"陕西小故宫"西岳庙红墙黄瓦，和莲花般绽放的西岳仙山遥相呼应。这里是古代皇家和官方祭祀华山神少昊的大型庙宇，碑碣如林，古柏森森；这里也是平民百姓求告三圣母的祈福场所，香火旺盛，心诚则灵。见134页

计划你的行程 陕西 Top 10 体验

5 秦 岭

伟岸宽广的秦岭拥有"中国南北分界线""长江黄河分水岭""孑遗生物避难所"等太多的醒目标签。对今天的陕西人而言,它更是一座怎么玩都不嫌够的美妙大山。山脚下,温润的天然温泉让游人乐不思归,新开辟的国家植物园担当起科普教育的重任;山腰处,古栈道残留的石孔记录着渐被遗忘的风云故事,林场小镇偶尔会迎来金丝猴和大熊猫的拜访;山巅,壮阔的高山石海暗藏着古老的地质密码,丰富多彩的徒步路线填满了户外爱好者的每一个周末。

太白山

太白山不仅是华山之外秦岭知名度最高的山峰,更荣膺秦岭主峰的称号。北坡的太白山国家森林公园提供主流观光路线,继续登顶拔仙台则需要一定的户外装备和经验;南坡的黄柏塬和老县城藏在森林深处,炎炎夏日小住两天舒适极了。见172页

终南山

秦岭在西安境内,尤其是长安区的这一段,便是声名远扬的终南山。由于毗邻西安城区,户外爱好者早已将终南山的大小山谷和各座山头探了个遍,归纳出五花八门的"环山线"玩法。地质公园翠华山(见116页)、佛教圣地南五台(见117页)更是开发完善的旅游景区,很适合外来旅行者一探。见117页

留坝

秦岭腹地的小城留坝曾是连云古栈道的重要驿站,如今则成为秦岭旅游版图的重要一环。这里的紫柏山生长着神秘的"坦",张良庙供奉着"谋圣"先哲;高江路串起了云雾深处的一座座小山村,一家家舒适的民宿也在描摹着秦岭山居的美妙意境。见261页

计划你的行程

陕西 Top 10 体验

6 古城镇

从山重水复、古道蜿蜒的陕南群岭，到记载着帝国荣辱兴衰的关中大地，再到黄土大漠交会、战事频频的陕北高原，其中一座座风格迥然的古城镇，或诉说着先民筚路蓝缕、以启山林的文明开拓史，或见证过杀戮与征服之后盛极而衰的故国往事。它们或许依旧人来人往、热闹鲜活，或许早已繁华落尽，唯余残垣断壁。大到古城格局，小到建筑细节，这些古城镇中都藏着信息量十足的历史线索。在这里窥见的传统点滴——一句方言、一份习俗、一个节庆……都柔化着往昔与当下的边界。

韩城老城

始建于隋代的韩城（左下图）留住了1400多年岁月积累下来的古韵，古城棋盘街的格局仍存。走在石板路上，你会经过散落城中的许多元明清古建，其中单单"国保"便有6处。远离主街，偏巷中的裁缝铺、理发店、菜市场里则充满了生活气息。见137页

青木川

小镇青木川（右上图）可谓陕南"边城"。清丽山川与吊脚楼、风雨桥相映成趣。这里既有青石板铺就的古街，也有中西合璧的院落。老钱庄与洋货市场已不再行使昔日的使命，但百年前的繁盛依然可见一斑。见258页

统万城

这座仿佛于沙漠中凭空而起的城池是中国唯一的匈奴国都遗址，竣工于1600年前，已被废弃了千年有余。坚如磐石的城墙残垣仍能勾勒出往日的格局，城楼与马面虽已被磨蚀得千疮百孔，却傲立不倒。见220页

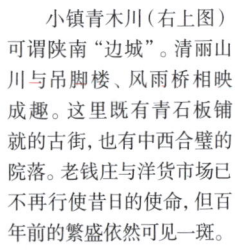

7 黄河景观

自"天上"而来的黄河水,在向大海一路奔流的途中,滋养着陕西大地上生生不息的悠久文明。当中原政权定都关中时,黄河成了京畿之地东侧的地理防御屏障,如今,它是晋陕之间的天然边界,临河的村寨因水而盛,商贸与文化的交流曾为沿岸村落带去活力。对旅行者而言,黄河也贡献了丰富多元的景观——从澎湃的瀑布,到舒缓的曲流,从巍峨沧桑的崖壁古城,到今非昔比的凋零古村,不一而足。3年前开通的沿黄观光公路从关中蜿蜒至陕北,串起了与黄河有关的一个个值得造访的目的地。

壶口瀑布

门票昂贵、游览区域不大、交通不便利的壶口瀑布看似"性价比"不高,但在黄河淌过的5000多公里中,其壮丽风貌确实是独树一帜的。当气势磅礴的水流砸向脚下的峡谷,你便身临其境地感受到了"黄河在咆哮"。见199页

黄河蛇曲

当黄河从壶口一路向北流淌,奔腾的激流不复再见,取而代之的是河道绘就的柔美弧线,嵌入黄土层下的岩石之中。最知名的蛇曲景观要数乾坤湾(上图)了,而沿黄公路边的更多大湾会带来别样的惊喜。见200页

吴堡石城

以石块砌成的吴堡古城矗立于黄河畔的绝壁之上,城垣的废墟提供了俯瞰黄河的绝佳视野,也是激发你怀古之思的不二场景。古城格局保存得十分完整,古建的原貌在修复过程中得到了极大的尊重。见226页

8 关中小吃

关中小吃如陕西人的性格一般粗犷豪放又实在：从早到晚，主食是面，小吃还是面。不过陕西人变魔术般地把这种简单的原料摆弄出了几十种花样，加上醋和辣子这两种灵魂伴侣和其他传世作料，形成了五花八门的舌尖滋味。肉夹馍、羊肉泡馍和凉皮是西安小吃"三巨头"，而关中其他地方的招牌一口气都报不完：鄠邑摆汤面、合阳踅面、韩城羊肉饸饹、大荔炉齿面、澄城水盆羊肉（泡馍）、杨凌蘸水面、武功旗花面、礼泉烙面、乾县锅盔、三原金线油塔、宝鸡擀面皮、凤翔豆花泡馍……"酸辣香薄劲光油煎旺"的岐山臊子面更是早已名声在外。吃爽来句"嫽咋咧"（好吃），你也成了陕西人。

©东明摄影·图虫创意

9 民俗

来到陕西，无须刻意就能感到"最炫民族风"从四面八方吹来，皮影、泥塑、秦腔、庙会和社火这些传统技艺和活动至今仍在百姓生活中扮演着重要的角色。春节期间各乡镇的民俗活动最原汁原味，元宵节更能让你"嗨翻天"——安塞腰鼓、宜川胸鼓、洛川蹩鼓、志丹扇鼓、陕北大秧歌、子长唢呐等陕北民间舞蹈艺术在"延安秧歌节"集中上演，关中的社火在陇县和虢镇达到高潮。若是平时来，在西安高家大院、永兴坊等地可以看到皮影戏和秦腔等表演，关中民俗博物馆（见119页）汇集的40座关中明清古民居和3万多件历代民间器物也能让你大饱眼福。

10 汉江

秦岭在北，巴山在南，悠悠汉江横穿陕南，深刻影响了这片另类的陕西之地。繁忙一时的汉江航运几乎消失，石泉老街、蜀河古镇的码头空余历史的回音，汉中油菜花、凤堰古梯田的农业耕种却仍是重头戏。与勉县诸葛亮、城固张骞相关的旅行亮点曾经风云一时，如今洋县的朱鹮、紫阳的富硒茶成了汉江的两张新名片。安康的赛龙舟激烈依旧，大家互道"端午安康"。汉中的古汉台珍藏国宝，"汉"发源地的历史骄傲永不褪去。

行前参考

更多信息,请参考"生存指南"章节(见325页)。

简称
陕

人口
3952.9万

语言
关中方言属中原官话分支,又分为东府方言(西安、渭南、咸阳东部)和西府方言(咸阳西部、宝鸡);陕北方言受晋方言影响较大,属西北官话的一支,略微难懂;陕南方言属于西南官话,川、陕、鄂音杂糅,更难懂一些。

现金
城市不缺银行和自动柜员机,乡镇的农村信用社和邮政储蓄银行很普遍。虽然有手机信号的地方就支持移动支付,但仍建议携带一些现金。

手机
除了秦岭一带的景区、公路和其他远离城镇的区域,其他地区手机信号都比较稳定。总的来说移动信号覆盖最广,电信次之,联通最差。

上网
几乎所有的住处、大部分餐厅甚至部分景点都提供免费无线网络,部分青年旅舍、连锁快捷酒店和中高档宾馆会提供公用电脑。

何时去

冬季严寒,夏季温和
冬季寒冷,夏季较热
冬季温和,夏季炎热

陕北 5月至10月前往

宝鸡 4月至5月、9月至10月前往

西安 4月至5月、9月至10月前往

秦岭 4月至10月前往

陕南 3月至5月、9月至11月前往

旺季(7月至8月及各小长假)

➡ 道路拥堵,住宿涨价,预订困难,自助出行要做好心理准备。

➡ 暑期炎热,但各博物馆和热门景点人满为患,周末尤甚。

➡ 到秦岭和陕南游山玩水,避暑正当时,但雨季可能导致洪灾及道路塌方。

➡ 陕北的壶口瀑布气势磅礴,红碱淖迎来了遗鸥,但雨岔大峡谷有可能在雨季关闭。

平季(4月至6月和9月至10月,小长假除外)

➡ 初春乍暖还寒,陕北或有扬沙。3月,樱花和油菜花从汉中开启春的序幕,到中下旬,关中平原已是处处花开。4月秦岭开始复苏。

➡ 秋高气爽适合登山,秦岭的色彩逐渐显现,陕南层林尽染。

➡ 柿子、蜜瓜、狗头枣、石榴等水果相继上市。

淡季(11月至次年3月,春节与元旦除外)

➡ 华山、太白山、壶口瀑布等景区部分游览设施视天气情况关闭。大部分景区12月至次年2月门票实行淡季价格。

➡ 滑雪和泡温泉等冬季活动开始,秦岭雪景和壶口冰瀑上线。

➡ 春节期间,宝鸡陈仓镇和陇县的社火、陕北横山和安塞的腰鼓等民俗活动热闹非凡。

网络资源

➡ 微信公众号**陕西省文化和旅游厅**每日更新，发布陕西省的文史科普、旅游资讯和景点优惠信息。

➡ 微信公众号**西安旅游信息咨询指南**、**宝鸡旅游**、**咸阳文旅**、**渭南文旅**、**铜川市文化和旅游局**、**商洛市文化和旅游局**、**延安旅游**、**榆林文化旅游**、**汉中市旅游**、**安康旅游**分别为陕西各市文化和旅游局的官方旅游信息平台，每天发布各市旅游、美食和各种活动与演出信息。

重要号码

报警求助	☎110
医疗救护	☎120
陕西省旅游投诉	☎029 8526 1059
陕西应急救援总队	☎400 038 9958

主要城市区号

西安/咸阳	☎029
延安	☎0911
榆林	☎0912
渭南	☎0913
商洛	☎0914
安康	☎0915
汉中	☎0916
宝鸡	☎0917
铜川	☎0919

每日预算

经济: 200元以下

➡ 青旅床位：45~80元；小旅馆标间：80~120元。

➡ 各种特色面食和小吃：20元以内。

➡ 利用公共交通出行，也可骑自行车或与人拼车。

➡ 尽量不去门票昂贵的景点，也可选择淡季前往。

中档: 200~500元

➡ 快捷连锁酒店、普通宾馆标间：100~300元。

➡ 给面食和小吃加份肉或去餐馆点菜：平均50元。

➡ 长途用公共交通，城市内或周边可打车。

➡ 基本实现景点自由，还可购买少量纪念品。

高档: 500元以上

➡ 豪华酒店标间或度假村：400元起。

➡ 遍尝当地美食。

➡ 包车或租车自驾前往偏远景区。

➡ 晚上去看歌舞演出或泡温泉。

抵达陕西后

西安咸阳国际机场（见107页；代码XIY）有10余条机场大巴线路前往西安市区（25元；部分线路至当天航班结束），1条线路去往咸阳西站（15元；末班21:00），也可乘机场城际铁路抵达西安市区。机场长途客运站的班车有22条省内线路和2条省际线路，可在微信公众号"西部机场畅想旅行"查询。乘出租车到西安市区120元左右，到咸阳约50元。

榆林榆阳机场（见217页；代码UYN）机场大巴按航班到港时间运营（25元）。2条线路分别途径火车站、汽车南站和汽车北站等交通枢纽，到达永昌国际大酒店。乘出租车至市内约50元。

延安南泥湾机场（见197页；代码ENY）机场巴士有3条线路（20元），终点站分别为石油小区、枣园宾馆和新区益康花园酒店。乘出租车至市内约50元。

汉中城固机场（见254页；代码HZG）机场大巴8元，终点站在市中心祥龙大酒店。乘公交105路至市内2元，打车至市内约60元，乘网约车约40元。

当地交通

截至2021年6月，陕西的高铁和动车网络已覆盖了除铜川和商洛外的所有地级市。关中地区的铁路网络相对发达，韩城、华山、宝鸡、乾陵等热门旅游目的地都开通了动车或高铁。空中航线则仅限于西安、榆林、汉中和延安。

以西安为中心的公路交通能到达陕西省各县市，各地级市也有班车前往下辖各区县。陕西公路总体路况良好，但陕南的夏、冬两季和陕北的冬季时因气候或自然灾害封路。

更多信息，见**交通指南**（见334页）。 ➡

计划你的行程 行前参考

新线报

秦岭四宝科学公园开园

2021年5月，位于楼观台西南侧、背靠秦岭的秦岭四宝科学公园开园试运营了。园区依托陕西省珍稀野生动物救护基地进行扩建，开设了大熊猫观赏区、大熊猫幼崽园、金丝猴观赏区、朱鹮观赏区等多个展区，还能看到全球唯一的圈养棕色大熊猫"七仔"。

西安护城河景区全线贯通

西安城墙外护城河历经17年的改造，终于在2020年10月正式向市民免费开放。14.6公里的环城路线绿意盎然，并配有洗手间、跑道、乒乓球场等设施，已成为本地人开唱秦腔的新去处。

咸阳博物馆新馆落成

在西安城际铁路机场线秦宫站旁的秦咸阳宫遗址上，宫殿群式的咸阳博物馆新馆已经落成，更多久藏深闺的文物瑰宝将于近年与公众见面。

更多西安地铁线路开通

西安地铁9号线已于2020年12月开通，乘地铁可直达临潼华清池。不过为保护地下文物，暂未开发兵马俑及秦始皇陵景区的站点。14号线已于2021年6月底开通，并与既有机场城际贯通运营，统一称为14号线。此外，1号线已通达咸阳市区，终点站沣河森林公园站斜对面就是西咸综合客运枢纽，1号线的三期工程完工后将通达咸阳西站。

陕北两大博物馆即将开馆

新建的延安市博物馆预计在2021年底开馆，博物馆坐落在市区北部的新区。位于市区南部的榆林市博物馆也在建设过程中，预计在2022年建成开放，届时榆林汉画像石博物馆将整体迁入市博物馆。

民宿时代

秦岭山里的民宿如雨后春笋般冒出，在留坝、柞水、佛坪、镇安等地，你都可以钻进民宿，享受悠然的山居日子。茶园游逐渐成风，紫阳、西乡、平利等地都有乐于接待观光游客的"茶家乐"住宿。

陕北铁路网增开动车班次

宝鸡到神木的铁路线于2021年中增开动车班次。西安到榆林的动车组列车已于2020年中开通。太中银铁路山西段已于2021年10月开通动车。

陕南交通大升级

安康富强机场2020年投入使用，动集列车开进了安康、旬阳、石泉、汉阴、商洛、丹凤等地。西安和柞水各景区、汉中和周边景区之间的旅游直通车，在旅游季节也能做到每天正常发班。

统万城景区改造

统万城遗址区域外将造一座博物馆，预计于2021年底前完工，馆内会介绍统万城的历史，并陈列部分遗址中发掘出的文物。统万城景区届时也将完成相应的改造。

楼观台免费开放

自2020年8月，赵公明财神文化区、终南山古楼观、化女泉等景区经过整合，除楼观台国家森林公园和说经台收费外，其余均免费对大众开放。

如果你喜欢

美食

陕西，很可能是北方最好吃的省份之一。

羊肉泡馍 从回坊里的煮馍做法，到渭北传来的水盆羊肉，再到口味更丰富的小炒泡馍，老秦人总会将羊肉泡馍当作一道正餐，悠哉地享受起来。（见102页方框）

三秦套餐 凉皮、肉夹馍、冰峰汽水，三秦套餐有荤又有素，管饱又解渴。从宝鸡擀面皮到秦镇米皮，从老潼关肉夹馍到腊子肉夹馍，从酸梅汤到果啤……排列组合五花八门。（见122页）

岐山臊子面 关中各地都有拿得出手的面条，但岐山臊子面代表陕西面食的地位却总能赢得共识。岐山人还相信，只有岐山醋才能燣(làn)好臊子、调好面汤。（见180页方框）

陕北羊肉 在陕北，点与羊肉有关的菜几乎不会踩雷，不管是鲜香浓郁的胡辣羊蹄或炝羊肉，还是原汁原味的手抓羊肉或清炖羊肉，都是不可错过的美味。（见242页）

汉阴美食 小城汉阴不仅有炕炕馍。作为秦岭南麓的鱼米之乡，这里的莲藕和河鲜也做得炉火纯青，变戏法般的白火石氽汤更是一绝。（见276页方框）

三原小吃 明清之际的三原（见160页）商业和文化鼎盛，金线油塔、泡泡油糕、疙瘩面等本地小吃，也生出了关中大地独树一帜的精致细腻。

古建筑

除了大小雁塔等耳熟能详的古建筑，陕西还有更多地面上活着的历史。

化觉巷清真大寺 藏匿在回坊一隅，这座清真古寺通过中式传统建筑的美学架构，诠释了伊斯兰教的"清则净，真则不杂"。（见77页）

钟山石窟 精美的北宋造像穿越千年屹立在你的面前，墙上数千尊佛像浮雕由整块岩石雕刻而来，每一尊都有生动的表情。（见203页）

崇文塔 巍巍古塔散落在陕西，是另一道壮观的人文景观线。崇文塔高达87米，坐拥中国古塔高度之冠，直到今天也是威风八面的地标。（见162页）

普照寺 在元代古建筑数量最多的韩城，走进这座元代建筑博物馆看多座迁建过来的古殿，感受草原王朝为黄河文明带来的点滴变化。（见141页）

谭家坪天主教堂 百余岁高龄的教堂伫立在黄河之滨的老村庄里，哥特风格的钟楼穿越时空般驻守在苍茫的黄土高原。（见224页）

昭仁寺 保留着唐代建筑特征的大雄殿，极有可能是陕西现存历史年代最早的木构古建筑。（见159页方框）

民俗风情

三秦人民对这片热土的爱，早已融入骨血，并作为传统继承到21世纪的日常生活里。

陕北民俗 你可以在安塞（见197页）邂逅街头腰鼓表演，去民间艺人的工作室体验剪纸和农民画的创作，或是在榆林（见210页）的"非遗"展示馆和陕北民歌博物馆，全面了解陕北曲艺文化。

西府社火 正月十五，陇县（见182页）的马社火、背社火纷纷进城闹元宵，宝鸡西山赤沙镇还有刺激过瘾的血社火（见164页方框）。

赤牛坬 陕北农民自编自导的实景演出与搜集了各种民间物什的民俗博物馆是这座民俗村的亮点，山坡上的窑洞群也值得一览。（见225页）

凤翔泥塑村 多套中国生肖邮票的视觉形象出自凤翔六营村的巧匠之手，藏龙卧虎的小村仍在

延续古老的泥塑艺术。(见177页方框)

华阴老腔 华阴老腔一声吼,这个地方戏剧相传来自黄河和渭河的船工号子,如今在永兴坊(见81页)、高家大院(见77页)和关中民俗博物院(见119页)都有机会听到。

学非遗 近年来西安各界推出了不少非物质文化遗产的体验项目和学习课程,能让你更加身体力行地体验到黄土地的民俗艺术。(见89页方框)

户外活动

因为秦岭的存在,陕西人玩转山岳户外都不用出远门。

太白山登顶 登顶秦岭主峰太白山,要穿越中国南北分界线,纵贯多个垂直自然带。第四纪冰川遗迹的高山石海荒凉又壮阔,考验着每位挑战者的意志和体力。(见174页方框)

环山线的周末 户外爱好者会羡慕西安紧邻秦岭。城里的白领每逢周末都可以钻进山里,在秦岭七十二峪游山玩水。爬上一座座峰峦、一道道山梁时,面对大山大水的喜悦油然而生。

爬华山 修整规范的步行游道,让爬华山(见131页)严格而言并不算户外运动。但西岳以险闻名,一步一景,很可能会开启你对挑战山峰的兴趣。

沣峪骑行 210国道翻越秦岭的走势和子午古道基本相同,经沣峪(见119页)到广货街的近50公里山路,如今也是西安骑行爱好者的一堂中等难度必修课。

秦岭玩漂流 "中央水塔"秦岭的山涧激流提供了丰富的漂流资源。秦岭峡谷漂流(见275页方

上图:钟山石窟造像
下图:秦岭鹿角梁露营

框)和太白山漂流(见174页)在夏天都很受欢迎,柞水(见280页)更是一座漂流筏上的小县城。

府谷长城穿越 沿着明长城的遗迹,从黄河畔到黄土塬,走过废弃的堡寨与不再有硝烟的烽燧。(见239页方框)

摄影

色彩浓烈、景观多元的三秦大地,很适合装进你的取景框。

雨岔大峡谷 阳光泻进幽深狭窄的地缝中,崖壁的纹理如水波般柔和,峡谷中的光影和色彩随时间推移不断变幻。(见208页)

凤堰古梯田 层叠的梯田勾勒出天生的构图曲线,灌水插秧之际上映着光影魔术,辛勤劳作的村民和水牛描摹出生动的农耕场景。(见275页)

龙洲丹霞 灿若红霞的丹霞山体与碧水、古堡和黄土地貌相映成趣,组成了一幅色调丰富的图景。(见222页)

西安城墙 南门的灯光秀、城墙上的灯会将古城的历史框架装饰得流光溢彩,而环城公园的锻炼人群、小南门的早市、城门洞的野生live……西安人的生活也沿着城墙根铺开长卷。(见71页)

黄河蛇曲国家地质公园 黄河河道逶迤于黄土大地上的弧线,为你的作品贡献了无比柔美的构图。(见200页)

唐陵石刻 唐朝十余位皇帝依山长眠,神道上的石刻伫立千年,早已和巍巍青山融为一体。(见162页方框)

自驾游

用车轮更深刻地感知陕西的每一处角落。

沿黄公路 自华山脚下顺着黄河之畔延伸至晋陕蒙三省交界地,串起了瀑布、峡谷、古堡、丹霞等迥然不同的风景。(见202页)

老县城 从黑河森林公园的厚畛子深入,翻过风景如画的分水岭,造访太白山腹地的老县城。(见124页)

五岭观花线 洋县油菜花海(见264页)是汉中的精华,这段走村游乡的观花环线更是其中翘楚,你还有机会偶遇自由翱翔的朱鹮。

关中环线 环绕关中平原的这圈公路,能让你将三辅重地的浓厚历史和美味小吃一网打尽。(见127页方框)

宝汉公路 从宝鸡市(见164页)经留坝(见261页)到汉中市(见248页)的这段公路,自然风景和人文风情俱佳,途中还可拐入"秦岭最美公路"高江路(见261页方框)。

临潼天文台公路 丝带一样缠绕山间的盘山公路,为骊山提供了另一种观光方式。(见112页方框)

计划你的行程 如果你喜欢

当地人推荐

杨帆

西安资深导游。

有什么认识西安的特别角度吗?

旅行者到西安主要是为了一睹十三朝古都风华。不过,西安还有一类非常独特的文化——终南山隐士文化。相传,姜子牙入朝辅佐武王伐纣前,就曾在终南山的溪谷中隐居;张良功成身退后"辟谷"于终南山南麓的紫柏山;孙思邈、刘海蟾、王重阳等也都曾隐居终南山,终南山也是智正、静渊、普安、虚云等多位高僧大德禅修所在。20多年前,美国人比尔·波特探访隐居在终南山等地的现代隐士,将其见闻写成《空谷幽兰》一书。直到今天,这里仍有不少年轻隐士,在山中茅棚起居修行,嘉午台后山的狮子茅棚因比尔·波特的两次造访而名气尤大。

西安和周边有什么适合亲子的特色体验项目?

我很喜欢半坡博物馆,仰韶的原始陶器艺术比王朝精致文物更容易引起孩子的共鸣,那里也有植物锤染、陶器钻孔等体验。关中民俗博物馆有秦腔、华县碗碗腔的演出。户县(鄠邑区)农民画、富平陶艺村也有绘画、陶艺、刺绣等工作坊。若想体验窑洞生活,蓝田县的张山村和临潼土桥村的教场窑洞提供住宿,人多的话还可尝试制作窑洞的"礆砖"。

请给旅行者推荐一些主题游的路线吧。

回坊依旧是体验回民风情和小吃的好去处。建议在一头扎入各式清真小吃前,先走访清真大寺、清真古寺和高家大院。另外,寻长安名刹古寺是相对小众但非常棒的线路。在长安区和终南山沿线能找到佛教六大宗派的祖庭,环境清幽,据说也颇为灵验。

可否分享一下你在西安的非传统景点?

节假日我喜欢到秦岭亲近大自然。若是平日,天坛遗址公园是隋唐帝王冬至日祭祀所在。此外,城墙内近代历史相关的景点,如八路军办事处、杨虎城故居(止园)和张学良故居的建筑也颇有特色,回坊北侧的莲湖公园小巧精致,夏天莲花绽放很漂亮。汉长安城未央宫遗址公园和长乐宫的建筑遗址博物馆也是凭吊怀古的好去处。

焦大康

陕西韩城旅游新媒体编辑,长期致力于韩城文旅宣传。

韩城旅游的魅力是什么?

我认为可以把韩城之行比作黄河文化下的寻根之旅。从大禹治黄河、鲤鱼跃龙门到司马迁著就《史记》,韩城是探寻中华文明和文脉的一个重要节点,也是许多莘莘学子的心灵故乡和精神家园。与此同时,韩城的国家级文物保护单位的数量在陕西县市一级是最多的。尤其是占全国六分之一、保存完好的元代建筑,以及众多明清古村落,都可以说是韩城旅游的品牌。

在众多看点里,如果旅行者只有一天时间,应该如何选择?如果是深度旅行者且时间充足,又应该如何安排?

如果只有一天时间,建议游览司马迁祠、市博物馆、党家村和梁带村芮国遗址博物馆,这四处在历史、文化和建筑方面都具有代表性,但时间会比较紧张,体验度会差一些。如果两日游的话建议第一天去党家村、梁带村、普照寺、法王庙和黄河龙门,晚上在古城就餐,去城隍庙听秦腔;第二天上午在古城参观博物馆、状元府和大禹庙，下午去司马迁祠和八路军东渡黄河纪念园。如果还有时间，可以去周边的古村看看。

有哪些地方是经常被旅行者忽略或错过的？

除了党家村以外，韩城还有不少传统村落，比如徐村、高门和华池村，都与司马迁渊源深厚，可以找到与司马迁有关的墓碑、牌匾、碑楼等遗迹，村中本身也保存着四合院民居和古塔等建筑，值得深度游的旅行者去拜访，这也可能是韩城未来要打造的旅游区域。每年5月初到中旬，韩城新城处处都是月季花，我觉得是韩城最美的季节。

缓山

摄影师，《三联生活周刊》及《西藏人文地理》特约摄影师，陕西人，定居西安。

如果去陕北摄影，请为春夏秋冬四季各推荐一片最上镜的风景。

春天我推荐去统万城，早春黄土上还有积雪，那时风沙较大，漫漫黄沙中的统万城别有一番沧桑；夏天雨水多，龙洲丹霞在雨后颜色会更深，红得很漂亮，那时草和树都是绿的，色彩也特别丰富；秋天的话，去白榆山北坡，看长城残垣与泛黄的秋叶相互映衬，颇有历史感；冬天我会推荐雪中的吴堡老城和白云山，都很美，还能俯瞰冰封的黄河，远眺"山舞银蛇，原驰蜡象"的黄土高坡。

对于一些陕西热门摄影目的地，有没有与众不同的机位推荐？

很多人在潼关拍黄河大拐弯，其实，从司马迁祠往风陵渡方向，拍到的大弯更壮观。在镇安塔云山，可以拍到秦岭云海和寺庙建筑，云海在6月至9月出现的概率较高。

在城市人文纪实摄影作品创作过程中，你觉得哪些老西安街区最有鲜活的市井气息？

周四和周日，洒金桥的西仓都会有早市，这是一个清末由官府粮仓演变而来的集市，现在是花鸟市场。尽管西仓位于游人如织的回坊内，但每逢早市，这里仍是本地人的天堂。另一个地方便是东关，其中的罔极寺、八仙庵、天主教堂都是服务于本地不同信仰居民的宗教场所，另外，这里本地特色的餐馆也很多。

陕北风沙较大，摄影师需要做哪些专业准备？

有风沙时，尽量不要在室外换镜头，最基本的办法是带两个机身。防雨罩也能在一定程度上防沙。另外，用内对焦镜头，可以防止在变焦时相机进沙。

杨森

求学西安之际结缘秦岭，行走秦岭深山已有10年。

秦岭是如何吸引你开始行山生涯的？

读大一的时候，我受同班西安本地同学的邀请第一次走进秦岭。当时选择的是最轻松的沣峪，大家包车游玩了净业寺、九龙潭等景区，深山古寺、清涧飞瀑已经让我目不暇接。之后在分水岭遇到了从鹿角梁反穿出来的一支户外队伍，他们向我展示了高山草甸风景照，我突然意识到，原来秦岭深处有这样的"天地大美"，而且只需抽个周末就能亲临现场。我的户外大门从此被打开，开始有计划地寻找并参加环山线的相关户外活动。

有哪些特别难忘的秦岭旅行经历？

毕业后我留在西安工作，同学开玩笑说我是名副其实的"西安杨森"，而我在心底也开心于可以继续游走秦岭了。最难忘的应该是从周至老县城到洋县长青华阳的一次穿越：这条路线是古代的傥骆道，很有历史底蕴但废弃已久，在茂密的森林中，我们看见了一群金黄色的川金丝猴，各种奇花异草也令人大开眼界。秦岭自然生态的丰富内涵以及自我修复能力让我不由感叹：只要我们人类善待秦岭，秦岭会回馈我们更多的奇迹。

秦岭南坡有什么特别推荐？

陕南的主食是米饭，这里还是魔芋的重要产区，应季的竹笋和菜薹也很好吃。在一些偏远地区，当地人还习惯将土豆切片后晒干保存，再用来炒菜或者炖菜。用山上一种野树叶子做的神仙豆腐，在陕南也到处可见，清凉微苦。旬阳县的水泉坪村很适合周末去小住一晚，可以乘火车到小河镇再换乘通村客运。佛坪县岳坝镇的大古坪村紧邻大熊猫保护区，偶尔会有野生大熊猫下山探村。在华山南麓的华阳草甸眺望西岳的视野很好，花岗岩山体的纹路就像国画一般。

省钱妙计

陕西的吃住行成本并不算高,但作为旅游大省,这里景点门票的开销会占据相当的比例。秦岭山区、陕北的公共交通价格对于自助旅行者不够友善,旺季的住宿成本也较高。找一些方法少花冤枉钱,省下钱来更尽兴地吃喝玩乐。

住宿

➡ 各大订房网站可以用来比价,此外,酒店官网可能有更便宜的价格,或者会包含早餐、机场接送等额外服务。你也可以搜索民宿的联系方式,直接向民宿主人订房可能更优惠。

➡ 遇上热门假期,酒店价格可能日日攀升,一般来讲越早预订,心痛和后悔越少。

餐饮

➡ 在大馆子吃饭,可关注餐馆微博签到,或发朋友圈集赞,可能有机会获得折扣或加菜品的优惠;团购网站上的套餐也较实惠。

➡ 在热门区域,避开团队扎堆儿的食肆,多走一条街去本地人常去的馆子,既便宜又好吃。

➡ 西安市区和长安区有许多大学城,周边形成的大学城美食街是寻觅便宜小吃的好去处,或者到龙首村、纺织城、鄠邑区老机场的夜市。

➡ 带个水壶,机场、火车站、游客中心甚至寺庙道观都设有免费饮水机。

交通

➡ 通过线上约车平台叫车,价格通常比出租车更实惠。

➡ 使用微信或支付宝的"长安通""西安地铁"乘车码不仅方便,周末、假期还可能有优惠。

➡ 共享单车和电单车在西安、咸阳、宝鸡、榆林、府谷、米脂、神木等城市覆盖情况良好,可合理利用去探访古城、游览渭河,开通月卡或周卡更实惠。

➡ 西安和汉中等地常有发往周边山岭、峡谷类型景区的直通车,虽然交通费上可能没多少,但节约的时间成本更宝贵。此外,结伴包车畅游秦岭山区、陕北乡镇省钱省时。

门票

➡ 西安的陕西历史博物馆、西安博物院、大唐西市博物馆和明清皮影艺术博物馆都免费开放,曲江池、大唐芙蓉园、天坛、未央宫、青龙寺等遗址公园同样不用花钱,可倾情安排。

➡ 陕西旅游年票包含的景点越来越少,但仍可根据自己的旅行需求考虑是否入手一张。大西线旅游年卡(见169页方框)对于前往关中西线的旅行者更适用。

➡ 善用学生票、碑林博物馆和西安城墙的100元联票等优惠政策。

➡ 在大唐不夜城可以逛仿唐风情街,看梦幻夜景秀。去南门洞听一场免费的乐队演出,会获得一次很有"西安味"的体验。

购物

➡ 直接从村镇匠人处买手工艺品,通常更便宜也能直接造福当地;书院门、永乐坊、回坊有碑帖和食品出售,但在书店、超市的特产专柜购买一般更实惠。

旅行淡季

➡ 大部分景区执行淡旺季制度,淡季票价通常只有旺季的6折左右,自然风景区的感官体验会受一些影响,但人文景点不但没什么区别,反而因客流量减少而体验更好。

➡ 常规淡季的冬天(除去春节),住宿、机票等开销都比旺季便宜很多;而在"十一"黄金周后,价格一般会下降很多,其实在秋高气爽的北方,这个时段非常适合旅行。

每月热门

最佳节会

西安春节灯会 农历腊月底至正月十五后

元宵节耍社火 农历正月十五

延安过大年 农历正月十五

端午赛龙舟 农历五月初五

九曲黄河阵 农历九月初九

1月至2月

正月里来是新春,陕西的年味儿依然浓郁。除了春节假期之外,这时是绝对的旅游淡季,一些自然风景区尚未开放,但人文景点的参观不受影响。

西安春节灯会

"凤箫声动,玉壶光转,一夜鱼龙舞",古人过灯会的盛景,每逢春节都会在西安城墙、兴庆宫公园、大唐芙蓉园重现。

元宵节耍社火

正月十五耍社火,是关中人过年的压轴大戏。在西府宝鸡、东府韩城等地,所有人都会提前打听清楚今年的社火巡游路线,早早做好准备。

延安过大年

元宵节的"延安过大年"活动汇聚了安塞腰鼓、洛川蹩鼓、宜川胸鼓等热闹非凡的民俗表演。

广仁寺祈福

作为陕西唯一的喇嘛庙,广仁寺的春节祈福灯会弥漫着浓郁的藏传佛教风情。腊八节施粥和藏历十月二十五的酥油灯会也很有影响力。

冬游太白山

在陕西省最好的滑雪场挥洒汗水,再钻进热气腾腾的汤峪温泉舒缓身体。

3月至4月

春回大地,许多景点的门票从3月1日起恢复旺季价格。观花是此时的主题,荠菜、香椿、竹笋等时令食材也献上了春季的味道。

春暖花开

秦岭南麓最先拉开回暖的序幕,3月初汉中古旱莲、西乡樱桃花盛开后,就是洋洋洒洒的油菜花海;同期的关中和陕北,杏白桃红点缀田野,青龙寺落英缤纷。人间四月芳菲尽,秦岭深处的紫荆花和杜鹃花,在此时接过了报春的任务。

古庙会

伴着春意,活络起来的还有踏青拜神的人群。农历二月二的药王山古庙会、清明节的勉县武侯墓古庙会、农历三月十五达到高峰的西岳华山朝山会,都很热闹。

黄陵祭祖

在农历二月二和清明节,黄帝陵会分别组织民祭与公祭,其中清明节上午盛大的公祭不对公众开放,不妨下午前往拜谒,也别有一番意义。

西安城墙国际马拉松赛

从1993年开跑的西安城墙国际马拉松从2019年起改到了4月举行,游客可以和运动员一起参加。

壶口瀑布

河道内冰雪消融,当晋陕大峡谷间的山桃花盛开时,黄河壶口瀑布便迎来了气势磅礴的桃花汛。

开斋节

封斋一月后,回坊的穆斯林在伊斯兰历十月一日举办喜庆的开斋节。2022年开斋节在5月3日,之后几年都在3月至4月开斋,每过一年大约往前提前10天。

5月至6月

"五一"黄金周开启了旅游旺季,进山玩的游客也越来越多。但只要避开公众假期,各大景点不至于人满为患。

四月初八佛诞

作为汉传佛教八大宗派之中六派祖庭的所在地,西安各大寺庙在佛诞节都有隆重的宗教活动。法门寺拥有世界上唯一一枚释迦牟尼佛指骨舍利,这时也会引来无数信众膜拜祈福。

西安草莓音乐节

乐迷们的音乐狂欢盛会,西安站基本都在每年5月中旬举办。

端午赛龙舟

都说"端午安康",节日期间,安康各区县派出的龙舟队伍在汉江水面上百舸争流。

凤堰古梯田放水

收割完油菜籽的梯田即将转入水稻耕作期。村民们将山涧清泉引入田畦,蓄成水田后插入一撮撮稻秧。

洽川湿地荷花香

"接天莲叶无穷碧",洽川湿地依偎着滚滚南下的黄河水,空气里飘荡着清淡的荷香,如此风光宛若在江南。

上图:陇县社火
下图:青龙寺樱花

7月至8月

暑假的西安是亲子游的热门目的地，对于陕西历史博物馆等热门景点，请尽早预约门票。周末的秦岭挤满了短途出行的避暑客，你也可以加入他们的行列中。

秦岭避暑

高温酷暑笼罩在关中平原和汉江沿岸，躲进秦岭山中乘凉玩水，成了这个季节的热门活动。

南五台香会

农历六月初一到十九，观音道场南五台的各座寺庙会举办一系列活动，香会在十九日达到高潮。

高山草甸

一岁一枯荣的高山草甸，在紫柏山、秦楚古道、千层河等秦岭和大巴山之巅，铺展成碧绿的天然地毯。

9月至10月

秋高气爽，如果没有连绵降雨，那就是开展户外活动的最好时机。"十一"黄金周是大旺季，务必预订好住宿和交通。

瓜果飘香

苹果、猕猴桃、蜜瓜、柿子、狗头枣、石榴……各种令人垂涎三尺的甜蜜水果纷纷上市。

西安城墙中秋赏月

登高城墙上，看万千灯火和大红灯笼映着一轮圆月，秋风习习，"但愿人长久，千里共婵娟"。

雨岔大峡谷

雨季已过，秋分之前，阳光通过狭窄的石缝射进谷底。秋高气爽的日子，也是观赏龙洲丹霞和照金丹霞的好时候。

九曲黄河阵

农历九月九，佳县白云观举办的"九曲黄河阵"风俗独特，会让人很有参与感。

陈炉古镇祭窑神

在中国，各行各业都有自己的祖师爷。传承了耀州窑传统的陈炉古镇，10月中旬正在祭拜窑神爷。

短暂的秦岭之秋

少华山、黎坪、龙头山、南宫山……秦巴山区的秋色十分短暂，但也会一口气将斑斓的色彩完全释放出来。

11月至12月

冬季降临，天地间逐渐萧索。游客稀少，天寒地冻，好在集中供暖让室内并不那么难熬，温泉、滑雪、观鸟等活动也为此时平添了几分活力。

金色的银杏

终南山下的古观音禅院中，相传为李世民手植的古银杏树披挂上了金黄色的盔甲。汉阳陵、汉杜陵等地的银杏林，也变得灿若黄金。

逾冬的候鸟

渭南东部的黄河滩涂、"八水绕长安"的湿地芦苇，迎来了铺天盖地的迁徙候鸟，成了自然观察爱好者的观鸟天堂。

沿黄观光公路

不管是壶口的冰瀑，还是银装素裹的黄土高原，都是黄河沿岸不一样的上镜风景。你还能在府谷的古渡口从结冰的狭窄河道上走去山西。

北国雪景

黄土高原"山舞银蛇，原驰蜡象"，关中古城镇的屋脊白雪覆压，秦岭和巴山玉树琼枝，直让人感叹"江山如此多娇"。

计划你的行程
旅行线路

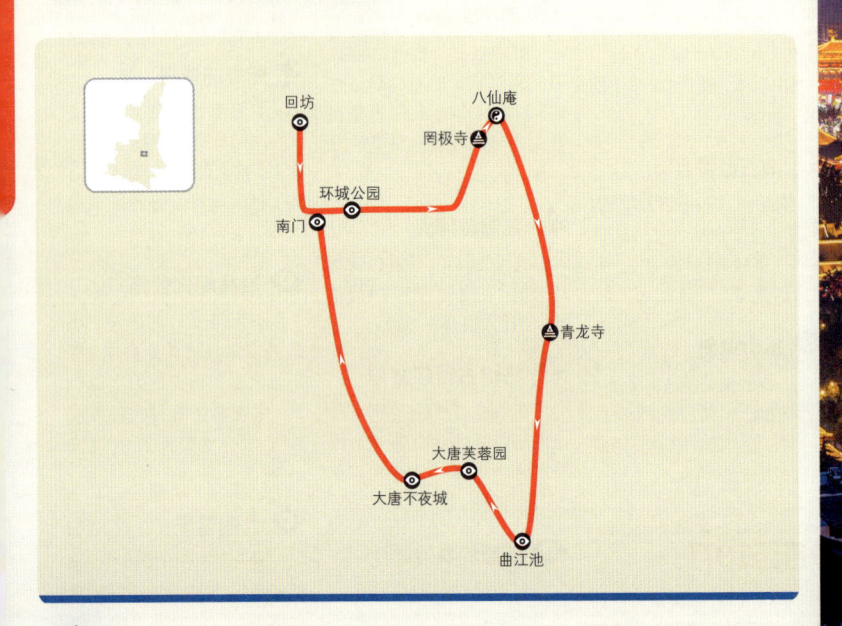

1天 长安十二时辰

十三朝都城自古繁盛，唐代的长安人更是"会生活"的典范。这份鲜活的烟火气一直延续到了今天。有没有想过花一天（十二时辰）的时间，忘记自己是个外来的旅行者，像《长安十二时辰》里的人物那样，沉浸到西安城的日常中，感知这座城市传承千年的生活气息？

辰时（7:00~9:00）步入**回坊**，随本地老人一起走进一间小店，要一份水盆羊肉或羊肉泡馍，看他们一边熟稔地掰馍一边"谝闲传"（西安话里"聊天"的意思），然后赶在大批游人到来之前，逛逛化觉巷清真大寺和小学习巷清真寺。已时（9:00~11:00）阳光正好，在**环城公园**看老人蘸着清水在地上练大字，或是跳上护城河中的一叶小船，伴着孩童的欢笑声泛舟于巍峨的城墙边。午时（11:00~13:00）饱餐后，在南城墙根随意走走，找一家咖啡馆小憩。

未时和申时（13:00~17:00），去**罔极寺**、**八仙庵**感受这两座分属佛、道二教寺院的午后宁静。酉时（17:00~19:00）直奔**青龙寺**，在乐游原上与李商隐望见同一抹"无限好"的夕阳。戌时（19:00~21:00）在唐代圣人与民同乐的**曲江池**畔，西安的阿姨正跳着欢乐的广场舞，**大唐不夜**

大雁塔及大唐芙蓉园夜景

城渐入佳境，**大唐芙蓉园**也亮起了璀璨的灯火。亥时和子时（21:00至次日1:00），唐长安的宵禁制度限制不了21世纪的你，而长安人民热爱文艺的心历经千年从未改变。**南门**洞的live宣告着夜生活的开始，从摇滚到爵士，不同类型现场音乐的酒吧等待着你不醉不归。子时之后，城墙根下渐渐归于寂静，路灯在城砖上留下斑驳光影，好好享受这最适合怀古的寂静时光吧。

计划你的行程

旅行线路

左图：碑林博物馆石刻艺术馆的唐代馆藏
右图：元宵节城墙灯会

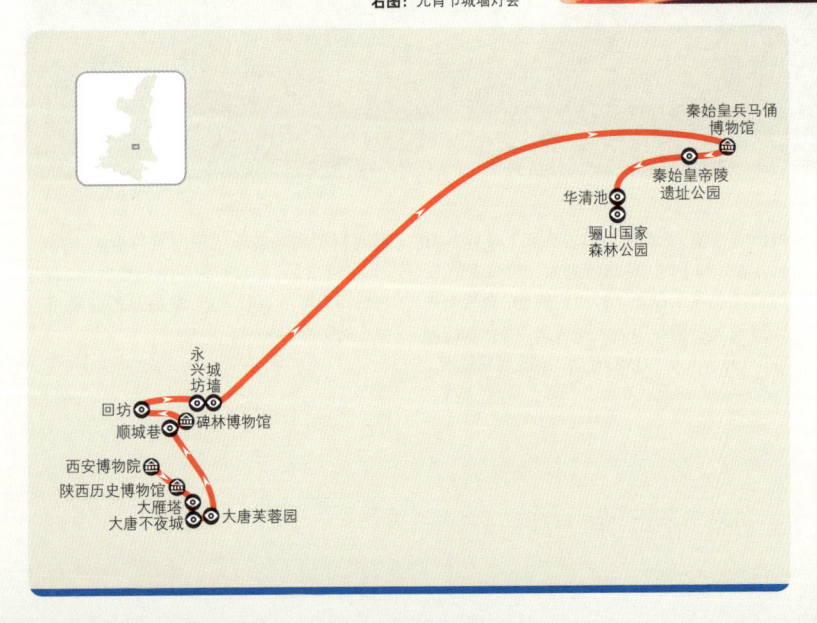

秦始皇兵马俑博物馆
秦始皇帝陵遗址公园
华清池
骊山国家森林公园
永兴城坊墙
回坊
顺城巷
碑林博物馆
西安博物院
陕西历史博物馆
大雁塔
大唐不夜城
大唐芙蓉园

3天 西安经典游

紧凑安排好时间，你就可以在3天之内饱览西安和周边地区最著名的景点。虽然处处都可能摩肩接踵，但你仍可抽空贴着城墙根儿安静地散个步，感受这个千年古城独有的韵味。

到西安后的第一站，不妨献给**陕西历史博物馆**或是**西安博物院**，在琳琅满目的文物前复习一下陕西的历史。然后去**大雁塔**登高望远，晚上就到**大唐不夜城**或**大唐芙蓉园**，根据当日的演出信息于不同时段、不同地点观看演出。

第2天清晨，先去**顺城巷**早市体验最纯粹的烟火气。然后前往**碑林博物馆**，赏析石刻文物的书法精粹。中午到热闹的**回坊**开启逛吃模式，一面探寻精美的清真寺，一面尽情享受清真美食。傍晚时分上**城墙**，花2小时骑车环古城一周。晚上在**永兴坊**用美食犒劳自己。

第3天向东，花一天游览**秦始皇兵马俑博物馆**、**秦始皇帝陵遗址公园**和**华清池**，体力好的话可爬上**骊山国家森林公园**，最后从西安高铁站或者机场返程。预算多的话可看《长恨歌》演出，夜宿临潼。

10天 丝路起点高铁游

如今依托高速动车组,你可以在丝绸之路东段的洛阳—西安—兰州—乌鲁木齐的区间内畅快驰骋。这里列出的只是起点段的行程安排,且以洛阳为始,在西安终结。

洛阳机场坐落在北邙山间,如果你的航班到达时间合适,且**洛阳古代艺术博物馆**正常开放,那么将首站安排在邻近机场的这座博物馆,下到一座座古墓穿越时空,是再妙不过的欢迎礼了。第1天其他时间可留给洛阳老城,记得晚上去应天门和明堂天堂等隋唐洛阳城的景区看看璀璨灯光。第2天上午跨过洛河,先在**洛阳博物馆**补一堂课,再去定鼎门遗址博物馆看丝路马队留下的痕迹。如果你是关羽的粉丝,接下来就去关林朝拜"灵首"。否则可**直奔龙门石窟**,陶醉于卢舍那大佛的莞尔笑容;天色渐晚,"夜游龙门"幻化出的光影更让人恍若隔世。第3天的历史轴更加古老,周王城天子驾六博物馆、白马寺、**二里头遗址博物馆**自西向东排开,你还会途经汉魏洛阳城遗址的废墟,若包车会更从容。当然了,若正值4月牡丹盛开,3天的洛阳之旅别忘了插入赏花篇章。

第4天乘高铁告别洛阳,豫西的黄土台塬将让你不停穿梭在山洞里。沃野千里伴随着关中平原到来,南侧高耸入云的西岳**华山**值得挑战。第5天终于开始探索**西安**,我们同样推荐3天行程,具体安排请参考"西安经典游"(见37页),但可以增加一天将汉长安城未央宫遗址公园和兴教寺这两个较冷门的丝绸之路世界遗产点纳入行程。第9天沿西银高铁一日游,探访**唐乾陵**和**彬州大佛寺石窟**——大佛寺位于泾河河谷,正是丝路东段北线的绝佳见证。第10天返程,若时间允许可在下面两座汉帝陵中择一探访:**汉武帝茂陵**的陵主和丝路开拓息息相关,霍去病墓前的"马踏匈奴"威名远扬;**汉阳陵**有可步入的神秘外葬坑,且离**咸阳**机场很近,如有可靠的交通工具,更可作为飞离西安前的最后一站。

上图:唐代三彩牵驼胡俑,洛阳博物馆藏
下图:彬州大佛寺石窟造像

计划你的行程 旅行线路

计划你的行程
旅行线路

7天 陕南精华游

茫茫秦岭和悠悠汉江将陕南堆砌成了一座山水大盆景,也为关中人铺展开一幅近在咫尺的南方风景画。

第1天从**西安**乘车直下终南,在**镇安**临仙山般的塔云山,再去金台山拜访这座复兴中的唐密道场。第2天借道**安康**和**汉阴**,看凤堰古梯田在凤凰山下谱下的农耕乐章。第3天抵达**洋县**后深入大山腹地的长青华阳,在清代老街和复建栈道感受秦岭深山的古道传奇。除了在景区看圈养起来的"秦岭四宝",记得不时抬眼眼,捕捉翱翔空中的朱鹮身影。第4天出山,在**汉中**的汉中市博物馆凝视无比珍贵的《石门十三品》,再趁夜色漫步于汉江之滨的公园和充满烟火气的夜市。第5天上午前往勉县,诸葛亮的武侯墓和武侯祠都是让人神往的三国景点,下午即可辗转赶赴**青木川**——这座控守陕甘川三省的"边城"来一趟不容易,值得住上两晚,休整好后再踏上漫漫返程路,或继续南下前往四川广元等地。

7天 沿汉江旅行

汉江不仅和汉民族的得名息息相关,也为南水北调工程供给优质的水源。这里我们按照上水的方向给出行程。

从湖北**十堰**乘坐襄渝铁路的火车西行,汉江时常出现在车窗外。第1站是"小汉口"**蜀河古镇**,你可能要在这里住一晚。第2天看过**旬阳太极城**便可前往**安康**,融入汉江堤坝上快走的市民队伍。第3天到**紫阳**看富硒茶园和北五省会馆,再乘下午的快艇逆江而上,抵达终点汉王镇后继续包船或找车前往漩涡镇,那里上山不远便是**凤堰古梯田**。第4天去**石泉**,在后柳古镇和雁山瀑布继续玩水。第5天乘火车沿安铁路看汉水相依,在**西乡**略作停留,探访伊斯兰教的鹿龄寺,再在**城固**踏青"陕南都江堰"五门堰,拜谒丝路开拓者张骞的纪念馆。第6天在汉中的老街、博物馆和湿地公园闲游。第7天经勉县的武侯墓和武侯祠抵达终点**宁强**,在汉水源头激动地捧一手涓涓细流。

上图：凤堰古梯田
下图：洋县朱鹮

计划你的行程　旅行线路

10天 跨越南北的神奇之旅

计划你的行程 旅行线路

"中国南北分界线"秦岭拦腰穿过了陕西省,三秦大地的地理人文景观因此变得格外多元。秦岭南麓,陕南的青山秀水是外人少知的"陕西印象";北麓的关中平原、陕北高原同属北方,但彼此大相径庭。这条路线不怎么适合大众旅行者,但对于不走寻常路者是不错的选择。

古都**西安**是一座地道的北方城市。第1天在环城公园体验城墙根的小日子,再步入古槐成荫、红墙黄瓦的**西安碑林博物馆**,最终登上明清官式建筑典范钟楼和鼓楼,看棋盘街如何铺展。第2天上午去终南山下的**关中民俗博物馆**,一座座迁建至此的老宅院重现了关中村镇风情,一嗓子华阴老腔更能吼出黄土地的精神气;遥望不远处的山脊线,过几天你就会站在那里观望天地。这一天下午便可乘火车抵达**延安**,夜宿窑洞宾馆。第3天安排**黄河蛇曲国家地质公园**一日游,母亲河在黄土高原上蜿蜒冲击,荡气回肠。接下来的两天游览**靖边**,**统万城**遗世独立,**龙洲丹霞**色彩壮阔,大西北的苍茫大气不言而喻。第5天晚上需要在**绥德**车站搭上南下安康的卧铺火车。

第6天天刚亮,车窗外流转的已是青翠欲滴的南方风景。你可能需要在镇安站下车,再转车抵达**柞水**的秦楚古道,最终驻足于秦岭主脊上的高山草甸,一眼望尽中国南北,长江和黄河水系也在足下分流。这一晚即可赶到**安康**住下,汉江畔的小城夜生活很是热闹。第7天在**石泉**乘船游览汉江三峡,再穿梭于西乡茶园,夜宿**骆家坝古镇**听一场"巴山夜雨"。第8天在**城固**的五门堰看秦岭淌下的河水如何被人类利用,最终将汉中盆地打造成鱼米之乡——记得观察空中飞过的鸟儿,很可能会有朱鹮。这一天夜宿**汉中**。到了陕南还是要逛森林公园,把第9天留给**黎坪国家森林公园**。第10天可在汉中直接乘飞机结束行程;也可乘坐西成客专上的动车,只要2个多小时的车程,即可再次穿越秦岭,重回北边的西安,或继续前行深入大西南的成都。

上图:靖边波浪谷
下图:黎坪国家森林公园

计划你的行程 旅行线路

计划你的行程

旅行线路

11天 背包穿行陕北大地

尽管以"地广人稀"形容陕北大地并不为过,但铁路与公交网络仍可通达大多数值得造访的目的地,很适合来一次全景式的背包环游。西安和银川有连接各大城市的直航班次,因此这条线路选择了西安进、银川出的抵离方式,如果你可以飞抵延安,也可将延安作为起点。

第1天从西安(或延安)坐火车到**黄陵**,先拜谒**黄帝陵**,再移步双龙乡,欣赏**万安禅院**的石窟造像。之后两天以**延安**为据点。第2天中午前到达**雨岔大峡谷**,下午返回市区后参观桥儿沟革命旧址。不要忘记晚上8点的宝塔山灯光秀。第3天,游玩**壶口瀑布**会花去你一整天时间。第4天留给延川的**黄河蛇曲国家地质公园**。去雨岔大峡谷、壶口瀑布及蛇曲地质公园均可乘坐延安南站的旅游直通车,在当天回到延安。第5天上午参观完清凉山万佛寺石窟和各个革命旧址等市区景点后,午后北上**子长**,观赏**钟山石窟**的精美造像,傍晚前往**绥德**。次日登临疏属山,探访绥德汉画像石博物馆、公子扶苏墓,以及党氏庄园的窑洞群,傍晚赴**吴堡**。延安、子长、吴堡之间均通火车。

第7天上午逛吴堡石城,下午去**神木**,北郊的杨家城遗址、西南郊的**高家堡**和**石峁遗址**会花去一天半时间,从高家堡去石峁遗址是此线路为数不多只能包车的行程。在市区的碎片时间,你可以逛一逛二郎山和神木市博物馆。

第8天留给**榆林**古城和距城区不远的镇北台与红石峡吧,古城的夜生活也同样丰富。第9天上午造访陕北民歌博物馆后,便可坐长途车前往**靖边**,考虑到班车车次不多,你可以包车前往**统万城**,看完日落后在当晚赶回靖边县城,次日早起欣赏朝阳中的**龙洲丹霞**。下午去**定边**吃顿羊肉,当晚便可抵达**银川**。最后一天,在离开银川前,不要错过珍品众多的宁夏博物馆,时间充裕的话,也可以再花半天参观**西夏王陵**。

上图:佳县香炉寺
下图:镇北台

14天 关中大环线

这条关中大环线也可以分为东线和西线，两者都兼具不俗的人文和自然景观，各需一周时间。你可以选择其中一边：东线的古建筑更出类拔萃，有华山和黄河，也可从韩城延伸行程至陕北；西线有几座重量级的唐陵和汉陵，有美食和太白山，也可从宝鸡一路穿越秦岭至陕南。如果你只是在陇海线上旅行横穿陕西，正好可以参考从潼关到宝鸡的游览路线。

先走东线。第1天睡醒吃饱后前往**秦始皇兵马俑博物馆**，下午抵达**华山**。身强体壮者可以稍作休整开始夜爬。若想舒适一点，可以从兵马俑去华清池，看完《长恨歌》演出留宿临潼，第2天乘缆车上下华山，夜宿**潼关**。第3天早上尝尝正宗老潼关肉夹馍，游览**潼关古城**和古渡口后，中午乘班车去往韩城，2个小时车程都在沿黄公路上，坐在车辆行进方向右手边的座位更利于观景，在大荔与合阳交界处的湿地水鸟尤其多。下午抵达**韩城**后可去**司马迁祠**，接着再用两天时间慢慢游览这座天然古建筑宝库，中间别忘了到晋陕交界处乘船看看**黄河龙门**。在韩城住两个晚上，可以一天去城隍庙古戏台看免费秦腔演出，另一天到民杨夜市大快朵颐，然后在第5天下午抵达**蒲城**。第6天，用大半天时间游览周边的**唐桥陵**、**惠陵博物馆**和**唐泰陵**，下午回到县城看蒲城县博物馆。第7天上午前往**铜川**，参观**陈炉古镇**和**耀州窑博物馆**。你可以在这里结束东线游览，返回西安。

接着进入西线。第8天上午到**三原**，参观**三原城隍庙**后在门口小店尝尝金线油塔，再去游览县城其他古建筑，唐陵爱好者可以包车去乡野中的崇陵看看。第9天乘三原到礼泉的班车在**烟霞镇**下车，游览**昭陵博物馆**后包车游览昭陵和建陵，下午从礼泉到**乾县**。第10天上午游览**乾陵**，中午乘车到**扶风**，下午游览**法门寺**和周原博物院。接着到**宝鸡**游览并休整，遍尝西府小吃。第11天晚上入住**太白山**下汤峪镇，次日乘缆车登顶太白山，下山后泡温泉。最后两天在**咸阳**游览**汉茂陵**、**汉阳陵**、**唐顺陵**和咸阳博物馆，之后回**西安**。

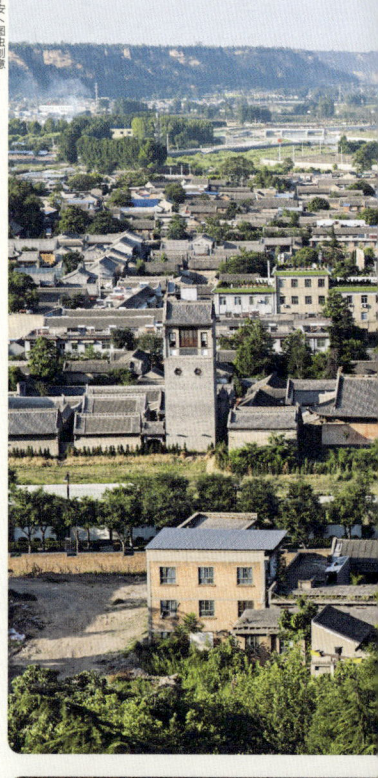

上图：韩城老城
下图：法门寺

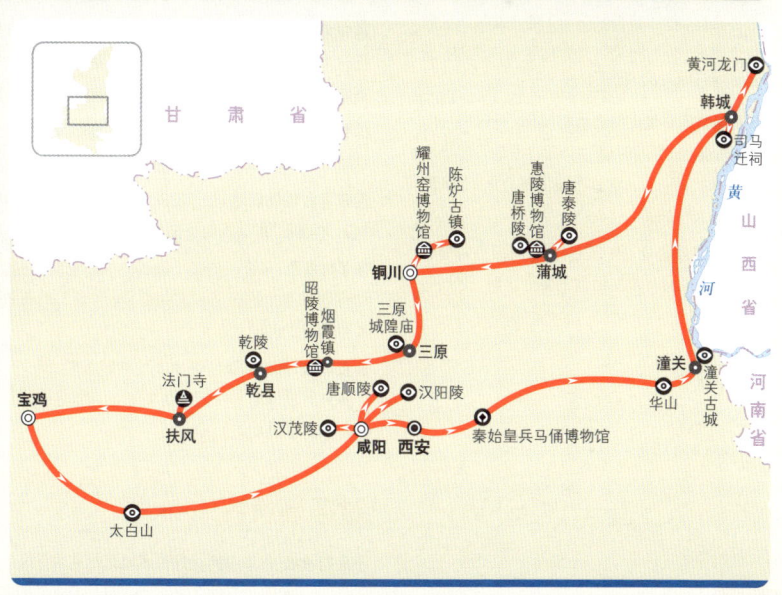

计划你的行程 旅行线路

计划你的行程
负责任的旅行

自从Lonely Planet诞生以来,"负责任和可持续的旅行"一直是我们秉持的旅行理念。如果在旅行途中能对当地文化、环境及居民有所裨益,你所走的每一步都会更有意义。下面的一些小贴士可以帮助你保护和支持陕西的环境与社区。

网络资源

在旅途中你也能为陕西的环保和公益做出点滴贡献,可通过下列网站了解细节。

陕西青年与环境互助网络(微信公众号:陕西青年与环境互助网络)致力于陕西本土环境教育与生态保护的青年组织。

陕西纯山教育基金会(www.chunshan.org;微信公众号:纯山教育基金会)关注贫困地区的教育问题,倡导向农村儿童赠送装满文具、玩具和生活用品的"鞋盒礼物"。

陕西省妈妈环保志愿者协会(www.sxmmhb.org.cn;微信公众号:陕西妈妈环保)推动女性参与环境保护,从生活细节实践低碳环保,也有助于农村女性就业。

陕西公益爱心社(微信公众号:陕西公益爱心社)由陕西网友自发组建的爱心团体,开展环保、公益助学等活动。

对文化负责

尊重文物 文物资源脆弱且不可复制,在博物馆及古迹景区,如果看到"禁止使用闪光灯"的标志,请务必遵守。很多寺庙或石窟可能没有相关警示标志,也请务必关闭闪光灯,以免对造像、壁画等文物造成累积损坏。此外不可触摸文物,也不要购买无鉴定证书的文物,助长非法盗墓产业。

遵守博物馆礼仪 不可大声喧哗,也尽量不要从非正规渠道聘请没有资质且专业知识储备不足的讲解员。

保护古建筑 切勿攀爬长城残垣、古城遗址、西安城墙等古建筑遗迹。

遵守考古现场规定 在涉密的考古现场(如石峁遗址),须遵守"禁止入内及拍照"的相关规定。

多了解信息 多读一些关于陕西的书籍资料,更能助你理解当地的经济和文化差异,在游玩时尊重当地习俗传统。

尊重宗教习惯 在回坊等少数民族聚居区,要充分了解并尊重伊斯兰传统和民俗禁忌,别把镜头直接对准宗教活动。

对环境负责

不乱扔垃圾 在华山绝壁等很多风光优美的景区,

处理垃圾非常困难，即便是使用可降解包装的产品，也最好打包带回城市集中处理。西安游客中心设有饮水机，可以自带杯子减少一次性用品的使用。尽量不叫外卖以减少塑料餐盒的消耗。

不破坏丹霞地貌 在龙洲丹霞，不要离开修缮完好的栈道，直接践踏会对丹霞地貌造成不可逆的损伤。更不要用硬物触碰丹霞，像在雨岔大峡谷丹霞崖壁上刻字的行为是绝对禁止的。

给野生动物留空间 在秦岭、太白山等地，都有当地与世界自然基金会（WWF）合作保护的自然保护区，那里有熊猫、羚牛等珍稀野生动物，请在允许游客进入的区域活动。在洋县、龙洲等地观鸟时，尽量不要靠得太近，也不能为了拍照惊扰鸟类起飞。

不在景区之外的区域徒步 徒步者的活动对秦岭生态也造成了很大影响。为了环保，也为了对自己的安全负责（近年来秦岭徒步意外事件频发，见176页），不要在景区之外徒步。

没有买卖就没有杀害 自然环境优良的秦岭是野生动植物的重要栖息地，请不要购买珍稀动植物，使不法分子破坏自然的行为有利可图。2020年起，长江流域开始十年禁渔，陕南也被包括在内，请自觉抵制消费野生江鲜。

注意森林防火 在山林中穿行时，务必注意野外用火。

节约能源、低碳出行 黄土高原水、电资源紧张，请务必注意节约用水用电。出行时尽量步行、骑车或者使用公共交通工具。

垃圾分类 在西安等已经实行垃圾分类的区域，注意按规范分类、丢弃垃圾。

对当地人负责

尽量确保当地人直接获益 在旅游热点地区，当地人并非大众旅游的主要受益者，却是环境成本的主要承担者。因此，我们提倡入住当地人开设

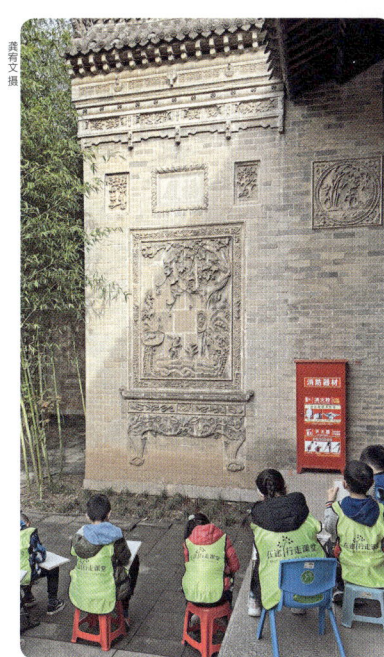

在关中民俗博物馆游学的孩子

的旅店或民宿；在路边的小吃摊和家庭餐馆享用美味；饮用当地啤酒；从当地手艺人那里直接购买工艺品，而不是流水线生产的旅游纪念品。

尊重手工艺从业者并了解非物质文化遗产 很多民俗手工艺人都有个人工作室，并向游人开放，你可以前往参观或参与体验活动，也可以购买一些小纪念品来表达感谢。

尊重民宿住家 陕西的农家乐越来越普遍地成为更多旅行者的选择。如果你要在民居借宿，应尊重主人为旅行者付出的劳动，并尽量适应当地人的生活习惯。

尊重个人隐私 在获得同意前，不要近距离拍摄本地人的生活隐私，也不要随意进入私人民居院落——无论大门是否开着。

城墙上骑行的游人

计划你的行程
带孩子旅行

　　浑厚的历史底蕴，磅礴的自然风光，热闹的民俗活动，丰富的生态资源，陕西如同一座包罗万象的博物馆，把书本和影视剧中的故事和场景真真切切地带到孩子们眼前。全程不重样的小吃和四季丰收的鲜甜瓜果一路维系着旅途的新鲜感，加上萌萌的秦岭大熊猫的召唤，小朋友恐怕早已迫不及待了。

适合孩子们的活动

➡ 在永兴坊看皮影戏（见81页）
➡ 去佛坪熊猫谷看大熊猫（见267页）
➡ 到杨凌农业博览园看昆虫（见52页）
➡ 在城墙上骑自行车（见71页）
➡ 到回坊品尝特色清真小吃（见75页）
➡ 去陕西历史博物馆看国家宝藏（见82页）
➡ 在秦始皇帝陵博物院欣赏皇帝的仪仗队（见110页）
➡ 逛新春庙会和灯会，看社火（见164页）

计划行程

陕西的旅行主题非常丰富，出行之前，不妨先跟孩子们介绍一下各地区的特色或讲讲相关典故，然后参考他们的兴趣选择目的地——可以带"三国迷"到陕南和关中参观古蜀道和三国遗迹；带小小文学爱好者去渭南寻访《诗经》之景，朝圣《史记》作者司马迁的祠庙；带火车迷体验秦岭中的观音山展线；带地理迷打卡华山、壶口瀑布等知名风景，到太白山顶看中国南北分界线；而陕南丰富的动植物资源和陕北雄浑的地质景观，可以满足所有孩子的好奇心和探索欲。

包括西安在内的关中地区景点密集、交通便捷、食宿选择多样，带孩子来这里不需要做太多准备；陕南和陕北的旅游条件没有关中发达，适合带年龄大一些的孩子前往。但无论如何，行程安排都不宜匆忙，也不要过于追求教育意义，让孩子有足够的时间适应环境，在放松精神的同时学到知识，孩子们才能享受其中。

Lonely Planet的《带孩子旅行》一书有很多实用的旅行建议，教你如何玩得健康、安全又尽兴。

在路上
住宿

随着亲子游越来越普遍，陕西不少客栈、酒店甚至农家乐都会提供家庭房。家庭房多为一张双人床加一张单人床，或是三张单人床。一些高级酒店的标间就是两张宽1.5米或以上的双人床。部分含双早的酒店可能会视儿童的年龄或身高收取部分早餐费用（免费、半价或全价），这些细节都需要提前跟酒店确认。

如果只打算在西安等大城市游览，面积更宽敞、设施更齐全的短租公寓也是不错的选择。

就餐

陕西以面食为主，无论是主食、小吃还是炒菜，口味都以酸、辣、咸为主。西安、咸阳、延安和汉中等旅游热度相对较高的地区，接待旅行者的经验也比较丰富，如果服务员没有问清口味，你可以主动提出要求。肉夹馍、牛羊肉泡馍、水盆羊肉等小吃本身就没有辣椒，大部分面食也都可以要求不放辣椒。

陕西餐馆菜量普遍偏大，肉菜以牛羊肉为主，较为油腻，素菜选择有限，要注意给孩子补充蔬果和维生素。不少面食小吃虽有大、小份之分，但小份仍然不少。较小的孩子可以跟大人分食一大份。如果孩子习惯吃米饭，最好选择大一点的餐厅并提前确认。

儿童折扣

儿童的门票折扣政策因景区而异。一般

来说，6岁（含）或1.2米以下的儿童可以免门票，学生持国内外全日制本科及本科以下的学生证可购买半价的学生票。而游乐场、水上乐园等面向儿童的游乐场所，儿童票会有更优惠的价格。

带孩子坐班车时，每位成人可免费携带一名身高1.2米以下的儿童（无座位），但一辆车上怀抱儿童的数量限于核定载客数的10%，购票时请知会售票人员。身高1.2～1.5米的儿童可以买半票（有座位）。在我们调研时，儿童票只能在客运站的售票窗口购买，上车补票未必能落实优惠政策。身高1.5米以上的儿童需购买全票。

根据中国铁路客户服务中心公布的信息，1.2米以下的儿童乘火车免票（不占座位或铺位），1.2～1.5米的儿童可买半票，但儿童如果要单独占铺位，基价（相当于硬座票价）以上的部分是不打折的。

飞机票的儿童折扣政策是全国统一的。2～12周岁的儿童，持有效证件可选择购买全价票款50%的儿童票或普通的成人打折机票。2周岁以下婴幼儿享受全价票1折的优惠（不占座）。

健康和安全

旅途中，儿童面临的很多健康问题其实和成年人相似，可以参见338页的"健康指南"。

开展户外运动时，要给孩子准备好应对天气变化的防护装备。秦岭地区的长青华阳、佛坪和留坝在夏天气温也比较低，到森林公园更要做好防蛇、防蚊虫的措施。陕西大部分地区治安良好，当地人也较为淳朴，不过在机场、车站、大型景区等人员密集的公共场所还需照看好孩子和随身物品。

如果自驾出行，要为适龄儿童配备安全座椅。多走高速、国道或省道，电子导航显示的近路经常崎岖偏僻。在陕南自驾需要翻山越岭，尽量避免长距离行车并备好晕车药。

孩子们的陕西
西安和周边

西安丰富的历史、人文和自然资源是"寓教于乐"的好地方。租一辆自行车带孩子在**西安城墙**上骑行，到**南门**看一场古装演出或仿古的换岗仪式，都可以建立孩子对古都的印象。**陕西历史博物馆**、**大明宫考古探索中心**、**半坡遗址博物馆**都有适合孩子体验的项目。西安不少博物馆在暑期会举办小课堂或研学活动，可事先在微信公众号上了解或致电咨询。晚上可以去**高家大院**、**永兴坊**看皮影戏、秦腔等民俗表演，或者到五光十色的**大唐不夜城**吃喝玩乐。

西安南部的秦岭是带孩子亲近自然的好去处。**翠华山**不仅可以滑草，还可了解各种奇特地貌；**秦岭野生动物园**则有包括"秦岭四宝"在内的许多书中和动画片中才能看到的动物。

关中

热爱文史的大孩子们一定对关中地区情有独钟。宝鸡可溯周、秦之源，汉朝和唐朝那些耳熟能详的伟大帝王长眠于咸阳和渭南，探访帝陵的同时可通过博物馆藏品了解当时的社会和文化。《诗经》《三国演义》等多部著名文学作品中的故事都出自这里，出发前给孩子讲一些相关小故事，游览时让故事和诗歌中的场景一一再现，一定能让他们印象深刻。

著名的西岳**华山**和秦岭主峰**太白山**都有成熟的设施可带孩子轻松登顶，增长见识又锻炼胆量。杨凌农业博览园的**昆虫博物馆**一定能令喜爱生物的孩子兴奋不已。在**黄柏塬**的山林里，还有机会邂逅野生的"秦岭四宝"。

如果想激发孩子的创造力，渭南的**富平陶艺村**（见148页）和铜川的**陈炉古镇**（见184页）可以让他们亲自动手体验制陶和制瓷的过程，待烧制后邮寄回家就是独一无二的纪念品。

陕北

陕北的地质景观和民俗风情都可以让孩子大开眼界。壮观的**壶口瀑布**（见199页）展现黄河的磅礴气势；延川的**黄河蛇曲国家地质公园**（见200页）则可让人见识它的柔美从容，并伴有博物馆、古寨古村、索道和羊皮筏子等黄河文化的旅行体验；靖边**龙洲丹**

壶口瀑布

霞（见222页）囊括多种丹霞地貌，4月至8月或可邂逅黑鹳；甘泉**雨岔大峡谷**（见208页）狭窄而陡峭的步道如迷宫般回旋，色彩随光影在其间不断变幻，正能激发孩子们的兴奋点。这些地质奇观都是大自然亿万年的杰作且不可再生，游览时记得让孩子们不要偏离步道，更不要在石壁上乱刻乱画。

春节期间是带孩子见识陕北民俗活动的好时机，正月十五前后榆林横山和延安安塞都有大型的腰鼓表演。在延安，安塞腰鼓、洛川蹩鼓、宜川胸鼓等表演都会在这一天露面。

陕南

暑期的陕南不仅气候宜人，还能避开旅游大军。带学龄儿童来一次跋山涉水的秦巴山脉亲子游，陶冶性情的同时，也可开阔他们的人文视角。

佛坪（见267页）是全球野生大熊猫密度最大的区域，秦岭人与自然宣教中心的350余件野生动物标本堪称最生动的生物课堂，熊猫谷还有秦岭大熊猫可看。在位于秦岭腹地的**长青华阳**（见266页），可以轻松看到"秦岭四宝"中的"三宝"——大熊猫、朱鹮和羚牛。**洋县**（见264页）生活着有"洋县三绝"之称的朱鹮、红腹锦鸡和绶带鸟，镇上的农家乐可提供专业的观鸟行程。小小"三国迷"一定会对**勉县**丰富的三国遗迹兴趣十足，那里春天的油菜花海和四季可泡的温泉，让旅途变得轻松惬意。

唐代仕女俑，陕西历史博物馆藏

计划你的行程
博物馆之旅

  北宋元祐二年（1087年）西安碑林的初创，是中国传统文化中的"博物"，也是金石学的一次盛大演绎；1958年"中国第一座遗址博物馆"西安半坡博物馆、1991年"中国第一座大型现代化国家级博物馆"陕西历史博物馆的先后落成，更是中国现代博物馆史上的两座里程碑。"故国东来渭水流"，三秦大地的一座座博物馆就像摆渡者一样，带领有心人尽情徜徉在这个文博大省的岁月长河中。

"博物馆疲劳征"高发地

➡ 陕西历史博物馆（见82页）
➡ 西安碑林博物馆（见73页）
➡ 宝鸡青铜器博物院（见164页）

唐朝粉丝看过来

➡ 法门寺博物馆（见171页）
➡ 大唐遗宝——何家村窖藏出土文物展（见83页）
➡ 桥陵国家考古遗址公园（见145页）

身怀绝技的"小馆子"

➡ 宝鸡周原博物馆（见171页）
➡ 元代建筑博物馆（普照寺；见141页）
➡ 绥德汉画像石馆（见212页）

历史

在漫长的历史坐标轴上，陕西是中华文明在10世纪前的绝对主角。虽然时过境迁，但往日辉煌仍然浮现在陕西人的骄傲中，一件件藏在博物馆中的历史文物，更为参观者打开了通达古今的窗口。

三秦大地的前世风云

陕西历史博物馆是首批中央与地方共建的八座国家级博物馆之一，文物陈列灿若星汉。在**陕西古代文明**基本陈列中，从蓝田猿人复原塑像开始，半坡彩陶、商周青铜器、秦兵马俑、汉唐金玉器、宋瓷器等历代珍宝赫然在列，**大唐遗宝——何家村窖藏出土文物展**和**唐代壁画珍品馆**两个特展更集中展示了令人神往的盛唐气象。坊间为这里提炼出"十八国宝"的精华，但实际情况是馆藏的国家一级文物多达762件（组）！不过，这座在20世纪90年代开馆时各方面条件名列前茅的博物馆，如今在硬件设施上有些"力不从心"了。陕西历史博物馆的新馆已经选址于浐灞生态区的世博园内，虽然尚未有具体的工程计划，但已让文博爱好者充满了无尽的期待。

西安博物院（见86页）的馆建和陕西历史博物馆出自同一位设计师、"新唐风"开拓者张锦秋院士之手。这里专注于梳理西安城的历史脉络，环绕着**唐代长安城模型**，圆弧形展廊以朝代为刻度，像表盘一样记录了古都长安的岁月变迁。这里没有陕西历史博物馆那样的汹涌人潮，门票较容易预约，且和唐长安地面建筑的幸存者——**小雁塔**共处一院，很适合初到西安的旅行者先过来往前拨一拨时间轴。

汉中市博物馆（见248页）是陕西各地级市历史博物馆中的翘楚，关于这座汉水名城的基本历史陈列位于分馆拜将坛，主馆**古汉台**的**石门十三品陈列室**则因收藏了劫后余存的褒斜古栈道摩崖石刻而格外珍贵。本书作者调研期间，渭南、铜川、延安、榆林、安康

陕西首批禁止出国（境）的展览文物

铜车马 现展于秦始皇帝陵博物院。

墙盘 现展于宝鸡周原博物馆。

何尊 现展于宝鸡青铜器博物院。

茂陵石雕 现展于汉武帝茂陵。

舞马衔杯仿皮囊式银壶、兽首玛瑙杯 现展于陕西历史博物馆。

大秦景教流行中国碑、景云铜钟 现展于西安碑林博物馆。

十二环锡杖、八重宝函、铜浮屠 现展于法门寺博物馆。

淳化大鼎 尚未常设陈列，它曾在陕西历史博物馆国宝厅亮过相。

西安博物院佛教造像厅

等地级市的大型博物馆都已崭新开放或落成在即，一些还包括了自然地理、民俗风情等主题的展厅，成了综合性的博物馆；临潼、洛川、神木、城固等县区的博物馆同样不容小觑，三秦大地的历史厚度可见一斑。

文庙里的碑碣

西安碑林博物馆因《**开成石经**》而生，被一些人誉为唐长安城遗存至今的三大地面坐标之一；而从博物馆在中国发展历程的角度而言，西安碑林也占据着重要地位。这里在北宋初创之际是京兆府学，不久后长安文庙也迁建至此——中国古代刻石纪功之风盛行，碑碣便成了极其重要的史料载体；而在儒家治国的大背景下，在文庙立碑表功在历朝历代都很受重视。文庙和碑碣正如一对天生好搭档，是儒家价值观下博物洽闻的一种体现，西安文庙里的碑林正是其中的佼佼者。20世纪现代博物馆概念传入，三秦大地收罗、名流人士捐赠的文物也被安置于此，碑林变成了最早的陕西省博物馆，如今的陕西历史博物馆也是近30年前才从碑林"分家"出去的。本书作者调研期间，碑林改扩建工程已然启动，未来将有更多展品离开库房，重见天日对外展出。

在文庙等古建筑群里建博物馆，并以古碑碣为主要展品，是陕西一些地方博物馆的开办形式。这其中，古建筑更为精美的是**韩城博物馆**（见138页）和**三原博物馆**（见160页），古碑碣更为珍贵的是**昭陵博物馆**（见155页）；**咸阳博物院**（见149页）同样坐落在文庙里，这里展出的玉器和汉俑都很精美，不负古都咸阳的盛名。

巧夺天工的艺术品

宝鸡青铜器博物院的院前标志已更改为"中国青铜器博物馆"，十足的底气缘于重要的"青铜时代"西周便发源于关中西府。清末民初至今，宝鸡各地出土了太多青铜重器，除了现藏于北京和台北的"晚清四大国宝"，以馆藏青铜器闻名的上海博物馆也有不少藏品来自宝鸡。虽然相当一部分宝鸡青铜已上调到其他博物馆，但这里的馆藏依然精美绝伦。

何尊，宝鸡青铜器博物院藏

法门寺博物馆珍藏唐代地宫的供佛器物，而这些文物一经出土，便因释迦牟尼佛骨舍利子和唐密曼荼罗道场等缘故，在宗教界引发了铺天盖地的关注。唐朝是中国古代国力鼎盛期和佛教信仰高峰期，皇家供佛"穷天上之庄严，极人间之焕丽"，镶金嵌玉的材质、登峰造极的工艺、盛世大唐的风华……集中体现在这些封存于地宫上千年的珍宝之上。

耀州窑博物馆（见183页）的主题耀瓷，在其发展巅峰的五代和北宋曾享有"巧如范金、精比琢玉"的评价，可以看作失去京畿地位的关中为中国古典艺术做出的最后一次巨大贡献。相比而言，黄土高原上的陕北晋西画像石只用寥寥几笔雕刻，便将两汉艺术古朴又浪漫的风格尽显无遗：**榆林市汉画像石博物馆**（见212页）和**绥德汉画像石馆**的藏品，就有让人穿越到2000年前的魔力。

考古现场的时空隧道

半坡博物馆（见92页）不仅在中国博物馆史上举足轻重，也是现代考古学在中国发展历程上的重要一站——1954~1957年半坡遗址的考古发掘，揭开了共和国科学考古的第一页。紧接着，考古现场盖起了遗址大厅，仰韶文化彩陶等出土文物在陈列厅展出，半坡博物馆因之而生。在考古原址上建博物馆，这种形式从半坡开始出现在中国大地，并随着考古项目的飞速发展在越来越多地方萌生。

秦始皇帝陵博物院（见110页）是这类博物馆中名声最响的，民间更习惯直接用"兵马俑"来指代。1974年石破天惊般出世的秦始皇陵兵马俑早已是陕西最重要的一个象征，就连陕西省的地图轮廓也被比作一尊跪射俑。这座博物院由兵马俑坑遗址和秦陵丽山园两部分组成；2021年国际博物馆日，镇馆之宝**铜车马**浩浩荡荡地从兵马俑坑旁的老陈列厅出发，被运往丽山园内新落成的铜车马博物馆。

汉阳陵（见151页）是另一座极其经典的遗址博物馆。1990年西咸机场专用公路修建，陕西省考古所对封土南侧的从葬坑进行

计划你的行程　博物馆之旅

近现代陕西的四扇窗口

陕西水利博物馆（见156页）同时也是李仪祉纪念馆，这位近代的陕籍水利学家在20世纪30年代主持修建的"关中八惠"让关中平原重新成为大粮仓，直到今天仍恩惠远播。

宝鸡工业遗址博物馆（见166页）记录了抗战初期中国工业轰轰烈烈的内迁运动，1.75公里长的窑洞车间里1.2万个纱锭日夜运转，被林语堂誉为"中国抗战中最伟大的奇迹"。

中国户县农民画展览馆（见121页）收集的画作，其艺术形象脱胎于剪纸、年画、刺绣等关中民艺，"大跃进"时期、改革开放初期……不同作品透露着浓郁的时代特色。

西影电影艺术体验中心（见86页方框）坐落在昔日的西安电影制片厂厂区，是陕西唯一的专业电影博物馆，和西影出品电影有关的展览更能唤起"80后"的童年回忆。

大学里的博物馆

作为高等教育重地的西安，几所知名高校的博物馆也值得一探；不过在本书作者调研期间，学校因"新冠"疫情而暂不对外开放。西安交通大学博物馆收藏着汉瓦、碑石和铜鼎等古物，秦腔、西部农民画等展览虽小，但也各具特色。西北大学的博物馆覆盖地质、矿产、古生物、生物、丝绸之路等方方面面，其考古系在国内名列前茅，这里陈列的许多文物便是在自家校园考古挖出的。

了抢救性挖掘。如今，步入这里的地下展厅可实地观赏汉帝陵的陪葬陶俑，地面上的考古陈列则与陵园南阙门遗址的保护工程合为一体。2014年国家文物局又推出了"国家考古遗址公园"的名单，陕西省名列第一批的就有汉阳陵、秦始皇陵和唐大明宫。

厚重的历史底蕴让陕西的黄土埋葬了太多秘密，越来越多的考古遗址博物馆和考古遗址公园承担起解密、宣教的职责。韩城乡间已建成的**梁带村芮国遗址博物馆**（见141页）低调又惊艳，西安城里的**大明宫遗址公园**（见93页）、**含光门遗址博物馆**（见71页）、**大唐西市博物馆**（见95页）、**天坛遗址公园**（见88页）都有唐朝遗迹。国内第一座考古学博物馆**陕西考古博物馆**（见118页）计划于2021年底开放，这个触碰历史的神奇职业，其独特魅力第一次呈现得如此直接。

民俗

陕西在空间坐标下演化出的关中、陕北、陕南三大地理区域，是这个省份的另一个迷人之处。水土养人，不同的自然风貌又将这三部分的陕西人塑造得各具性格；他们的民俗风情大相径庭但又都饱含生命力，也让陕西各地建起了不少民俗主题博物馆。

关中民俗博物馆（见119页）虽为私人博物馆，但其用心程度和馆藏规模，以及特聘来的华阴老腔剧团，都对得起"关中民俗"这个不小的名头。**宝鸡民俗博物馆**（见166页）将精彩纷呈的民俗展示得淋漓尽致，日常习俗、节日庆典和手工艺品让人目不暇接。**西安市明清皮影艺术博物馆**（见88页）聚焦于"古代电影"皮影作品，看毕再回到大唐不夜城会有恍若隔世的感觉。

头裹羊白肚毛巾，欢天喜地打着腰鼓，或是即兴高歌一曲信天游，是许多外省人对陕西人的初步印象，也只有黄土高原这样极具张力又山河破碎的大地，才能哺育出粗犷、朴素又热情洋溢、自信乐观的陕北人民。安塞腰鼓远近闻名，**安塞文化艺术馆**（见198页）的民俗展览也是丰富多彩；榆林的**陕北民歌博物馆**（见213页）请来了民间艺人驻唱，对"非遗"保护和传承起到了相当积极的作用。

自然

西北农林科技大学博览园（见154页）为国内知名的农林生物主题博物馆，收藏有120余万只昆虫标本的**昆虫博物馆**最出彩，"蝴蝶墙"则兼具科普价值和美学效应。

洛川国家黄土地质公园博物馆（见207页）对黄土高原的地质密码做出了多角度、全方位的详细解读，学以致用的你很快就能在陕北大地的旅途中看出门道。

秦岭人与自然宣教中心（见267页）是佛坪国家级自然保护区开办的科教博物馆。350余件野生动物标本中，最珍贵的为世界上发现的第一只棕色大熊猫丹丹的标本。

秦岭大熊猫

计划你的行程
野生动植物和自然保护区

"食铁兽"熊猫和古都长安竟是邻居，几乎灭绝的朱鹮在汉江之滨重获新生；雄俊的秦岭保护了孑遗植物免受第四纪冰川的侵蚀，肥沃的黄河滩涂至今仍为长途迁徙的候鸟补充营养。陕西是中国中高纬度地区生物多样性的中心地带，"物华天宝"，说的不仅仅是这里的人文历史。

计划你的行程　野生动植物和自然保护区

最佳自然体验

自然保护区的核心地带不对外开放。但通过以下体验，你也可以感受陕西的生态魅力：

➡ 在冬春季节的**洽川湿地**（见145页方框），和铺天盖地的候鸟相逢。

➡ 在汉中的每一个角落，都有可能偶遇蹁跹起舞的**朱鹮**（见265页方框）。

➡ 无须远赴大西南，**木王国家森林公园**（见282页）的高山杜鹃足够壮观。

➡ 野生大熊猫可遇不可求，不如走进**秦岭四宝科学公园**（见123页）关爱这里抢救的珍稀动物。

➡ 结队**穿越太白山**（见174页方框），用双足丈量秦岭南北坡的垂直自然带。

➡ 为孩子报名**佛坪国家级自然保护区**（见267页）的夏令营，从小培养自然意识。

羚牛

大秦岭

早在人类文明发展出堪舆学、为秦岭安上"华夏龙脉"等标签之前，这道山脉已开始用它伟岸宽广的身形，在残酷的第四纪冰期护佑了不计其数的生命。作为中国南北地质、气候、生物、水系、土壤这五大自然地理要素的天然分界线，秦岭又将亚热带成分、暖温带成分及中国特有成分共同汇聚，是名副其实的生物基因库和动植物王国。目前陕西秦岭地区（广义上包括大巴山和陇山）设立的自然保护区超过40个，且20个为国家级，占陕西23个国家级自然保护区的近9成。

垂直自然带

"华夏东极"抚远在东经135度附近，西极则在帕米尔高原东经73度附近。从几乎位于正中间的东经105度一分为二，中国东部除台湾玉山之外的最高峰，就是秦岭主峰**太白山**（海拔3771.2米）。巍巍秦岭也在气候、土壤等多重因素的相互作用下，拥有中国大陆东部最具代表性的垂直自然带景观。

随着海拔上升，在湿润的秦岭南坡，亚热带常绿阔叶林、暖温带落叶阔叶林、温带针阔混交林、寒温带针叶林、亚寒带灌丛和草甸——5个垂直自然带相继呈现。秦岭北坡的基带已是暖温带，因此只有从落叶阔叶林到灌丛草甸共4个垂直带；但由于北邻低陷的渭河平原且拥有断层山的构造，秦岭北坡格外陡峭，一些地方进山20来公里就能穿过4个垂直自然带。更神奇处则在太白山海拔3500米以上的极高处：这里，第四纪冰川遗迹的高山石海为秦岭的垂直景观带盖上了遗世独立的壮阔"屋顶"。

秦岭四宝

2021年陕西举办了全国第十四届运动会，大熊猫、川金丝猴、朱鹮、羚牛——"秦岭四宝"毫无疑问成了吉祥物。事实证明，"明星物种"对于设立自然保护区、唤醒大众意识至关重要。在秦岭目前发现的94种哺乳动物（占中国总种数的18.5%，下同）、338种鸟类（28.4%）、68种两栖爬行类（8%）等野生动物资源中，四种"明星"聚焦着世人越来越多的关注；而像大熊猫和朱鹮

太白山高海拔杜鹃

这样具有世界影响力的濒危物种,相对集中于一地的情况也属罕见。

大熊猫的影响力无须赘言。但和代表中国走向世界的四川大熊猫相比,秦岭熊猫其实是长期地理隔离条件下形成的单独亚种,基本特征是头圆嘴短,更像猫,而四川亚种的头大嘴尖,更加像熊;另据生物学者研究,秦岭亚种的基因也保留了更多大熊猫在第四纪冰期前的古老血统。2015年全国第四次大熊猫调查揭示,秦岭地区生存着354只野生熊猫,不仅总数占全国18.5%,平均每百平方公里10只的密度更超过了四川卧龙。如今,秦岭腹地的佛坪、长青、平河梁、天华山、桑园、老县城、黄柏塬等国家级自然保护区的主要保护对象都是大熊猫。国家也在筹建大熊猫国家公园,秦岭片区正是其中重要一环;秦岭大熊猫走廊带同样在打造,将为锦鸡梁、兴隆岭—太白山、牛尾河、紫柏山等局域种群建起联系,从而实现基因交流,强化种群稳定度。

朱鹮曾广泛分布于中、日、韩和俄罗斯远东等东北亚地区,但全球现存的7000余只都是1981年洋县姚家沟发现的7只野生朱鹮的后代。这种体态高贵、色彩优美的鸟类因日本皇室的钟爱而颇有名气,从几乎灭绝(极危,CR)到今天的濒危(EN)则是中国为生物多样性做出的一次巨大贡献。汉中朱鹮自然保护区的主体正在洋县境内,当地为保护朱鹮做出了很多努力,工业发展和农药使用都被严格控制。如今朱鹮的野化放飞比较成熟,野生种群不仅在整个陕南都有分布,还越过秦岭到了宝鸡、铜川等地,甚至远至河南、四川、浙江;而在中日双方的合作下,野生朱鹮也重新出现在日本的上空。这两年还有几段小插曲发生在洋县:朱鹮

除了"四宝",陕西还有

国家一级保护动物 豹、云豹、黑鹳、金雕、褐马鸡、遗鸥……

国家二级保护动物 小熊猫、林麝、斑羚、红腹锦鸡、白冠长尾雉、秦岭细鳞鲑……

计划你的行程 野生动植物和自然保护区

上图：朱鹮和红柿
下图：红腹锦鸡

捕食娃娃鱼被戏称"国一吃国二,也就朱鹮敢",而游隼击杀朱鹮、鹰雕占窝导致朱鹮幼鸟死亡,则是人类不可过分干预自然法则的重要实例。

另外"两宝"川金丝猴和羚牛,目前在秦岭的野生种群数量都已超过5000只。川金丝猴又称"仰鼻猴",是一种毛色金黄、面部显蓝、性情温顺的漂亮猴子。它的生活区域几乎和大熊猫完全相同,而第一次被现代科学家发现的情形也和大熊猫一样,同样是在晚清的四川宝兴县由法国传教士戴维记录。如今各熊猫自然保护区也为保护川金丝猴起到了很大作用,周至国家级自然保护区更是专为金丝猴所设。身形高大、皮毛厚重的羚牛一看就很适合在寒冷气候下生活,它们在秦岭的重要分布区域正是山脊的牛背梁国家级自然保护区等地。这种看似笨重的群居动物颇具攀岩走壁的天赋,夏天在海拔2500米以上的草甸、灌丛乃至高山石海活动,冬天下到依旧高寒的针叶林带。值得一提的是,羚牛(不丹亚种)还是不丹的国兽。

秦岭双娇

秦岭的森林和绿地不仅为野生动物提供了丰富的食谱,也藏匿着数不胜数的植物资源,据统计种子植物就多达3451种。这其中最精彩的正是垂直带最为完整的太白山国家级自然保护区。这里能找到独叶草、星叶草、红豆杉等珍稀植物,也有太白红杉、太白杨、太白贝母、太白美花草等以"太白"命名的植物;山脚生长着栎树林,半山腰为红桦林,更高处则是华山松、巴山冷杉、太白红杉、秦岭冷杉组成的针叶林,高山杜鹃也适时出现。

正如秦岭的千沟万壑在冰川时代护佑了大熊猫,也有若干第三纪的古老植物在这里渡过劫难。秦岭因此被称作"孑遗植物的避难所",两种身姿优美的孑遗植物——红豆杉和珙桐,则在近年来享有"秦岭双娇"的美誉。红豆杉又称紫杉、"相思树",它的红色果实就是"红豆生南国"的相思豆,其所富含的紫杉醇更是天然药物领域最重要的抗癌活性物质。珙桐又名"鸽子树",白鸽展翅般的花儿美感十足。它也是法国神父戴维在宝兴最先发现的,大巴山的镇坪和岚皋是野生珙桐分布的最北线。

黄土高原

除了陕南的秦岭巴山,陕北的黄土高原也有多人口稀疏之地,同样生活着不少珍贵的野生动植物。近年来黄土高原越来越绿、气候变好,这些自然保护区的生物种群也在快速恢复。

子午岭国家级自然保护区地处森林草原向草原植被的过渡地带,2020年这里的华北豹密度已达每百平方公里2只,是中国已知华北豹密度最高的地区。韩城褐马鸡国家级自然保护区坐落在关中平原和黄土高原的接合处,黄龙山的野生褐马鸡近年来屡有下到人类生活区的记录。红碱淖国家级自然保护区位于陕蒙交界处的毛乌素沙地,作为中国最大的天然沙漠淡水湖,是遗鸥在中国最大的繁殖与栖息地。

黄河大拐弯

从龙门冲出晋陕大峡谷的黄河,随即流淌在关中平原东缘,又在陕晋豫三省交界处掉头东去,成就了地理版图上神奇的黄河大拐弯。这一带正是中国候鸟迁徙的重要通道,韩城、合阳、大荔和潼关的黄河滩涂都是鸟类的乐园。每逢冬季到来,上百种候鸟来此越冬,其中不乏丹顶鹤、白天鹅、大鸨、灰鹤等国家级保护动物;其他季节也有黑鹳、苍鹭、鸳鸯、赤麻鸭等多种留鸟,在这里的荷塘芦苇间尽情嬉戏。

记事本

在路上

陕北
188页

关中
126页

西安和周边
66页

陕南
244页

西安和周边

包括➡

西安市	70
城墙内	71
城墙外	82
西安周边	110
临潼	110
蓝田	114
长安	116
鄠邑	120
周至	122

最佳古迹

- 东岳庙(见81页)
- 兴教寺(见118页)
- 汉长安城未央宫遗址公园(见95页)
- 水陆庵(见114页)
- 草堂寺(见120页)

最佳餐饮

- 老白家面馆(见101页)
- 回坊马二饺子馆(见100页)
- 老兰家(见101页)
- 机场烤肉(见122页)
- 秦镇米皮(见122页)

为何去

南宋诗人汪元量曾叹道:"长安不见使人愁,物换星移几度秋。"可见,追忆长安的情怀古已有之。虽然11个世纪前恢宏的唐长安城早已消失在历史之中,但今天的西安市,仍然用横平竖直的棋盘式街区,展示着昔日东方传奇和世界中心的风采。

就如同在14号线西段能眺望汉皇陵一样,西安居民的现代生活可以与历史元素无缝衔接。这座城市既能在新时代的巨变中承接"一带一路"的国家倡议,让高新科学技术产品通过航空和铁路网走向世界;也能将"网红"经济玩得滚瓜烂熟,在大唐不夜城的璀璨灯光下编织出美妙的中国梦。与此同时,本地人依旧会到城墙根下的早市里喝一碗地道的肉丸胡辣汤,于午后碑林的槐树荫下悠然喝茶,在傍晚时分听一场秦腔。纵有天翻地覆的变化,西安也总有挥不去的历史沉淀。

西安可能拥有一个老牌旅游目的地的所有缺点,如高昂的门票价格、拆得七零八落的旧街区、较为粗糙的新唐风建筑等。但只要给它足够的时间,你会发现,那个你梦中的长安城,依然在这里。

何时去

3月至6月 春暖花开,百年槐树抽枝发芽,大明宫的桃花和杏花、青龙寺的樱花、临潼的石榴花次第绽放,古城处处洋溢着生机。

7月至8月 天气酷热,暑假到来游人如潮,陕西历史博物馆、大雁塔喷泉等热门景点周边总是人满为患。

9月至11月 秋雨后,蜜瓜、柿子、狗头枣和石榴等水果成熟。卧龙寺和环城公园里都能看到满地的银杏叶,秦岭则迎来了最美时节。

11月至次年2月 过年期间,城墙、大唐不夜城和大唐芙蓉园都有热闹的灯会,而正月里的众多庙会能让你重新体会中国人的年味儿。

民谚地名识西安

老西安有几句民谚，概括了古城四个方向上的生活日常。东门曾经是很热闹的"鬼市"所在地，那时这里常有古玩和赃物转手，所以东门附近的乡党打招呼会说"抓住了吗"。现在小东门古玩城和八仙庵古玩市场都还在东门附近。钟楼往西的回坊区域美食众多，打招呼时说句"吃饭了吗"就再自然不过了。南城墙外有唐代藏经译经的大小雁塔，城墙内则有宋长安府学兼文庙（碑林的前身）以及明关中书院，今天西安的大专院校及文化和科研机构也有相当一部分落户城南，所以南门的家长和同学碰面问一句"考上了吗"就显得非常应景了。至于北面"打架了吗"的说法则与曾经的火车站和道北治安欠佳有关，如今的道北已与从前大不相同，不过在火车站附近还是要注意安全。

五分钟学会西安话

曾有研究西安方言的专家介绍说，把读音是第一声的字变成第三声，读音是第三声的字念成第四声，第四声则转成第一声，就可以把90%的普通话变成西安话了。比如"方言有趣"，就可依此规律读作"访言幼屈"。试着把这四个字读出来吧，恭喜你，你说出了一句地道的西安话。

除此之外，西安话中也有一些特例，最常见的就是"我"单独用时，一般读作"额"，其后若接一些名词时，则读作"哀"，如"哀家"（我家）、"哀妈"（我妈）。"扎咧"则是一个经常用到的后缀，表示"到底、到极点了"的意思。舒舒服服咥（dié）完一碗泡馍，然后说上一句"嫽咋咧"（好极了），绝对让你听起来像个地道的西安人。

有兴趣的读者不妨看看伍永尚先生的著作《原生态的西安话》，或者2020年上映的电视剧《装台》的陕西方言版，深度了解西安的语言脉络与俚语趣闻。

古墓考古，仍在刷新历史

2021年，西安咸阳国际机场扩建工地探勘发现了3500余座古墓。新闻一出，西安各高校便纷纷分享出校区建设中发现古墓的经验：西安邮电大学建设期间发现墓葬600多座，西安财经大学建设时挖掘出秦始皇亲祖母夏姬之墓……这些墓葬的发现，不仅让一些珍贵文物（如公主凤冠）得以重见天日，甚至有可能更新考古界原先认定的"史实"。比如西安在修建地铁时发现的三秦之一"雍王"章邯的故都"废丘"，就推翻了原先对废丘位置的记载，这从某种程度上给考古历史系的学子和相关学者带来了困扰，因为他们此前的研究、发表的相关论文和学术报告都随之被推翻了。

快速参考

- 人口：1295.29万
- 电话区号：029

如果你有

1天

上午在回坊（见75页）漫游，除了品尝美食也别忘记挑一两座清真寺拜访。之后登钟楼和鼓楼（见74和75页），再由含光门上到西安城墙（见71页），并完成环城一圈的骑行之旅。晚上去永兴坊（见81页）打卡"网红"店。

2天

第1天同上，第2天上午就留给西安碑林博物馆（见73页）吧。下午沿城墙根骑行，网罗其他小众景点，同时感受环城公园的风采。晚上听一场欢乐的陕派相声，再到回坊享用夜宵。

3天

前两天同上，第3天上午在大明宫遗址公园（见93页）感受人世沧桑，下午赶赴陕西历史博物馆（见82页）看国宝，再去大雁塔（见85页）送别夕阳。晚上伴看华灯畅游大唐不夜城（见87页），顺便在那里解决晚饭。

推荐纪录片

《**大明宫**》6集纪录片，讲述唐帝国皇宫大明宫从建造至辉煌，再到毁灭的过程。

《**遗失的长安：重拾古都记忆**》NHK出品，以盗墓贼引出长安的古今。

西安和周边亮点

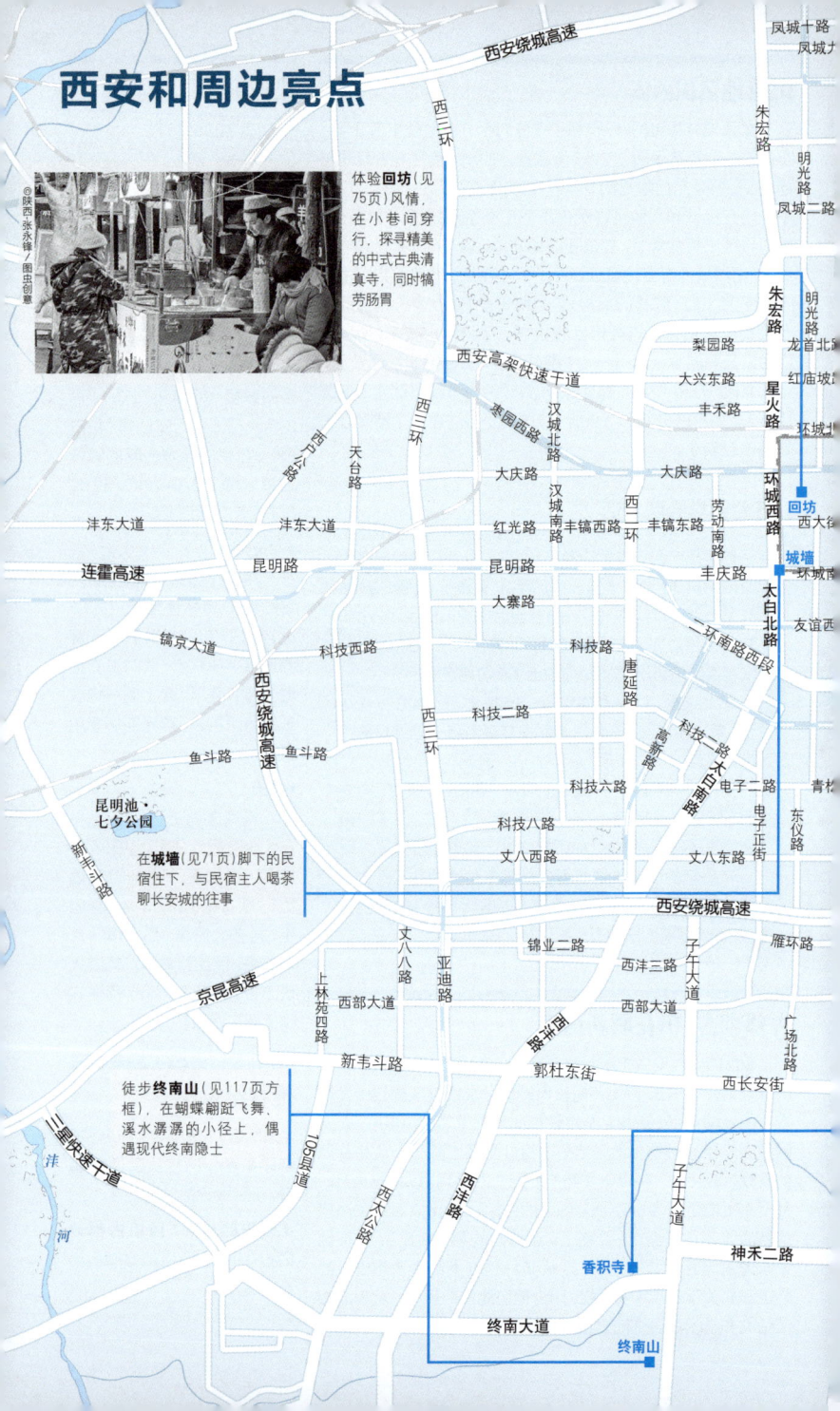

体验**回坊**(见75页)风情,在小巷间穿行,探寻精美的中式古典清真寺,同时犒劳肠胃

在**城墙**(见71页)脚下的民宿住下,与民宿主人喝茶聊长安城的往事

徒步**终南山**(见117页方框),在蝴蝶翩跹飞舞、溪水潺潺的小径上,偶遇现代终南隐士

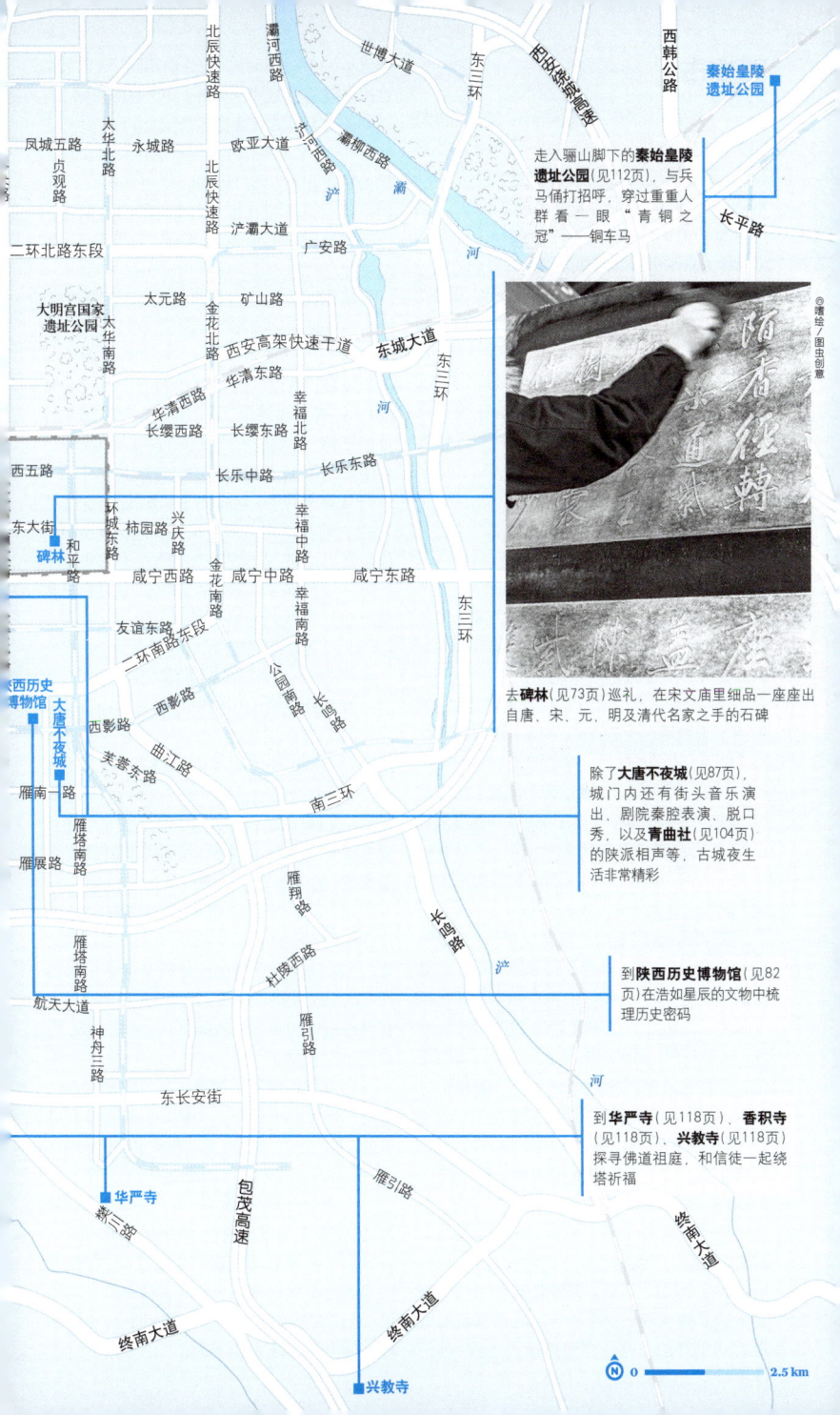

走入骊山脚下的**秦始皇陵遗址公园**(见112页)，与兵马俑打招呼，穿过重重人群看一眼"青铜之冠"——铜车马

去**碑林**(见73页)巡礼，在宋文庙里细品一座座出自唐、宋、元、明及清代名家之手的石碑

除了**大唐不夜城**(见87页)，城门内还有街头音乐演出、剧院秦腔表演、脱口秀，以及**青曲社**(见104页)的陕派相声等，古城夜生活非常精彩

到**陕西历史博物馆**(见82页)在浩如星辰的文物中梳理历史密码

到**华严寺**(见118页)、**香积寺**(见118页)、**兴教寺**(见118页)探寻佛教祖庭，和信徒一起绕塔祈福

西安市

"十三朝古都"西安有幸保存了一座最完整的中国古代城池。高墙深河构筑的防御体系，钟楼鼓楼定义的封建规章，至今依旧是城市的标志。日新月异的现代化发展并未全然抹去历史的印迹，新旧思路碰撞下的兴庆宫、曲江池等遗址公园如今则成为百姓公园。城墙根的百姓生活简单又充实，同时也处处透露着文化的传承。清晨在羊肉泡馍馆和邻桌遍闲传，顺便慢悠悠地将馍掰成绿豆大小；午后在环城公园的树荫下纳凉休憩，抬眼就能看见城墙上连绵不绝的青灰垛口；晚上再赶场秦腔或相声，用传统曲艺作为一天精彩生活的结尾。

历史

早在65万至100万年前，蓝田人就曾在这片黄土高原上繁衍生息。六七千年前，仰韶文化的母系氏族聚集于半坡。商朝后期，居住在陕西岐山之南周原一带的周人逐渐强大，约在公元前11世纪，周文王在沣水、渭水间筑设丰京。待周武王继位，联合各方国、部落大败商军于牧野，再建镐京。两京隔河相望，统称"宗周"丰镐。从此，西安正式成为中原王朝的都城。春秋战国时期，秦人崛起于关中盆地，秦献公曾将都城迁建于栎阳（今西安阎良区），而后秦孝公又迁建都于咸阳。直至秦始皇统一六国，咸阳（今西安西北和咸阳东南区域）成为这个大一统王朝的首都。

公元前202年，刘邦建立汉朝，他在原秦朝兴乐宫的基础上修建了长乐宫。那之后萧何主持建造了未央宫，汉武帝在位期间又建成了建章宫，历经百年时光终于营造出汉长安城。在此期间，西汉的国策也发生了巨大的变化，从前期萧规曹随、无为而治的休养生息政策，转变为汉武帝时期的战略扩张：对外反击匈奴，遣张骞通西域；对内实行盐铁官营，兴修水利，以一个中央集权国家的姿态进入了强盛时期。

王莽篡汉后，新朝、西晋（愍帝）、前赵、前秦、后秦、西魏和北周皆以西安为都，但频繁的战乱令汉长安城仅剩断壁残垣。于是，隋文帝建立隋王朝时，敕令宇文恺在汉长安城东南20里外的龙首原之南兴建大兴城。与历经百年、边住边修的汉长安城不同，隋大兴城自决策建都到迁都，只用了10个月的时间。唐王朝建立后，大兴城更名长安，并在"贞观之治"和"开元盛世"时期发展成国际大都会，城内百业兴旺，人口最多时超过100万。稳定的政治经济环境也带来了文化的空前繁荣，包括王勃、李白、杜甫、白居易，以及玄奘、鸠摩罗什在内的无数大儒高僧曾在此驻足。

唐末的战乱使唐都长安遭到了毁灭性的破坏。当时的佑国军节度使韩建只能放弃已成废墟的外郭城和宫城，以皇城为基础缩建了长安城，缩建后的面积仅相当于唐长安城的1/16，其后在五代、宋、金和元代也都维持这个规模。长安虽然式微，但在这350余年的悠悠岁月中，这里的更高一级行政区划几乎一直延续着唐时"京兆府"的称谓。随着党项羌人建立的西夏国在贺兰山下兴起，踞关中以挟西夏的长安，成为宋王朝西北的军事重镇。长安一度挂起了"永兴军"的名字，驻扎于此的西北禁军是北宋最具战斗力的一支军事力量。到了元朝，这里曾先后被更名为"安西府（路）"和政治意图明显的"奉元路"。

明王朝建立后，西安之名首次出现。不过长安之名也未被抛弃，长安县是西安府的附郭县。朱元璋将次子朱樉封为秦王，就藩西安。西安城墙也在这一时期得到了扩建和加固，以强化其军事功能。朱元璋晚年还曾派遣太子朱标考察陕西，据说是为迁都秦中做准备。但朱标返回南京没多久就病逝了，这给年过花甲的朱元璋带来了沉重的打击，迁都之事无人再提。话虽如此，大明没有迁都西安，更深刻的原因恐怕还是彼时沉寂偏远的西安已无法承担首都的重任。清王朝建立后，官府在府城的东北区块圈出了一座城中城，也就是西安满城。

西安以陕西省会和西北重镇的身份走入了近代历史。1936年，八路军在西安设立办事处，张学良和杨虎城发动西安事变，最终促成了抗日民族统一战线的建立。

今天的西安，作为"一带一路"的重要城市之一，在大力发展科研、国际商贸的同时，更着力于发展宜居宜游的生态经济。四通八达的旅游专线车和愈来愈完善的基础设施建设，不仅吸引了无数旅行者蜂拥而至，也使本地人的生活变得更加舒适惬意。

西安周边

方位

一般说"城里"指的就是城墙内。西安城里道路横平竖直，护城河景区和环城路环绕城墙外围。钟楼是城中心，东、西、南、北四条大街呈"十"字状在此交会，东大街与南大街是热闹的商业街，西大街和北大街虽略显冷清，却可以从这里进入热闹的回坊。火车站在北面城墙偏东的尚德门外，机场则在市区西北的咸阳，离西安城区较远。城南被唤为"南郊"，小寨、雁塔广场以及曲江新区也聚集了不少景点。

⊙ 景点

◎ 城墙内

含光门遗址博物馆 博物馆

（见72页地图；☏8763 8254；城墙南段含光门；凭墙门票参观；⊙8:00~18:00）如果想看真正的唐皇城墙，就千万不要错过这里。含光门是唐代三大南城门之一，在元代被封闭。1983年被发现后，历经20多年的发掘和维护，最终作为遗址博物馆对外开放。

进门右侧，西展厅的**五期城墙断面**上的不同土质、土色层次分明，如同一条条讲述城墙历史风貌的年轮。东侧展厅是**含光门门道遗址厅**，高耸的残垣气场十足，史料照片回顾了城墙改造前的面貌，也展示了一些城墙的零碎部件。博物馆最西面是镇馆之宝——**隋唐过水涵洞遗址**，这是长安城地下供水管网中的一段。它是隋唐长安城先建地下管网后筑城，明渠暗渠交错成一套城市活水系统的佐证，专家还认为，它的先进程度甚至超过如今一些城市的地下供水管网系统。值得一提的是，由于含光门与唐代鸿胪寺、太社和西市相邻，各国来宾到达长安后很可能通过此门进出，这里也因此成为唐丝绸之路的起始点，是一座"外交之门"。不妨把这座博物馆作为城墙游览的第一站，先了解一下城墙的相关知识，再由二楼的楼梯登上城墙。

西安城墙 历史建筑

（☏8727 2792；www.chinaxiancitywall.com；微信公众号：遇见城墙；门票54元，和碑林联票100元；⊙南门8:00~22:00，其余门5月至10月8:00~19:00，11月至次年4月8:00~18:00；Ⓜ5个城门有站）城墙作为西安最鲜明的城市符号，其变迁也是这座古城兴衰的见证。宫城、皇城和外郭城三重城垣环绕的隋唐繁华之景，

城墙内

到了唐末,变成仅剩下皇城墙的新长安城垣。明初朱元璋设西安府,扩建城池,到了16世纪末,城墙被砌上青砖,从此土城变砖城。而经历了近代战火的洗礼,以及火车站段的城墙被拆除又于2005年重新修建等多次大的变化,城墙最终形成了如今你所见到的全长13.74公里、高12米的规模。

西安城墙共开放了9个登城口,南门(永宁门)人流最大。这里除了能欣赏到众城门中唯一一座集闸楼、箭楼、城楼三楼于一体的气势恢宏的城门之外,每天白天还有3场仿古演出:免费的武士巡游(11:00、15:00、16:00)和武士换岗仪式(17:00),以及收费项目《迎宾开城仪式》(26元;9:00、15:00;10分钟)。4月至10月的晚间,重金打造的实景演出《梦长安——大唐迎宾盛礼》(260元;⏰周二至周日20:00~21:00,"五一""十一"期间有加演场次)将在南门瓮城上上演。

顺时针绕城走,在西门(安定门)的瓮城里能看到甜水井,旧时西安的许多井都只有咸卤水,而这里甘甜的井水滋养了好几代人;北门(安远门)的城楼在辛亥革命时被毁,今天所见的城楼是2001年复建的;中山门下是东岳庙和近年来人气爆棚的民俗美食街区永兴坊(见81页);文昌门下则是碑林,这一段的城墙上也建有护佑功名的魁星楼。天气晴好时,站在和平门上可向南远眺大雁塔和终南山。在城墙四角,你能找到3座重檐歇山顶的角楼,而唯有造型独特呈圆弧形的西南角楼未被修复,只留下光秃秃的角台遗址。

将不同城门串联起来的最佳体验方式,莫过于租一辆自行车(3小时单人/双人自行车45元/90元,押金150元/300元),于午后凉爽的时光中,拖着长长的背影,乘风骑行在泛着金黄色泽的青砖上。沿途立有许多图文铭牌,介绍附近有哪些遗址可览,让人遥想昔日从建，前身可追溯到唐代国子监太学，历经3次搬迁，所幸没有落下寺内一座庙由唐至清的名家石碑。20世纪初，因为安置了从三秦大地各处收罗抢救的文物，这里成为最早的陕西省博物馆所在地。尽管在1992年和博物馆分家，碑林留存的石刻类文物仍然灿若星辰。为了进一步保护这里的文物和周边遗址，碑林历史文化街区改扩建工程也于2019年正式启动。

从博物馆大门进入，东侧钟楼内是从西安钟楼（见74页）搬迁至此的唐代景云钟，钟壁上的铭文为唐睿宗李旦所书，大钟对面的大夏石马是十六国时代匈奴政权大夏国人的作品。碑林广场原为文庙大成殿的所在地，挂着"碑林"匾额的孝经亭位于广场中央，亭内就是著名的《石台孝经》，石碑四面的文字均由唐玄宗李隆基撰写。有趣的是，西面破损处之内发现了许多宋代经文和钱币，从而推测破损是宋代搬迁所致。

碑石展区共有7个展室，文物依时间顺序陈列。第一展室的镇馆之宝《开成石经》包含了114块石碑，内容涵盖13部儒家书经，与《石台孝经》形成对称的合围之势，至今已有1100年历史。第二展室的唐碑《大秦景教流行中国碑》是研究东西文化交流史的重要文物。而《唐集王羲之圣教序碑》《曹全碑》《仓颉庙碑》《颜勤礼碑》《臧怀恪碑》《肚痛帖》和《怀素千字文》等书法名碑更会让书法爱好者驻足许久。剩下4个展室中，宋代至清代的碑石中也不乏精品，苏轼、黄庭坚、米芾、赵孟頫、董其昌、林则徐等名家的真迹闪烁其间。到第四展室，可以看到工作人员在现场拓碑——为了保护文物，只有明清以后的碑帖才允许拓印；这些拓片也对外出售，有一定收藏价值。

孝经亭西侧是石刻艺术室，陈列品多为汉代至唐代的陵墓石刻，让人魂牵梦萦的唐昭陵六骏浮雕就在这里。六骏以唐太宗李世民征战时驾驭过的6匹有功战马为原型雕刻而成，相传由著名画家阎立本设计。它们本来皆被安置在昭陵祭坛两旁，但在近代"飒露紫"和"拳毛騧"这两块被偷盗出国，现藏于宾夕法尼亚大学博物馆。留在国内的这4匹骏马浮雕身上也有被偷盗者敲打所产生的裂纹。

此地俯瞰是怎样一番胜景。华灯初上后，五光十色的西安城将是另一番景致。

东、西、南、北四处城门上都设有自行车租赁处，你无须回到原租车点，可以直接就近还车。注意，18:30后只有南门租车处可还车（20:45前）。如果赶时间，坐电瓶车（20元/站，80元/圈）游览也是不错的选择。城墙上有便利店和自动售卖机贩售饮料和零食，不过价格偏高，彩绘小武士主题的手办让人眼前一亮。

西安碑林博物馆　　　　　　　博物馆

（见72页地图；8721 0764；www.beilin-museum.com；三学街15号；门票旺季65元，淡季50元，和城墙联票100元；3月至11月8:00~18:30，12月至次年2月8:00~18:00，闭前45分钟停止售票；永宁门，和平门）碑林博物馆依托北宋时期（1103年）迁建的文庙（孔庙）而

城墙内

◎ 重要景点
- **1** 南门(永宁门) ... C4
- **2** 西安碑林博物馆 ... D4
- **3** 钟楼 ... C3

◎ 景点
- **4** 宝庆寺塔 ... D4
- **5** 北门(安远门) ... C1
- **6** 东岳庙 ... F3
- **7** 广仁寺 ... A1
- **8** 含光门遗址博物馆 ... B4
- **9** 和平门 ... E4
- **10** 明秦王府城墙遗址 ... D2
- **11** 书院门 ... D4
- **12** 文昌门 ... D4
- **13** 卧龙寺 ... D4
- **14** 五星街天主教堂 ... B3
- **15** 西门(安定门) ... A3
- **16** 杨虎城将军公馆 ... C1
- **17** 永兴坊 ... F2
- **18** 张学良将军公馆 ... E3
- **19** 中山门 ... F2

🛏 住宿
- **20** 东舍精品酒店 ... C3
- **21** 何夜青年旅行酒店 ... D3
- **22** 京兆驿站 ... E3
-     居易民宿 ... (见23)
- **23** 璞宿清居 ... B4
- **24** 瓦舍旅行酒店 ... C4
- **25** 梧桐宿酒店 ... E3
- **26** 西安书院青年旅舍 ... D4
- **27** 西圃民宿 ... D4
- **28** 西唐客栈 ... D4
- **29** 阳光国际大酒店 ... E1
- **30** 忆宿民宿 ... C3

❌ 就餐
- **31** 春发生 ... D3
- **32** 东仓门早市 ... E4
- **33** 东府小杨澄城水盆羊肉 ... B3
- **34** 东门顺城巷早市 ... F3
- **35** 老兰家 ... B4
- **36** 老碗 ... C4
- **37** 马忠义肉丸胡辣汤 ... A3
- **38** 秦唐一号西安菜馆 ... D3
- **39** 秦豫肉夹馍 ... D3
- **40** 小南门早市 ... B4

☕ 饮品和夜生活
- **41** Meeting Jazz ... C4
- **42** Redeye Café ... B4
- **43** 北方小咖啡馆 ... B4
- **44** 浆木咖啡 ... C4
- **45** 老菜场市井文化创意街区 ... F4

★ 娱乐
- **46** 青曲社(鼓楼店) ... C3
- **47** 青曲社(尚勤店) ... E1
- **48** 相声新势力茶馆(粉巷店) ... C4
- **49** 相声新势力茶馆(朱雀店) ... C3
- **50** 易俗社剧院 ... D3

🛍 购物
- **51** 古西楼书屋 ... D1
- **52** 骡马市步行街 ... D3
- **53** 上海三联书店READWAY ... C4
- **54** 西安古旧书店 ... C4
- **55** 小东门古玩城 ... F2

ℹ 实用信息
-     钟楼旅游集散中心 ... (见3)

ℹ 交通
- **56** 陕西省西安汽车站 ... E1
- **57** 西安站 ... E1

孝经亭东侧的**石刻艺术馆**为"长安佛韵"主题展的所在地。出土于大明宫遗址的断臂菩萨残像身姿婀娜,有"东方维纳斯"的美誉。可惜馆内灯光有些昏暗,欣赏塑像略微吃力。

钟楼
历史建筑

(见72页地图;☎8727 6420;东西南北大街交会处;门票30元,和鼓楼联票50元;◉4月1日至10月10日8:30~21:00,其余时段8:30~18:00,闭门前半小时停止售票;Ⓜ钟楼)如地址所示,始建于明洪武十七年(1384年)的钟楼,扎根于西安城的中心处,至今有600余年历史。钟楼拥有与故宫中和殿相同的重檐攒尖顶,透露着明王朝建都之议的过往。而万历十年(1582年)为弥补城市扩建造成的"中轴偏移",将偏西的钟楼整体搬迁至现址的经历,更成为古代工程技术史上的奇迹。

欣赏钟楼的最好位置,其实是在环岛人行道的东南角。但登楼俯瞰四方车辆来来往往，体会身居城市中心的感觉也令人难忘。登楼口位于环形地下通道内，从此拾级而上，可以登上方形基座。西墙曾镶嵌有《钟楼东迁歌碑》，上面记载了钟楼搬家的传奇故事；西北角悬挂明代铁钟的位置曾安放的是唐代的景云钟，两件文物的原物均收藏在碑林。别急着登顶，每层楼的门扇上均有8幅美轮美奂的浮雕，在楼梯间还能近距离欣赏斗拱彩绘，值得放慢脚步欣赏。

鼓楼 历史建筑

（见76页地图；☎8727 6420；莲湖区北院门74号；门票30元，和钟楼联票50元；⊙同钟楼；Ⓜ钟楼）鼓楼位于钟楼西北角，两者之间只有几步之遥，事实上它比钟楼还要年长4岁。与四角攒尖顶的钟楼不同，同为重檐三滴水的鼓楼是歇山顶，更显宽广威严。作为中国现存最大的鼓楼，西安鼓楼的两块蓝底金字木匾也以面积巨大而闻名——南匾"文武盛地"，北匾"声闻于天"，道尽了万丈豪情，可惜都不是原物。同为重制品的还有楼内的大鼓。围绕木楼一圈的24面小鼓上用小篆书写了二十四节气。

这里每天有例行的鼓乐和编钟**演出**（9:30~17:00，约45分钟/场），并设置展厅介绍鼓乐的历史演变。鼓楼北侧是回坊主入口的北院门，看完演出就可直奔回坊。

回坊 街区

（见76页地图；莲湖区鼓楼西北侧；Ⓜ钟楼，北大街，洒金桥）回坊俗称回民街，这片位于鼓楼西北侧的老城区，凭着种类繁多的清真小吃，成为每位来到西安的旅行者必定造访的美食街区。名声虽然带来了汹涌的人潮和高企的物价，但只要离开游客聚集的北院门和西羊市，其他街巷的人潮就会松动许多。而数百年沉淀的独特魅力，就在偶然走入窄路深巷，穿过凌乱的民宅和小吃店，遇见一堵精雕细刻的清真寺砖墙时显现。你能听到每天5次礼拜的声音，操着陕西话、阿拉伯语或普通话的阿訇的发言随喇叭远播寺外，也会和头戴白帽的穆斯林同胞一起购买点心和腊牛羊肉。

据说最早来到长安的穆斯林，是唐代沿丝绸之路而来的外国使者和商人，不过那时他们多居住在开远门和西市一带。如今的回坊在那时位于皇城内部，是尚书省的所在地。唐代以后的长安城规模缩小，穆斯林可能就是在此时迁入昔日的皇城内。至明代设立西

当地知识

中文字体演变的记录者——从古代石经到电脑字库

西汉时期，五经博士的官职逐步建立起来，儒学从此成为官方的必考科目，也由此奠定了儒家经典在官学的权威地位。为了确保经文正确无误，历代朝廷都会将儒家经典刻在石碑上，这便是石经。

中国历史上最早的官定本儒家经书是东汉熹平四年（175年）的《熹平石经》，石经立在洛阳太学门前。直至清中叶，先后还有6个朝代刻过石经，分别是三国曹魏时的《正始石经》、唐朝的《开成石经》、五代十国后蜀的《广政石经》、北宋的《嘉祐石经》、南宋的《绍兴石经》以及清朝的《乾隆石经》。有意思的是，作为历朝官方钦定的文本，石经也记录着中文正体字的演变。两汉时期，秦篆逐渐发展成为隶书，《熹平石经》因此选用了隶书进行书写。曹魏时，古文经学盛行，所以在《正始石经》中能看到古文、篆、隶3种字体。随着时间推移，隶书逐渐演化出楷书、草书和行书等字体。到了唐代，楷书书体成熟，成为《开成石经》的官方字体。直到今天，手写的正体字字体依旧是楷书。

20世纪70年代，随着个人电脑的诞生，如何将中文编入"虚拟世界"成为当时人们面对的最大挑战之一，甚至曾出现"不是汉字死，就是电脑亡"的悲观论调。幸好技术人员从将每个字形都转化为以一组二维像素信息表示的点阵字体（也叫位图字体），到以笔画和字根组字，逐步让楷体、行楷、隶书等字体程序化，并变得愈加接近"实体字形"。与此同时，也有许多中文字体公司涌现了出来，它们所创建的字库接替了石经，在21世纪继续记录着中文字体的演变和发展。

回 坊

回 坊

◎ 重要景点
- **1** 鼓楼 D4
- **2** 化觉巷清真大寺(东大寺) D3

◎ 景点
- **3** 大学习巷清真寺 B3
- **4** 都城隍庙 B4
- **5** 高家大院 D3
- **6** 云居寺 A1

✖ 就餐
- **7** 白翔甜食店 D2
- 定家小酥肉 .... (见14)
- **8** 东南亚甑糕 C3
- **9** 高家烤肉 D2
- **10** 回坊马二饺子馆 A2
- **11** 刘茹蜜蜂饭 B4
- **12** 米文军小豆糕 C2
- **13** 全盛斋清真传统糕点 C2
- **14** 盛志望麻酱酿皮铺 C2
- **15** 西仓花鸟市场 B1
- **16** 小房子刘家粉蒸肉 C3

☕ 饮品
- **17** 花奶奶酸梅汤 D3

🛍 购物
- **18** 锦祥斋 A2

ℹ 实用信息
- **19** 阿莲城市游客服务中心 D2

安府，回族在城内逐渐形成了以清真寺为中心聚集的"寺坊"空间形态，最终形成了"七寺十三坊"的格局。

有趣的是，也许是由于穆斯林族群相对独立，唐长安"坊"的城区概念在明代被"隔代"继承下来，还得到了一定程度的强化。如今到"坊上"走一趟，不仅能在宗教和美食之间兜兜转转，还可体验一把千余年前的里坊生活。

高家大院 历史建筑

（见76页地图；☏8723 2897；莲湖区北院门144号；门票15元；⊙8:30~23:00；Ⓜ钟楼）西安城墙虽保存完整，但老宅子已经不多，甚至让人产生"有墙无城"的感慨，所以喧嚣的回坊内这座屹立了400年的民居更值得珍视。大院的主人家姓高，七代为官，其间有两位是明、清两代皇帝钦点的榜眼，因此这里又有榜眼府的俗称。

从东侧正门进入这座关中四合院，墙上解说牌将告诉你南北厢房高低有差、第二进院使用方柱子等设计的原因。南跨院内还设有**古典服饰博物馆**（25元；⊙10:00~18:00），展示明清服饰。因回坊夜晚更加热闹，这里也因地制宜，成了西安关门最晚的景点之一。在红灯笼的映衬下，这座官宦私宅的三进四合院显得更有韵味，在这里观看皮影（15元）或华阴老腔（30元）的简短表演，正好可以逃离一墙之外人挤人的喧嚣。

化觉巷清真大寺（东大寺） 清真寺

（见76页地图；☏8729 5212；莲湖区化觉巷30号；门票 旺季3月至11月25元，淡季12月至次年2月15元，穆斯林免费；⊙8:00~20:00；Ⓜ钟楼）走入狭窄而店铺林立的化觉巷，道路在中段豁然开朗，东大寺漂亮的砖雕外墙赫然映入眼帘。这里和兰州东关大寺、银川南关大寺、喀什艾提尕尔清真寺并称中国西北四大清真寺，也是回坊中唯一作为收费景点对外开放的清真寺。因寺内有一块落款于唐天宝元年（742年）的《创建清真寺碑》，这座清真寺曾被认为始建于唐朝。但经过古今许多学者的考证，大寺确是始建于明朝初年。

走入大寺，古朴的四进院落是令人熟悉又有点陌生的中式传统风格。从砖雕照壁开始，沿东西向的中轴线向西，二进院落中有米芾和董其昌所书的"道法参天地"和"敕赐礼拜寺"的石碑。敕修殿是寺内历史最悠久的殿宇，里面有座用阿拉伯文记录斋月计算方法的"月碑"。路过建有八角攒尖顶的**省心楼（宣礼塔）**、雕刻有花草图案的**连三门**，以及带有天蓝色琉璃瓦屋顶的**礼拜大殿**，可见伊斯兰元素和华夏文化之间的融合，非常有趣。同样迷人的还有这里幽静的园林景致，和一墙之隔的喧闹商业街相比宛若另一个世界，弥漫着"清则净，真则不杂"的宗教氛围。

大学习巷清真寺 清真寺

（见76页地图；莲湖区大学习巷94号；免费；

当地知识

回坊参观礼仪

→ 清真饮食的禁忌较多，忌酒忌大肉（猪肉）是基本要求，如果手捧稠酒和肉夹馍等食物，请千万不要步入回坊，更不要在清真餐厅落座。

→ 参观清真寺有着装要求，穿短袖、短裤或短裙都不合适。

→ 贴着"乜帖"字样的小箱子可供游客略表心意，"乜帖"是阿语"心意"的音译。

→ 除化觉巷清真大寺为正式景点可购票参观外，其他清真寺依然仅作为穆斯林的宗教活动场所。即便未贴"请勿参观"的标志，进入之前与门房的工作人员打个招呼也是基本礼仪。

→ 礼拜大殿是清真寺的核心，非穆斯林不得入内；如遇信众在寺内礼拜，请勿拍照或干扰，一些清真寺也会挂出此时禁止参观的告示。

→ 斋月为伊斯兰教历九月，信众会在白天封斋，回坊中只有很少一部分餐厅歇业，并不影响旅行者。

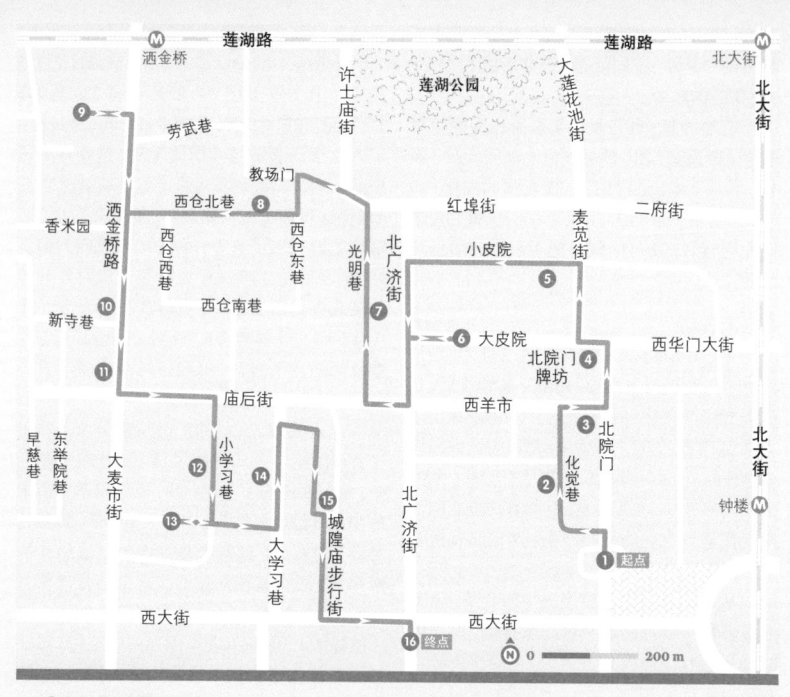

步行游览
漫步回坊

起点：鼓楼
终点：南广济街口
距离：5.5公里
需时：约4小时（含游览时间）

尽管 ❶ **鼓楼**（见75页）背面的北院门相当挤闹，但这里是步入回坊最经典的角度。一绕过鼓楼就请留意西侧，穿过化觉巷牌坊和市场来到 ❷ **化觉巷清真大寺**（见77页）。之后借道西羊市回到北院门，❸ **高家大院**（见77页）就在交叉路口南侧。奋力穿过人群向北，经过"人文荟萃"的石牌坊，不妨在 ❹ **陕拾叁冰饼糖**捧一份油泼辣子味的冰激凌。再沿麦苋街向西拐入僻静的小皮院，回坊第三大寺 ❺ **小皮院清真寺**就坐落在此处。

顺着古寺墙壁西行至北广济街向南，下一个路口可望见 ❻ **大皮院清真寺**的飞扬檐角。向西拐入庙后街并寻路进入光明巷，在 ❼ **日本飞机轰炸西安遗址处**见证战争浩劫。再向北步行教场门抵达 ❽ **西仓花鸟市场**，每逢周四和周日，这里除了叽叽喳喳的笼中鸟，

还能看到贩卖二手小物件的地摊。继续前行抵达洒金桥，别忘了去看看 ❾ **云居寺**（见79页）有没有开门。

洒金桥是近年来名气激增的美食街，向南步行能看到 ❿ **洒金桥清真古寺**。老门楼和门前的古树诉说着这里悠久的历史，不过寺内已是新建的伊斯兰风格建筑；此外，南侧小巷里还有女寺。行至 ⓫ **洒金桥清真西寺**向东转进庙后街，再从低调的北侧入口走进小学习巷。这里坐落有 ⓬ **小学习巷清真中寺**和 ⓭ **小学习巷清真营里寺**两座清真寺，几乎没有游客。顺着营里寺正对的巷子向东，看过唐代鸿胪寺的主题墙绘，再重回人来人往的热闹之地。⓮ **大学习巷清真寺**（见77页）在北面不远处，《郑和碑》道出了明初的辉煌历史。向北走，再右拐进隐蔽的建华西巷，穿过"原生态"的居民区，东侧高墙内的中式建筑是 ⓯ **都城隍庙**（见79页）。从"天道酬勤"的牌坊下钻出，车流滚滚的西大街会把你拉回现代化都市，但 ⓰ **南广济街口**东侧关于唐长安城中轴线的介绍碑，又能将你带入历史中。

⊙8:00~19:00；M钟楼）这座西安最古老的清真寺相传是684年由大唐开国元勋尉迟敬德奉旨监造的，不过寺内有块石碑称其始建于705年。唐朝时，这一带是作为外交机构的礼部主客司衙署和鸿胪寺的所在地，外国使臣在这里学习中原文化和礼俗，大小学习巷之名由此而来。

因在化觉巷清真大寺西边，且规模为回坊第二大，这里又被称为西大寺。寺内最珍贵的文物是南碑亭内的《郑和碑》（即《重修清净寺碑》）。碑文记载：明永乐十一年（1413年），郑和第四次下西洋，精通阿拉伯语的大学习巷清真寺掌教哈三作为船队的随行，凭借其聪明才智多次帮助船队化险为夷。回国后他不要官爵，只求重修清真寺，于是郑和亲自主持了这次大修。

在我们调研期间，清真寺暂不不对外开放，具体开放日期待定。

都城隍庙   道观

（见76页地图；☏8727 8333；莲湖区西大街129号；免费参观；⊙5月至10月8:30~18:00, 11月至次年4月8:30~17:30；M钟楼）都城隍庙在老西安人20世纪90年代的回忆里就是一个小商品批发市场，不过自从2001年被列入全国重点文物保护单位后，这里已被归还给道教协会，并逐步完成了修复工程。

建筑始建于明初，因统辖西北各省城隍而获称"都城隍庙"，是当时中国最大的三座城隍庙之一。虽在清代曾一度"雄伟壮观，甲于关中"，但屡修建屡被毁，如今所见基本为现代重修。倒是挂着"都城隍庙"竖匾的五开间大牌坊，背面的横匾上写着"你来了么"，颇有趣味。

云居寺   寺庙

（见76页地图；莲湖区洒金桥162号；免费；⊙农历每月初一、十五，其他开放时间不定；M洒金桥）跟随"西五台皇家寺院"的旅游指示牌进入窄巷之中，尽头不起眼的小门后就是这座传奇的尼众寺院。相传唐太宗李世民为方便母亲窦太后礼佛，避免来去终南山的舟车劳顿，在唐长安宫城（太极宫）的南墙上筑起五方高台，筑建五座佛殿，因有祥云环绕久聚不散，得名云居寺。而为了和**南五台**（见117页）区分，便依据宫城西南的地理位置，叫这里为西五台。

如今这座带有皇家气质的寺庙很是低调，甚至每月仅有2天开放时间，就连入内参观过的西安人也不算很多。若恰好赶上了农历朔望日的对外开放，即使对佛教不感兴趣，步入这座传奇寺院参观一番也是不虚此行。虽然千年岁月早已抹平了庙堂曾经的雄伟，所见建筑基本都是近年来复建的，但高耸的台基仍然岿然不动，那便是曾经富丽堂皇的太极宫留在地面上的最后遗迹。

杨虎城将军公馆   历史建筑

（见72页地图；☏8733 3971；莲湖区青年路117号；免费；⊙9:00~17:00；M北大街）作为西安事变兵谏方的主角之一，杨虎城将军的府邸内也设有西安事变纪念馆。和欧式风格的张学良公馆相比，这里的建筑风格更具中式特色。建成之初，杨虎城欲为其起名"紫园"，但因不满国民政府的反共内战政策，取"止戈为武"的"止"字，并改名"止园"。张杨二将军兵谏蒋介石的决定便是在这里达成的。纪念馆内以实物、模型、图文等形式展示了杨虎城将军的生平，着重介绍了他在西安事变中的作用。

广仁寺   寺庙

（见72页地图；☏18302969999；莲湖区西北一路152号；免费；⊙9:00~17:00；M北大街）这座陕西省唯一的藏传佛教寺院就坐落在城墙的西北角。清康熙四十四年（1705年），皇帝西巡陕西时拨款敕建广仁寺，作为清代藏地大活佛进京朝觐、途经西安时的落脚地。寺里至今留存着康熙、乾隆、慈禧等人的御笔和赏赐，可见清廷对广仁寺也是恩宠有加。

从经幡飞扬的广场步入寺庙，白塔、金顶、风马旗、转经筒、酥油灯……这座格鲁派寺院一下将人带到了藏地。殿宇里供奉的也是绿度母、宗喀巴师徒等藏传佛教塑像。气势恢宏的**藏经阁**所藏最为殊胜，不仅有佛祖12岁等身像承坐的唐朝莲花宝座、康熙年间修订的明版《大般若波罗蜜多经》6600卷，还复制了供奉于拉萨大昭寺的释迦牟尼12岁等身佛像以及文成公主像——两尊雕像于2006年在大昭寺开光后，便沿着"唐蕃古道"被迎请回了广仁寺。

春节前后，广仁寺的祈福灯会远近闻名。

骑行游览
骑行城墙根

起点: 东门
终点: 北门
距离: 13.5公里
需时: 约5小时(含游览时间)

在❶**东门**顺城巷早市吃完早餐,先在❷**东岳庙**(见81页)观赏壁画,然后从❸**东门**出城向南骑行到达城墙拐角处,❹**东南城角**顶着十字攒尖顶的角楼格外上相。由此向西,到下个路口后别急着钻门洞,先去❺**二虎守长安铜像**前了解一下这段历史。进和平门,西侧的❻**董仲舒墓**可略作凭吊。继续向北骑行,折进西五道巷,❼**南城清真寺**和回坊的几座清真寺一同出现在"七寺十三坊,八寺在东仓"的俗语中。沿东仓门返回城墙根的❽**下马陵**,于文昌门十字路口向北拐❾**卧龙寺**(见81页),再向西走❿**三学街**,短短300米曾经集中了西安府学、咸宁县学、长安县学和文庙。望一眼城墙上的⓫**魁星楼**,弃车步行,走进城墙外的环城公园。这里⓬**吉备真备纪念园**所纪念的是发明了日语片假名的著名日本学者吉备真备。不远处,⓭**明置西安府铜像**记录了西安这个地名的诞生。进入⓮**南门**内数一数⓯**宝庆寺塔**(见81页)残余的佛龛,去⓰**于右任故居博物馆**欣赏这位近代陕籍风云人物的书法真迹,然后穿过南门盘道抵达⓱**湘子庙**。沿顺城南路西行,前方第一座城门为⓲**朱雀门**,在唐朝乃是长安皇城的正南门,再向前的⓳**勿幕门**(小南门)因纪念陕籍革命先驱井勿幕而得名。去不远处的⓴**五星街天主教堂**(见81页)兜一圈,然后一路西行穿过东西梆子市街。抵达西城墙后,沿着北马道巷前往因冯冯祥而得名的㉑**玉祥门**,别忘了去门外瞻仰一下㉒**张骞出使西域的高大塑像**。接着贴城墙内向北骑行,㉓**广仁寺**(见79页)已是城墙西北角,掉头在青年路向东,拜访杨虎城将军故居㉔**止园**。再向北,骑到有"北堂"之称的㉕**糖坊街天主教堂**。沿教堂门前的街道直行,十字路口东北方向那座高大的仿古建筑是㉖**陕西建工集团总公司办公楼**,和它的飞檐斗拱相互呼应的便是㉗**北门**。

农历十月二十四和二十五，这里还会举行纪念宗喀巴大师成道日的酥油灯会。近年来，腊八节的免费施粥的规模也越来越大。

五星街天主教堂 教堂

（见72页地图；莲湖区五星街17号；免费；⊙7:00~21:00）回坊南侧400米的本地住宅区中有座典型的罗马式教堂，它就是建于1716年的五星街天主教堂，因位于古城南半城又被称为天主南堂，曾是天主教陕西总堂。

教堂的建筑风格可谓中西合璧。从外观上清晰可见十字架、圆拱顶、罗马柱、拱券门等经典西方元素，走近观察，又会发现朱柱、墙绘、砖雕等透露着中国明清传统建筑的痕迹。而它的经历算得上命途多舛，刚开放没多久就因雍正禁教而关闭，直到1884年才再度开放。20世纪初，教堂曾先后创办了女子中学和教会医院等公益机构。"文革"期间，这里曾被西安糖果厂作为库房使用。20世纪90年代教堂得到了全方位的修复，2016年建堂三百周年庆后，还在广场东南角新增了一块《大秦景教流行中国碑》的复制品。

乘公交在桥梓口或者含光门站下车，再步行约500米就能到达这里。我们调研时教堂暂时被封闭，具体开放日期待定。

宝庆寺塔 历史建筑

（见72页地图；免费；⊙24小时；Ⓜ永宁门）这座始建于唐代的古塔位于南门里的东北角处，经历颇为传奇。五代时期寺毁塔存，又在明代从小雁塔附近的原址迁至这里。明末"关西夫子"冯从吾曾在新修的宝庆寺内讲学，因为追随者众多，于是创办了关中书院，街道因此得名书院门。现存的六角七层砖塔为明朝所建，细看会发现塔身的砖龛内有佛教塑像，这便是明代重建时镶嵌上去的唐代造像。但大部分砖龛内已是空空如也，珍贵的唐代石佛在近代流失海外，其中不少被珍藏在东京国立博物馆中。

卧龙寺 寺庙

（见72页地图；☎8751 7573；碑林区开通巷66号；免费；⊙8:30~16:00，初一、十五6:30~16:00；Ⓜ永宁门）和碑林只隔着一条马路，这座始建于东汉灵帝时期的古刹有1800多年历史，却比前者清静多了。寺庙院落规模不大，重建的殿堂也谈不上古朴，但纯粹的宗教氛围让人珍惜。相传，宋太祖赵匡胤在发迹前曾和这里的禅师颇为投机，"西狩"的慈禧太后也对卧龙寺颇为关照。寺内立有不少古碑，著名的《吴道子画观音像碑》便曾收藏于此，不过现已转移到碑林博物馆，大雄宝殿前展示的是复制品。

张学良将军公馆 博物馆

（见72页地图；☎8741 8247；建国路69号；免费；⊙9:00~17:00，周一闭馆；Ⓜ大差市）公馆门前挂着的另一块牌子"西安事变纪念馆"，更能表达这座庭院所见证的不凡历史。张学良曾在这里召集将领，宣布次日对蒋介石发动兵谏——1936年12月12日，西安事变爆发。也正是在此地，南京政府代表、中国共产党代表和张杨二位将军进行三方会谈，最终达成了停止内战、一致抗日的协议，西安事变得到和平解决。纪念馆内的展览即围绕这一主题展开，3座气派的西式小楼则是张学良一家工作、生活的地方，如今仍然摆放着他们当年使用过的旧家具。

东岳庙 寺庙

（见72页地图；☎8744 3378；新城区顺城东路北段1号；免费；⊙9:00~17:30，17:00停止领票，周一闭馆；Ⓜ大差市）这可能是西安城内最低调的古建筑了。东岳庙的建设始于北宋徽宗年间（1116年）的一次祈雨成功，百姓纷纷募捐，最终立祠建庙。明清时期又经历了多次修葺。这里此前一直被当作校舍使用，直到2018年才整修完毕，以"西安市民俗博物馆"之名对外开放。不过这里的民俗展览乏善可陈，真正值得欣赏的是4座明清古殿，以及陕西现存宫观壁画中单体面积最大的一幅——大殿内的东岳七十六司壁画。壁画中的人物栩栩如生，下方还有图示介绍。由于殿内没有照明，寻找对应壁画的所在位置颇具挑战，最好在天气晴好的时候前来欣赏。

永兴坊 街区

（见72页地图；☎8745 7788；新城区东新街近中山门；免费；⊙9:30~23:00，淡季至22:30；Ⓜ朝阳门）这个名字乍听古朴，所处位置也的确是历史上唐长安城的永兴坊，但这里其实是一个纯粹的"一站消费式"仿古街景点。永兴坊在2014年底开放，很快便以"摔碗酒"走红网络。除了50多个售卖关中、陕南、陕北小吃的摊位之外（小吃价格略贵但味道也算正宗），这里也有售卖香囊、纸伞等手工艺品的小店，还有华阴老腔、秦腔、提线木偶等民俗表演（免费或30元起）供游客欣赏。而照壁、拴马柱、井钻辘等极其上相的仿古景观布置，更进一步强化了永兴坊的"网红"气质，近几年这里的旅游热度持续不减。

明秦王府城墙遗址　　　历史建筑

（见72页地图；新城区新城广场和皇城东路；免费；⏰24小时；Ⓜ钟楼，大差市）这个"秦王"和秦帝国或唐代的秦王李世民无关，指的是明初就藩西安的藩王，即朱元璋次子朱樉一脉。他不仅对五代以来的长安城进行了扩建，还在城内东北方位新筑高墙，围出了一座"城中城"——秦王府城，这便是此段城墙遗址的来历。而在清代，明朝王族的藩王城变为八旗教场，古城东北更成了专供满族人居住的满城。辛亥革命后，这里又相继更名为红城和新城，陕西省政府便是在那时迁址于此。如今，西安市在行政区划上有个新城区，包括古城墙内的东北一部，渊源正是由此而来。

王城旧址的东、西、南、北四面均留下了一些城墙的遗迹。比较好找的遗迹在省政府外新城广场的南侧，以及省政府东面和索菲特传奇酒店之间的皇城东路上。

🔵 城墙外

直到今天，西安人还习惯将刚出城墙向南的地方呼作"南郊"，哪怕那里的商圈才是最具人气的。在唐长安时期，"南郊"的曲江池、"东郊"的兴庆宫、"北郊"的大明宫、"西郊"的西市均属于城市范围；汉长安的废墟和帝陵、秦人未建成的宫殿和早期原始人的村落则如年轮般层叠环绕。中华人民共和国成立后，东郊和西郊见证了西安的工业化进程，北郊则从曾经混乱的道北摇身一变，接过了西安市行政中心的重任。摩天大厦和生态公园在城墙外茁壮生长，代表着这座城市的未来；而各个博物馆、遗址公园和新唐风街区，则执守着这个城市的历史，二者在西安完美融合。

陕西历史博物馆　　　博物馆

（见84页地图；📞8525 3806；www.sxhm.com；小寨东路91号；常展"陕西古代文明"免费，专题展另收费；⏰3月15日至11月14日8:30~18:00，其余时间9:00~17:30，闭馆前1.5小时停止领票，周一闭馆；Ⓜ小寨，大雁塔）想了解十三朝古都的历史，莫过于跟随考古学者在黄土坡上层层挖掘的步伐，从那些地底下出土的宝贝身上，一窥史前时代以及周、秦、汉、唐的传奇。虽然博物馆3000件陈列展品仅仅是170万件馆藏文物的冰山一角，但已足够游客花上大半天来慢慢欣赏。若时间有限，跟着坊间提炼出的"十八件国宝"走一圈，也能粗略看完陕西10世纪前的文明框架。

步入高台宫殿式的主楼，一楼大厅正中心的**国宝厅**面积有200平方米，但只聚焦于最中心的唯一一文物。在国宝厅展出的基本都是陕西顶级的文物珍品，按季度轮展。继续前往"**陕西古代文明**"**基本陈列**，一号厅的"文明摇篮""赫赫宗周"和"东方帝国"三大单元，梳理了秦朝覆亡之前的悠悠历史：陈列以蓝田猿人塑像开篇，之后是仰韶文化半坡遗址出土的**彩陶人面鱼纹盆**，它是孩童葬具瓮棺的顶盖，盆底的小孔传说是供灵魂出入之用，而**红陶尖底瓶**为半坡人的自动汲水器。接着，文明之旅一步跨入商周的青铜文明：**饕餮纹四足鬲**是商代晚期作品，为迄今发现的唯一一个四足鬲（三足是鬲的基本特征）；**五祀卫鼎、多友鼎**和**旟（yú）鼎**都刻有极具史料价值的铭文，对研究西周的土地、法律、军事等方面有重要意义。随后秦人登上了陕西的舞台：**杜虎符**为战国时期秦国的虎符；"**廿六年诏**"**陶权**刻有秦始皇二十六年为统一度量衡而颁布的诏令；这里也有兵马俑，展柜内威风凛凛的跪射俑、立射俑和车马俑等更方便欣赏细节。

位于二楼的第二展厅，"大汉雄风"和"冲突融合"两单元分别讲述了汉朝和魏晋南北朝时期。**鎏金铜蚕**因丝绸之路的历史渊源而在近年来声名大噪。出土于汉长陵附近的**皇后玉玺**，学界普遍认为其主人即汉高祖那位权倾朝野的皇后吕雉。**鎏金银竹节铜熏炉**据说是汉武帝赐给阳信长公主及其丈夫大将军卫青的赏物。**彩绘雁鱼铜灯**减少油烟污染的设计极其巧妙，同样让人一眼难忘的还有身上隐藏了17只飞鸟的**金怪兽**。而"天下第一丈人"独孤信的多面体煤精组印，清俊

城墙外

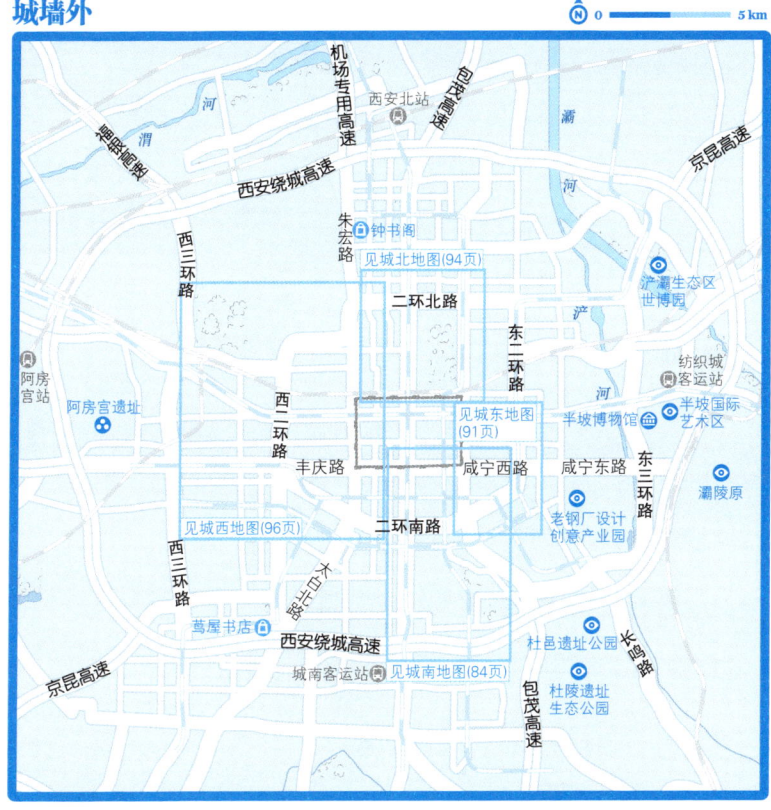

优雅的西魏白石佛龛像,以及安迦墓石榻的异域浮雕和彩绘,是不容错过的南北朝展品看点。

终于,博物馆的三楼迎来了"盛唐气象"。法门寺地宫出土的秘色瓷揭开了这种以前只见于史料的皇家瓷器的面纱。**三彩女立俑**告诉你唐人眼中的美人是什么样的。**三彩载乐驼俑**构思大胆,狭小的驼背成为七男一女奏乐的舞台。**鸳鸯莲瓣纹金碗**和何家村展的同名文物是一对。唐敬陵贞顺皇后(武惠妃)墓椁的石板构件上有精美的线刻和壁画。"文脉绵长"单元诉说着唐以后的陕西古代历史。**青釉提梁倒注壶**是五代耀州窑珍品,因有"百鸟之王"凤凰、"百兽之王"狮子、"百花之王"牡丹的形象,又被称为"三王壶"。**北宋黑釉油滴碗**也因难度高、制作工艺复杂而罕见。**幻方铁板**是中国数学史上应用阿拉伯数字最早的实物资料,而明秦简王的**彩绘陶仪仗俑群**由300余个惟妙惟肖的小巧人俑组成,颇为壮观。

博物馆有两处另外收费的专题展。**大唐遗宝——何家村窖藏出土文物展**(门票30元)用4件国宝级文物撑起了"大唐遗宝"的穹隆:"镇馆之宝"**镶金兽首玛瑙杯**、大唐金银器的代表**鎏金舞马衔杯纹银壶**、纹饰精美可称巧夺天工的**鎏金鹦鹉纹提梁银罐**和**鸳鸯莲瓣纹金碗**。此外,曾登上《国家宝藏》节目的**葡萄花鸟纹银香囊**和被盗后留存的6只**赤金走龙**不仅精致小巧,背后的故事更令人唏嘘。让人难以想象的是,这些如繁星般璀璨的遗珍都来自两个不及半身高的陶瓮和一个更小的银罐——1970年,它们从西安西南郊何家村的一处建筑工地中被挖出。据推测,这些宝贝可能就是晚唐一位高官在躲避兵乱时埋在自家后花园的。另一专题展**唐代壁画珍品馆**(门票270元)陈列着从盛唐到晚

城南

西安和周边

西安市

城 南

◎ 重要景点
1. 大唐不夜城 B5
2. 大雁塔 B4
3. 陕西历史博物馆 B4
4. 小雁塔 A2

◎ 景点
5. 大唐芙蓉园 C5
6. 大兴善寺 A3
7. 寒窑遗址公园 D6
8. 秦二世遗址公园 D7
9. 曲江池遗址公园 D6
10. 唐城墙遗址公园(雁南二路段) C5
11. 唐大慈恩寺遗址公园 C4
12. 天坛遗址公园 A6
13. 西安博物院 A2
14. 西安电影制片厂旧址 C4
15. 西安市明清皮影艺术博物馆 C5

🛏 住宿
16. 己拾己设计师酒店 B5
17. 曼辰酒店 B2
18. 喜客五间唐中式酒店 B4
19. 一间森林青年酒店 B6

🍴 就餐
   宝严素食坊 .... (见6)
20. 老白家面馆 B2
21. 莲花餐饮 A3
22. 秋林食街 B2
23. 三羊居食府 B2
24. 薛昌利大米面皮 A2
25. 子午路张记肉夹馍 A4

🍷 饮品
26. More Whisky Bar B5
27. 本色精酿 A2

🎭 娱乐
28. 秦风韵茶楼 B2
29. 青曲社(大雁塔店) C4
30. 三意社小剧场 A1
31. 星球工厂&山海club C4

🛍 购物
32. 大唐邮驿 B5
33. 曲江大悦城 B4
34. 赛格国际购物中心 A4

ℹ 实用信息
35. 曲江池遗址公园游客中心 D5

西安和周边 西安市

唐共97幅壁画,气象万千又价值连城,但严禁拍照。

博物馆内各楼层均出售专业文物研究书籍,一楼纪念品店更开发出唐妞、花舞大唐等主题手办,感兴趣的话可关注和购买。

需要注意的是,前往博物馆要提前(最多7天)在官网或微信公众号"陕西历史博物馆票务系统"预约,参观当日凭有效身份证件现场领票。不过免费票经常开票即售罄,相对而言专题展的票更好买些,凭专题展票也能进馆参观常设展。馆内正规的讲解导览50元起,也有众多水准参差不齐的志愿讲解员。博物馆虽有"讲读博物馆App"和小程序,但由于馆内Wi-Fi和手机信号不好,使用起来不够方便。

大雁塔 世界遗产

(见84页地图;📞8552 7958;雁塔区慈恩路1号;门票40元,登塔25元;⏱3月至10月8:30~18:00,11月至次年2月9:00~17:30,闭门前半小时停止售票;Ⓜ大雁塔)古朴端庄的大雁塔以其简洁而雍容大气的四方楼阁式砖塔造型,成为西安最具辨识度的城市地标。随着不夜城的喷泉和灯光秀在网络走红,这里也从佛门净地,摇身一变成为最潮的夜生活街区的起点。

大雁塔位于大慈恩寺内,这座皇家寺庙始建于648年,是太子李治为去世的生母长孙皇后追福而创建的。这一年年底,玄奘法师受命来此继续他的佛典翻译工作。652年,为安置经书,玄奘参与设计并主持建造了大雁塔。据说大雁塔最初的造型为印度的窣堵坡(stupa)形制,且为五层。之后,武则天统治期间改建成楼阁式砖塔,明万历年间又经过一次大修,才形成今天所见唐朝风格的七层浮屠。而大慈恩寺的建筑呈明清风格,规模也缩小了许多,但凭借和玄奘的联系,以及法相宗祖庭的宗教地位,这里的香火一直都很旺盛。

上塔基来到大雁塔底层,南门洞两侧墙上是唐太宗所撰的《大唐三藏圣教序碑》和

值得一游

西安电影制片厂旧址

1958年，西安电影制片厂（见84页地图；雁塔区西影路508号；园区免费；Ⓜ北池头，大雁塔）建于大雁塔东侧750米处。这片苏式红砖厂房不仅出品了许多经典电影，如《美丽的大脚》和《大话西游》，更走出了张艺谋、田壮壮等知名导演。2019年，旧厂址被改造为影视产业园，曾在《古今大战秦俑情》中出镜的螺旋桨飞机就摆在广场上，星光大道排列着一座座国际电影大奖的奖杯模型，记录了西影的骄傲和回忆。另有西影电影艺术体验中心（☏8553 6822；门票90元；⊙5月至10月9:30~21:00，11月至次年4月9:30~17:30），展示了众多电影创作手稿和道具，互动区的配音间、绿幕室等非常适合阖家同乐。

时为太子的李治所撰的《大唐三藏圣教序记碑》，由唐代著名书法家褚遂良所书。登塔时留心观看门楣和墙壁上各朝代的刻画印记，透过一层叠一层的题名"涂鸦"，就会看到更珍贵的被压在底层的唐石刻画——据传有的是吴道子手笔，但西门门楣上的《阿弥陀佛说法图》为阎立本所画的说法更加可信。登上七层塔顶，天气好时可能会看到终南山。

离开大雁塔向南，就是越晚越热闹的大唐不夜城（见87页），也可回到北侧欣赏气势磅礴的音乐喷泉表演，直奔地铁出口处附近的北广场看喷泉和佛塔的结合观感最佳。如果想找僻静所在，夕阳余晖下的唐大慈恩寺遗址公园（☏8552 7958；免费；⊙24小时）曲径通幽，鸟鸣枝头，适合遥想唐长安风华。

往来不绝的游客使大雁塔成了"旅游集散中心"。曲江旅游环线、环山线公交的始发站都在大雁塔东的芙蓉东路上，前往兵马俑景区的307路公交车也在雁塔北路设有站点。

小雁塔   世界遗产

（见84页地图；☏8780 3591；碑林区友谊西路72号；免费；⊙9:00~18:00；Ⓜ南稍门）与游人摩肩接踵的大雁塔相比，小雁塔所在的荐福寺就幽静许多。寺庙最初是为了给辞世的唐高宗祈福而于684年建造的，20余年后为了保存高僧义净由海路取回的佛经和舍利子而修建了小雁塔，这里因此成了长安城三大译经场之一。可惜历经唐末至近代的战乱，如今塔下的寺庙建筑已是明以来的作品。

好在15层密檐式结构的小雁塔保存了下来。1300余年间的70余次地震非但没将其摧毁，还发生了神奇的"三裂三合"；只有顶部的两层被震掉，塔顶因此成了一处露天观景台。小雁塔也是清代关中八景之"雁塔晨钟"的发生地，塔南的钟楼里依旧悬挂着金代铁钟。树荫连绵的园林院落是小雁塔的另一大看点，每至秋季，银杏和悬铃木撒下金黄的涟漪，浪漫万分。塔北有传统文化基地，可在这里观看皮影戏、木偶戏演出，参与皮影制作、汉瓦拓片等。在塔南的乐寿堂则可欣赏到长安古乐（票价35元；⊙9:30~19:40，共6场）演出。

小雁塔西南角就是西安博物院（见本页），可将两处安排一起游览。经过一年改造，小雁塔园区已于2021年4月底重新对大众开放。

西安博物院   博物馆

（见84页地图；☏8780 3591；www.xabwy.com；碑林区友谊西路72号；免费；⊙3月15日至10月31日9:00~18:00，11月1日至次年3月14日9:00~17:30，闭馆前1小时停止领票，周二闭馆；Ⓜ南稍门）这里没有陕西历史博物馆那样的汹涌人潮，也没有丰富到令人眩晕的文物藏品，却另辟蹊径地专注于梳理西安城的历史脉络。这里非常适合作为初次到访西安的旅行者的首站，让他们为接下来的行程寻找一些灵感。

"天圆地方"的大气馆舍设计出自建筑师张锦秋之手，她正是陕西历史博物馆、大唐芙蓉园等"新唐风"建筑的开创者。步入馆内，圆形穹顶下的《长安城郭演变示意图》多次入镜纪录片，成为展示古都地理位置变迁的最佳"模特"。而负一层展厅中心以1:1500比例打造的唐代长安城模型，自《长安十二时辰》播出后更成为每位参观者必驻足的打卡点。"千年古都"展厅环绕着模型来布展，顺着走一圈就好像走过了西安的千年建城史，另一侧的"帝都万象"展厅中<u>唐三彩腾空马</u>动感十足——这个形象也出现在馆外广场的花坛雕塑上。馆内另有"宝相庄严"佛教造像展（一楼）和"天地之灵"古代玉器展（二楼）等常设展览，出土于阿房宫遗址的<u>秦代玉高足杯</u>同样可称得上镇馆之宝。

2019年，西安博物院以<u>唐代彩绘仕女俑</u>为蓝本，开发出"唐小西"主题的胸针、玩偶等文创产品，并于一楼纪念品店贩售。

大兴善寺 寺庙

（见84页地图；☏8522 7071；雁塔区兴善寺西街55号；⏰8:00~18:00；Ⓜ小寨）2015年，印度总理莫迪访问西安，他主动提出第一站要去大兴善寺。这令中方接待人员始料未及——毕竟在遍布历史名胜的西安，大兴善寺实在算不得热门。但这也让这座低调的中国佛教密宗祖庭"重回"大众视野。

寺庙始建于3世纪的西晋，于6世纪末隋朝兴建大兴城之际搬迁至此，并定名为"大兴善寺"。寺庙与印度的渊源也就此开启。先是有"开皇三大士"之称的印度密教僧侣那连提黎耶舍、阇那掘多和达摩笈多在此传法译经，

建立了隋代第一个国立译经馆。盛唐时又有号称"开元三大士"的天竺高僧善无畏、金刚智和不空住锡大兴善寺，弘扬密宗佛法并翻译佛经，中原王朝首个灌顶道场便设立在此处。大兴善寺因此和大慈恩寺、荐福寺并称长安三大译场。

在寺内不会遇见喧闹的旅游团，可以听着院内鸽子振翅的声音，静静地感受肃穆的宗教氛围，并在唐代转轮藏经殿遗址、不空大师舍利塔、密宗法脉展等处遥想失传已久的唐密风采。

天王殿东侧的<u>宝严素食坊</u>（☏8526 6880；人均56元；⏰10:30~20:00）是西安素食界的老字号，环境素雅，仿荤素斋也是颜值出众，逢初一、十五还会供应素包和粥（7:00开始）。

大唐不夜城 街区

（见84页地图；微信公众号：大唐不夜城官方；雁塔区大雁塔南侧；⏰24小时；Ⓜ大唐芙蓉园，大雁塔）大唐不夜城无疑是西安在网络营销方面一个相当成功的案例。景区在2019年初完成升级改造之后，就迅速在各大社交软件刷屏，成为许多旅行者夜游西安的必去地点之一。

日暮降临，琳琅满目的彩灯将大道两侧仿唐的建筑染上最艳丽的色彩。喊泉、钢琴

当地知识

长安里坊制

电视剧《长安十二时辰》为观众展开了一幅盛世大唐、恢宏长安的画卷，其中出镜率颇高的唐长安城平面图，更直观展现了长安城整齐划一、纵横相交的街巷。像这样如画棋盘一般地划分街区，就是"里坊制"。

里坊制作为中国古代城市规划和城市管理的制度，可追溯至春秋的《周礼·考工记》。据记载，丰镐的城市布局被规划成"城墙边长九里，形状呈正方形，四边城墙各有三座城门，城中有东西向和南北向的大道各九条"；同时，《周礼·考工记》中也规定了宗庙、社稷坛、宫室和商业区"市"的位置。虽然大部分城市设计无法做到如此"精确"，但这种规划方法，尤其是"九经九纬"的概念，逐渐演变为里坊制。遵循中轴对称布局，将城内居住区像棋盘一样切割成一个个小方格的布局概念，广泛应用于中国各个古代城市。

同时，里坊制也是一种"重农抑商"的城市管理制度。坊四周建高墙，每面仅开一门，称"里门"或"坊门"，且沿街不准开设商店。夜晚实行宵禁，不准出入。这也是为何唐长安城会出现产品交易所"东市"和"西市"。

这种制度在中国延续上千年，直到唐代中后期，随着商业发展和皇权衰弱，管理逐渐放松。尤其到了北宋时期，商品经济越发繁荣。宋徽宗在位期间，政府开始征收"侵街房廊钱"，这也标志着里坊制退出历史舞台，城市布局迈向无坊墙、以巷名代替坊名的"街巷制"，夜市生活也在这时出现。

> ### ⓘ 大唐不夜城夜游攻略
>
> 　　大唐不夜城街区的演出时间从19:00左右开始,节假日可能提前至中午12:00,23:00后演出基本结束,24:00熄灯。街区演出范围从大雁塔北广场一直到开元广场北侧,全长2公里,因此提前确认好想看的演出地点非常重要。演出内容随季节变化,但大雁塔北广场的音乐喷泉和不倒翁(西辅门),以及开元广场的不倒翁和《再回长安》每日都有3~5场演出。如果想从更高的角度看不夜城,银泰百货的4楼阳台可以俯瞰部分街景。
> 　　可在大唐不夜城的官方微信公众号中,查询近期活动和晚上的演出信息。

街等互动式开放景观,不倒翁、音乐喷泉等"网红"节目的常规化表演,以及各乐队、秦腔剧团的纷纷驻场,满足了游人快速体验文化的需求;帝王、诗人、工匠等大唐群英塑像群的布置,音乐厅、大剧院、美术馆(免费参观)等公共建筑的设立,也让人看到这片大型商业体对历史文化传承的责任心。不妨提前看好演出信息,跟随感官,在光影音效果中尝试"梦回大唐"吧。

　　注意,深夜在大唐不夜城叫车会比较困难,请做好心理准备或提早离开。

西安市明清皮影艺术博物馆　　博物馆

　　(见84页地图;☏153 1992 2816;www.shadowpuppetart.com;大唐不夜城西安音乐厅北门;免费;⊙周二至周五13:00~17:00,周末11:00~19:00,周一休馆;Ⓜ大唐芙蓉园)这座门面低调、很容易错过的"宝藏"博物馆收藏了明清时期的皮影,从头茬、家具、山海经的神怪到"闹龙宫"的场景,一片片泛黄的精致皮影上,发丝、眼线、叶片等纤毫毕现,令人赞叹。"闹龙宫"场景皮影曾是巡演匠人的压箱宝,如今成为博物馆的镇馆之宝。

天坛遗址公园　　历史建筑

　　(见84页地图;雁塔区天坛路;免费;⊙9:00~18:00;Ⓜ会展中心)试想一下,将北京天坛置于一片镜光闪烁的写字楼脚下是什么样的景色? 在西安城南郊,更古老也更质朴的隋唐天坛(圜丘)就是如此"穿越"而来的。在历史角落埋藏千余年后,它终于在2018年初以遗址公园的形象重新亮相。

　　隋开皇十年(590年),大兴城(长安城)正南门明德门外,向东不远的位置筑起了一座四层高、十二陛阶、夯土材质的圜丘。随后300多年间,隋文帝、隋炀帝、唐太宗、唐高宗、唐玄宗等历代皇帝都会在冬至日祭祀昊天帝的国家仪式上到这里登台祭天。如今,古老的天坛经过考古发掘、整修原貌后以栏杆围起,环绕圜丘一周的解说牌介绍了祭祀的历史典故、仪式、礼节等内容,非常适合夕阳斜照时来此怀古。公园东南角设有游客中心(☏8555 1419;⊙9:00~18:00)。

大唐芙蓉园　　公园

　　(见84页地图;☏8554 0901;www.tangparadise.cn;雁塔区芙蓉西路99号;免费;⊙9:00~22:00;Ⓜ大唐芙蓉园)走入这座"唐风主题公园",一栋栋新修建的仿古园林建筑以及湖上的长廊和倒影,让大唐芙蓉园成为本地人和游客拍古装照的好去处。园内歌舞、民俗等演艺活动比较丰富,全天都有节目,在处处张贴的节目表以及官网和微信公众号"大唐芙蓉园"上均有节目的详细预告,紫云楼的唐长安城沙盘投影秀(11:00~17:00每逢整点开始)是2019年才推出的高科技新亮点。

　　没必要用一整天时间游玩大唐芙蓉园,15:00入园即可赶上大多数演出。趁傍晚光线最佳的时候按几下快门,最后在霓虹彩灯中漫游神思。景区内每晚还会有大型乐舞剧《梦回大唐》(票价298元起;⊙16:30~17:30,19:30~20:30)和《鼓》(票价298元起;⊙18:00~18:50),分别在凤鸣九天剧院和紫云楼三楼上演,还有水舞光影秀《大唐追梦》(票价318元起;⊙20:00~21:10)。

　　公园有5个大门,地铁站离南门和西门距离相当近,离大雁塔南广场最近的是景区西北方位的春明门,只相隔500米。

曲江池遗址公园　　公园

　　(见84页地图;雁塔区大唐芙蓉园南侧;免费;⊙24小时;Ⓜ曲江池西)虽说是遗址,这里更像是座城市公园,拥有宽广水域、大片绿地和长长的跑道,许多本地人会来此夜跑。公园和大唐芙蓉园水系相通,按照历史记载,这里才是隋唐芙蓉园(曲江池)所在地。当时曲江池既是皇家园林,又是公共区域,不仅流传着皇帝与老百姓同游的佳话,也留下了"曲江流饮"的风流诗韵。

若想游览公园,你既可沿布置着柱基石、门头石、拴马桩的游览道散步,也可在湖面划船(脚踏船180元/小时)。抬手拦下路过的黄色观光车(30元/圈/位;◐9:00~21:00),乘车在园内转一圈,在中和广场的游客中心下车,从这里前往唐城墙遗址公园就几步路;或于东南角的寒窑遗址公园(见84页地图;免费;◐24小时)下车,王宝钏苦守寒窑十八载的故事便发生在这里。

秦二世遗址公园　　　　　　　　　　公园

(见84页地图;☏8542 8866;雁塔区曲江池南路252号;免费;◐24小时)顺着公园楼梯向山坡上走,经过山门和不起眼的"大殿",就能见到亡国之君胡亥长满青草的小小土坟,

> **当 地 知 识**

"网红"西安市的IP打造之路

2017年底,永兴坊的摔碗酒借着抖音等短视频App走红——排队1小时,摔碗5秒钟,每天摔掉2万只碗,如此情景甚至可以用"盛况空前"来形容。

西安随之开启了千年古都的"网红"新篇章,并一发不可收拾。毛笔酥、南门洞乐队演出、创业咖啡街区、颜值书店等百花齐放;回坊小吃、裤带面(biáng biáng面)、兵马俑、李世民手植银杏、袁家村等传统特色在短视频的传播下更是"红红火火",遑论2019年大唐不夜城的"不倒翁小姐姐"了——这个堪称顶流级别的"网红"话题,即便你不刷抖音也可能听说过。

西安的历史文化底蕴是其跻身"网红"大咖行列的根本所在。汉唐的历史和诗歌,让西安一遍遍出现在中小学课本中,很多人从小就萌生出长安情结。而在近年传统文化的复兴浪潮中,一些文物也借助文博类节目,被赋予了"网红"属性,如《国家宝藏》节目中亮相过的杜虎符、银香囊和《阙楼仪仗图》等。如今也有人总结出了陕西历史博物馆馆藏的"十八国宝",其实国宝级文物并没有正式的评判标准,"十八国宝"的说法本身便契合了某种"网红"特质。

除此之外,西安也摸准了流行趋势"网红"经济的脾性,追求极具视觉效果的引爆点,引发人们打卡和转发的强烈欲望。大唐不夜城即最经典的例子,它在灯光、音乐和创意等方面翻新升级,唐代仕女、秦朝将军突破了传统的cosplay模式,造型更加生动,更适合影音传播。有人分析,成就西安"网红城市"地位的,正是传统文化的现代化重塑。

这背后也离不开当地政府的支持。他们除了策划"西安年,最中国"等旅游主题,推动"厕所革命""烟头革命"改善旅游环境之外,还积极邀请旅行达人、调动无人机等资源造势,并在2018年与抖音开启了"四个一计划"的战略合作,最大限度地利用移动互联网的优势。当然大环境的影响也不可忽视,比如"一带一路"建设的推进,西成客专的开通,让丝路起点西安迎来了更多团队游客;新兴商业设施的建设,也吸引了本地人去打卡,他们去赛格购物中心、民乐园万达坐大电梯逛店——每个人随手一拍一发,就化为了"网红"大潮中的一朵浪花。

不过"网红"经济的繁荣,也难免给这座城市带来了一些负面影响。交通拥挤、垃圾和噪声污染、服务质量下降、物价乃至房价上涨等社会问题,都需要普通市民买单,而这些普通市民又大都并非旅游业的直接受益者。"网红"化固然对非物质文化遗产的延续提供了帮助,但过度商业化也带来了不少弊端,同时,过度旅游和消费也对历史文物的保护、公共秩序的维护提出了更高的要求。如何在"网红"经济与可持续发展之间找到平衡,也是留给西安甚至中国众多城市的课题。

与秦始皇陵高大的封土对比,这里的逼仄不禁让人唏嘘。公园内也设置了博物馆(⊙夏季9:00~17:30,冬季9:00~17:00),除了少量文物陈列之外,这里主要通过图文、蜡像及多媒体的方式介绍秦二世的生平,包括与他相关的"指鹿为马"等成语的来历。

在大雁塔北广场乘坐224路或在地铁曲江池西附近乘坐504路,在曲江池南路竹里巷口站下车最近,中巴曲江公交旅游环线也在这里设有站点。如果你恰好在曲江池南岸,步行过来即可。

杜陵遗址生态公园　　　　　　　　陵墓

(见84页地图;☎8559 1300;雁塔区雁翔路1号;门票35元;⊙3月至11月9:00~19:00,12月至次年2月9:00~17:00)杜陵是汉宣帝刘询的陵寝,虽然他的名号在西汉皇帝中并不响亮,但论起人生传奇和历史功绩同样毫不逊色于西汉的历代明君,他和原配许平君的"故剑情深"更是中国古代帝王爱情的典范。

年少时流落民间的刘询常在长安东南的鸿固原游玩,于是将自己的陵园选址在此,而非遵循西汉帝王旧例归葬咸阳原。如今,在清代陕西巡抚毕沅所立的"汉宣帝杜陵"碑后,便是其墓冢,边长120米、高30米。和其他未经大规模考古开发的汉代帝陵类似,除了封土,杜陵只能看到寝殿、便殿、陪葬坑等遗

另辟蹊径

西安历代都城遗址今何在?

作为十三朝古都,周、秦、汉、唐在这里留下了众多宫殿楼阁遗址,但交通相对不便,更适合重度历史爱好者前往。

周丰镐　丰镐是西周文王所建丰京和武王所建镐京的合称,丰在河西,镐在河东,目前位于长安区马王镇、斗门镇一带的沣河两岸。除丰镐遗址碑记外,看不到什么遗址,倒是去成康王时代的**车马坑陈列馆**(☎8911 7183;长安区马王镇沣京中路10号;免费;⊙10:00~16:00,周一闭馆)可一窥西周初年的礼制规格。在南门坐302路公交到马王站下车步行1.5公里可到。

秦咸阳宫和阿房宫　秦咸阳宫在今咸阳市东北20公里处的渭河北岸,出土文物大都收入**咸阳博物院**(见149页),秦咸阳城遗址内不见"遗址",只有3栋类似管理所的小房子,展厅简陋。阿房宫在今西安西郊15公里处的阿房村一带。根据近年来的考古发掘结果,秦阿房宫只打好了前殿的地基。种着整齐人工林的广阔地界有片夯土残迹,这便是阿房宫前殿遗址了。遗址南侧有**秦阿房宫遗址展览馆**(☎8585 1058;长安区王寺东街172号;免费;⊙10:00~16:00,周一闭馆)。乘地铁到阿房宫南下车步行2公里可到。

汉长安城　在西安西北郊的广袤土地上,汉长安城的繁荣和广大,可与当时的罗马城比肩,如今已有**未央宫遗址公园**(见95页)对游人开放。

隋大兴城　由于汉长安城历经洗劫焚毁,只剩残垣断壁,且地下水质"皆咸卤"不宜饮用,隋文帝便在汉长安城东南二十里的龙首原之南兴建了大兴城,把大兴城北段的宫城命名为大兴宫,其由外郭城、宫城和皇城组成的格局基本由唐长安城继承下来。

唐长安城　唐代将大兴宫改名为太极宫,依旧作为皇帝居住和理政之地,称为"大内",如今仅**云居寺**(见79页)尚存太极宫的南墙,宁西宾馆停车场内有真正玄武门的夯土遗址;高宗之后,大明宫取代了太极宫的地位,称为"东内";兴庆宫则凭夹城与大明宫和曲江池相连,在玄宗时代成为政治中心,称为"南内"。皇城位于太极宫以南,是百官衙署所在,其南门之一含光门(见71页)已开辟为博物馆。唐长安外郭城如今难觅踪迹,但西安南面的雁南二路、明德二路、电子四路南侧,有规整的长条形街心公园,市区西部的唐延路、东部的新开门路也有这样的绿化带,将它们连接起来正好组成一个方方正正的形状。如果你要从大唐不夜城南端去曲江池,也可沿着**唐城墙遗址公园(雁南二路段)**(见84页地图)走过去,在这里能看到用有机玻璃保护起来的护坡遗址。

城 东

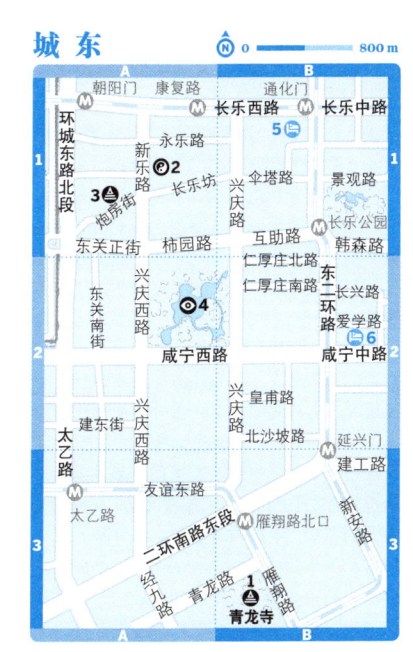

◎ **重要景点**
1 青龙寺 B3

◎ **景点**
2 八仙庵 A1
3 罔极寺 A1
4 兴庆宫公园 A2

🛏 **住宿**
5 金花大酒店 B1
6 哇雅酒店 B2

迹。这里的森林景观值得亲近,春天桃花朵朵,秋天银杏大道美得醉人。

园内还有一座**秦砖汉瓦博物馆**(☉9:00~17:00),收藏了西周至明清的瓦当和古砖,数量3000件有余;镇馆之宝"天人合一"瓦当出自汉武帝延寿宫,各种画像砖、刑徒砖和浮雕砖也很有艺术价值。

时间充足的话,出公园沿"汉陵西路"向北,步行约1.5公里就能到达"新颖"的**杜邑遗址公园**(☉24小时),即曾经的陵邑(营建和维护帝陵之人所居住的小城)所在。这里有**杜陵遗址保护展示厅**(免费;☉10:00~18:00),介绍汉宣帝的故事、陵墓特点以及遗址保护的历程。

杜陵无直达的公共交通。乘坐地铁4号线在航天大道站下车,转乘736路公交在雁翔路雁引路口站下车,再步行1公里才到。乘游6公交可直达杜邑遗址公园。

罔极寺 寺庙

(见本页地图;☎8248 1676;碑林区炮房街49号;免费;☉8:00~16:30;Ⓜ朝阳门)罔极寺本是唐朝太平公主为纪念母亲武则天而建,曾为"穷极华丽"的京都名寺。唐亡后寺庙被毁,明初重建时移至如今东关的位置。现存的寺庙只是一座颇有设计感的小巧庵堂,十几位尼师在此清修,饲养的几只孔雀为这里平添了几分生气。

八仙庵 道观

(见本页地图;☎8248 8214;碑林区北火巷12号;免费;☉5月1日至10月15日8:00~17:45,10月16日至次年4月30日8:00~16:45,逢初一、十五提前至6:00;Ⓜ康复路)从罔极寺再向东北步行约600米就能到这座道观。八仙庵始建于宋朝,清末慈禧西行避难时曾到此小住,于是拨银并赐名"敕建万寿八仙宫"。据民间传说,这里是吕洞宾遇汉钟离,"一枕黄粱"悟道之处,也有说法是《饮中八仙歌》"李白斗酒诗百篇,长安市上酒家眠"之地。庵内平时很清静,反倒是外面街道上的算命摊位颇为热闹,若遇到先生纠缠,直接快步进道观即可。每逢初一、十五、四月十四和九月初九等道家法会时,这里香火格外旺盛。

兴庆宫公园 遗址公园

(见本页地图;☎8248 5349;碑林区咸宁西路55号;免费;☉6:00~23:00;Ⓜ咸宁路)兴庆宫是唐玄宗李隆基登基前的王府,在他统治时期成为大唐政治中心。可惜所有的建筑早已在改朝换代的过程中化为齑粉。1958年,西安市政府在原址建起了兴庆宫公园。虽然样貌和千年前差了许多,但亭台楼阁依傍水景,又让这里化身为一座可以用来赏春消夏的漂亮园林,只不过游园人从皇亲国戚变为了寻常百姓。

公园的修建不仅严格遵循了古典造林"一池、三山"的大结构,同时按照历史记载，重建了唐玄宗曾经生活和理政的积庆殿、南熏殿、花萼相辉楼、沉香亭等建筑。公园南门附近还立起了一座阿倍仲麻吕纪念碑，纪念这位在中日文化交流史上举足轻重的人物。兴庆宫的花展在西安小有名气，每年有两个花期，分别是春季的郁金香和牡丹展、秋季的菊花展。

兴庆宫公园共有3座大门。南门对面是著名高等学府西安交通大学，北门附近的景龙池边，还能看到一些老房子，穿过去就到八仙庵。

青龙寺　　　　　　　　　　　　　遗址公园

（见91页地图；☎8552 1498；雁塔区青龙路；免费；◉8:00~17:30, 17:00停止入园；Ⓜ青龙寺）青龙寺就坐落在李商隐发出"夕阳无限好，只是近黄昏"感慨的乐游原上。寺庙始建于隋代，在唐代因惠果大师选此长住修行，成为中国佛教密宗的祖庭之一。而惠果的弟子空海学成后返回母国创立了真言宗（东密），令这里也成了日本信徒心中的神圣之地。青龙寺在北宋时被毁坏，后沉寂千年，直到电影《妖猫传》让空海在中国的知名度得到广泛提升，才再次迎来久违的人潮。

走入公园，随处可见仿唐风格的建筑。20世纪80年代中日邦交恢复正常化，双方决定依照考古发掘成果复建青龙寺的部分殿堂，惠果空海纪念馆等正是此次中日交流的明证，空海纪念碑前也常有来自日本的朝圣者。寺里还立有全国重点文物保护单位的石碑，指的是塔院等唐代遗址。古原楼内的青龙寺遗址博物馆（☎8912 1895；免费；◉9:00~17:00, 周一闭馆）陈列着瓦当、墙砖等文物，还有极盛时青龙寺的模型沙盘。

除了宗教地位，青龙寺所处的乐游原曾凭借其自然风光，令汉宣帝乐不思归。近代重建时，日本方面捐赠了1000余棵樱花树。如今每逢三四月樱花季，原上西风浮动、落英缤纷，数不尽的赏樱人举家前来，届时建议避开双休日游览。

半坡博物馆　　　　　　　　　　　博物馆

（见83页地图；☎6281 5385；www.bpmuseum.com；灞桥区半坡路155号；门票旺季3月至11月55元，淡季12月至次年2月40元；◉旺季8:00~17:30, 淡季8:00~17:00；Ⓜ半坡）1953年考古学家在西安浐河东岸发现了半坡遗址，5年后，博物馆依托遗址建馆。半坡人为母系氏族部落，六七千年前活跃在这片区域，留下许多新石器时代的文物、先人遗骨和生活区遗迹，也见证了黄河流域仰韶文化的萌发和壮大。

博物馆分为遗址大厅和陈列厅。遗址大厅内保留了遗址重现天日时的模样，可清楚地看到作为边界的大围沟，以及里面的居住区、墓葬区、制陶区等不同的功能区。墓葬展厅里，若干座透明棺椁中静卧着6000年前先人的遗骨，他们保持着刚出土时的各异姿态，一旁的视频和文字解释了多样的墓葬制度。建议先去入口北侧的视频播放室观看滚动播放的纪录片，再开始参观。陈列厅位于遗址大厅的西侧，集中展示出土的半坡文物。可透过骨针、蚌壳饰、尖底瓶等文物，一窥当时人们的生活、生产和建筑等。而陶器上从几何形状到人面鱼纹的彩绘设计，不仅展示了半坡人的审美观，给奥运福娃最初的造型设计带来启发，也留下了许多谜题待考古学家考证。

博物馆的青少年互动区史前工场（调研时仅对团队开放）可让孩子们体验钻木取火、陶器打孔等远古生活技巧，详情可致电（☎189 9283 2796）咨询。

浐灞生态区世博园　　　　　　　　　公园

（见83页地图；☎400 969 9358；微信公众号：西安世博园；灞桥区世博大道1号；免费；◉9:00~22:00, 长安塔和各展馆9:30~17:30；Ⓜ香湖湾）2011年西安在距市中心东北10公里的灞河东岸，举办了世界园艺博览会。闭幕后经过整修，这片水域面积占近1/3的广阔公园，不仅草长莺飞、花香四溢，还规划出若干区域展示泰国竹楼、希腊石柱等异域风情。

园中最显眼的建筑莫过于长安塔，它将隋唐方塔的神韵与超白玻璃幕墙、全钢结构等现代元素有机结合，可惜调研时封闭，无法登塔。和长安塔隔湖相对、造型夸张的黑色建筑是珍宝博物馆，里面的展览谈不上珍贵，但馆外的亲水平台是拍摄日落长安塔的好位置。

世博园有多个大门。从地铁3号线香湖湾站的出入口可快速抵达长安塔。园区面积非常大且不允许外部车辆进入，若想节约时

另辟蹊径

上一趟灞陵原

从半坡地区向南，公路盘旋上行，高处的平坦之地便是一片典型的黄土台原，它就是大名鼎鼎的白鹿原。这里位于浐河、灞河之间，土原一直向南延伸到蓝田的终南山下。由于汉文帝刘恒的灞陵设在白鹿原的北端，所以这里又被唤作**灞陵原**（见83页地图）。"因山为陵，不复起坟"的灞陵无封土可寻，但汉文帝生命中两位重要女性的陵墓，仍像"东方金字塔"般立于原上。

汉薄太后南陵在陕西省对外贸易学校对面，封土仍有24米之高；因汉文帝"亲尝汤药"的典故，陵前还建有二十四孝的塑像。窦皇后陵位于任家坡村南，封土上长满了萋萋芳草，隔着灞河深谷的对岸便是临潼的骊山。原上也有名为**白鹿原白鹿仓**（灞桥区狄寨北路368号；免费；☉8:30~20:30）的风情街，是多个打着"白鹿原"名号的景区中最方便到达的。

南陵和白鹿仓可在纺织城地铁站外乘坐241路到达，窦皇后陵则要从白鹿仓继续向北步行3公里。原上没有共享单车。

西安和周边 — 西安市

间逛园，可搭乘观光电瓶车（30元）或租赁自行车（单/双人每小时20/30元）。如果自备自行车（此处共享单车难寻），不妨到世博园对岸的**灞河西岸滨河公园**，沿专门的车道迎风骑行，暮春时分还有望感受到关中八景之一的"灞柳风雪"。

◉ 城北

大明宫遗址公园　　　　　　世界遗产

（见94页地图；📞8220 0808；www.dmgpark.com；新城自强东路585号；收费区门票60元，讲解100元起；☉收费区4月15日至10月15日8:30~19:00，其余时间8:30~17:30，闭园前1小时停止售票，免费区24小时；Ⓜ含元殿，大明宫，火车站）大明宫始建于贞观八年（634年），位于太极宫东北角。原是唐太宗为唐高祖盖的"清暑"新宫，因高祖病逝而停工，直到唐高宗时期才修建完成。大明宫采用与太极宫一样的前朝后寝的格局，成为国家统治中心之一，全盛时面积达北京故宫的4.5倍。自唐末毁于战火后，"千宫之宫"的繁华经千余年时间，化为不同形态的黄土遗址和沟壑，与破乱民居混杂在一起。直到21世纪初，在完成了10万当地居民的拆迁工作，并面向全球招标设计方案后，大明宫终于以国家考古遗址公园的身份重现于世。

与《大明宫词》中峥嵘轩峻的宫殿形象不同，这里的建设思路以保护遗址为主，空旷的土地上，几乎没有重建宫殿，一堆堆黄土或围起护栏，或植上绿茵，立有介绍牌引领着到访人怀古追思。公园分为免费区和收费区。免费区的太液池北岸、左右银台门内都是市民们踏春晨练的好去处，还有颇费心思的文成公主、历代帝王图、马球图等雕像。

前往收费区，不妨从火车站北的**御道广场**（免费）进入，唐朝皇帝进出大明宫的正门丹凤门就位于此。**丹凤门遗址博物馆**的钢筋结构和土黄色外观颇受争议，但整体上还是复原了唐朝的五门道结构。真实遗址则位于馆内，需凭门票参观。走过丹凤门北侧宽敞的御道广场，就步入收费区的主要部分，即大明宫遗址的核心区域。跨过金水桥，就到正殿**含元殿**，这里是天子举行国家仪式和庆典之地。15.6米高的台基遗址仍是这一带的制高点，而巨大的唐代础石更让人感慨"宫阙万间都做了土"。从大殿东侧下台基，经**排水设施遗址**，继续向北步行约5分钟便来到了**大明宫遗址博物馆**，馆内有大量的陶俑、生活器具、壁画和模型等展品，呈现了昔日大明宫内的皇家生活。馆外东侧有等比缩小精心制作的**大明宫微缩景观**，有种反差萌感。继续向北300米是**宣政殿遗址**，为皇帝临朝听政之所。附近的**望仙台**是迷恋道教的唐武宗修建的。再向前行到皇帝召见臣子之地**紫宸殿**，台基上用暗色轻钢架构和深红木质椽檐组合呈现出宫殿的形态，这种加入了后现代工业元素的创意"重建"极富视觉效果。再向北的**太液池**已是后寝，为皇帝和妃子们生活居住的后宫。

门票还包含御道广场西侧的**考古探索中**

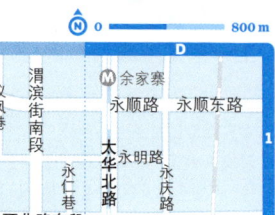

城 北

◎ 重要景点
1 大明宫遗址公园...C3

◎ 景点
2 大华1935..D4
3 丹凤门遗址博物馆...C4
4 太液池..C3

⊗ 就餐
5 麻小麻烩菜..D3

◉ 饮品
6 绿驴咖啡..B3

✿ 娱乐
7 大华1935剧场..D4
8 考古探索中心..C4

🔒 购物
9 万邦书店蓝海风店...A1

ℹ 实用信息
10 大明宫遗址公园游客中心..............................C4

ℹ 交通
11 城北客运站..B1
12 三府湾客运站...D4

心,这里有体验考古和文物修复的互动活动;东侧是**游客中心**,与之毗邻的**文化数字体验中心**(原IMAX影院)于2021年6月开幕,播放沉浸式全息电影《千宫之宫》(35元),并设有儿童剧场。共享单车禁止入园,但大明宫提供电瓶观光车(30元),旺季还会推出包含门票、《大明宫传奇》、观光车和博物馆讲解在内的优惠套票。

此外，西安火车站北广场已于2021年5月底开放，你可以轻松从火车站直接穿过铁轨，抵达大明宫。不过由于地铁站仍因施工尚未开放，建议从市区过来准备参观核心区的旅行者在地铁4号线含元殿站下车，步行前往1公里外的丹凤门开始游览。

汉长安城未央宫遗址公园　　　世界遗产

（见96页地图；未央区三桥立交东北侧；免费；⊙24小时）汉长安城位于今天西安古城的西北边，隔着渭河，西汉帝陵一字排开，从阳陵、长陵一路到最西端的茂陵（见149页）。长安城的西南角就是未央宫，从汉惠帝开始为皇帝居住和上朝之所，据考古推测，这里面积曾经有7个北京故宫那么大。

不过和大多数中国古代宫殿一样，未央宫早已不见踪影，只剩本地居民楼拆迁后改建的公园和散落的大大小小的黄土遗迹，以一块块简易指示牌进行说明。其中最具观赏性的是**前殿遗址**。曾经的前殿是中国古代最大体量木构建筑的有力争夺者，至今其台基仍高出地面20米。有兴趣者还可继续深入遗址，看一看皇后居住的**椒房殿**、中国最早的国家图书馆**天禄阁**、最早的国家档案馆**石渠阁**。调研时，前殿广场、章城门遗址、西安门遗址等也被列入升级改造计划，已于2021年9月1日建成开放。

如果自驾，不妨继续前往长安城东南，探索"汉三宫"中历史最悠久的长乐宫区域。在丰景路与洛门路十字路口北侧，有两处温室大棚一般的展览馆，原址呈现考古挖掘现场。其中**五号建筑遗址博物馆**（9:30~16:30）为宫廷的凌室，也就是冰库。马路斜对面的**四号建筑遗址博物馆**（9:30~16:30）能看到主室、侧室、通道、柱础等建筑结构，一旁的露天院落为回填保护的六号遗址。

未央宫遗址有多个出入口，大兴西路上的正门离前殿遗址最近。可从地铁1号线汉城路站外换乘186路公交到达，骑行过去也不过2公里距离。

大唐西市博物馆　　　博物馆

（见96页地图；✆8435 1808；www.dtxsmuseum.com；莲湖区劳动南路118号；免费入场，特展另外收费；⊙夏季9:00~17:30，冬季9:00~17:00，闭馆前1小时停止领票，周一及除夕闭馆；Ⓜ西北工业大学）唐长安城曾设立了东市和西市两个大型商业步行街以供百姓采买商品，据说"买东西"的说法就是从此而来。东市邻近三大宫殿，故以贩卖奢侈品为主，西市则为日常用品。前者至今仍压在居民楼下方，幸好在西市遗址上修建"新唐风"的大型商业综合体时，特别设立了大唐西市博物馆，才让人得以一窥千年前的商贸盛况。

> **不 要 错 过**
>
> ## 西安的艺术区
>
> 除了古老王朝的历史遗迹，西安城内也有不少老厂房走上"老屋新生"的道路，废弃厂房经多方改造，或保留原风味，或加入后现代布景，或注入"小清新"元素，成为属于西安文艺青年们的时尚新地标。
>
> **大华1935**（见94页地图；新城区太华南路251号；Ⓜ含元殿）离市中心最近的创意园区，拥有艺术区常见的酒吧、餐厅、咖啡店等商铺，但更多人是冲着大华1935剧场（见105页）而来的。不要错过**大华工业遗址博物馆**（免费；⊙10:00~17:50），这里以独特的图文、模型和实物展示的方式，介绍了1935年投入生产的长安大华纺织厂的历史。
>
> **半坡国际艺术区**（见83页地图；纺织西街238号；Ⓜ半坡）艺术区为20世纪50年代至60年代苏联援建的西北纺织工业基地改造而来，比较接地气，除了开有常见的艺术工作室，这里更多的是绘画、茶艺才艺培训班，晚上还有不少本地人来此跳广场舞。
>
> **老钢厂设计创意产业园**（新城区韩森寨街道幸福南路109号）建于1958年的陕西钢厂在21世纪初被改造为西安建筑科技大学华清校区，但特意保留东北角的厂区为产业园区，同时这里也有一些餐厅和酒店进驻。

城西

城西

◎ 重要景点
1 汉长安城未央宫遗址公园 A2

◎ 景点
2 创业咖啡街区 C5
3 大唐西市博物馆 C4

🛏 住宿
4 左右客酒店 C5

✕ 就餐
5 伊真阁牛羊肉泡馍 D5

ℹ 交通
6 城西客运站 B3
7 西安市汽车站 D4

步入一楼大厅，玻璃地墙下的西市遗址展区内依然能清晰地辨认出两条十字交叉的主干道，以及石板桥、明沟、车辙等历史痕迹。一旁展览的焦木正是唐末毁灭西市的那场大火的物证。二楼展厅以西市出土的各种文物为线索，从反映西风东渐的宗教器物，到买地卖地的房地产业，从提供丧葬服务的凶肆，到治病救人的医药行，展现了一幅唐代商业文明的画卷。由于沿丝绸之路而来的胡商大都集中在西市交易，这里还能看到丝路沿途48个古国的货币。四楼的特展（门票30元）主要是一些青铜、金银、丝绸的精品展出；如果要参观14个朝代的**墓志库**（门票150元），需提前电话预约。

博物馆所在的商业城中开辟有丝绸之路风情街和隐市，每周六会有地摊市集。如果你碰到"隐市大集"，还有仿唐仕女和歌舞表演助兴。

✿ 节日和活动

草莓音乐节
音乐节

（大明宫；⊙5月中旬）自2010年"草莓"落地西安，每年本地和全国的摇滚、说唱团体都会齐聚千年圣殿前，带来最时尚的音乐，这已成为西安文艺青年最重要的音乐狂欢节。

另外，在世博园的**西安世园音乐节**（10月中旬）期间可以听到许多西安本地乐队和歌手的音乐。而每年底至次年初举办的**西安国际音乐节**，是集中欣赏本地交响乐、声乐、民乐、戏曲等众多音乐作品的好时节。

上元狂欢季
民俗

（微信公众号：大明宫国家遗址公园；⊙农历春节）每年春节，大明宫将邀请人们"进宫"欣赏灯光秀和梨园戏曲。与此同时，热闹的**灯会**也在城墙、兴庆宫公园和大唐芙蓉园举办。八仙庵、汉城湖的**庙会**年味浓郁。

中国华服日
文化节

（⊙农历三月初三）在这一天，西安的汉服爱好者会集体出动，曲江、大明宫等地都能见到他们的蹁跹身姿。事实上，每年3月至4月，大明宫ов花盛放，兴庆宫的**郁金香和牡丹展**、青龙寺的**樱花节**也相继登场。所以在这段"花季"，各大公园都有不少古装爱好者出没。

西安城墙国际马拉松
马拉松

（微信公众号：西安城墙国际马拉松；⊙4月中旬）自2019年起城墙马拉松从每年11月改至4月中旬举行。在古老城墙上奔跑的体验总是吸引众多选手参与。不过受限于城墙长度，西安的马拉松通常分为全程（21公里）、半程（5公里）和健康跑（3公里）。

西安啤酒节
啤酒节

（⊙7月）每年在西安市内选择不同地点举办，为期3周左右。啤酒节上除了能开怀畅饮各种品牌的啤酒之外，还能欣赏到不同主题的文艺演出和文化艺术展览。

开斋节和古尔邦节
宗教节日

（⊙每年较上年提前10天左右）这是穆斯林最重要的两个节庆，其间不仅能感受到浓郁的节庆气氛，还能品尝到平时吃不到的节日小吃。2022年的开斋节为5月2日至3日，古尔邦节为7月9日至10日。

🛏 住宿

作为旅游城市以及各地前往西北的重要中转站，西安的住宿市场热闹非凡，尤其是遇到"五一""十一"和暑期等旺季，房价可能翻倍，至少要提前一个月预订。除了酒店和青旅，西安的民宿也如雨后春笋般涌现。需注意的是，不少民宿为公寓楼内的房屋改建，最好看清地址详情再预订。

🏠 城墙内

选择城墙内落脚时，许多景点都在步行距离之内。如果需要迁就火车站，可住在五路口附近。但若打算多停留几日，只要不介意游人密集和较为嘈杂，可考虑鼓楼区域，从这里前往回坊非常便利，碑林—南宁门一线毗邻城墙，充满古城韵味。而大差市、桥梓口等角落则是闹中取静的本地生活区。

何夜青年旅行酒店
青年旅舍 ¥

（见72页地图；📞8721 7820；南新街28号；铺80元起，标单/双229/249元；☎✳；Ⓜ钟楼）酒店深藏于陕西省政府南侧的居民区内，依房型分区，多人间位于南长巷内的独立三层小楼里，房内明亮宽敞，内置干湿分离的卫浴，顶楼阳台更是认识其他旅行者的好去处。

大床和标间在小楼东侧居民楼的5层，设施新颖干净。

西安书院青年旅舍　　　　　　　　青年旅舍 ¥

（见72页地图；☏8728 0092；南门里顺城南路西段2号；铺35元起，标单/双139/180元；🛜❄；Ⓜ永宁门）邻近南城墙的老牌青年旅舍，房内设施维护不错。经常举办读诗会、观影会等活动，气氛非常棒。负一楼酒吧营业到凌晨2点，怕吵的话建议提前和前台要求入住最远的三号院。

西唐客栈　　　　　　　　　　　　客栈 ¥¥

（见72页地图；☏8721 1368；书院门33号；标单/双178元起；🛜❄；Ⓜ永宁门）这是位于书院门内仿古建筑里的酒店式客栈，走几步路就能到城墙和骡马市步行街。房间标准明亮，顶楼露台的公共区域让人印象深刻，吃早餐时还可以俯瞰古老街区景色。

梧桐宿酒店　　　　　　　　　　　酒店 ¥¥

（见72页地图；☏8936 3535；建国路35号；标单/双200/288元起；🛜❄Ⓟ；Ⓜ大差市）2020年新装修的酒店，距离张学良故居就几步路。崭新的设施包括明亮干净的房间和宽敞的公共空间，还提供咖啡机和免费咖啡豆。酒店紧邻几所重点学校，学生考试的时段房间会很紧张。

京兆驿站　　　　　　　　　　　　民宿 ¥¥

（见72页地图；☏177 9158 1903；马厂子东县坡5号；标单/双299/369元起；🛜❄；Ⓜ大差市）所在位置曾为唐代京兆驿站养马处，故得名。老板娘把儿时院落改建为现代感十足的民宿，又加进马槽、拴马桩、秦岭峪口拾回的山石等关中元素。顶楼天台可变身露天影院。父母管家热情好客，泡一壶茶还能说上大半天的西安故事。

忆宿民宿　　　　　　　　　　　　民宿 ¥¥

（见72页地图；☏173 9251 8000；竹笆市马坊门街道7号；标单/双319元起；🛜❄；Ⓜ鼓楼）2020年新开的民宿，坐落于鼓楼闹中取静的竹笆市区域，有雅致的庭院和风格时尚的房间。工作人员热情友善，能提供丰富的旅游资讯，并安排实惠的一日游行程。走路5分钟就能到回坊。

阳光国际大酒店　　　　　　　　　酒店 ¥¥

（见72页地图；☏8735 8888；新城区解放路177号；标单/双378元起；🛜❄Ⓟ；Ⓜ五路口）能用价格实惠来形容的老牌五星级酒店，就在火车站正南方200米左右。建议要高层朝北的房间，能看到火车站和大明宫的丹凤门博物馆。

东舍精品酒店　　　　　　　　　　酒店 ¥¥¥

（见72页地图；☏8962 5555；碑林区粉巷中

另辟蹊径

城墙脚下的民宿

对城墙情有独钟？不妨试试入住其脚下的民宿。得天独厚的地理位置不仅能带来"拉帘见墙"的绝佳视角，楼顶阳台更是欣赏清晨、傍晚景色，甚至春节灯会（见31页）的好所在。

西圃民宿（见72页地图；☏150 2991 8142；大吉昌路9幢；铺80元，标单499元，家庭4人间599元起；🛜❄）因位于书院门附近而透着书香气，禅意风格的房间环绕在庭院周边。

瓦舍旅行酒店（见72页地图；☏8726 2670；碑林区顺城南路21号；铺80元，标单/双148/118元起；🛜❄）由闲置居民楼改建，风格朴实的房内还可见原本的砖头、木材、金属格板或饰面。

璞宿清居（见72页地图；☏8721 2728；碑林区顺城南路西段与四府街交叉路口往东约50米；标单/双308/468元起；🛜❄）老板娘不仅是旅行达人，更热心公益，聘请聋哑人士为服务员。房间简约现代。

居易民宿（见72页地图；☏8721 1329；碑林区太阳庙门街26号；榻榻米396元，标单601元起；🛜❄）位于璞宿清居隔壁，虽身居居民楼内而无法看到城墙，但走几步路就到，且与顺城南路的酒吧保持了一定距离，晚上更安静。

当地知识

城墙内赶早市

在西安,逛早市可能是体验本地生活的最佳途径。天微微亮,街道已是一片繁华景象。小商贩在路边两侧停好车,蔬菜水果、豆腐酱菜、锅盔辣子等整齐排开,摆在桌上,然后扯开嗓子吆喝叫卖。本地人或推着手推车、拎着布袋,或骑着电动车穿梭其中,时不时遇到熟人,就停下来交流哪个摊位的蔬菜新鲜又便宜。卖早餐的小贩在路边支起几口大锅,三四张桌椅板凳,有胡辣汤、油茶、豆腐脑、甑糕等多种可选。还有穿白色制服的理发师,一张凳子、一个喷水壶、一箱剪发工具就撑起了一门老手艺。城墙内设立了许多便民早市,营业时间基本是6:00~9:00,比较好找的有 **东门顺城巷早市**(长乐门南侧顺城东路南段)、**东仓门早市**(下马陵和东羊市之间的东仓门)和 **小南门早市**(勿幕门西侧至含光门内东侧顺城巷)。仅于周四和周日出摊的 **西仓花鸟市场**(劳武巷—教场门沿线)为全天营业,但早餐仅在早市期间供应。

段南院门10号;标单/双579/596元起;⊗❋ⓅⓅ)大门颇为低调的精品酒店,房间设计简约,工作人员如管家,会主动给孩子提供点心、给老人提供硬垫,适合携家带眷的旅行者投宿。步行前往粉巷、回坊均在10分钟内。三层自营的陕菜餐厅味道让人惊艳。

城墙外

如果目标是陕西历史博物馆、大唐不夜城等景区,住在城墙南面外侧的交通枢纽小寨和大雁塔最方便,但这里房价普遍偏高。浐灞区和曲江区的五星级酒店集中。在邻近北绕城高速的未央区,西安市政府周边道路宽敞,较少拥堵,本地人常去的平价餐厅也多,适合自驾旅行者。

一间森林青年酒店   青年旅舍 ¥

(见84页地图;📞181 9270 2446;翠华路1819号人力资源产业园8层8-1室;铺55元起,标单/双288元起;⊗❋)酒店位于陕师大东门附近的办公楼内,步行前往大唐不夜城南端的开元广场只需5分钟。整体风格年轻时尚,公共空间更像一个漂亮的咖啡厅,多人间宽敞且床位带帘,私密性好。

曼辰酒店   酒店 ¥¥

(见84页地图;📞8885 5506;文艺北路59号;标单221元起;⊗❋Ⓟ)带点文艺气息的商务型酒店,投影电视适合追求大屏幕的旅行者,自助早餐种类多。酒店位于李家村万达广场西侧,吃喝玩乐非常便利。从这里步行到文艺路地铁站仅300米,前往城墙南侧各主要景

点距离基本在两站地铁内。

哇雅酒店   酒店 ¥¥

(📞8986 1999;咸宁中路55号;标单/双269/259元;❋⊗Ⓟ)酒店新颖时尚,宽敞的卫浴和衣帽间让人惊喜,亲子房还提供卡通拖鞋和小帐篷。除了友善的工作人员,还有机器人提供送外卖到房间的服务。酒店距地铁3号线仅600米。

喜客五间唐中式酒店   酒店 ¥¥

(📞8526 6600;雁塔区翠华路8号;标单/双265/308元;❋⊗)酒店自诩唐风特色,公共区域和房内有唐风绘画。前台提供暖宝宝租借等服务,颇为贴心。去陕西历史博物馆和大唐不夜城都在酒店周边步行范围内,紧邻的红专南路是这一带颇有名气的美食街。

左右客酒店   酒店 ¥¥

(📞8886 1678;高新四路14号;标单/双534/598元;❋⊗Ⓟ)由20世纪80年代老厂房改建而成,前台、房间和走廊随处可见老砖、木板和老家具等复古元素,还有旋转楼梯串联起不同楼层,颇为有趣。酒店在鼓楼和老钢厂也有分店。

己拾己设计师酒店   民宿 ¥¥

(见84页地图;📞8533 1908;翠华路9号;标单/双498元起;⊗❋Ⓟ)酒店藏身于陕西航天干休所小区内,非常安静。两层楼的民宿由设计工作室重新设计,整体呈轻工业风。宽敞舒适的一楼公共空间很适合窝一下午。最棒的是,从这里走路10分钟就能到大唐不夜城。

西安和周边

西安市

金花大酒店 　　　　　酒店 ¥¥¥

（见91页地图；☎8323 2981；长乐西路8号；标单/双694元起；🛜❄🅿🚇）老牌五星级酒店，虽然布局有点年代感，但是这里有翻新的房内设施、热情友善的工作人员，毗邻地铁1号和3号线的位置以及相对实惠的价格，适合携家带眷入住。

🍴 就餐

城墙内的回坊、"网红"永兴坊和城墙外的大唐不夜城是吃、购最集中的地方，也是旅行团扎堆的打卡点。不过"网红"店火得快退场也快，避免集中去某几家店除了可以确保旅游的"可持续性"，也能给狭窄老街的人留下生活空间。而连锁陕味餐厅如醉长安、长安大排档、遇见长安等，以"网红"菜品、古色古香的装修和民俗表演出名，菜品味道也不错。如果喜欢寻找低调、价格更实惠的本地餐馆，不妨到中小学和高校校园附近转转，或到老牌城市食堂**秋林食街**一次品尝陕西各地的小吃。

🍴 城墙内

尽管游客涌动、涨价厉害，回坊依旧是美食爱好者的天堂，本地人也会相约去"坊上"解解馋。建议避开北院门、西羊市这样的"网红"街，曾经低调的大皮院、洒金桥也在社交网络上走红了，试试小学习巷、光明巷、西仓等更小的巷弄，或许会有更独特的收获。此外，骡马市步行街、东木头市街和大差市地铁站周边也是本地人寻找好味道的地方。

调研时，洒金桥已被划入"北院门历史文化街区"，虽然街边商铺均在，但飞扬的尘土令用餐体验不佳，具体完工日期待定。

回坊马二饺子馆　　　　　小吃 ¥

（见76页地图；莲湖区洒金桥131号；酸汤水饺12元/3两；⏰9:00~21:00；🚇洒金桥）饺子只有一种馅儿——韭黄牛肉，个头饱满，皮薄馅儿多，再配上撒满白芝麻和香菜的酸汤，一口下去酸咸鲜辣俱全，非常过瘾。饺子是现做的，所以错过前一锅就得再等15分钟左右。水饺3两起卖，6个/两，喜欢的话也可以买干水饺带走（40元/斤）。汤饺默认加辣，若不吃辣要提前告知。

高家烤肉　　　　　烧烤 ¥¥

（见76页地图；莲湖区大皮院5号；烤牛肉/肉筋/板筋/牛腰20元/20串；⏰16:00~23:00）店面不在正街上，需要跟随闪亮的霓虹灯招牌、闻着肉香走进胡同。各种烤肉烤得快卖得也快，涮豆腐皮或牛肚也都是1元/串、20串起卖。如果想要来点主食，可点一碗砂锅馄饨（8元）。

小房子刘家粉蒸肉　　　　　小吃 ¥

（见76页地图；☎189 9288 8085；莲湖区北广济街184号；粉蒸肉18/23元；⏰11:00~21:00）正如店内纸板上所写，"肥而不腻，绵软香酥"。这里的肉粉浑然一体，甜糯油香，恰到好处，配上饦饦馍（0.5元）足够吃饱，店内的茯茶也非常解腻。难怪只有几平方米和几个凳子的店铺门前总是排着队。

春发生　　　　　小吃 ¥

（见72页地图；☎8721 5142；新城区南新街2号；葫芦头31元；⏰9:30~21:00）被列为黑暗料理之一的葫芦头，其实就是猪大肠的文雅说法，相传为唐代孙思邈所发明。与羊肉泡馍一样，这里的吃法也是将馍掰碎后给厨房下锅泖（mǎo）。记得先喝原汤再决定是否要加辣油，据厨师说，中午的汤头通常最好（尚未兑水）。大肠处理得很干净，吃不出异味。除此之外也有小炒、油泼等吃法，以及梆梆肉（卤肥肠）、火爆腰花等其他肥肠菜。春发生在大唐不夜城、南门等地也开有分店。

秦豫肉夹馍　　　　　小吃 ¥

（见72页地图；碑林区东木头市19号；肉夹馍10元起；⏰7:00~13:30；🚇钟楼）老店坐落在碑林背面的小吃一条小街，供应着可能是城墙内最好吃的腊汁肉夹馍，店里总是高朋满座。现烤的白吉饼麦香浓郁，口感外脆内韧。腊肉香咸适中，软烂入味。食量大的话可以选择双份肉的夹馍（18元）。尽量赶早，往往中午12点左右肉夹馍就卖完了，只剩下凉皮等小吃。

秦唐一号西安菜馆　　　　　陕西菜 ¥¥

（见72页地图；☎8728 0855；碑林区东木头市176号；人均70元；⏰11:00~21:30）餐厅位于酒店的二楼，开放式厨房、宽敞雅致的空间和"网红"式的摆盘，让人很难将此地与老店二字联系到一起。但菜品功夫见真章，葫芦鸡

当地知识

甜味回坊

除了香喷喷的牛羊肉，坊上处处还有甜蜜蜜的诱惑。传统习俗里回族对甜食非常看重，有用红糖开口的风俗，也就是给新生儿喂上一点红糖。

在回坊，镜糕、甑糕、黄桂柿子饼、蜂蜜凉粽子等都是地道的关中特色，酸梅汤、醪糟、绿豆糕、八宝粥等也形成了地方风味。你可以去花奶奶酸梅汤（大皮院近白翔甜食店；酸梅汤6元起；◎9:00~22:00）、东南亚甑糕（北广济街189号；甑糕10/20元；◎6:00~20:00）、刘茹蜜蜂饭（小学习巷70号；蜜蜂饭10元；◎10:30~14:00, 17:30~22:00）、米文军小豆糕（北广济街268号；红豆糕3元；◎11:00~15:30, 卖完为止）这样"术业有专攻"的店家品尝当地特色，也可以在白翔甜食店（大皮院89号；酸梅汤5元，醪糟5~10元，八宝粥8元，蜂蜜凉粽子10元，细沙炒八宝20元；◎10:00~22:00）中将这些美食一网打尽，感受甜到发腻的幸福感。全盛斋清真传统糕点（☎8731 6310；光明巷39号；椰蓉酥/绿豆糕17元/斤；◎8:00~21:00）提供种类繁多的糕点，同样很适合带回去吃。

外皮焦脆，肉嫩多汁，豆皮涮牛肚配麻酱，麦香浓郁的金线油塔蘸酸辣料汁，每一口的风味都让人惊艳。

马忠义肉丸胡辣汤　　　　小吃 ¥

（见72页地图；☎6308 4174；莲湖区骆驼巷3号；肉丸糊辣汤8/9元；◎6:30~14:00）小店门面不大，但室内干净宽敞。胡辣汤勾芡浓稠，香味适中。肉丸量豪放，肉质扎实有嚼劲，配料分量足，有卷心菜、胡萝卜、花菜、土豆等，熬煮得软烂，入口即化。

东府小杨澄城水盆羊肉　　陕西菜 ¥¥

（见72页地图；☎8761 6380；碑林区五味什字2号；水盆羊肉23元起；◎6:30~21:30）澄城会馆对面的水盆羊肉馆人气很旺，店面敞阔，木质桌窗古香古色，透出一副大店气派。羊肉汤清亮鲜美，羊肉片也煮得软烂入味，捞出来夹在现烤的月牙饼中，再按口味加入辣椒即可美餐一顿。喜欢吃羊杂割的客人也可以来一份水盆羊杂。

老兰家　　　　　　　　　陕西菜 ¥¥

（见72页地图；☎8761 9888；四府街和报恩寺街十字路口西南角；人均55元；◎10:00~00:00）越晚越热闹的清真餐厅位于狭窄十字路口的西南角，餐桌从拥挤的店内铺陈到街道上。除了酸辣带劲的小炒泡馍等各种清真主食，以及椒麻鸡、糖醋里脊等餐点之外，络绎不绝的食客更多是冲着这里肉质新鲜的羊肉串、肥瘦肉、腰花、鸡脖等烧烤而来。再配上撒有西瓜、葡萄干的自制酸奶或一瓶酸梅

汤来解腻，让人非常满足。

老碗　　　　　　　　　　陕西菜 ¥¥

（见72页地图；6889 3666；碑林区湘子庙街55号；人均50元；◎11:30~21:30）店内装饰让人感觉好似一下子踏入黄土高原的窑洞内。关中六小碗（88元）囊括了陕西的经典过年菜，如小酥肉、粉蒸肉、肉丸等，葫芦鸡皮酥汁多，辣子蒜羊血浓郁下饭。除了传统菜肴，饭店也能不落于人后推出毛笔酥等"网红"菜品，每个季节还会推出几道应季菜品。

盛志望麻酱酿皮铺　　　　　小吃 ¥

（见76页地图；莲湖区大皮院225号；麻酱酿皮8元起；◎8:30~22:30）这里的酿皮厚实又有弹性，麻酱更是很舍得放，毕竟料足才有好味道。这里还提供回坊版的"三秦套餐"（28元），包括秘制麻酱酿皮、酱牛肉夹馍和酸梅汁。隔壁就是定家小酥肉（见76页地图；莲湖区大皮院223号；小酥肉30元；◎10:30~19:30），牛肉小酥肉缠绵酥软，汤汁稍油，花椒调出的麻味非常下饭。

城墙外

对旅行者而言，小寨附近美食集中，距离大小雁塔、陕西历史博物馆也不远，最为便利。不过，李家村的万达广场周边、西安市政府以及龙首原区域的餐馆也十分集中，距离地铁站也不远。

老白家面馆　　　　　　　　小吃 ¥

（见84页地图；☎180 9252 9588；碑林区测

> 当地知识

羊肉泡馍吃法小结

不论是羊肉泡馍还是小炒泡馍，第一步工序都是掰馍。用手掰馍确实费点功夫，新手往往会将手掰得酸疼。若赶时间，选择机馍（机器碎馍）更便捷，只是在汤汁吸收和口感层次上略逊色一些。

羊肉泡馍 搭配的馍为"死面馍"，需掰成指甲盖大小，放进汤内才能煮透。泡馍则分普通、优质等档次。一些老饕会选普通泡馍，不为省钱，而是因为优质泡馍中通常会加黄花菜和豆腐干，反而破坏了汤的原味。泡馍的汤量也有3个行话："水围城"指汤量偏大；"口汤"是要求泡馍吃完以后，刚好剩下一口的汤量；"干泡"是指汤量极少，吃完泡馍不见汤。上桌时不要搅拌，越搅越糊，尝试用筷子从碗边刮馍吃，再配糖蒜和辣椒酱，缓解咸腻，味觉也更加丰富。

小炒泡馍 配菜比羊肉泡馍更多，一般会有西红柿、青菜、木耳、花生米、黄花菜等。与羊肉泡馍用的肉片不同，小炒用的是肉丁。炒制的过程中还会加香醋和油泼辣子，因此味觉以酸辣为主，比较"重口味"。

水盆羊肉 源自渭北澄城、蒲城等地的汉族小吃，在《长安十二时辰》中就出现过。水盆羊肉用的是发面馍，撕成片状直接扔进羊肉汤内即可，也可掰开烧饼夹肉吃。

绘东路李家分村108号；油泼面 小碗/大碗10/11元；◑10:30~22:00）这家已经开了30年的面馆，即便过了正餐时间，还是有不少人在店内就餐。店员会善意提醒游客这里的粗面不是宽面。拿号坐下，随着厨房传来扯面声，不多久一碗滑润且筋道的面就端上桌来。醋、辣、油的香气令人未动筷前食欲就被勾起。配上面汤或要一瓶冰峰，又或学本地人就着蒜吃，都非常过瘾。

子午路张记肉夹馍　　　　小吃 ¥

（见84页地图；☏8539 1737；雁塔区朱雀大街383号；肉夹馍12元起；◑8:30~21:30）古色古香的门面，店内也是干干净净。手工打制且现烤的白吉馍，外层很酥脆，里层被熬得香透的肉汁浸得入味。这里也卖常见的西安小吃，凉皮颇受人欢迎，擀面皮更是筋道。饭点学生比较多，最好避开。这家子午路店是张记的老店，菜品比翠华路的总店选择更多一点。分店遍布全城。

伊真阁牛羊肉泡馍　　　　泡馍

（见96页地图；☏150 9404 0409；光华路38号；牛/羊肉泡馍25/30元；◑6:30~22:00）小店在西安电子科技大学"美食后街"屹立20年，自烙的馍柔软易掰，肉汤油厚重而不腻，口味相对清淡。邻里柔情不只体现在老板愿意倾听客人的不同要求上，这里每天亦提供免费（或加量）午餐给环卫工人。早上胡辣汤也颇受欢迎，通常10:00前就卖完了。

薛昌利大米面皮　　　　小吃

（见84页地图；☏138 9194 9518；碑林区含关正街58号；米皮8元；◑9:00~20:30）这是典型的西安小吃快餐店，在门口点单拿餐票后，到店内的窗口领餐，每至饭点，排队的人总是挤得窗口和餐桌之间水泄不通。但这里的米皮确实很有弹性，用醋、蒜水和红油调制，就是来自鄠邑区秦镇的正宗味道。

麻小麻烩菜　　　　小吃

（见94页地图；☏180 9206 3390；新城区含元路和太华南路交叉口东北角；炖牛肉丸子烩菜25元；◑10:00~23:30）这家店适合不怕"麻"味的老饕。挂着"长安第一烩"的光荣牌匾，这里是当年东新街夜市有名的清真烩菜店家，辗转到太华路后又传到了第二代手中。酸汤里配有面筋、豆皮、豆干、木耳和粉丝，主菜肉丸扎实有嚼劲，每一口花椒味都非常浓厚，就着一碗白饭或花卷饱腹感十足。

三羊居食府　　　　陕西菜

（见84页地图；☏8785 5353；碑林区文艺北路129号；人均49元；◑11:00~22:00）这是位于陕西省戏曲研究院南侧的多年老店，食客基本是周边居民，炒菜、烧烤和小吃都有。菜看似粗犷但精致，摆盘非常传统，招牌老鸹撒（sá）基本每一桌都会点上一碗。

莲花餐饮　　　　　　　　　　　陕西菜 ¥¥¥

（见84页地图；☏8899 3333；碑林区朱雀大街北段与兴化路交叉路口东北角，皇冠假日西门；人均110元；◷10:00～14:00, 17:00～21:30）从陕南安康起家的连锁餐厅，入座就免费赠送安康蒸面、煮毛豆等，招牌菜紫阳蒸盆子中的肉、莲藕和萝卜都炖得软烂入味。餐厅环境佳，有包间，适合阖家出行者。

🍷 饮品和夜生活

酸梅汤、醪糟、黄桂稠酒、冰峰汽水和汉斯果啤……这些都是具有西安特色的饮料。而近两年随着咖啡街概念的推出以及咖啡节的带动，西安的咖啡店如雨后春笋，在商场、街巷、回坊的不同角落都能找到。

🍷 城墙内

咖啡馆主要集中在鼓楼和顺城南路沿线和周边。2019年建国门市场周边开始进行**"老菜场市井文化创意街区"**改造，也吸引了不少特色咖啡店进驻。德福巷是城内的老牌酒吧街，街上的门迎和驻场歌手让整条路都非常热闹。巷子北侧的粉巷则是新兴的娱乐一条街，这里的酒吧相对安静，适合喝酒聊天。

北方小咖啡馆　　　　　　　　　咖啡馆 ¥

（见72页地图；☏136 3021 9716；莲湖区含光门里火药局巷32号；人均38元；◷12:30～22:30）深藏于老旧居民楼中的咖啡馆，提供手冲、意式和咖啡饮品。不过这里更像是被手作蛋糕耽误的咖啡店，油条提拉米苏、季节限定蛋糕等甜品都是现点现做。二楼为阅读空间，有丰富的漫画藏书和旧书，还有几张桌子和沙发椅，适合在雨天来此待一下午。

Redeye Café　　　　　　　　　咖啡馆 ¥

（见72页地图；☏188 0116 3666；莲湖区甜水井55号；人均40元；◷11:00～24:00）2020年新开的社区型咖啡，来的基本都是熟客。幸运的话将由冠军咖啡师为你手冲一杯。咖啡台比座位区还大，下午人多可能没位置。小巧的巴斯克蛋糕味道浓郁，去得晚可能就卖光了。

浆木咖啡　　　　　　　　　　　咖啡馆 ¥

（见72页地图；☏155 2967 3581；湘子庙街道25号；人均15元；◷9:00～19:30，周二休息）从湘子庙向西走几步，就能看到这间日式简约风格的咖啡店。这里提供单品和意式咖啡，虽然已成"网红"店，但贵在品质稳定。店面不大，熟客基本是外带。自带杯子优惠2元。

Meeting Jazz　　　　　　　　　酒吧 ¥¥

（见72页地图；☏8761 8950；朱雀门内顺城南路西段20米2F；鸡尾酒70元起；◷19:30至次日2:00）南城墙脚下令人惊喜的爵士乐酒吧，每周三到周日的21:30～23:30有现场演出，演奏者可能是专业乐团，也可能是音乐学院的老师，具体演出信息见公众号"Meeting Jazz"。这里也提供好喝的常规和特调鸡尾酒，并严格实行室内禁烟。

🍷 城墙外

高新区是西安咖啡界最重要的板块，可惜和旅行者的路线并不太重合。曲江区的酒吧选择相对较多，尤其是在大唐不夜城周边。

绿驴咖啡　　　　　　　　　　　咖啡馆 ¥

（见94页地图；☏181 9272 6131；未央区自强路街道建强路5号圣远广场b座；人均25元；◷周一至周五8:30～19:00，周末12:00～19:00）咖啡店原先位于大华1935，搬迁新址后以纯白的门面宣告全新开始。这里除了提供好喝的美式咖啡、澳白之外，更以送与有缘人的"待用咖啡"，以及用二手玩具或捡烟头换冰激凌的行动，实践可持续性的温暖理念。从这里步行到大明宫就300米。

务本精酿　　　　　　　　　　　精酿啤酒 ¥¥

（见84页地图；☏8522 4070；碑林区体育馆东路8号；人均95元；◷14:00至次日1:00）小店不大，只有四五张桌子，幸好落地窗外是梧桐树街道，坐在人行道上看街边日常也是别致的享受。吧台有20个酒头，可挑选的精酿品种挺多。告诉服务员你喜欢的口味，他们很乐意推荐合适的啤酒。值得一提的是，这里也实行室内禁烟。

不要错过
西安创业咖啡街区和咖啡节

2017年,高新区以咖啡为主题打造了**创业咖啡街区**(见96页地图;雁塔区高新二路近光华路、M科技路),并借唐代这里的旧称而赋予其"嘉会坊"的别名。虽然园区实质是创业区,咖啡馆并不多,但创意园必备的书店、餐厅、现场演出、临时展览都有,漂亮的夜景更吸引了不少西安人和外地游客前来打卡。每年11月底至12月初,这里会举办"咖啡文化节"。日期紧随其后的,是大唐不夜城的"独立咖啡节"。届时不仅能见识到众多本土咖啡品牌,亦是浏览当地艺术工作室设计的文创产品的绝佳窗口。

More Whisky Bar 酒吧 ¥¥¥

(见84页地图;☎8550 8552;翠薇路曲江6号;人均165元;⊙19:00至次日2:00)进门需通关密码,室内装修是原始山洞风格,这家略带"网红"气质的酒吧拥有非常丰富的威士忌品种,从清淡、水果、综合到烟熏的风味应有尽有。比较惊喜的是这里的水果干小食,均为用当季水果自行烘焙。

☆ 娱乐

西安的娱乐项目极其多元。除了欣赏华美的仿唐歌舞,秦腔、皮影、东仓鼓乐等民俗演出也在各剧院,以及永兴坊、大唐不夜城、高家大院、大唐芙蓉园等景点内登台。若不想走远,南城门区域的早上有开城仪式上演;夜晚城门洞中有"野生live"现场音乐演出,"听南门说"和"长安里"两大土生乐队通常在周三、周五、周六的22:30开始献唱。除了大麦、猫眼等购票平台,可通过微信小程序"陕西文旅惠民"和"西演LIVE"查询西安市的最新演出信息,也可关注不同景区的微信公众号搜索演出安排。

☆ 城墙内

易俗社剧院 秦腔

(见72页地图;☎159 9161 0011;新城区西一路282号;M钟楼)不要跟东侧的"易俗大剧院"混淆,这里才是西安秦腔剧院的常规演出地,每周五、周六、周日19:30会有秦腔演出(票价50元起)。别担心听不懂,戏台两侧有旁白提示。剧场西侧的**陕西省秦腔艺术发展中心**(☎8728 6298;⊙8:30~19:00)专卖秦腔音像制品和戏曲剧本书籍。调研时这里正在装修。

三意社小剧场 秦腔

(见84页地图;☎8121 8087;碑林区永宁门的护城河畔,城墙南门东侧环城公园入口附近,M永宁门)同样是百年秦腔剧团,三意社相比易俗社低调许多。这是2021年新开的专属小剧场,舞台不大也不高,观众可以近距离欣赏演员的唱腔功夫,观感非常亲切。这里每周五至周日19:30~21:30均有演出(票价100元起),可通过微信公众号"百年三意社"查询演出预告并购票。

青曲社 相声

(见72页地图;☎8721 2908;碑林区竹笆市55号阿房宫大戏院;M钟楼)因为俗称"喵汪二人组"的80后相声演员苗阜和王声,青曲社在国内曲艺界已占有一席之地。能否赶上"喵汪"的现场演出要碰运气,但其他演员也颇具实力,他们的段子风格都很接地气,而且善用网络语言,时不时冒出来的宝鸡方言又增加了不少喜感。这家鼓楼店算是旗舰店,场子最大;每晚20:00演出,时长近2.5小时,有靠前的八仙桌(票价248元)和后面的排座(票价138/168/198元)。2020年新开张的**大雁塔店**(☎177 9182 2727;芙蓉东路大雁塔北广场B栋北侧;M大雁塔)也是20:00的晚场相声(票价129/199/279元)。关注新浪微博"青曲社",可了解最新排场信息。如果想订到理想的位子,建议至少提前一天做打算。

相声新势力茶馆 相声

(见72页地图;☎8736 5111;碑林区粉巷26号金时代精品商城三层;M钟楼,永宁门)通过《笑傲江湖》和《欢乐喜剧人》等综艺节目走红的"鲈鱼组合"卢鑫、张玉浩开办的新相声社,常驻的其他搭档基本为北方曲艺学校毕业的"80后"和"90后"科班成员。票价分80/100/120元三个档次,但早来还是是找到好座位的最佳方法。来此一边嗑瓜子、一边捧场的几乎都是年轻人。除了这家粉巷店,还有**朱**

雀店（☎8736 1666；碑林区南广济街94号；Ⓜ钟楼）。两个店各有一套演员阵容，每半月轮换一次；表演每天20:00开始，时长约2.5小时，周五至周日增下午场（14:00~16:00）。可关注新浪微博@相声新势力茶馆，或通过同名微信公众号和抖音了解详情。

唐蒜铺子 喜剧

（微信公众号：唐蒜铺子；演出地点见公众号的公告；票价100元）由娱乐主持人啸雷创办的"陕派"喜剧团队，以脱口秀、即兴喜剧等表演为主，擅长将陕西话插入一个个让人捧腹大笑的段子中。每周四、周五、周六有常规演出，20:00开始，时长约1.5小时。但场地不定，具体位置和预订链接需见每周一发布的公告。场次非常火爆，可能开票半小时内就卖光。

☆ 城墙外

秦风韵茶楼 秦腔

（见84页地图；☎8542 2319；碑林区明胜街9号；Ⓜ文艺路）传统秦腔茶楼经历着大浪淘沙，一些有为者对茶楼的经营模式做出了调整。这家小戏场做得很不错，且将打造秦腔界的青曲社作为目标。每晚19:30开始，约1.5小时的演出包括秦腔、木偶戏、皮影戏和华阴老腔，艺人们与观众互动也算频繁。有时16:00还会加演一场。票价88元起，但在大麦、携程等网站上有较大折扣。

大华1935剧场 现场演出

（见94页地图；☎8957 4303；新城区太华南路251号；Ⓜ含元殿）大明宫西侧的大华1935创意园区最大的亮点，便是和西演集团一同打造的这片小剧场集群。调研期间，已有西安著名的摇滚俱乐部塞斯拾陆、光圈club等入

当地知识

摇滚音乐之都

西北人的豪迈与摇滚精神不谋而合，高校云集又给西安提供了源源不断的青春活力。从20世纪90年代起，西安便成为中国的摇滚重镇之一。作为民谣风格摇滚的领军人物，张楚、郑钧和许巍早先闯荡北京，为西安摇滚开拓出一片天地。之后的发展历经沉浮，2000年前后陕西方言的Rap成为西安摇滚的一大潮流，众多金属乐队也各领风骚。近10年来，潮流朋克、后摇滚以及电子乐摇滚这些新类型乐队也开始活跃起来。2016年央视春晚，谭维维携华阴老腔艺人献上了一场现代摇滚乐和陕西传统曲艺相结合的热辣演出，更是让普通老百姓认识到陕西摇滚与生俱来的气质。

西安早期的摇滚明星，更多传承的是秦腔的一脉骨血，张楚、郑钧就借着西洋乐器的章法吼出了陕西人的直率感情。而将摇滚乐本土化做得更好的，黑撒乐队称得上首屈一指。他们是把陕西话玩成嘻哈的好玩乐队，风格也糅合了蓝调爵士和电子等元素。诙谐幽默的音乐风格再加上西安话，让当地人越听越带劲，黑撒乐队也成了西安的音乐名片。他们有两首"百科全书"式的代表作，一首歌叫《陕西美食》，跟着歌词吃，基本上也能把陕西美食吃遍了；还有一首据说是中国最长的摇滚歌曲——《陕西木有啥》，把陕西的历史、地理、民俗、传说几乎捋了一遍。

西安音乐人也在持续不断地发扬着自己的摇滚天赋，马飞、王建房、玄乐队、陕西牛犇、西安老钱等"陕派"音乐人都拥有各自的音乐风格，西安乐坛因此变得更为多元化。比如马飞的《长安县》，用直白的曲风和歌词唱出了长安人乐天知命的性格。同样以地名为歌名的还有王建房的《灞桥》，这首歌虽用普通话演唱，但也非常有底蕴和味道；他的《大老碗》则从海碗和裤带面中，聊出了关中汉子的豪情。

难能可贵的是，近些年西安在大力发展文化产业的进程中，将打造"音乐之都"定为了一个重要方向。除了大华1935剧场（见本页）和咖啡街区被规划为音乐文化街区之外，大唐不夜城同样积极签约本地歌手。这也确保了西安本土音乐得以保持自己的特色，实属不易。

驻,玖剧场则主要演出各种话剧、戏剧和音乐剧。关注微信公众号和新浪微博"大华1935剧场",均可了解最近的演出信息。

星球工厂&山海club　　　　　　现场演出

(见84页地图;☎8570 0666;西影路西安量子晨466号;人均255元;◎19:00至次日3:00;Ⓜ北池头)这个Live House由曾经的老织布车间改造,采用工业风设计,是西安夜生活最嗨的地点之一。每晚21:30开始有驻场表演,每小时一场,演出者很会调动现场气氛,喜欢热闹的一定要选一楼的卡座,二楼宽敞一点更适合喝酒。现场等位会等比较久,最好预订座位。

🛍 购物

西安伴手礼的选择非常丰富。回坊的酸梅汤粉、绿豆糕、真空包装的甑糕或腊牛羊肉都很不错。在大唐不夜城、兴庆坊除了能找到不少文创产品,也有许多摊位销售皮影和剪纸,虽然绝大多数是流水线产品。碑林前的书院门能淘到不少"文房四宝",以及真假难辨的古董,永兴坊对面的**小东门古玩城**(见72页地图;新城区东新街2号;Ⓜ朝阳门)同样如此。周末还可以去大唐西市赶一场"隐市"的地摊集会。

古城内的商场非常多,主要以钟鼓楼附近和东大街、西大街沿线为主。小寨的**赛格国际购物中心**(见84页地图;雁塔区长安中路123号;Ⓜ小寨)和大雁塔南广场的**曲江大悦城**(见84页地图;雁塔区慈恩西路66号;Ⓜ大雁塔)则是西安人气最火的商厦。

锦祥斋　　　　　　　　　　　　　　特产

(见76页地图;☎8731 0803;莲湖区香米园南巷19号;人均26元;◎8:30~21:00)这家老铺子有70多年历史,经营传统清真点心,坚持使用蜂蜜和绵糖制作点心,核桃酥饼可以看到大块核桃仁,最费时的炕胚子(18元/斤)甚至要烤4遍,才有酥到一碰就掉渣的效果。这

另辟蹊径

书阅西安

作为国家科教文化重镇,西安的图书市场一直有庞大稳定的客户群体。近年来各大连锁书店相继进驻西安,为这里本就深厚的文化底蕴再添新气象。

西安古旧书店(见72页地图;☎8721 1095;碑林区南院门102号;◎9:00~19:00;Ⓜ钟楼)已有百年历史,价格不菲的线装古书藏在柜子里等待有缘的行家。这里的图书以文史哲为主,有北京大学、陕西人民出版的陕西文化相关书籍,也有文物出版社出版的书法碑帖。

上海三联书店READWAY(见72页地图;☎8738 3887;碑林区南大街30号中大国际;◎10:00~21:30;Ⓜ钟楼)是三联精致文化生活品牌READWAY的西安店,围绕植物标本的旋转楼梯很漂亮。

古西楼书屋(见72页地图;☎6809 6966;新城区北大街209号;◎24小时;Ⓜ北大街)是"筒子楼"里的独立小店,楼梯和书架都很狭窄。图书种类不多但也有文史社科类,又几个临窗的自习区,在那里抬头就能看到北门城楼。

茑屋书店(见83页地图;☎8188 2418;雁塔区锦业路12号迈科国际B座1-2层楼;◎10:00~22:00;Ⓜ丈八一路)是2021年在原来的言几又书店基础上改造而成的,室内环境颜值很高,书籍主要以文史哲和艺术类为主,也有来自日本的进口书籍。

万邦书店蓝海风店(见94页地图;☎8652 1236;未央区凤城二路37号蓝海风中心;◎10:00~22:00)同样颇具设计感,而且是"黑客帝国"的科幻感。万邦是西安本地的书店品牌,所以陕西主题的系列图书比较丰富。

钟书阁(见83页地图;☎8625 6126;未央区明光路72号旭宏光合中心;◎9:00~21:00)就像一个白色的云中书城,流线型的书架和桌椅让人感到畅快轻松,图书整齐繁多,却无文创衍生品。

里的椰蓉酥(17元/斤)也颇受欢迎。

大唐邮驿
工艺品

(见84页地图;雁塔南路曲江大唐不夜城陕西大剧院南50米;⊙11:00～22:00)2021年初新开的唐朝主题邮局,文创产品不多,但大唐邮驿、《长安十二时辰》的纪念章颇有创意,最大的特色是以玄奘取经、陕西八大怪、兵马俑等为主题的独家邮票和明信片,品质也不错。

❶ 实用信息

旅游信息

西安市内各大汽车站、重要地铁转运站都设立了游客中心。其中,回坊"人文荟萃"石牌坊北侧的**莲湖城市游客服务中心**(📞8761 6284;莲湖区北院门159号;⊙9:00～21:00)、钟楼基座东侧的**钟楼旅游集散中心**(📞400 0011 116)和**城南旅游集散中心**(📞8964 0860;客运站外东侧;⊙7:30～19:00)提供丰富的资讯、可免费取用的地图,出售周边游产品(提前一天预订)。

微信公众号

西安本地宝 发布西安最新景点开放情况、客运时间和重要文娱活动等。

贞观 专注本地人文资讯和故事。

陕历博学术讲坛、陕西省图书馆 发布人文历史讲座的相关资讯。

老妖带你吃西安、千斤小哥和小翠哐西安 提供许多关于西安美食的独家推荐。

❶ 到达和离开

飞机

西安咸阳国际机场(📞96788;www.xxia.com;微信公众号:西安机场旅客服务;XIY)是中国西北地区最大的空中交通枢纽,全国各大城市都有到西安的航班。机场还提供"中转服务",根据中转时长提供免费住宿、餐食、市内游等,可通过微信公众号预订。机场建在咸阳,离咸阳市区15公里,离西安市区36公里。机场规模较大,有3个航站楼,但在调研时T1关闭。位于中间位置的T2与两侧的T1、T3各有走廊连接,距离均在500米左右,也有免费摆渡车可搭乘。T2、T3旅客出口处都设有旅游咨询中心,可预订兵马俑景区、壶口瀑布等行程。机场也设置了**长途客运中心**(📞8879 6015),有发往安康、韩城、临潼等地的省内班车。2020年机场扩建工程启动,新的航站楼预计于2030年投入使用。

火车

西安是中国重要的铁路枢纽之一,为西安铁路局的驻地,也是陕西铁路网的中心。

西安站(见72页地图;新城区环城北路44号;Ⓜ五路口)有发往全国各地的动车、快速、特快等车次,包括去银川、敦煌、喀什等西北热门旅游城市的始发车,和宝鸡、彬州、榆林、安康等省内目的地之间也有密集的车次相通。需要注意,西安站在寒暑期旅客很多,开车前45分钟以上到达较为保险。与此同时,西安站改造计划已于2018年启动,预计2023年完成建设,北广场(丹凤门广场综合交通枢纽)已于2021年5月底提前部分投入运营,预计到2022年下半年可实现与地铁4号线"零换乘"。

西安北站(见72页地图;未央区元朔路近文景路;Ⓜ北客站)为高铁站,在北三环外,集中了郑西、西宝、大西、西成等多条高速铁路,有多趟列车直达咸阳西站(13分钟)、鄠邑(20分钟左右)、华山北(30分钟)、宝鸡南(1小时)、佛坪(1小时)、汉中(1.5小时)、延安(2.5小时)等省内目的地,往返洛阳龙门(1.5小时)、兰州西(3小时)、西宁(4.5小时)、成都东(4小时)等省外目的地的班次也非常密集。2021年3月银西高铁开通,从西安到银川仅需3.5小时。地铁2号线直达西安北站。

阿房宫站(长安区王寺镇站前三路)更靠近咸阳,往来西安和成都的少量动车和高铁列车会经停。西安市区东南30公里处的**西安南站**(长安区引镇汇通路)仅有少量列车停靠,对旅行者并不便利。

与此同时,西安市规划了**新西安南站**(长安区)和**新西安东站**(灞桥区)两个高铁站来分担北站的车流量。不过调研期间两个项目均暂时停滞,尚未正式开工。

长途汽车

西安的主要长途客运站有8个,管理比较规范,但车站人流量大,故仍需留心财物。部分班次的车票可通过西安公路客运网上售票系统(www.xaglkp.com)预订,或关注微信公众号"西安公路客运网上售票"查询和预订。bus365、畅途、携程等网站也可预订部分线路班次。

陕西省西安汽车站(见72页地图;📞8742 7420;Ⓜ五路口)就在火车站广场西南侧,主要运营跨省班次,也有去蓝田、咸阳、宝鸡、华山、太白山、商洛(商州)等地的高速大巴。

陕西省西安汽车站时刻表

目的地	发车时间/班次	行程（小时）	票价（元）
咸阳	6:40~19:20, 30分钟/班	1.5	10
宝鸡	17:00	3	50
铜川	6:40~19:30, 1小时/班	2	34
太白山	8:30, 11:00, 13:00, 15:00, 17:00	4	37.5

三府湾客运站（见94页地图；☎8101 8990, 8313 6066；新城区长缨西路353号；Ⓜ朝阳门）在火车站往东约1公里处。主要运营跨省班次，也有去许庙（经蓝田）、鄠邑的904路、930路。前往兵马俑景区的914路、915路也由这里始发。

西安市汽车站（见96页地图；☎8426 1907；莲湖区丰庆路13号，西南城角外；Ⓜ边家村）又称水司客运站，位于西南城角外，主要班次是前往周至（见122页）和楼观台方向。调研期间，西安市汽车站尚未被纳入西安公路客运网上售票系统。

纺织城客运站（☎8346 0000, 8951 2022；灞桥区长乐东路283号；Ⓜ纺织城）位于城东，主要方向是咸阳、宝鸡和汉中的关中东府地区，包括华州（华县）、华阴、潼关、韩城、蒲城等地，去宜川（壶口瀑布）也可在此坐车。站外的公交枢纽站有306路（见113页）直达兵马俑景区。

城西客运站（☎8463 0000；莲湖区枣园东路92号；Ⓜ汉城路）的班次覆盖西府各地，高速巴士可到兴平、礼泉、乾县、扶风、眉县、岐山、凤翔等地，更有班车直达法门寺（37.5元；9:00, 11:40, 16:30；约2小时）。去宝鸡的班车走西宝北线（104省道）。

城北客运站（见94页地图；☎8652 3019；未央区北二环西段9号；Ⓜ大明宫西）有发往三原、富平、铜川的高速班车，去黄陵、延安等陕北大部分县市也在这里乘车。

城南客运站（见84页地图；☎8935 3120, 8866 7788；雁塔区朱雀南路与南三环十字西南角；Ⓜ三爻）有车发往柞水、汉中、安康等陕南目的地，也有去鄠邑、汤峪（蓝田）、咸阳、袁家村的车，并开通了牛背梁、太平国家森林公园的直通车（见109页）。想了解具体线路可关注公众号"城南客运站"。从三爻地铁站到汽车站约1公里，可乘接驳车前往（2元；8:00~22:00，流水发车）。

❶ 当地交通

抵离机场

西安咸阳机场和西安市之间有多条机场大巴路线，终点包含火车站、钟楼、西稍门、西安宾馆（小雁塔）等地，票价25元/人；也有发往咸阳市区的线路，票价15元/人。机场大巴的线路变化较频繁，建议关注微信公众号"西部机场畅想旅行"或提前电询（☎8879 8787）了解信息。机场领取行李处、机场长途客运中心内均有自助售票机。支付宝"西安机场旅客服务"小程序中也可购买西安和咸阳的大巴通票，30天内有效。

从机场打车到西安城内需120元左右，网约车价格更实惠，也可在神州租车咸阳机场店（T3一层到达大厅324出口外）第一时间提车进城。

地铁

西安地铁系统（☎8909 3123；www.xianrail.com）票价2元起，支付宝和微信均可开通西安电子地铁卡，也可申请长安通（实体卡/电子卡），不定时可享优惠。地铁由6条主线（1~6号）以及前往临潼的9号线、机场城际（6:00~22:00）组成，通往多数

城北客运站时刻表

目的地	发车时间/班次	行程（小时）	票价（元）
铜川	7:10~19:30, 20分钟/班	1	31.5
榆林	10:40, 18:30（卧铺）	7	159.5
延安	10:40, 14:00, 14:30, 16:20	4.5	87.5
富平	7:10~19:30, 15分钟/班	1	37.5
三原	7:10~19:30, 15分钟/班	1	15

🛈 旅游公交和直通车

西安市内有多条旅游专线，通常会根据季节和道路整修等状况不断调整，最保险的方式还是拨打**西安公交热线**（☎965315，需加拨区号）问询。途经的具体站点及其他线路可在"车来了"App或西安公交网上查询。

游5（306） 从纺织城枢纽站发往兵马俑景区，途经华清池（4元），到兵马俑景区（5元）。7:00~19:00都有车，从秦始皇兵马俑博物馆返程末班车19:00发车。正规车为上车购票，无往返票。

游8（610） 从城东郊发车，经火车站、钟楼、鼓楼、小雁塔、陕西历史博物馆、大雁塔、大唐芙蓉园和曲江海洋世界等交通枢纽和景点。票价2元。均在景点正门设站，比较方便。

游9 从东二环互助路口发往秦岭野生动物园，途经大雁塔、大唐芙蓉园和香积寺等景点。6:00~20:00都有车，秦岭野生动物园返程末班为19:00。起价2元。

曲江旅游环线 从大雁塔北广场发车，途经大雁塔、大唐芙蓉园、曲江池遗址公园、秦二世陵遗址公园、寒窑遗址公园、曲江海洋世界等景点后返回大雁塔南广场，票价2元，约10分钟1班，7:00~20:00都有车。

此外，各旅游集团也开发了景区直通车。较正规的是西安旅游集团的**景区直通车**（☎400 6368 388；微信公众号：西安旅游景区直通车），每日有发往兵马俑景区、秦岭野生动物园和太白山的班车，在火车站和秦始皇兵马俑博物馆设服务点；西安国旅的**陕西文物旅游直通车**（☎189 9285 0306；微信公众号：文物旅游直通车）发往兵马俑景区、汉景帝阳陵、陕西历史博物馆等，对应地点均设有服务点；城南客运站的**城南旅游集散中心**（☎8866 7788）有牛背梁、太白山、太平国家森林公园等1日游线路。值得注意的是，除了兵马俑景区线为常规运营的一日游路线外，其余线路在淡季（11月至次年2月）均有可能停运，最好提前打电话询问。

景点。1~6号线运营时间从6:00开始，23:30左右对开末班车，约凌晨0:30结束运营。9号线运营时间从6:30开始，22:00和22:30分别从纺织城和秦陵西对开末班车，约23:00结束运营。东西走向的14号线已于2021年6月底开通，并与既有机场城际贯通运营，统一为14号线。

公交车

西安城内大多数公交线路票价2元，几乎都是无人售票的空调巴士。非空调车1元，另外，部分长途公交依旧是人工售票。可刷微信或者支付宝的"长安通"乘车码乘车，另外还有"西咸交通电子卡"，但远途或者非市中心的公交可能无法使用。

在西安市和周边县城使用"车来了"和各大地图App等均可实时追踪公交，也很准时。微信小程序"西安公交"提供公交线路的票价和最新优惠情况。

出租车

起步价9元/3公里（夜间10元），之后每公里2~2.4元（夜间2.3~2.7元）。城墙内打车价格一般不超过20元。在火车站和一些客运站外等客的出租车，通常不打表而是拼客议价，而且要价并不合理。

网约车平台在西安非常普及，价格相对更实惠。

自行车

调研期间，哈啰单车、青桔单车等共享单车（无须押金）在西安三环内（除了汉城）运营情况良好。注意回坊、大雁塔等地设立了禁止停车区域，锁车前最好查看所在位置能否停车。

三轮摩的

自2020年9月开始，西安开始实施"禁摩的令"，乘坐摩的人会被罚款20~50元。即便如此，特定路段还是能见到不少摩的载客，对此我们的建议是"请三思"。

另辟蹊径

骑车郊县游

西安近几年以四通八达的河渠和关中环线为基础,修建自行车道。虽然工程一直处于进行时,路线也并未连贯,但不失为另辟蹊径的骑行选择。

沣惠绿道 沣惠渠始建于1941年,渠首位于西安西南25公里处的秦镇附近,沣河与潏河的汇流口处,是集灌溉、防洪、城市用水等功能于一体的综合水利工程。2021年作为第十四届全国运动会骑行赛道之一,途经秦镇、沣河湿地公园和鱼化寨,全长28公里。

西安—鄠邑—马召—周至—武功—兴平 一路可以经过祖庵碑林、楼观台、仙游寺、黑河水库、杨贵妃墓、茂陵博物馆等景点,走完全程大约需要骑行两天时间。

西安—高陵区泾渭镇—西营—陈家滩—船张村—渭河大桥—西安 沿此线可以在泾河和渭河之间周旋,看到"泾渭分明"的景观及河滩湿地的现状。如果有空,可以前往杨官寨遗址看看有没有新发现。这条路线骑行一天即可。

关中环线 本地骑行爱好者最常光顾的线路。将近500公里的道路将长安、周至、扶风、乾县、泾阳、阎良、渭南、临潼、蓝田等13个区县串联起来,全程为铺设完善的一级公路。其中,太乙立交叉口—西太路支线的20公里路段,在2020年还修建了一条自行车专用道。中途可向南找个峪口进出,作为单日路线骑行,当然也可以明确主题,如到沣峪挑战连续28公里上坡。

西安周边

从天空往下看或打开卫星地图,会发现古城西安深谙山水之道。这里东临俊秀骊山,南屏磅礴秦岭,西接巍峨太白。崇山峻岭更带来了渭、泾、沣、浐、灞等八条河流,形成"八水绕长安"的荡荡景色。这片近郊风光成为历代帝王钟爱之地,秦始皇皇陵的修建、唐玄宗与杨贵妃的爱情故事都发生在骊山脚下;终南山沿线建起一座座道观和寺庙,草堂寺曾有西域高僧鸠摩罗什在此译经,全真祖庭重阳宫的规模也在元代历任皇帝颁布的一道道圣旨中逐渐扩大。

如今,关中环线公路横穿蓝田、长安、鄠邑和周至,古人修建的栈道遗迹以及驴友们踩出的步道,带人们深入秦岭水墨画般的层峦叠翠,古塔、寺庙与修行的隐士也成为其中的一道风景。以西安为起点,东西南北、一日往返间,你就能尽览十三朝古都的历史传奇。

临潼

临潼区紧邻骊山北麓,自古便是长安的东大门。历代帝王对骊山偏爱有加,一统天下的秦始皇最终选择在此安葬,唐玄宗与杨贵妃也正是在这里开启了一段缠绵悱恻的爱情故事。从西安城区到临潼仅30公里,自驾、客运和地铁都非常便利。如果不看晚上的演出,可安排一日游后返回城区。或从这里继续向东前往华山,路程也不远。

⊙ 景点

秦始皇兵马俑博物馆 世界遗产
(见111页地图;☏8139 9174,8139 9175; www.bmy.com.cn;通票120元;临潼区骊山北麓; ⊙3月16日至11月15日8:30~17:00,11月16日至次年3月15日8:30~16:30,提前1小时停止售票)自1974年兵马俑偶然现世,在遗址上建成的秦始皇兵马俑博物馆就一直是西安旅游目的地的首选。再加上近几年《世界遗产在中国》《国家宝藏》等纪录片和节目的推广,人们除了欣赏气势磅礴的地下军团,也开始关注秦人指纹、铜车马等更有深度的内容,并期待更多的谜底随着考古技术的发展逐渐浮出水面。秦始皇兵马俑博物馆和**秦始皇陵遗址公园**(见112页)共同组成秦始皇帝陵博物院,持通票均可参观。

初次来到秦始皇兵马俑博物馆,你可能会有些无所适从。从客运下车点或自驾车的停车场走到检票口,会经过无数揽客的"黑导游"。切记,唯有在检票口东侧、秦俑派出所兵马俑警务室旁的"导游讲解处"才能请到博物馆的官方导览员(90元起),也可租赁讲解器(30元/次,押金100元)。从第一个检票口入园后,沿绿化长廊前行约600米,通过第二个检票口后才会正式进入博物馆区域。门口有两棵白玉兰树的展厅就是**一号坑**,在这里能直接感受秦始皇地下军团的壮观,栩栩如生的将士俑仿佛瞬间复活,在你眼前严阵以待。一号坑面积最大,巨大的方阵中东前锋、西后卫和侧翼都是面向外的弩机手,中间是38路主体纵队和45辆战车。仔细观察,这些平均身高1.8米的陶俑,长相与表情都不尽相同。史书中秦国的军事制度和战斗规模,也因兵马俑的佐证而鲜活起来。一号坑中后部是考古现场修复工作室,有机会看到工作人员在现场修补拼贴出土的秦俑。

面积最小的**三号坑**只出土了68件陶俑,却是军队的指挥部所在,南北厢房和车马房的格局与一、二号坑截然不同。**二号坑**是多兵种集团军(骑兵、弩兵、车兵等)所在,但目前这支军队仍在"沉睡"中,在更好的保护技术出现之前,超过8000尊兵马俑还掩埋在土中,但你也因此能看到人俑头上的屋顶结构。馆方还在通道处陈列了5尊陶俑供参观者距离欣赏,他们身上的铠甲、颈巾、绳结甚至发型都依据各自身份而形态各异。

二号厅东侧是**文物陈列馆**。馆内地下室的院史陈列为固定展厅,讲述了秦始皇帝陵从发现到发掘的历史,能了解到不少有趣细节。其余均为临时展厅,可关注公众号"秦始皇帝陵博物院"查看最新展讯。原先的铜车马已于2021年5月移入秦始皇陵遗址公园的铜车马新馆。此外,一号坑和博物馆之间的纪念品店(9:00~17:30)售卖玩偶、明信片、手机壳等文创商品。一号坑南侧还有一个环幕影院

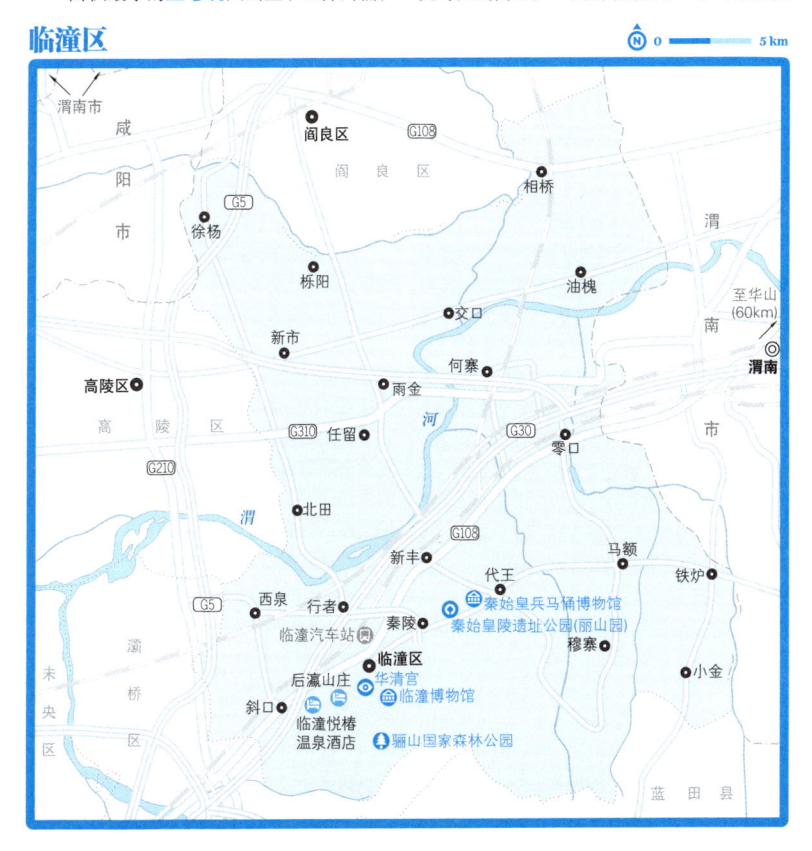

临潼区

另辟蹊径

最美环山路

这条"西安最美环山路"的起点在临潼区空军疗养院西侧，通过"骊山"牌坊往后山凤凰岭行驶，到天文台和老母殿的交叉口后，往陕西省天文台的方向再前行十几分钟，就能驶上一段蜿蜒的盘山公路，七八公里的山路拐了十多个大弯。到达山顶观景台，俯瞰山下来时路，就像在看一条缠绕在骊山之间的丝带一样，远处便是高楼林立的临潼城区。最好在晴朗的傍晚自驾前往，夕阳西下时景致最好。如果你有足够的体力，也可以骑车挑战这段盘山公路。

（68元），但并不值得特意前往。

调研期间，博物馆采用北门入、南门出的单向循环路线。馆内有咖啡厅，餐厅仅在中午开放。南门外的馆外广场有许多小吃和快餐店，餐厅大多面向团队，不过 **老西安饭庄**（☎8389 9001；秦唐大道玉缘阁奇石博物馆西南侧；人均50元；⊙9:00~17:30）的环境算是比较好的。

秦始皇陵遗址公园（丽山园） 世界遗产

（见111页地图；凭秦始皇兵马俑博物馆通票参观）这里才是真正的秦始皇陵所在地，87米高的封土堆如今已是绿草成茵。陵前有一通上书篆体"始皇帝陵"的石碑，传说中的神秘地宫就在封土之下。秦始皇陵的考古发掘工作一直持续不断，除了寝殿、便殿等遗址立碑指示外，还开放了两处陪葬坑和一个博物馆，均位于陵园南侧。被称为"文艺工作者"陪葬品的**百戏俑坑（K9901坑）**在东南角，在这里能看到上身赤裸、下身着裳、姿态各异的百戏俑。西南侧有**文官俑坑（K0006坑）**，可以欣赏到与兵马俑风格不同的彩绘文官俑。新开放的**铜车马博物馆**也在这里。馆内展出的两辆铜车马在出土时已经被上层覆土压成数千块碎片，8位专家花了10年时间才将3000多个青铜器零部件修复拼接起来，成就了这两件"青铜之冠"。

秦始皇陵遗址公园位于兵马俑景区西南约2公里处的丽山园内，持门票可免费乘摆渡车往返，乘坐点分别位于丽山园东门和秦始皇兵马俑博物馆北检票口处。

华清宫 历史建筑

（见111页地图；☎8381 2003；www.hqc.cn；门票120元；⊙3月至11月7:00~19:00，12月至次年2月7:30~18:00；Ⓜ华清池）秦岭支脉的骊山和坐落其北麓的华清宫，见证了唐玄宗与杨玉环七夕盟誓的浪漫时刻，也是古时周幽王烽火戏诸侯以及近代西安事变的发生地。

从望京门进入景区，眼前富丽堂皇的宫殿群是在唐代帝王温泉行宫遗址上仿建的唐风宫殿。**长生殿**内循环播放6D电影**《长恨歌》**（⊙周一、周三至周日9:00~16:30，周二13:00~16:00），述说着唐明皇与杨贵妃的浪漫往事。每年4月到10月，**九龙湖**会上演华丽凄美的大型历史舞剧**《长恨歌》**（268元起；20:10、21:40各一场；70分钟）。

真正的华清池遗址位于九龙湖东侧，在**唐梨园遗址博物馆**的地下室可以看到梨园子弟汤池遗址。**唐御汤遗址博物馆区**展示了1982年发掘出土的杨贵妃使用过的海棠汤、唐玄宗泡过的莲花汤，以及太子、大臣们使用过的不同等级的汤池及部分出土文物，不过眼前所见"温泉水滑洗凝脂"的千年古浴池已经干涸，绝非影视剧中那般奢华。

继续向东就是西安事变时蒋介石住的**五间厅**，墙上还能找到那个惊心动魄的夜晚留下的弹痕。沿步道上骊山，经过上演实景影画剧**《12·12》**（门票198元）的瑶光阁剧场，不用5分钟路程就到兵谏园，园内的**兵谏亭**正是当年蒋介石的藏身处。

时间足够的话，不妨继续沿台阶上行，进入**骊山国家森林公园**。到达日月亭后有3条登山步道，沿中间主路可达海拔1302米的山顶**烽火台**；西向的**晚照亭**是看"骊山晚照"和华清池的最佳地点，从晚照亭也可前往老君殿（唐称朝元阁）和老母殿；而东边的路则通往石瓮寺、遇仙桥等景点。

骊山索道（上行35元，下行30元，往返60元；⊙8:00~18:00）的下站位于华清宫西门（望京门）往西约200米处，不计入华清宫景区。到达上站老母峰后才需购买景区门票。

临潼博物馆 博物馆

（见111页地图；☎8381 2071；临潼区东环路

一号；凭身份证免费；⊙8:30~17:00)临潼博物馆设在一座小巧的仿明清四合院建筑内，主楼的一层为**唐庆山寺文物展**，陈列着1985年出土的唐开元年间庆山寺舍利塔中的文物，其中存放释迦牟尼真身舍利的金棺银椁和释迦如来舍利宝帐都是镇馆之宝。主楼二层为**周秦印迹——周秦文物展**，展出了临潼地区出土的青铜器，以及秦夔龙纹瓦当等建筑构件。侧楼中是**佛之韵——佛教造像展**，厅内数十件窖藏唐代鎏金铜佛像小不过盈寸，但造型优美，工艺精湛。

从华清宫景区门口往东步行约200米即到临潼博物馆。

🎊 节日和活动

石榴节　　　　　　　　　　　　　文化节

临潼盛产石榴，每年5月下旬，临潼都会举办石榴花节，金秋10月又会举办石榴节，除采摘石榴外，还有各种以石榴为主题的民俗文化活动。具体时间可登录华清宫官网查询。

骊山温泉　　　　　　　　　　　　温泉

离华清池约2公里的骊山西门附近有很多温泉酒店、疗养院和泡池，价格从十几元到几百元不等，环境良莠不齐。如果要求较高，**临潼悦椿温泉酒店**（☎8387 8888；悦椿东路8号；标双850元起）是一处不错的选择。

骊山庙会　　　　　　　　　　　　文化节

缘起于古代纪念骊山老母（传为女娲娘娘）补天造人之功德，每年农历六月十一开始，骊山上的老母殿将举办为期5天的庙会。人们除可来此烧香过夜、求子求福外，还能欣赏到皮影戏、秧歌、戏曲等各种民俗活动。庙会期间将对山路进行交通管制，具体可关注西安本地宝的消息。

🍴 食宿

临潼市区的住宿选择不多且相对老旧，连锁酒店如汉庭、宜必思的环境较有保障。如果自驾，骊山和兵马俑景区附近也有一些特色民宿，**后瀛山庄**（见111页地图；☎133 8918 1035；瀛临路78号；标双524元起；🛜🚗🅿️）距最美环山路不远，采用日式简约风的设计，设施新颖。

西安本地人喜欢到临潼吃大盘鸡，所以街上随处可见大盘鸡店，味道差异也不大。文化路和健康路也有许多本地实惠餐馆可选，**侯记蘸水面**（☎132 5944 7880；健康路18号；人均8元；⊙11:00~20:30)是20年老店，宽大筋道的面条按根卖，蘸料味道非常棒。

ℹ️ 实用信息

危险和麻烦

虽经过了2017年的整顿，但临潼的假景点仅有部分被拆除。溯源秦皇陵摇身变为《梦回大秦》，于景区门口放上"人造景区"标志重新开业；秦陵地宫、世界第八大奇迹馆、鸿门宴遗址等则在自己的名字里加上"仿真"二字重回江湖，还在秦始皇兵马俑博物馆附近设有对应的导游亭，带人前往这些"景点"，一定要注意辨别。

在华清池、秦始皇兵马俑博物馆附近，常常会遇到路上揽客的"野导游"，他们可能穿着与正规导游类似的制服。最好不予理会，直奔景区的导游亭或者游客中心再咨询。

如果准备报名临潼一日游的旅行团，最好通过西安市内的游客中心、在线旅游平台预订。避免通过客运售票员或出租车司机现场报名，否则很可能被带往玉器加工厂购物，然后绕道"假景点"。

ℹ️ 到达和离开

临潼和西安之间的交通极为便捷，可在三府湾客运站乘坐914路、915路（13元；6:30~19:30，10分钟1班；1小时)，或从纺织城公交枢纽站搭乘307路、306路（5元；7:00~19:00，10分钟1班；1小时)。班车均途经华清池，终点为兵马俑景区。随

> ### ℹ️ 从临潼到华山
>
> 从临潼到华山的常规走法是返回西安市区转车，但要走不少回头路。建议在兵马俑景区乘307路、914路、915路，在临潼东三岔下车后乘坐从临潼发往渭南的班车（10元；6:30~18:00，约10分钟1班；1小时)。到达渭南后在金水路口或前进十字下车，原地等候渭南去华阴的班车（16.5元；7:00~18:00，约20分钟1班；1.5小时)，即可直达华山镇或游客中心。

着地铁9号线于2020年12月开通,从西安市区乘地铁就能直达华清池。

临潼汽车站（☏8381 3452；人民东路21号）有发往咸阳和渭南的班车。如果从秦始皇陵出来想直接去华山,可在东三岔乘坐（见113页方框）。

❶ 当地交通

临潼602路（2元；6:30~20:00）经停华清池、秦始皇陵和秦始皇兵马俑博物馆。注意,本地出租车基本不打表,从华清池到秦始皇兵马俑博物馆通常要价20元左右,一定要确认好价格和目的地再上车。运气好也能叫到网约车。

蓝田

西安东南这片起伏的黄土高原,百万年前曾是蓝田猿人的家园。到了唐朝,王维晚年隐居此地写下《辋川别业》,成为山水田园派的传世佳作。李商隐的名句"蓝田日暖玉生烟",更让蓝田美玉名扬天下。善导大师于山中开创净土宗,山脚的水陆庵则用泥塑造出大千世界。如今这里依旧凭借美好风光以及免费开放的景点,吸引无数人来此寻找心中的"桃花源"。

◉ 景点

水陆庵 寺庙

（见71页地图；县城东10公里普化镇；免费；⊙9:00~17:00,周一闭馆）背靠秦岭的水陆庵,原为隋悟真寺（下寺）的水陆殿,是超度水陆生灵的水陆道场。明太祖九世孙朱怀埢为纪念母亲将殿更名为庵,所以这里虽然名庵,却并没有尼姑。位于半山腰上的**悟真寺（上寺）**为净土宗祖庭,是善导大师修行所在,山林路上至今留有从晚唐至清末的9座灵塔。

尽管"中国第二敦煌"的名头有些过誉,但**诸圣水陆殿**内的泥塑堪称精品。殿内存有从五代到明朝的3700多尊精美泥塑,殿中明代的释迦牟尼、药师佛和阿弥陀佛造像的背光金碧辉煌,弟子与胁侍菩萨各立左右。南北山墙上的塑像乍看令人眼花缭乱,实则布局严谨。下部是二十四诸天,中间为五百罗汉渡海,上部则演绎了释迦牟尼的一生。注意看南北壁和中壁的菩萨塑像,早期男身风格的胡须清晰可见,专家因此推测是五代原作。这些精妙绝伦的彩色泥塑作品,历经千余年天灾和人祸,虽然色彩略微暗淡,但能保存完整实属不易。殿内禁止拍照,你可以通过"聊闻解悟"小程序购买解说或请讲解员（50元）,讲解员手电的每一束光都能照出一段故事。

在蓝田县汽车站乘903公交到向阳技校（5元；7:20~17:00,1小时1班）,下车后沿马路向南步行10分钟就到。也可乘坐前往水陆庵（许庙）的乡镇班车（3.5元；6:45~17:45,40分钟1班）,在关中环线的路口下车后需向南步行1.5公里。返程可向路边拦车,18:00之后就没车了。

蓝田猿人遗址 遗址

（见71页地图；☏8297 1807；蓝田县九间房乡公王岭；免费；⊙9:00~17:00,周一闭馆）1963~1964年,考古人员于蓝田县以东约10公里的陈家窝和公王岭区域,发现了老年女性的下颌骨化石以及完整的中年女性头骨化石,并依据出土地点而为其命名"蓝田人"。经鉴定,这个古老的直立人种活跃在65万至100万年前,比"北京人"早了几十万年。

遗址公园就建在公王岭上,略显简陋的**陈列厅**展示了头盖骨复制品（原件在北京中科院古脊椎动物与古人类研究所标本馆）,以及出土的旧石器时代石制品和原始牛、纳玛象等哺乳动物化石。继续往山上走几步,来到立有"蓝田人头骨出土处"石碑的亭子。亭子后方是**新生代地层坡面保护厅**,一大片裸露黄土层自下而上分为19个地层,展示了头盖骨的出土层,更能一窥"蓝田公王岭动物群"千万年堆积成的丰富化石分层。

从西安城区的三府湾客运站乘前往许庙的904客运（15元；6:45~19:00,15分钟1班；2小时；末班返程18:00）,在前程队下车沿101省道向南步行约1公里即到。从蓝田县汽车站发往水陆庵（许庙）的乡镇班车也经过山脚。

白鹿原影视城 电视外景地

（见71页地图；☏8284 2666；www.sxblyysc.com；前卫镇将军岭隧道向西1公里处；免费；⊙旺季9:00~20:00,淡季9:00~18:00）从蓝田前往汤峪的关中环线上,你一定不会错过这片黄土台原。影视城的主要景点都在原上,白鹿村和滋水县城依据陈忠实《白鹿原》中的描述而建,可见宗祠、戏台、白嘉轩家、衙署等影

> **当地知识**
>
> ## 王维、辋川与中国园林
>
> 2019年,国家博物馆首次将宋代书画珍品《辋川图卷》全部展开。全卷山谷葱郁,云水飞动,蓝本就源自唐代王维的《辋川图》。
>
> 作为盛唐时期的诗人和画家,王维从那个曲江池畔考取功名的得志少年,经过一次又一次的政治变故,心性所向逐渐由道转禅,终于晚年在辋川买下宋之问的别墅,过起了亦官亦隐的生活,并在这片山水中,走入"诗中有画,画中有诗"的美学境界。他将读书画乐的创作灵感融于园林设计,精心布置出"辋川二十景",并留下《辋川集》和《辋川图》等诗画经典,成为山水田园派的代表人物。"明月松间照,清泉石上流"的诗句,描绘的便是辋川别业雨后黄昏的景致。自此,文人造园风气日盛,且越来越多地出现在城市里,意境的考究也成为中国园林最核心的精神。
>
> 然而,辋川别业的一木一景最终只能留在古今无数文人的梦中。今天,在白家坪的鹿苑寺,别业遗址成了废弃的军工厂,王维墓也被压在了厂房下,只剩下一棵相传为王维亲手栽下的银杏树,深秋时节落叶缤纷,引人们不禁遥想千年之前此地的胜景。

视剧拍摄地。这里也有各种小吃,可顺便一尝关中美食。在游乐园和创意文化区可以观看不同主题的演出,还有动物饲养场、机械式兵马俑馆等的互动体验,适合带孩子的旅行者。不过原上没有什么绿树遮荫,需要注意防晒。

这里公共交通不便,更适合自驾前往。西安城区有919路公交车到北门,但班次很少。你也可以在蓝田汽车站乘前往小寨的班车(5元;7:20~18:20,半小时1班;末班返程17:30),在影视城南门下车。调研期间,影视城的直通车停运,具体开放日期未定。

✈ 活动

汤峪温泉　　　　　　　　　　　　　温泉

位于蓝田城南27公里秦岭终南山脚下的塘子村,早在秦汉时期便是温泉养生胜地,因为宝鸡眉县也有个汤峪(即西汤峪,见173页),故这里有时被称为东汤峪。

如今的汤峪,几乎家家都售卖泳衣,开起餐厅宾馆,代售优惠门票。比较出名的有**碧水湾**(⚐8283 6888;汤峪镇塘子村;45元起;⏲9:30~22:00)和**天潭温泉**(⚐8297 7111;汤峪镇温泉大道内;门票168元起;⏲9:30~23:00),两处均为开放式大众汤泉。若介意私密性,前者另有238元的皇宫御汤苑套票,可享受有独立淋浴和换衣间的私密包房,限时2小时。此外,当地人称"军区疗养院"的**陕西省汤峪疗养院**(⚐8284 8687;塘子街1号;80元/2人/1.5小

时;⏲8:00~22:00)也提供包房和浴缸,住宿条件也不错。

蓝田汽车站有发往汤峪的班车(7元;6:00~18:00,约15分钟1班;1小时)。西安南汽车站也有920路公交车到汤峪(11元;7:00~19:00,20分钟1班;1.5小时)。

🛏 食宿

西安与蓝田间的交通极为便捷,可以当天往返西安城区。不过近两年这里也涌现了一些特色民宿,既有高档的**蓝田玉川酒舍艺术酒店**(⚐199 9197 4293;玉山镇领航幼儿园西侧;标单798元起;🛜❄🅿),可品红酒也可赏田园风光;也有终南山修行道长经营的**龙门精舍客栈**(⚐8283 8170;汤峪镇塘子村温泉大道;标单/双199/120元起;🛜❄🅿),房间简约干净。

蓝田特色小吃有荞麦饸饹面、洋芋糍粑、神仙粉等,在路边摊就能尝到。除了汽车站周边的小饭馆,县城内**独秀小吃城**(⚐8273 3977;蓝新路南段;人均30元;⏲8:30~21:30)的凉拌饸饹、油糕和南瓜盖被值得一试。人多的话可以去**蓝田九大碗民俗食府**(⚐8272 8188;长坪路中段),品尝肘子、丸子、豆腐等传统蓝田九大碗。

ℹ 到达和离开

蓝田县汽车站(⚐8273 4786;向阳路西段)有发往西安汽车站(火车站)的西蓝高速班车(10

元；5:20~19:00，10分钟1班；1小时），途中停靠康复路、万寿路地铁站；926路公交车（6元；4:50~19:00，8分钟1班；1.5小时）终点在西安市体育场，沿途经停康复路地铁站，转乘方便。去往水陆庵、汤峪、白鹿原影视城等景区都可在汽车站内换乘乡村中巴。

长安

西安市南部的郊区继承了"长安"这个古地名，当然这也是当之无愧的。历史爱好者可沿滻河寻找玄奘、善导、澄观等大唐高僧归灵安息之处，遥想唐樊川八大寺的胜景；或者前往南五台，在山顶的观音菩萨道场上一炷香，到山脚一座座从关中各地搬来的豪门大宅之间漫步。如果喜爱户外，翠华山、嘉午台和南五台有众多徒步路线，中途还可能遇到终南山的隐士。每年春天，子午古道娑紫嫣红；深秋，终南山脚下古寺的千年银杏绽放出一片金黄。这片古老大地如今依然充满了活力。

◎ 景点

翠华山 山

（见本页地图；☎8589 2176；微信公众号：翠华山旅游景区；太乙宫镇南4公里；门票旺季3月至11月65元，淡季12月至次年2月40元；⊙旺季9:00~17:00，淡季9:00~16:30）"太乙近天都，连山到海隅"，王维《终南山》所描写的就是翠华山。如今，这里是少数能自驾上山顶的景区，适合带着全家老小来此亲近终南山。

千奇百怪的山崩地貌赐予了翠华山"地质地貌博物馆"的称号。《诗经》"百川沸腾，山冢卒崩"，说的便是公元前780年的一场大地震，翠华山的独特风光便形成于那时。景区分为两部分，大部分人通常直奔天池区域，欣

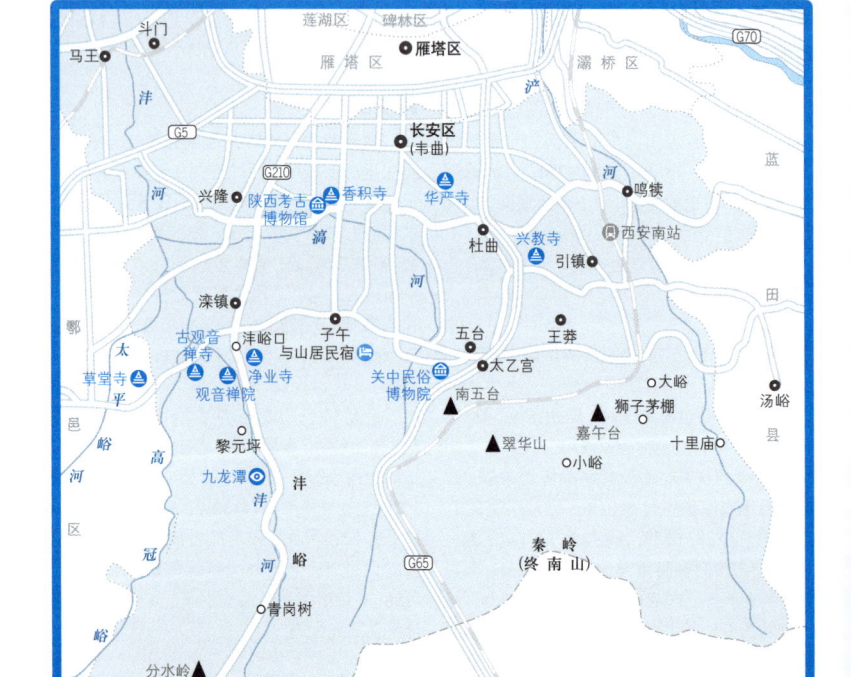

不要错过

深入终南山

户外爱好者会羡慕西安坐拥终南山这个后花园。户外俱乐部津津乐道的大寺或鹿角梁穿越是中高难度路线，入口在沣峪分水岭旁的秦岭梁景区。下面几处徒步路线会轻松一些。

嘉午台（见116页地图；引镇白道峪村南；免费）号称"小华山"，登云梯、朝天梯、小梯子之险名不虚传，山顶的兴庆寺和龙脊也能让人惊出一身冷汗。从白道峪出发，登顶后可穿越狮子茅棚、东走大峪或西走小峪出山。路径都已被驴友踩得很明显，但无论哪条路线上下都需8~10小时。739路和环山2号线可到嘉午台。

南五台后山 最流行的路线是关庙村—石砭峪熊沟—观音台—西岔沟的穿越，约18公里，需8~10小时。这条路线最大的亮点是沿途能遇到不少当代"终南隐士"居住的茅棚，但出于礼貌和尊重，请勿打扰他们的生活。这条路径也很明显，交叉口也有标志指引。熊沟没有公共交通，可从南五台或子午镇包车（50元）；从西岔出山口后沿马路向北走2公里就能到翠华山905路线上，网约车也挺便利。

翠华山草甸环线 从天池附近的滑雪场开始徒步，经过甘湫池后继续攀高3小时，就能走到山脊上壮阔的高山草甸。之后有一条岔路，别误拐去柞水营盘方向的秦楚古道，继续直行到九天瀑布，最终从翳芳湲回到游客大部队之中。这同样是一整个白天的行程。

赏典型的堰塞湖，然后花大约40分钟登上天池西侧的**翠华峰**，眺望南五台山的寺庙。或者你也可以向南1.4公里，这里的大草坡在夏季可玩滑草，冬季降雪后则变成了翠华山滑雪场。不过在本书作者调研时滑雪场崩塌，暂时封闭，具体开放日期未定。继续深入太乙峪，就到了**翳芳湲区域**，这里的景色以水潭溪瀑为主。步道入口处有一座**秦岭终南山世界地质公园博物馆**（免费），介绍秦岭的地质地貌。抵达最远的九天瀑布和将军挡关后，若不准备穿越至天池（徒步路线见本页方框），则需原路返回。全程约4小时。

如果体力好，可从山门旁的游客中心开始，经翦山湖、接圣台到天池，再从十八盘那边下山，这样能将翠华山的精华基本看全，可玩上大半天。湖畔的**水湫池村**是山上的旅游集散地，有农家乐提供食宿。景区也提供观光车，单程20元，路线从山门到天池、滑草场、翳芳湲。降雪后翠华山通常只开放天池和滑雪场，观光车也涨价到30元。自驾上山需缴纳25元的停车费，只能开到天池和翳芳湲的停车场。

在地铁韦曲南站外乘335路或729路，到达终点太乙宫镇上的西安翻译学院，在此换乘905路到翠华山旅游车站，步行到公园入口只有700米；西安翻译学院周边的网约车也很多，直接到山门约10元。

南五台　　　　　　　　　　山

（见116页地图；☏8594 9234；台沟乡南1公里；门票旺季3月至11月45元，淡季12月至次年2月25元；⏱旺季9:00~17:30，淡季9:00~17:00）南五台因5座小山头建有5座寺院而得名，还被列入"佛教八小名山"。和山西五台山不同，这里是观音菩萨的道场，观音成道日的农历六月十九有热闹的古香会，信众们朝台也在此期间达到高潮。对于户外爱好者，南五台的徒步难度远小于翠华山，但风景仍然出众。楼阁殿宇坐守五台，互为照应，又一同俯瞰着长安的平原。若有幸碰上雨后初晴，云海浮动间佛寺显露，更是宛若仙境。

从半山腰的停车场、"神秀终南"石柱旁开始登山。没走几步石阶即到**紫竹林**，相传这里始建于隋朝，比浙江普陀山的观音道场还要早。继续向上爬约600米，就到海拔1688米的南五台主峰**观音台**。你可以向东依次参观文殊台、清凉台、灵应台、舍身台，它们相互之间距离都不远，最后可抄近路从喇嘛石返回停车场。这样游览一圈约4小时，不过瘾的话，还可去观音台下方（西南角）的西林寺

（大茅棚），小探后山的茅棚文化，之后接上南五台后山路线，再走3公里就到山脚的西岔沟了（见117页方框）。

从售票处到半山腰停车场有10公里盘山公路，可乘景区观光车（单程20元）。途中经过的**圣寿寺**是南五台历史最早的一座寺院，内有隋代古塔，以及民国净土高僧、弘一法师之师——印光法师的影堂石塔。由于从景区观光车下车后再上车需要重新购票，建议你在下山时参观，然后步行4公里回到售票处。本书作者调研时已不允许自驾上山。

在地铁韦曲南站外乘730路公交，终点就在南五台售票处。

兴教寺　　　　　　　　　　　　　世界遗产

（见116页地图；杜曲镇兴教寺村北侧；免费；◐8:00~19:00）位于城区东南20公里的兴教寺，可能是西安最低调的世界文化遗产点。唐高宗麟德元年（664年），玄奘法师圆寂后葬于白鹿原。总章二年（669年），为了迁葬三藏法师的灵骨，在樊川风栖塬敕建五层灵塔，同时修建寺院并将其命名为"大唐护国兴教寺"。因此这里不仅是唐代樊川八大寺院之首，更和大慈恩寺同为法相宗祖庭。可惜寺殿全部毁于清朝同治年间的战乱，仅存玄奘以及两弟子窥基和圆测的墓塔。2014年，三塔以"兴教寺塔"的名义列入世界文化遗产名录。

从写着"护国兴教寺"山门旁的小门进入，寺院绿树遮阴，非常幽静。古朴的大雄宝殿西侧为"慈恩塔院"，院内就是玄奘和弟子窥基、圆测墓塔。三座塔呈"品"字形排列，均为四方楼阁式的唐砖塔（圆测为宋塔）。居中的五层墓塔为玄奘塔，北壁嵌有刻于唐开成四年（839年）的《唐三藏大遍觉法师塔铭》，记述了玄奘出生、出家、受戒、取经和译经的过程。两座三层弟子墓塔陪侍左右。

乘坐公交735路在兴教寺下车，沿马路向北步行约700米就能到达。

华严寺　　　　　　　　　　　　　寺庙

（见116页地图；杜曲镇樊川路近师范附小北侧；免费；◐夏季8:00~18:00，冬季8:00~17:30）华严寺建于唐太宗贞观年间，是"樊川八大寺院"之一。作为华严宗的祖庭，华严宗五祖在此弘法，圆寂后就地建塔。然而历经唐代的灭佛、兴佛，加上地处前有断崖后有峭壁的少陵塬上，明代关中大地震以及清朝至近代山体滑坡的灾害，令古寺建筑倒塌殆尽，仅初祖杜顺大师、四祖"清凉国师"澄观大师的两座舍利塔屹立至今。

作为唯一没有重建的祖庭寺院，华严寺现今的规模非常简约，复建的几座殿宇、斋堂和寮房等簇拥着两座唐代砖塔。在迁建西侧的澄观大师塔时，发现塔内有清初佛经、佛像等文物，因此推测该塔在元至正九年（1272年）重建后，在清代又经过一次重修。

乘坐公交735路、741路在西安旅游职业中专下车，沿马路向北步行约400米就能到达。

香积寺　　　　　　　　　　　　　寺庙

（见116页地图；郭杜镇香积寺村；免费；◐9:00~17:30）香积寺位于滈河和潏河交汇处东北角的神禾原上。唐高宗永隆二年（681年），净土宗二祖善导大师圆寂，其弟子为其修建供养塔，成为汉传佛教最大宗派净土宗的首个道场。12世纪，日本僧人法然上人依据善导的《观无量寿经疏》创立了日本净土宗，因此香积寺也被中日净土宗尊为祖庭。

今天的古寺香火旺盛，一座座光鲜亮丽的大殿为20世纪80年代重建，唯古塔是唐代留存。善导舍利塔为原高13级、现存11级的密檐式砖塔，和小雁塔有几分形似。寺东围墙外的5级楼阁式砖塔是善导弟子敬业法师的灵塔，寺内的大雄宝殿南侧还有好几座唐代经幢。

乘坐公交738路在香积寺站下车就到。值得一提的是，寺院西南1公里处的**陕西考古博物馆**预计于2021年底开馆。

净业寺　　　　　　　　　　　　　寺庙

（见116页地图；滦镇沣峪口村南1.5公里；免费；◐7:00~18:00）净业寺始建于隋开皇元年（581年），唐武德七年（624年）时，高僧道宣在此修行古律，圆寂后的舍利塔也修建于寺中。他的再传弟子鉴真将律宗传入日本，这里也因此成为中日律宗的祖庭。

嵌在秦岭山中的净业寺阐释了"深山藏古寺"的唐诗韵味。从210国道上的山门要爬40分钟山路才到。站在寺前南望，会感慨"水墨终南"名不虚传。踏入寺门，小巧古朴的大雄宝殿前植有古老的白玉兰树，每年3月盛开时，幽静的古寺满院洁白。重修的道宣塔位于山顶处，从寺院前往还需约15分钟。

乘坐公交775路到沣峪口，沿马路向南步行1.5公里可到山门。

古观音禅寺　　　　　　　　　　寺庙

（见116页地图；东大镇罗汉洞村；免费；⊙9:00~17:00）2016年秋天，一组古寺银杏的照片蹿红网络，让这座西安城南20公里处的唐代寺院一下成为"网红"。古观音禅寺始建于贞观二年（628年），背靠终南山北麓的凤凰岭。崭新的仿建院落建得颇有水准，"古"字则指的是寺内一株无比巨大的银杏树，相传为李世民手植，每逢11月中上旬身披金甲，满地黄叶。而随着古银杏声名鹊起，在黄叶期，你一定要提前在微信公众号"终南禅韵"上预约参观。这座禅宗道场也提供禅修课程。注意别和净业寺南1.5公里的观音禅院搞混。

乘坐公交332路、333路或734路到南石村，沿马路向南步行约800米即可到达。

关中民俗博物馆　　　　　　　　博物馆

（见116页地图；☎8582 9182；五台乡南五台山路1号；门票120元，讲解100元；⊙9:00~17:00，周一闭馆，国家法定节假日和暑假正常开放）40座民居大院排列街旁，不远处的秦岭蜿蜒如画。乍看像是仿古景区，但这里可是真古董！不过这些古建筑均非"土著"，而是博物馆创立者王勇超先生历经20余年，一砖一石精心编号，从关中各村镇迁移、复建的。悠然南山下，原本要荒废的老屋古宅获得新生，只是耕读传统变成了旅游业。

穿过"西京雄镇"城门楼，明清古民居一条街延伸于足下。两排古宅大都是明清高官或富商的府邸，很是气派。<u>阎敬铭宅院</u>的主人兴建了"天下第一仓"丰图义仓，<u>耿元耀宅院</u>则为渭北地区典型的前房后窑格局，<u>孙福堂宅院</u>是博物馆内最大的复原建筑，并辟有介绍陕西各地传统村落的资料馆。

博物馆还收藏了3万余件器物，整理出汉画像石、度量衡、兵器、烟具等多个展览。最有意思的是数量众多的拴马桩，或人或兽，神态各异，俨然"地上兵马俑"的阵势。留意饮马槽、柱墩、上马石等不够"上相"的陈列品，这里同样收藏了不少。在元代古戏台<u>梨园</u>可以预约观看华阴老腔表演（500元/场），节假日可能会安排免费的演出场次，详情可关注新浪微博"关中民俗博物院"。

在地铁韦曲南站外乘730路、338路可直达博物馆门口。

沣峪　　　　　　　　　　　　　　峡谷

（见116页地图）由这条峡谷进山，翻越秦岭前往汉中，走的正是著名的子午道，也是如今的210国道。自从大车改走西康高速，这条山涧便成了市民周末自驾的热门目的地，尤其在夏日里，数不清的避暑客会来此玩水。

这里也是外地旅行者感受秦岭七十二峪的上佳之选。此地的公共交通很少，租一辆车自驾是最合适的选择。第一站可探访<u>净业寺</u>（见116页地图），继续向前1.5公里的观音禅院坐落在山涧中。再行10公里可到山水具备的<u>九龙潭</u>（☎8592 9307；门票夏季35元，冬季25元；⊙8:00~18:00），继续前行19公里则是"一脚踏南北"的<u>分水岭</u>（海拔2130米）。几块界碑诉说着"分水岭"的由来：来自中国西北的河流在此分道扬镳，这里也是黄河和长江流域的分界线，流向秦岭北坡的溪流注入黄河的主要支流渭河，南坡的溪流则注入长江主要支流汉江。

公交981路可到沣峪口。在这里能找到面的，可包车到九龙潭（50元）、分水岭（100元）等地。

🛏 食宿

探访寺庙，或在翠华山、南五台景区范围内游览，当天即可回西安市区住宿。如因登山等原因需留宿，翠华山天池的水漱池村、南五台的观音台都能找到落脚处，山脚还有<u>上王村</u>这样主推农家乐的村落。沣峪国道沿线以黎元坪村、石峡沟村农家乐最为集中。配置完善的标间也就百元左右，不过山里通常很潮，蚊虫也多。近年来，这一带的村落也出现了一些民宿（200元起），环境好很多，可略微满足"隐居终南"的愿望。<u>与山居民宿</u>（见116页地图；☎153 1973 0232；天子口村34号；标单/双395元起；🛜❄🅿）是建筑设计师主人将废弃农舍改建而成的，房间简约明亮，小庭院可喝茶也可烧烤。

长安区的景区距离高校都不远，形成了不同的美食街，如翠华山脚的大学城小吃，以及沣峪口滦镇的石锅鱼一条街。其中**大千麻辣鱼**(📞8592 1295；西沣路7号；人均95元；⏰9:00~22:00)提供一鱼两吃，新鲜度连本地老饕都称赞。

❶ 到达和离开

由于多所大学将新校区建在长安，西安市也顺势把各路公交开到了终南山下的许多地方。"长安汽车站"已名存实亡，地铁2号线韦曲南站外是各路公交车最集中的换乘站，332路、334路和335路经韦曲南站前往关中环线的各学院和景点，发车频率高，且均可刷微信或支付宝乘车。

鄠邑

虽然2017年改名鄠邑，但许多人依旧习惯称这里为户县。相比于长安区，这里依旧保留着"县城"的感觉。不过城中始建于明崇祯时期的钟楼，也透露出这个刚恢复秦代古老称谓的郊区所蕴藏的厚重历史底蕴。这里不仅有道家的天下祖庭重阳宫，还有佛教的三论宗祖庭草堂寺。在瞻仰古迹的同时，也别忘了土得可爱的农民画，以及传统的秦镇米皮和越晚越热闹的机场烤肉。

◉ 景点

草堂寺 寺庙

(见71页地图；📞8495 3437；草堂镇圭峰山北麓；门票旺季30元，淡季25元；⏰8:00~17:00)东晋末年，后秦皇帝姚兴将来自西域龟兹的高僧鸠摩罗什请至长安，并为其修筑草堂寺。鸠摩罗什在寺译经13年，有弟子3000人，主持翻译了印度大乘佛学经典，其中《妙法莲华经》被后世誉为佛经之王。草堂寺是佛教传入中国后的第一个国立译经场，也是中国佛教八宗之三论宗祖庭。鸠摩罗什在草堂寺圆寂火化后，葬于舍利塔。

来草堂寺，必定要先瞻仰供奉鸠摩罗什真身舍利的**鸠摩罗什舍利塔**。塔由西域各国供奉的八色玉石所建，虽然只能隔着护塔亭的玻璃窗欣赏，但仍能清晰看到十二层塔身上晶莹的色泽，以及铁围山、香沸海、山峰、卷云、祥龙、坐佛等雕刻精细的图案。此外，寺内还藏有柳公权手书的**《宝慧禅师传法碑》**、唐宣宗年间所刻的**《唐故圭峰定慧禅师碑》**、元代僧人所立草堂寺**《宗派图碑》**等文物古迹。正殿内供奉有明代施金泥塑如来佛像，日本日莲宗奉送的鸠摩罗什楠木坐像则安放在纪念堂中。

草堂寺今存建筑多为后世所建。园内古木参天，分外清幽。寺内西北角竹林旁有一口烟雾井，炎炎夏日仍可见雾气由井口蒸腾而上，"草堂烟雾"也得以入列"关中八景"。不赶时间的话可在此处稍作停留，或驻足大雄宝殿外听和尚诵经。

从西安出发，高新旅游1号线（2元；7:00~18:00，1小时1班）直达寺门，或到大雁塔北广场乘坐环山1号线(8元；8:30, 9:30, 11:00；约1.5小时)，下车后步行约1公里到。也可在鄠邑汽车北站乘908路公交车(5元；7:20~19:10，约20分钟1班；40分钟)，终点站就是草堂寺。

当地知识

拗口之名从何而来？

夏朝初期，扈氏族人在这里建立了扈国，成为这片地区最早的方国，也是鄠邑区地名的由来。不久，扈氏族人与夏朝发生甘之战，战败后北迁至易水。商周时期，这里先后设"崇国"和"丰邑"。到了秦代，"扈"改为"鄠"，西汉时正式设"鄠县"，并历代延续。直到1964年，为方便百姓识读和辨认，胡乔木、郭沫若等人建议把拥有生僻字眼的地名简化为同音的常用字。经国务院批准，陕西的14个生僻地名进行了简化处理，鄠县改为户县，盩厔县改为周至县，郿县改为眉县，醴泉县改为礼泉县，等等。

2003年，随着西安城市和经济的发展，其周边区域开始进行撤县设区的调整。为此，如何取一个好听的名字以便给户县的华丽转身开个好头，意外地成为令人头疼的问题。2016年，保留了秦称"鄠"以及代表城镇之意的"邑"，"鄠邑区"最终从草堂区、秦渡区、沣京区、甘亭区等选项中脱颖而出，并在2017年的撤县设区仪式中揭牌出场。

重阳宫　道观

（见71页地图；☎8490 6620；鄠邑区祖庵镇北；门票25元；◐5月至10月8:00~17:30，10月至次年4月8:00~17:00）如果你是金庸迷，一定要对重阳宫充满期待。这里是全真派三大祖庭之首，祖师王重阳修真悟道和遗蜕归葬之地，山门上仍悬挂有元代皇帝御赐金匾。

走进重阳宫，中轴线上依次是**灵官殿**和**七真殿**，七真殿内供奉有全真七人像，也是这里唯一没有被破坏掉的清代建筑。往北走便是恢宏的**重阳宝殿**，殿后是重阳宫最具价值的**祖庵碑林**，内藏40余通有关道教全真派历史的碑刻。不仅有王重阳与七真画像碑、王重阳书写的《无梦令》诗词碑、元代书法家赵孟頫书写的《大元敕藏御服之碑》，还有元代皇帝留下的古蒙文（八思巴文）和汉文合刻的圣旨碑。穿过碑林，可看到传说由丹阳真人马钰手植的银杏，旁边就是王重阳的墓冢，以及几位白云真人的石函。

金庸迷还可继续探访"活死人墓"的原址**成道宫**。沿重阳宫山门外东侧的第一条小路往北走约1.7公里，红色围墙围着的就是成道宫。从西南侧大门进去，院内东北角能找到"活死人墓"石碑，碑后有座圆形小墓，传说王重阳曾在墓内闭关修行。不过石碑为2012年所立，真正的活死人墓其实已无从寻觅。

在鄠邑区的大十字公交站乘坐901路公交车（3元；6:00~18:00，约20分钟1班），于重阳宫下车即可到达。打车约10元。

太平森林公园　森林公园

（见71页地图；☎8495 9806；www.tppark.com；鄠邑环山路太平峪；门票旺季3月至11月60元，淡季12月至次年2月40元；◐3月至11月9:00~18:00，12月至次年2月9:00~17:00）太平峪因隋朝皇家在此修建避暑别院太平宫而得名，今天的太平国家森林公园则以玩水赏花著称。景区分为两大部分，开发最成熟的是**黄羊坝**，约5公里长的步道一路水声潺潺，园内独特的地质构造都配有专业讲解牌。道路在清水岔分为东西两线，向东是调研时还在开发的**栖禅谷**，向西则可继续沿主路前行。每年4月，这里的紫荆花开满山谷，景色最为迷人。随后你会经过钟潭瀑布、龙门吊桥、龙口瀑布等景点，到达终点彩虹瀑布。这里最大的落差有160米，周围数十米内都弥漫着水雾，在阳光下可见虹落瀑底的奇景。如果想省去最辛苦的一段"百步天梯"，可乘索道（单程50元，往返80元）上去，然后步行约30分钟可到达彩虹瀑布。全程步行来回约3小时。

太平峪的最高点是海拔3015米的冰晶顶，属于未开发区域，登顶需徒步穿越一段长约7公里的驴友小路，没有户外徒步经验和未带专业徒步装备者请勿擅自登顶。翻越冰晶顶往下就是另一侧的朱雀国家森林公园。

在鄠邑汽车新站（吕公东路与草堂路交叉口西南100米）乘坐发往煤场（太平森林公园）的乡村公交（6元起；7:30~16:30，1小时1班；1小时）可到景区，返程末班车17:10发车。

中国户县农民画展览馆　展览馆

（☎8481 2871；画展街14号；免费；◐9:00~12:00，14:00~18:00，7月和8月15:00~18:00）户县农民画（现在也叫"鄠邑区农民画"）的兴起源于20世纪50年代的政治宣传需要，脱胎于民间剪纸、年画、刺绣等艺术形式的户县农民画，具有丰富的画面想象力与大胆的色彩创造力，如今已成为中国农民画的代表之一。农民画展览馆用3个展厅及众多馆藏作品，展示了户县农民画从早期战天斗地、大干快上的革命主题，到后期回归生产劳动、节庆场景、民风习俗等日常生活本真的发展历史，在一些著名画作旁，还有VR和二维码提供互动式的观展体验。

农民画展览馆位于城区画展街，908路、910路公交车都经停此地。从大十字步行过去约需10分钟。

如果对户县农民画有兴趣，还可去"陕西农民画之村"**东韩村**（甘亭镇北转盘）看看，这里有潘晓玲、曹全堂、王乃良等当地农民画家开设的画室，也有提供农家饭菜的农家乐，可品尝当地特色饭菜，体验农民画创作和民间剪纸（30元/人/次）。在鄠邑汽车站乘908路公交车到汽车北站下车，再向东步行约200米即到东韩村。

🍴食宿

如需在鄠邑留宿，可选择住在大十字一

不要错过

在秦镇老街上吃一碗正宗米皮

到鄠邑品尝正宗的秦镇米皮,必然要来一趟沣河畔的秦镇。镇上处处都是米皮店,但要深入老南街,才能品尝到最地道的那碗米皮。从终南大道沣河大桥西南角一个窄窄的路口进去便是南街,往里走大约10分钟,便可以看到老南街薛德全大米面皮百年秘传老作坊、吕家米皮老店等醒目招牌,在这里你能亲眼看到一碗米皮的制作过程——师傅用一把几十斤重的霸气大刀,把整张以当地籼米制成的米皮切成细条,挑起细米皮到特制的辣子油里一蘸,拎出来放到碗里埋起豆芽,配上其他调料,撒上芹菜叶,一碗看上去色彩悦目、吃到嘴里"筋、薄、细、穰"的秦镇米皮,就可以上桌了。

在鄠邑汽车站乘坐913路公交车(4元;6:20~18:00)可到秦镇,从西安城南客运站发出的928路也途经秦镇。

带,离农民画展览馆和汽车站都不远,购物与就餐都很方便。瑞格酒店(☏68994888;沣京路114号,城关派出所隔壁;标双258元起;🛜❄🅿)是当地条件较好的宾馆,步行至农民画展览馆大约10分钟。

鄠邑特色美食除了享誉关中的秦镇米皮外,还有用锅盔馍和猪肉做成的大肉辣子疙瘩,以及挑一筷子面条放在臊子汤里涮着吃的摆汤面,这些在关中风味小吃城(☏8481 7797;东大街20号钟楼古槐广场东南角;⏰9:00~21:30)都能品尝到。不要错过城区以北约6公里处的鄠邑区机场烤肉。西安第二飞行学院军用机场旁边的小街上集中了许多烤肉店,家家味道都差不多,从下午4点开始营业直到深夜,招牌菜是烤羊肉和软面,一般会赠送羊汤和洋葱蘸酱。

❶ 到达和离开

长途汽车

鄠邑汽车站(☏8483 6569;人民路十字附近)有往返于西安城南客运站的928路、西鄠快客、西鄠高速班车,以及往返于西安三府湾客运站的930路。其中西鄠快客时间最短(13.5元;18:00前流水发车;45分钟),公交车耗时较长,但途经秦镇,可根据行程选择乘坐。前往咸阳的班次停开,需到大十字乘坐905公交。

鄠邑汽车南站(吕公东路与草堂路交叉口西南100米)主要运营县内班车,有发往太平森林公园、周至集贤等地的车。

火车

鄠邑站(鄠邑区秦渡街道)是西成高铁进入西安的第一站,每天有40多趟动车经停,到西安北站只需17分钟。鄠邑站有101路公交车(1元起;6:30~19:30)去往城区,途经鄠邑汽车站、大十字等地。

出租车

鄠邑区出租车很多,3元起步,每1.4公里1元。网约车也非常便利。

周至

"金周至、银户县(今鄠邑区)"中的周至自古便是响当当的粮仓,如今仍是西部农业大县,这里的猕猴桃和鲜桃名声享誉全国。周至最著名的景点当数楼观台,富丽堂皇的道文化展示区依山麓爬升,山中就是相传为老子传播《道德经》的"天下第一福地",毗邻新开的秦岭四宝科学公园。但周至最迷人的景色其实藏在秦岭山脉的深处,隐匿于秦岭腹地的老县城,是穿越太白山的必经之地,正待有心者前来寻访。

◉ 景点

楼观台 古迹

(☏8711 8888;周至县城东南15公里终南山北麓;免费;⏰9:00~18:00)与老子、道家和道教有关的遗迹是主要看点,而"终南千峰耸翠,以楼观为最佳"的秦岭风光则是很好的陪衬。2020年8月,几处景区经过整合,除楼观台国家森林公园和说经台收费,其余均免费对大众开放。不妨挑感兴趣的两三个景点游玩一日。

赵公明财神文化区位于楼观台东北角,

除了财神赵公明外还汇聚了妈祖、关公、黄大仙等可求财运的神明，混搭出一个喜庆的财神文化区。终南山古楼观是半山腰一大片仿明清宫殿建筑群构成的道文化景区。宗圣宫遗址内有一棵相传为老子手植的千年古银杏。中轴线向上依次有太清门、上清门、玉清门等新建的宏伟大殿，不过殿内供奉的塑像让人摸不着头绪。最高处的楼观书院可一览楼观台景区全貌，厅内用画卷和纪录片介绍了老子生平。

从楼观书院西侧门出来就是楼观台国家森林公园（☎8711 8911；门票3月至11月45元，12月至次年2月30元；⊙8:00~18:00），穿过百竹园，不久就来到老子的说经台（门票30元），本地人称其为"老道观"。这是楼观台最为著名的古遗迹，现存多为明清古建筑。大门两侧的碑厅里有历代碑石17通，记述了楼观道派的兴衰。拾级而上是老子祠，有唐代楷书《道经碑》与《德经碑》，而元代state高文举的梅花篆体《道德经》是稀世珍品。边上一副楹联读作"玉炉烧炼延年药，正道行修益寿丹"，传说这些完全不能辨认的组合字为老子所创。从说经台往西可登炼丹峰，往东则可往洞宾泉、闻仙沟。东侧显灵山上一尊24米高的老子铜像与说经台遥相呼应。

从森林公园往西还有两个小景区，化女泉供奉的是九天圣母等道教女神仙，延生观是唐朝玉真公主修道别馆的遗址，不过也是新建仿古建筑。

从周至汽车站乘106路公交车（6元；5:25~18:50，流水发车）可到古楼观景区。西安市汽车站（水司）每天有去往谭家寨的班车（20元；7:00~18:00，20分钟1班），途经楼观台；而大雁塔北广场出发的环山1号线（12元；

8:30、9:30、11:00；约1.5小时），终点站就是楼观台，返程末班车时间是17:30。

黑河国家森林公园　　　　　　　　　　森林公园

（☎8510 2008；周至县城南61公里；www.heihepark.com；微信公众号：陕西黑河森林公园；旺季3月至11月50元，淡季12月至次年2月25元；⊙旺季6:00~20:00，淡季8:00~18:00）位于秦岭北麓深处的国家森林公园，依太白山南坡的黑河源头而建，也是西安的水源地之一。极高的森林覆盖率和原生态的自然环境受到"秦岭四宝"的青睐——朱鹮、大熊猫、金丝猴和羚牛都栖居于此。夏季和小长假是森林公园的最旺季，春秋季的山花和秋叶则更增添了艳丽色彩。国庆后至次年清明之前，园区可能因冰雪封山，班车也经常停驶，建议提前致电景区确认。园区面积广大，景点众多，最热门的景区入口一厚畛子镇一老县城一线有班车前往。若想深入其他线路，你只能自驾游览，风景也并无特别。

进入公园前，不妨先到距售票处约1公里的管理处院内的WWF自然教室看看当地动植物的资料和照片。过公园大门后沿峡谷中的山路而行，清澈湍急的河水两旁是清幽茂密的山林，24公里后来到森林公园的"大本营"厚畛子镇，一条主路旁布满了小吃店和旅馆。过镇子后有一条岔路，往右（北）6公里去往铁甲山庄和熊猫山庄（见125页），一棵树龄逾千年、树冠直径达18米的铁甲树伫立于此，继续前行就是徒步太白山南线的起点。

周至汽车站每天有班车（109路）往返森林公园内的厚畛子镇（25元；周至发车10:00、13:30，厚畛子发车8:00、14:00；2.5小时），途经仙游寺（见124页方框）和公园管

不要错过

走，带孩子看秦岭四宝去

2021年5月，位于楼观台西南侧、背靠秦岭的**秦岭四宝科学公园**（☎8519 8333；楼观台西侧温泉道；微信公众号：秦岭四宝科学公园；旺季3月至11月30元，淡季12月至次年2月20元；⊙旺季9:00~17:00，淡季9:30~16:00）终于开园试运营了。园区依托陕西省珍稀野生动物救护基地进行扩建，开设了大熊猫观赏区、大熊猫幼崽园、金丝猴观赏区、羚牛观赏区和朱鹮观赏区等多个展区，最特别的是在这里能看到全球唯一的圈养棕色大熊猫"七仔"。这种罕见的变种个体因为稀少珍贵而成了"国宝中的国宝"。除"四宝"外，这里还能看到小熊猫、黑熊、小麂、斑羚、红腹锦鸡等20余种生活在秦岭地区的野生动物。

理处。过马召镇后不远，公路沿黑河水库而行，坐在车行方向的左边可欣赏湖光山色。从厚畛子每周有两班往返老县城的班车（10元；老县城发车7:00、厚畛子发车16:00；40分钟），由于这段山路较为崎岖，包车前往喊价200元，夏季也可以试试在镇上等进村的顺风车。

老县城　　　　　　　　　　　　　　　古城

（免费）老县城位于秦岭森林深处，这里曾为清道光年间佛坪厅的府衙所在地，也是傥骆古道上一处重要的城池，至今保留着城墙和三座城门，城内尚存的荣聚站最早是达官显贵议事、休闲之地，后来演变为赌场，内部并未开放。而旧时的县衙、文庙、书院等只空留一块木牌。田园牧歌般的村子里有十多户农家乐。从老县城继续往前进入森林，经过黑河引水工程，约1.5小时就能到达位于太白县黄柏塬的核桃坪（见176页），这条路线仍是当地村民前往黄柏塬的最佳捷径，你也可以体验一段森林徒步后返回。

需要注意的是，从周至县城自驾前往老县城单程虽然只有105公里，但开车至少需要3小时。尤其是从厚畛子镇向西南到老县城的18公里山路较为崎岖，11月至次年4月，即便公园开园也可能封路，最好提前致电景区确认。

🛏 食宿

如想在周至县城停留一晚，周至汽车站对面的橡山酒店（☏6336 9777；周至县二曲镇二曲路1号院内；标单/双159/199元起；📶❄🅿）综合条件不错，提供简单的早餐。水街的爱在路上酒店（☏177 9139 6666；周至县沙河水街红枫大道3号入口处；标单/双188元起；📶❄🅿）2020年开张，房间装修现代新颖。

森林公园的厚畛子镇和老县城都有不少农家乐，大多为带公共卫浴的普间，住宿30～50元/晚。夏季凉爽，但冬季非常寒冷，需做好心理准备。三家高档住宿水苑山庄（标单

另辟蹊径

终南山下寻古塔

周至境内的终南山麓有两座古塔，一座为目前所知唯一的隋代砖塔，另一座为景教在关中留下的珍贵遗迹。两塔相距不过10多公里，值得你花半天时间寻访。

仙游寺法王塔

仙游寺原是隋文帝所建的皇家行宫，后来一度成为仙游观，佛教兴盛时又改为寺院。始建于隋仁寿元年（601年）的7层密檐式砖塔仙游寺塔是目前所知中国唯一的隋代砖塔。方方正正的塔身逐层收分减高，外观古朴，保存十分完好——1998年，古塔曾因黑河引水工程进行了搬迁，50万块古砖原位复建，并在少数影响安全的残缺处补充了刻有"佛"字的新砖以示区别，现在底座的外围均由这种新砖砌成。佛塔搬迁时还意外发现了塔下的地宫，出土了佛骨舍利、石函等文物，部分文物保存在山脚下的仙游寺博物馆（马召镇金盆水库北梁；门票15元；⏰9:00~17:00，周一闭馆）。去往厚畛子的109路公交车路过仙游寺博物馆，从博物馆路口上山约10分钟就到山坡顶上的仙游寺塔；也可以在周至县乘106路公交车到马召镇后步行3公里，或从马召镇包车30元往返。

大秦寺塔

如果你去过西安碑林博物馆，一定欣赏过那座国宝级石碑《大秦景教流行中国碑》。据史载，此碑于明天启三年（1623年）出土于周至大秦寺，碑文中记述了景教入华的一段秘史和传教事迹。大秦寺正是历史上基督教传入中国最早的寺院之一，但历经损毁，目前仅余一座大秦寺塔（位于县城东南20公里处的楼观镇塔峪村）。塔始建于唐贞观年间，现存塔身为宋代风格七层八棱楼阁式空心砖塔，塔内仍遗存有景教泥塑和多处古代叙利亚文字，塔体已向西北方向倾斜数米。大秦寺塔距楼观台景区不远，从化女泉景区外向西南方向步行800米就能看到倾斜的塔身。

150元起；公园管理处内）、熊猫山庄（标双380元起）和铁甲山庄（小木屋600元起）由森林公园经营，后两者位于厚畛子古镇西北约6公里处，即徒步太白山的起点。住宿价格根据季节浮动较大，可致电景区咨询订房。老县城的长乐农家园（☏135 7250 6476）提供不错的自制腊肉，普间床铺50元/人，有电热毯，旺季也提供采摘新鲜菌子、野菜和土鸡蛋的活动。

❶ 到达和离开

西安市汽车站有发往**周至汽车站**（☏8711 1651）的高速班车（25.5元；7:00~19:00，20分钟1班；1.5小时）和走西宝南线的普通班车（19.5元；7:00~19:00，20分钟1班；2小时）。从周至汽车站返回西安的高速班车同样车次频繁，最晚17:30发车。

关中

包括➡

华山	131
老潼关	136
韩城	137
蒲城	145
咸阳市	149
唐乾陵	157
彬州	159
宝鸡市	164
法门寺文化景区	170
太白山国家森林公园	172
铜川	183

最佳小众古迹

➡ 大唐秦王陵（见166页）

➡ 三原城隍庙（见160页）

➡ 彬州大佛寺石窟（见159页）

➡ 韩城文庙（见138页）

➡ 泾阳崇文塔（见162页）

最佳博物馆

➡ 宝鸡青铜器博物院（见164页）

➡ 昭陵博物馆（见155页）

➡ 韩城博物馆（见138页）

➡ 法门寺博物馆（见171页）

➡ 梁带村芮国遗址博物馆（见141页）

➡ 宝鸡周原博物院（见171页）

为何去

位于陕西中部的关中平原既有"被山带河，四塞以为固"的天然屏障，也有"金城千里，天府之国"的广阔沃野。汉唐的帝王们在此营造了数百年的盛世，死后长眠于北部的群山脚下和黄土塬间；横亘南边的秦岭勾画出中国地理的南北分界线，华山和太白山分列秦岭左右，迎候户外爱好者的挑战。周、秦王朝在西边的土地上发迹，穿越三千年的青铜重器凝聚了先人智慧；东边湍急的黄河水经龙门纤腰一束流入宽阔的河滩，在洽川湿地将"关关雎鸠，在河之洲"的温情续写。

这片土地上的山川与历史粗犷宏大，却孕育出旷日经年的精致细腻。庙宇古宅的装饰精致繁复，陶俑军团的面孔无一雷同，帝陵石刻细微的线条变化彰显出时代的兴衰，血社火恐怖的造型则不断刷新着行为艺术的定义。五花八门的关中小吃也因坚守匠心，才能让简单的原料拥有数不胜数的造型和烹调手法，成为今天关中之旅最长情的陪伴。

何时去

任何季节都可到关中来一场城市旅行或访古之旅。

3月至5月 3月大地复苏，到下旬已是处处花开。此时气候乍暖还寒，要做好保暖措施。农历二月二可加入铜川药王山庙会。

6月至8月 旅游热度与气温一起飙升。林茂水秀的秦岭脚下可以避暑，莲叶田田的洽川湿地迎来高光时刻。华山、太白山开启了攀登季，不过夏季多雨水，登山需注意安全。

9月至11月 日出美景少有落空的时候，更有层林尽染的山色可赏。秋高气爽的日子，若能避开国庆长假，就是关中的最佳游览季。

12月至次年2月 只要抗冻，就能享受各景点的淡季票价。滑雪和泡温泉是太白山的主题，过冬的候鸟为洽川湿地注入生机。春节前后，西府社火等民俗活动此起彼伏，陇县和虢镇的最为精彩。

关中，东府与西府

东有潼关，西南有大散关，西北有萧关，东南有武关。分踞南北的秦岭与北山是天然屏障，渭河从中横贯而过，润泽着八百里秦川。在中国地理版图上，关中平原是中国大地原点（国家地理坐标基准点）的所在。项羽败秦后，立秦三将，管理关中，关中有了"三秦"之称。到了汉朝，中央设置了左冯翊、右扶风和京兆尹三辅，后来逐渐发展为民国时期的西府凤翔、东府同州（今大荔县）和西安府。

今天的西府以宝鸡为中心，也包括咸阳西边的兴平、武功和礼泉。以岐山臊子面、擀面皮、豆花泡馍等为代表的西府小吃早已声名远播。东府的渭南地区走出了合称"三圣"的"字圣"仓颉、"史圣"司马迁和"酒圣"杜康，潼关肉夹馍、水盆羊肉和大荔的"九碗十三花"则是东府美食的代表。

天然的自驾旅行线路

关中环线（107省道）全长480公里，如珠链般串起了西安、渭南、咸阳和宝鸡共13个区县的40多个乡镇，你可以从任意一地出发，在这条"旅游和吃货"专线上来一次4天左右的自驾游。其中的亮点包括但不限于：礼泉（唐昭陵、唐建陵；吃水盆羊肉）、乾县（唐乾陵；吃酸汤面）、扶风（法门寺）、岐山（周公庙；吃臊子面）、眉县（太白山）、周至（楼观台；吃浆水面）、长安（终南山、兴教寺）、三原（三原城隍庙、唐崇陵；吃千层油饼）和泾阳（崇文塔；吃甑糕）。若还有时间，可以进行拓展，比如从渭南往返华山，或从岐山到宝鸡（青铜器博物院、大唐秦王陵；遍尝西府小吃），然后再回眉县。

唐陵"走陵"指南

唐代共有18座帝陵分布在关中平原的咸阳和渭南地区。虽然地面建筑都已不复存在，但部分仍有较高的历史和艺术价值。若想走访一二，可参考以下提示。

开发为景区的昭陵（见155页）、乾陵（见157页）和桥陵（见145页）的陵山气势磅礴，也设有博物馆。昭陵的陵山和博物馆冠绝十八陵，但乾陵和桥陵更多了花园式的神道，以及艺术价值较高且相对完好的神道石刻。未开发的建陵（见157页）、崇陵（见162页）和泰陵（见147页）也保存着较为完整的石刻。

乘公共交通工具即可方便前往的有乾陵、桥陵和泰陵。自驾则错过建陵和崇陵，另外，武则天母亲的唐顺陵（见151页）也有颇具价值的石刻，还能拍到即将降落的飞机与石刻同框的"穿越式"画面。其他的唐陵几乎只剩陵山和田中零散的石刻，且交通不便，专程前往的意义不大。

快速参考

铜川
- 人口：70万
- 电话区号：0919

渭南
- 人口：469万
- 电话区号：0913

咸阳
- 人口：396万
- 电话区号：029

宝鸡
- 人口：332万
- 电话区号：0917

如果你有

2天

东线 前往韩城，或者去华山和潼关。

西线 去咸阳市或宝鸡市，也可以打卡乾陵和法门寺。

5天

东线 1天游览华山，2天欣赏韩城古建筑，最后用2天参观蒲城县城及附近景点。

西线 1天去太白山，2天游览宝鸡，1天游览扶风法门寺和周原博物馆，最后1天游览乾县。

亦可自驾关中环线（见本页）。

7天

东线 前5天同上，第5天下午前往铜川，最后经三原返回。

西线 前5天同上，第5天下午到彬州，第6天游览大佛寺，最后一天半留给咸阳。

高铁之旅 用3天时间游览韩城和蒲城一线，1天去华山，1天去乾县和大佛寺一线，2天去咸阳或宝鸡。

关中亮点

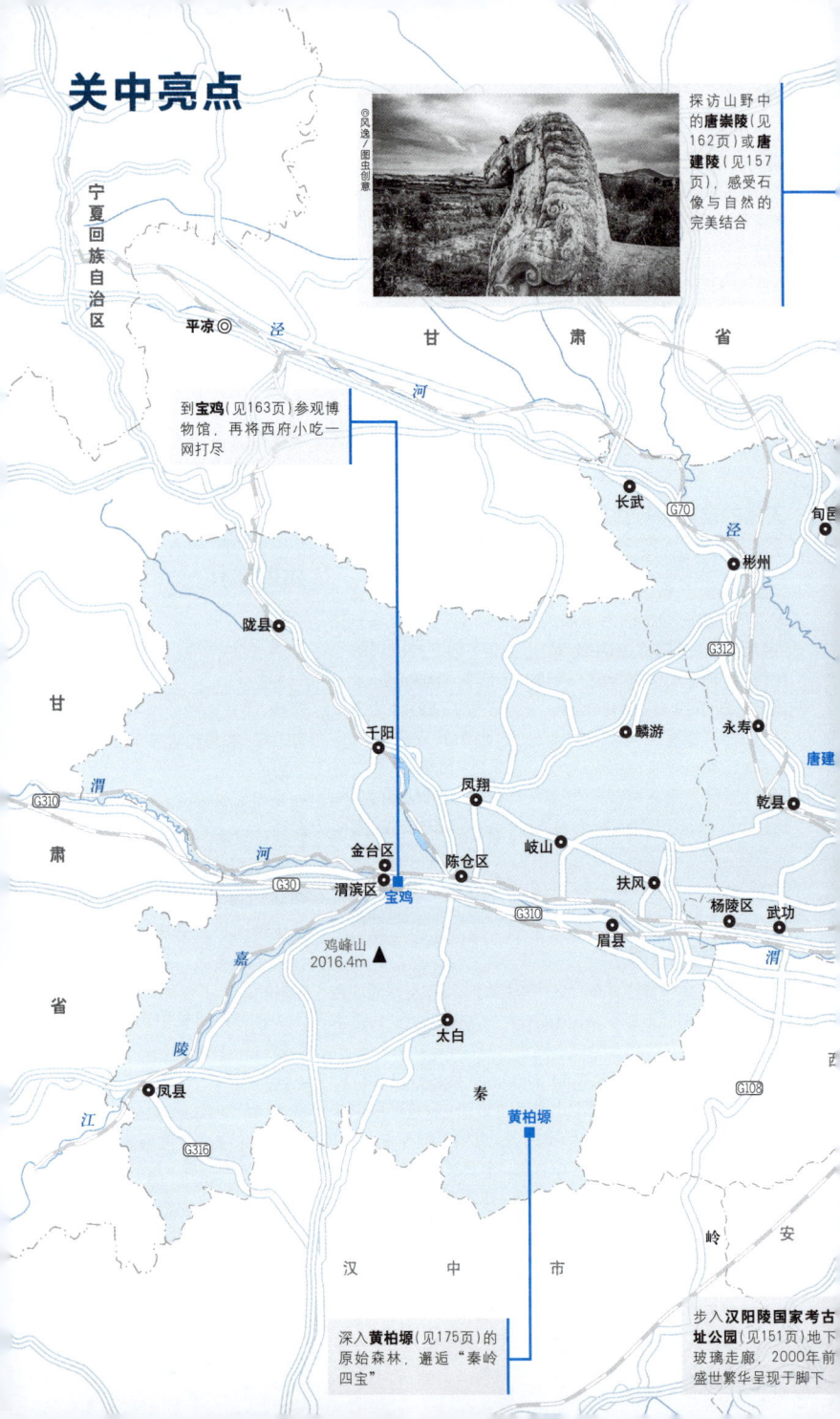

探访山野中的**唐崇陵**(见162页)或**唐建陵**(见157页),感受石像与自然的完美结合

到**宝鸡**(见163页)参观博物馆,再将西府小吃一网打尽

深入**黄柏塬**(见175页)的原始森林,邂逅"秦岭四宝"

步入**汉阳陵国家考古址公园**(见151页)地下玻璃走廊,2000年前盛世繁华呈现于脚下

慢游**韩城**（见137页），享受古代建筑与艺术的盛宴

走进**陈炉古镇**（见184页），感叹千年炉火的生生不息

用双脚丈量"自古**华山**一条路"（见133页）

渭南

渭南是关中的东部门户，过黄河就是山西，出潼关就是河南，大部分乘火车出入陕西的旅行者都会路过这里。但许多人知道华山，知道韩城，知道鲤鱼跃过的龙门，却并不知道它们都在渭南。这里拥有18座唐代帝陵中的9座，与名气最大的咸阳唐乾陵相比，唐桥陵虽少了双乳峰的气势，但也没有旅行团的聒噪，其神道石刻可与乾陵媲美，门票价格也只有乾陵的三分之一。而渭南国家级文物保护单位的数量更是位列陕西之首。

走出了造字的仓颉、酿酒的杜康和独创《史记》的司马迁，渭南堪称中国古文化的重要发祥地之一。如果你喜欢《诗经》，开篇《关雎》描写的浪漫故事就发生在渭南洽川。

渭南市

不管是观光还是中转，渭南市区都没有太多驻足的理由。若有半天空闲，可以去市区的渭南市博物馆（见本页地图；☎255 9971；乐天大街西段南侧；免费；⏰9:00~17:30, 17:00停

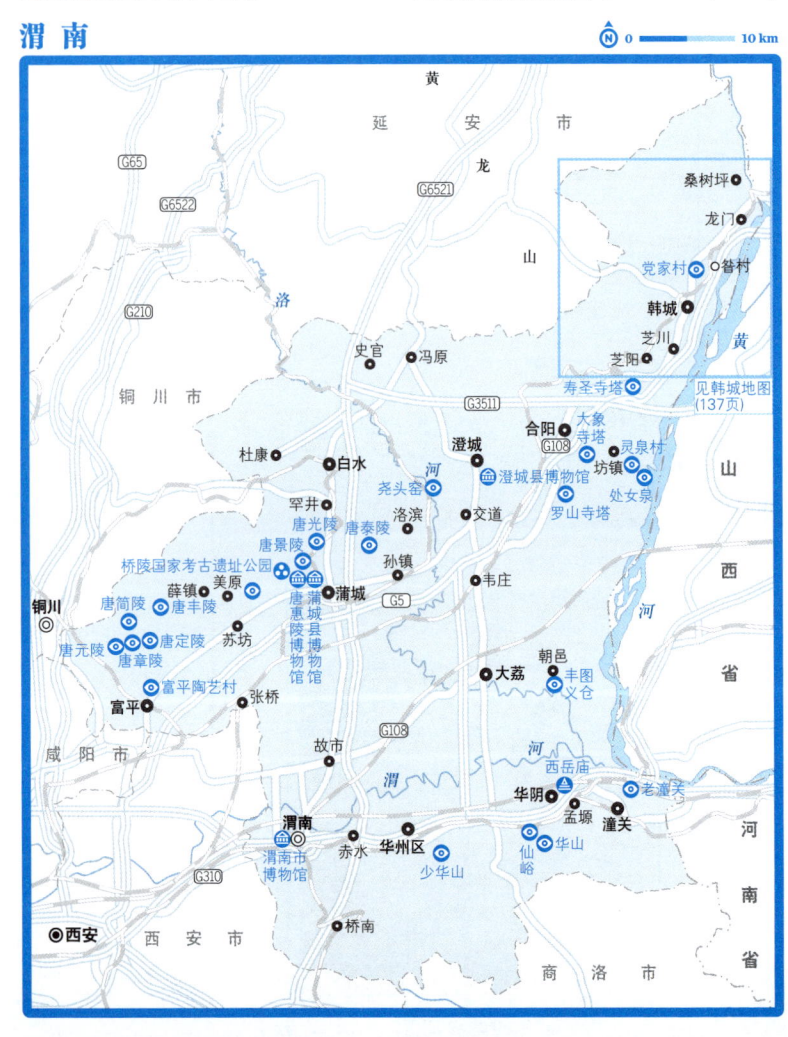

止入场,周一闭馆)参观。虽然藏品不算丰富多彩,但详细介绍了渭南地区的古塔、古村、古窑和古民居的渊源、分布和保存情况,或有助于你规划旅行线路。渭南老街是城东依沈河打造的一片仿古街区,都是常见仿古建筑的样子。

渭南几处交通枢纽都与市中心相距不远,悦茬酒店(北欧店)(📞208 8999;金水路北欧青年城4号楼;标双180元起;🛜❄️Ⓟ)位于金水路旁的高层(11~20层),宽敞的房间带有小阳台,可赏城景,还提供丰盛的早餐和便利的停车场,不带地毯的房间显得更清爽些。楼下西二街美食街的餐馆汇聚八方味道,营业至凌晨。不远处的6路公交车可直达4个交通枢纽。

ℹ️ 到达和当地交通

渭南客运中心站(📞233 8015;渭清路近东风大街)发往华州、华阴、韩城、合阳、蒲城的班车都很多,末班车均在17:30左右,去潼关只有4班(23.5元;7:30、10:30、13:30、17:00;2小时)。去临潼(8.5元;末班车18:30;1小时)要在火车站对面的**运业汽车站**(📞215 4958;站北路近前进路)坐车。渭南出发的班车大多可以通过微信小程序"出行365"查询和购票。

渭南站(站北路)是陇海线上的一站,有去往全国大部分城市的普通列车,**渭南西站**(南塬大道与兴盛路交叉口)是宁西线(南京到西安)上的普通列车停靠站,去商洛、南阳、信阳一线的列车在这里停靠。**渭南北站**(仓程路)是高铁站,班次频繁的动车和高铁可通往大部分北方城市以及西南的成都和重庆。到西安只需十来分钟。

渭南6路和26路公交车连接除渭南西站外的4个车站,后者还路过渭南博物馆和西二路美食街。

少华山

[见130页地图;📞481 0160;华州区(华县)莲花寺镇南3公里;门票60元;🕐旺季8:00~17:30,淡季8:30~17:00]与相距40余里的华山并称"两华"的少华山少了些险峻,多了些秀美。虽然"接地气"的风景更适合当地人避暑休闲,游览费用却可与华山比肩。景区内有两个相对独立的游览区域,观光车(单程15元,

往返30元)经过潜龙寺的索道下站(3公里)到达石门峡景区停车场(9公里)。

较为热门的潜龙寺景区位于山顶,只能乘索道(往返旺季130元,淡季100元)往返。之后可沿环山栈道分别去往潜龙寺和龙首阁,前者在天气晴好时能望见东边的太华山五峰和西边的少华山五峰,后者会经过一段凌空的玻璃栈道,全程游览约3小时。坐落在小夫峪深处的石门峡景区更适合避暑,从景区停车场还需步行1.5公里或乘电瓶车(单程10元,往返15元)才能抵达步道入口。步道在森林和瀑布的陪伴下沿峡谷穿行,坡度较小,强度不大,通常到天潭瀑布便可折返,徒步往返约2小时。

ℹ️ 到达和离开

华州客运汽车站发往柳枝镇的班车路过少华山(3元),可以和司机要求去景区,通常司机会把你送进去。渭南往返华阴、潼关的班车也路过310国道上的少华山路口,下车后往南步行1.5公里到景区售票处。华州汽车站到少华山大门有9公里,打车单程约30元。从景区回华州区、渭南市或华阴市,都要到国道路口等过路班车,但最晚都不要超过17:30。

华山

三千里秦岭一路西去,势不可当,却有一整块白色的花岗巨岩硬生生从中拔起,阴阳造化间又生出了泼墨般的绝顶三峰;再加上鬼斧神工的虬松奇石、参差错落的古宫名观、健步如飞的全真道士……华山就像中国传统山水画中的仙山,让许多关于中国山岳的文化想象都得到了呈现。这里还拥有"华山天下险"的标签,身体力行之际,悬崖绝壁上的狭路栈道刺激又过瘾,让人不由得感慨:西岳华山不仅是五岳中海拔最高的,也很有可能是最好玩的。

方位

旅行者需要进行区分的地名有3个。华阴指的是华山之阴(北面)的华阴市区,高铁站和本地人常用的华阴汽车站都在这里,城中心距华山脚下还有一定距离。华山除了指代西岳本身,在当地人口中也常指玉泉院一带

华山景区

的华山镇，这是传统登山路线的起点（西山门），往返西安火车站的旅游专线汽车也在此停靠。现代化的游客中心位于华山生态广场上，东距华山镇约2公里，南距华阴城中心约3公里，搭乘两条索道或走"智取华山路"上山，要先来这里坐车。

◉ 景点

华山景区　　　　　　　　　　　山
（☎400 0913 777；微信公众号：华山景区；门票旺季3月至11月160元，淡季12月至次年2月100元；⏰西山门24小时，东山门和翁峪根据索道运营时间开放）"自古华山一条路"深入人心，如果体力和时间都充足，由华山峪登山的传统路线最值得尝试。

在高铁华山北站乘公交1路、2路（免费，末班夏季19:20，冬季19:00）前往游客中心，购票后换乘摆渡车（免费）即可抵达登山起点玉泉院（华山镇）；也可在高铁站外乘603路公交（2元），或拦一旁华阴汽车站发往渭南的班车（3元），在华山镇下车。从华山火车站向东步行20分钟即到玉泉院，在孟塬站乘

夜爬还是日爬？

有人说，夜爬华山是山脚下的旅店为留客休息而炒作出来的。其实不然，夜爬到顶正好看日出，能省山顶一晚昂贵的住宿费；晚间经过一些险道，因看不清楚也不会感到太害怕，跟着大部队和灯光胆子更大；而在夏季登山，夜晚的气温也要舒服一些。

夜爬一定要走"自古华山一条路"，沿途都有灯光照明，旺季搭伴也很容易。21:00~22:00（冬季可再推迟1~2小时）从玉泉院出发，到东峰顶正好看日出。提前准备好手套、手电筒和防风保暖的帽子；建议再多带一双袜子和一条干毛巾，爬得大汗淋漓时，它们就会派上用途了。

但夜爬毕竟是看不见沿途风光的，劳累了一晚上的你再徒步下山的可能性也不大。其实从西安往返的自助华山一日游不难完成。早点从西安坐高铁或大巴过来，体力正常的人（山脚到西峰徒步6~8小时）都能赶上西峰索道下山，这样就来得及去华山北站乘高铁返程。如果再多搭一段北峰索道，那就更加轻松了，也能体验到在苍龙岭和绝顶三峰爬山的乐趣。

608路公交（3元）可到游客中心。如果你乘坐的是省汽车站（西安火车站）发往华山的旅游专线大巴，终点就在华山镇；西安纺织城客运站、渭南客运中心去华阴的班车也经过华山镇，可在此提前下车。

➡ **玉泉院到北峰**

坐落在峪口的玉泉院是古人朝圣西岳这座道教名山的第一个必拜之处，如今却总被行色匆匆的旅行者忽略。这座全国重点道教宫观始建于北宋年间，门外广场上有"睡仙"陈抟老祖的卧睡巨像；观内除了道家的亭台楼阁，还有华佗衣冠冢、抗战纪念碑和多处冯玉祥的题刻可看。穿过玉泉院（夜间需跟随指示牌绕行）即到西山门，验票或补票后方能继续前进。

沿着山谷深入，一开始走的都是坡道，途经希夷峡是陈抟隐修之处。到了混元石就要开始爬没完没了的台阶，经过另一座重点道观、主供九天玄女的东道院，回头仰望西峰峭壁颇为壮观。在回心石前修整，再一鼓作气爬上千尺幢、百尺峡、老君犁沟等有名的险道，在悬崖峭壁间强行升高；集中注意力，拉紧铁链即能安全通过。恐高者可在东道院后拐入青虎路，这条新铺的栈道要好走很多。

从玉泉院算起，经过3~5小时的攀爬，终于抵达北峰（云台峰），至此登顶之路已走了一半。北峰海拔1614米，向南可望绝顶三峰，东北侧的白云峰同样饱含国画韵味。峰顶云台山庄里的"华山论剑"石碑是山上多块论剑碑中唯一被金庸"开过光"的：2003年80岁的他曾来到华山，当时只有北峰开通了索道。

北峰索道（旺季单程/往返78/150元，淡季单程/往返45/78元；旺季7:00~19:00，淡季8:00~18:00，上山游客16:00截止）的上站紧邻云台山庄，下站则位于黄甫峪深处，需要从游客中心乘坐专线车（单程20元；20分钟），经东山门到达。

北峰索道下方的智取华山路是"迄今华山第二路"。这里最初是解放军偷袭山上国民党残部的悬崖小径，但如今开放的大都是经过旅游开发后的新路，避开了最危险的部分。从黄甫峪的索道下站，沿智取华山路爬上北峰需1.5~2小时，途中还有岔路可直插五云峰。

➡ **北峰到华山绝顶**

由北峰继续攀高，一开始可以先走卧牛石、救苦台一侧，不仅能避开擦耳崖下的返程人潮，回望北峰、探望前路的视野也很开阔。随后要登上华山另一处险道的苍龙岭：这是一道宽不过1米、两侧都是悬崖的刃形山脊；此处山风很大，注意保管好帽子。苍龙岭尽头的小平台有"韩退之投书处"的摩崖石刻，相传韩愈在游华山时行至苍龙岭，恐高症发作惊惧不已，遂写下遗书兼求救书扔到山下。不过我们并不建议你在这里小看古人，要知道唐朝时这里可没有石栏矮墙，只是在光秃秃的山脊上凿出了少量石窝供人落脚——更何况如今的步道又往下挖深了好几尺。

在华山松的掩映中来到**五云峰**，再往前就到"关中八景"之首**华岳仙掌**的观景点。这是华山东峰的一块掌状巨崖，相传是巨灵神一掌劈开华山留下的。不远处的**金锁关**红缨飘舞，群峰起伏，告诉你已抵达了华山绝顶。从北峰爬到金锁关需2~3小时。

➡ **华山之巅**

宛若莲花的华山绝顶，三片花瓣正是东、南、西三座主峰。我们建议你沿顺时针方向游览，从东峰开始，在西峰结束，坐索道或步行下山。这样走一圈需1.5~2小时。

从金锁关向前，第一站可先去**中峰（玉女峰）**。它其实是三峰环抱中的一个小山包，坐落着小小的**玉女宫**，后院有一处天然形成的石坑，传说是玉女洗头盆。之后拐去**东峰（朝阳峰）**，路上可以挑战一下90度的**云梯**：掌握好技巧，不要用身体贴着走，保持一定弧度才好发力。东峰很适合观日出（夏季5:30，冬季7:30左右），节假日甚至要提前好几个小时占位；人太多的话，也可以下到云梯旁的**引凤亭**看日出。这里还有一座**杨公塔**，它和西峰顶的另一座杨公塔同为1931年杨虎城携老母同登华山后兴建的。

下东峰来到**三公山**和**三凤山**的观景台，之后又要重新爬高了。过**南天门**不远，**避诏崖**也和陈抟老祖颇有渊源，复建的**金天宫**更是气派十足：西方五行属金，这里供奉的便是集西方天神、华山神和白帝等于一身的少昊金天氏。告别这里，很快就能登顶华山最高峰的**南峰（落雁峰）**了，海拔2154.9米的山顶为五岳到高点，游人争相和地理标志碑合影。

从南峰前往西峰的路上，能望见华山的经典画面——西峰南崖山脊，接下来也正是要踩着这段看似无比凶险、其实平缓易行的石径向上，才能抵达**西峰（莲花峰）**。这里是《宝莲灯》中沉香劈山救母之地，**翠云宫**供奉着三圣母，**斧劈石**的日落更是万物熔金般惊艳。西峰还有**天下第一洞房**，是华山隐士箫史和秦穆公女儿弄玉的婚房。由此继续下台阶，便可回到金锁关。

西峰索道（旺季单程137元，淡季单程118元；⏰旺季7:00~19:00，淡季8:00~18:00，上山运客16:00截止）的上站位于重点道观**镇岳宫**旁，下站则设在**瓮峪**深处，需从游客中心乘专线车（单程40元，40分钟）。索道上可直观西峰的"千仞峭壁"，但因在悬崖上凿洞破坏了山体而引来一些争议。

西岳庙　　　　　　　　　　　　　　　历史建筑

（华阴市岳庙街东端；门票15元或华山门票参观；⏰旺季7:30~18:00，淡季8:00~17:30）不想登山可在此远眺华山。从汉武帝、唐玄宗、宋真宗直到清光绪帝，多位皇帝曾来这里向白帝少昊敬献祭品。号称"陕西小故宫"的西岳庙正是古代皇家祭祀之地，金碧辉煌的琉璃瓦，雍容华贵的红墙，仿故宫城门的**五凤楼**，椽头藏了九条龙的**棂星门**，都是明证。这里也收藏着不少古碑，《**华岳颂碑**》《**唐玄宗御制西岳华山铭碑**》残石以及《**西岳华山神庙之碑**》尤为珍贵。别忘了登上压轴中线的制高点**万寿阁**，回望远处，华山盛景正在重门

长空栈道和鹞子翻身

长空栈道（南峰南天门内；需付30元租用保险索）号称"华山首险"，最早由元代道士、华山派宗师贺志真建造。入口处"悬崖勒马"的石刻再一次提醒你量力而为，最难走的是刚开始踩着铁棍向下的一段，之后要走绝壁上打钉铺建的木板，尽头处是**思过崖**。栈道需要两位相识者结伴，才能获准进入。

鹞子翻身（东峰宾馆旁；需付30元租用保险索）为"华山第二险"，由于向下攀爬时无法看到峭壁上的石窝，只能伸脚摸索，也有人觉得它比长空栈道更加难走。下到底部可沿小路前往**下棋亭**，相传赵匡胤就在这里输了一局棋，而将整座华山输给了陈抟，云海中若隐若现的下棋亭胜似仙境。

两处险道的开放时间受天气影响很大。想要挑战的话要趁好天气，还要赶早。

次第、古柏森森的西岳庙上方展开，你也可以跟着信众去 三圣母殿 求一支签。

考虑到华山门票24小时的有效期以及登山的疲惫程度，若要持华山门票参观这里，建议将西岳庙安排在第一站。华山游客中心有免费摆渡车往返西岳庙，也可从华山北站下高铁后乘1路、2路公交车到岳庙街口，先步行来这里参观；途经的 关帝庙 (门票10元) 可看的不多。

仙峪 峡谷

(华山镇玉泉院西3公里；持华山门票参观；☉旺季7:30~18:00，淡季8:00~17:30) 这是华山脚下的一座峡谷，也是"秦岭七十二峪"之一。夏季雨后最好玩，清溪飞瀑越发活泼，花岗岩崖壁也显得更加清丽。来仙峪的游客很少，经常能享受包场的待遇，逍遥亭 更是望山发呆的绝佳之地。仙峪游玩2~3小时足够，体力消耗也不大，若时间宽裕，很适合作为登山前的热身场所。

华山游客中心有免费摆渡车去仙峪，经停玉泉院。

住宿

山脚下的华山镇曾是香客们的集散地，如今则成了徒步爱好者的爬山大本营。这一带的大街小巷有许多民房改造的小旅馆和"青年旅舍"(铺35元起，标双60元起)，楼下是超市，楼上是住宿，条件不算很好，但足够便宜，老板们经常接待开钟点房休息的游客，因此业务都很熟练。酒店 (标双100元起) 集中在310国道两边，注意面向国道一侧的房间会有较大的噪音影响。

近年来在玉泉院和游客中心之间的华山新村、郝堡新村一带，不少"民宿"相继开业。它们大多独占一座新式小楼，拥有漂亮的庭院，居住体验要好很多。希所·西岳公社 (☏177 8285 2397；华山镇景苑路；标单/双228元起；❀❄Ⓟ) 是其中很不错的一家。

进山后住宿价格和山势一样节节高升，到了山顶更是贵得惊人，条件只能和衣凑合睡一晚，服务态度也可用"不缺你一个住"来总结。因为缺水，即便是千元一晚的房价，也别奢求在山上洗澡，冬季水管还会冻住，好在前台会向住客提供开水。主要酒店有 北峰

饭店 (云台山庄；铺130元)、五云峰饭店 (铺140元)、东峰饭店 (铺180元) 和 西峰饭店 (翠云宫；铺150元)，都可在旅游门户网站或致电 (☏302 0337) 预订。

就餐

华山镇餐饮集中，但多是"看着划算，吃着伤心"的游客餐，不过比起山上已经算很幸福了。虽然有最高限价，但到了山顶，也可卖到矿泉水15元/瓶、方便面20元/碗。建议在爬前采购充足的饮用水、功能饮料和巧克力、能量棒、牛肉干等高热量食品。华山镇的 广润超市 (金穗宾馆对面) 货品齐全，价格公道，可在此补给。

华阴市区能吃到一些正宗的本地美食，岳庙街星源商城的 孟记传统大刀面 (大刀面6元起；☉10:00~20:00) 和 阿邱记生氽丸子三鲜汤 (丸子汤13元；☉9:00~19:00) 都是特色。

🛈 到达和离开

长途汽车

华阴汽车客运站 (☏462 2508；华阴市北环路近高铁站) 在华山北站东侧，发往西安纺织城客运站 (38.5元；8:00~17:40，约每小时1班；2小时)、渭南客运中心 (16.5元；7:20~17:20，约每40分钟1班；2小时) 的班车都会经过游客中心和华山镇；这里也有去潼关 (7:50~17:50，约每40分钟1班)、大荔 (9:20, 10:50, 13:50, 14:55)、蒲城 (14:55) 和洛南 (隔日12:30) 的班车。

往返省汽车站 (西安火车站旁) 的 **华山旅游专线车** 在华山镇的金穗宾馆 (310国道近玉泉路) 发车，票价39.5元，耗时2小时；西安和华山两边都在18:00发出末班车。

华山游客中心有往返西安咸阳国际机场的 **大巴** (☏186 9109 6346)，但本书作者调研期间暂时停运。

火车

华山北站 (华阴市华岳大道北端) 是郑西高铁车站，有多班高铁 (二等座54.5元；约30分钟) 往返西安北站，回省城的末班车通常在21:30以后。

华山站 (玉泉院西1.5公里) 有C字头的动集列车往返西安火车站 (二等座30元；1小时20分钟)。之前的华山火车站改名 **孟塬站** (孟塬镇)，有普通客车

另辟蹊径

行走十二连城

杜甫曾借潼关吏之口,用"飞鸟不能逾"来形容潼关之险峻。除了表里山河的天然屏障、固若金汤的潼关故城,**十二连城**也为这道军事防线添加又一重保险。这是南起秦岭、北接潼关的一排烽燧系统,它们坐落在一条名为**禁沟**的黄土沟壑西面的悬崖上,三里一墩,相互拱卫。

搭乘潼关县城到老潼关的班车,告诉司机去看烽火台,他会把你放在张家湾村附近的路口。沿路向东爬坡约20分钟可看到"裕兴农业园"的大门,继续往里走,一座崭新的"烽火台"出现在眼前——无须过早失望,其他烽火台还保留着遗迹该有的模样。这里是行车道的尽头,也是红色步道的起点。接下来你将踩着禁沟上方的悬崖,一路北行经过3座烽燧,最终抵达老潼关。这段十二连城的穿越之旅长约5公里,1.5小时可轻松走完。

(硬座19.5元,1.5~2小时)去往西安。

❶ 当地交通

华阴有3条免费公交路线,其中1路和2路连接华山北站和游客中心,3路能到西岳庙。608路公交由华山北站发往孟塬站,票价3元(可用手机支付)。网约车软件在这里很好用,也许比出租车更靠谱。

老潼关

你可能是从遍布西安(乃至全国)的"老潼关肉夹馍"最先听到这个地名的,但对历史迷而言,潼关可谓如雷贯耳。这里北邻黄河,南接秦岭,是"一夫当关,万夫莫开"的天险之地。自从东汉末年设关以来,潼关就取代了函谷关成为关中的东大门。潼关县城因之繁华不断,同时也饱受战火摧残;元代词人张养浩在《山坡羊·潼关怀古》中,就发出了"兴,百姓苦;亡,百姓苦"的千古绝唱。

潼关的发展轨迹在20世纪50年代戛然而止。由于三门峡水库的修建,位于库区规划中的潼关展开了轰轰烈烈的迁城运动,将县城从黄河边搬到了秦岭下的今址。然而水库建成后并未达到计划蓄水高度,老县城的位置未被淹到,但拆城的历史已无法倒流。

如今这里被人们直白地唤作"老潼关",行政上则有潼关县秦东镇的正式名称。终于,潼关县政府和旅游开发商一拍即合,担负起重建古城的新使命。仿古景区**潼关古城**居高临下坐落在古原之上,但除了南侧的一段**古城墙遗址**(夯土层比西安城墙还厚),你能和古人所见相同的,也就是"山河表里潼关路"的壮观景象了:站在崖边,黄河大拐弯、风陵渡和中条山尽收眼底,人世变迁无常,幸有山河无恙。

下到镇子,铁路桥北的**水坡巷**尚能看到一些老房子,**民国陇海铁路遗址**仅余老桥及一处留有"民国二十一年"刻字的废弃山洞。镇中心十字路口旁有**马超刺曹古槐遗址**,继续向北就到了黄河岸边。当地人会将秦东镇唤作"港口",它和对岸的山西风陵渡之间曾拥有黄河上最繁忙的摆渡航线。如今的**潼关黄河古渡口风景区**复建了一座水城门,附近还有若干古城墙遗址的展示坑。一旁的码头提供观光画舫船(60元;1小时)和快艇(40元;10多分钟)游览。

本书作者调研期间,潼关古城景区处于封闭改建状态。老潼关向西7公里、潼关县城北4公里处的**岳渎公园**同样可以俯瞰黄河大拐弯和渭河入黄处,天气晴朗时洛渭交汇的景象也清晰可见。

🛏 食宿

黄河古渡口风景区里的**渡口客栈**(📞397 2998;标双148元起;🛜❄🅿)是一座关中风格的仿古大院,性价比不错。黄河岸边的餐馆主打黄河鲤鱼,而来到原产地,老潼关肉夹馍同样要咥上几个。金丝烤馍和热馍夹凉肉是老潼关肉夹馍(8元起)的特色,还可以再配上一碗鸭片汤(8元)。镇中心有几家小吃店,**小花肉夹馍**(📞136 368 2673;⏰10:00~16:00)和**味之源**(📞150 2958 7980;⏰10:00~18:30)都很地道。

❶ 到达和离开

潼关汽车客运站（☏381 2851；尚德路北段）和铁路**潼关站**（和平路南端）都在距老潼关12公里的潼关新县城。从西安过来建议坐火车，出站后乘坐免费的公交1路或向北步行1.5公里，到交通局附近的老汽车站，再转乘华阴或风陵渡方向的班车即到老潼关（4元；6:30~18:30，班次频繁；30分钟）。从华山过来时，可在华阴汽车站搭乘潼关的班车，在老潼关下车（8元；7:50~17:50，约每40分钟1班；45分钟）；返程可在小花肉夹馍旁等华阴班车拐进来接客。

韩城

即使在人文底蕴深厚的关中平原，位处东北一隅的韩城仍算出类拔萃。全国六分之一的现存元代建筑都分布在此，还有保存完好的明清古城。春秋初期低调富足的芮国遗址于近年重现于世，而"史圣"司马迁的祠庙和"民居瑰宝"党家村早已名扬四海。18处全国重点文物保护单位的数量位列陕西各县之最。

要了解韩城历史、细细欣赏古建筑，至少需要3天。其间还可乘船到黄河上游看看大禹凿开、鲤鱼欲跃的龙门，或者到龙门钢铁厂见证钢铁的诞生过程。游览之余，别忘了尝尝花椒啤酒和花椒酸奶，再将数不尽的韩城特色小吃一网打尽。

◉ 景点

韩城老城 历史街区

（见本页地图）韩城古城的历史可以追溯到隋朝，经历1500多年朝代更迭，仍保存下来许多精美的古建筑——"国保"级就有六处，包括元代的北营庙、九郎庙和庆善寺大

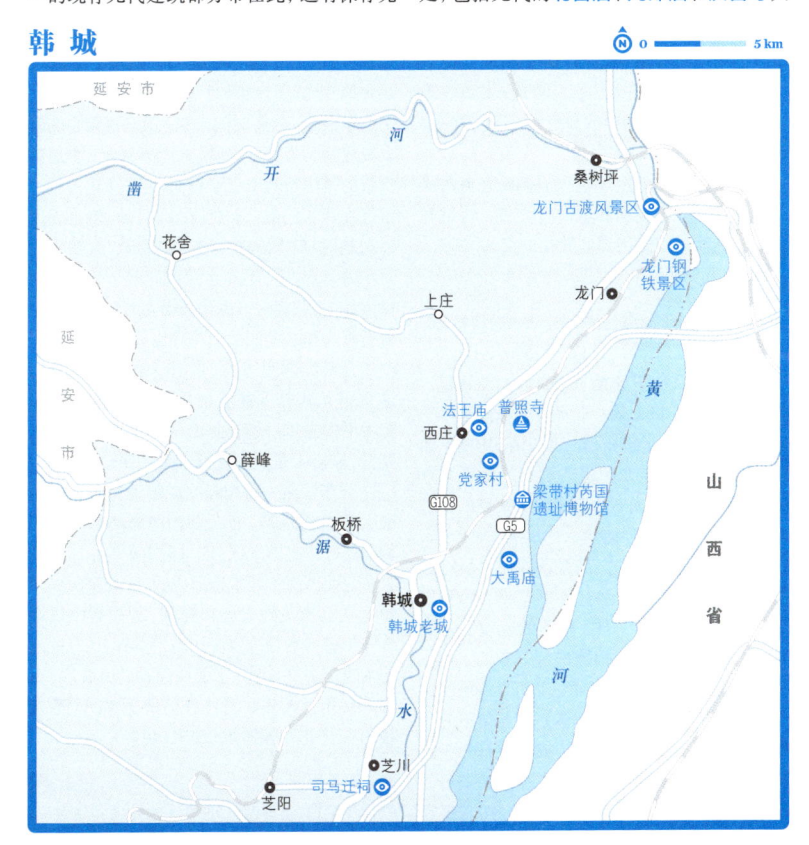

韩 城

当地知识

公交游韩城

除古城外，韩城的各处景点散落在城市周边，打车前往均在30元左右，不过借助两条公交线路，再加上一些脚力，也可将它们悉数尽览。

大禹庙司马迁祠专线（全程7元；7:00~19:30，约20分钟1班）可从古城南关、东门隍庙巷或客运站等车站上车，去往大禹庙（3元）或司马迁祠（4元）。

韩城到大桥班车（全程8元；7:00~18:00，约20分钟1班）从公交桢州大街乔南路路口站（招商区）发车，出城后沿202县道行驶。依次路过梁代村路口（2.5元，步行1公里到芮国遗址博物馆）、党家村路口（3元，步行1.5公里到党家村）、昝村镇（3元，步行100米到普照寺）、下峪口（5元，换乘公交车到龙门钢铁矿区）和龙门景区门口（8元）。

此外，从韩城汽车客运总站门前发车的**韩城到下峪口班车**（全程5元，6:00~19:30，6分钟1班）可作为辅助。班车走108国道（沿黄观光路），经过党家村路口（3元，步行2公里到党家村）、法王庙（4元）到下峪口。

佛殿，明代的文庙和城隍庙，以及一座清代石桥毓秀桥。除了南北向的金城大街和东西向的隍庙巷颇具商业气息，老城内几乎没有太多的开发痕迹。纪念品商店的喇叭声和市场摊贩的叫卖声在暗中较劲，美食街装潢得很"游客"，却同样是街坊们经常光顾之地。不妨远离主街，在小巷中的裁缝铺、理发店、菜市场感受这座小城的生活。

老城最北端的金塔公园有俯瞰老城的最佳视角，也是老城和新城的分界线。转过身去便是新城的宽阔街道和繁忙的交通。

韩城博物馆　　　　　历史建筑

（☎519 8228；微信公众号：韩城市博物馆；门票50元；夏季8:00~18:00，冬季8:00~17:30，周一闭馆）在文庙里博物馆是陕西的特色，韩城博物馆更将文庙、东营庙和城隍庙"三庙合一"，一举涵盖宋、元、明、清108座单体建筑。虽然从古城东门进入游览三处最为方便，但我们更建议你绕到南边，从文庙的正门开始自南向北按顺序游览。

始建于唐的韩城文庙是陕西保存最完整的文庙古建群之一，经过不断修缮，如今集历代构件和风格于一体。精美的琉璃五龙壁后方，30多株参天古柏掩映绿瓦红墙，古朴庄严。第二进大成殿是"明三暗五"的元代建筑，里面的"万世师表"牌匾是清朝留下的。殿前横着一条由三段石材构成的龙杠——当高等官员来此拜祭时，两边的杠头便会打开，中间的一段只为状元或皇帝开启，而它仅在王杰考中状元返乡祭孔时开过一次。院内一棵1500年树龄的五指柏五条枝干直指天空，被赋予了"五子登科"的寓意。东、西庑房分别辟有《韩城历史文化展》和《历代名人轶事陈列室》，后者藏有乾隆和嘉靖给王杰的御赐牌匾，但我们调研时两幅牌匾被陕西历史博物馆借走，归还时间未知。第三进院中的两个展览精品荟萃，《韩城古代碑刻展》中最具价值的是明崇祯十三年（1640年）修建古城时镶嵌在西城门的"梁奕西襟"门额，李自成途经此地时将"明崇祯岁次"改为了"大顺永昌元年孟冬吉旦"，这个罕见的年号至今清晰地保留在门额右侧。《古代石雕造像展》中的北魏石佛头和北朝四面造像碑也非常珍贵。

从尊经阁旁边的小门出去便是东营庙，这里是元代驻军的五个兵营之一，因建有祭祀关羽的庙宇，故称营庙。东营庙前精美的三龙壁，实际上是正对面城隍庙的照壁。

与东营庙一路相隔的城隍庙是古城规模最大的古建筑群。正门两侧的琉璃影壁和木构牌坊已足够气派。四进院落中的主体建筑大多是明万历年间重修形成的，雕花繁复的屋脊上立着精美的脊兽和脊刹。德馨殿中供奉着守护韩城的城隍神薛国观，你可以从东庑的《城隍历史文化展》了解城隍神的由来。每天19:00（雨雪天气取消），在清道光年间的西戏楼仍有当地秦剧剧团的演出（免费）。

司马迁祠　　　　　　历史建筑

（见137页地图；☎541 4335；芝川镇东1公

里;门票80元;⊙8:00~18:00)别被气势恢宏的广场和周边的仿古建筑吓到,司马迁祠的确是座有1700年历史的古建筑。从广场尽头巨型司马迁铜像斜后方的小路转入民国重修的石桥**芝秀桥**,古朴庄重的**司马迁祠**才逐渐显现于小山之上。

"史记韩城,风追司马",中国第一部纪传体通史《史记》的作者司马迁正是韩城人。西晋时期汉阳太守在韩城黄河岸边为其立祠,后经历代扩展建成今天依山而踞之势。通往祠庙的**司马古道**拓于东周时期,曾是晋国的河西要道。现在的巨型条石路面是北宋时期铺就的,历经千年风雨已凹凸不平。位于山巅的司马迁祠古柏参天,**献殿**内林立的石碑上刻着历代文人凭吊的诗文,**寝宫**中供奉着宋塑司马迁像。司马迁的衣冠冢位于寝宫后面的高台上,圆形的砖石墓冢上有八卦和花卉浮雕,立于墓顶的侧柏已有1300年树龄。站在祠堂外远眺,飞架的高速公路桥与悠悠黄河犹如两条平行的时空隧道。

司马古道入口对面的平台上,有分别从薛村三圣庙和昝村镇禹王庙迁来的三座元代建筑,里面辟有关于司马迁的小型展览。

景区北面的**国家文史公园**(免费)由布满杂草和沼泽的黄河倒灌区治理改造而来,绿树鲜花环绕着广阔的司马湖,湖边坐落着一些仿古建筑。全长11公里的环湖路串起了6个观景点,可乘观光车游览(25元),也可泛舟湖中。

在韩城客运总站或古城南关乘坐大禹庙—司马迁祠旅游公交(3元;7:00~19:40,约10分钟1趟)可到景区,淡季时公交车也许只到芝川镇,下车步行到景区还需15分钟,坐三轮车4元。从城区打车去司马迁祠单程约需40元。

大禹庙 历史建筑

(见137页地图;☏527 0387;周原村;门票20元;⊙8:00~17:30)始建于元大德五年(1301年)的大禹庙目前仅余献殿与寝殿两座主体

元代建筑在韩城

你也许会有疑问,在陕西其他地区不太常见的元代建筑,为何会在韩城独领风骚?我们针对韩城元朝建筑的情况,和韩城市博物馆杨贤林馆长聊了聊。

为什么韩城的元朝建筑如此之多?

从地理位置看,韩城位于秦晋交界的黄河之畔,是北方民族向中原扩展的桥头堡。金、元时期在韩城设桢州,管辖韩城和合阳二县,政治、经济和文化都相对繁荣。从历史上看,韩城在金、元时期就受少数民族统治,元朝在建立之前就已经统治韩城41年,138年的统治史比其在中国历史上的97年多了一半。时间更长,建筑自然也更多。从经济上看,游牧民族的元朝统治者非但没有重农抑商,反而更重视商业贸易,匠人们能靠手艺吃饭,技艺由此得以保障、精进和发挥。从政治上看,忽必烈统治中国后,为了缓和民族之间的矛盾,在龙门口敕建大禹庙,也掀起了韩城建庙的热潮。最后还有气候因素,韩城气候干燥,利于木材保存。从历代的重修题记来看,殿堂的修葺周期多为百年左右。由于自然因素破坏的速度较慢,保留下来的数量也就较多。

这么多的元朝建筑又是如何"搬迁"到一起的,现状又如何?

古建筑的搬迁都是按照不改变文物原状的要求制定方案,并在严格管理下组织实施的。我们在拆分前先将建筑构件编号并标注,然后再按编号重新安装。不过,在安装的时候会更换部分糟朽的木椽、望砖或屋面板,更换个别梁、枋构件,再补配一些脊饰、瓦件,以及殿堂的门窗等,以排除腐朽坍塌的隐患。虽然被迁文物价值会打折扣,不过把这些"零散"的文物集中于一地,也不失为一种更好的保护方式。

为什么选择普照寺作为集中保护地呢?

普照寺地处高地,地势平坦,气候干燥,通风条件好,周围也没有高层建筑,非常符合古建筑保护的要求。

步行游览
韩城老城古建大赏

起点：毓秀桥
终点：纠纠寨塔
距离：4公里
需时：约4小时

古城最南端，横跨在澽水河上的十拱石拱桥 ❶ **毓秀桥**是由韩城本地人、曾任云贵巡抚的刘荫枢于清康熙四十一年（1702年）出资修建的。他为避免子孙借桥敲诈百姓，以二十八文钱将桥卖给了政府，成为一段佳话。从新建的 ❷ **南城门**进入古城。箔子巷路口的 ❸ **闯王行宫**是明末李自成途经韩城时的下榻之所，但仅能看到小楼二层外面的一块牌匾，内部不开放参观。

转入对面的学巷，路边写有 ❹ **"父子御史"**门额的朴素宅院曾是明末清初两代云南御史卫桢固和卫执蒲父子的住所。往前不远就是 ❺ **韩城文庙**（见138页），自南往北依次游览 ❻ **东营庙**和 ❼ **城隍庙**后，回到隍庙巷往西，路过一片新开发的 ❽ **隍庙古街区**后来到路北的 ❾ **庆善寺**。寺中大佛殿始建于唐贞观年间，经宋元明清历代修葺，单檐歇山式屋顶配上石刻券形窗户，檐下斗拱仍有宋构遗风，风格略为混搭。

一系列科举主题的涂鸦后面是 ❿ **状元府博物馆**（门票30元），这里曾是清朝陕西第一位状元王杰的府邸，如今八个雅致的院落中展出的多为明清至民国时期的名人墨宝。回到金城大街往北不远，左边有挂满灯笼和旌旗的 ⓫ **龙门秦晋里美食街**（见143页）可以补充能量。

位于金城大街北段的 ⓬ **北营庙**保留着过殿、献殿与寝殿等元代建筑，为了增加殿内的空间，当年的工匠采用勾连搭的形式将几座殿堂连为一体。最精致的还是庙外的戏台，上面木雕多数仍是元代遗存。韩城是历史故事《赵氏孤儿》的发生地，⓭ **九郎庙**（门票30元）正是为祭祀救孤主角程婴而建，正殿为元代木构，殿下的六根柱子尚有宋代"束柱"风格。

往北登上小山包，路过山腰上的革命烈士陵园，来到最高处的 ⓮ **纠纠寨塔**，这座始建于金的砖塔于清康熙四十一年（1702年）重修。在风铃声中回望古城，1500年的历史留痕尽收眼底。

建筑。正对献殿，右侧的白砂石柱后方刻着"岁大元国大德五年岁次辛丑孟夏制"的题记。寝殿精致的神龛中供奉着禹王坐像、郭子仪夫妇和巨灵官。两壁上完好的明代壁画最具价值，东侧壁画的主角是唐朝名将郭子仪，左上方的庆功宴寿场面与右下方的"单骑见回纥"描绘了他人生中最得意的两个片段；明代人笔下的唐僧师徒跃然西墙之上，孙悟空大战红孩儿的情景栩栩如生。抬头仰望，寝殿藻井上168幅彩绘板画描绘了古代二十四孝的故事，精致程度可见一斑。

乘大禹庙—司马迁祠庙旅游公交车（4元）在终点站周原村口下，之后步行5分钟即到。

梁带村芮国遗址博物馆　　　博物馆

（见137页地图；☎535 8581；西庄镇梁带村；门票50元；◎旺季8:30~18:00，淡季9:00~17:30，提前1小时停止售票）芮国曾是两周时期的诸侯国之一，这个不太知名的封国在史书中只留下只字片语，便于公元前7世纪湮灭于秦国的征伐中。2004年，考古工作者对梁带村两周遗址进行考古发掘，数以万计的金、玉、象牙、漆木器等随葬品相继出土。如今考古遗址西侧的博物馆里，600余件（组）珍贵文物让这个低调而富足的周代诸侯国展现于世人面前。

博物馆规模宏大，布展讲究，细细看下来至少需要2小时。基本陈列《古芮寻微·故国韶光》再现了古芮国的文化、经济、军事和社会生活。你可以从君主、诸侯、大夫墓中随葬品的差异看出当时严格的墓葬形制等级。规格最高的M27号墓拥有仅次于周天子墓葬的两条墓道和七鼎六簋，墓主是一代芮公。紧邻的"甲"字形大墓则有仅次于国君的五鼎四簋和七璜联珠，500余件精美的玉器和首饰展示着芮姜夫人奢华尊贵的生活。考古工作者从平民百姓的人骨鉴定结果推测出他们当时的饮食结构、生产习惯等，证实了平民与贵族生活的天壤之别。虽然芮国的面纱已经揭开，但仍有许多未解之谜——镇馆之宝玉猪龙，这枚来自5000年前的红山文化玉器竟出现在2800年前的芮姜夫人墓中，本身就是一个传奇。

梁带村芮国遗址博物馆距城区约7公里，乘韩城到大桥的班车（见143页）在梁代村路口下（2.5元），还需步行1公里才到博物馆。从城区打车前往需20元。

党家村　　　古村落

（见137页地图；☎532 5950；西庄镇党家村；门票50元；◎8:00~18:00）这个有近700年历史的村寨以党、贾两姓为主。明清时期受黄河对岸晋商文化的影响，村民纷纷外出经商，衣锦还乡后建起了百余座民居四合院。在20世纪80年代至今的新农村建设高潮中，村民都将新房盖在了北面的塬上，古村和老屋得以保存至今。

从塬上的售票处走下一条长坡便来到老村的中日广场，建议往右从惜字炉进入村庄游览。青石巷道两侧是一座座高墙围护、布局紧凑的四合院，门楣、照壁上的砖雕木刻繁复精致。党祖祠、贾祖祠、党家分银院、看家楼，只要开着门的院落都可以参观。村中最高的建筑是西北角上建于清光绪年间的六角六层楼阁式砖塔文星阁。西南塬上的旧时防御体系泌阳堡可以俯瞰古村全貌。

小小的党家村两个小时就可以逛遍，若想在游人散去后感受古村的寂静和深厚，也可留宿一晚。我们调研时民居仅可提供带公共卫生间和淋浴的床铺（50元/人），也供应羊肉糊饽等小吃和炒菜，不妨看一看再做决定。

党家村位于韩城以北约10公里处，108国道和202县道从其东西两侧平行而过。韩城客运总站门口发往下峪口的中巴车经过国道上的党家村路口，韩城到大桥的公交车经过县道上的党家村路口，乘坐两者下车后均需步行约15分钟到达，后者会稍微近些。从新城打车到党家村约30元。

普照寺　　　历史建筑

（见137页地图；☎535 3357；昝村镇；门票20元；◎夏季8:00~18:00，冬季9:00~17:00）韩城的元代建筑数量居陕西之最，当地也陆续将周边的零散元代建筑迁移到寺中，将普照寺打造成元代建筑博物馆。其中普照寺的大门就是从城北西原村天圆寺的献殿迁来的，檐柱上有"金承安四年"题记。进门后右侧的高神殿由三座大殿组成，原址在城南苏村，是较为成熟的元代建筑的典型，恢宏繁复的沿着石阶登上高处的**普照寺**，大雄宝殿为单檐歇山顶元代建筑，殿内佛龛供奉有一佛二菩萨二弟子塑像，均为元泰定三年（1326年）的彩塑。藻井130幅明代彩绘包含了花鸟鱼虫和人物，历经数百年依然墨色不减。普照寺后方的高台上有从韩城象山中学迁移来的**紫云观**一组六座建筑，按照原有方位和平面格局复原。主殿三清殿正脊上一对精美的元代琉璃鸱吻引人注目。

斗拱是一大看点。

在城区乘坐韩城—大桥乡村公交车（3元；7:30~18:30，20分钟1班），在昝村十字路口下车，向西步行约100米即到。

黄河龙门　　　　　　　　　　　　峡谷

（龙门镇）黄河从**府谷**进入陕西，在晋陕大峡谷奔流500多公里后，终于在韩城**龙门**突破最后的关口，陡如刀削的狭窄河道变成了宽阔平坦的河滩。相传鲤鱼跳过龙门便能成龙，又相传龙门是大禹治水劈山而开，因此又名**禹门口**。

曾经的龙门古渡已被飞架的桥梁取代，但你可以在**龙门古渡风景区**（见137页地图；☎138 9232 0077；船票65元，2人起；30~50分钟）乘游船，途经岩壁上仅可靠索道过河进入的**龙门水文站**和右手山西一侧悬崖上的古道**大梯子崖**，来到峡谷的最窄之处——两岸相距不足40米的**石门**。石门上方是铁路桥，2019年通车的浩吉铁路（呼和浩特到江西吉安）是"北煤南运"的重要通道。乘大船（7人以上）到了石门就掉头返回了，快艇（2~6人）还可穿过石门，到不远处一条废弃的河道**错开河**，据说是大禹凿河时开错方向留下的。

黄河龙门位于韩城市北30公里处。可乘101路到桢州大街乔南路（招商区）站下，换乘韩城到大桥的公交车（8元；7:00~18:00，20分钟1班；50分钟）到景区门口下车。大桥返回韩城的末班车17:30发车。你也可以从离景区不远处的大桥步行百米来到山西，在桥头乘4路公交去往河津客运站，开启山西之旅。

🛏 住宿

韩城新城的宾馆档次丰富，选择很多，古城东门内外则有几家传统民居形式的高级民宿。若是自助出行，住在司马迁—大禹庙公交车沿线（见138页方框）最方便。

先生的院子　　　　　　　　　精品酒店 ¥¥¥

（☎528 0055；古城东门北100米；标双400元起；☎❉Ⓟ）这是座拥有三进院落的关中民居，庭院与房间的设计精致又不失古朴，让你自然而然地放慢节奏，享受其中。房间带地暖。多人出行也可以租下其中一个院子，拥有一片独立空间。

如家商旅酒店（黄河大街店）　　　快捷酒店

（☎839 5566；黄河大街近乔南西路；标单/双106元起；☎❉）以百元价格住上一间简约、现代的快捷酒店，这样的性价比还是不错的。酒店离客运总站很近，司马祠到大禹庙的公交车从门前路过。

文渊阁美丽豪酒店　　　　　　　　酒店 ¥¥

（☎526 0888；古城东门外，隍庙街与环城东路路口东南角；标双320元起；☎❉Ⓟ）从这

龙门钢铁工业之旅

从韩城去往龙门古渡路上的龙门镇是以冶金、煤矿企业为主的一片工业园区，这里的**龙门钢铁集团**（☎518 2888）开放了工业旅游，可以给你的旅行加个新主题。除了参观关于龙钢历史的展览和现代化的生产指挥控制中心，还可以走进钢铁原料仓储地，以及炼铁、炼钢和轧钢的生产车间，看看钢铁是怎样炼成的。参观需要在微信小程序"龙门钢铁景区"预约。需要注意的是，虽然"门票"为50元，但除展览馆外，其他5处看点分散在厂区各地，若要参观必须请向导（100元）、观光车（25元/人）和租赁安全帽（20元/人），这些在预约页面上均没有告知，建议提前致电确认。

乘韩城到大桥的公交车，或在韩城汽车客运总站门前乘韩城到下峪口的班车（5元；6:00~19:30，6分钟1班；40分钟）到下峪口下，然后在往前不远的街口换乘公交车（1元）去往龙门钢铁景区。进大门后直走约300米，绕过主楼就是显眼的游客中心。

家花园式酒店步行到古城东门只需5分钟,司马迁祠到大禹庙的公交车就在门口停靠。精心打理的庭院和舒适的硬件设施与其房价相称,但管理和服务略微欠缺。需要注意的是,酒店供暖与集中供暖时间一致(通常是11月15日至次年3月15日),在11月初和3月中下旬房间会非常冷。

✕ 餐饮

韩城小吃品种繁多,满街都是经营小馄饨、羊肉糊饽、饸饹、搅团、油糕、菜卷、甑糕和枣糊的小店,在老城内的**龙门秦晋里美食街**(金城大街与隍庙巷路口北约100米)可将它们一次尝遍。不少店家还会推出友好的"小份",让独行者可以多试几个花样。韩城的羊肉饸饹最有名,当地人喜欢趁热配着香脆的油饼(1.5元/个)一起吃。另外,"大红袍"花椒是韩城的地理标志保护产品,花椒风味的酸奶、啤酒、锅巴等小吃随处可见。

三舍公馆　　　　　　　　　陕西菜 ¥¥

(☎512 3999;古城东门往南100米;人均90元;⊙11:00~14:30,17:00~20:30)在建于清末的民居庭院里吃一顿地道的韩城菜,何乐而不为。招牌菜黄河鲤鱼(188元)有三种口味,肉质鲜嫩毫无腥味。由三荤三素和两种主食搭配的韩城八碗(188元)能一次满足你对韩城菜的期待。这里的菜品种类多,服务也到位,夏天坐在户外的餐桌用冰镇的花椒啤酒下菜,实在太满足。

民杨夜市　　　　　　　　　　小吃 ¥

(太史大街东段239号;人均40元;⊙18:00至次日4:00)这从大棚下的夜市毫不谦虚地打着"亚洲最美夜市"的招牌。虽然不知"美"在何处,但里面确实挤满了各种摊档,入夜之后异常火爆。除了数不清的各种面食小吃,还有海鲜、烧烤、小龙虾、羊头肉、爆炒羊杂和凉菜,够你挨家换着吃到天亮。

❶ 到达和离开

长途汽车

韩城有两个汽车站,**新城汽车站**(☎520 2461;龙门大街北段近火车站)发往西安和渭南的高速班车非常频繁,也有车去延安(84.5元;6:50;7小时)和山西运城(34.5;7:30;3小时)等地。去往周边县镇,需到**韩城客运总站**(☎519 1810;黄河大街近乔南路)乘车,目的地包括合阳(15元;7:00~17:30,流水发车;1小时)、蒲城(41元;7:50、9:20、10:30、12:20;2小时)、山西河津(15元;7:30、9:00、10:30、11:00、12:00;1小时)等地。两个汽车站只相距10分钟步程。

火车

韩城火车站(龙门大街北端)每天有复兴号动车经合阳北站往返西安(55元起;2小时),还有一对往返北京和一对往返咸阳的普快列车。往返于西安和太原之间的普通列车也在此停靠,途经临汾、平遥等站。

❶ 当地交通

101、102路公交车都从老城南关发往新城,票价1元。101路经过金塔公园、韩城新城汽车站、火车站和客运中心站。102路则路过古城东门隍庙路和招商区(换乘大桥专线)。大禹庙—司马迁祠的旅游专线穿城而过,也很实用(见138页方框)。

合阳

黄河边的合阳不仅有古塔、古村之类的"经典项目",还因多达十分之一的《诗经》作品都与之相关,获得了"诗经文化之乡"的称誉——创作源泉就是洽川湿地的自然风光和浪漫传说。虽然几处景点离县城都有一定距离,好在都有班车前往。

◉ 景点

洽川黄河湿地　　　　　　　　　湿地

(☎562 0067;www.hechuan16.com;合阳县洽川镇)从合阳向西25公里,便来到芦苇荡、瀵泉群与飞鸟交织的湿地景观中。"关关雎鸠,在河之洲",《关雎》这首脍炙人口的情诗即诞生于此,"君子"和"淑女"分别是周文王姬昌和出生于洽川的太姒。在湿地上的一系列瀵濠(地底喷出的泉水)中,名气最大的东鲤瀵以"太姒出嫁前的沐浴池"名义被开发为景区,美其名曰处女泉。

从**处女泉**(见130页地图;洽川镇莘里村东;门票55元,含莘国水城;⊙旺季8:00~18:00,淡季9:00~17:00)景区入口到深处黄河边的观景台步道有近3公里。常规的玩法是从门口的**蒹葭**

不要错过

合阳寻塔

合阳共有八塔，建于明朝的密檐式八角空心砖塔**千金塔**位于市中心的天合园广场上，另有三座被列为国家重点文物保护单位的古塔形单影只地立于郊外。三者均为方形砖塔，层间叠涩出檐，檐下砖施菱形牙子，但细节不尽相同。虽然相距甚远，但三者都可以从合阳客运中心站乘车前往，古建筑爱好者可以前往一看。

建于宋代的**大象寺塔**（见130页地图；安阳村；县城东南7公里）是一座十三层密檐式方形实心砖塔，近年略加修缮后外观还算完好。第一、二层间的檐下有仿木的砖雕斗拱，檐角上的风铃叮当作响。去往大象寺塔可以坐合阳-营里的班车（6:00~18:00，15分钟1班），在安阳村路口下车（4元；15分钟），接着还需向东步行约2公里。晚唐时期的**罗山寺塔**（见130页地图；岱堡镇，县城南15公里）是三者中唯一的唐代和空心砖塔。走进塔内抬头望，如同在高30米的塔身底部"坐塔观天"。但我们调研时，塔顶破损严重，塔檐残缺，略有倾斜的塔身上也出现多道明显裂痕，还不时有砖块掉落，参观时最好与塔身保持10米以上距离。去罗山寺塔可坐去大荔或渭南的班车（见143页），或去县城南边的城乡公交公司乘去路井的公交（更加频繁）到罗山寺塔路口下车（岱堡村北边一个路口），接着往东步行1公里上山即可。因沿途皆为土路，不建议在雨天或雨后前往。

因位于百良中学校园内，**寿圣寺塔**（见130页地图；百良镇，又称百良塔，县城东北18公里）并不对旅行者开放，但你可以在50米外的校门口远远瞻仰。寿圣寺塔是三者中细节保存较好的，十三层的塔身巍峨高耸，二层以上装饰有假门盲窗，檐下有仿木斗拱。想看仔细些可以带个望远镜。乘百良的班车（7元；8:00~17:00，20分钟1班；40分钟）到终点站，下车后步行约500米就到。

渡坐船（大船50元/人）穿过芦苇荡，到达最深处的**关雎渡**，然后再沿木栈道往回步行，经过荷花池，可在此眺望黄河的**观黄楼**，以及**伊人渡**和**处女泉**等景点。直径约为25米的处女泉水温常年保持在31℃，可以下池**玩水**（48元/人；⊙8:30~17:30）。泉旁的**戏楼**在旺季有源于汉代、位列国家级"非遗"名录的**提线木偶戏**定时上演。你也可以租电动船（200元/船/小时起）自己开到伊人渡，再步行1公里游览深处的湿地，直到观黄楼。不过湿地仅在6月至8月呈现芦苇摇曳、荷叶连天的景色。10月至次年3月，景区万物凋敝，《诗经》中的浪漫只剩风中凌乱。

4000多年前的洽川是大禹孙子的封国**有莘国**的所在地，处女泉外建起了一座巨大的**莘国水城**，里面是风格混搭的水乡模样，还入驻了小吃店和商店，可顺便一逛。

景区500米开外的十字路口分布着密集的农家乐餐厅，提供实惠的小吃和炒菜，招牌是由黄河大鲤鱼和瀵泉中的黑乌鲤做成的菜肴（100~150元），也提供环境朴素的住宿（标间60~100元）。

从合阳城乡公交公司乘到洽川的班车（7元；7:00~18:00，约20分钟1班；40分钟）会路过距景区600米的路口，和司机说到处女泉即可。返程可回原地等车。处女泉门外聚集着一些电瓶车（20元/人）和驴车（10元/人），可以带你去在几公里外的夏阳瀵和木罂古渡。但我们调研时，夏阳瀵景区已因环保需要关闭，木罂古渡的设施也已拆除，只剩下黄河边的一片空地。

灵泉村 村庄

（见130页地图；免费）一个小村庄有如此厚实的城墙实属罕见。据说灵泉村的城墙自西汉就有，现存为清朝咸丰、光绪年间重修的，保存有三座城门和四座碉楼。以党姓为主的村民们于明初从山西迁徙而来，因善经商、重教育，小村很快兴旺起来。如今村里遗存的古建筑主要集中在西门和南门附近。包括两座**党氏祖祠**、**瓮城**、**灵泉民俗馆**等，建于嘉庆年间的**三义庙**的献殿石栏和党氏祖祠山门的石雕都很精美。村子不大，1小时就可以逛完。

灵泉村西依福山，**福山景区**(门票30元；⊙8:30~17:30)虽属于洽川黄河湿地景区的一部分，但这座小山包上只有几座儒、释、道的寺观，跟黄河和湿地关系不大，倒是能俯瞰灵泉村。

灵泉村位于从合阳到洽川的路上，距离处女泉约7公里。乘班车在路口下车后往里步行500米即到。回到主路往洽川方向走200米就是福山景区。

🛏 食宿

合阳的酒店多在百元上下，性价比普遍不错。**上若·御园酒店**(☎555 0333；凤凰西路东段，天合园广场旁；标单/双132元起；☎☒🅿)宽敞的房间非常舒适，早餐丰盛，停车位充足，过条马路就是千金塔所在的天合园广场。旁边的公交站有103路去往两个汽车站。

踅面是合阳传统面食，由荞麦制成，把面像摊煎饼一样烙熟后焯水，然后加上作料和葱花拌着吃，筋道、耐嚼、抗饿，有说是韩信为行军打仗发明的。比较受认可的老店是**合阳踅面店**(解放路与南关市场路口东北角；踅面5元/碗，7元/斤)，当然在合阳很多小店也都能尝到这种面。

ℹ 到达和离开

合阳客运中心站(☎552 2123；黄河北路与泰山东路路口)有频繁的班车去往西安纺织城客运站、渭南、韩城和蒲城。要去华阴，可以坐到大荔(16.5元；6:45~18:00，约30分钟1班；1.5小时)转车。

合阳城乡公交公司(印发大道与金水路路口西北)经营合阳境内的乡村客运。去洽川在这里坐车，去路井的公交车路过罗山寺塔。公交103路连接两个汽车站。

合阳北站(甘井镇万年村)位于县城西北约10公里处，西安往返韩城的普通列车和动车都在这里停靠，也有一班普通列车经临汾、平遥到达太原。合阳1路(5元)从城乡公交公司经客运中心站到合阳北站，但因为火车班次不多，公交车仅在火车停靠时运行，从县城打车去火车站约15元。

蒲城

这座渭北小城可谓风水宝地，它拥有唐十八陵最东面的四座帝陵，桥陵的石刻堪称诸陵之首。小小的县城中，唐宋时期两座古塔坐镇南北，博物馆内汇集了价值极高的石碑和石刻，街巷之中还有几处历史建筑和名人故居等你寻访。大饱眼福的同时，遍布大街小巷的水盆羊肉会是你舌尖的最佳慰藉。

蒲城还有一个相当霸气的"身份"：这里是国家授时中心授时部所在地。

⊙ 景点

除了桥陵、泰陵和惠陵博物馆，其他几处景点都位于城中心的县政府周边，步行都不超过15分钟，可以花小半天时间一起游览。

桥陵国家考古遗址公园 陵墓

(见130页地图；坡头镇安王村东；门票35元；⊙8:00~18:00)桥陵的主人是唐睿宗李旦。这位盛唐前夕的皇帝生前夹缝求生，三让皇位，最后得以善终。"崇冈拥象设，沃野开天庭"，儿子玄宗李隆基耗费33年为其父修陵，气势磅礴的神道石刻将盛唐石刻艺术体

湿地上的候鸟天堂

洽川位于中国候鸟南北迁徙的中轴线上，大片的黄河滩涂是鸟类的乐园，也是观鸟的好去处。每年10月至次年4月，上百种鸟类来此越冬，其中不乏丹顶鹤、白天鹅、大鸨、灰鹤等数十种国家一级和二级保护动物，还有黑鹳、苍鹭、鸳鸯以及赤麻鸭等四十余种留鸟常年在这里繁衍生息。几乎有荷塘芦苇的地方就有候鸟的身影，但最佳观鸟期为12月至次年2月。2018年，洽川加大黄河流域生态治理力度，关停了一批湿地景区，生态恢复也已初见成效。夏阳瀵到木罕古渡途中的太里防洪堤视野开阔，鸟类众多，不过湿地被铁丝网拦住，不太方便拍照。沿黄公路往南，大荔界前后的湖泊湿地也是较大的候鸟聚集区。

现得淋漓尽致。蒲城也一时改名为奉先县。

桥陵有四门，共48座石刻。景区所在的南门也是正门，神道两侧共有石刻38座。虽然地面建筑都已灰飞烟灭，但这些石刻的规模、造型、工艺和完好度都可谓唐陵之冠。以华表为始，獬豸、鸵鸟、石马和翁仲的石刻依次排开800米，造型雍容威武，姿态生动写实。其中圆雕的獬豸是"唐十八陵"中独有的神兽造型。走过朱雀门前一对石狮，过 清碑 后就是陵山所在的 丰山，有小道可上东山梁观景台，登顶约需40分钟。

游览桥陵颇费脚力。从售票处到神道尽头的清碑单程约2公里，前半段也可以乘电瓶车代步（至景区入口600米，5元；至朱雀门1.4公里，10元；全程往返20元）。

桥陵景区距县城14公里，可在蒲城城西客运站乘坐前往大孔的中巴（5元；7:15～18:45，30分钟1班），约15分钟即到桥陵路口，下车后步行约200米即到售票处。从市区打车到景区单程30元，加东门石狮和惠陵博物馆往返约需120元。

唐惠陵博物馆 　　　　　　　　　　陵墓

（见130页地图；蒲城桥陵镇双合村；门票20元；9:00～17:00）惠陵是桥陵的陪葬墓。墓主李宪是李旦长子，因让位之功被唐玄宗李隆基追封为"让皇帝"，并将其与妻子合葬于桥陵东南。2000年3月，考古工作者对唐让帝惠陵进行了抢救性发掘，出土文物860余件（组）、彩绘壁画约250平方米和一座石椁。博物馆中展出了部分陶俑、铜铁器和银玉器等文物，其中陶俑从种类、体量和工艺来看，堪称所有唐代贵族墓中规格最高的。你还可以走进陵山下的地宫，虽然现存的壁画是新绘的，但最深处存放的石椁是原物，上面的石刻图案仍清晰可见。

唐惠陵博物馆位于城西7公里处，在去桥陵的路上。可乘到大孔的班车在惠陵路口下车，往南步行10分钟即到。从城区打车前往约需25元。

蒲城县博物馆 　　　　　　　　　　历史建筑

（见130页地图；☎721 5713；红旗街14号；门票10元；9:00～17:00，16:30停止售票）明万历年间由琉璃花砖精砌而成的 六龙壁 后面，就是始于唐贞观年间的蒲城文庙，里面的蒲城县博物馆是个小小的惊喜。内容翔实的"蒲城县历史文化陈列展"清晰梳理和展示了蒲城丰厚的历史文化，包括桥陵和多座陪葬墓的介绍及出土文物精品。最北边明伦堂的 蒲城碑林 中，密密麻麻摆放着从北周到民国时期的石碑。最有名的是出土于泰陵陪葬墓高力士墓的 高力士神道碑，碑文记载了这位宦官的一生。两侧的石刻室还有数十件出土于陪葬陵的碑石、经幢，以及历代石雕、铜铁铸雕等珍贵文物。

明伦堂后方矗立着一座建于北宋的密檐式空心砖塔 崇寿寺塔，又名北塔，与2公里外位于蒲城中学校园内的南塔 慧彻寺塔 遥相呼应。南塔始建于唐贞观元年，是陕西现存较早的唐塔。

杨虎城将军纪念馆 　　　　　　　　历史建筑

（东槐院巷29号；免费；9:00～17:00，周一闭馆）这座漂亮的关中传统民居老宅建于1934年，杨将军与其母孙一莲、夫人谢宝贞和张蕙兰均曾在此居住过，可在此了解他的生平事迹。馆内还有西安事变专题展和蒲城近现代名人展。

与纪念馆相邻的 清代考院博物馆（东槐

另辟蹊径

最长情的守望——寻找桥陵东门石狮

唐陵石刻爱好者绝不愿错过赵山村田野中原桥陵东门外的 青龙门石狮。这两头石狮因其罕见的"回头望"的造型走红。不过石狮远离主路，建议驱车或打车前往——将导航设置到赵山村卫生室，在卫生室前的丁字路口（正对着东华门农家乐）右转进入一条通往田间的狭窄土路，经过右边的几户人家后，继续往上不远可见一户独立平房，红色的大门上是"贵在自立"的门额，从平房旁边的小道往里走1分钟便是。两头约3米的石狮在田野上各自回头，两两相望已千年，其中南边的雌狮保存非常完好。

不要错过

这座"野陵"不太野

与唐太宗的昭陵（见155页）一样，位于"唐十八陵"最东端的泰陵陵址也是唐玄宗李隆基生前为自己选定的。这位唐朝分水岭式的帝王成就了鼎盛的"开元盛世"，经历了让唐朝走向衰落的"安史之乱"，也留下了与杨贵妃的"长恨歌"。

唐泰陵（见130页地图；蒲城县保南乡唐陵村；免费）的陵山金粟山三面环抱着朱雀门宽阔的神道。泰陵在历史上多次被盗，神道石刻在"文革"时也再度遭到破坏，原36座神道石刻如今仅存28座，且大多已残缺不全。又由于唐玄宗去世时唐朝社会混乱，国力衰弱，与其父的桥陵相比，泰陵石刻体量明显偏小，石人的神情似乎也少了些意气风发。清陕西巡抚毕沅为避讳康熙"玄烨"的"玄"，将碑写为"唐元宗泰陵"。

在未开发成景区的唐陵中，泰陵神道是极少数经过修缮的，还配有一些基础设施，非常便于游览。可在蒲城市中心的东路客运站（又称二运司；东风街13号）乘坐发往蔡邓、永平或西头的班车（约20分钟1班）到陵路口下车（4元），还需步行2.5公里才到朱雀门神道。从蒲城打车到泰陵单程40元。

蒲城境内还有唐宪宗景陵和唐穆宗光陵，在邻近的富平境内则散落着唐中宗定陵、唐代宗元陵、唐顺宗丰陵、唐文宗章陵和唐懿宗简陵，不过这些唐陵都离县城较远且遗存不多，若是自驾车也可探访一二，真正体验一把走野陵的感觉。

关中
蒲城

院巷17号；门票10元；⊙9:00~17:00）是光绪年间所建的科举考场，对称二十四间"号舍"是书生参加八股考试的地方，可顺道一看。考院斜对面还有一处**蒲城老影院电影博物馆**（免费；⊙周三至周日9:00~17:00），馆内用轻松活泼的方式介绍了蒲城近百年的电影放映发展史，或许也会触发你的童年回忆。

林则徐纪念馆 历史建筑

（杈把巷6号；20元；⊙8:00~18:00）这里是王鼎族弟王益谦的故居，林则徐到蒲城为恩师王鼎守丧时曾下榻于此。四进的院落沧桑却精致，保存着形式和题材丰富的砖雕。馆内展示了林则徐为悼念王鼎而留下的匾牌、扇面、校注书稿和墓志铭等。一巷之隔的**王鼎纪念馆**（达仁巷54号；免费；⊙9:00~17:00）是王鼎的出生地，这位晚清的军机大臣曾死谏抗英。朴素的庭院里陈列了王鼎的生平业绩、书信遗稿以及碑石、墓志等，包括一块道光皇帝御赐的"靖共笃祜"寿匾。

食宿

蒲城景点比较集中，住在县城中心方便出行。**青春假日连锁酒店**（☎836 5888；迎宾路与东风路十字路口；标双130元起；❄️🌐）距离博物馆步行10分钟，周边就餐选择多。客房卫生整洁，床铺很舒服。普通房型面积较小，雅致房型不带地毯，比较清爽，豪华房更为宽敞。马路对面的马莉站有101路直达客运中心站，去蒲城东站的102路车站也只需步行5分钟，但停车场较小。

蒲城的水盆羊肉是一绝，各类羊肉菜肴馆子布满大街小巷，挑一家人多的就没错。若想大吃一顿，**秦家店**（☎731 5566；朝阳街与东环路十字向北100米路东；人均70元）有优雅的就餐环境，还有与羊相关的各种大菜和小吃，除了招牌的水盆羊肉（30元），蒜泼羊肉、烤羊排和羊脖子也很受欢迎，还有包括8道凉菜和8道热菜的全羊宴（1888元）。

ℹ️ 到达和当地交通

西安纺织城客运站和西安汽车站都有班车发往蒲城。位于县城南部东环路上的**蒲城客运中心站**有流水班车前往西安、渭南、韩城和富平等地。去往大孔（途经唐惠陵、唐桥陵）的班车在**汽车西站**（红旗街近漫泉路）乘坐。

离县城4公里的**蒲城火车东站**（县城东北马家村）有动车发往西安和延安，也有普通列车去往榆林、成都、包头、天津等方向，可在中心广场附近乘坐102路前往。**蒲城火车站**（县城西南杜家村）又叫杜家火车站，每天只有一对慢车往返西安和榆林之间，对旅行者用处不大。

西边有陶艺，东边有古窑

蒲城西边的富平县和东边的澄城县各有一个与陶瓷相关的大型园区，但都以休闲娱乐为主，前者现代元素较多，后者有一些历史遗存，也更具当地气息。

富平陶艺村（见130页地图；富平县乔山路1号；免费）园区内随处可见融入陶瓷元素的乖张建筑。**富乐国际陶艺博物馆群**（☎822 8214；陶艺村内；门票65元；⊙夏季9:00~19:00，冬季9:00~17:30）的7座场馆展示着中外艺术家创作的陶艺作品。若有创作冲动，可去**玩泥体验中心**（制陶40元/1.5小时，烧陶10~60元；⊙9:00~17:30）独创一份，待烧制后可有偿邮寄到家。陶艺村内还设有陶艺生活馆、餐厅、咖啡馆和酒店等，可以消磨半天时间。在富平汽车站外十字路口乘坐1路公交车（2元；6:20~19:00），终点站就是陶艺村。

距离澄城县15公里处的**尧头窑**（见130页地图；澄城县尧头镇；免费）是古代北方著名的民窑，现在的大型园区内包括古窑遗址、农家乐和一条新打造的售卖黑陶和纪念品的古街，规模比陶艺村大得多。虽然大红灯笼高高挂，土味民歌响彻天，但这倒与黄土坡上的传统民居相得益彰。明清时期的古窑遗址位于园区最深处，但几乎没有遗存，排满了陶罐的山头适合摄影创作。从园区入口到遗址末端的周家老作坊单程约2.5公里，完整地转一圈至少要1.5小时，里面有几处农家提供简单的食宿。澄城客运总站（俗称东六路车站）有开往景区的专线车（10元；8:00~18:00，2小时1班；40分钟），返程末班车19:00，但淡季班车停驶。从县城打车过去单程约50元。要想了解尧头窑和黑陶的制陶史，建议到**澄城县博物馆**（见130页地图；古徵公园东侧；免费；⊙8:00~11:30，14:00~17:00，周日、周一闭馆），那里的尧头陶瓷厅有丰富的藏品和介绍。

咸阳

这座与西安相距仅有25公里的城市总被省会的光辉掩盖，而历史上两者是如此密不可分——西安秦兵马俑声名远扬，而咸阳才是秦始皇一统天下后的国都；汉、隋、唐的长安城极尽繁盛，天子们却带着毕生功过长眠于咸阳的土地。这些帝王陵冢以及诸多陪葬墓中出土的稀世珍宝，自然而然地成了咸阳历史文化的积淀，也是如今咸阳旅游的主题。

在从咸阳穿境而过的丝绸之路东段北线上，保留了以彬州大佛寺为代表的一系列佛教遗迹，乘高铁游览就很便利。之后你可以南下宝鸡追溯周秦渊源，也可以进入甘肃继续丝路之旅。

历史

春秋战国时期，秦国都城经过9次变迁，于公元前350年来到了咸阳。在咸阳作为国都的140余年间，励精图治的秦人东取河西，南夺巴蜀，最终在公元前221年剪灭六国，建立了中国第一个统一的王朝，咸阳便是国都。但在短短的15年后，嬴政的秦王朝就与恢宏的秦咸阳宫一起灰飞烟灭。

之后自汉至唐的漫长千年中，只要长安是帝都或西京，作为京畿重地西面门户的咸阳就与其难分难解。九嵕山南、渭水北的山水俱阳（咸阳由此得名）让西汉皇帝将身后事交付咸阳的北塬，周边的陵邑成了诸多豪门望族的聚居地，繁华程度可与长安比肩。大唐初建时，秦王李世民在浅水塬（长武）击溃了陇西薛氏的入侵，为新生的李唐政权去除了西面的威胁。继承皇位后李世民又在泾阳杀白马与突厥可汗结"渭水之盟"。出凤关、觅封侯的唐人在渭城（咸阳）和相送的友人"更尽一杯酒"；盛世梦醒的唐玄宗一路西去，杨贵妃的一缕香魂却永远留在了马嵬坡。唐之后，咸阳似乎也随着西安帝都史的结束而归于沉静。唯有丝绸之路上的大佛望着西兰公路的车流，兀兀千年。

进入21世纪，"西咸一体化"成了咸阳发展的主旋律，咸阳也以"大秦故都，德善咸阳"为口号大力推广旅游。在西咸新区"五大组团"之一的空港新城，高规格的古代大墓仍在陆续浮现，而旁边秦汉新城则以丰厚的历史资源，打造起宫殿群式的咸阳博物院新馆和秦汉历史文化的集中展示区。

咸阳市

西安的地铁通到了咸阳,让两座城市紧密地连接在一起。但如今的咸阳市似乎已甩掉"昔日秦都"的包袱,取而代之的是"蓝天工程"下的宜居城市和市民优哉游哉的小日子:入夜之后,人们在夜市摊边大快朵颐,在渭河步道散步遛狗。当咸阳湖畔的霓虹勾勒出清渭楼和古渡廊桥的恢宏,古城的记忆又被唤起。

除了咸阳博物院,其他几处景点都是位于市郊的陵墓。其中汉武帝茂陵和杨贵妃墓在城西的兴平,汉景帝阳陵和武则天母亲的唐顺陵则位于城东的西咸新区。两条线各需要花大半天时间游览。其中东线的汉阳陵和唐顺陵内容更丰富,艺术价值更高。

◉ 景点

咸阳博物院
博物馆

(见150页地图;☎3321 3015;微信公众号:咸阳博物院官微;渭城区中山街53号;凭有效证件免费领票;⏰9:00~17:30,17:00停止入场,周一闭馆)博物院坐落在建于明代的文庙中,华丽的全木斗拱牌坊后是古朴幽静的四进院落。

辉煌的帝都·秦咸阳文明展以三座独立的展厅梳理了秦国从非子立国至秦始皇600多年的历史,以秦咸阳宫的考古发掘过程、遗迹和遗物,以及咸阳境内的出土文物全面展示秦文化。

馆藏玉器展涵盖史前至明清时期的玉器精品,其中汉元帝渭陵出土的玉辟邪和玉仙人奔马曾出现在中国邮政发行的邮票上。最具视觉冲击力的是1965年出土于咸阳杨家湾汉高祖长陵陪葬墓区(考古推断为周勃或周亚夫墓)的**浴火重生的西汉军团**,1965件步兵俑和583件骑兵俑组成了庞大的"三千人马"列阵,约半米高的指挥俑、抗械俑、骑马俑等兵种和职能分明。博物馆还有两个专题展,分别是以北魏至唐宋时期佛教文物为主的**佛影流痕**和展示自战国秦至清朝铜镜演变的**镜花风月**,都不乏精品。

博物院位于咸阳市中心,从咸阳站乘19路公交车到博物院站下,或从咸阳西站乘50路到市中心医院站,往南步行10分钟即到。从咸阳博物院出来到渭阳东路左转约500米,还有一处**咸阳古渡遗址博物馆**,介绍了渭河上众多渡口的变迁,并保护了一段2002年发掘出土的明代石堤原址。

在我们调研时,宫殿群式的咸阳博物馆新馆已在西咸新区的秦汉新城拔地而起,新址位于城际铁路机场线秦宫站旁,但开放时间未知。

汉武帝茂陵
陵墓

(见153页地图;☎3845 6140;兴平市茂陵村;联票旺季75元,淡季55元;⏰旺季8:00~18:00,淡季8:00~17:30)这座咸阳塬上最辉煌的"东方金字塔"是汉武帝刘彻的陵寝。它于武帝即位第二年开建,每年耗费全国三分之一的税收,历时53年(公元前87年)才最终完工。历经2000多年的茂陵封土仍高46.5米,上面松柏青翠,芳草萋萋。西北方向的围墙外一座较大的封土是陪葬墓**李夫人墓**,又称英

马嵬坡前的一缕香魂

"马嵬坡下泥土中,不见玉颜空死处",白居易在《长恨歌》中写到的马嵬坡就在兴平境内。当年杨贵妃在马嵬坡兵变中自尽身亡,后人遂在此地建起一座杨贵妃衣冠冢,现摇身一变成为**杨贵妃墓博物馆**(见153页地图;咸阳市兴平市马嵬镇西500米;门票旺季45元,淡季30元;⏰9:00~17:00)供人怀古。不大的园区内,一前一后分别有十分简略的**唐代妇女生活展**和**杨贵妃生平展**。青砖砌成的墓冢旁是半块清陕西巡抚毕沅书写的残碑。园区高处的**太真阁**前,立有一尊与日本山口县的杨贵妃墓里一模一样的汉白玉杨贵妃塑像。

贵妃墓往北1公里的**马嵬驿**(免费;咸阳市兴平市马嵬镇北1公里)是一处与袁家村(见156页)类似的集吃喝玩乐于一体的关中民俗文化体验园,参观意义不大。

乘咸阳4路到兴平汽车站后,换乘201路可到杨贵妃墓,在前一站马嵬街道下车,向北步行约1公里即到马嵬驿。兴坪汽车站11路可到茂陵。

咸阳城区

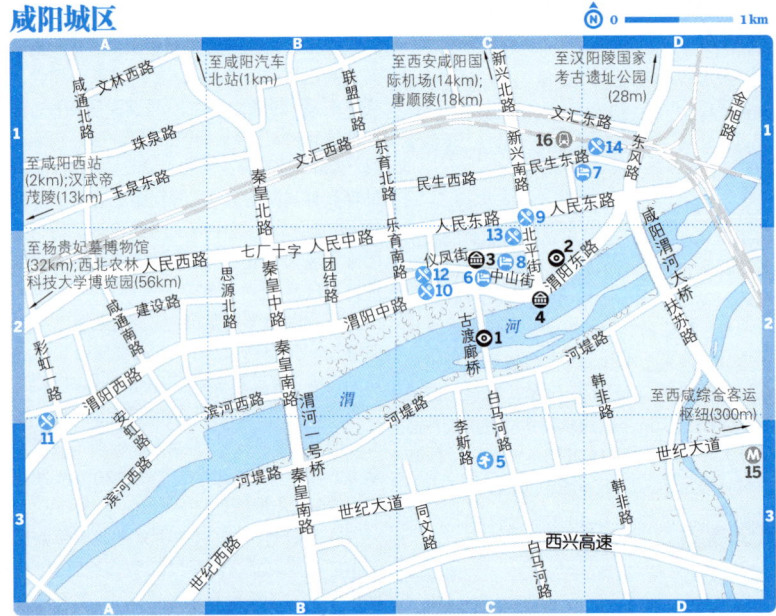

咸阳城区

◎ 景点
1 古渡廊桥..................................C2
2 清渭楼..................................C2
3 咸阳博物院..............................C2
4 咸阳古渡遗址博物馆......................C2

✈ 活动
5 海泉湾温泉世界..........................C3

🛏 住宿
6 泊舍酒店................................C2
7 嘉慕酒店................................D1
8 咸阳古渡国际青年旅舍....................C2

🍴 餐饮
9 北门口夜市..............................C1
10 陈聚德牛肉.............................C2
11 汇通夜市...............................A3
12 刘记锅盔牙子...........................C2
13 史记锅盔牙子...........................C2
14 正宗八亩沟妙轩擀面皮...................D1

ℹ 到达和离开
15 沣河森林公园站（西安地铁1号线）......D3
16 咸阳火车站.............................C1

陵，"一顾倾人城，再顾倾人国"描述的女主就是她。

茂陵往东约1公里的**茂陵博物馆**坐落在**霍去病墓**的陵园里。年轻的霍去病率军深入西域力克匈奴，战功赫赫。汉武帝特意修筑了祁连山造型的墓冢以哀悼这位英年早逝的爱将，"**马踏匈奴**"的石雕供奉在霍去病墓前。两侧亭廊中17件汉代的大型石刻据说是迄今为止所有汉墓中独有的。封土北边的**霍去病生平事迹展**讲述了这位骠骑大将军的往事。

陵墓的东西两侧是博物馆的展厅，陈列了茂陵陪葬墓出土的金银器皿、陶俑等生产生活用品，以及瓦当、空心砖等建筑构件，其中包括**错金银铜犀尊**、**鎏金铜马**、**鎏金银竹节铜熏炉**、**四神纹玉雕铺首**四件"国保"级文物（原件不时被陕西历史博物馆借走）。展厅大门上的铺首就是以后者样式打造的。墓园东西两侧还有**金日磾墓**和**卫青墓**两座茂陵陪葬墓。

在咸阳站或汽车北站乘12路到大王中心

小学站下，换乘1142路，经汉武帝茂陵，到终点站茂陵博物馆。1142路返回咸阳的末班车19:40开出。若要前往兴平，需到茂陵路口等11路公交车。

汉阳陵国家考古遗址公园　　　　陵墓

（见153页地图；📞6265 7530；www.hylae.com；渭城区正阳镇张家湾北；门票旺季70元，淡季55元；⏰旺季8:30~18:30，淡季8:30~18:00，提前1.5小时停止售票）1990年，西咸机场公路的修建让这座被黄土掩埋2000余年的汉代帝陵惊天出世，经考古发掘，确定是汉景帝刘启与王皇后同茔异穴合葬的汉阳陵。西汉第四位皇帝刘启与其父汉文帝刘恒共同开创了中国封建社会最早的黄金时代"文景之治"，并为其子汉武帝刘彻开疆拓土奠定了雄厚的经济基础。汉阳陵是迄今保存最完整的汉代帝陵，面积宽广的陵区中，只有进入**阳陵考古陈列馆**和**帝陵外藏坑保护展示厅（地下馆）**才需要购买门票，绕陵区游览一圈需要步行2~3公里。

从东门进入景区，正对着高耸的**封土堆**，封土堆四周呈射线状分布着81座外藏坑，右侧的**帝陵外藏坑保护展示厅**可让你从已发掘清理的10座外藏坑窥见这个地下王国的冰山一角。大量的陶俑、动物陶塑、生活用具以及兵器、车马器等分别位于不同的陪葬坑内。人物俑也许你已看过不少，庞大的"动物梯队"才叫可爱。据推测，每个外藏坑或有不同的功能和代表意义，汉代葬仪"事死如事生"可见一斑。横架于各陪葬坑之上的全透明游览廊道，让你低头就能清楚看到文物遗存。廊道尽头拐入一座外藏坑的纵剖面，琳琅满目的陪葬品仿佛触手可及。

回到地面，绕过汉阳陵的封土，向南穿过**南阙门遗址保护厅**和银杏林，即到**阳陵考古陈列馆**。《魏乎盛景》主题陈列有近千件陵区出土文物，配合图文以及多媒体互动装置，展示了"文景之治"背景下汉阳陵的营造过程和考古发掘过程。那些身着铠甲的武士俑和身姿秀丽的侍女俑无不彰显着汉代发达的手工业，而断臂裸体的宦官俑则是阳陵重要的考古发现之一。整个参观过程堪称一场视觉享受。

咸阳和西安均有公交车直达汉阳陵。在咸阳火车站广场东侧乘5路公交车（6元；8:00~16:00，整点发车），返程末班车17:00。我们调研时，5路终点站临时改为距离阳陵4公里外的渭河电厂，可以到终点站后再找网约车前往。

唐顺陵　　　　陵墓

（见153页地图；渭城区底张镇顺陵村；免费）顺陵是武则天母亲杨氏的坟墓，女皇登基后追封她为孝明高皇后，扩建墓园并改称为陵，因规制所限只能封土为陵，但仍有内外两

西风残照，汉家陵阙

渭河北岸的咸阳塬上，田野中是大大小小的黄土垄头，由雄伟的西汉帝陵和众星捧月的陪葬墓组成绵亘近40公里的"东方金字塔"群，隔河南望当年繁花似锦的都城长安，千百年来对故国的守护从未间断。

文帝刘恒要向北眺望自己当代王时的封地，葬在了西安东南的霸陵；宣帝刘询选择了流落民间时生活的地方，在西安东南建起杜陵。西汉王朝的其他九位皇帝则在咸阳塬上封土为陵，称为**汉九陵**。许多声名显赫的文臣武将也都长眠于此。由于高祖长陵、惠帝安陵、景帝阳陵、武帝茂陵、昭帝平陵都设有陵邑（西汉早中期因陵设置的特殊行政区），将原东方六国的名门望族迁来居住，因此豪贵聚集的咸阳塬又称**五陵原**，"五陵年少金市东"等诗句即用此典。

除了最东边的**汉阳陵**（见本页）和最西边的**汉武帝茂陵**（见149页），其他汉朝帝陵都没有旅游开发，除了高大的封土堆，恐怕也看不到什么别的。即便如此，热爱历史的人仍会不辞辛苦地前来拜访，尤其是高祖刘邦的**汉长陵**（渭城区韩家湾乡马家堡村西南1.5公里）。长陵离阳陵只有10公里，但没有公共交通可到，建议从咸阳火车站乘坐公交8路（6元），到终点后步行2公里前往，一旁还有**汉高后吕雉墓**，但两处都只有铁丝网拦住的封土堆。

城共六座门阙和精美的石刻。关中唐陵何其多，顺陵能与昭陵、乾陵并肩列入全国第一批重点文物保护单位，原因就在于这里30多件精美的石刻，其中的天禄和走狮被认为是唐陵石刻的典范。

如今的顺陵是一座开放式的遗址公园。**南门阙遗址**后，体态丰盈、姿态生动的一对**天禄**（独角兽）前腿两侧长有翅膀，翅上刻卷纹，四肢雄健，是顺陵石刻艺术的代表作。**顺陵标志碑**前的一对呈阔步缓行姿态的**走狮**是所有唐陵中体量最大的，其中雌狮威严更甚于雄狮，只是一口龅牙颇具喜感。登上巨大的封土堆，能看到园区外散落在农田里的东、北、西门各一对171狮。由于顺陵紧邻咸阳机场，很容易就拍到石刻和飞机同框的有趣照片。

乘从咸阳火车站始发的8路车到南贺村站下，往前步行200米换乘泾西2号线到龙枣村站，往东步行800米即到。顺陵可以作为从咸阳到泾阳路上的一站，泾西2号线可到达泾阳汽车站。

活动

温泉

咸阳是首个获得"中国地热城"称号的城市。**海泉湾温泉世界**（见150页地图；☎3388 8888；秦都区世纪大道中段；微信公众号：中旅咸阳海泉湾度假区；成人温泉票158元，亲子票236元）除了38个功能各异的泡池外，还打造了漂流河、海浪池等成人和亲子水上游乐项目，加上园林区、餐饮区和酒店，形成一处大型旅游度假村。公众号经常推出各种促销和优惠套餐，可提前关注。

乘28路到海泉湾温泉世界站，或乘67路、1080路到世纪大道、白马河路口站下车。

住宿

住在人民东路的抗战路什字或北门口什字附近，就餐、购物、出行都很方便。

咸阳古渡国际青年旅舍　　　青年旅舍 ¥

（见150页地图；☎3212 0222；渭城区中山街90号；铺40元，标双80元；❄✳Ⓟ）青旅位于绿树成荫的中山街上，比邻博物馆、咸阳湖和北门口夜市。虽然设施比较简陋，但环境还算卫生，老板也很热心。一楼是家火锅店，部分房间可能会伴着火锅味入睡。

泊舍酒店　　　酒店 ¥¥

（见150页地图；☎3209 9999；中山街53号；标单288元起；❄✳Ⓟ）酒店位置极佳，出门左转就是咸阳湖和风雨廊桥，可赏璀璨夜景，右边走几步就到咸阳博物院。房间宽敞，设施新且齐全，热水和暖气都很足，早餐也精致可口。豪华影院房带有高清背投。

嘉慕酒店　　　酒店 ¥¥

（见150页地图；☎3365 1777；抗战北路先河国际公馆1号楼2层；标双200元；❄✳Ⓟ）2020年开业的酒店，房间不大但设施时髦，设施比较新。步行到咸阳站只需5分钟，适合中转。

就餐

咸阳的餐厅依然是以各种陕西面食为主。锅盔牙子是咸阳特色，类似肉夹馍，但面饼更薄更脆，一般配上鸡汤馄饨一起吃。当然其他选择也很丰富。

位于北门口什字南边的北平路是美食一条街，汇集了陕西小吃、火锅烧烤和各种菜系的餐厅，入夜后变身**北门口夜市**（见150页地图），烤生蚝、小龙虾、麻辣烫等夜宵主角火辣登场，直到半夜才打烊。另一处**汇通夜市**（见150页地图；秦都区渭阳西路与彩虹一路十字）更有意思，几乎所有的摊档都卖"汇通面"，其实就是土豆、胡萝卜加肉臊子的一种干拌面。不过近年来也加入了小龙虾、烧烤等夜市标配项目。

刘记锅盔牙子（咸阳总店）　　　小吃 ¥

（见150页地图；渭城区清泰街近渭阳东路；人均15元；⏰8:00~22:00）锅盔牙子肥瘦7元，纯瘦8元。刘记据说是家传秘方，人气很旺，还有不少砂锅和凉菜。北平街上的**史记锅盔牙子**（北平街北平天下11号楼）也是老店，锅盔牙子或荷叶饼夹肉都是肥瘦5元，纯瘦5.5元。

陈聚德牛肉　　　陕西菜 ¥¥

（见150页地图；渭城区清泰街2号；人均50元；⏰9:30~22:00）顾名思义，几乎各种牛肉菜肴都能在这里尝到，招牌有爆炒牛肉（50元）、牛蹄筋拌牛肚（42元）、红烧牛尾（98元）等，还有多种小炒和凉菜。菜品分量很

咸阳

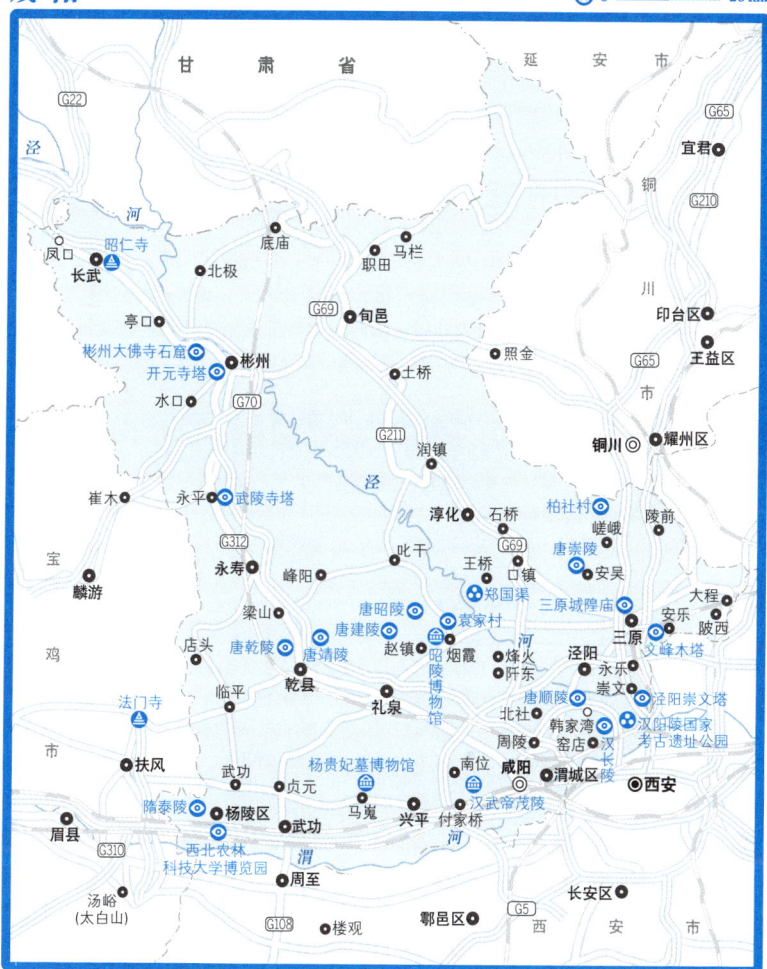

足,辣椒多,不能吃辣要提前打招呼。当地人习惯把菜夹到馍里吃,但建议你试试辣白菜炒饺子皮做主食。餐厅在钟楼广场东边,离咸阳博物院不远。

正宗八亩沟妙轩擀面皮

小吃 ¥

(见150页地图;民生东路铁一村;人均10元;⊙8:30~19:30)这家不起眼的面皮店就位于咸阳站东边约200米处,老板是宝鸡人,每一样小吃的口味都由她亲自把关。擀面皮(7元)自然是招牌,蒸馍夹肉臊子(6元)也不错,怕辣可以来碗醪糟甑糕,又甜又温暖。这里适合在上火车前吃一顿,面皮可抽真空带走,还售卖岐山臊子肉、手工馍豆、油泼辣子等自制陕西小吃。

❶ 到达和离开

飞机

西安咸阳国际机场(见150页地图;渭城区底张镇北;Ⓜ 机场西站)位于咸阳市区东北部约15公里处。更多关于航班的详细信息请见334页。

长途汽车

大部分从咸阳始发的班车都可以通过微信小

杨凌农业主题游

杨凌曾是"农神"后稷的封地有邰国的地界,如今是中国唯一的国家级农业高新技术产业示范区。古今3000年在此交接,可以来一次农业主题之旅。昆虫爱好者别错过位于杨凌的**西北农林科技大学博览园**(见153页地图;☎8708 0555;邰城路3号;门票60元;◷9:00~17:00,16:30停止售票)。虽然这里集中了昆虫、动物、土壤、植物、中国农业历史和葡萄酒6个农业专业的博物馆,但瓢虫造型的**昆虫博物馆**最为出彩。馆内收藏了形形色色的昆虫标本超过120万件,不仅分门别类进行专业科普,标本制作和布展也极具艺术感。来自世界各个角落的蝴蝶被制成标本,以多种阵式占满了数座墙面,画面唯美又具视觉冲击。每年4月下旬至10月中旬,你可以在室外的**蝴蝶园**看到数千只蝴蝶的鲜活身影。不过在阴雨、大风或降温等极端天气后的一段时间内,能看到的数量不多,可避免此时段前往。

另一处开放参观的**杨凌现代农业科技示范园创新园**(杨凌大道与扶扶路路口西;门票30元;◷8:30~17:00)有花卉馆、无土栽培馆、超级菜园馆等6个农业大棚,可参观也可购买。

杨凌原名"杨陵",因在创新园西南约3公里处坐落着隋文帝杨坚及独孤皇后合葬的泰陵而得名,如今泰陵只剩一座高大的封土堆及其南侧的毕沅碑和"国保"碑。

往来西安和宝鸡之间的普通列车或高铁都路过杨凌,从杨凌站出站后往西步行10分钟就到博览园。高铁停靠杨凌南站,站外1路到博览园站,下车后步行5分钟就到。杨凌汽车站比邻杨凌南站,这里也有班车去往周边的周至、岐山、扶风等地。

程序"出行365"查询和购票,凭身份证在车站自助售票机取票即可乘车。

西咸综合客运枢纽(见150页地图;☎3321 3335;秦都区秦皇中路近胜利街)俗称汽车南站,有去袁家村、鄠邑、周至、临潼等地的班车。21路可到达咸阳西站,13路、53路、56路都可以到市中心。汽车站西南500米有西安地铁1号线的沣河森林公园站。

咸阳汽车北站(见150页地图;☎3312 3663;渭城区西兰路近咸宋路)有去往咸阳市辖县如三原、泾阳、乾县、礼泉、彬州、长武等地的班车,且均为流水发车。站外6路可到咸阳站和西咸综合客运枢纽。

火车

西安到宝鸡、西安到银川的高铁分别路过咸阳西站和咸阳北站,且列车非常频繁,我们更建议旅行者乘坐高铁前往这两条路线上的目的地。

咸阳火车站(见150页地图;渭城区抗战路1号)离市中心很近,陇海线西出西安的普通列车基本都会停靠这里,可去往乌鲁木齐、西宁、兰州以及大部分中、东部的大城市。还有一对往返韩城的列车,途经三原和合阳。

咸阳西站(秦都区碧泉路)位于市中心以西约6公里处,是西宝高铁线上的一站,往西可经杨凌、岐山、宝鸡到兰州、嘉峪关、西宁等地,往东可经西安到延安、华阴和部分中东部省会城市。

咸阳北站(秦都区西白鹤村)位于市中心以北12公里,是西银高铁线上的一站,咸阳经礼泉、乾县、永寿到彬州的线路对旅行者很实用,这条线经庆阳、吴忠一直到银川。

❶ 当地交通

抵离机场

机场大巴(15元;40分钟1班;40分钟)从咸阳西站前发车直达机场(8:00~19:30)。从机场发往市区的班车(9:00~21:00)经停渭城区政府、咸阳火车站、渭城中学、七厂十字和烟草公司,抵达咸阳西站。

从咸阳市区打车去机场要40~50元,有的司机不愿打表,用网约车软件价格更透明。咸阳火车站外有机场小车拼车20元/人,至少3人才走。

公共汽车

在位于西咸综合客运枢纽外的沣河森林公园站可乘西安地铁1号线,横穿西安市区到达西边的纺织城站,全程55分钟。此外,59路经咸阳西站、北门口什字去往西安汉城路,也可在上林路口换乘1号线。

咸阳市区公交车票价2元,可投币或刷支付宝乘车码乘车。其中1路沿主干道人民路横贯市区，从火车站经北门口什字（到西二路美食街）、渭城中学（到咸阳博物院）等站；6路连接西咸综合客运枢纽经咸阳站、咸阳汽车北站。

出租车

咸阳出租车起步价7元（含3公里），起步价后1.5元/公里。网约车也很普遍。

礼泉

来礼泉的目的很明确，这里有"唐十八陵"中最具代表性的两座。唐太宗昭陵规模宏大，其陵山——海拔1188米的九嵕（zōng）山主峰在关中平原上显得格外雄奇，陪葬墓出土的珍品令人瞠目。唐肃宗建陵虽然名气不大，也没有开发，却拥有艺术价值极高的神道石刻和最精美的翼马。不过礼泉这两位主角和其他景点都离县城较远，需要费一些功夫才能到达。

⊙ 景点

昭陵　　　　　　　　　　　　　　陵墓

（见153页地图；礼泉县烟霞镇北8公里；门票旺季30元，淡季20元；⊙8:30~18:00）当你远远望见这座拔地而起、山势雄奇的山峰，或许就明白为何唐太宗对这里情有独钟。贞观十年（636年），长孙皇后病逝，昭陵随即开始营建，至13年后（649年）太宗驾崩与皇后合葬，地宫封闭。但整个陵区的建设直到百年后的开元年间才结束：200多位三品以上的文武大臣、皇亲国戚相继陪葬在陵园中，造就了这座"唐十八陵"中规模最大的一座陵园。绵延的山梁拱卫着作为陵山的九嵕山主峰，气势非凡。

昭陵的平面布局仿照唐长安城设计，曾有富丽堂皇的地面建筑和地下宫殿，但如今仅剩残存的黄土堆祭坛和门阙遗址。景区设在昭陵北边的**北司马门**，沿着登山台阶一路爬升，所见李世民塑像、凌烟阁二十四功臣画像、昭陵六骏石刻均为新建。沿小路再爬半小时就能到顶。俯瞰四野，主峰左右山梁如张开的双臂护拥着星星点点的陪葬墓土丘。

昭陵距昭陵博物馆和袁家村还有约14公里山路，需包车或自驾前往。在博物馆门口的商店和袁家村都能找到车（往返120元）。快到昭陵时会路过**韦贵妃墓**和**长乐公主墓**（通票40元），可沿着墓道走到墓室，但并没有遗存可看。礼泉运输公司车站去往唐寨的班车经过昭陵博物馆和昭陵，但一天只有2班（14:00、16:00）且返程不便。

昭陵博物馆　　　　　　　　　　　博物馆

（见153页地图；☏3576 7009；礼泉县烟霞镇；门票旺季40元，淡季25元；⊙旺季8:30~18:00，淡季8:30~17:00）博物馆依托**李勣墓**而建，李勣即徐懋功，因军功卓著而被赐姓李，象征军功的品字形封土前立有唐高宗手书的

昭陵六骏

或许"昭陵六骏"比昭陵更广为人知。"六骏"是唐太宗征战疆场所骑的六匹马。太宗感念这些战马的功绩，命人分别制成六幅石屏浮雕，并亲自提了六首四言诗，由唐代书法家欧阳询书写，分刻于六幅石屏的右上角。石屏完工后，与去世的长孙皇后一起先行入驻昭陵，立在了北司马门内，是为"昭陵六骏"。

昭陵六骏的浮雕中虽然没有出现唐太宗的身影，却通过纯熟的雕刻手法和马的不同姿态，让人联想到唐太宗驭马鏖战的英姿。1914年，"六骏"中的"拳毛䯄"和"飒露紫"被盗运至美国，现收藏于费城宾夕法尼亚大学博物馆。1917年，其余四骏在遭遇偷盗时被及时截获，但为便于运输已敲成了碎块。如今，你可以在**西安碑林博物馆**（见73页）的石刻艺术馆中看到"白蹄乌""特勤骠""什伐赤"和"青骓"四幅重新拼接后的真品，以及另外两幅复制品。

宋元祐四年（1089年），因位于昭陵北麓六骏石屏观瞻不便，时任陕西运判奉仪的游师雄命人于礼泉县的唐太宗庙立了《昭陵六骏碑》，将昭陵六骏原样缩小后描画于石碑上并加以注释，如今这件国家一级文物就藏于**昭陵博物馆**（见本页）中。

"间谍"造就的神话

水利博物馆西边8公里的泾河边,坐落着世界灌溉工程遗产**郑国渠**的引水口遗址、大坝遗址和故道遗址。公元前246年,"战国七雄"之一的韩国为阻延秦国东伐,派水工郑国入秦献策修渠以耗费秦国国力。十年后,这条由"间谍"主持并命名的大型水利灌溉工程完工。全长126公里的郑国渠东引泾河,西出洛水,实现引洪淤灌,改良和灌溉农田115万亩,不仅为秦统一六国奠定了坚实的物质基础,也让关中平原成了《史记》中的"天府之国"。后历朝历代在郑国渠的基础上不断修缮改建,令其灌溉功能一直持续了2000多年。因自然原因和水利设施的发展,现郑国渠西段已废用,东段则成了改道后的自然河流。遗址位于昭陵博物馆和水利博物馆中间往北4公里的村子里,只剩下立着的"国保"碑。寻访遗址最好自驾,也可以乘往返礼泉和泾阳的班车在王桥镇下车,再试着打车前往。

当地在引水口遗址以北3公里处,依托泾河和泾河大峡谷打造了一处可以乘船、漂流、散步的**郑国渠旅游风景区**(泾阳县王桥镇;门票100元,观光车30元;◎8:30~15:30),但跟郑国渠没什么直接关系。

神道碑。墓前的石刻中一尊"举目望天"造型的石羊堪称独一无二。

博物馆的四座展馆分别位于墓道两侧,展示了昭陵陵园近40座陪葬墓出土的精品文物。**文物精华展**以造型和功能各异的彩绘俑、三彩俑和集绘画、雕塑于一体的瓷胎彩绘釉陶俑为主。有"东方狮身人面像"之称的双头人面镇墓兽出自韦贵妃墓。**唐墓壁画展**中的《献马图》《歌舞图》《侍奉图》等经典之作出自17座陪葬墓室。虽然都是复制品(部分真品可在陕西历史博物馆壁画厅中见到),其精美仍值得细细欣赏。另外两个展厅为**昭陵碑林**,收藏了40多座各陪葬墓移来的或后世祭拜陆续刻立的石碑,文章与书法皆出自当时名家和王公大臣之手,包括宋朝的《昭陵六骏图》等,历史和艺术价值堪与西安碑林媲美。

咸阳汽车北站到烟霞的班车(9.5元;8:30~18:30,30分钟1班;1.5小时)直达博物馆。也可以先到礼泉,礼泉运输公司车站去北屯的公交车(7元;6:30~18:30,约15分钟1班)和去三原、泾阳的班车均在发车后约30分钟路过昭陵博物馆门口。两趟班车还可继续前往5公里外的**陕西水利博物馆**(见本页)。

袁家村 _{村落}

(见153页地图;礼泉县烟霞镇袁家村;免费)因到西安和咸阳都在1小时车程内,这处"关中印象体验地"在每个周末依然吸引着大量的周边居民前往。村口的**关中大观园**(门票68元;◎9:30~17:30)有多种沉浸式互动体验,还有一处喇叭响震天的大型**游乐场**,都洋溢着乡土气息。村子的南北两条主街用石磨、毛驴、木头门窗、手艺作坊营造出一番怀旧氛围,汇集了各种关中美食的小吃街始终人头攒动。还有一些咖啡厅、甜品店和不少农家乐餐厅。精品民宿价格大多在300元左右。南街两侧的农家乐多为100元上下的大炕房。

西安城北客运站(21.5元;8:30~19:00,50分钟1班)和咸阳的西咸综合客运枢纽(15元;7:00~17:00,1小时1班;1小时)都有班车直达袁家村,返回西安末班车19:00,回咸阳末班车18:30。这两趟班车也经过烟霞镇,在镇上下车步行300米就到昭陵博物馆。

陕西水利博物馆 _{博物馆}

(见153页地图;☎3669 7999;泾阳县王桥镇斜刘村;◎9:00~17:00)关中地区能成为古都西安的大粮仓,与历代不绝的水利工程息息相关。两个展区共8个主题回顾了陕西自尧舜至近代4000多年的治水历程和成就,并对各大水利工程进行了详细介绍。这里也是**李仪祉纪念馆**,这位中国近代著名的水利科学家主持建设了"关中八惠",八条引水渠至今滋润着关中地区广阔的良田和土地。李仪祉先生的墓园就位于纪念馆后面的高坡上,"关中八惠"的第一个工程——碧波荡漾的泾惠渠水在坡下的纪念馆前流过。

水利博物馆位于泾阳东北21公里与礼泉

县的交界处，距离昭陵博物馆只有11公里，往返礼泉和泾阳的班车先后经过两地，有兴趣可以顺路参观，也可以从泾阳汽车站乘到王桥的38路公交车到博物馆站下。

食宿

国道所在的西兰大街两侧有许多百元出头的宾馆，条件不错，出行方便。也可考虑离运输公司车站较近的金域酒店（☎3599 3333；建设路与丰收路路口，天雄大厦；标双128元起；📶❄️🅿️），这家酒店设施较新，大床房面积较大。

礼泉的水盆羊肉比较有名，家友时代广场一带有不少餐厅和快餐。吃炒菜可以去关中味道（☎3596 9555；建设北路22号；人均30元；⏰10:30~21:00），素菜15元左右，分量很足，可以尝尝老陕大烩菜（36元），也有各种面食小吃。

到达和离开

咸阳汽车北站有频繁的班车去往礼泉（8元；7:00~18:00，10分钟1班；1小时），西安城西客运站去礼泉的车也很多。礼泉回咸阳和西安的末班车都是18:00。礼泉到宝鸡的班车（36元；7:15、8:40、10:40、13:30；4小时）路过乾县、法门寺、岐山和凤翔一线，但并不进站，中途下车要提前跟司机打招呼。去乾县也可在312国道上等咸阳到乾县的过路车，班次非常频繁。

礼泉南站 距离县城中心约4公里，是西银高铁上的一站。乘动车去西安只需20分钟左右，也可去往沿线的咸阳、乾县、永寿、彬州，以及吴忠和银川等地。高铁6路公交专线经汽车站到高铁站，末班车19:00左右。县城打车到高铁站8元。

唐乾陵

（见153页地图；☎3551 0353；乾县县城北3公里；通票旺季102元，淡季82元；⏰8:30~17:30）中国历史上唯一的女皇帝武则天，生前叱咤风云，挟势弄权，死后却去"帝"还"后"，归葬其夫唐高宗李治乾陵。乾陵是中国历史上唯一的两帝合葬陵，造型独特的双乳峰与神道两旁威严的石刻，营造出关中平原上最为气势磅礴的一座唐代帝陵。

除了乾陵本身，景区还包括其陪葬墓——懿德太子墓、永泰公主墓（乾陵博物馆）、仿唐地宫和章怀太子墓4个景点。由于景点之间相距较远，建议自驾车或乘景区观光车（30元，站点间可任意上下车）游览。乾陵的南门、东门和以上4个景点门前都可购票乘车。

景点

乾陵 陵墓

乾陵有两个大门，若想完整体验一次谒

另辟蹊径

最美还是建陵翼马

体形矫健，鬃毛翻卷，身侧翼翅呈卷云纹向上延伸，四腿间有祥云流动，仿佛下一刻就要腾云飞去——在唐十八陵中，说到最精美的翼马，还得数唐肃宗建陵神道上的两座。肃宗李亨是唐玄宗李隆基之子，其陵区虽不如乾陵、昭陵宏大，却赶上了盛唐石刻艺术炉火纯青的时期，同时也意外地逃过了朝代更迭的浩劫，神道石刻基本完整地保存到了现在。

建陵位于礼泉县建陵镇石马岭村武将山南麓，与唐太宗昭陵相距不远。1000多年的风雨侵蚀和水土流失，让原来的神道化作一道宽160米的深沟，两侧土梁上的田野间，华表、翼马、鸵鸟、仗马、翁仲等共36座整齐排列的石刻两两相望。3月中下旬，盛开的油菜花簇拥着沧桑的石像，有种穿越时空的美感。

建陵目前没有公共交通可以直达，建议自驾或包车前往。最方便的是参观昭陵博物馆后在门口包车，经昭陵去建陵再返回。这条环线全长51公里，包车加等待视人数需要150元左右。自驾须将目的地设为石马岭村（不要设为唐建陵），终点就是建陵文管所。翼马在南，翁仲在北，需要沿村里的路走一段才能看到。往北约1公里的岭头是深沟的尽头，有几家农家乐提供食宿。不妨把车停在这里，步行往半山走，看看林中一对朱雀门坐狮和清代陕西巡抚毕沅所立的"唐肃宗建陵"石碑。然后回到农家乐，继续往神道东侧游览。

陵，就从南门进入，登上双乳峰间的600多级台阶，一步步深入大唐帝陵的雄浑气魄中。台阶的终点就是神道的起点，也是乾陵东门的所在地。

从神道南端到第三道阙楼，两侧共有36座保存完好的华表、翼马、鸵鸟、石马和石人。也正是从乾陵开始，唐代帝陵的神道石刻形成了这样的固定组合和排列顺序。第三道阙楼前，西侧是由武则天撰文、中宗李显书丹的歌颂高宗功德的《述圣纪碑》，东侧则是大名鼎鼎的无字碑，不过自宋金后，始有政客和文人往上题诗刻文，如今上面留下了不少刻画的题字痕迹（甚至包括契丹文）。再往前，两尊威武的朱雀门坐狮旁边的六十一番臣像，再现了当年各国使臣前来悼念高宗的情景。

过唐高宗乾陵陵碑后，便是攀登乾陵陵山梁山的路。砖石路在百余米后戛然而止，接续着陡峭的土路，雨雪天气不建议前往。爬上山顶大约需要20分钟，四周是关中平原一望无际的沃野。双乳峰与笔直的神道在南边一览无遗。天晴时，向东还能眺望到唐肃宗建ος的武将山以及更远处唐太宗昭陵的九嵕山。下山时可以从半山处往睡美人肩逛逛，其实就是梁山西侧的一个小土梁，一条深深的大沟坐落梁下，相传为黄巢盗墓时挖的黄巢沟。登梁山的入口处可骑马，到睡美人肩100元，登顶200元。

懿德太子墓　　　　　　　　　　　陵墓

懿德太子是唐高宗与武则天的孙子、唐中宗李显的长子李重润，但其墓葬的形制、规模、随葬品和壁画都堪称唐代墓葬等级最高。你可以在两侧的展室看到这些精品。石刻展廊中有自北魏至清的历代石刻、经幢、墓志石等70余件。你还可以沿墓道走进地宫。

永泰公主墓（乾陵博物馆）　　　　陵墓

虽然乾陵博物馆的展品均是从陪葬墓中出土的，但也足够精彩。进门右边的乾陵文物精品展以唐三彩、彩绘俑、壁画、石椁线刻画为主，虽然壁画均为复制（多数真品藏于陕西历史博物馆壁画馆），但仍能感受到富丽堂皇的盛唐气韵；武则天时代展可让你对女皇的一生有更详细的了解；丝路唐梦则集中展出高鼻梁、大胡子的胡俑，形态生动有趣。

永泰公主是唐中宗李显的第七女，可从墓园最深处的墓道入口进入地宫，其石椁壁上线刻的15幅仕女图具有极高的艺术价值。

墓园大门外还有一处仿唐地宫，里面画风惊悚、做工拙劣的仿品定能博你一笑。

章怀太子墓　　　　　　　　　　　陵墓

院子里仅存一座墓冢，墓道尽头放置庑殿式石椁一座。如果时间有限，可以省略这个景点。不过章怀太子墓墓道中的壁画是唐墓中保存最完好、题材最丰富的壁画之一，你可以在陕西历史博物馆的壁画馆中一睹其风采。

🛏 食宿

乾陵大半天即可游完，一般无须在此住宿。距离高速出口700米的裕华商务酒店（☎3552 0888；裕华十字路口阳光国际广场北；标双150元；❋Ⓟ🛜）2020年装修完毕，房间不大但设施较新，位于市中心，就餐、出行都很方便，也带有停车场。

有"乾县四宝"之称的锅盔、酸汤面、馇酥和豆腐脑是乾县特色，市中心有不少小店经营。盛唐府乾州酸汤面（高速客运站往西300米路北；🕘9:30~22:00）环境宽敞卫生，除了各类当地小吃还有多种炒菜，很受欢迎。

ℹ 到达和离开

乾县高速车站（☎3552 8880；福银高速引线，裕华十字东700米）的班车可去往西安（25元；6:00~18:50，20分钟1班；2小时）、宝鸡（经法门寺、岐山、凤翔；36元；7:30~15:20，1.5小时1班；3小时）等地。**乾县低速车站**（东新街71号）则有车去往咸阳（经礼泉，12元；6:00~18:30，10分钟1班；80分钟）以及兴平、杨凌、铜川等地。

乾县站（县城东南3公里草谷村）每天有频繁的动车往返于西安北站（21元；约30分钟）和咸阳北站（16元；约20分钟），也可去往礼泉、永寿和彬州。

乘班车或火车到达乾县后，公交2路从火车站发车，先后经过乾县高速车站、低速车站到达乾陵南门。公交1路也从火车站发往乾陵南门。公交车票价1元，从乾陵返回市区的末班车为18:30。从县城打车到乾陵东门单程20元。

彬州

彬州古为豳（bīn）地，名于"公刘居豳"（公刘为周始祖后稷的曾孙），是周人早于周原（见171页方框）的聚居地。这里也是古代丝绸之路西出长安东段北道上的第一站，除了有"丝绸之路第一大佛"坐镇，城区和周边还有几座佛教建筑值得前往。

◉ 景点

彬州大佛寺石窟　　　　　　　　　　石窟

（见153页地图；☏3479 1330；大佛寺村；门票旺季35元，淡季20元；⊙9:00~17:00）唐贞观二年（628年），为纪念浅水塬之战的阵亡战士，李世民下令开凿了这座石窟寺。千百年来，丝路驼队在大佛的注视下一路西行。大佛寺也作为丝路东段唯一的石窟寺被列入"丝绸之路：起始段和天山廊道的路网"世界文化遗产名录。

登上**明镜台**，走进拱洞，当肃穆的大佛渐渐完整地呈现眼前，强大的气场令人瞬间屏息。身高20米的大佛两侧站着约5米高的大势至和观音菩萨。虽然现在一佛二菩萨的表面是后世历代重塑的，但大佛背后的头光和背光还保留着初凿时的火焰、花卉、卷草纹图案和穿插其间的众多飞天及坐佛浮雕。大佛坐南朝北，只有在夏季正午时分，才会有一线阳光射入窟中。

在大佛窟两侧的**千佛洞**、**罗汉洞**以及西侧约200米的**丈八佛窟**内还有大小不一的数百尊造像，它们丰满圆润，体态优美，有的立菩萨像身姿妩媚婀娜，是盛唐造像艺术的代表。大佛窟东边崖壁上近百个洞窟曾为僧人居所，窟内以竖井和廊道相连，但无法进入参观。

在彬州汽车站乘3路公交车（4元；10分钟1班；40分钟）到大佛寺站下即可，返程的公交车到晚上七八点还有。

开元寺塔　　　　　　　　　　　　　塔

（见153页地图；西大街开元广场；免费）矗立在开元广场中心的古塔始建于唐贞观年间，现在这座八角七层的楼阁式砖塔是北宋皇祐五年（1053年）重建的。塔身层间叠涩出檐，檐下施斗拱，二层以上各面拱形门洞和方形假门相间，逐层错落排列，腰檐上还置有平座栏杆。整座塔身工艺精美繁复，保存也较为完好。塔内有螺旋楼梯可通塔顶，但不对外开放。开元广场也是彬州的"民间大舞台"，吹拉弹唱无所不有。你还可以从塔后的台阶登上紫微山顶，一览县城风貌。

值得一游

浅水原的佛国遗珍

地处泾河、黑河之间的鹑觚原又称浅水原（今长武县东北）。李渊称帝当年，秦王李世民率军在此击败陇西割据势力薛举和薛仁杲父子，解除了长安西部的危机。李世民登基后，为纪念浅水原之战牺牲的将士，分别在彬州和长武建造了大佛寺（见198页）、开元寺塔（见本页）和昭仁寺。

昭仁寺（见153页地图；长武县东街村39号；免费；⊙9:00~17:00）始建于唐贞观三年（629年），**大雄殿**的构架方式和斗拱形式仍保留有唐代的建筑特征——殿内无柱，靠四周的梁和担利用杠杆原理层层拱架而起，有"一担挑八角"之称。大殿后的第二进院落被辟为**长武县博物馆**。**后殿**中，小而精的展览**"巍巍古原，幽幽豳风"**以长武县境内以及昭仁寺周边出土的佛像、造像等佛教遗存为主，展示长武的历史文化，也有一些唐俑和生产生活用品。两侧的碑廊有北魏时期的造像碑以及唐代石佛等。

在彬州看完大佛寺后在公路边等去长武的过路班车，或者继续乘3路到亭口，再换乘亭口到长武的班车（5元）。长武汽车站到昭仁寺1.5公里，打车5元。游完长武，你可以继续丝路之旅，去甘肃泾川看看南石窟寺或庆阳的北石窟寺。若要返回，去西安的普通班车路过大佛寺、彬州、永寿、乾县、礼泉和咸阳，也有去西安（58元）和咸阳（52元）的高速班车（平均45分钟1班，末班车17:30）。

从汽车站沿中山街往南约800米就是开元广场。也可从彬州东站或汽车站乘5路到市人民医院下，塔就在斜对面。

在彬州和永寿之间的永平镇，还有一座建于北宋大观元年（1107年）的**武陵寺塔**（见153页地图；免费），立于312国道旁的虎山上。塔的外观与开元寺塔非常相似，但檐下斗拱更为突出。永寿西站外有公交直达永平镇（3元；30分钟），下车就能看到登山入口的牌坊，沿阶梯走10分钟就到。乘坐往来彬州和咸阳的普通班车在永平下也可。

食宿

彬州城区很热闹，开元广场周边聚集着大量的超市、餐厅，也是市民的活动中心。**彬州宾馆**（☎3492 8888；西大街41号；标单135元起；❄️❄️P）是2019年装修过的政府宾馆，走的是快捷连锁酒店般的现代简约风格，从这里步行5分钟就到开元寺塔，自驾停车也很方便。酒店前面的**幽风苑大排档**（☎3492 7555；人均60元；⏰9:30~22:00）环境古色古香，炒菜种类丰富，可以尝尝彬州特色的御面（12元）和麦饭（16元）。

到达和离开

咸阳汽车北站有频繁的班车去往彬州（41元；6:00~18:00，流水发车；2小时），沿途的礼泉、乾县、永寿都可以到。咸阳或西安到彬州的过路车。**彬州市汽车站**（公刘街近中山街）返回西安、咸阳的末班车在18:00发车，去宝鸡的班车（55.5元；8:30；4小时）途经麟游、岐山和凤翔。**彬州东站**（虎家湾村）每天有频繁的动车往返于西安北站（约50分钟）和咸阳北站（约40分钟），也可去永寿、礼泉和乾县。

彬州5路连接彬州东站、汽车站和开元寺塔。

三原

三原因境内有孟侯原、丰原和白鹿原而得名，明清时期的三原和泾阳是西北重要的布匹、棉花、药材等商品集散地；清康熙年间，省学衙署从西安迁到三原，宏道书院成了西安府考之地，这里一度是陕西的文化教育中心。倡导新学的宏道书院走出了于右任、

李仪祉、吴宓等一批民主革命先驱。唐卫国公李靖也是三原人。

如今在三原的游览大多与这些名人相关，也不乏出挑的明清古建筑和富商大宅，三原城隍庙便是其中的佼佼者。

◉ 景点

三原城隍庙 历史建筑

（见153页地图；东大街33号；门票40元；⏰夏季8:30~17:30，冬季9:00~17:00，每周二10:00~16:00）城隍庙始建于明洪武八年（1375年），供奉的城隍神唐卫国公李靖就是三原人。这里是全国保存最完整的明清建筑群之一，门外的影壁前立着一对生铁铸就的旗杆，一根就重达十余吨，其上各有一条铁龙。院内的建筑中轴对称，自南向北排开，砖雕、石雕、木雕、脊饰和琉璃构件图案之繁复，雕工之精美，令人称奇。尤其是中院的第四道木牌坊，斗拱层叠，阑额雕刻有"八仙过海""女娲补天"等神话故事，昂头上58个神态各异的童子更突显了明清建筑华丽精细的装饰风格。

三原博物馆就位于城隍庙内。戏楼两旁的东庑和西庑分别有唐代文物展和于右任书法展。前者包括三原地区唐墓中出土的三彩俑、墓志铭等。**拜殿**内的十殿阎君庙藏画据称是清代作品，洪武二年明太祖敕建城隍庙的大明诰命石碑和明万历年间所铸的铁质焚纸楼立于殿前两侧。最北边的**寝殿**内有馆藏雕刻艺术展，展示了三原自唐以来历代石、陶、瓷、玉、铜、木等雕刻艺术品，最贵重的是唐庄陵神道石像仅存的一尊文官头像。

乘公交102路、107路到城隍庙广场下车，往北走到广场尽头便是。可以在城隍庙门外西侧的**赵家千层油饼**（见161页）试试这种三原名小吃。

文峰木塔 历史建筑

（见153页地图；安乐乡中王村；门票10元；⏰9:00~17:00）这座陕西仅存的木塔建于明代，是一座六角四层砖石基木塔。木塔飞檐挑角，高高的攒尖顶上是串珠式的宝刹，远远望去气派十足。塔基高4米，塔身首层为砖砌成，二层以上为木结构，内有木梯可登塔。塔前的彩色琉璃覆顶的木牌楼来头也不小，它建于清道光年间，是三原文庙在"文革"后唯

一幸存的建筑，于1982年移驻至此。

在汽车站外乘116路到蔡王村站下，从丁字路口往南步行10分钟就到，但116路发车间隔很长。景区距离市中心东南约6公里，县城打车单程10~15元。

东里花园　　　　　　　　　　历史建筑

(鲁桥镇东里村；门票20元；◎9:00~17:00)石雕精美的民国风格门楼瞬间就能吸引你的眼球。这里最早是唐卫国公李靖的居所，民国年间于右任、杨虎城也曾在此办公和居住。但撇开这些历史渊源，这里就是一处精心修葺的大公园，几családis古非古的建筑间有一些民国遗存，最具古意的是 **读书堂** 前一棵1300年树龄的枳柳。从三原境内收集来的60余座唐陵石刻算是惊喜，包括石像生和拴马桩等。

乘105路、109路、117路、118路等公交车到东里村下，再步行10分钟即到。景区位于市中心以北约6公里处，县城打车单程10~15元。

周家大院　　　　　　　　　　历史建筑

(鲁桥镇孟店村；门票20元；◎9:00~17:00)这里是清道光年间巨商、刑部员外郎周占奎的府邸，原有的17座院落中仅有这一座在清同治年间战乱中幸存并保留下来。五进的院落古朴且精致，屏风、柱础、门窗布满了精美繁复的砖雕、石雕和木雕。周占奎的孙女，当时的陕西女首富周莹(吴安寡妇)因在国难时多次慷慨相助朝廷而被慈禧认作干女儿，最终被封为一品诰命夫人，可以在此了解一下这段传奇故事。

在凤凰国际公交站或以北的临覆大道沿线乘104路到孟店站下车既是。景区位于市中心西北约9公里处，打车单程需要15~20元。

于右任纪念馆　　　　　　　　展览馆

(三里村；免费；◎9:00~17:00)三原人于右任是国民党的元老，也是近代著名草书大家和爱国诗人。纪念馆中有他的生平介绍和书法真迹，院内是于右任书法碑廊。三原城隍庙往西还有一处 **于右任故居** (西关斗口巷；门票8元；◎夏季8:30~17:30，冬季9:00~17:00)，"三间老屋一古槐"的描述十分恰当。纪念馆位于汽车站以东1.5公里处，步行20分钟即可到达。三原城隍庙往西1公里是于右任故居。

🛏 食宿

三原县城不大，住在池阳大街与临覆大街交会处的人民广场一带最方便。距离汽车站10分钟步行的 **鸿衫酒店** (☎3891 5555；临覆大街中段；标单/双150元起；🌐✳🅿)房间宽敞舒适，楼层较高，可观城景，在楼下不远的凤凰国际公交站乘车几乎可达所有景点，还有单独的院落可以停车。

三原的金线油塔(俗称千层油饼)是陕西的非物质文化遗产，城隍庙门口西侧的 **赵家千层油饼** (◎7:00~16:00)便由其传承人经营，千层油饼一套10元，包括4个油饼，以及咸菜和豆浆，把油饼抖开后伴着咸菜吃即可。如果想多试几种小吃，三原的小吃老字号 **老黄家**

> **值 得 一 游**
>
> ### 藏在地下的村庄
>
> "见村不见房，闻声不见人"，远远望去是一片树林，有的却只见树冠不见根，只因它们都"藏"在了深5米的地坑院中。三原北边25公里的 **柏社村** (见153页地图)保存了百余座地坑院，下沉的院子浓荫遮蔽，四面的地窑用于起居。虽然不少已经废弃，但中心的几座仍有人居住，还有的稍加修葺后开了农家乐提供餐饮和食宿，**同家小院** (☎134 8816 8532)和 **红星农家院** (☎130 9298 4039)是最成熟的两家。战争年代的柏社村曾是向陕北革命根据地输送人才和物资的交通要道，村里如今还保存着当时的地下交通站。
>
> 除了夏季周末和小长假，这里少有人至，你只能在村里走走，从天井俯瞰这些院落。不过部分天井四周或入口通道没有修筑围栏，也没有警示标志，游览时谨防踏空。若碰到农家乐开放，可以进去喝杯茶，顺便参观一下。
>
> 从三原城北汽车站乘204路(5元；7:00~18:00，30分钟1班；1小时)到终点站后，在北边的丁字路口左转，任何一条小巷都能通往地坑院。

不要错过

崇陵踏青

3月下旬,泾阳北边约20公里的嵯峨山南麓田野吐绿,桃花盛开,与金黄的油菜花一起簇拥着唐崇陵(见153页地图)颇具阵势的神道石刻,沧桑与唯美在此融洽结合。

唐崇陵是唐朝第十位皇帝李适的陵墓,因位于九条山脉交会处,犹如九瓣莲花之心,被称为"莲花穴",是"唐十八陵"中现存石刻数量较多且颇为精美的"野陵"之一。不过在唐朝由盛转衰的短短50年后,崇陵翼马的精气神已不能与建陵翼马(见157页方框)同日而语。其中东侧的翼马因眼部和脖子下方有带状的赭红色水痕,被称为"翼马泣血",成了许多人专程来访的理由。长约500米的崇陵神道早已成了田地,两旁共有华表、石兽和石人共17对,可以爬上神道尽头石狮旁的阙门遗址看看全景。再往前走一段便是"熟悉"的毕沅碑和正方形的献殿遗址,游览通常就到此停止了,如果有兴致,可继续前行至玄宫所在的嵯峨山脚看看。

除萧瑟的冬天外,田野中的崇陵总有明亮的色彩相衬,唯独不适合在雨天或雨后来访——石刻前的"游道"只是人们走出来的土路,到阙门遗址前后还要踏进田中,无论穿什么鞋都会满脚淤泥,甚至在土里"难以自拔"。

崇陵地处泾阳境内,但离三原近些。从泾阳乘18路或在三原汽车站乘班车都只能到距离崇陵还有4公里的安吴村,之后找车并不方便,建议直接包车前往。从泾阳或三原打车往返加等待(不超过2小时)约100元,车会停在唐崇陵文管所门外。

(政府街与临覆大街路口; ⊙7:00~21:00)除了千层油饼(8元/套),还有疙瘩面(一面三吃)、泡泡油糕和甑糕等可以选择。此外,离汽车站不远的老店**诚净和**(池阳大街与东一路路口; ⊙9:00~21:00)宽敞干净,以蒸饺为主打,也有选择丰富的炒菜和凉菜,价格亲民,口味不错。

ℹ 到达和当地交通

西安城北客运站和咸阳汽车北站有频繁的班车往来三原(14.5/13.5元),**三原汽车站**(☎38917597;宴友思大街近东三路)到咸阳的末班车为17:30,到西安的末班车19:39,也有去往铜川(19元;10:40;2小时)、渭南(25.5元;10:30;3小时)、临潼(20元;8:00;1小时)和咸阳机场(16.5元;12:00;1小时)等地的班车,班次经常变化,可提前致电咨询。去往泾阳或柏社村可在**城北汽车站**(人民银行大街)乘车,发车时间均为7:00~18:00,30分钟1班。

三原站(南环路近东一路)有西安往返阎良或西安往返韩城的普通列车停靠,途经咸阳。

泾阳崇文塔

(见153页地图;泾阳县崇文镇泾河新城;门票35元; ⊙夏季9:00~17:00,冬季至16:30)崇文塔始建于唐,重建于明万历十九年(1591年),是一座八棱八面楼阁式柱体砖塔,87米的高度让它在泾河北岸的平原上显得格外雄伟。十三层的塔身层层出檐,斗拱繁复精致。每层设有四门四龛,龛中佛像大多保存完好,位于上层的皆为明朝原物。

可以通过塔内的336级螺旋式阶梯逐层登上塔顶。塔内回廊的佛龛中摆满了百姓带来的各种佛像,仅第十层一座佛龛中保留着两块雕花精美的原装底座。各佛龛旁都嵌有碑文,这些详细的"认捐日志"刻于崇文塔初建成时,你会发现落款来自咸阳和渭南地区各州县乡里。

崇文塔位于泾阳东南15公里处。从泾阳文庙乘6路、7路或21路到管委会站下,或从西安北站乘881路到崇文塔站下车皆可,881路和泾阳21路还路过集吃喝玩乐于一体的茯茶文化主题小镇**茯茶镇**,可顺路一游。此外,崇文塔正北约6公里处坐落着**国家大地原点**,即中国地理坐标的基准点。小院内可看到大地原点的中心标志,其他建筑不对外开放参观。在崇文塔站乘1180路到三河路口站下,再往西步行10分钟就到。

宝鸡

作为关中平原的西部门户，宝鸡的人文历史或许没有其他几位关中兄弟显赫，但细数起来同样不容小觑，何况还坐拥秦岭这一自然宝库。镌刻有周秦王朝历史铭文的青铜重器为宝鸡拨得"青铜器之乡"的头筹；安放着佛祖真身舍利的法门寺是"关中塔庙始祖"；大唐秦王李茂贞虽非皇帝，墓室中的琼楼玉宇却非帝陵可及。自周至唐的千余年在这里留下了太多的传说和故事，以至于宝鸡大大小小的景点总能跟历史扯上关系且门票不菲，有的难免令你大呼不值，也可权当怀古思今。

宝鸡地区的自助出行还算便利，景点大多离县城不远，且大多有公交车到达。而旅途中永不缺席的旅伴，非花样繁多、酸酸辣辣的西府小吃莫属。

历史

作为周人的发祥地和秦国的崛起地，宝鸡堪称关中历史之源。

公元前12世纪末，公亶父率领周人从泾河中游的豳（现咸阳彬州、旬邑一带）南迁至岐山下的周原，营建城郭，是为岐邑。周人在此休养生息，生产劳作，周文化开始萌芽，国力日益强大。至周文王迁都丰都，周原仍是周人重要的政治中心。西周末年西戎入侵，这处3000年前的繁华都邑逐渐被掩埋于黄土之中。到了春秋时期（公元前770年），秦襄公因护送周平王东迁有功被赐予岐西之地，秦早期在雍城（今凤翔城南）定都的294年（公元前677年至公元前383年）里不断发展壮大，最终"续六世之余烈，振长策而御宇内"，并统一全国。

在先秦至唐期间，宝鸡因境内的陈仓山

而得名陈仓。公元前206年，汉高祖刘邦与韩信率领大军"明修栈道、暗度陈仓"，迅速占领关中，开启了楚汉相争的大幕。诸葛亮五次北伐中两次出秦岭到达宝鸡地区，并于公元234年病逝于岐山五丈原。

自隋文帝杨坚在麟游建了离宫，九成宫和慈善寺就成了隋唐四位帝王避暑礼佛的胜地，也见证了朝代更迭。安史之乱后期唐肃宗登基，因相信"石鸡啼鸣"的祥兆会使唐军在平叛作战中节节胜利，陈仓改名宝鸡，属凤翔府。在后来的千余年里，凤翔一直是西府的政治和经济中心。

1936年川陕公路和1937年陇海铁路的贯通使宝鸡成为西北人员与物资的集散中心。抗战期间大批民族工业和劳动力的涌入，让这座新兴工业城市得到迅速发展，并成为抗战大后方。1941年2月，宝鸡取代凤翔成为行政中心。1949年7月设宝鸡市，辖凤翔等8县。新中国第一个"五年计划"和20世纪60年代"三线建设"时期，国家一系列重点工业项目的落户奠定了宝鸡现代工业发展的基础。进入21世纪，"一带一路"倡议的实施和中欧班列的开行让宝鸡企业走出国门，宝鸡的工业和制造业进入发展的新阶段。

如今宝鸡经济实力长期占据陕西前三，而其与凤翔的纠缠仍在继续，2021年，凤翔撤县设区，成为宝鸡市的一个区。

宝鸡市

南依秦岭，三面环山，渭河自西向东穿城而过。2005年宝鸡就被评为"国家园林城市"，是陕西最宜居的城市之一。这里汇集了西府民俗文化和各地的美食小吃。铁路陇海线与宝成线在此相交，公路与高铁亦十分通达，无论是继续西行去往甘肃、宁夏，还是转向陕北、陕南，都有便利的交通助你"玩着前往"。

宝鸡市区的4个景点都非常精彩，但因地点分散，至少需要1天半的时间游览。市郊的大散关、嘉陵江源头和姜子牙钓鱼台虽然名号颇大，但象征意义更胜其实。对火车迷来说，宝成铁路上的"观音山展线"不可错过。

⊙ 景点

★宝鸡青铜器博物院　　　　博物馆

（见165页地图；📞276 9018；www.bjqtm.com；渭滨区滨河大道东段中华石鼓园内；免费；⊙9:00~17:00，16:30停止入馆，周一闭馆）周秦两朝兴盛之地宝鸡，铸就了青铜时代的鼎盛和繁荣。自西汉至清末的2000多年间，数以万计的青铜器在此重现于世，其中包括清末出土的"四大国宝"毛公鼎、散氏盘、大盂鼎和虢季子白盘（前两者现藏于台北"故宫博物院"，后两者藏于中国国家博物馆）。青铜器博物院展出了其中的1500多件商周青铜器精品，介绍了青铜文明的发展背景、铸造工艺以及考古发掘的故事。

第一展厅青铜之乡展示着中国青铜器主要出土地点的分布图。2003年于杨家村青铜器窖藏出土的27件青铜器件件有铭文，解答了西周许多的历史疑问。其中逨盘的内铸铭

西府社火

过年"耍社火"，是陕西正月里最让人期待的活动了。每年元宵节（正月十五）前后，各市县的人们早已打探好今年社火队伍经过的路线和时间。随着锣鼓声的临近，舞狮、高跷、旱船相继出现，一组组社火闪亮登场。社火又称"装故事"，因此你见到的就是一组人物通过脸谱、道具、固定的造型和动作等，表现一个民间传说或戏剧故事。

宝鸡是陕西社火最具代表性的地区之一，以陇县（见183页方框）和陈仓区（虢镇，"虢"被当地人读作"鬼"）两地最为突出。陈仓区赤沙镇的血社火每逢闰年正月十四表演一次，以武松杀西门庆为兄报仇为题材，造型血腥恐怖，但由于宣扬惩奸除恶，人们反而看得快活。前往赤沙镇在宝鸡汽车北站坐车。

宝鸡民俗博物馆有生动逼真的社火蜡塑，也有关于社火脸谱制作技艺的介绍，可以前往了解。

宝鸡城区

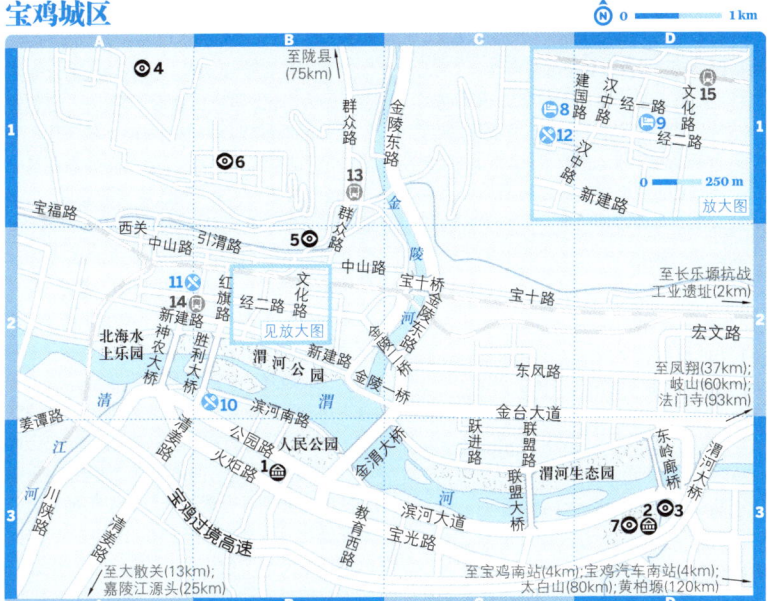

◎ 景点
- 1 宝鸡民俗博物馆 B3
- 2 宝鸡青铜器博物院 D3
- 3 陈仓老街 D3
- 4 大唐秦王陵 A1
- 5 金台观 B2
- 6 西府老街 B1
- 7 中华石鼓园 D3

🏠 住宿
- 8 H酒店 C1
- 9 菲林酒店 D1

⊗ 就餐
- 10 令氏家外家周礼食府 B2
- 11 马老三涮烤 B2
- 12 香味氏族·宝宝面皮屋 C1

ⓘ 到达和离开
- 13 宝鸡汽车北站 B1
- 14 宝鸡汽车站 B2
- 15 宝鸡站 D1

文记载了单氏家族八代人辅佐西周十二位王的历程,是博物院的重量级展品之一。镇馆之宝**何尊**占据了第二展厅**周礼之邦**最显赫的位置,这块1965年以30元从一位农民手中购上来的"废铜",已被认定为首批禁止出国(境)展览文物。除造型独特、纹饰繁复外,其铭文中"宅兹中国"的字样是"中国"之称谓最早的文字记载。第三展厅**帝国之路**通过青铜器的演变展现秦国发展史。大型打击乐器**秦公镈**是秦人学习周礼的见证,其上的铭文记载了秦早期的世系。镈身四条扉棱上的镂空龙凤纹饰,体现了秦人同样高超的冶金技艺。凤翔**秦公一号大墓**(见177页)的部分出土文物也在这里展出。第四展厅**智慧之光**以模拟作坊的形式完整介绍了青铜器的铸造工艺,代表作**折觥**极具历史和艺术价值。博物院四楼还有玉器、陶瓷以及铜镜的专题展览,展品和布置都非常用心,值得参观。

宝鸡青铜器博物院位于**中华石鼓园**内。此地原为陈仓山,唐贞观年间在此出土了10件秦国石鼓,鼓身以籀文铭刻四言诗10首,被康有为誉为"中华第一古物"。历经劫难的石鼓现藏于北京故宫博物院,石鼓园中展示了它们的复制版。登上**石鼓阁**(20元;

⊙9:00~16:30)可眺望宝鸡市区和渭河。

石鼓园东边是近年新打造的**陈仓老街**，包括以宝鸡下辖9区县命名的街巷，以及汇集宝鸡小吃的美食街区，人气很旺，夜景颇美。

从宝鸡火车站乘坐10路、71路公交车到中华石鼓园站下车，从石鼓园北门沿路标步行上坡，10分钟即到。从宝鸡南站可乘坐28路公交车在石鼓园南门站下车。

宝鸡民俗博物馆　　　　　博物馆

（见165页地图；☎330 6912；渭滨区公园南路；免费；⊙9:00~17:00，16:30停止入场，周一闭馆）这里是迅速了解宝鸡生产生活和文化艺术的窗口，虽然规模不大，内容却丰富有趣，值得花1个小时慢慢参观。

博物馆有三个主题，一层的**西府人生**通过出生、婚嫁、丧葬的人生三大节点介绍了西府人的一生；二层**宝鸡风尚**以宝鸡地区的节会和风俗为主题，蜡塑的血社火形象逼真得有些恐怖；旁边的**非物质文化遗产陈列**展示了社火、泥塑、木版年画、西秦刺绣、炎帝祭典等国家级"非遗"和一系列省级"非遗"项目，关于传承情况和制作介绍都非常详细。出自凤翔六营村（见177页方框）艺人之手的2002年生肖马邮票和2003年生肖羊邮票的原型都在此展出。

民俗博物馆所在的公园南路是一条八音编钟长廊，街对面的**艳阳天民俗村**汇集各种小吃和炒菜，是不错的就餐之选。北面的人民公园被打造成了**周礼文化主题公园**，有天下第一天灯、周赋、乐府、二十四象阵等景点，也可以逛逛。

乘10路、17路、22路等人民公园站下车向南，或乘20路、28路、33路等公园南路站下车向北。

★ 大唐秦王陵　　　　　　陵墓

（见165页地图；☎368 5109；金台区陵塬村北坡森林公园山顶；门票45元；⊙8:30~18:00）这位大唐秦王可不是唐太宗李世民，而是晚唐、五代的传奇人物李茂贞。他原名宋文通，因镇压黄巢起义有功被唐僖宗赐姓李，封节度使，后又辗转被封岐王。唐灭，李茂贞拒绝向后梁称臣；后梁灭，李茂贞臣后唐，获封秦王，并成为当时关中地区最强大的藩镇割据势力。在唐末至后梁的20多年里，他一直在修缮和保护法门寺，使这座皇家寺院的香火得以延续。

秦王陵是李茂贞及其夫人刘氏的合葬陵寝。虽为王侯，两座由墓道、墓室、甬道和后室组成的**地宫**规模和形制丝毫不输唐代帝王陵，里面的壁画、石刻、浮雕和陪葬俑题材丰富，且异常精美。步入刘氏地宫的墓道，当一座碑楼玉宇渐渐完整地呈现眼前，其震撼"何似在人间"。这座立在墓道前方的**端楼**为青砖仿木结构的歇山双重飞檐两层建筑，三开正殿的门窗和外墙上的浮雕生动清晰，上两侧立体的《开门迎客图》和《闭门送客图》更是逼真。端楼后方庭院和墓室的砖雕石刻琳琅满目。最里端是放着刘氏石椁的后室，八边形砖券穹隆顶上一处明显的宋代盗洞，如今被用作地宫的通风口。地宫外左右两侧的庑房分别设有**秦王李茂贞生平展**和**大唐秦王陵出土文物展**（⊙8:30~17:30），后者同时用清晰的细节放大照片展示了墓室中建筑艺术的精美绝伦。

从火车站乘游19路到西府路路口下，再步行20分钟就到秦王陵。公交开上北原后，会先后经过传说张三丰的修身传道之地**金台观**（门票30元；⊙8:00~18:00）和美食云集的仿古街区**西府老街**，可以顺道游览。

长乐塬抗战工业遗址　　　工业遗址

（见165页地图；☎333 5659；金台区新风巷7号；园区免费；⊙9:00~17:00，周一闭园）在抗战初期，中国工业轰轰烈烈的内迁运动（见167页方框）中，上海荣氏家族产业"申新第四纺织厂"就是最早落户宝鸡的民族企业之一。如今的遗址园区是申新四厂的旧址，保存着申新办公楼、窑洞车间、薄壳车间、乐农别墅四座经过修缮的原有建筑，以及按模型复建的钟楼、警卫楼和发电厂等，位列国家首批工业遗产。其中两个老车间被辟为**宝鸡工业遗址博物馆**（门票50元）。建成于1942年的**窑洞车间**内，7条长逾64米的长洞与6条横洞贯通成网，用青砖箍砌的巷道车间宽2~5米，总长1.75公里。当年，1.2万个纱锭在日军的轰炸中日夜运转，被林语堂誉为"中国抗战中最伟大的奇迹"。如今这里是**内迁工业史展厅**，幽暗的光影映衬着锭纱机、织布机、捻线机等文物，多媒体投影复原的生产情景，成百上千的

"迁移"来的工业重镇

1936年川陕公路和1937年陇海铁路在宝鸡的相继通车,让这个当时城内只有百余家小资本商号、人口仅6000余人的小县城渐渐热闹起来。抗战爆发后,东部沿海和长江流域的企业工厂纷纷西迁,凭借交通优势,宝鸡在1938年迎来了首批抵达的15家民族工业企业,它们组成了"迁陕工厂联合会",共同建厂复工,支援前线。随后不久,数十万为躲避战乱和灾荒的河南难民,拖家带口沿着铁路涌进宝鸡,为西迁于此的工厂注入了技术人员和丰富的劳动力。加上政府支持力度加大,到了1941年,以申新公司为代表的200多家工厂在宝鸡形成了"秦宝十里铺工业区",次年工厂数量又翻了一倍。这座西北新兴的民族工业重镇逐步成为战时物资补给基地和战略大后方。长乐塬抗战工业遗址(见166页)的博物馆详细介绍了这段轰轰烈烈的实业救国史。

20世纪60年代的"三线建设"开启了又一次工业大迁移,数以千计的企业、高校和科研院所迁入西部腹地。包括宝钛集团的前身"902厂"、陕西汽车制造厂、陕西齿轮厂等大型国有企业都在宝鸡的秦岭山区落户并延续至今。从北京搬到秦岭深处的航天六院是中国当时唯一的航天液体动力研制基地,"两弹一星""北斗导航"和"探月工程"长征火箭都有它的功劳。六院于1993年迁至西安,如今位于凤县红光乡的旧址只留下当年一些办公楼、实验室和礼堂,并于2019年入选国家第三批工业遗产,不过我们调研时并未开放参观。

纱锭与丝线构成的唯美视觉艺术,加上生动多样的解说展板,让整个参观过程成为一种享受。苏联设计的双曲结构厂房薄壳车间内为现代工业展厅,钢架步梯带你一步一台阶地了解宝鸡的工业发展史和现代工业成就。中西合璧的申新办公大楼也是博物馆的一部分,但我们调研时仅对团体开放参观。

乘1路、22路在宝鸡市第三人民医院站下车,步行10分钟就到。

大散关 古迹

(见163页地图;渭滨区二里关,川陕公路19公里处;门票50元;⊙9:00~17:00)大散关是"关中四关"中的西关,陆游一句"铁马秋风大散关"写尽了沧桑和豪迈。如今的景区是在古大散关遗址上新建的,进入之后便开始了登山之路。10分钟后到达的烽火台是看观音山展线(见168页方框)的好地方,不妨在此等候一趟列车,从三个方向的四个铁路片段可以大致勾画出火车行驶路线,看到明显的坡度变化。从烽火台继续前行不远是关楼,古大散关石碑旁立着南宋抗金名将吴玠、吴璘的塑像,新修的城墙一侧有陈仓古道的遗址。如果有兴致,可以继续往上爬20分钟登顶,但并没有特别的风景。

在宝鸡汽车站乘坐前往凤县、两当、徽县、汉中方向的班车都可路过景区门口,返程回到国道等车即可。如果时间合适,也可以乘上述班车继续往南到18公里外的秦岭站,乘下午的火车回宝鸡,在火车上体验观音山展线。大散关往南不远还有嘉陵江源头景区,但只适合自驾游览。

嘉陵江源头 自然景观

(见163页地图;📞361 8230;川陕公路33公里,宝鸡市与凤县交界处;门票旺季60元,淡季30元;⊙9:00~17:00)一条大江的源头,也是普通的涓涓细流而已。这座秦岭中的自然景区更适合夏天避暑洗肺或者深秋赏红叶。景区面积很大,只能自驾游览,从大门到餐饮和住宿集中的服务区约有7公里,游览路线在此分为三条,风景都以森林、溪流和水潭为主。建议直奔最深处的嘉陵谷游园区,公路经嘉陵江第一瀑到达嘉陵江发源地,源头之水就是石碑旁那边山林中流淌的溪流。沿公路继续往前约3公里,再攀上365级台阶,就到了景区最高点观日台,天气好时可以望见连绵的秦岭山色,以及山脊上一排电力风车。

经过大散关的班车同样经过此处。旺季景区门口或有面包车,一条线路往返100元/车,三条260元/车。如需包车,最好先致电景区确认。

姜子牙钓鱼台 古迹

(见163页地图;陈仓区天王镇南5公里;门

票50元；⊙8:00~18:00）据说"姜太公钓鱼，愿者上钩"的故事就发生在此，姜子牙当年钓鱼的石台**璜石**立于河谷中。但在传说之外，这就是一处风景平平的自然景区。**大坝**将河谷拦成高低两截，上游的高峡平湖可乘船（20元；往返20分钟）溯河而上，远远仰望山上传说姜子牙隐居时的**静室**。也可以从大坝旁的山间土路步行约50分钟到达那里，但里面只有一座姜太公塑像。中间一条岔路通往**西潭寺**，这是当地百姓的一座小庙，里面有座菩萨像。

在虢镇乘陈仓11路可以直达景区（2元；虢镇发车8:00~19:00，景区发车7:00~18:00，2小时1班；40分钟）。

🛏 住宿

宝鸡的酒店很多，总体来说性价比也很高。经二路与汉中路交会的路口堪称老城区的中心，集中着大商场、夜市和步行街，购物、就餐和出行都很方便，火车站和汽车总站也步行可至。如果打算换乘早班高铁，建议住到高新区。

H酒店　　　　　　　　　　　　酒店 ¥¥

（见165页地图；☎322 5500；渭滨区经二路89号；标单190元起；☎❄ℙ）这是中高端连锁酒店常见的风格和服务，卫生间干湿分离，宽敞的房间内有个"智能管家"，可以声控开关电源和窗帘。客房位于7~12层，落地窗可俯瞰城景，带有地下停车场，楼下公交车站也可通达各处交通枢纽和景点。

菲林酒店　　　　　　　　　　　　酒店

（见165页地图；☎337 0666；渭滨区经二路45号东方国际4楼；标单/双100/130元；☎❄ℙ）这家百元上下的小酒店性价比不错，简约风格的房间带有一些恰到好处的装饰。酒店离火车站只有700米，到步行街和小吃街也很近。

你好酒店　　　　　　　　　　　　酒店

（☎313 9988；高新区高新广场西路城市公馆16号；标双150元起；☎❄ℙ）酒店2020年底开业，距离高铁站2.3公里。10分钟步程外的高新大道上高楼林立，美食和大型购物中心聚集。除了方便赶高铁，还能一睹新宝鸡的风貌。

🍴 就餐

岐山臊子面、擀面皮、豆花泡馍、搅团、醋粉、凉粉、鱼鱼，作为"西府"的中心城市，宝鸡汇集了所有的西府小吃——许多街坊小

另辟蹊径

宝鸡火车之旅——秦岭中的铁路展线

"展线"是指在山区地形修建铁路时，为减缓坡度而延长线路的铁路线。詹天佑在修京张铁路时设计的"人"字形铁路就是展线的一种。随着科技的进步，如今新建的铁路已用超长隧道或特大桥替代了绕山爬坡的方式，凝聚老一辈工程师智慧的展线也成为一种历史存在。在宝鸡附近，还有一处仍在使用的展线，值得火车迷们前往体验。

1956年建成通车的宝成铁路在翻越秦岭时，设计和建造了铁路行业世界知名的**观音山展线**——从杨家湾站到秦岭站直线6公里的距离，海拔高差却达到680米。铁路因此反复迂回，经过3个马蹄形展线和1个螺旋形展线共计27公里方才到达，线路层叠3层。可以乘早上从宝鸡始发的6063/64次列车，过杨家湾站后走到车厢连接处的门边，两边景色可切换观看——火车绕桥钻山，拧麻花似的缓慢爬升，约1.5小时后抵达秦岭站（票升3元）。这趟列车在冬季是颇为"网红"的"秦岭赏雪专列"，遇到有雪的周末甚至会有些拥挤。返回宝鸡的列车下午才经过秦岭站。不妨步行3分钟到212省道上乘凤县到宝鸡的班车返回，通过班车右侧车窗能更直观地看到铁路坡度之陡。若还意犹未尽，途中可在路旁的**大散关景区**（见167页）停留，天气晴好时，里面的烽火台可更宏观地看展线。

若不走回头路，也可以乘火车直到凤县，在凤州站下车后换乘6路到**消灾寺**，看看唐玄宗避祸安史之乱祈福消灾的故地，但如今寺内皆为近代建筑。铁路出凤县后过灵官峡隧道，不远就进入甘肃陇南境内。凤县汽车站也有班车去往汉中。

❶ 一卡畅游西府

由大西线旅游联盟联合发行的**大西线旅游年卡**(88元;有效期一年,又称宝鸡旅游惠民一卡通)涵盖关中平原西部的25家景区。最大的福利是包含法门寺文化景区、乾陵和太白山国家森林公园这三家门票在百元上下的景点,即便只去其中一个就已值回票价。

关注微信号**大西线文旅**即可开通电子卡。不太方便的是,所有景区必须提前一天预约,次日出示与预约进场时间相符的二维码方可入园。由于不能预约当天行程,如果临时决定前往,就只能乖乖买门票了。

店做得就不错,挑人多的一家进去就好。不少饭馆友好地推出了"小吃N拼",防止吃撑的同时让你每样都能尝到。

老城区北边的西府老街和中华石鼓园旁边的陈仓老街都是近年来打造的仿古街区,也是各类小吃和私房菜馆的聚集地。清姜东二路晚上夜市火爆,英达路和第五大道汇集了火锅、烧烤和多种菜系的各类餐馆。高新区则有更多新派菜馆,环境和装修也更讲究。

令氏家外家周礼食府　　陕西菜 ¥¥

(见165页地图;☏333 0888;公园路1号安装大厦1楼;人均60元;⊙7:30~22:00)大厅餐桌的玻璃下压着与桌面等大的小吃菜单,炒菜的菜单则有另外一大本,也可以到明档厨房看菜点单,但饭点通常需要等位。这里推出的"一人吃好"套餐(39元)包括3个凉菜和10款小吃,尽管每款只有两口的分量,但也足够你吃饱。门口大堂有许多小吃礼盒售卖,可做伴手礼带走。在高新区也有一家分店**令氏家外家周秦食府**(☏353 2000;高新大道左岸新城底商)。

马老三涮烤　　烧烤 ¥

(见165页地图;☏133 8917 3233;南关路近经二路路口;人均50元;⊙16:00至次日3:00)在宝鸡,什么都能往辣油和醋里泡着吃,连烧烤也不例外。这里的招牌是烤兔肉(2元/串)和鲍汁鸡翅(7元/串),将烤好的各种肉串连铁签一起泡在辣油里称为"涮烤",撒上芝麻和孜然,香气扑鼻。小店环境很一般,肉串20串起点,适合多人吃夜宵。

香味氏族·宝鸡面皮屋　　小吃 ¥

(见165页地图;☏333 1589;经二路134号;人均10元;⊙7:30~20:00)这家宝鸡有名的面皮店虽然也以西府小吃为主,但做法和品种都颇为创新。"三中全汇"用西兰花、花生米拌面皮(5.5元),还有上品汤面皮和炒面皮。诸如此类的混搭新品还有甑糕糟糟、香芋electric瓜丸等。所有小吃都在5元左右,最贵的是开口笑肉夹馍,8元。

老凤府豆花泡馍　　小吃 ¥

(金台区联盟路第五大道B3-8;⊙6:30~12:00;人均8元)豆花泡馍是宝鸡地区独有的一种早点,将切好的馍片或麻花泡在鲜嫩的豆花里,加点辣子和店家自制的酸菜,馍的嚼劲儿、豆花的嫩滑和酸辣的调味便完美地融合到一起。你还可以选择加鸡蛋、豆干等,一碗下肚可以撑到晚餐。

❶ 到达和离开

长途汽车

大部分从宝鸡始发的班车都可以通过微信小程序"出行365"查询和购票,凭身份证在车站自助售票机取票即可乘车。

宝鸡汽车站(☏321 2694;渭滨区经二路106号)又叫汽车西站,去往西安(高速)以及周边眉县、扶风、岐山、凤翔等地的高速班车和普通公交车均为流水发车,末班车17:30左右。也有到汉中、铜川、甘肃天水等地的班车。

宝鸡汽车北站(☏289 0919;金台区群众路103号)去往宝(鸡)平(凉)线沿线的千阳、陇县和甘肃平凉(61元;8:40~16:10,1~1.5小时1班;4小时)在此乘车。到张家川的班车(56元;10:00;4小时)路过关山草原。

宝鸡汽车南站位于宝鸡南站高铁站旁,有班车去往咸阳机场(61.5元;6:00~19:00,整点发车;2.5小时)和太白县(17.5元;6:30~16:10,约30分钟1班;2小时)。

火车

宝成铁路和陇海铁路交会处的宝鸡是通往西

北、西南地区的重要铁路枢纽。无论是普通列车还是高铁，往来宝鸡和周边县市都非常便捷。

宝鸡站（渭滨区经二路近文化路）位于市中心，是陇海线和宝成线上的大站，去四川、甘肃、青海和新疆很方便，到北京、上海、广州和大多数中东部大城市也有直达列车。省内可前往蔡家坡、杨凌、咸阳、西安、渭南、延安和榆林等地。火车站前广场有十余条公交线路，10路可去青铜器博物院，7路可宝鸡南站。

宝鸡南站（渭滨区下马营）是高铁车站，经岐山、杨凌、咸阳西站去往西安的高铁非常频繁，亦通达延安、华山、兰州和部分中东部省会城市。宝鸡南站位于高新区，距离老城区有十几公里。7路、21路、55路等公交车可达。

❶ 当地交通

宝鸡公交线路很发达，市内的公交票价1元，空调车2元，末班车大都在21:00前。7路（西关—汽车西站—宝鸡站—宝鸡南站）、28路（火车站—公园南路—中华石鼓园—宝鸡南站）等线路都很实用。

出租车起步价7元含2.5公里，超出部分每公里1.7元。网约车也很普遍。

法门寺文化景区

（见163页地图；📞525 8888；www.famensi.com；扶风县法门镇；门票旺季100元，淡季90元；⏰9:00~18:00）因供奉佛祖释迦牟尼指骨舍利而成为佛教圣地的法门寺在海内外享有极高声誉。如今虽不能免俗地被打造成中国式5A级佛教旅游景区，但博物馆中的大唐珍宝仍值得你前往观瞻。若想朝拜佛祖舍利需做好计划，舍利只在周六、周日、每月初一、十五和国家法定节假日的10:00~18:00供人拜谒。

◉ 景点

景区有两个大门，参观也分为两部分。从东门进入是法门寺塔、寺院和法门寺博物馆的旧址，唐塔地宫的出土文物在此展出。从南门进入的文化景区经佛光大道通往尽头的合十舍利塔，那里供奉着佛祖的指骨舍利。如果不坐观光车（往返30元），从东门进入将两处区域游览完毕，至少要步行5公里，从南门进入还需多走1公里，因此穿一双舒适的鞋子游览很重要。

跌宕起伏法门寺

公元前3世纪中叶，印度阿育王为弘佛法，将佛祖荼毗后的舍利分送世界各地，其中19份传入中国。法门寺因得其指骨舍利，而成为中国古代四大佛教圣地之一。在唐朝的300多年间，八位帝王六迎佛骨到长安和洛阳的皇宫供养，朝野顶礼膜拜，法门寺因成为皇家奉佛的内道场和全国朝拜的中心而盛极一时。唐咸通十五年（874年）正月，懿宗和僖宗最后一次送返佛骨，同时将数千件皇室珍宝一并封闭于寺塔地宫，法门寺再次回归沉静。唐后的五代时期，割据关中的秦王李茂贞多次对法门寺进行维修和保护。

明隆庆三年（1569年），寺内的唐代木塔轰然倒塌。当地百姓集资，历时30年重建了一座八棱十三层砖塔，但法门寺已逐渐走向衰落。直至1939年，才由爱国志士朱子桥主持了自晚明以来规模最大的一次维修，其间曾发现地宫，但时值抗日战争，朱先生与知情人士共守秘密护卫国宝。"文化大革命"期间，面对要挖出地宫的红卫兵，法门寺住持良卿法师面塔自焚，地宫最终免受劫难。

1981年8月24日，法门寺的明代砖塔轰然倒塌了半壁，塔上的文物抢救和拆塔工作一直持续到1987年。3月在发掘清理塔基时，发现了塔下的唐代地宫。一个多月的发掘让2499件唐朝皇室珍宝重现于世。四枚佛指舍利最终在农历四月初八（5月5日）佛诞日至5月11日先后出土。经考证后，确定其中一枚舍利为佛祖释迦牟尼的真身指骨，其他三枚分别为玉质和骨质的影骨（为保护真骨而特制的仿品）。

1988年，法门寺博物馆和新的真身宝塔相继建成。2009年，气势恢宏的合十舍利塔、佛光大道和朝圣广场相继完工，法门寺也作为旅游景区对外开放。

不要错过

叩问周人之源

"周原膴膴，堇荼如饴"，《诗经》中的周原是土地肥美、繁衍生息的好地方。自西汉出土"美阳得鼎"起，关中平原西部这片以岐山、扶风为核心的地带出土的青铜器就接连不断，清末民初更有大量青铜器在这里重见天日。1976年起，北京大学和陕西的考古部门对这片区域进行大规模考古发掘，出土了大量的卜骨、卜甲、青铜器和玉器，发现了地基、柱坑、排水管等宫殿建筑遗址和构件，以及各类作坊遗址56处，再次确认这里就是周文化的发祥地和周人早期的聚居地。

宝鸡周原博物院（见163页地图；✆525 1193；扶风县法门镇召陈村；免费；⏲9:00~17:00，周一闭馆）位于岐山、扶风两县接壤处的周原核心区，法门寺以北10公里处。院内根据遗址的考古研究复原了当时的宫殿建筑，地下一层的"周原遗址考古成果展"展厅用大量出土文物和图文说明展示了周人的发展史和周原遗址的发掘过程，布展精美，逻辑清晰。除了镇馆之宝——刻有284字铭之和华丽凤鸟纹饰的**墙盘**，青铜器**别人守门鼎**也极具代表性，鼎下两扇能自由开合的门旁，半坐着一位因刖刑失去左脚的男性，反映了西周奴隶制度的残酷。博物院地面建筑上的门闩便是以此造型制成的。虽然展品已十分丰富，但出土于此的不少青铜重器还得去宝鸡青铜器博物院和陕西历史博物馆才能看到。

在扶风汽车站乘坐去黄堆的公交车（6:45~18:00，10分钟1班），在下樊村口下（6元；30分钟），往南步行约500米即到。从法门寺打车前往单程约30元。

法门寺
寺庙

（⏲9:00~17:00）法门寺始建于东汉末年，有"关中塔庙始祖"之称，现在的寺院建筑是近年在遗址上重建的，大雄宝殿、钟鼓楼等仿唐建筑虽然毫无古意，在喧嚣的景区里也算是难得的清静之地。院中**真身宝塔**就是在1981年倒塌的明塔上原地原样重建的。可以走进地宫，透过玻璃一睹唐代地宫的真容，近距离瞻观三枚**影骨**。

法门寺博物馆
博物馆

（⏲9:00~17:00）1987年于唐代地宫出土的2499件珍宝包括40件"国保"级文物和148件一级文物，可谓"穷天上之庄严，极人间之焕丽"。东展厅**大唐珍宝**展出佛教法器和供养器，以及皇家供佛的茶具、食器、服饰和珠宝等世俗物品。其中珍藏着一枚影骨的八重宝函除第一重檀香木宝函破损外，其余七重都以金银珠宝造就，工艺精湛；旁边的秘龛五重宝函发掘时已经散架，佛指舍利的真身就曾供放于此。其余琳琅满目的国器重宝无不尽是皇家奢华。

西展厅**法门寺历史文化陈列**回顾了法门寺2000年历史以及地宫发掘过程，进门处保存着1981年砖塔坍塌时坠落的明朝铜塔刹，厅内还复原了地宫4道门开启时的情景和地宫后室模型。

合十舍利塔
现代建筑

宽阔的**佛光大道**两侧共立着十尊金光闪闪的巨大菩萨塑像，从景区南门要走上半小时（观光车往返30元；单程1.2公里）才能来到合十舍利塔。虽称为塔，这却是个标新立异的当代建筑——约150米高，通体金黄的建筑外观呈双手合十状，护佑着中间唐代法门寺四级木塔仿制的浮屠。颇为有趣的是，这座突兀的建筑在近年分别入选"神奇西北100景"和"中国十大丑陋建筑"榜单。

舍利塔内部宏大空旷，流光溢彩。正厅供奉着7米高的鎏金佛像，观瞻日时，佛指骨舍利会从佛像前的莲花台中升起，但你只能在数米之外眺望，舍利真容难以清晰得见。

正厅之上还有一处报身佛殿，里面安放着金光闪闪的四面佛像。

🛏 食宿

合十舍利塔一层东侧的千手观音殿提供法门素食套餐（35元/套），包括一碗斋菜、一碗汤和一碗杂粮米饭。佛光大道两旁也有包子、面条等小吃出售。景区的东门外则被各种餐厅和小宾馆挤满，在进出寺院时不难感受到店家的热情。

法门寺半日游足够，如需住宿，可以去5公里外的扶风县城。

❶ 实用信息

危险和麻烦

我们调研时，法门寺的掮客和乱收费现象已有所改善。只是景区东门外的餐厅老板和民间导游会热情地要求你照顾生意，所有态度都比较友好。但切记务必从正规网站或景区售票处购票入园，门票价格不菲，不要占小便宜吃大亏。

❶ 到达和离开

西安城西客运站有直达法门寺的班车（37.5元；9:00、11:40、16:30；1.5小时），返程时间需提前跟司机确认，班车就停靠在东门外宝塔路南端尽头的丁字路口旁。也可以先从各地到扶风，从扶风汽车站去往召公、天度、闫马等地的班车会先后路过距离法门寺南门和东门约500米的路口（4元），提前告诉司机去哪个门即可。从扶风汽车站打车到法门寺东门20元。

扶风汽车站返回西安的末班车17:00发车，去往宝鸡（高速）的末班车18:00发车，去宝鸡（北线）的普通班车经过岐山和凤翔，末班车是17:40。也可以从这里去往乾县（13.5元；6:30~15:40，约2小时1班；1小时）和眉县（13元；8:00~16:30，约1小时1班；2小时），前者可去往乾陵，后者在站外转203路或204路公交即可到太白山。

太白山国家森林公园

（见173页地图；📞400 639 1615；微信公众号：太白山；宝鸡市眉县汤峪镇；门票旺季90元，淡季54元，观光车60元；🕐旺季7:30~18:00，淡季8:00~18:00，15:00后停止售票）海拔3767米的秦岭主峰太白山是中国大陆东半壁最高的山峰。与秦岭西边以险著称的华山相比，太白山的魅力在于其包罗万象——垂直分布的四个气候带造就了"一山看四季，十里不同天"的奇景，丰富多样的植被是大熊猫、金丝猴、红腹角雉等野生动物的家园。如今的景区游览已非常成熟，你可以选择观光车加索道轻松到达山顶观景台，在标志性的石碑前打个卡，也可以在山上住一晚，第二天穿越自然保护区，登顶拔仙台。在晴朗的天气下，八百里秦川尽收眼底。

需要注意的是，景区在11月至次年3月常因缆车检修或冰雪天气暂时关闭，平时连续阴雨天气过后山顶也只有白雾茫茫。山上山下温差极大，关中盛景"太白积雪六月天"意味着夏季山上也有可能飘雪，要做好保暖和防雨雪的准备。另外，步行路段都在海拔2500米以上，你也许出现不同程度的高山反应。

➡ 游客中心到下板寺

这段42公里的公路只能乘景区观光车（游客中心上行；🕐景区开园至15:00，约30分钟1班，下板寺下行末班车19:00）游览。约1.5小时的路程经停观音洞、莲花峰瀑布、泼墨山等景点，约1小时到达红桦坪（海拔2260米）。每年10月前后，这里层林尽染，万亩高山杜鹃则在每年4月底至7月中旬竞相绽放。继续乘观光车上行，经过一系列"Z"字形大弯，约45分钟到达下板寺（海拔2800米）。

你也可以从红桦坪乘天下索道（单程120元，往返230元；🕐8:00~18:00），9分钟带你直达海拔3511米的天圆地方，全景透明玻璃车厢可欣赏海拔升高的植被变化。

➡ 下板寺到上板寺

从下板寺沿松林间的阶梯攀登约1.5小时后到达上板寺（海拔3200米），途中经过传说苏东坡在此长跪求雨的拜仙台。也可以乘拂云阁索道（单程50元，往返90元；🕐8:00~18:00），20分钟到达索道上站，再步行约20分钟到上板寺。在上板寺已经明显感到气温的下降。再往前不远有滑索（50元），可在下山时玩上一把。

➡ 上板寺到天圆地方

接下来是木头栈道和石头小径，强度不大，一些路段就沿着山脊展开。经过多个观景台后，约30分钟到达天圆地方（海拔3511米），那里立有"秦岭主峰太白山、中国南北分界岭"的石碑。

山顶的木栈道在天圆地方外700米的小文公庙戛然而止，这里就是大多数旅行者所

太白山国家森林公园

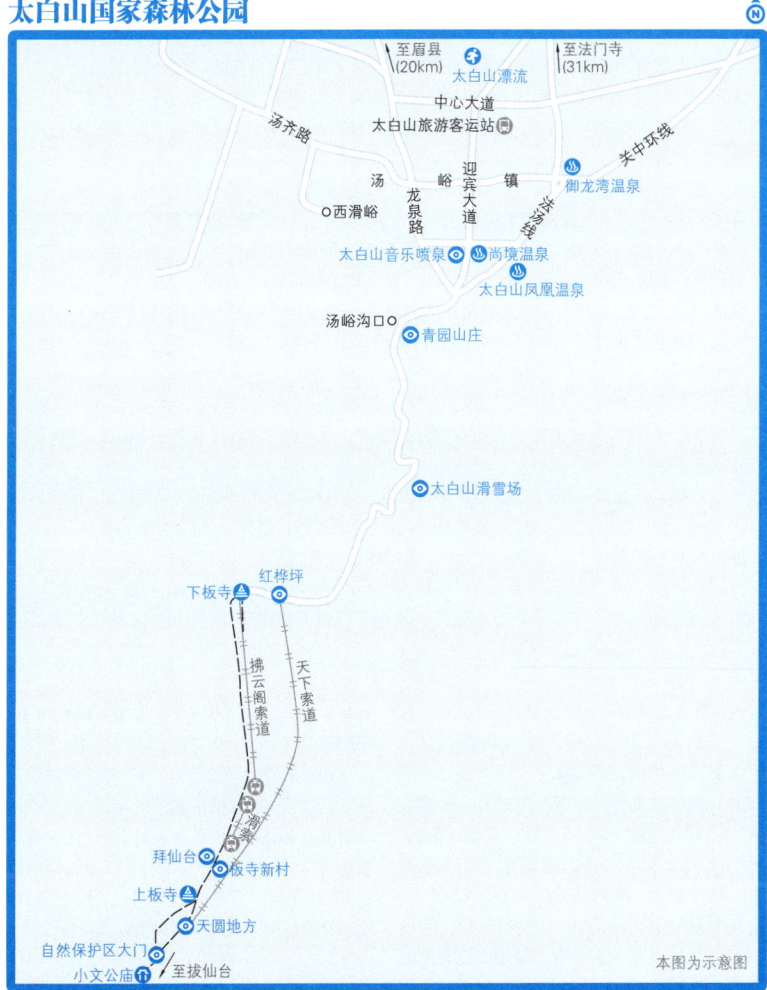

关中 太白山国家森林公园

能到达的终点。若想登顶拔仙台,你的路途才刚刚开始。

✈ 活动

每年12月至次年2月,上山索道常因风雪天气关闭,泡温泉和滑雪成为太白山旅游的主打项目,景区也常推出优惠的组合套餐吸引客人。6月至9月则有漂流可玩。

太白山音乐喷泉　　　　　　　　喷泉
（见本页地图;免费;河滨东路与中心大道大圆环西南角,尚境温泉对面）这个钢结构的大圆环不是摩天轮,而是有"太白山之眼"之称的音乐喷泉。高达100米的主喷,加上水上4D投影和激光特效,声势浩大,动感十足。喷泉在暑期、小长假期间每天20:30~21:00上演,其余时段仅在周五和周六可以看。

汤峪温泉　　　　　　　　　　　温泉
太白山脚下的眉县西汤峪是关中道上有名的温泉胜地,和蓝田的东汤峪（见155页）齐名。眉县即郿坞,《三国演义》中董卓带着貂蝉离开长安来此小住,可能也是冲着温泉来的。如今镇上的温泉酒店比比皆是,你也可

登顶太白山，从天圆地方到拔仙台

从天圆地方登顶拔仙台的这一段路程通常只在5月至10月开放，其间也会因极端天气关闭，务必提前致电景区确认。路线基本是在海拔3500米以上的石坡上行走，难度不大，只要没有高山反应并做好充分准备，便可勇登高峰。不过暑假期间人多雨也多，不仅景色打折，还可能有危险。

告别天圆地方，过小文公庙就进入了**太白山国家级自然保护区**（门票60元；⊙16:00之后禁止进入）。从小文公庙到**大文公庙**（海拔3560米）的3公里路程需要约2小时，接下来就是一段俗称"好汉坡"的山路，1.5~2小时后到**大爷海**（海拔3610米）。清澈透明的大爷海是一处形成于第四纪冰川的典型冰斗湖，夏季晴朗时如同"蓝色眼"，发起怒来浪能高达数米。往南可见二爷海、三爷海等其他高山湖泊，再走1小时可到主峰**拔仙台**（海拔3771.2米）。拔仙台三面陡峭，宽阔平坦的台顶可俯瞰众山。此刻，你才真正站到了中国南北方的分界线上。

虽然不需要专业装备，但登山杖和护膝能更好地保护身体和规避风险。带上适当饮用水和高热量食物，还要做好保暖和防雨雪的准备——一次性雨衣和雨伞并不实用，冲锋衣或厚雨衣最佳。

如果准备登顶，建议在山上住一晚。次日早起到拔仙台守候壮丽的云海日出。板寺新村、小文公庙、大文公庙、大爷海都有补给和住宿，但都是活动板房，条件也很简陋。旺季价格约为单人铺150元/人，通铺100元/人，高峰期还会挤进更多人，淡季50~100元，还可讲价。景区允许扎营，但在住宿点扎营会收取30~60元费用。若想当日往返，必须头一天住在汤峪，赶首班观光车和天圆地方索道在9:00左右到达天圆地方，并在18:00前完成徒步赶回索道上站——时间非常紧张。

以选择住在农家乐，去开放式温泉泡汤。

我们调研时，对外开放的高档温泉酒店包括**太白山凤凰温泉**（见173页地图；☏5717788；票价198元；⊙10:00~22:30）、**尚境温泉**（见173页地图；☏566 7777；票价166元；⊙9:00~22:30）和**御龙湾温泉**（见173页地图；☏575 8888；票价168元；⊙9:00~22:00），这几家温泉酒店环境和设施均属一流，带有数十个室外温泉池和少量室内池，也设有儿童水上游乐区、汗蒸室和水疗等。泡温泉不限时，但自助餐需另付。各家温泉通常会推出优惠套餐，不妨关注同名微信公众号或致电咨询。此外，汤峪镇上的超市大多挂着"温泉打折票"的牌子，可以代购上述几家温泉的优惠票，大多在8折以下。可以先比较，再下单。

比较实惠的开放式温泉位于**青园山庄**（见173页地图；☏5711139；票价80元；⊙8:00~20:00），包括一个室内大泡池和数个室外小池，条件比较简单，但风景不错。

太白山滑雪场　　　　　　　　　　滑雪

（见173页地图；太白山国家森林公园洞天福地景区；景区交通车30元）滑雪场面积相当于4个标准足球场，包括一条500米的初级雪道、一条600米的中级雪道，以及一片适合游乐和亲子的雪圈区、雪橇区和踏雪区，比较适合初学者和玩乐者。滑雪票含森林公园门票，每年收费方式不同且差异较大，另需付雪具租赁费和景区保险。雪场开放时间视气候而定，约为12月底至次年2月底，可提前咨询景区。

太白山漂流　　　　　　　　　　漂流

（☏157 6097 9982；汤峪镇迎宾大道中段；票价158元；⊙6月至9月12:00~16:00，随到随漂）漂流河道长9.6公里，落差166米，全程约2小时。通过网站预订更便宜。漂流起点距太白山游客中心约1公里。

🛏 食宿

借助索道游览景区可以当天往返西安或眉县，不过在山脚的汤峪镇住一晚，享受一下温泉也不错。虽然近年来太白山冬季旅游宣传力度很大，但暑期和小长假仍然是旺季。下面列出的是淡季价格，周末房价会上浮10%，法定节假日则会上浮50%甚至翻倍，建议尽可能提早预订。

除了高级的温泉度假酒店，镇上还有很多中小型温泉宾馆。中档酒店主要集中在汤峪大道和中心大道，通常自带几个公共温泉池，也有带私人泡池的房间，房费220～500元。

以太白之眼音乐喷泉为中心，东边的太宝路（216省道）和西边的法汤线（217省道）的公路两侧集中着大量的餐厅和普通酒店，80～120元也能找到设施不错的房间。餐厅则以面食和小炒为主，因为邻近岐山，这边的岐山臊子面、擀面皮、呱呱、臊子排骨也算相当正宗。

❶ 到达和离开

太白山旅游客运站位于太白山游客中心内。从西安火车站东广场有直达太白山的高速大巴（37.5元；8:30～17:00，1.5小时1班；2小时），太白山返回西安的末班车18:00开出。也可以先到眉县，**眉县汽车站**（☏321 2916；美阳街昌隆路十字西南角）有前往太白山（汤峪）的203路、204路公交（4元；1小时），203路返回眉县的末班车时间为19:10。

若乘坐高铁可在岐山站下车，在站外换乘去往眉县的公交车（5元；8:10～18:00，40分钟1班；45分钟），然后再换乘203路或204路即可。

黄柏塬

（☏495 9555；太白县黄柏塬镇；门票63元；⊙8:30～17:00）2014年10月，一只野生大熊猫悠哉游哉地在黄柏塬的河边嬉耍，一玩就是6个小时，让来此欣赏红叶的游客大饱眼福。秦岭南麓的黄柏塬的确很有魅力，96%的森林覆盖率提供了丰富的负氧离子，不时现身的野生动物更是可遇不可求的惊喜。黄柏塬暑假最热闹，秋景最美，它的两个景区风景各有侧重，但在11月至次年2月均不开放。

◉ 景点

黄柏塬的两个景区相距15公里，没有公共交通相连。若非自驾，可让售票处帮忙联系包车，单程50元。

太白穿越需谨慎

不走寻常路的驴友探索出了多条分别从南麓和北麓登顶太白山的路线，最常见且较为成熟的是从周至黑河森林公园内的厚畛子镇铁甲树出发，经三合宫瀑布、南天门、药王殿、二爷海到拔仙台，然后从大爷海、小文公庙进入景区下山，这条南北穿越路线直线距离约31公里，全程重装，保守估计需要三天两夜完成。

由于山上天气多变，路线不算清晰，近年来驴友穿越太白山的遇难事故时有发生。若想徒步穿越秦岭，务必选择正规的团队并购买保险，不建议参加私人招募活动，更不能只身犯险。2016年4月1日新实施的《陕西省旅游条例》规定，组织"驴友"穿越秦岭等具有危险性的健身探险旅游活动，应根据穿越地点提前5天到所属的文体行政部门备案，递交包括时间、地点、线路、人员名单、应急方案等在内的详细材料。未报备的一经发现，将处以最高5000元的罚款。

因保存着完整的第四纪冰川地貌，且攀爬极具挑战性，连接秦岭鳌山和太白山山脊的"鳌太穿越线"备受驴友追捧。但平均海拔3200米的路线地形复杂，气候多变，因此事故频发。据统计，从2012年至2017年，已有46人在穿越途中失踪或死亡。2018年4月16日，陕西太白山国家级自然保护区管理局和陕西省森林公安局第二分局发布了禁止"鳌太穿越"的公告，穿越鳌太已属非法行为，但近年来非法穿越者仍屡见不鲜，遇难人数还在不断上升。2021年"五一"小长假期间，又有数支队伍登上了这条"死亡线"，造成2人遇难，现鳌太线遇难总人数已超过50人。我们强烈建议旅行者遵守法律，敬畏生命。而且除安全因素外，鳌太线沿线生活着60多种珍稀动植物，也是秦岭野生大熊猫的栖息地，人类的活动还会对生态环境造成不可挽回的破坏。

大同小异的秦岭景区

太白县周边的秦岭景区风景皆以森林、峡谷和瀑布为主,主要是周边居民的周末踏青之地。它们的游览模式大同小异——进入景区后乘观光车或缆车,再步行游览。不菲的费用对并不出众的风景来说有些昂贵,你可以选择其中一个体验,若是千里迢迢地专程前往,不太有必要。

太白山景区往东约15公里的红河谷(📞400 678 0578;眉县营头镇红河村;门票旺季54元,淡季27元)是"花样"最多的。从景区大门乘电瓶车(单程15元;8公里)到红河度假村后,可乘索道(往返120元)或徒步(往返约4小时)上神仙岭,走走红河丹崖绝壁上的凌云栈道和玻璃观景台,也可到蟠龙湾看斗母瀑布。度假村周边有别墅木屋、烧烤等,夏季还会举办篝火晚会,适合避暑休闲游。我们调研时,太白山与红河谷的"两园贯通"仪式已经启动,未来或可一起游览,否则只能从太白山自驾或包车(单程100元)前往。眉县汽车站202路可直达红河谷景区。

与之类似的还有眉太公路旁的青峰峡(见163页地图;📞495 1592;桃川镇五里坡下;门票30元)。乘观光车(往返20元)到步行道起点,然后登高前往雾瀑崖看瀑布,或往神女峰方向探访一口口清潭。秦岭深处的黄柏塬(见175页)、川陕公路旁的嘉陵江源头(见167页)以及西边渭南境内的少华山(见131页)也都大同小异。其中黄柏塬的核桃坪景区大片的森林更为清静原始,可以在林间徒步约1.5小时到达黑河森林公园深处的老县城,再乘车前往周至,但即便原路返回也不算累。

核桃坪   森林

(见163页地图)核桃坪是一片几乎没有开发的原始森林,只有一条长约7公里的"原始森林环线",其中半圈为穿梭在溪流林间的石板与土路混合步道,约3.5公里到达和合二仙后,返程的半圈是水泥公路,这段公路也可以乘观光车(20元)代步。若想真正走进原始森林,可从和合二仙继续沿着林间的缓坡上山,通常在2公里后的珍珠泉返回。这段路邂逅野生羚牛的概率很大,在作者调研时,就有两次看到共4头羚牛。不过这种米白色的大型动物具有一定的攻击性,注意保持距离。

这条平缓宽阔的林间山路与周至县的黑河国家森林公园(见123页)相通,从珍珠泉再往前走1小时,就能经过黑河引水工程到达周至老县城(见124页)。这条"近道"如今仍是不少当地人往来周至和黄柏塬的主要方式,因此相对安全。周至老县城和核桃坪的工作人员都可以帮忙联系包车去往厚畛子镇(50元)或黄柏塬镇(60~80元)。

大箭沟   峡谷

(见163页地图)大箭沟以河滩和叠瀑为主,景观和玩法都比较单一。虽然"小九寨沟"的叫法有点夸张,但清澈的潭水下,矿物质造就的多彩石滩的确可圈可点。景区已开发的路段全长6公里,可以乘观光车(单程15元)到尽头的七彩石再往回走。沿河的木栈道在溪水河两岸切换,沿途有河滩、凉亭可以嬉水小憩。约3公里到观鱼台后,回到公路继续步行3公里或乘观光车出景区皆可。

七彩石继续往上还有几处景点,但并无特别。如果不打算去核桃坪景区,也可以从栈道入口对面的土路往山里走上一段便返回,体验一下森林漫步。

🛏 食宿

黄柏塬镇几乎已经被小酒店堆满,大箭沟景区和核桃坪村也有不少农家乐,但大多在11月至次年3月歇业,若在深秋或初春前来,建议提前致电确认。这些住处大多没有空调,夏季之外的夜里会有点冷。

若非自驾前来,建议住在大箭沟景区内。店家不仅可以到镇上或大箭沟路口去接,还可以帮忙购买半价门票(32元)并免去观光车费。腾飞酒店(📞150 0927 6805;景区内会仙亭附近;标间50元/人,100元/间;🛜 🅿)房间干净,设施较新,带卫生间和24小时热水,提供价格适中的一日三餐。提前联系老板还可安排太白县到酒店的小车(50元/人)。不远处的**老陈农家乐**(☎139 9176 5206；普30元/人，标双80元；☏Ⓟ)也可作为备选。核桃坪村的农家乐条件较为简陋，距离景区还有约3公里，不太方便游览。

❶ 到达和当地交通

太白县去往二郎坝的班车(14:00)经停黄柏塬镇(17元；2.5小时)和5公里外的大箭沟路口(18元)，从大箭沟路口往里步行约1公里就能到达大箭沟景区。这趟车8:30路过黄柏塬镇返回太白县，建议提前与客栈老板确认时间。从太白到黄柏塬的太(白)洋(县)公路在秦岭深处的林间穿梭，风景不错。在黄柏塬镇包车到大箭沟景区30元，到核桃坪80元，回太白县城拼车40～50元/人，包车250元。大多数镇上和景区农家乐都可以帮忙联系包车。从太白县包车到黄柏塬也在250元左右，到核桃坪300元。

太白县汽车站(南大街1号)有班车发往西安(57元；10:30，11；30，15:30；3小时)、蔡家坡(18元；8:00～14:30，共5班；1小时)和眉县(18元；6:50～15:50，共6班；1小时；可换乘去太白山)，去宝鸡的流水班车末班时间为18:00，也有去往汉中的过车(45元；9:10，11:50；3小时)。

凤翔

夏禹将天下分为九州，位于黄河中上游的中国西北部为雍州，凤翔就位于雍州的中心，古称雍城。西周的雍城是周原故地，春秋战国时期周平王赐秦襄公以岐西之地，秦国在此发祥崛起。在后来的千余年里，凤翔一直是西府的政治和经济中心。1941年，陕西专员公署从凤翔迁往宝鸡。2021年，凤翔撤县设区，成为宝鸡市的下辖区。

如今凤翔的几处景点与其辉煌的历史不太匹配，如果顺路前来，也可体验一下陕西人口中的"凤翔三绝"——东湖柳、西凤酒、姑娘手，看看苏东坡任凤翔府签署判官时所修的东湖，再尝尝与茅台齐名的"中国四大名酒"之一西凤酒，我们调研时酒厂开发了工业旅游，但只接待团体参观。"姑娘手"指的是泥塑、剪纸、脸谱、皮影等手工艺，不过在这处"民间工艺美术之乡"，小伙子的手同样在行。

凤翔城中还留有几处北魏城墙，在东湖公园内的一览亭下和城墙遗址公园中可以看到。

◉ 景点

先秦陵园博物馆 博物馆

(见163页地图；☎758 5520；南指挥镇；门票30元；⊙8:30～17:00)凤翔城南是东周时期秦国都城雍城的所在地，294年的定都时间是秦国数个都城中最长的。长宽均为3.2千米左右的古城遗址分布着城址区、秦公陵园区和百姓墓葬区。**秦公一号大墓**是秦公陵园区首

不要错过

泥塑之乡六营村

作为中国首批国家级非物质文化遗产，凤翔泥塑的泥塑马、泥塑羊和泥塑猪(原型位于宝鸡民俗博物馆)曾先后登上中国生肖邮票，它们都出自六营村的能工巧匠之手。不过以村口大广场上的巨型座虎为代表的老虎才是凤翔泥塑的经典形象。穿过**泥塑村**的牌坊，主路两旁几乎家家都挂着"泥塑之家"的招牌，大多前店后场，自制自卖。距离牌坊约50米，广场对面的**艺博园**(☎725 1875)是凤翔泥塑的"非遗"传承人胡新民开设的，院内的各个展室摆满了五花八门的泥塑作品，也有种类繁多的马勺脸谱、麦秆画、皮影等手工艺品可选购。来泥塑村季节很重要，在清明至国庆小长假气候温暖的日子里，这里也是周边居民游玩和遛娃的"大型农家乐"，周末尤其热闹，届时家家户户都开门迎客，不少还可参观或体验泥塑制作过程。但在冬季，冷冷清清的主街只有零星的店铺开着门，其中也包括艺博园。我们调研时，泥塑村还在进一步开发建设中。

六营村距凤翔汽车站还有5公里，没有公交车直达，出租司机通常要价15元，打表的话不足10元就到。

先被发现且唯一被发掘的一座墓葬。墓主秦景公嬴石是秦始皇嬴政的第十八代先祖。虽然盗洞多达247个，这里仍出土了3000余件文物，但现在能看到的只有一座相当于8层楼高的巨型墓坑。

墓中的珍贵文物大多移至宝鸡青铜器博物馆和陕西省历史博物馆展出，这里的**陈列馆**藏品很少，最珍贵的当数葬具"黄肠题凑"的椁木构件。1∶1复原的椁室内装潢略显夸张。另一处**车马坑**是活人和车马的陪葬坑，但基本也没有什么遗存。

从凤翔乘公交12路（3元）在西村站下可到达景区。往来于宝鸡汽车站和纸坊的班车也路过景区路口，下车步行200米就到。去往宝鸡方向在18:00前都有车，票价10元。

周家大院　　　　　　　　　　　历史建筑

（通文巷16号；免费； 7:00~17:00，周一闭馆）这座始建于明末清初的大宅曾是当时陕西西府"四大家族"之一周家的宅院，虽然原本的院落面积是现存的四倍，但整体风格与建筑构件都十分古朴。院内现为**雍城民俗馆**，两个相对独立的庭院分别展示了世家大族的居家风尚和凤翔街头的市井生活。

与大院相距约500米的**凤翔县博物馆**（文化路；免费； 9:00~12:00，14:00~17:00，周一闭馆）只有一个古代精品文物陈列室。凤翔在西周时为周原故土，东周时则为嬴秦的发祥地，因此馆藏以先秦时期的出土文物为主，也包括一些普通唐墓的陪葬俑。这里展品不多，但你会在宝鸡青铜器博物馆看到不少来自凤翔博物馆的馆藏。

从凤翔汽车站乘5路，到东湖口站下，再步行5分钟可到周家大院，去博物馆在东湖西门站下更近。

灵山　　　　　　　　　　　　　　　山

（见163页地图；县城西15公里；免费）"八百里秦川，东起潼关，西至灵山"，灵山古名九顶莲花山，相传因秦穆公在此狩猎时见灵鹫鸟得名灵山。山顶规模宏大的古刹**净慧寺**香火鼎盛，一座高约10米的金色佛像坐于莲台之上。站在佛像下的观景台眺望，西面山峦起伏，东面则一马平川。从灵山山门需沿缓坡步行约20分钟才能到达山顶，途经新近打造的"灵山八景"，也可以乘观光车（往返10元）直达大佛。

凤翔汽车站乘坐凤翔到灵山的公交车（6.5元；约15分钟1班；30分钟）可直达灵山山门。

🛏 食宿

凤翔近年来新开的酒店不少，价格多在百元上下，性价比普遍较高。位于汽车站往北200米的**喜来悦酒店**（ 723 7000；南大街74号；标双120元起； ⚹ P）房间宽敞舒适，硬件可与中端连锁酒店媲美，步行到周家大院只需10分钟。

西府驴肉和豆花泡馍都是凤翔特色。驴肉除了菜肴，还有驴肉泡、驴肉火烧等。**西府酒楼**（北大街171号，水利局对面；人均30元； 11:00~21:30）环境不错，除了多种凉菜、炒菜和面食，还能尝到腊驴肉。豆花泡馍多作早餐吃，将切好的馍片或麻花泡在鲜嫩的豆花里，淋上一勺辣子端上来。**北街鲸霖豆花**（北大街与凤鸣路路口南50米； 7:00~12:00）门面远没有排着的队伍起眼，豆花泡馍小碗4元，可以加麻花（1元）或榨菜。一般8:00以后就开始排队，售完即止。

ℹ 到达和当地交通

从**凤翔汽车站**（ 892 4099；南大街61号）去往宝鸡汽车站的高速班车（16元；6:20~17:50；1小时）和城际公交（9.5元；5:45~18:20；1.5小时）都很频繁，也有班车去往陇县（24元；7:40~15:00，共5班；2小时）。

回西安可乘高速班车（54元；5:50~18:00，约40分钟1班；3小时），普通客车（北线；5:30~15:00，30分钟1班）途经岐山、扶风、马坡、兴平和咸阳，到西安约需5小时。

岐山

不要以为岐山只有臊子面，历史上两个著名典故——《封神榜》中"凤鸣岐山"和《三国演义》中的"秋风五丈原"都发生在此。这片平坦宽广的土地和相邻的扶风是周人发祥地，也是蜀国丞相诸葛亮的仙逝之所。岐山的旅游主题就围绕这两者展开。当然，绕不过去的还有岐山臊子面。

岐山县府所在的凤鸣镇和南边18公里外

的蔡家坡镇分别形成了岐山两个食宿与交通中心，往返两者的公共交通频繁且方便。

◉ 景点

岐山的几处景点非常分散，周公庙和汇集岐山美食的北郭民俗村位于凤鸣镇以北，镇中心有热闹的仿古街区和太平寺塔。五丈原诸葛亮墓则在蔡家坡以南。

太平寺塔　　　　　　　　　　　　　塔

这座塔建于北宋元祐三年（1088年）的八角九层密檐式砖塔堪称宋塔范本。二层以上每面做仿木结构三间，用砖隐刻出倚柱、阑额和平座勾栏，层间叠涩檐出双排椽，外观精美且修缮较为完好。傍晚时分，有不少信众手持佛珠在此转塔。

太平寺塔位于凤鸣镇中心的广场上，四周是新打造的仿古街区太平市，里面入驻了新派的餐饮商铺，平时夜晚和周末十分热闹。

周公庙　　　　　　　　　　　历史建筑

（见163页地图；北郭乡庙王村；门票70元；⊙夏季8:00~18:00，冬季8:00~17:30）会"解梦"的周公，其实是周文王之子姬旦。他晚年还政成王后归隐凤凰山麓，制礼作乐，完善各种典章制度。"周公之礼"据称就是他制定的婚配准则，而"周公解梦"则是后人借他之名而作。

岐山周公庙始建于初唐，现存建筑多为明朝之后陆续重修的。供奉周朝先贤的周公殿、召公殿和太公殿三座主殿并排而置，殿中有周公生平展。沿台阶向上，还有祭祀周部族始母姜嫄的姜嫄殿，以及祭祀周部族先祖后稷的后稷殿。周公庙所在的凤凰山据说是《诗经》中"凤凰鸣矣，于彼高岗"之处，沿着山间小道一路攀至山顶的金色凤凰雕像，俯瞰这片曾经的周公采邑。如果对周朝的历史文化感兴趣，到扶风县法门寺以北10公里的宝鸡周原博物院（见171页方框）会有更多收获。

周公庙山下约2公里还有一座周文化主题的大型游乐场周原景区（☏821 0555；⊙旺季9:00~17:30），里面有大型雕塑、仿周王室宫殿以及多种游乐设施和餐饮娱乐，晚上还有大型奇幻实景上演。园区内的周原索道经停周公庙直达凤凰山顶。购买通票（90元）可畅玩景区游乐设施，也包含索道往返票和周公庙门票。

在岐山汽车站外乘坐101公交车（2元；6:30~18:30），途经太平寺塔、北郭民俗村、周原景区，终点站即是周公庙。

五丈原诸葛亮庙　　　　　　　历史建筑

（见163页地图；蔡家坡镇五星村；门票30元；⊙8:30~18:00）公元234年，诸葛亮率军出关伐魏，屯兵五丈原，与魏军相持百余日后天星陨落，病逝军中，后人在五丈原上为其建庙祭祀。"秋风五丈原"大概是《三国演义》中最令人伤感的情节，"五丈之原安能卧龙"的谶言也吸引着无数人来到这里，缅怀武侯一生功绩。

诸葛亮庙今存建筑多为清末至近代重修。献殿两侧的墙上嵌有37块相传为岳飞手书的《前出师表》《后出师表》石刻，因集诸葛亮文章、岳飞书法和著名石雕工匠樊登云刀刻于一体，而被称为"三绝碑"。但我们调研时，除了3块极其完好的碑刻袒露着"真身"，其他皆用拓片盖住。供奉诸葛亮的正殿后西侧有诸葛亮衣冠冢，后花园中央的落星亭中正是相传昭示诸葛亮病逝五丈原的落星石。

蔡家坡汽车站去往鸡坡村的班车（4.5元；8:30，11:30，15:00，17:00）路过景区门口，也可在站外乘304路或309路公交在五星路口站下车，过小桥进村后，沿盘山公路步行约2.5公里到山顶庙门。从高铁站打车上去单程25元，下山时也可求助售票处帮忙找包车到高铁站。

🛏 住宿

凤鸣镇和蔡家坡的食宿选择都不少，后者高楼林立，显得更加时髦。可以根据你的游览路线选择落脚点，住在西宝北线上的凤鸣镇可便捷往来凤翔和扶风等地；西宝南线上的蔡家坡坐拥两座火车站，通过公路还可方便去往宝鸡、眉县和杨凌。

岐山凤鸣国际酒店（☏831 9999；凤鸣镇礼乐广场；标双160元起；☎✱🅿）堪称最实惠的"国际酒店"，对这个小县城来说，硬件和服务也算一流，自助早餐非常丰盛。从这

岐山臊子面

在《舌尖上的中国》第一季第2集，岐山臊子面就"酸辣"登场。"酸辣香薄劲光油煎旺"是流传下来品评臊子面的九字真言。不过每个地方都对臊子面有着不同的品鉴标准——岐山人认为用岐山醋燗的臊子才是臊子面的灵魂，扶风人则更爱一口一碗的"一口香"。不管是不是最好吃的，你总归在原产地吃到了最正宗的臊子面。除此之外，岐山的擀面皮、烙面皮、呱呱也是相当赞，在鸡蛋醪糟汤里加入甑糕更是当地独到的吃法。

将岐山美食一网打尽的地方位于去往周公庙路上的**北郭民俗村**。经营餐饮和住宿的农家乐排开几百米，各家门口标榜的名号和所获奖项（比如各届各级臊子面大赛的金奖）让人眼花缭乱，用你的直觉挑一家就好。岐山小吃包括臊子面（管够）、擀面皮、锅盔、肉夹馍等，大多按人头算钱（35元/人），也有多种凉菜和炒菜。要是觉得味道不错，可就地买点自制岐山醋、油泼辣子、臊子肉或擀面皮（真空包装）带走。

里步行15分钟便可到达太平寺塔和汽车站。若在蔡家坡落脚，汽车站斜对面的**苏四酒店**（☎856 9820；蔡家坡镇中线路口北；标双120元起；🛎❄🅿）虽然中规中矩，但方便中转。

除了北郭民俗村，凤鸣镇和蔡家坡不少小馆子都以臊子面为主打。太平寺塔南边的**复兴饭店**（凤鸣西路与南大街路口；人均30元；⏱11:00~21:30）有与其名称和历史匹配的20世纪国营饭店风格，小吃丰富，菜品分量极大。48元的"辣子鸡"是用一整只鸡和青椒土豆炖成的大盘鸡，门口的大盆里摆着岐山最有名的油糕和酥饺。蔡家坡镇则以四川火锅、烧烤等潮流餐厅居多。

ℹ 到达和当地交通

长途汽车

虽说凤鸣镇与蔡家坡镇分处往来西安和宝鸡的"北线"和"南线"，但两者都有频繁的班车去往西安或宝鸡。岐蔡公交（3元；6:10~19:00；10分钟1班；45分钟）往返两个汽车站之间。除了岐山汽车站在凤鸣镇，另外三处都在蔡家坡镇。

岐山汽车站（凤鸣镇朝阳大道近南大街）有频繁的高速客车和城际班车去往宝鸡，末班车均为17:50。去往凤翔、扶风和西安的西宝北线班车和过路车很多，也有班车经蔡家坡去咸阳机场（56.5元；7:50、11:50、15:50、17:50；3小时；发车后经蔡家坡镇，40分钟后从蔡家坡站发出）。站外有公交车去岐山高铁站（6.5元；7:00~16:40，约40分钟1班；40分钟）。

蔡家坡汽车站（蔡家坡镇凤凰西路近周五路）去往西安和宝鸡的班车不少，但坐高铁性价比更高；

也有班车去往眉县（6.5元；7:00~18:00，30分钟1班；40分钟）、太白县（22元；7:00~13:20，共5班；3小时）和凤翔（12.5元；6:20~18:00，约40分钟1班；1.5小时）等地。去往鸡坡的班车可直达五丈原景区。

火车

蔡家坡站（蔡家坡镇自强路近自立路）是陇海铁路上的一站，停靠普通列车。除陇海线沿线城市，还可去往陇县、银川、嘉峪关、敦煌、武汉等地。去往宝鸡（11元；36分钟）的列车性价比不错。

岐山站（蔡家坡镇南5公里）是高铁站，有频繁的动车和高铁班次开往宝鸡、咸阳和西安，也通达北京、上海等地。站前广场西侧的304路和309路可去往蔡家坡汽车站和五丈原诸葛亮墓，也有城际公交去往岐山县（末班车17:50）、虢镇和眉县（5元；8:30~18:00，40分钟1班；45分钟）。

麟游

早在隋唐，帝王们就对麟游的青山秀水和清凉气候很是青睐，先后修建了"离宫之冠"九成宫和配套的礼佛之所慈善寺石窟，也带来了长安的歌舞、书画、雕刻等文化和艺术。麟游因此成为皇家避暑消夏的圣地，也成了今天旅行者前往的主要理由。

◉ 景点

九成宫遗址 古迹

（见163页地图；☎796 2232；西大街19号；门票27元；⏱8:30~17:30）位于长安以西160公里的九成宫（碑亭景区）曾为隋唐两代四位皇

帝的避暑之所,由隋文帝杨坚始建于593年,时名仁寿宫。唐太宗修复扩建后改称九成宫,唐高宗和武则天也曾八次驾幸于此,九成宫一度更名为万年宫。如今这里只留有几座仿古建筑和一些唐代名人雕像,最北边的**两仪殿**辟有《九成宫历史文化展》,简单介绍了九成宫的历史和四位帝王的生平,也有少量隋唐两代的文物和建筑构件展出。

九成宫内最珍贵的要数东边的**碑亭景区**内两件国家一级文物。记载了唐太宗来此避暑时的一段神奇往事的《**九成宫醴泉铭碑**》,由唐太宗宰相魏徵撰文,由有"唐人第一楷书"之称的欧阳询书写,堪称楷书的传世之作。另一件《**万年宫铭碑**》是唐高宗于654年巡幸万年宫时御制御书的,兼具行书和草书的特点且风流飘洒,书法造诣颇深。如果耐心把旁边的译文读完,可感受到这位皇帝韶华之年的意气风发。

九成宫位于县城中心,从汽车站往西步行10分钟就到。

慈善寺石窟 石窟

（见163页地图;县城东5公里;门票18元;⊙8:00~17:30）在九成宫之后,隋文帝又在县城以东6公里的漆水河畔建了皇家礼佛专用的石窟寺院慈善寺,后在唐高宗和武则天时期亦有续凿,圆润丰满的造型有典型的盛唐风格。如今保存下来的有三大窟和47尊造像。第一窟中高5.5米的主佛是隋代开凿,左右两侧的立佛则是唐太宗时期加凿的,同时开凿了第二窟的主佛,主佛与龙门奉先寺大佛神似,都有武则天的身影。

九成宫外有开往慈善寺景区的L1路公交车站牌,但截至我们调研时公交车还没开通,等车前建议与当地人确认,以免空等。从九成宫打车到慈善寺单程20元。麟游县城和周边村落还有几处小型石窟(见本页方框),有兴趣可以顺路探访。

🛏 食宿

麟游的住宿多为小旅舍和老旧的国营宾

另辟蹊径
寻访山野中的民间石窟

在麟游县城方圆10公里范围内的山间还有几处开凿于不同时期、长宽均在10米以内的小型民间石窟,规模和保存程度都无法与慈善寺相较,但石窟爱好者可前往一观。

雕凿于初唐的**麟溪桥摩崖造像**位于县城东部,19所小佛龛有尖拱、圆拱和长方形等,龛中佛像大多上半身被毁或风化严重。西侧最大的一尊单身菩萨立像风姿绰约,彩绘依稀,保存最为完好。乘麟游1路、2路、3路在运输公司站下车,继续往东前行100米后在丁字路口右转,沿着移民搬迁安置社区旁边的小路走约100米,石窟就在右侧的山崖上。麟溪桥北边约5公里的**石鼓峡石窟**成于晚唐,仅有一窟一造像,趺坐于莲台之上的佛像经明显修复后黄袍加身,除了隆起的腹部,其他细节难以得见。可根据导航前往石窟,从路边平台旁的阶梯往下,穿过峡谷右转约50米便是巨柏遮蔽的石窟。

另外两处石窟位于市区西侧,可一并前往。沿306省道往西5公里的**蔡家河摩崖造像**先后凿于宋代和明代,虽然山体已经开裂,但20余龛佛像大多保存完整,位于正中的一龛最有特色,手持宝剑、骑着狮子的文殊菩萨和手执如意、骑着白象的普贤菩萨一左一右,旁边还有两个小童子。蔡家河村最西边的小广场西侧有一条上山的土路,从这里右转后继续前行800米,看到左边黑色的"省保"碑后,造像就在右边(路北)的山体上。从县城打车单程20元。

蔡家河西南9公里的**千佛院摩崖造像**是最精彩也最难到达的一处。造像雕凿于唐宋年间,除了5尊较大的坐佛,另有千余尊高约15厘米的小佛密密麻麻地整齐排列在崖壁上,表情、动作和服饰无一雷同,且大多轮廓清晰。驾车到达屯头村后继续前行1公里(电子地图上的造像位置是错误的),从水库中间的堤坝过对岸后右转,沿山间土路行驶约4公里后(中间有个岔路,靠右行驶)来到登山入口,还需沿石板路攀爬约40分钟才能到达。

馆，选择比较有限。汽车站斜对面的政府招待所**九成宫宾馆**（☎261 8218；西大街6号；标双110元起；🛜❄🅿）虽然设施老旧，胜在出行方便，还有大院子可以停车。2020年底开业的**怡心谷欣源酒店**（☎781 9999；麟眉路与官坪东路路口东南角；标双290元起；🛜❄🅿）是整个县城最时髦的建筑和最高档的酒店，只是离县中心有2公里距离，更适合自驾者前往。

餐饮大多集中在东大街至西大街一线的主街两侧，以小吃店居多，九成宫宾馆的餐厅有选择较丰富的炒菜。

❶ 到达和离开

麟游汽车站（☎796 2234；杜阳路近普润街）有班车去往西安（44元；6:30~16:30，1小时1班；3小时；经永寿）、宝鸡（28元；6:00~17:20，40分钟1班；2小时；经凤翔）、岐山（15元；8:30~14:30，1~2小时1班；1小时）和扶风（14元；9:30、13:30；1小时）。

陇县

位于宝鸡西北端陕西和甘肃交界处的陇县是一个山区小城，拥有关中平原罕见的森林与草原风光，适合在前往甘肃或宁夏的路上顺路游览。不过每年正月间的社火表演，值得你专程而来。

◉ 景点

陇县两个景区都距离县城较远且班车有限，如果借助公共交通，一天只能游览一处。

龙门洞 道观

（见163页地图；☎450 7038；陇县新集川镇南3公里；门票50元；⏰8:00~17:00）位于陇县东北部约45公里处的龙门洞是全国五大悬空道观之一。金元时期，长春真人丘处机曾在此修炼7年，并创建了道教全真龙门派。历经元、明、清三代修建完善，如今的龙门洞清静朴素，但若想参拜道教祖师，还需极大的勇气和胆量。

从售票处沿峡谷步行约15分钟后过桥，就开始了上山的道路。沿山间陡峭的阶梯爬升约20分钟后到达半山的平台**龙潭广场**。**龙门洞天**的门楼内，座座古朴的殿宇内供奉着道教的始祖。最深处**天仙楼**的背后，是丘处机曾经修炼的邱祖洞。

站在广场上仰望，三座殿宇画栋于峭壁之上，飞檐自溶洞叠出，那才是你最终的目的地。"冒险"从**太白殿**后开始。明清时期诸多名士在此修行，在石壁上留下了许多碑刻和楹联，你可以在比肩华山"长空栈道"、架于峭壁上不足半米宽的木板路上边走边欣赏。手脚并用地沿石壁上凿出的阶梯爬上一段，便来到**玉皇阁**，经石洞内爬上**三清阁**后，便是最刺激的一段——从用细钢筋围成的简易笼梯垂直爬升约5米，前方以及左右上下5面皆凌空。最高处极为狭小的**混元顶**仅容两人站立，神龛内供奉着"道"的形象化神衹混元老祖。

龙门洞在每年大年初一、三月初一至初三以及四月初八这五天的上午会在龙潭广场举办朝山祈福庙会，场面非常热闹，庙会当天免收门票。

乘陇县汽车站发往新集川的班车（15元；9:00、14:00、15:00；70分钟），可让司机送至景区门口，其中9:00的班次14:00返回，可让司机到景区门口接。从新集川发车的时间为7:00、7:30和14:00。从新集川镇上到景区约3公里，打车15元。

关山草原 草原

（见163页地图；☎465 8610；门票3月至11月60元，12月至次年2月40元）陇县西南40多公里的关山草原是高山草甸和森林的结合体，近年来的大力宣传使其成为周边居民的热门旅行地。6月至8月，这里确实能欣赏到绿坡连绵、牛羊遍野的画面。核心区域**风情小镇**是游乐和食宿的大本营，还开了4条观光车路线（10元/人）带你深入草原或去森林深处，另有骑马、滑草、索道等游乐项目可玩。但若你去过中国其他的草原，就没有必要专程前往。

景区在穿越其核心区域的305省道上设置了相距60公里的南北两个入口。从陇县游客中心（南门）到风情小镇还有40多公里，可以乘观光车（往返60元）前往，也可以自驾。门票一定要保管好，出入景区、公路旁和游乐点都需要查票，若需补票还要缴纳10元"罚款"。即便要搭顺风车，也先买了票再说。

不要错过

正月狂欢

陇县是与宝鸡虢镇齐名的西府社火代表。每年正月十五上午八九点，来自各村的社火队伍已经就位，开始走街串巷的表演。游演队伍以陇州广场为中心，先后往四个方向行进，带来包括马社火、背社火、高芯社火等陇县特色的社火形式以及踩高跷、腰鼓舞等共20多种表演，一直热闹到中午。最好早点占位，广场周边一早就会挤得水泄不通。

你也可以提前几天，到乡村看一看更传统的社火。各村的社火自正月初三相继上演，微信公众号"陇县广播电视台"会在除夕前发布各村社火的时间和形式（每村的社火形式只有一种，且时间会有重合）。骑在马背上表演的马社火或与戏曲结合的曲子戏社火都颇具代表性，装扮恐怖血腥又逼真异常的血社火堪称社火中的"奇葩"，每年都在一两个村里上演，非胆大者勿轻易前往。

从宝鸡（56元；10:00）或陇县（31.5元；11:00）去往张家川的班车就行驶在穿越景区的305省道上，你可以在班车上欣赏两侧草原景色，一旦在风情小镇周边下车，立刻有查票人员向你奔来。若想游览，还是老实地乘陇县到铁源的班车在游客中心下车（5元），再换乘观光车往返。

🛏 食宿

乘班车一天游览两个景区是不可能的任务，即便自驾，也需要在陇县住一晚，好在陇县酒店又多又好。县城中心的陇州广场附近酒店最为集中，吃喝玩乐也一应俱全，还有多条公交线路去往汽车站。2021年开业的<u>汉庭酒店</u>（☏261 8218；尚德路8号；标双110元起；☎✱🅿）房间宽敞，设施智能，性价比超高，还带有停车场和自助洗衣房。

陇县就餐依然以各种西府小吃为主，陇州广场周边有几家四川火锅和冒菜馆子，想吃陕西菜可以到关山大酒店或尚德酒店的餐厅试试，价格适中，环境和口味都不错。

ℹ 到达和离开

陇县汽车站（关山大道与千邑路交叉口东南角）位于县城南边的千河南岸，又称南岸新客运站。有高速（28元；1.5小时）和普通（21元；2小时）班车去往宝鸡北站（均为6:00~18:30, 30分钟1班），也有到西安（81.5元；8:30~16:30, 1小时1班；3.5小时）、咸阳机场（86元；7:00、15:30；3.5小时）、凤翔（24元；6:30~15:00, 约2小时1班；1.5小时）和甘肃平凉（34元；9:00、12:00、15:30、16:30；3小时）的班车。除102路外，101路~107路可从县城各地到达汽车站。

陇县站是宝中铁路上的一站，往返于西安、宝鸡和中卫、银川的列车从此经过。乘火车到宝鸡2小时，前往银川的火车夕发朝至，很适合旅行者。

铜川

如今的铜川名气不大，似乎有点对不住它紧随省城挂上的"陕B"车牌。但在重工业主导的几十年前，这座位于"渭北黑腰带"上的城市因煤而兴，是西部工业发展的绝对重镇。2009年被国务院钦点为资源枯竭城市之后，铜川便走上了产业转型之路，魅力旅游、生态园林等目标竟然都在近年内一一实现。它所下辖的耀县，即如今的耀州区，给予了铜川源源不断的文化支持，也为铜川新区提供了平坦开阔的建设用地。由西向东，铜川新区、耀州区、铜川老区（王益区和印台区）一字排开；而和这座城市布局一样狭长的，还有一条药王山、耀州窑旧址、陈炉古镇的人文旅游线，从西安往返一日游相当方便。

铜川市
⊙ 景点

<u>耀州窑博物馆</u> 博物馆

（☏718 9413；微信公众号：耀州窑博物馆；王益区黄堡镇新宜南路25号；凭身份证免费，讲解100元；⏱周二至周日9:00~17:00, 法定节假日照常开放）或许你已经在陕西历史博物馆见过了耀州窑的明星作品——五代<u>青釉提梁倒注</u>

瓷壶，而当你在这里再次看到倒注壶的露天巨型版和被放大的细节后，很可能会再次发出感叹。

耀州窑自唐朝在黄堡镇创烧，到北宋时已形成了"十里窑场"的鼎盛局面。在后人的评说中，耀州窑名列宋代六大窑系，主打的耀州青瓷凭借"巧如范金"的造型、"精比琢玉"的青釉、"刀刀见泥"的纹饰，更在青瓷市场上达成了"北耀州、南龙泉"的并立之势。如今越来越多的考古证据也在指向：耀州窑很可能是宋代五大名窑"官哥汝定柴"中的柴窑。

这座博物馆就建在漆水河畔的黄堡窑址旁，以朝代顺序依次布展。五代和北宋展厅内的青瓷作品不乏惊艳之作，可仔细品味耀州窑"青瓷刻花之冠"的评价。不过这里的镇馆之宝是唐代展厅的**黑釉塔式瓷盖罐**，其将印度佛塔和中国亭厦融为一体的奇妙造型可谓天马行空，由于部件众多，因此烧造难度很高，直到今天这一镇馆之宝还是会让专业人士赞不绝口。

博物馆还包括两处原貌呈现的遗址展厅。沿馆外公路向东步行，800米范围内相继有**耀州窑唐宋窑遗址**（凭身份证免费；⊙同博物馆）和**唐三彩窑址**（凭身份证免费；⊙同博物馆）可看。从20世纪50年代开始的耀州窑遗址考古工作，在中国的田野考古学发展进程上占据重要地位，对于瓷窑遗址的考古更具里程碑意义。结束了唐三彩窑址的参观，还可以去马路对面的**耀瓷小镇大师创意园**逛逛，说不定能碰到当代陶瓷艺术品的临展。

连接铜川新区、耀州和铜川老区的6路公交车设有耀州窑博物馆站。从耀州坐过来半小时可到，票价2.5元。

陈炉古镇 古镇

（☎748 2007；微信公众号：陈炉古镇；印台区陈炉镇）在历史厚重又饱受战火摧残的关中大地，2014年前，只有一座古镇评上了"中国历史文化名镇"，它就是陈炉。根据历史记载，黄堡镇的窑场历经金元之交的惨烈战争而逐渐废弃，耀州窑的薪火遂转到了同官县（今铜川市）东南的黄土高坡上。这里因"陶炉陈列之所"而得名陈炉，"漆河不夜"变为"炉山不夜"，陈炉也成了唯一一延续耀州古窑传统的烧造基地。

今天漫游在陈炉古镇的瓷片路、罐罐墙之间，仍然可以随时步入**李家瓷坊**（☎139 9299 3677）等多座私家作坊，现场观摩或亲手体验制瓷的步骤。地标般高高在上的**北堡**吸引着大家竞相一探，堡内的兴山寺已重新建起，但本书作者调研期间尚未开放。北堡下方的官地坡一带，瓷村景观打造得最好，一步一景的同时也能遇见历代废弃瓷片堆积而成的**"文化层"**、明清窑炉的遗址等历史真迹。跨过由陶制品堆砌成栏杆的陶公桥，民俗文化广场上建有窑神庙和戏台，每年9月的祭窑神活动就在这里举办，是一睹民间曲艺的好时机。**古泥池遗址**坐落在南侧的开阔山坡上，同时也是眺望"窑洞古镇"的好地方——各户窑洞因地势高低而层层相叠，形成了"你家的窑背我家的院"的有趣风景，放眼望去，陈炉古镇就像是用一口口窑洞箍起来的古城堡。

半天即可游完陈炉，但窑洞和瓷村相

另辟蹊径

铜川1958

如今的铜川不再像"重要能源基地"时代那么灰头土脸，但过去的那段历史仍然值得铭记。作为老区门户的川口立交桥环岛中，高大的**铜川1958雕塑**向每一位客人抒发着1958年"因煤设市"的意气风发。雕塑下方还种了一片友谊林，向苏联援华技术专家致以敬意。

铜川矿务局仍旧是老区的市中心，不过苏式风格的**工人文化宫**旁建起了俄罗斯风情街，还安上了**铜城广场**的名字——路遥创作《平凡的世界》时曾在铜川的鸭口、陈家山等煤矿体验生活，小说里"铜城"的原型就在铜川。"一五"期间156项重点工程之一**王石凹煤矿**如今已改造为工业遗址公园，可在**红旗桥汽车站**（☎280 8226；王益区宜原路近红旗桥）乘车前往。

结合的风情别处难有，住一晚体验一下也很有趣。这里有一些窑家乐可提供窑洞住宿（60~80元），需使用公共卫浴。商贸街游客中心旁的**向阳饭店**（139 9293 9481）则有常规标间可住。

作者调研期间，发往陈炉的旅游公交已经取消。你需要在铜川老区川口汽车站东600米的涵洞口汽车站乘坐发往陈炉的小巴（6元），陈炉客运站下山回铜川的末班车通常在17:20左右发车。从耀州过来可乘9路在宜上路口站下车，旁边就是涵洞口。

药王山   历史建筑

（660 3519；耀州区药王大道东端；门票旺季3月至11月70元，淡季50元；8:30~17:30）最起码活了101岁的"药王"孙思邈是耀州的另一个骄傲，这里便是他的隐居地。山上从北周时已有摩崖石像开凿，后世为纪念孙思邈又建刻碑。1961年评出的第一批全国重点文物保护单位，**药王山石刻**赫赫在列。

药王山又称五台山，由五座黄土塬头组成，景点分布在北台显化台和西台升仙台，中间有沟壑隔开。检票后即上北台，第一处景点**北洞**的核心是明代所建的**药王大殿**。碑亭里的五通**《医方碑》**更为珍贵，上刻《千金要方》和《海上方》共900多个药方，是世界上最早最完整的医药方剂碑石。

碑林陈列着北魏到隋唐的上百块古碑。**《姚伯多造像碑》**是魏碑中的珍品，楷书中又带隶书风采的字体天然自得，于右任将其和《广武将军碑》《慕容恩碑》合称"秦中三绝碑"。**《魏文朗造像碑》**以佛道融合的精美造像而闻名。北周**《张僧妙碑》**的书法已脱北魏习气，转开唐楷之先河。

摩崖造像是北台的压轴景点。这里现存23龛45尊佛像，时间跨度从北周一直到明代。第三窟的"西方三圣"、第四窟的"等身观音"唐风扑面，第二窟的弥勒菩萨坐像为北周作品。第六窟的宋代思维菩萨是有名的"摸摸爷"，人们相信摸它哪个部位，自己的同一部位就会消除病痛，因此早已被摸得黑亮反光。如今为保护文物，窟外另立一尊坐佛供人触摸。

升仙台上的**南庵**相传为药王隐居地，如今立一尊孙思邈巨像。在辟为**药用植物标本展**的大殿外，粗壮的唐柏相传为孙思邈手植。**金殿**陈列的唐代石棺可能是唐昭阳公主的骨灰棺，**元殿**内藏《朝元图》壁画，但在连绵阴雨天会闭门谢客——此时只能在景区游客中心旁的仿古大殿里，看一看复制品聊以慰藉了。

农历二月二"龙抬头"，药王山会举行盛大的庙会。如果你很崇拜孙思邈，还可在耀州高速客运站乘车去7公里外的"药王故里"孙塬镇一游，那里有药王墓、药王祠等可看。

药王山在耀州城东，乘坐药王山公交旅游专线（2元）可到。

耀州文庙   历史建筑

（618 2197；耀州区学古路近北大街；凭身份证免费；9:00~17:00）这里也是**耀州区博物馆**，为"文庙里建博物馆"的传统模式，主要看点是碑廊里、大殿前的古碑碣。被誉为"西北第一殿"的**大成殿**始建于北宋仁宗年间，明初重建时保留了前朝的一些技巧和特征，为陕西省现存价值最高的木构古建筑之一。

文庙位于耀州城中心，附近的小巷尚存不少上了年头的关中大院，一些还因有名人渊源而开辟成了纪念馆，比如**西仓巷传统民居**（618 9988；免费；周二至周日9:00~17:00）就是1937年梁思成、林徽因夫妇来陕测绘古建筑时的住所。这些民居都有指示牌，参观建议提前一天电话联系。区文化宫门前的**御史坊**、城北原上的**神德寺塔**也都是古物，路过可留意。

612路的文庙街站下车最近，药王山旅游专线的区政府站、6路的耀州宾馆站走过去也不远。

铜川博物馆   博物馆

（285 0828；微信公众号：铜川博物馆；新区朝阳路近学府城；凭身份证免费；周二至周日9:00~17:00，法定节假日照常开放）这座2020年开放的综合性博物馆填补了铜川文博版图上的空白。在"漆沮既从，三辅名都"通史展中，第一单元"漆沮先民"（新石器时代）的**人面纹彩陶葫芦瓶**是极具代表性的仰韶彩陶。周、秦、汉、唐定都关中，"畿辅显郁"是对铜川地位的概括：这一单元的展品里，西周**殷簋**是铜川出土青铜器中的翘楚。步入"渭北重

走，上陕北去

沟壑丛生的铜川位于关中平原和黄土高原的交界处，继续北行不远便可从黄帝陵（见205页）进入延安。耀州和铜川新、老区都有发往黄陵的班车，走210国道北上，沿途有几处风景可看。

金锁关镇北2.5公里处，两侧山崖高耸逼仄，这里是金锁关古关隘所在地，如今立有杨六郎骑马像。继续向前10公里，哭泉梯田（☏528 3959）铺展在公路两旁。这片旱作梯田已是十足的黄土高原风情，哭泉的名字源自镇上的姜女泉（铜川北关汽车站旁也有一座孟姜女祠，但调研期间已闭门多年）。抵达宜君县的偏桥镇之前，战国魏长城遗址耸立在山原高处；而在偏桥加油站一旁，还有一座烽燧紧贴公路而生。只需再向前下个大坡，就能到达黄陵县城了。

如果你在哭泉拦到了去宜君的班车，可在抵达县城后，先乘坐宜君仅有的一趟公交车到达县城北口（宜阳北街），那里有专发偏桥的公交车（7:40~17:40，50分钟1班，12:40不发车）。

镇"单元（宋、元、明、清），长安不再是京师，但正值鼎盛的耀州窑绵写了两百年繁华，金锁雄关的狼烟、文正书院的书声、溪山行旅的风骨……也让铜川在史书上工笔有记。近现代史中最值得一看的是"煤城记忆"，能源型老工业城市的兴衰尽在其中。博物馆的另一个常展是"玉山金容"古代雕塑展，这里陈列有玉华宫遗址出土的佛迹造像，是中国现存最早的同类造像，很有可能是玄奘法师刚从天竺归来，便按照他带回的图案而刻制的。

乘6路、9路、药王山旅游专线等车，在学府城站下车即到。

照金香山旅游景区　　　　　　　　　山

（☏816 2888；耀州区照金镇和庙湾镇境内）顶着"丹霞地质公园"的头衔，照金香山以瑰丽的丹霞地貌而在关中道上小有名气；近年来红色革命史的鼎力宣传，又让这里成为机关单位"团建"的重要去处。

景区可分为照金和香山两部分，彼此相距17公里。照金红色旅游名镇有革命纪念馆（免费；◷周二至周日9:00~16:30），山上的草坡在冬天降雪后会化身照金国际滑雪场（☏629 7111）。香山即大香山寺（门票35元，◷8:30~17:30），是远近闻名的佛教圣地，农历三月初五到十五、十月初五到十五的庙会规模很大。更受游客欢迎的是东距照金镇4公里的薛家寨革命旧址（门票35元；◷8:30~17:30），这里不仅有"革命红"，还是丹霞地貌的集中发育地，山体通红相当耀眼，隆冬季

节挂上冰瀑更是一绝。

耀州区华原汽车站发往照金的班次很多，走东路（8:20~17:40，约每小时1班；1小时15分钟）的会经过薛家寨；去香山只有2班（10:30，16:00；1小时15分钟），可乘上午的车前往，再搭14:00的车回来。

玉华宫景区　　　　　　　　　　　古迹

（☏758 6113；印台区金锁关镇玉华村；门票60元；◷9:00~17:30）这里曾是唐太宗在贞观晚年最喜欢的避暑离宫，在高宗时又降为玉华寺供玄奘法师译经。常住四年后，玄奘圆寂于此，寺庙也开始迅速萧条起来，不到百年后杜甫路过这里，就已是"苍鼠窜古瓦""阴房鬼火青"了。如今这里除了丝路玄奘纪念馆和一些空荡荡的遗址，只有珊瑚谷的丹霞崖壁还能让人眼前一亮。景区面积很大，建议乘坐观光车（20元）。冬天积雪后，玉华宫滑雪场（☏758 6011）开始营业。

铜川北关汽车站有去玉华宫（12元；9:00~18:00，每小时1班；1小时15分钟）的班车。

🛏 食宿

除了陈炉古镇和照金小镇，铜川缺乏特色住宿，也没有留宿的必要。确需在市里过夜，可住在耀州中央广场一带，如家、全季连锁酒店不会踩雷，去各景点也算方便。

以"耀州三面"为代表的铜川美食倒是自成特色。和窝窝面、荞麦饸饹相比，咸汤面

（6元起）最为日常，本地人早午市都很喜欢吃，可去**鹏兴咸汤面**（耀州区文营东路近中央广场）和**苟二咸汤面**（耀州区药王路近天宝路）尝个地道。**耀州第一碗**（☏678 0999；耀州区锦阳路近北街小学；◷9:00~21:00）价格稍贵，但小吃种类也更丰富，油泼疙瘩、刀剺面一听名字就让人跃跃欲试。

❶ 到达和离开

长途汽车

耀州高速客运站（☏658 7891；耀州区铁牛路13号）主营发往西安城北客运站的高速班车（25.5元；7:00~18:30，约40分钟1班；1.5小时）；其他开往三原、咸阳、富平、黄陵、延安等方向的基本都是过路车，建议实时电询。

耀州区华原汽车站（耀州区天宝路近华原路）运营的都是乡村路线，可到照金香山旅游区。

铜川新区咸丰汽车站（☏157 9199 9028；新区咸丰东路近东环路）离耀州城区也很近，这里有发往西安火车站（省汽车站）的高速班车（28.5元；6:00~19:30，半小时1班；1.5小时），去黄陵可搭7:50发往延安、洛川的班车或10:40发往双龙的班车。

铜川汽车站（☏236 9237；王益区宜原路74号）又叫**川口汽车站**，是铜川最大的长途站。这里发往西安的高速班车分城北客运站（31.5元；6:40~18:40，25分钟1班；1.5小时）和省汽车站（34元；6:20~19:30，约25分钟1班；2小时）两条路线，去富平（6:50~17:30，约半小时1班）、咸阳（8:00~15:00每小时1班，16:30，18:00；经停机场）的车次也很多；9:00发往延安和洛川的两班车会走国道，途经黄陵。西安跑延安的高速大巴在没坐满的情况下会来这里补客，需要到站实时等候。

铜川北关汽车站（☏418 3615；印台区汇丰堤2号）有发往玉华宫、宜君的频繁班次，可到黄陵的有8:10、9:10、9:50、11:20、12:40、14:15、16:00共7班。

本书作者调研期间，铜川新区西侧、紧邻包茂高速（G65）出口的**铜川市汽车客运总站**尚未投入运营。

火车

若有绿皮车情结，可乘坐西安往返前河镇的8355/6/7/8次通勤列车抵离**耀县西站**（耀州区新城村）。12306网站只能查购西安—阎良段的车票，去其他区段要在车上补票。

咸铜铁路在2021年秋完成了电气化改造，开通有西安往返**耀州站**（耀州区车站街）和**铜川东站**（王益区五一路24号）的动集列车，经停富平站。

❶ 当地交通

铜川的公交线路很发达。6路、9路连接着老区、耀州和新区，为有人售票（2~5元）的空调大巴。出租车和网约车也很方便。

陕 北

包括➡

延安城区（宝塔区）......192
壶口瀑布......199
延川......200
子长......203
黄帝陵......205
甘泉雨岔大峡谷......208
榆林城区（榆阳区）......211
靖边......220
佳县......223
吴堡石城......226
绥德......230
神木......232
府谷......237

最佳古迹

➡ 统万城（见220页）
➡ 钟山石窟（见203页）
➡ 吴堡石城（见226页）
➡ 石峁遗址（见235页）
➡ 波罗堡（见219页）

最佳自然风光

➡ 壶口瀑布（见199页）
➡ 龙洲丹霞（见222页）
➡ 黄河蛇曲国家地质公园（见200页）
➡ 麻黄梁黄土地质公园（见216页）
➡ 雨岔大峡谷（见208页）

为何去

黄土高原与毛乌素沙漠在此相遇，苍茫是陕北大地的底色。绵延无尽的沟坎崩梁，绘就了黄土高坡最典型的肖像，火红丹霞、地缝峡谷等地质奇观，则在陕北的画布上添加了一笔绚烂高调的色彩。黄河在峡谷中奔流，切割出了晋陕的边界——这一段是愤怒的咆哮，那一段是温柔的呢喃。

陕北的黄土之中，掩埋着华夏文明的历史线索。4300年前的石峁遗址让人惊叹于龙山时代古人类创造的奇迹；而在黄帝陵拜谒一番，则能切身体会中华民族一脉相传的敬祖传统。北倚高地，东临黄河，陕北高原作为天然屏障，成为长达几千年的北境边塞。散落在各处的城墙与堡寨遗迹，道不尽古来征战的往事；古老的城堡傲立悬崖之上，俯视黄河东流；遗世独立的统万城废墟则讲述着匈奴帝国的短暂辉煌。石窟中的精美造像、墓室中出土的汉画像石，不但是艺术价值极高的瑰宝，更是包含了不同地域、宗教与文化信息的第一手资料。这里数不清的红色遗迹，则让中国现代史中的一个个片段，从历史书中走到了眼前。

何时去

3月至6月 大风比较集中的时节，有时会碰到沙尘暴。黄土高坡、晋陕峡谷的山桃花开放正盛。

7月和8月 最热的时节，但晨昏仍有微微凉意，高原紫外线尤为强烈，需注意防晒。雨岔大峡谷会在雨后因积水关闭。这是黄土高原最绿的时候，野花也开得正艳。

9月至10月 天气转冷，草木开始枯黄，但正逢秋高气爽少雨，天空通透，适合游览与摄影。

11月至次年2月 较为寒冷，游人越发少，一些景区的设施甚至会在冬天关闭，出发前建议确认。壶口冰瀑是冬季陕北自然景观的一个亮点，而爱好民俗活动的旅行者不妨来陕北过个大年。

我家住在黄土高坡

黄土地质的剖面蕴藏着亿万年的地质密码，而黄土高原的地貌演变，则是探寻人地关系的绝佳样本。这里最早曾是茂密的森林，秦汉时期，北方长城周边实行"移民实边"，土地开垦是人口增加的自然结果；明代戍边军人和家眷的涌入，使边防经济空前繁荣，屯田制甚至规定了边防战士毁林开荒的任务；到了清代，尤其是康乾时期，这里的人口进一步增加，超过百万亩的陕北森林和内蒙古草原被开垦为农田。

水土流失与环境恶化固然是人类活动的副产品，但千百年来安家于此的人们，也将属于陕北的独特文化嵌入了每一道沟壑之中。窑洞、信天游、腰鼓、剪纸……都是在黄土高坡世代相传的精彩风物。如今，多年来的退耕还林和水土治理已初见成效，黄土高原正在"变绿"。

古来征战

自古以来，陕北都是中原政权的北门户，北方少数民族的铁骑若是踏破了黄土高原的屏障，便可在关中的平原上一马平川。这里是关隘，也是战场；是兵家必争之地，也是犬牙交错且不断变幻的边境线；是战乱与苦难的破碎山河，也是融合与共生的广阔舞台。尽管由于镇戍制度，自明代起陕北渐渐成了"汉人社会"，但因历史上不同民族的人们相继或共同生活于此的过往，这里的宗教信仰、语言艺术、建筑形制、风土节俗等方面无不体现出多元融合的色彩。人们不难在石窟造像与汉画像石中看到西域文化的影子；田间老汉的白头巾，是源自白狄的审美；一句稀松平常的土话，竟能追寻到从西方传来的梵语的踪迹……

昔日的硝烟早已散去，今天展现在人们眼前的，大多是文化交融的美妙留影，但如果深入了解一下陕北的历史，或许你还是会忍不住想起那句"可怜无定河边骨，犹是春闺梦里人"。

黄河，并不总在咆哮

如果要为蜿蜒5000多公里的黄河找一个"最佳代言景观"，壶口瀑布或许会高票数当选，它真正诠释了"黄河在咆哮"的激昂澎湃。但不要忘了，在陕北境内，你还能看到黄河的其他几重性格——在延川与清涧，河道深切入黄土山体，母亲般温柔地拐过了几个大弯；继续北上，堡寨、古城、村庄、寺庙、教堂等或倚在水岸边，或高踞峭壁上，与黄河交相辉映，一次又一次地给你带去惊喜。始于关中、纵贯陕北的沿黄河观光公路（见202页）的开通，让你有机会一路驱车，饱览丰富多元的黄河景观。

快速参考

延安

- 人口：228万
- 电话区号：0911

榆林

- 人口：362万
- 电话区号：0912

如果你有

➡ **2天**

从延安市区（见192页）出发，中午前到达雨岔大峡谷（见208页），下午返回市区后参观革命旧址与清凉山石窟（见192页）。第二天游玩壶口瀑布（见199页）。

➡ **5天**

前2天同上，之后从延安继续北上，去子长看看钟山石窟（见203页），然后在靖边见识壮观的龙洲丹霞（见222页）与统万城（见220页）。

➡ **7天**

前5天同上，之后从靖边一路向东，去吴堡石城（见226页），然后到榆林市区，最后一天时间逛逛榆林古城和附近的镇北台（见213页）、红石峡（见215页）。

获得灵感

《平凡的世界》 路遥著，讲述了一个发生在黄土高原上的故事，刻画了社会各阶层众多普通人的形象。

《瓦斯》 林鑫导演的纪录片，关于矿难的影片，试图还原陈家山两次矿难的真相。

陕北亮点

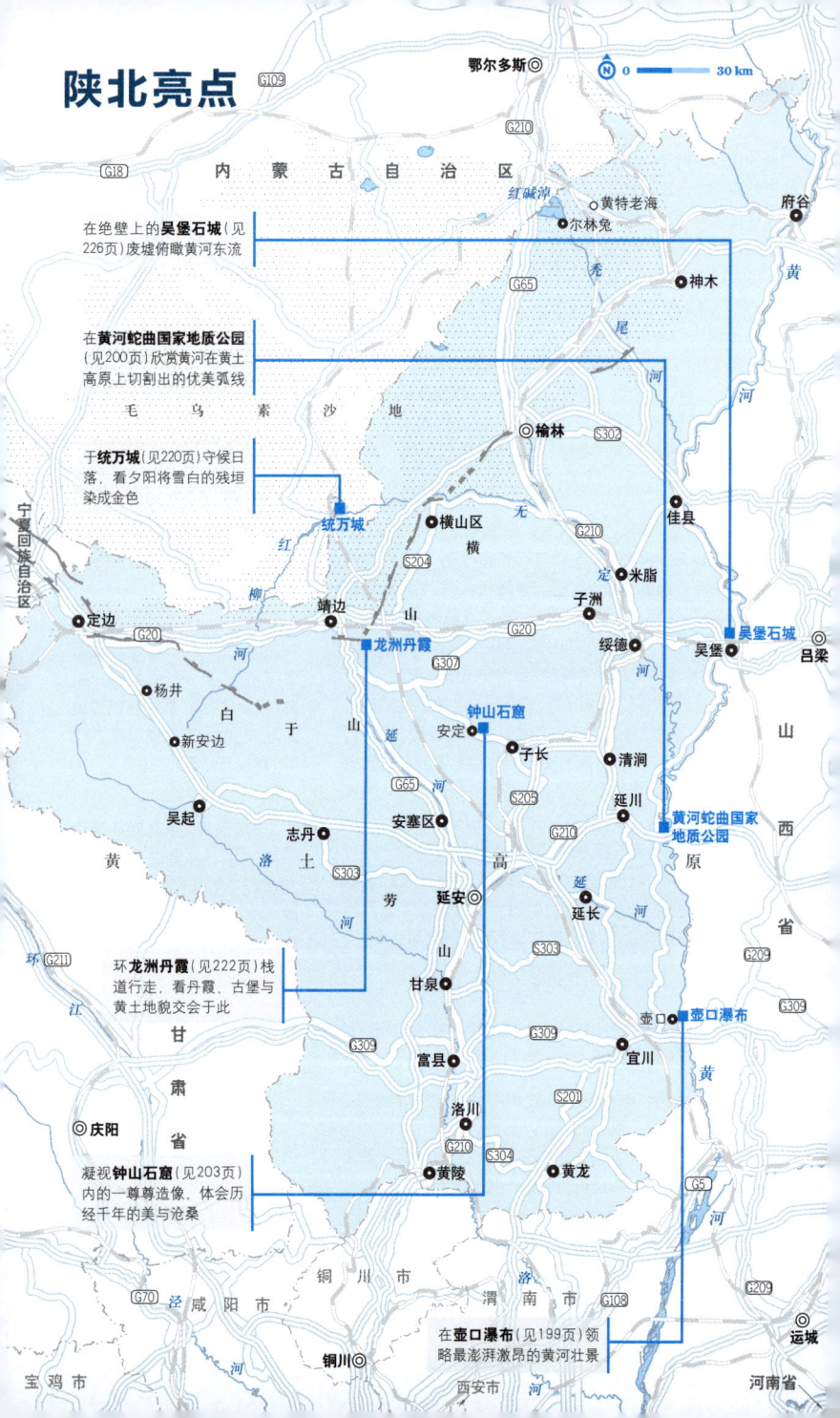

在绝壁上的**吴堡石城**（见226页）废墟俯瞰黄河东流

在**黄河蛇曲国家地质公园**（见200页）欣赏黄河在黄土高原上切割出的优美弧线

于**统万城**（见220页）守候日落，看夕阳将雪白的残垣染成金色

环**龙洲丹霞**（见222页）栈道行走，看丹霞、古堡与黄土地貌交会于此

凝视**钟山石窟**（见203页）内的一尊尊造像，体会历经千年的美与沧桑

在**壶口瀑布**（见199页）领略最澎湃激昂的黄河壮景

延 安

"三黄一圣"似乎代表着人们对延安旅游的认知。"三黄"中,黄河是无数人来延安的最大理由,无论是咆哮的壶口还是柔美的乾坤湾,都是母亲河不同的表情;万人来朝的黄陵,俨然成为追溯华夏文明源头的打卡地;黄土则是陕北最典型的地貌,千沟万壑不仅存在于洛川的黄土地质公园,也是你在路上不经意间便能邂逅的风景。而"一圣"自然指的是革命圣地了,近年来大力倡导的"红色旅游"可以是延安的发展机遇,也可以是你用辩证、平和的心态了解中国现代史的契机。

然而延安不只有"三黄一圣",陕北四大石窟皆在此地,最具代表性的钟山石窟以整块大石拓雕而成,引人惊叹;新晋的"网红"摄影取景地雨岔大峡谷,让人甘心为最美的光影而等待。而看过大山大河以后,街头巷尾载满风土乡情的鲜活片段——一位剪窗花的大姐,一群打腰鼓的大哥,从村庄某个角落传来的一曲清亮悠扬的信天游……或许才是延安之行最触动你的那一面。

历史

早在5万至3万年前,黄龙人就在延安生息。5000年前,传说轩辕黄帝在这里创造了中华文明,大禹治水的故事也从壶口而始。春秋时期,晋文公重耳曾被流放至今延安地区。秦统一六国后,大将蒙恬统兵30万北击匈奴,后又监修长城和秦直道。汉武帝时大量移民和屯戍,使陕北农业经济空前发展,被誉为"新秦中"。隋朝设立的延州及肤施县(今延安市),以其"边陲之郡""五路襟喉"的特殊战略地位,成为中原政权与北方少数民族的对峙之地。宋代,范仲淹在此抗击西夏,大振军心;沈括在陕北写下《梦溪笔谈》并首提

"石油"一词，称"后必大行于世"。

到了革命时代，两万五千里长征之后，延安成为中国革命者的落脚点和大本营。领导人的诸多讲话和著作都在延安的窑洞和小屋铸就，刘志丹、谢子长的名字也为大家熟知，如今志丹、子长两地以他们的名字命名以示怀念。在艰苦的条件下，这里不仅诞生了新中国新闻出版的中心，也成为新中国文艺的发祥地。

延安的发展曾经缓慢而艰难，不过近年来依托石油资源，城市发展得到了极大的促进，金融业、互联网行业等战略性新兴产业也迅速发展起来。此外，黄土高原的水土流失治理卓有成效，"红色旅游"借建党100周年等宣传导向的东风，获得了很多政策扶持，带动了旅游经济收入的增长。

延安城区（宝塔区）

延安城区即宝塔区的范围，人们常用"三山两河"来描述这里的地理特征——延河与南河在延安版图上画出了一个"Y"字形，城区沿两河河畔建设，清凉山、凤凰山和宝塔山则分别坐落在"Y"字分隔出的三个区域内，这里也是延安城最热闹的地方。"红色景点"或许是延安旅游的名片之一，部分革命旧址所在的老建筑有着出乎意料的美感。你也可以先复习一下中国近现代史再去参观。最近十年，延安的扩城运动如火如荼，城区早已突破了"三山两河"的范畴。老城区外围的高坡之上，建起了密集的商品楼，新建的延安大剧院和预计在2021年底建成的延安市博物馆则落脚于市区北部。

正月十五的延安是民俗爱好者和摄友采风的最佳目的地，高质量的安塞腰鼓、洛川蹩鼓、宜川胸鼓等表演都会在这一天露面，做好在拥挤人群中突破重围的准备。

◉ 景点

★ 桥儿沟革命旧址　　　　历史建筑

（见193页地图；☏229 3593；桥儿沟；免费，讲解150元；◯8:00~18:00）这里是延安最富艺术价值的革命旧址，它曾是延安鲁迅艺术学院（简称"鲁艺"）的所在地，也曾短暂作为中央党校的校舍。其实，鲁迅在鲁艺创建之前已经去世。但不管是漂亮的大教堂，还是鲁艺在中国文艺史上的贡献，都让这里成为你在延安不应错过的参观地。

旧址分东西两个区域，大部分景点都在西区。其中，桥儿沟大教堂无疑是最亮眼的建筑。桥儿沟曾是20世纪初陕北地区基督教的主教区，教堂并没有经历过大规模的翻修，但外观依然保持得很好，它也曾是鲁艺的大礼堂。教堂主殿融合了西方建筑与陕北窑洞的双重风格，内堂大到标语，小到板报，都用心地还原了当年的场景。而周边的校舍更是曾被称作"地中海式窑洞"——这不是戏谑，而是一位西方建筑师参观此地后给出的评价。同在西区的延安文艺纪念馆(须在"延安鲁艺文化园区管理办公室"微信公众号预约参观)则从各个角度阐述了延安时期中国文学艺术的发展，你可以看到鲁艺对信天游抢救式的收集保护，也会惊讶地发现许多名曲(如《哀乐》)的创作灵感竟然来自陕北民歌，并能直观感受到延安时期的文艺活力，以及这段历史给中国现代文艺发展带来的深远影响。

东区的窑洞群多为后期重建，包括丁玲、冼星海等文化界名人的故居。那幅占据整面墙的巨大版画，复制自曾得到徐悲鸿盛赞的古元作品《运草》。

清凉山　　　　　　　　　　　　　　山

（见193页地图；市区中部延河北岸）清凉山又称"太和山"，包括三处景点——万佛寺石窟、中国唯一的新闻事业专题纪念馆延安新闻纪念馆，以及在陕北的宗教、民俗中地位不俗的太和山道观。可惜三者各自独立管理，在作者调研时，原先连通的山间步道也被铁门拦截，所以参观完一处后，必须回到山脚重新登山。

始凿于唐代、至宋朝达到鼎盛的万佛寺石窟（☏211 2719；◯旺季7:00~19:00，淡季8:00~17:30；免费）在延安新闻纪念馆西侧，走进景区，你看到的第一个窟竟然是中国首家新华书店的旧址——当时书店就建在窟内，除了相关的"红色"文物，你还能在侧壁上看到保存完好的浮雕造像，中央印刷厂装订车间旧址在另一座雕满佛像的石窟之中。继续往山腰上走便能抵达最令人震撼的万佛洞。主殿壁上的造像大多已经风化得看不清细

延安城区

延安城区

◎ 景点
1 宝塔山..C3
2 凤凰山革命旧址................................B2
3 清凉山..B2
4 王家坪革命旧址................................A1

🛏 住宿
宝塔窑苑民宿...................................（见1）
5 星程酒店..B2
6 延安宾馆..B2

🍴 就餐
7 老陕北抿节..C2
8 老师家羊杂碎....................................B2
老延安...（见1）
9 四季有盐有味....................................B3

ℹ 交通
10 东关小学（去安塞）.......................C2
11 延安汽车东站..................................C2

节，但部分还保留着原色。你可以继续往上攀爬，顺次参观山上的摩崖石刻、有精美雕饰的**蓬莱阁**，以及从甘谷驿搬迁至此的目前陕北仅存的**琉璃塔**。

1986年落成的**延安新闻纪念馆**（☎211 2600；免费；⊙8:00~18:00）建在1937~1947年党的新闻出版部门旧址之上，其入口位于清凉山南麓山脚，非常醒目。一楼至三楼的四个展厅从出版业和广电业两方面讲述新闻史，你可以了解到新华社、中央人民广播电台、《人民日报》和《解放日报》等新闻机构的前尘往事。其中，第三展厅用数个石窟及蜡像还原了20世纪40年代清凉山的广播室、发报室、印刷厂等机构的工作场景。从二楼卫生间旁的楼梯一直往上，屋顶平台有石阶通往山上，可以前去造访解放日报社、新华通讯社、新华广播电台和延安公学的旧址。

太和山道观（2元；⊙8:00~18:00）在清凉山巅，始建于隋朝，在陕北的宗教场所中规模仅次于佳县白云观，不过今天看到的寺庙建筑群基本是新修的。可以找一下**状元桥**，这是一座保存完好的清代石桥，殿侧还有碑廊，也有俯瞰延安城区的不错视角。每年农历四月初八的传统庙会举办时，道观热闹非凡。在新闻纪念馆东侧，你可以沿着登山步道登顶，约需半小时。但沿途路标并不准确，半山腰的

不要错过
延安中央政权驻地旧址

1937~1947年，共产党中央先后在凤凰山、杨家岭、枣园、王家坪建立驻地。在市中心坐13路和8路公交车可以路过这些旧址，顺道参观延安大学、延安革命纪念馆、1938街区。这些景点都免费开放（讲解收费），需带身份证登记参观。从市区西行，你将顺次经过以下旧址：

凤凰山革命旧址（见193页地图；☎211 9815；北大街延安宾馆隔壁；◐夏季8:00~18:00，春、秋、冬季8:00~17:00）位于凤凰山北麓的山脚下，是中共中央1937年1月从志丹迁往延安的第一个驻地，1937年11月被日军炸毁后，中共中央迁去了王家坪。窑院结合的四合院建筑均为后期重建，旧址中还有白求恩图片展。你也可以加入当地居民的行列，沿小路上山，活动筋骨。

王家坪革命旧址（见193页地图；☎233 8384；◐夏季8:00~18:00，春、秋、冬季8:00~17:00；市区西北1公里）曾是中央军委和八路军总部，也是毛泽东、周恩来等人撤离延安前最后一个中央政权驻地。旧址中最重要的建筑是**中央军委礼堂**，为7间高大宽敞、四角翘起的大瓦房，可容纳近千人，屋内保留着木质的梁柱。这里的桃林公园曾是当年的娱乐场所。附近的**延安革命纪念馆**（☎238 2610；◐8:00~17:00）是张锦秋主持设计的，通过2000余件文物和大量历史照片、美术作品以及多种现代手段，展示延安的革命岁月。

杨家岭革命旧址（◐夏季8:00~18:00，春、秋、冬季8:00~17:00；市区西北2.5公里）是抗战时中共中央在延安居住时间最长的驻地。由基督教堂改建的中央大礼堂是旧址内的最大亮点。从旧址西门出来后便是**延安大学**，校园内的路遥文学馆和路遥墓也是众多书迷的朝圣之所。**校史陈列馆**也可参观。校园内还有窑洞宾馆。

枣园革命旧址（☎285 2223；◐夏季8:00~18:00，春、秋、冬季8:00~17:30；市区西北8公里）最早是当地富户申有安的果园，后来他将这里卖给了驻防延安的国民党师长高双成，中共中央进驻延安后将其收为公有，改名"延园"。你也可以在这里找到毛泽东为悼念张思德而发表著名讲话——《为人民服务》的那座讲台。中共中央撤离后，国民党军队的轰炸曾对这里造成严重破坏，现在大多数景点为修复重建。入口附近有明信片等纪念品出售。旧址对面的**1938街区**仿20世纪30年代老延安街道而建，有一些小吃店和手工艺体验店。

路牌提示你从右手边的岔道上山，但岔路阶梯非常陡峭，所以不必理会，继续沿着石梯主道径直向上即可。在主道沿线，你可以根据夯土层及排水沟等痕迹，依稀辨认出肤施城墙的遗迹。据说老城墙也在经历翻修工程，但工地被围墙所拦，难以一探究竟。

1路、8路、11路等公交车均可到达。

宝塔山　山

（见193页地图；☎211 3735；微信公众号：宝塔山景区；延河大桥向东1公里；门票60元；◐7:30~17:30）**宝塔山**旧名嘉岭山，是延安市区"三山"中旅游开发最完善的一座，门票价格不菲，但还是有许多人因为延安最知名的地标——宝塔而来。不过如今出于文物保护的考量，游人已不可登临，只能在平台上仰望这座始建于唐代的千年古塔。宝塔又称"岭山寺塔"，曾为舍利塔，是八角九级的楼阁式砖塔，南门楣刻有"高超碧落"，北门楣则是"俯视红尘"。

除了宝塔外，景区内还有一些景点可逐一游览。这里是范仲淹、沈括乃至杨家将等人守卫延安的重要军事阵地和指挥中心。重建一新的烽火台、望寇台（今摘星楼，不可进入），以及残迹难辨的嘉岭书院（不开放）等，都是宋夏抗衡的历史证物。宝塔山下的摩崖石刻高67米，长260米，其中最著名的是范仲淹手书的"嘉岭山"三个大字。在上山步道沿途，还能经过宝塔窑苑民宿（见195页）以及**日本工农联合会旧址**，后者记载了一段鲜为人知的在华日本共产主义反战同盟会历史。下山步道并不经过此处。

宝塔山有电瓶车服务（单程10元，往返20元），但山并不高，如体力尚可，建议步行，从山脚到宝塔仅需20分钟左右。

每晚8点，宝塔山都有一场制作精良的**灯光秀**，为时10分钟，河边的人行道上是最佳观赏点。1路、5路、18路公交车均可到达宝塔山。

中共中央西北局旧址　　　　　　展览馆

（📞211 8160；花石砭路；免费，讲解150元；⏰8:00~17:30）西北局曾是党中央在西北地区的代表机构，也是该区域党、政、军、群的最高领导机关。旧址修复了40多间老窑洞，还新建了一座三层楼的展馆，展出相关历史的旧物与图文资料。西北局旧址就在延安火车站以北，从火车站到市区的公交车大多都经过此地。

南泥湾　　　　　　　　　　　　观景点

（📞299 3201；市区以南约40公里；免费）如果你不是对那首革命歌曲心怀执念，特地前往南泥湾的意义似乎不大。目前整个景区还在规划建设中，游客中心所在的党徽广场上有一枚巨大的党徽雕塑，是很多党员集体活动时的合影地，被称为"陕北好江南"的古稻田还在4公里开外。从市区前往南泥湾的专线车每天从火车站出发（10元；7:00、8:30、10:30、12:00、14:00、16:00；1小时），从南泥湾返程的时间均为火车站出发时间后的2小时，党徽广场和古稻田均设有站点。

🎉 节日和活动

每年农历正月十五，延安市都会举办"延安过大年"活动，也是延安秧歌节。延安所辖各县都会推出特色艺术表演，市民们可以在大会演中一展身手。主要活动有陕北大秧歌、安塞腰鼓、宜川胸鼓、洛川蹩鼓、黄龙猎鼓、志丹扇鼓、延川大秧歌、子长唢呐和甘泉莲花舞等。不过在作者调研期间，各项民俗活动皆因"新冠"疫情暂停举办。

腰鼓　　　　　　　　　　　　民俗活动

除了年节时分以及概率堪比流星的偶遇，平日来到延安，你只能到王家坪革命旧址的演艺广场上守候腰鼓表演。天气好时，这里只要有团队接待，就会有腰鼓表演。而团集中出没的时间一般在上午，下午来得太晚一般就无缘一见了。

秧歌　　　　　　　　　　　　民俗活动

傍晚六七点，守在延安百货大厦前的小东门广场上，你通常都能欣赏到本地的秧歌表演，但有时只能听到并不有趣的现场演唱。每天7:40前，当地人也会在延安革命纪念馆前的大广场上扭起秧歌，这几乎成为附近居民的定时闹钟。

🛏 住宿

凤凰山北麓的北大街一带覆盖了不同价位的住宿选择，距离三山两河中心区域的景点以及以二道街为代表的美食集中地都很近，也有多路公交车可载你去其他各处。另外，靠近延安汽车东站的**天名苑步行街**上，也有不少性价比高的小宾馆。如果想住在更安静的区域，延安大学及枣园周边也可以作为备选。

延安宾馆　　　　　　　　　　酒店 ¥¥¥

（见193页地图；📞213 3333；北大街200号；标双355元起；🛜❄@🅿）作为老牌五星级国宾馆，很多领导人都曾下榻于此。宾馆保留了原先朴实方正的苏式建筑外观，内部则已被翻修一新，设施现代。它在延安的酒店中价格不算低，但物有所值，早餐十分丰盛。步行至二道街大约5分钟。

星程酒店　　　　　　　　　　快捷酒店 ¥

（见193页地图；📞820 9777；二道街35A；标双175元起；🛜❄🅿）酒店就在二道街上，你几乎能闻到夜宵摊的香味了。这里有连锁酒店标准化的设施和服务，卫生整洁。不过如果要追求周边环境的安静，不建议你住在二道街。

宝塔窑苑民宿　　　　　　　　精品酒店 ¥¥¥

（见193页地图；📞185 0911 0167；宝塔山景区内；标双700元起；🛜❄🅿）传统的窑洞里藏着现代化的房间，加上宝塔山山腰的景观，使这里成为延安最昂贵的住处之一。这里房型丰富，除了大床房及标间，还有特色大炕房和独院。

窑苑假日酒店　　　　　　　　　　酒店 ¥¥

（📞806 8888；延安大学内；标双200元起；

☎✦Ⓟ）酒店位于延安大学那六排标志性的窑洞里，室内并没有传统的炕，略带民族风设计的靠枕稍稍提亮了整个房间的色调。这里时不时会接待来考察、学习的高校人员和单位员工，因此预订房间比较稳妥。

✖ 就餐

延安几乎囊括了陕北各地的特色美食，同时也不乏关中味道的加入。洋芋擦擦、搅团、羊蹄、羊杂汤、抿节、香菇面等都是延安市内常见的陕北菜。二道街和北大街是美食最集中的地段，其中二道街的食肆和小摊会热闹至深夜。把搅团打出架子鼓感觉的网红"搅团哥"餐车，便在二道街星程酒店对面。

老延安　　　　　　　　　　　陕西菜　¥¥

（见193页地图；☎238 5777；宝塔山游客中心隔壁；人均60元；⌚10:30~22:30）尽管地理位置、装修风格和上菜的噱头都会让人觉得这是一家典型的游客餐厅，但超出预期的是这里的菜品丰富且颇为可口，价格也算公道。除了一些耳熟能详的延安特色菜，38元一套的"小米加步枪"（小米粥和羊排）非常适合单人食客。

老师家羊杂碎　　　　　　　　陕西菜　¥

（见193页地图；☎130 9804 8666；二道街夜市；人均40元；⌚8:00~23:30）这家环境并不起眼的小店并不只经营羊杂碎（28元），各种以羊肉为食材的菜式——炖羊肉（75元）、羊蹄（10元）等，均不会让人失望，再配上3块钱一个的油旋（一种油饼）作为主食吧。对了，你敢尝尝羊脑花（6元）吗？

四季有盐有味　　　　　　　　陕西菜

（见193页地图；☎777 3222；北大街慧源大厦4楼；人均40元；⌚11:00~21:30）颇受当地年轻人欢迎的餐厅，饭点通常需要等位。一份茴香煎饼（16元）足够一人吃饱，人多的话也可以体验一下葫芦鸡（69元）这样的关中菜。

老陕北抿节　　　　　　　　　陕西菜

（见193页地图；☎139 9212 2346；东关街轻化市场一层；人均15元；⌚10:00~22:00）抿节是一种榆林传统面食，如果你没有继续前往榆林的计划，不妨在延安先尝为快。这是一种用粗粮做的杂面，店家会给出十几种拌料任客人选择并调入面中，主食抿节可以无限量添加，一份15元左右。

☆ 娱乐

延安保卫战　　　　　　　　　实景演出

（枣园革命旧址以北500米；门票180元，座

延安车站时刻表

延安汽车南站

目的地	发车时间/班次	票价（元）	行程（小时）
西安	9:30, 12:00, 14:00	92.5	5
洛川	7:10~18:30，流水发车	36.5	2.5
黄陵	7:30, 9:50, 11:50, 17:50	47.5~55	2.5
富县	10:30~18:30，流水发车	23	1.5
壶口	7:30, 8:20	42.5	3
甘泉	8:20~18:30，流水发车	14	40分钟

延安汽车东站

目的地	发车时间/班次	票价（元）	行程（小时）
榆林	8:30, 9:50, 12:00	88.5	3.5
银川	9:30, 12:00	132.5	6
子长	6:30~18:00，流水发车	30	2.5
延川（经文安驿）	7:10~18:00，流水发车	27	2.5
靖边	7:20~18:00，流水发车	50.5	3

延安周边目的地旅游直通车

延安汽车南站下属的旅行社,开通了以下几条热门线路的旅游直通车,每车满4人即可发车,下列价格包括车费及门票,不含景区观光车票。虽然名曰"一日游",但只要次日还有班车发车去景区,你也可以在景区住一天,搭乘第二天的返程车。需提前致电预约(☏249 7975),之后可在工作人员提供的微信上交付定金,也可以前往南站购票。班车可以抵达乘客住处,点对点接送,回程时间可能根据景区客流、沿途交通情况调整,最好在到达后与司机确认。此外,你也可以关注网购平台的一些直通车套票产品。

站点	出发时间	返程时间	票价(元)	行程(小时)
延川黄河蛇曲国家地质公园(即乾坤湾,经梁家河和文安驿)	7:00~8:00	15:00	198	2.5
宜川壶口瀑布	7:00~8:00	15:00	198	3.5
甘泉雨岔大峡谷	8:00~9:00	14:30	188	1.5
靖边龙洲丹霞(即波浪谷)	7:00~8:00	15:00	248	2.5

位自选;⊙11:00)高仿"真枪实弹"的实景演出有现场爆破的场景,剧中包括民歌、秧歌及腰鼓元素。本书作者调研期间,演出处于疫期暂停状态,之后是否恢复尚不可知。

🛍 购物

延安比较受欢迎的纪念品主要是剪纸和腰鼓,在市区内的主要景点都能买到。宝塔山游客中心的二层有一家规模比较大的纪念品商店。

❶ 实用信息

危险和麻烦

短时间的强降雨常常会造成延安市及附近地区的道路和窑洞坍塌,出行前请注意天气预报。延安市区很多路口没有红绿灯,过马路时需多加留心。

❶ 到达和离开

飞机

延安南泥湾机场(☏881 2277)位于市区以南约16公里处,开通有往来于西安、北京、广州、上海等地的航班。有大巴往返于机场与火车站、枣园、北大街等地,大巴班次会根据当天航班出发和到港时间随时调整,可提前电询机场。

火车

延安火车站(七里铺大街沿柳林路路口)是包西铁路上的重要站点,有动车前往西安、黄陵、绥德、榆林等地,比长途汽车快很多,也有发往北京的夕发朝至直快列车。火车站位于延安市区南部(有当地人称之为南站),就在汽车南站斜对面,从市区出发的多路公交车可达。

长途汽车

延安有两个长途汽车站。**延安汽车南站**(☏249 1167;七里铺大街,火车站斜对面)主要有发往西安、洛川、黄陵等地的班车,还有发往壶口的旅游专线车。**延安汽车东站**(见193页地图;☏211 3350)即东关汽车站,有发往榆林、银川、子长、延川等地的班车。发往安塞的车(12元;7:40~18:00;1.5小时)需在东关小学(见193页地图)对面乘坐,班车也会经过清凉山景区的售票处。还有一种小面包车,人满即走,票价15元,走高速三四十分钟即到。

南站和东站售票互通,每天8:00~16:30,两站之间有免费班车往来,约每小时1班。

❶ 当地交通

市内公交四通八达,网约车和出租车都很方便。

安塞

毗邻延安的安塞有远近闻名的民间文化,剪纸、民歌和农民画,都是个中代表。不过,腰鼓才是安塞的王牌,市区的腰鼓山便竖着一面硕大的腰鼓。这里远不只有热闹的民俗，同陕北很多地方一样，安塞自古以来都是军事要地，无怪北宋时因"安定边塞"得来的城名沿用至今。安塞留有不少中原文明与北方少数民族文化融合的历史古迹，只是大多数难觅其踪，好在县文化艺术馆详细的图文介绍，让它们得以重现在观众眼前。从县城往北走，你还可以依次经过大佛寺和剑匣寺，探访不同年代的石窟遗珍。

◉ 景点

安塞文化艺术馆
博物馆

（见191页地图；☎621 2699；真武洞街文化大楼；◎夏季8:30~12:00和15:00~17:30，冬季8:30~12:00和14:30~17:00，节假日9:30~12:00和15:00~17:00）博物馆外观漂亮大气，展出的内容也非常丰富。腰鼓、剪纸、绘画、民歌等当地文化艺术主题的展区自然不可错过，在这里也可以详细了解安塞的地方史，其中对于安塞历史遗迹的图文展示，可以作为文博考古爱好者制订下一步探访计划的参考。在博物馆中的民俗纪念品商店有腰鼓、剪纸等手信出售。

大佛寺石窟
石窟

（见191页地图；206省道法院以北155米；◎8:00~17:00）鲜红色的大殿与金灿灿的柱子有些辣眼，但这只是大佛寺石窟外的保护大殿，步入殿中别有洞天——很难想象，在高楼林立的城区会有一处如此珍贵的石窟。这座始建于北朝晚期的佛窟南北绵延400余米，直到1980年才重见天日，大佛寺（也叫崇庆禅寺）内展出了其中的四窟，窟内造像多为北魏至西魏时期的产物。有趣的是，曾高踞悬崖峭壁上的石窟经历上千年的变迁，如今已经陷到了半地下。

以造像为视角从右至左，第一、第二窟内大多为新塑造像，观赏价值有限，走入第三窟则会看到陕北境内最大的石佛像，如今也是远近重要的信仰依托。大佛手势很奇特，右手结无畏印，左手也持同样手势，手部有后来水泥重新修复的痕迹，大佛两侧的力士像惟妙惟肖。第四窟内仅存内壁浮雕，但保存完好，可见佛祖诞生、步步生莲等画面。本书作者调研时，第四窟因有裂缝处于关闭状态，可与管理人员商量帮忙开锁参观。农历四月二十一和七月十五，大佛寺会有庙会活动。

从县城可坐2路公交车抵达，车程不到10分钟。

剑匣寺石窟
石窟

（县城以北12公里左右，建华镇；◎9:00~17:00）剑匣寺又名"建华寺"，始建于唐代，传唐太宗李世民曾射大蟒并拔剑题刻"龙剑之匣"，从而有了这座寺庙。石窟内的造像浮雕大多为唐宋时期所雕琢，大部分因为风化而损毁严重，但仔细观察，依然能发现一些造像的面部特征与飘逸的衣饰细节。农历四月十八为庙会时间。从县城可坐2路公交车到建华寺下车，约30分钟。从子长过来的班车也会经停建华寺站。

🏃 活动

腰鼓
民俗活动

正月期间，安塞各个腰鼓队都会进行密集排练，等待正月十四大显身手，正月十五则会集中到延安联欢（目前因"新冠"疫情暂停），其间是旅行者来凑热闹的好机会。至于黄土地上破土扬沙的腰鼓表演，只有在冬天凑巧遇上摄制组来取景时，才有缘一见。偶尔一些商店开市也会请腰鼓助阵。

在文化大楼对面的体育场、河滨公园和安塞区出口附近的刘军演艺广场（也叫安塞黄土风情园）都可能遇到腰鼓表演，如今冯家营也被打造成了"腰鼓村"，从县城坐3路公交车可达，车程仅需10多分钟。

庙会
民俗活动

除大佛寺庙会外，离县城比较近的庙会是石峁子村的六月六庙会，场面比较隆重，而唱戏、道情等活动前后会持续三四天（目前因"新冠"疫情暂停）。可乘1路和2路公交车在城北立交桥下车，过桥就到村里。

🛏 食宿

从延安往返安塞很方便，不必特意在安塞过夜。不过由于安塞位于从延安去靖边的沿途，所以如果有进一步北上榆林的计划，也可以把住宿性价比颇高的安塞作为下榻地。若想邂逅、蹲守一场腰鼓表演，可以选择住在文化艺术馆附近，这里是安塞最热闹的区域。从文化艺术馆往延河方向走，也有一个"二道街"，里头也遍布食肆，夜市时段尤为热闹。

购物

在安塞，剪纸、农民画的工作室不罕见，只是需要耐心寻找探访，主人很可能在和你的三两句闲聊之中，随手就剪出一幅好作品。这些工作室售卖的工艺品价格不定，从10元到数百元不等。参与工作室里的体验活动也别有一番乐趣。如果不想费工夫，也可以在文化艺术馆买纪念品。

转转红窗花工作室（☏132 8966 1835；腰鼓山）就在县文化馆对面腰鼓山上的窑洞中。郭搬转作为主理人，也组织农民画与剪纸项目的体验，50元/人起。

余泽玲民间艺术屋（☏138 9215 9212；blog.sina.com.cn/yapingworld；一道街老干局旁马宅2单元402室）位于政府大楼后面的小区里，余女士在自家从事剪纸、农民画和布堆画的创作。有不少爱好者特意登门翻翻这些艺术品，或买走几幅心仪的。体验项目30元/人起。

侯雪昭剪纸工作室（☏189 0911 9700）在大佛寺对面延安小区内及冯家营都有分站，需要提前预约。建议去冯家营，侯女士的丈夫陈丕亮是安塞有名的腰鼓教练，可以带你体验腰鼓村冯家营的民俗演出。

❶ 到达和当地交通

安塞汽车站（☏830 3331）距文化艺术馆约10分钟步行距离，发往延安东关小学的班次非常频繁（15元；6:10~18:00，约20分钟一趟，流水发车；1小时以上，走高速半小时）。在汽车站外也有面包车，可拼车去延安，走高速的价格也是15元。此外还有去子长（20元；9:00，11:00，13:00，15:00；2小时）和西安（100元；8:00，17:00；5小时）等地的班车。

安塞县城内有1路、2路和3路公交车。其中1路和2路都会经过大佛寺和文化大楼（政务大厅站），1路还会经过汽车站，2路还会经过剑匣寺。

壶口瀑布

（见191页地图；☏483 8030；宜川县东48公里的黄河中游；门票90元，接驳车40元；☉夏季

看壶口瀑布，去陕西还是去山西？

壶口瀑布东西两岸的景区由晋陕两省分而治之，其中陕西景区门票加接驳车票（景区大门到景点约9公里）130元；山西景区（☏0357-795 5000）的门票100元，龙洞另收20元。两边过去的门票成本很高，并且连接晋陕的黄河大桥在壶口景点以南约4公里处，没有公共交通接驳。出于这两个因素，你恐怕得提前"选边"。

山西一侧最大的亮点便是**龙洞**——沿阶梯下到河槽半崖中的龙洞平台，可以让游客低角度、近距离观看瀑布飞流直下的壮观景象，但汛期龙洞可能因安全原因关闭。而陕西侧由于地势更高，可以俯瞰**十里龙槽**的盛景。关于两侧壶口的比较，有一种流传甚广的说法是"看细节去山西，看气势去陕西"，但各花入各眼，各人的感受不尽相同。

交通也是需要纳入考虑的因素。如果去山西一侧，临汾西火车站新开通了壶口景区直通车，如果想要当天往返，则不必在吉县中转，班车8:30出发，14:00左右返回，车程约2.5小时。但若要在壶口看晨昏之景，那你可以从临汾经尧庙中转，到吉县坐16:30出发的班车，车程约30分钟，第二天一大早，再搭班车从壶口返回吉县。到吉县后，你可以北上去少有人知的**隰县**，看看凤凰山顶的"小西天"，大雄殿内有极为精彩的明代悬塑。若从吉县向东，可以去临汾市看大云寺（铁佛寺）、尧帝陵或是洪洞广胜寺。临汾也是山西主要旅游线路和高速交通线大运线（大同—运城）的枢纽。从此可以北上去**平遥**和太原，也可以南下**运城**，那里是关公故里和道教壁画圣殿永乐宫的所在。

如果去陕西一侧，从延安可以乘坐南站旅游直通车（见197页方框）抵达。从西安出发的话，有不少壶口瀑布一日游的旅行社路线，纺织城客运站也有班车前往壶口（见本页）。景区内的**观瀑舫大酒店**（☏8376888；标双430元起）设施完备，景观无双，不过冬季通常歇业。景点附近的渡口小镇也有不少新开发的农家乐。自驾可以顺沿黄观光公路北行约3.5小时，抵达延川的黄河蛇曲国家地质公园。

7:30~18:00，冬季8:00~17:30）"天下黄河一壶收"，壶口瀑布是从延安甚至西安出发的最热门一日游目的地之一，也是"黄河在咆哮"的首席代言者——1938年武汉沦陷后，诗人光未然从壶口附近东渡黄河，船夫与狂风恶浪的搏斗和高亢悠扬的船工号子，让他有感而发写出了《黄河大合唱》的歌词，之后作曲家冼星海在延安土窑里为其谱了曲。

盛名之下的瀑布是否对得起高昂的门票以及费时的交通（从延安出发单程约3小时、西安出发单程约4小时），也是很多人来此之前的疑问。景区面积不大，但当你真正站在石崖边，看到宽广的黄河被忽然紧束，形成特大的马蹄形瀑布，直接砸进脚下30多米深的石槽，这种震撼的确是不可复制的。旱地行船，霓虹通天，山飞海立，冰瀑奇观……这些名词描述着不同季节与天气状况下各异的美景，但"水大"依然是评估壶口风貌的传统标准。当晋陕大峡谷间的山桃花盛开，壶口便在4月迎来了一年中第一个丰水期——桃花汛，而气势最磅礴的时节还数7月至9月的雨季，也有人专程挑冬季去看素装银裹的冰瀑。在冰雪初消的春季，你可能会面临水不够大、未完全融化的冰凌阻挡视线甚至景区关闭的局面。赶在晴天前往的话，一道彩虹会为雄浑的黄河增添几分妩媚。

如果对远古文明感兴趣，参观完壶口瀑布不用急着乘接驳车离开，可以沿路往北再走1公里左右，旧石器时代遗址龙王辿就在你的左手边，龙王辿遗址的发掘对于研究中国北方旱作农业的起源、黄河中游地区旧石器时代向新石器时代的过渡有重要意义。

食宿

最方便的安排便是在景区住宿，渡口小镇有不少农家菜，山西侧景区也在打造农家乐一条街。

到达和离开

从延安汽车南站出发的大巴（见196页方框）会停在景区大门口，再转乘接驳车到达壶口景点。大巴会途经南泥湾，从南站到南泥湾约40分钟车程。如果从西安出发去陕西侧景区，可以从纺织城客运站乘坐大巴车（90元；14:20；3.5小时）。如果从西安去山西侧景区，可坐下午的动车在临汾西下，第二天从临汾西坐景区直通车去壶口。

延川

"文出两川"，其一为宜川，其二便是延川。黄河滋养着这片土地，也成就了让人难忘的沿河景观。天下黄河九十九道弯，黄河在延川境内就拐了五个大弯，它们不同于一般迤逦于柔软土质间的蛇曲，而是直接嵌入黄土层下的岩石中。在壶口感受过黄河愤怒的咆哮之后，你可以在这里看到母亲河温柔的一面。最知名且经典的乾坤湾和清水湾，已经被划归在了黄河蛇曲国家地质公园景区范围内。如果你是自驾出行，又只为看黄河的大湾，那么完全没有必要花钱进入景区，延川境内的漩涡湾、延水湾、伏寺湾都在沿黄公路边，壮观程度并不亚于乾坤湾，上山的土路或主路的观景台均有绝佳的观赏视角。文安驿是这两年热门的度假区，千年古驿站的名号、传统窑洞风格的精品酒店、休闲茶舍与配套剧院，让人看到了延安地区旅游开发的新思路。

景点

黄河蛇曲国家地质公园 地质公园

（见本页地图；☏833 5555；延川县土岗乡；景区通票80元，解说150元/次；◐夏季6:00~19:30，冬季8:00~17:30）如蛇身蜿蜒的曲线一般，河流在大地上画出了一道道美妙的弧线，这便是"蛇曲"之意。晋陕大峡谷内有中国干流河

值得一游

鱼儿峁——无定河曲流群与神秘的鬼方遗址

从蛇曲地质公园顺沿黄河观光公路北上直到清涧境内，你都会在离黄河数里之远的山峁间蜿蜒前行，无怪乎有人打趣说，这里的"沿黄公路"成了"沿黄土高坡公路"的简称。不要错过黄河与无定河交汇处附近的鱼儿峁，自驾从沿黄公路主路边的支路开到山顶，你会看到一座观景亭和一条架在悬崖外的木栈道（可惜作者调研期间因存在安全隐患，栈道处于关闭状态），这里便是无定河曲流群地质公园。山路两边均是悬崖，都可以俯瞰无定河曲流群深深切入峡谷的奇景，崖边还竖有科普介绍牌，介绍不同形态的曲流。沿原路返回时，注意左手边"李家崖城址"的国保碑，这里曾是商周时期鬼方国城池所在地。鬼方是一个已经神秘消失的古代部族，3000多年前，他们盘踞在陕北、晋西北以及内蒙古河套南缘，有推论称这是一支上古时期与中原人长期对峙的印欧裔部族。1983年的考古调查发现了这座面积约6.7万平方米的城址，而其中出土的类型丰富的文物与商周时期中原文化有明显差异。不过，今天已很难找到城池的遗存痕迹了。

道上蛇曲发育规模最大、最密集的蛇曲群。

近年来，原本运营松散、各自收费的小景点都被悉数纳入地质公园统一规范管理。从景区的南大门进入，门口的黄河蛇曲地质博物馆（免费；⊙8:00~17:30）适合作为正式游览的前奏。博物馆展示了关于陕北地质、历史和人文的知识，对景区内各个景点的背景也做了不错的阐释。

进景区后第一个大景点是清水湾，往返于清水湾与会峰寨的缆车（4月至11月单程80元，往返150元；12月至次年3月单程60元，往返110元；⊙8:00~17:00）会赋予你难得的上帝视角，四人座的全透明缆车值得等待。终点处的会峰寨是明代的堡寨，雄踞高处让它看上去气势十足。步道长而陡峻，全程步行需要个把小时。之后你也可沿河滨栈道步行返回（或坐羊皮筏子），可以留意沿途悬崖上的贺晶古寨遗址。离清水湾检票口不远处的清水衙门古渡口，3月至11月有私人承包的羊皮筏子（单程128元，清水湾与会峰寨之间）或快艇（80元，水上转一圈）提供渡河体验。你还可以在附近顺道参观红军东征纪念馆——清水湾是当年红军东征回陕的地方。

坐班车继续前行便会到达地质公园的主打景点——弧度更为美妙的乾坤湾（当地人通常以"乾坤湾"指代整个景区），很多黄河大湾的经典照片便在此诞生。站在观景台前，眼前的景象如同一只束了口的大布袋，大布袋的左侧（西北）是座名为鞋岛（又名定情岛）的沙洲，岛上有天然的河漫滩地貌。可以坐班车到伏羲码头后乘快艇（每位60元）上岛。码头区域有"空中飞人"索道、碰碰车、沙滩越野车之类的游乐设施，但在河滩上静静看黄河在脚下流，聆听轻柔拍岸的水声，或许才是伏羲码头更合适的打开方式。

景区内还有两座民俗古村——小程村和碾畔村，也可乘坐班车抵达。千年古窑是小程村的一大看点，关于它是否真有如此悠长的历史，而今依然众说纷纭，尖顶拱窑的形制以及窑口上的砖雕图案（找找大鼻子胡人的形象）可能与千年前的匈奴人有关。碾畔村的民俗博物馆建在原本废弃的30孔窑洞内，院落里的碾盘是陕北特色的农具。

景区内的观光车（☎833 8889；通票60元）在几乎所有景点均设有站点，非常方便。进入景区前，你还会在新土路上经过嘉平陵遗址公园，其实，埋葬赫连勃勃的嘉平陵到底在哪儿至今仍无定论，有人推测这里是赫连勃勃的衣冠冢之一。

文安驿 古镇

（见191页地图；延川县210国道上；免费；⊙全天，疫情期间7:30~23:30）说到文安驿，许多本地人都会讲起不远处习近平插过队的梁家河。或许这里的旅游开发得到了一定的政策支持，但文安驿是一座千年古驿站不假——西魏时它位于边境，隋唐时期成为驿站，后来又渐渐发展成为从西安到内蒙古一线上重要的贸易集镇，明清时期，大量边贸商人在文安驿获得补给后，一路向北去了内蒙古。虽然大多数建筑为新修的仿古窑洞，但你依然能在村外围找到老城墙和敌楼的残垣。而后山的烽燧土墩周围则成了建造别墅区的大工地。民俗村入口处不远的文州书院有百余年的历史，是延川保存最完整、年代最久远的古学堂，还曾是一所让贫寒子弟免费就读的"义学堂"，也是当地重教传统的实证。书院的修复充分尊重了原貌。古镇内还有西魏文史馆，展示了西魏的历史以及文安郡在当时的地位。如果要体验窑洞住宿，又对条件有要求，或许让这座古驿站在千年之后发挥一下余热是个不错的选择。村外一座规模颇大的新剧场——车马店剧院（☎135 7114 5114），里面还有道情演出，作者调研期间演出因疫情暂停，可考虑电询。

🍴 食宿

文安驿和黄河蛇曲国家地质公园均有住宿，没必要拐到延川县城。地质公园景区内，小程村、清水古街、伏羲码头和碾畔村有不少

沿黄河观光公路自驾

起点： 渭南潼关

终点： 榆林府谷

自驾所需时间： 5天

2017年，全长800多公里的沿黄河观光公路（简称"沿黄公路"）陕西段全线贯通，它串起了沿岸风格各异的自然风光与人文景观。你可以一路驱车（仅限7人座以下小车），顺着黄河西岸从关中玩到陕北。以下行程较为紧凑，如果时间充裕，可在途中感兴趣的目的地多逗留1~2天。

第1天：潼关—韩城（约150公里）

尽管沿黄公路的官方起点在华山脚下，但从黄河古渡边的关中东大门老潼关（见136页）出发更有意义。北行至大荔，可参观至今仍发挥储粮作用的古粮仓——丰图义仓，以及一旁的宋代建筑岱祠楼。到了合阳，可体验通往山西吴王古渡的浮桥（往返20元）。依次参观过洽川湿地（见143页）与司马迁祠（见138页）后，宿韩城（见137页）。

第2天：韩城—黄河蛇曲国家地质公园（约220公里）

早起游览过党家村（见141页）、龙门（见142页）大峡谷之后，在中午前到达壶口瀑布（见199页），午后赶往黄河蛇曲国家地质公园（见200页），看过乾坤湾的日落后，宿园内。

第3天：黄河蛇曲国家地质公园—吴堡（约180公里）

中午离开地质公园，在黄河与无定河交汇处附近的鱼儿峁（见201页方框），俯瞰无定河曲流群。回到主路，登上毛泽东吟下《沁园春·雪》的山上，那里有一个名为"北国风光"的景区。继续北行，终于告别了"山路十八弯"，从这里直到府谷，你都将伴着黄河轻松前行。在吴堡石城（见226页）游览后，宿吴堡。

第4天：吴堡—佳县（约100公里）

往佳县方向走，会陆续经过木头峪（见225页）、艺术文创小镇峪口、谭家坪天主教堂（见224页），以及白云山（见224页）。下午到达佳县县城后，先参观云岩寺（见224页），然后赶在傍晚时分欣赏"香炉夕照"（见223页）。当天宿佳县。

如果有更多时间，离开吴堡后可先拐到山西的碛口，访老商铺及黑龙庙，再去李家山探访曾受吴冠中盛赞的古窑洞群。

第5天：佳县—府谷（约210公里）

从佳县出发，途中你会路过西津寺，它与山西的东津寺隔河相对。经过府州古城（见237页）、黄河入陕第一湾（见238页）及墙头渡口（见237页），你终于看到了沿黄公路的"零公里"碑——尽管道路还会在内蒙古境内继续延伸。

管吃管住的农家乐，大多集中在小程村。如果希望拍下黄河大湾在晨光中的美景，建议在地质公园内住上一宿。文安驿的**美术大酒店**（☎833 0000；标单/双 238/268元起；🛜❄🅿）有石窟的外表，同时拥有精品酒店级别的内部设施。

❶ 到达和离开

最便捷的抵达黄河蛇曲国家地质公园的方式是坐延安南站旅游直通车（见197页方框）。从延安到延川的班车（见196页）及从延安到地质公园的直通车都会经过文安驿。

子长

子长市的前身是安定镇，1942年因纪念谢子长而改名为子长县。这里首屈一指的古迹便是钟山石窟，你也可以顺道去不远处的安定堡古城，溯子长历史之源。而我们在历史课本上读到过的瓦窑堡会议的旧址便在子长市区。子长和榆林的清涧县毗邻，如果要往榆林方向继续你的旅程，可将子长作为你在延安探访的最后一站。

◉ 景点

★ 钟山石窟　　　　　　　　　　石窟

（见191页地图；☎740 2393；市区以西约15公里；门票30元，讲解60元；⊙夏季8:00~17:30，冬季8:00~17:00）在西安的陕西历史博物馆（见82页）中便有一整座钟山石窟的复制窟，这足以说明钟山石窟的艺术价值和重要地位。目前，开凿于北宋的钟山石窟已发掘出五座窟室，唯一开放的**第三窟**（主窟）又名**万佛岩**，原有的13,000多尊造像经历长期风化和"文化大革命"破坏，如今只剩7000多尊，它们分布在坛基、石壁与八根石柱之上，与石窟浑然一体，是由整块岩石雕刻而来，前后耗费100多年才完成，每一尊造像都表情生动、造型精美，它们的存在证实了传说中石窟艺术里的"拓雕"技法并非虚构。

正殿中三组高达3米多的主佛像分别是释迦牟尼过去世、现在世与未来世的"三世像"。而胁侍大弟子迦叶的形态变化也耐人寻味，从中年壮汉到苦修老者的过程透露出时间流逝的印记。在所有造像中，右胁侍菩萨被视为钟山石窟最美的雕塑。正对三世佛的墙壁底部有一排**十六罗汉**（元代之后才慢慢演变成十八罗汉、五百罗汉）。此外，你还可以仔细找找前壁及门洞上坐姿潇洒的自在观音，还有前壁中间门洞上方的五方佛。多沿着回字形的走廊绕几圈，你会发现观音旁的鹦鹉、龙女和善财童子，他们就是最早的**金童玉女**。南壁东侧的地藏菩萨和十殿阎君，构成了宋朝雕塑经常出现的"十王经变"主题。后壁十殿阎君中五具雕像的风化残迹竟呈现出异样的美感。在东壁，你会发现**佛祖涅槃图**，比较特别的是其上有灵魂出窍的意义。许多菩萨彩塑仍然保持着鲜艳的色彩。造像包括佛像、罗汉和供养人，僧俗皆有，番汉风格齐现，内容非常丰富。画家靳之林认为，钟山石窟内造像呈现出世俗化、中国化的特点，造像的面部特征与质朴结实的陕北民众接近。

窟内还有北宋熙宁和元丰年间的多处题记，比较明显的位于佛坛右下角和右后立柱正面中部。石窟主室外的老子像、千手观音像和关公像，都是元明清时期雕塑上去的，印证着陕北地区佛道一家、三教合一的历史发展。殿内灯光昏暗，佛像的光影印在布满佛像的岩壁之上，颇有意境。

其余四个石窟均常年锁闭，自2019年起，原本在清明当天举办庙会时会临时开放这四窟的政策被中止，以后是否恢复尚无定论。不过，仅第一、第二窟留存部分文物（其中第一窟主佛像为新修，只有墙上的造像浮雕是原物），且风化严重，而第四、第五窟中均已空空如也，所以隔铁栏而望也已足够。

由于整座山很像倒扣的大钟，"钟山石窟"由此得名，当地人又称其为"石宫寺"。上山可见一座明代的楼阁式塔——石宫寺佛塔，但不能登临。沿石宫寺院墙西侧的小路往里走约5分钟，还能分别见到镶着宋代启门雕像的明代**惠善和尚浮屠塔**（普同塔），以及由八块巨型石刻组成的清代**松岩禅师浮屠塔**。

令人担忧的是，景区虽已开发多年，石窟四壁砂岩的渗水情况仍持续威胁着这里的造像和彩绘。不论参观时是否有工作人员在旁，切记不要用手触摸佛像。

齐家湾客运站（见205页）有发往钟山石窟的流水班车，回程时可在门口210国道拦返

陕北石窟入门

杨明从西安美术学院毕业,是中国古代美术及石窟的爱好者,他向我们介绍了一些关于陕北石窟少有人知的目的地和各自的特征。

不同年代的陕北石窟中,哪些是较有代表性和艺术价值的?

在陕北,从北魏(个别几处尚在北魏之前)到清代的石窟造像均有留存。北朝石窟中,大院子石窟、花石崖石窟、福地石窟、牛家庄石窟、沟门石窟、骆驼脖子石窟、云岩寺石窟、安塞大佛寺石窟都很不错;隋代有隋文帝开凿的隋代顶级皇家石窟慈善寺石窟;唐代有初唐李世民贞观二年(628年)为死去的战士开凿的彬县大佛寺;还有我们经常说的陕北四大石窟——钟山石窟、清凉山万佛寺石窟、石泓寺石窟、万安禅院石窟,它们属于宋代石窟,这一时期的陕北石窟,艺术价值是极其高的。另外,西夏党项小胡族开凿的老君庵石窟、金代的杨柳坪石窟,以及明代雄山寺石窟等,也各有特色和价值。

其中哪些石窟比较冷门又是您个人比较偏爱的?为什么?

福地石窟、花石崖石窟、香坊石窟、骆驼脖子石窟、大佛寺石窟、云岩寺石窟我都很喜欢。它们都位于北魏时期的杏城地区(今黄陵县西南),对研究佛教东传有重要的参考价值。

能具体分享一下您对"陕北四大石窟"的看法吗?

我个人觉得"陕北四大石窟"是一种比较民间的、针对游客的叫法。它们被认定为北宋石窟,但富县石泓寺石窟其实是在隋代的基础上开凿出来的,内有隋代的造像,这是在四大石窟中独有的,甚为珍贵,可惜石泓寺因文物保护缘故常年关闭。这四大石窟都各有特点,十分精美,造像偏世俗化,受到香客和百姓的喜爱,窟内遗存的题记很珍贵,这对北宋政治、艺术、地域考证有着重要的作用。在这四窟中,清凉山的万佛寺石窟盗毁最为严重。

为什么陕北的石窟特别多?

少有人知的是,陕北的石窟约有1000多处,可能比山西与甘肃石窟数量的总和还多,它们之中有很多藏在黄土高原的山坳之中,不易为人所见。石窟的开凿肯定和佛教传播是分不开的。佛教沿丝绸之路东渐传入中原大地,陕北是丝绸之路北线的必经之地,也是佛教经河西走廊向山西大同传播的重要一环。隋唐时期,很多内迁的少数民族居住在陕北一带,他们普遍信仰佛教。到了北宋,石窟造像活动从整体上进入了衰退期,陕北却迎来了佛教石窟的高潮。这与北宋和西夏之间的战事关联紧密,当时人力物力被输送到了陕北巩固边防,修筑堡寨的同时,石窟被大量地开凿在州、县、堡附近,用以超度将士亡灵、安抚饱受战争之苦的百姓,同时也震慑同样信仰佛教的西夏军队。另外,适合开凿石窟的地理条件——砂岩形成的断崖,陕北的很多地方也具备。

回子长市区的过路班车,最晚一班约在17:20经过钟山石窟。

安定堡　　　　　　　　　　　　　古镇

(市区以西约15公里;免费)不要被钟山石窟对面名称"安定古镇"的假景点误导,继续向西走1公里左右才是真正的安定堡古城。这里也是子长前身——安定县城的所在地,其建堡历史可追溯至北宋庆历年间,安定县则是在元朝设立的。如今古镇正在经历文旅开发的翻修状态,到处是工地,城内的仿古建筑与破落不堪的老民居混杂一气。不过继续往西走,你还是能找到一座老城门和一个旧水门。走出城门,便可上210国道,拦班车回子长市区。

瓦窑堡革命旧址纪念馆　　　　　展览馆

(见191页地图;☎711 0798;市区中山街中医医院对面;免费;◎9:00~16:00)1935年末,瓦窑堡会议确定了抗日民族统一战线的战略。不过,尽管这里被标注为瓦窑堡革命旧址纪念馆,官方竖起的路牌也指向此处,但这座院子并不是会议旧址,而是毛泽东在瓦窑堡会议期间的住处。会后,毛泽东便在这里做出了红军东征的决定。要去真正的会议旧址,你必须得凑齐至少3位同行者,工作人员才肯带你去参观。从对面中医院北边的巷子里进去走到底,会议旧址便在拐角处的右手边。有时"真会议旧址"的大门也会敞开,可以碰碰运气。当地人通常把纪念馆(毛泽东旧居)称为"上院",实际的会议旧址称为"下院"。从汽车站坐3路、5路公交车均可抵达。

食宿

从延安当日往返子长很方便,但如果你把子长作为从延安到榆林的途经点,那也可以在这里住一宿,汽车站附近有不少每晚一两百元的住处。住在瓦窑堡会议旧址附近也是不错的选择,这里是子长老牌的热闹街区,汽车分站也在附近。

子长清涧一带的煎饼很出名,通常用软糯又有韧劲的薄皮包裹着酥肉、猪头肉、豆腐等馅料,据说子长煎饼的皮更薄、馅更多(子长人说的)。汽车站附近的**秀红煎饼馆**(☎139 9211 9629;汽车站以西约200米路南;⏱6:00至售罄;素煎饼3元起,肉煎饼25元起)人气挺旺。

❶ 到达和当地交通

火车

子长是包西铁路上的一站,可以方便地从这里前往西安、延安、绥德、榆林、太原等地。到安和绥德车程均1小时上下。**子长站**在市区以东6公里左右,坐1路公交车可达。从火车站拼车回市区一般10元/人。

长途汽车

子长有三座汽车站。其中**子长汽车站**(☎756 8102)是总站,**分站**(迎宾路西端与205省道交叉口东南约100米)曾是老客运站所在地,距瓦窑堡革命旧址走路不到10分钟,从总站出发去延安的班车大多会在分站停靠上下客,前往安塞的班车也会在分站斜对面的公交站接客,总站出发的班车,约10分钟后到达分站。还有一座客运站是经营乡村线路的**齐家湾客运站**,从瓦窑堡往东北方向走20分钟可到,有发往钟山石窟的流水班车(5元;约30分钟1班;1小时)。比较合理的路线安排是:从延安抵达子长后在分站下车,参观完瓦窑堡革命旧址后,去齐家湾客运站坐车去钟山石窟。

黄帝陵

(☎521 2742;微信公众号:民族圣地黄帝陵;陵县轩辕大道东段;门票旺季3月至11月75元,淡季50元;⏱8:00~17:30)轩辕黄帝的故事过于奇幻,"乘龙升天"就更像神话桥段了。不过作为古华夏部落的联盟首领,黄帝的历史真实性还是几无疑问的。《史记·五帝本纪》载"黄帝崩,葬桥山",这座桥山很早就被认为是黄帝归葬处,官方祭祀最晚从汉武帝时便开始了。1944年,这里又从中部县更名为黄陵县;2006年,黄帝陵祭典被列入国家首批"非遗"名录。

"先祭庙,后谒陵"的传统流传千年,黄帝陵的布局也是分为山下的轩辕庙和山上的陵园两部分。如今的**轩辕庙**格外宏大:围绕着几座明清古建筑,花岗岩巨石建起了更加壮

子长汽车站

站点	发车时间/班次	票价(元)	行程(小时)	备注
西安	8:00, 15:00	100	5	经富县(1.5小时,50元)、洛川(2小时,55元)、黄陵(2.5小时,60元)、铜川(3.5小时,80元)
延安	5:40~18:00,流水发车	27	2.5	到达延安东站,经停子长汽车分站
安塞	9:00, 11:00, 13:00, 15:00	20	2.5	经停子长汽车分站斜对面
大柳塔	8:20	120	6.5	经绥德(1.5小时,35元)、榆林(3.5小时,60元)、神木(6小时,110元)
靖边	8:00	40	3	

不要错过

万安禅院石窟

万安禅院石窟(☎549 2575;黄陵县双龙乡西1公里;门票30元,⊙8:00~18:00)又名**双龙千佛洞**或**石空寺石窟**,虽然只有一个北宋造像窟,但保护情况和艺术价值都不错,不愧为陕北四大名窟之一,很适合抽出半天时间一游。

从仿木结构的**窟檐**下钻入洞窟,在日光、月光菩萨的注视下穿过甬道,正前方的佛龛上有三世佛及其弟子们的群像;回首观望,一尊姿态优美的千手观音像悬在上方。西壁三尊立佛的衣摆有风化痕迹,东壁的药师佛为赤足持碗的造型,后壁的五百罗汉图穿插着弟子举哀等佛经场景。

万安禅院西距黄陵45公里,从县城过去要在店头镇换一次车,但车次频繁,还算便利。在黄陵中心广场乘坐开往店头方向的客运面的(8元;20分钟一班;30分钟)到店头老车站下车,然后继续前行700米,就可乘坐发往索罗湾的面的(8元;20分钟一班;30分钟)到达万安禅院。你也可以在县城主街(轩辕大道)直接拦西行的出租车,有不少就是跑店头(10元)的。

观的殿堂,门外标志碑、鹅卵石广场、白石梁桥、龙尾道的登庙路线更是撑足了场面。刚跨入庙门,就有壮观的黄帝手植柏瞬间将人拉进历史。碑亭安置着国共两党四位最高领导人题写的四通碑刻,西侧碑廊陈列的古碑中,有带宋、元、明、清题刻的保护或祭拜黄帝陵的御碑。人文初祖大殿背后,36根巨柱撑起的轩辕殿并无墙体,通透开阔竟有几分神似帕特农神庙:这两座大殿各有一幅石刻轩辕黄帝浮雕像,同为祭祖正殿。

拜完庙后步行登上桥山约需半小时,乘电瓶车(往返20元)可省去三分之二的脚程。后山柏树森森,千年古柏就有3万余株,穿行在这片国内最大的古柏林中,肃穆之情油然而生。再次检票入陵前,可留意门外的国保碑:黄帝陵在全国第一批重点文物保护单位的"古墓葬"名目中编号为001。芳草萋萋的黄帝陵冢前总是香火不断,除上香(30元起)外,不少人还会在领口系上一条黄色的祈福平安带(30元)。登山半路上黄帝祈福邮局出售的明信片(4元起)可免费加盖姓氏邮戳,不失为有意义的纪念品。

黄帝陵每年有两次大型祭典:民祭在农历二月初二,公祭为清明节。注意公祭日黄帝陵下午才对外开放;当天上午黄陵县城有交通管制,通常在14:00左右放行车辆。

食宿

黄帝陵印池公园西侧的**桥山滨湖酒店**(☎540 8888;标双228元起,含双早;❄☎Ⓟ)是留宿黄陵的不错选择,但周围餐厅不多,可由酒店旁的天桥步行,去热闹的中心广场吃饭。黄陵的美食街在县城西侧的鼎湖路,有各种陕北风味。

❶到达和当地交通

火车

黄陵南站(田庄镇梁峁村)是包西铁路的一站,有动车和普快列车往返西安、延安等地。黄陵3路连通中心广场和南站,票价5元,班次依列车时刻安排。打车约40元。

黄陵站(秦家川村)是老包西铁路(甘钟线)的一站,每天只停靠一对往返西安和榆林的站站停慢车。黄陵发往延安的班车可到本站(5元),打车约40元。

长途汽车

黄陵汽车站(☎521 8713;三河口)又叫西区汽车站,离高速公路出口很近。这里有班车发往西安(5:30~17:40)、延安(7:00~17:30)、宜川(6:50,12:30)、蒲城(7:50,14:00)、铜川(7:45~17:30),建议提前电询具体班次。在汽车站乘黄陵1路可到中心广场和黄帝陵。

洛川

洛川在延安的最南边,因在洛水之畔得名。如果从西安出发北上,洛川会是你进入陕北的第一站,陕北几大特色皆在洛川有所体现——黄土地质公园打开了你认识黄土高原地貌的窗口；丰富的民俗文化会让你对陕北的风土人情更多几分期待；在"红色景点"中，洛川会议旧址会让你想起历史课本里的段落。苹果也是洛川的一张名片，县城里的红苹果雕塑硕大得让人很难忽略。

◉ 景点

洛川县博物馆
博物馆

（见191页地图；☏362 2284；洛川县解放路；免费进入，讲解免费但需提前预约；◉夏季8:30~17:30，冬季9:00~17:00）博物馆就在县城内，坐落在一座仿清代洛川传统风格的四合院中，院内既有陕北常见的窑洞，又有关中农村的瓦房。前院的一楼展厅以实物、蜡像、图片等陈列，生动展示了洛川的传统节庆、婚嫁习俗、民间艺术等主题，运气好的话还能蹭上团队预约的皮影戏，也难怪当地人仍然习惯地称呼它的曾用名"洛川民俗博物馆"。不过，要看到价值更高的展品，还得往后院走。这里收藏有多尊北魏以来的造像碑，包括珍贵的北魏千佛造像碑、王洪辉四面造像碑和法龙造像碑，不过讲解不包括造像展区。二楼展厅陈列有洛川出土的不同年代文物，可以结合墙上张贴的古代延安战事简表参观。镇馆之宝是清代的水陆道场画，近几年在库中修复，除特别临展外很少展出，如果慕名而来，最好提前电询。

洛川国家黄土地质公园
地质公园

如果从西安出发北上陕北，洛川国家黄土地质公园会是你体验黄土高原地貌之旅的一道"前菜"。先去公园入口附近的**洛川国家黄土地质公园博物馆**（县城以南5公里，304省道边；免费；◉9:00~17:00）吧，这里有关于黄土地质的多角度介绍，这些上百米高、数百万岁高龄的黄土峭壁剖面里，藏着黄土大地气候变迁的地质密码。记得拍下门口的公园平面图以及园内展示的特殊黄土形态的照片，很快你就能学以致用。

绕到博物馆后面，顺着对面狭窄的柏油路一直向西，经过一个观景台后，顺右边的岔路口往下走可以到达黑木沟底，步行约20分钟。你可以在这里看到千姿走向不同的小土丘，它们是正式探索地质公园的起点。现在你可以拿出刚才拍的照片，按图索骥寻找这些千姿百态的黄土地貌，步道边的科普知识牌也会帮到你。对摄影爱好者来说，晨昏时沟壑中的光影效果是最好的。

从县城汽车站往南走的短途班车都会经过国家黄土地质公园的路口。从县城打车到博物馆单程15~20元。博物馆边上的谷咀村中有不少提供洛川传统小吃的农家乐。

洛川非遗博物馆
博物馆

[☏838 8155；洛川文化馆（洛川第二幼儿园背后）广电大楼一层；免费；◉工作日9:00~17:00，如休息日参观需提前电话预约]这座博物馆低调地藏在县城内的广电办公大楼内，没有明显标志，走进去才发现别有洞天。三个展馆对洛川地区毛麻绣、鳖鼓、泥塑、农民画、树皮画等民间艺术进行了系统的梳理，也对洛川的历史文化做了介绍。在"把非遗带回家"的展厅里，作品边还留下了创作者的联系方式，观众可以直接联系创作者，拜访其工作室或者购买作品。

洛川会议旧址
展览馆

（☏386 1545；永乡镇政府以北400米左右，210国道边；免费，讲解20元起；◉9:00~17:00）1937年"七七事变"后，中共中央在这个名为"何家村"的地方召开政治局扩大会议，于是这里成为全民抗战的发起地，也是八路军的诞生地。青砖门楼的入口有"红色景区"标配的大广场及领袖雕塑，继续往里走走，你会发现从窑洞到标语，从农具到土墙，20世纪30年代的陕北生活场景都被复原得不错。洛川会议旧址包括若干个窑洞小院，作为会场、警卫室、机要室等办公所在地。值得一提的是，何家村位于当时张学良管辖范围内的"白区"，而"红区"则在此处以北数公里的地方。洛川会议为何能在此地顺利召开，第二次国共合作为何在此时开始？或许你可以去会议旧址边上的**洛川革命简史馆**和**洛川会议史实展馆**中找答案。

陕北地区最早引种红富士苹果的村子**阿寺村**离洛川会议旧址车程约10分钟，如果自驾可以顺道造访。村里仿古民居的墙上画着一些质朴可爱的农民画，讲述了洛川与苹果之间的渊源。每年四五月的花季与10月的丰收季，进村路上的苹果园风景不错。

🛏 食宿

如果要过夜,可以考虑住在汽车站附近或博物馆北边的凤栖街上,这两处吃住购物都方便。不要错过洛川特色美食——饸饹菜拌面。凤栖街以西的迎宾大道上,新建成的仿古园区——洛川民俗文化博览园中,也有不少高端些的餐馆。

ℹ 到达和离开

火车

洛川东站其实位于县城西北方约14公里处,有接驳车直达县城(6元;40分钟)。西安到延安的动车会经过洛川东站,车程都是1个多小时。有公交车往返于火车站与县城之间。洛川高铁站正在建设之中。

长途汽车

洛川汽车站(📞362 0075;中心大街)就在县城中心,有发往西安(50元;6:10~18:10,流水发车;3小时)、延安(35元;6:30~18:00,流水发车;2.5小时)和黄陵(12元;9:30~17:30,流水发车;1小时)等地的班车。

甘泉雨岔大峡谷

(见191页地图;📞456 2018;甘泉县雨岔乡;门票128元,电瓶车票70元;⏰夏季8:00~15:00,冬季8:30~14:30)"中国羚羊谷"的别称和网上美轮美奂的照片,是很多旅行者慕名来到雨岔大峡谷的原因。亿万年前,强烈的地震将地表切割出一道道造型奇特的裂缝,经过年复一年的风侵水蚀,地缝的棱角变得圆润,崖壁呈现出流水般的奇幻纹理,这便是被称为"沟谷型丹霞"的地貌。光、影、色彩都随着太阳照射角度的变化而不断变幻,于是很多专业摄影师会花两三天蹲守最满意的瞬间。不过雨岔大峡谷可游览的区域并不大,五条经过开发的峡谷平时只会开放**桦树沟**(开放区域约300米)和**龙巴沟**(开放区域约800米,再深入的1.7公里探险路线因安全原因已长时间关闭)两条(小长假可能会开放3~4条),游览线路加起来一共不过1公里左右,走马观花的话很快便能逛完,而从延安出发的话,在往返交通上就要花费5~6小时(延安至景区往返约4小时,观光车程往返约1小时)。若想在狭窄幽深的峡谷中充分体验移步换景的乐趣,不妨打个时间差,在大部分游客去出口等电瓶车和后一辆电瓶车来之前的时间独享这方天地。峡谷内的步道最窄处仅容一人通过,在陡峭的区域需留心脚下。亿万年的自然杰作不可复制,因此绝对不要攀爬非步道区域,乃至在石壁上乱刻乱画。

游览雨岔,挑个好时段尤为关键。晴天当然是关键要素。从季节上讲,夏秋两季阳光可直射谷底,效果最好,但在7月和8月的雨季,景区经常关闭,所以9月至10月可能相对稳妥。进入景区的时间点也很讲究,一般来说,10:30~13:00的桦树沟、12:00~14:00的龙巴沟光效最佳。两条沟的入口处有列举沟内所有拍摄点最佳时刻(精确到分钟)的图文说明,但由于太阳照射的角度每天都在变化,所以只能作为大致参考。考虑到电瓶车的等候和行进时间,最好在10:00前到达景区,然后在景区大门口换电瓶车进入。电瓶车每隔20~30分钟发1班,先到桦树沟,再去龙巴沟,并从龙巴沟返回。目前景区还有380元/人的**定制旅拍团**(📞456 3018)业务,包括4条沟的游览和专车、跟拍服务。

🛏 食宿

如果住在延安,当天中午前赶去雨岔大峡谷是来得及的。如果从西安、黄陵等南面的市县出发,则不用绕去延安,在甘泉县住宿会更省时间。如果你是摄影发烧友,需要在大峡谷待1天以上,那么景区所在的**张家沟村**,或者离景区约30分钟步程的**下寺湾镇**,都有住处可选。景区门口列出了张家沟村各农家乐的联系方式,价格都在100元上下。从下寺湾镇有村村通商务车前往景区(10元;10分钟)。

通常情况下,你会在景区中度过午餐时间,龙巴沟入口处有提供简餐的摊位,但还是自带干粮更保险。

ℹ 到达和离开

从延安可坐旅游直通车(见197页方框)前往雨岔。你也可以到**甘泉汽车站**(📞422 1362;宴家路与幸福路交叉口附近)乘坐前往下寺湾镇的班车(10元;6:30~18:00,流水发车),可与司机商量

2000多年前的高速公路——秦直道

700多公里,是西子湖畔到东岳泰山的直线距离;60米,是两倍于双向八车道现代公路的宽度。你可曾想过,2200多年前的秦帝国便已拥有了一条这样的"高速公路"。它知晓秦始皇"秘不发丧"的隐事,也见证过汉武帝的北征,目送过王昭君的出塞,也迎接过蔡文姬的归汉。2000年来,无数车骑在大道上驶过,直到清咸丰年间才被弃用。这便是秦直道。

"道九原(今包头九原区麻池古城),抵云阳(今陕西省淳化县),堑山堙谷,直通之",是《史记》中司马迁对秦直道的描写,秦始皇在公元前212年命蒙恬修路。秦直道是一条军事通道,如果北方有匈奴骑兵滋扰,来自咸阳郡城的兵马便会沿这条"高速公路"从关中平原一路向北,依次穿越黄土高原、鄂尔多斯高原、库布齐沙漠与河套平原,在3天内到达阴山南麓的长城脚下。蒙恬率30万工人从险峻的子午岭山脊,到荒凉的大漠,历时至少两年半才修起秦直道,铺路的每一抔黄土都经过了高温烧熟再加入盐碱的细致处理。所以2000多年来,直道的许多路段依然寸草不生。在大道修成后,秦始皇还来不及看一眼便驾崩了,他的遗体从沙丘行宫(今河北邢台)被运回咸阳,途中倒是经过了秦直道。

与秦朝另两项超级工程——长城与兵马俑相比,秦直道的历史记载实在少得可怜。尽管沿途百姓对"圣人条"(当地人对秦直道的俗称,也有推测称这是赫连勃勃在秦直道基础上修建的赫连勃勃道)的存在早已司空见惯,它履行公路的职责也持续了2000多年,但关于秦直道的系统研究进行得非常晚。1962年,记者兰草首次发表了关于秦直道的报道。而关于秦直道的具体走向,"东西线之争"的学术讨论持续了30多年,至今仍无定论。历史地理学家史念海曾提出秦直道途经甘肃庆阳的"西线说",后来,画家靳之林认为秦直道从淳化径直北上,经黄陵、富县、甘泉、志丹、安塞、靖边、横山,从榆林进入内蒙古,此为"东线说"。民间研究者则认为,秦直道可能还有中线。2009年富县段的考古发掘结果是对"东线说"的有力支持。

如今,甘泉宫遗址附近竖有高大的秦直道起点碑。黄陵森林公园的沮源关也可以看到秦直道的清晰遗迹,只是子午岭中时有华北豹、蛇等野生动物活动,不建议单独前往。甘(泉)志(丹)路上圣马桥附近有秦直道的国保碑和山崖上巨大的"秦直道"字样,向北走到山顶便可望见秦直道的遗址;也可以过桥往洛河南岸走,村子里有更完整的秦直道,小型越野车甚至可以沿土路开到富县。最壮观且易于到达的遗迹位于富县和尚塬附近,从国道边的水泥车道便可驶入宽约60米的秦直道,普通轿车都可以轻松驰骋。秦始皇当年没能完成的"自驾游",2000多年后的你倒是可以体验一番。

如果希望体验更冷门的秦直道路段,最好请一位向导。牛喜军(📞152 0929 9819)是一名探索秦直道多年的向导,可与他联系,询问最近是否有相关活动。

再加10元送到景区门口,一共约40分钟车程。从延安、西安均有动车直达甘泉北站。汽车站与火车站之间仅相隔1公里。

志丹永宁山古寨

(志丹县永宁镇西北约3公里;免费)永宁山并不算很高,但地势非常险峻,洛河在山侧流淌,易守难攻。早在宋代,永宁山便建起了军事山寨,20世纪20年代,古寨又在革命历史上留下了一笔——刘志丹将这里作为根据地,并建立当地第一个党支部。永宁山古寨最大的特色便是有几十个相互连通的崖室(俗称"窨子"),依山势凿于红砂石质崖壁之中,而上下山步道以及连接石室的阶梯十分陡峭,部分区域甚至需要攀着铁链沿悬崖边缘前行。你可以充分体验到探险的乐趣,但切记安全第一,年长者、腿脚不便者或恐高者要谨慎前往。在作者调研时,永宁山缺乏规范的管理,山中没有明显的游览路线标识,登山者多时,本就狭窄的步道人满为患,有时迎面而来的人流会让你进退两难。古寨的游客多为当地人,错开休息日前往可以避开高峰。

永宁镇很小,与志丹路交叉的主路上(即班车停靠点)有提供肉夹馍、面条等当地小吃的餐馆。

延安东站每天有流水班车(37.5元;7:20~18:00;1小时)发往志丹汽车站(☎6622380)。然后可以转乘去甘泉方向的班车(8:30、10:30、13:30、15:30),在途中的永宁镇(15元;1小时)下车,可请班车司机在距永宁镇约2.5公里的进山路口附近停车。永宁镇去志丹方向的最后一班车大约在16:30出发。从延安到永宁可经过雨岔大峡谷,如果自驾的话,可以在去过雨岔大峡谷后,下午登临永宁山古寨,当日返回延安。如果尚有时间,还可以去走走雨岔与永宁之间的秦直道遗址(见209页方框),也可以从永宁沿洛河继续西行半小时左右,透过栏杆看看宋金时代的城台石窟。

榆林

从延安继续北行,苍凉的边塞风光、悲怆的战争往事、融合的多元文化、壮阔的山河奇景——榆林将陕北的几大看点展现得淋漓尽致。不管是在古堡中眺望烽燧墩台与边墙残垣,还是在吴堡、府州等悬崖绝壁上的古城俯瞰蜿蜒东流的黄河;无论是在少数民族留下的统万城池守候大漠落日,还是在一座座博物馆里与不同年代的遗珍对望,你都会越发相信,属于这片土地的丰厚历史,曾如此真实地存在于岁月长河之中。秦时公子扶苏、末代匈奴单于赫连勃勃、明末闯王李自成纷纷将他们的名字留在墓冢、断壁与行宫之中;更多故事则透过谜一样的石峁遗址、洗练明

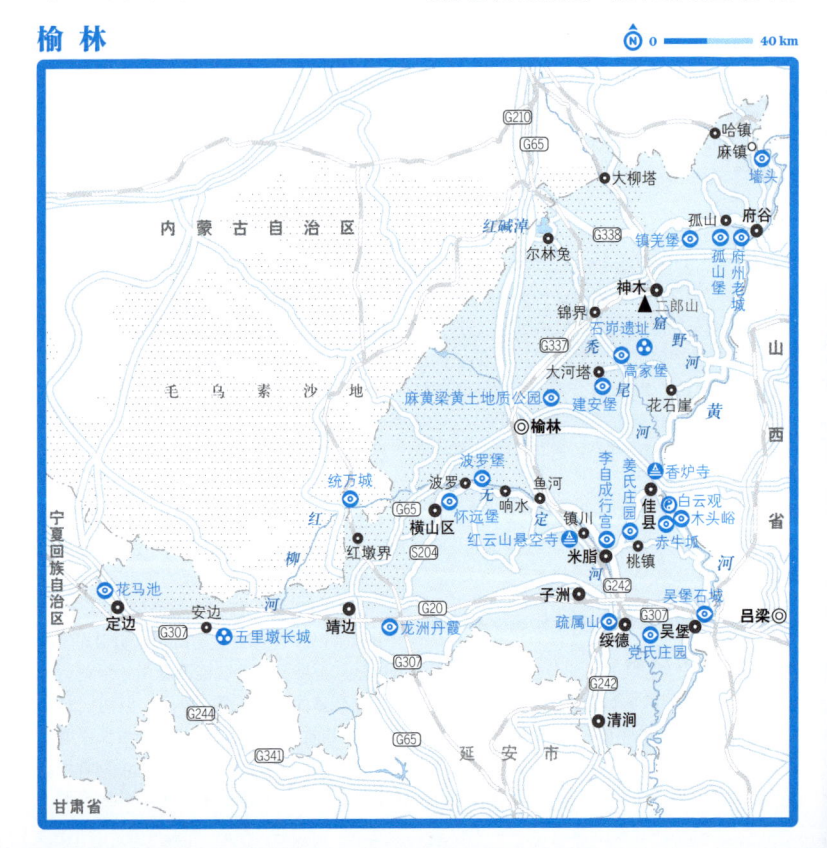

快的画像石、残破沧桑的石窟壁画、风格独特的草原文物，向后人传达隐晦的密语。然而不经意间，庙会、腰鼓、民歌的热闹氛围就会把你从对榆林厚重历史的沉思之中拽出来。

榆林不仅是农耕文明与草原文明的过渡地带，也是毛乌素沙漠与黄土高原的交会之处，这里有足以惊艳你的自然景观——龙洲丹霞的绮丽曲线里，藏着累积了近一亿年的地质密码；红碱淖、高峡平湖等湿地成就了黄土沙地间别样的灵秀。

如今，榆林的旅游发展虽然缓慢，但有着肉眼可见的进步，榆林城区（榆阳区）的文旅开发遥遥领先于其他县区之上，而统万城、龙洲丹霞、石峁遗址等地也逐渐步入规范化管理。不过随性的公共交通近年来殊无改观，不少古迹仍缺乏重视和保护。但从另一个角度来看，这份旅游业的不成熟，也让背包客们多了几分探索式的挑战。可以说，脚步至此，你的陕西之旅几乎已至最深处，一个迈步，你就可能置身内蒙古、山西或宁夏境内了。

历史

边塞之地，似乎是榆林在历史上最显眼的标签。近年来石峁遗址的考古进展却显示，4300余年前，华夏文明在榆林的厚重黄土上，已经开始了繁衍生息。

先秦时期，活跃在榆林的仍然是驰骋在马背上的游牧民族。直到秦统一六国，长城修到了陕北高原甚至河套平原，榆林作为上郡地，也迎来了公子扶苏与大将蒙恬的驻守。随后的漫长岁月中，榆林一直在中原王朝和草原雄主之间易主，古堡、将士与战马是这里的过客更是主角，其中最辉煌的一段历史，大概就是东晋十六国的匈奴政权大夏，国主赫连勃勃曾在今靖边西北部建都统万城。

明永乐年间，"榆林"之名首先出现在了史料之中。这里是九边重镇之一的延绥镇，成化年间镇治从绥德迁到了榆阳，也就是我们今天看到的榆林古城。明末最终攻破此城的，是另一位榆林人，从米脂走出的李自成。

终于，在清代这个多民族大一统国家的背景下，榆林不再是边塞之地。但日益恶化的生态环境，让榆林仍然难以摆脱苦寒的命运。20世纪80年代神（木）府（谷）煤田的发现，终于为榆林带来了历史性的转折点；但资源分布的不平均，也让榆林形成了北六县（榆阳、横山、靖边、定边、神木、府谷）富、南六县（吴堡、绥德、米脂、子洲、清涧、佳县）穷的格局。近年来，榆林也意识到产业结构单一以及依赖资源发展经济的局限性，并开始进行农业、有色金属、轻纺等多元化产业布局。

榆林城区（榆阳区）

作为"九边重镇"之一，榆林古城既被称为"驼城"，又被唤作"小北京"，多元融合的边城文化，依然渗透在榆林日常的方方面面之中。从凌霄塔到镇北台，恰好构成了纵穿榆林城的中轴线。"南塔（凌霄塔）北台（镇北台），四寺一庙，六楼骑街"的格局至今保存完整，穿行于城中的大街小巷，你会经过风格各异的庙宇楼阁，也会邂逅寄托故人思念郡城之情的四合院。走出城区，你可以到镇北台登高远望，仔细辨认散落在现代土地上的烽火旧迹；或是去红石峡抻着脖子念出豪气干云的文字，静候红山夕照的出现。

从行政区划上讲，今天的榆林城区便是榆阳区的范围，它的繁华超越了很多人的想象。这里的生活消费水平不算低，但旅行配套令人满意，不管是住宿、餐饮质量还是基础建设都不输很多大城市。

◉ 景点

榆林古城　　　　　　　　　　　　　城墙

（见212页地图；长城路世纪广场等多处进入；免费）一向处于大漠黄沙之中的榆林，如今俨然一座现代化都市，所幸榆林城墙大部分得以保存下来，因为地势较高，远远望去仿佛一条脊梁从空中升起，还有几座残缺的城楼镶嵌其中。平时只有万佛寺和凯歌楼可以登上，但在每年正月十五，城墙会开放一天。

作为"九边重镇"之一，榆林城的建设在历朝历代都很受重视。整个城墙是南北长、东西短的长方形，于1473年开始修筑，同年明政府将延绥镇治所从绥德迁往榆林。明清历经数次大修，城郭面积达到2.1平方公里。目前的榆林城墙东面和北面保留了部分原汁原味的明代城墙。如今榆林古城内依然是热闹繁华之地，沿北大街、南大街一线，杂货店、餐馆、咖啡馆、酒吧等鳞次栉比，入夜时分灯

榆林城区

火通明，与往日边城的烟火气一脉相传。很多老榆林人习惯性地将南北大街叫作"大街"，新建路叫作"二街"，他们甚至没有"古城"这个概念，这一片只是他们日常闲逛、司空见惯的老城区而已。

榆林市汉画像石博物馆   博物馆

[见本页地图；📞326 0559；世纪广场北端；免费，讲解免费（疫情期间暂停）；⏰9:00~17:00，16:30停止入场，周一闭馆]在汉代，陕北边关贸易发达，加上当时厚葬之风的助推，让陕北成为汉画像石的重要出土地之一。参观时，你可以重点关注以下陕北汉画像石的特别之处：首先是减地平面阴刻的技法，它使得画面洗练明快，拓出的画面有如剪纸，这在全国汉画像石中独树一帜；其次是保存完好的鲜艳彩绘，尤以神木大保当出土的画像石为甚；最后便是画像内容中体现出的多元文化交融，你可以看到胡人、胡服、驯象等少数民族或异邦元素，其中的题材也非常丰富，从宫廷到平民生活无所不包。博物馆除了展出神木大保当汉墓、绥德辛店汉墓、米脂官庄汉

榆林城区

◎ 景点
1 老榆林民俗博物馆 C3
2 榆林古城 C1
3 榆林市汉画像石博物馆 B3

🛏 住宿
4 汉庭酒店（中赢广场店）........................ B2
5 警苑精品酒店 C4

🍴 餐饮
6 贺家老字号羊杂碎 C4
7 康老汉羊蹄 D5
8 漠北咖啡屋 C3
9 塞上饭庄 C5
10 鲜牛奶店 C3
11 月色音乐酒吧 C4

✪ 娱乐
12 非遗展示馆 C5

🛍 购物
13 陕北婆姨剪纸 C3

ℹ 交通
14 榆林汽车站 C5

墓等地出土的画像石外，还复原了一座出土于米脂的汉画像石墓，让人更直观了解画像石在墓中摆放的位置关系。试着找一下镇馆之宝——出土于横山党岔的东汉画像石"墓门四石组合"，人身蛇尾的伏羲女娲像展现出丰沛的想象力。榆林市博物馆预计在2022年建成，届时榆林市汉画像石博物馆将整体搬迁至市博物馆内。

老榆林民俗博物馆　　博物馆

[见212页地图；📞325 5137；凯歌楼内（东门进入）；免费；⏰9:00~17:00，16:50停止入场，周一闭馆]即便没有太多价值连城的文物，榆林民俗博物馆还是值得作为你探访榆林的第一站。这里的五个展馆全面介绍了榆林城作为"九边重镇"之一的历史、古城格局的过去与现在以及当地的文化和饮食习惯，并对城中古迹进行了简要说明。除了图文与旧物的陈列，还原老街旧时盛景的全息投影也颇有意思。

陕北民歌博物馆　　博物馆

（见212页地图；📞518 5559；微信公众号：陕北民歌博物馆；红山路东路与金沙路交叉口附近；免费；⏰9:00~16:30，16:00停止入场，周一闭馆）这座崭新大气的博物馆在古城东北约4公里处，在民间音乐如此出彩的陕北地区，却没有第二座博物馆能将民歌文化阐释得如此生动而全面。两层楼的展馆以图文、实物陈列及实景演出的形式，从时间线及风格类型方面对陕北民间音乐做了全方位的梳理，你可以了解到陕北民歌的演变过程，它在宗教、风俗等方面的作用，以及它在陕北人民日常生活中扮演的角色，也有类似秧歌阵形图、民歌中的方言俗语这样的冷知识。博物馆最大的亮点在于展馆内专业人员表演的榆林小调、说书、信天游等，但只有请了解说才可以观赏。运气好的话，你可以跟着"蹭团"，或者和几个同伴分摊190元的讲解费。博物馆对面的民歌大舞台有不定时举办的惠民演出，博物馆公众号会发布演出预告。

镇北台　　城墙

（📞715 0715；榆林城北4.5公里；门票30元；⏰夏季8:00~20:00，冬季8:00~17:30，春秋季8:00~18:00）镇北台号称"长城第一台"，并与山海关、居庸关、嘉峪关并称为"三关一台"。这份名气让它不出意料地被修葺一新，与陕北其他长城遗迹相比，少了几分沧桑感。

但镇北台依然是值得你造访的景点。它是整个明长城最大的烽火台，今天，你依然可以像当年的守城者一样，站在上面瞭望四方——南面是榆林古城、北面是沙丘和绿洲相互环绕的塞外大漠，东西一线则是镶嵌着烽燧遗址的明长城，视野极其开阔。镇北台不仅是战事防御的产物，还是蒙汉之间交流合作的见证——1607年，它的修建正是为了保护彼时蒙汉官员洽谈的场所款贡城，以及位于其西北1公里处的易马城。台下的**长城博物馆**有两个展厅，分别介绍并展出了国内外长城的基本状况和榆林境内出土的瓦当、城砖及少数民族生活用品。

1472~1754年建造的，建筑风格各有千秋，虽在多年历史中陆续遭到了毁坏，但经过维修和新建后已经成为在榆林市旅游的必到目的地。你也可以钻进附近的小巷子去看看四合院。

这里的每条巷子都有自己的故事，作为"小北京"，榆林的四合院或许也寄托着当年驻边人士对都城的向往。吕二师巷得名于学识渊博的吕氏二兄弟，他们的故居榜眼府（吕二师巷4号）曾是榆林城内最气派的四合院之一，如今内部已翻修得面目全非。田丰巷3号院属于老榆林民俗博物馆的办公区，是古城内保存最好的四合院之一，老房子很有故事，可以请工作人员免费讲解。回到北大街上别忘了去非遗展示馆看看，问问当晚的演出内容。

在 ❽**南门**外的广场上，你有机会听当地人唱榆林小曲。这种南腔北调杂糅的风格会颠覆你对陕北民歌的刻板印象。可以走到贴近南门的左边巷子去拍远处残留的 ❾**东南角楼**（魁星楼）。

出南门左拐，这里的城墙已经被翻新过，非常气派。不过仍然能看到一些残砖，可借此想象一番城墙原来的样子。出南门就能看到马路中骆驼的雕塑，让人联想起榆林的另一个名字——驼城，而南塔凌霄塔就在眼前。

沿城从东南城角处拐到东面城墙下，然后任意找一条小巷穿到城墙里的路上，往北走一段就可以看到路边的 ❿**老爷庙**（关帝庙），下坡就是建于明正德年间的 ⓫**戴兴寺**。寺内北院的弥勒殿和观音堂在一些报道中被称为原洪济寺内的建筑，如今只和戴兴寺连成一体。弥勒殿里的弥勒像是明代泥塑，是庙里最珍贵的文物之一。而紧挨着戴兴寺并淹没在民居里的是 ⓬**洪济寺**的念佛堂、⓭**香云寺**和 ⓮**大庵**（观音庵）。

你可以沿下坡路走到步行街，也可以继续往北从 ⓯**梅花楼**处下到城中，最后回到鼓楼。如果意犹未尽，还可继续往北出城墙找找城隍庙和无量殿，最后搭4路公交车回到古城中心。据当地人介绍，无量殿现在是榆林香火最旺的地方，因为那里供奉着财神。

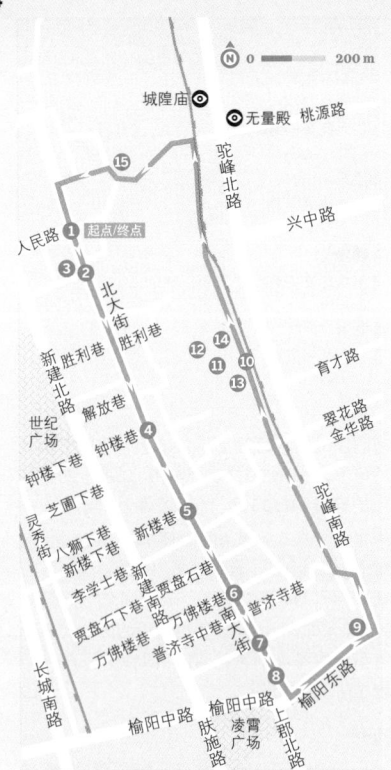

步行游览 榆林古城

起点: 鼓楼
终点: 鼓楼
需时: 3~4小时

从人民路和北大街交会处的 ❶**鼓楼**出发，就能一路走在槐树笼盖的明清步行街。这里的店铺招牌和沿街建筑都经过了特别规划，有艺术社、各色书店和古董行，也有低调的酒吧和高调的自发性群众文艺演出。沿途你会经过 ❷**凯歌楼**及其附近的 ❸**老榆林民俗博物馆**、中西合璧的 ❹**钟楼**、❺**星明楼**（新明楼）、❻**万佛楼**和 ❼**文昌阁**（四方台），其中只有万佛寺和凯歌楼可以登上。这些建筑都是去镇北台的交通十分便利,在古城乘坐11路或3路公交车到镇北台下即可。也可以从市内打车,车费10~15元。这里离红石峡只有2公里,可以一并游览。

红石峡 _{古迹}

(📞718 3765;城北5公里;门票30元;⏰夏季7:30~19:30,冬季8:00~18:00)红石峡位于镇北台西2公里处,景区范围不算大,但看点也算丰富。这里被誉为"塞上碑林",在榆溪河东西两边的悬崖上均有摩崖石刻,大多为光绪年间凿刻,其中左宗棠的"榆溪胜地"、马占山的"还我河山"等比较著名,可以寻找唯一的一块满文石刻"天成雄秀",另外还有一些特别的阴阳刻法相结合的题刻。

从古色古香的入口走进公园,东壁步道旁的石窟曾属于宋元时的**红山寺**(明清重修后分别改名为"雄山寺"和"镇远寺"),其中只有部分藻井、石刻等为古时遗留,造像多为新塑,其中**第六窟**的图案和形状不仅精美,还显示出蒙汉文化相交融的特征。不少窟室相互连通,你会时而走在修葺完好的石阶上,时而钻入窟中,"上下求索"才能回到步道上来。不要忘记寻找明代的遗迹**广泽渠**。走到东壁步道尽头,你可以选择走下河滩,亲近峡谷间的水流,也可以过桥继续游览西侧崖壁。西侧步道也凿在半崖之中,但是开阔易行很多,让你可以全心投入地欣赏摩崖石刻。一座大气的拉索桥连接着西壁步道与东壁的公园出口,不妨在桥上回望玉带一般的榆溪河——黄昏时分,泛红的石崖与翠绿的河流相互映衬,为大气的西北山水增添几分婉约之姿。

从镇北台车站沿指示牌步行大约15分钟可以到达景区。

青云禅寺 _{寺庙}

(见212页地图;📞799 5155;市区东郊青云山;免费;⏰9:00~17:00)这组儒释道合一的寺庙建筑群规模宏大,但因离市区尚有8公里而常被旅行者忽略。始建于明代的古建筑大多毁于战火,原物仅存道教区入口附近的照壁砖雕、钟鼓楼的古钟,以及佛教区的一座铁塔,还有伫立在此数百年的古丁香树。民国时期,留德建筑师李仪址主持重建寺庙,庙宇殿堂依然有很高的艺术价值,其中建于1938年的讲经堂是青云寺最后一项建筑工程,中西合璧,气势恢宏。寺东区是道教区域,布局相对紧凑,东北角有一座供奉孔圣人的偏殿,西边的佛教区域更为大气,爬上中轴线的清风楼可以俯瞰整个寺庙群。青云寺曾作为国民党的大讲堂使用,在寺庙主景区附近,还有原国民党22军陆军野战医院旧址可参观。从市区乘9路公交车可到达景区。

🛏 住宿

在老城周边住宿自然是最方便的,但条件更好些的酒店往往离古城有两三公里的距离。自驾者建议住在城墙外,因为墙内车多路窄、多单行线,行车、停车都极不方便。

警苑精品酒店 _{酒店 ¥}

(见212页地图;📞382 3333;新建南路149号;标双134元起;📶❄🅿)位置极其方便,去古城和汽车南站都在步行范围内,周围也有很多餐馆。

亚朵酒店(榆阳西路店) _{酒店 ¥¥}

(见212页地图;📞618 9999;榆阳西路85号;标双275元起;📶❄🅿)离火车站步行约10分钟,设施很新,风格现代,客房干净舒适,早餐质量不错,还提供免费的夜宵简餐。

汉庭酒店(中赢广场店) _{快捷连锁酒店 ¥}

(见212页地图;📞383 1111;新建北路194号,中赢广场对面;标双175元起;📶❄🅿)离北大街咫尺之遥,走到鼓楼也不过10分钟,距汽车北站约1.5公里。酒店是2020年新开的,房间干净,管理规范。汽车站(南站)边上还有另一家汉庭酒店,如果第二天赶车可以住在那里。

🍴 餐饮

以食材来论,靠近内蒙古的地理优势让榆林有好吃的羊肉和奶制品,这里丰富的面食和豆制品也让人印象深刻。古城内有不少火爆的小吃店,火锅店也爱打上"小北京"的旗号。最热闹的晚餐及夜宵集中地在夫子庙一带。榆林餐馆普遍菜量较大,点菜时不要太贪心。

鼓楼以北的街区有更多现代一点的餐

不要错过

麻黄梁黄土地质公园

黄土丘陵的千沟万壑并不只有苍茫这一种"画风"。红色的午城黄土与黄色的马兰黄土共同组成的丘陵脉络,仿佛触手一般伸向碧蓝的高峡平湖,雨后初晴时沙土的颜色越发火红炫目,在霞光中展现出一幅色彩饱和度极高的画卷,这便是麻黄梁黄土地质公园的核心景区。它曾经非常低调地藏在榆林城区东北约40公里处,因电视剧《龙岭迷窟》在此取景而"出圈"。目前园内已修建了完好的环湖木栈道,你可以亲近湖畔,也可以在黄土峰林上穿行,俯瞰清蓝的湖水。从公园入口到高峡平湖核心景区尚有10公里左右,路上会经过双山堡。景区开放后,是否会有通达市区的班车,景区内的交通接驳问题如何解决,是否会收门票,目前都还无从知晓。

陕北 榆林城区（榆阳区）

厅,此外你还能遇见以各种姿势在街边吃刀刀碗托的人。老城内随处可见的甜点——果馅、糖棋子和干炉也很有特色。

塞上饭庄　　　　　　　　　陕西菜 ¥¥
（见212页地图；☎352 3456;长城南路,南门广场附近;人均55元;⏰9:00~21:00）这家榆林本地人认可的老字号从南大街搬到了夫子庙。尽管包括猪、羊、鸡三种肉的拼三鲜、炖羊肉等硬菜颇为诱人,但老榆林人认为这里的豆腐是最出彩的。香甜的炸豆奶自然是不可错过的;仅漂了几根菜叶,基本不放调料的白煮豆腐,蘸点辣酱也让人回味无穷。如果你在陕北吃多了羊肉,不妨来这家店点一桌豆制品解解腻。

康老汉羊蹄　　　　　　　　陕西菜
（见212页地图；☎138 9121 0984;南大街257号;人均20元;⏰16:00至次日4:00）这里因美食节目的报道而成为"网红"小吃店,羊蹄9元/个,价格公道,比夜市摊上的更清淡,与蘸料搭配提味,还有略微骇人的羊头。

榆味拼三鲜　　　　　　　　陕西菜 ¥¥
（见212页地图；☎869 7777;怀德路204号;人均55元;⏰11:00~21:30）深受本地人喜爱的榆林餐馆,装修较为现代时尚,主打的拼三鲜（56元）分量着实不小,不适合独行者,羊肉胡萝卜馅饺子非常美味,双色皮冻焖子是当地特色,炸豆奶也不赖。就餐高峰时常需要等位。

鲜牛奶店　　　　　　　　　　　小吃
（见212页地图；☎150 2984 8912;北大街145号;酸奶3元起;⏰6:00~22:00）这家古城中的奶制品小吃店低调得没有一个专门的名字,但奶味十足的各种小吃饮料都让人感慨,这里到底是距离草原咫尺之遥的昔日边城。酥油奶皮（20元）在别处很难尝到,从冰箱里拿出来放一会儿,在刚开始变软时入口恰到好处。酸奶视杯子大小3~6元,4元一大袋的"零拷"牛奶也很诱人,店家会提醒你煮开了再喝。

贺家老字号羊杂碎　　　　　　小吃 ¥
（见212页地图；☎138 9127 0236;新楼下巷;羊杂碎6元;⏰6:00~17:30）羊杂碎是老榆林的经典硬早点,至于哪家店更好,完全是个人口味了。推荐这家老店是因为它是古城内人气最旺的杂碎店之一。还可以尝尝这里的猪头肉夹馍（6元）。如果卖得快,到了下午店门会早早关闭。

漠北咖啡屋　　　　　　　　咖啡馆 ¥
（见212页地图；☎328 1758;北大街204号;人均40元;⏰13:00~22:00）北大街一家风格小资的咖啡馆。咖啡品类非常丰富,除了常规的美式、摩卡、拿铁,还有不错的单品咖啡系列以及酒味浓郁的爱尔兰咖啡,也提供果汁软饮和鸡尾酒。

月色音乐酒吧　　　　　　　　酒吧 ¥
（见212页地图；☎325 3863;北大街13号;人均45元;⏰16:00至次日6:00）离钟楼不远,进口酒单丰富,有时会有现场乐队演出。

☆ 娱乐

非遗展示馆　　　　　　　　　　民俗
（见212页地图；☎185 9123 8888;北大街;免费;⏰9:00~11:30、14:30~17:00、19:00~

21:00,周一闭馆)古城内"国泰民安"牌坊附近的非遗展示馆在周二至周日19:00~21:00都会有榆林小曲或说书表演,可提前电询当日的演出项目。与豪放的信天游风格不同,榆林小曲融合了南腔与北调、曲艺与民歌,它的形成与清代随军或随官迁入榆林的江南艺人分不开。另外,老街万佛楼每逢大的庙会(农历二月十九、五月十三、五月廿五、六月十九)都会请人来表演。

购物

在古城内有不少民俗工艺品,如陕北婆姨剪纸(见212页地图;☏138 9222 6749;北大街186号;◎8:30~18:30)是榆林最有名的剪纸艺人曹宏霞的工作室,不少博物馆、展览馆都有她的作品。工作室就在老榆林民俗博物馆旁边,剪纸作品最便宜的20多元。

到达和离开

飞机

榆林榆阳机场(☏345 7114;榆林市西北约15.5公里)每天有多班航班往返于榆林与西安之间,飞行时间55分钟。同时也有飞机飞往北京、上海、武汉等地。

火车

榆林火车站(兴榆路中段)的动车可北上神木、府谷,南下绥德、延安、西安、安康、宝鸡等地,基本通达全省,也连接着内蒙古的呼和浩特、包头,以及山西的太原、吕梁。

长途汽车

榆林有两个长途汽车站,提供的市内、县际班车发车时间仅供参考,司机常常不满座不走人,有的班车甚至可能因人数不够等因素临时取消。因此依靠班车出行一定要给行程预留足够的时间,出发前多向车站咨询。

明长城三十六营堡

由于重要的军事防御地位,榆林是修筑长城最多的地方之一。历史上战国、秦、汉、隋、明都有过关于榆林修筑长城的记录,其中秦汉和明长城都是意义重大的万里长城。陕北境内的明长城整体呈东北—西南走向,绵延800多公里,分东、中、西三路依次穿过府谷、神木、榆阳、横山、靖边、吴起和定边。

榆林并没有像其他地区那样利用险要地势修建长城的先决条件,这段长城几乎是横亘在沙漠上的,建造难度非同一般,工程中运用了削山(将平缓的坡度铲陡)、湮谷(将沟谷挖得更深)以及填垒(把地势垫高)等手段加强防御。明朝为了安抚民间对修长城的反感,还避讳了"长城"的叫法,改称其为"边墙"。

明长城其实不只是简单的一条线,它是一个完整而复杂的防御体系,包括大边、二边、营堡以及烽燧(即烽火台)。连绵的山岇上每隔5里便矗立着一座烽火台,当地人称之为"墩台"或"五里墩",它们既是传递信息的信号台,又是小型战斗堡垒。大边、二边则是两道平行的防线,也就是大多数人理解的"长城"城墙。夹在大边与二边之间的那些军事营堡便是"明长城三十六堡"。明代实行镇戍制度,堡寨中驻扎的是世代为军户的一个个家庭。他们平时耕种,战时出征,子承父业。所以,在如今遗存的堡寨之中,我们仍会看到一个普通村庄会有的标准配置——民居、寺庙、商铺、县衙等,有些历经数度翻新后沿用至今。陕北现在的不少村落都是由堡寨演变而来的,然而,那些长城的残垣与烽燧的土墩,还是提醒你它曾经在军事防御上扮演的角色。

"36"这个数字来自《延绥镇志》的记载,但通过2011年西北大学段波主持的明长城考古调查,得出的结论是迄今发现的史传明长城营堡共44座,外加德城1座,共计45座,而榆林镇北台的长城博物馆中整理出39座营堡。如今这些古堡的现状大相径庭,在下文中也列举了一些各具特色且相对容易到达的营堡,如东路折氏家族起家之地孤山堡(见238页)、仍有生活气息的镇羌堡(见239页)、影视基地一般的高家堡(见234页)、遗世独立的建安堡(见236页),以及中路规模宏大的波罗堡(见219页)、破落古旧的怀远堡(见219页)等,作为你边关旧迹探访计划的参考。

榆林汽车(南)站时刻表

目的地	发车时间/班次	票价(元)	行程(小时)
延安	9:50, 13:00, 15:00, 17:00	87	3.5~4
西安	9:50, 每逢单日15:00(卧铺)	158, 181(卧铺)	7~8
银川	7:40, 10:40, 13:30, 16:00	135	5~6
太原	11:00	130	5~6
米脂	6:50~17:30, 流水发车	24	1.5
绥德	6:30~19:00, 流水发车	50	2
佳县	6:30~19:00, 流水发车	31	3
吴堡	10:00, 12:00, 13:30	46	4.5
靖边	6:30~19:00, 流水发车	50	2
定边	9:00, 11:00, 13:00, 16:00	82	3.5
横山	6:30~19:00, 流水发车	5	1.5

榆林汽车站(见212页地图；☎811 4920；新建南路榆阳中路；微信公众号：榆林汽车站)又称汽车南站，有发往西安、延安及太原、银川等地的班车。

榆林汽车北站(见212页地图；☎352 2219)发往神木(47元；1.5小时)、府谷(80元；4小时)、大柳塔(50元；2小时)的班车都在7:00~18:00流水发车。

❶ 当地交通

抵离机场

机场大巴(☎336 8888)票价25元，从永昌国际大酒店出发，一路经过火车站、汽车南站、汽车北站到机场。从市区到机场方向，发车时间为7:00~11:00、13:00~17:00的整点，外加20:00的末班车，从机场回市区根据航班到港时间发车。

公共汽车

市内公交十分方便，榆林的公交车站都有清楚的交通线路总图。其中3路和11路可以到达镇北台和红石峡。

出租车

起步价6元，市区内出行一般是10~15元。若有幸在郊区徒步时拦上回城车，也许可以得到"顺风价"，费用可能大幅降低。另外这里的出租车是可以不停揽客的，直到坐满为止(榆林不少县市都是如此)。这里的网约车也很发达。

自行车

榆林共享单车和电瓶车覆盖都很广，在早晚高峰的堵车时段优势尤为突出。

自驾

榆林境内虽然有四通八达的班车，但班次时间有很大随意性，自驾更加灵活。神州、一嗨等连锁租车店在榆林均有门店。

榆林地区长途汽车小贴士

➔ 榆林地区所有县市的长途汽车均由恒泰运输公司(☎353 8035)统一管理，可在公众号"信天游369"上查询订票，虽然公众号上显示的班次并不全，但几个大交通枢纽之间的往来班次均涵盖在内。

➔ 部分县市客运站也有自己的公众号，下文均有列出。

➔ 恒泰公司还提供更灵活的"定制班车"服务，其实是一种商务拼车形式，班车可根据你选择的时间段进行点到点的接送。需在公众号预约，也可打电话给恒泰公司或各县市长途汽车站预约，价格与普通班车相差不大。如果你的目的地是县市下面的乡镇，定制班车会非常方便。

➔ 书中列出的各县市班车时刻经常会调整，仅供参考，提前电询客运站更稳妥些。

横山

历史上横山是军事防御的天然屏障，可谓榆林地区作为兵家必争之地的典型代表。它一直是汉匈拉锯战的前沿，尤其在宋朝时，横山北为西夏，南为大宋，这里的边境线犬牙交错，几度在宋、西夏和金之间易主。境内零散的堡寨遗址便是历代各势力攻守进退的擂台：新旧杂陈的波罗堡、闹中取静的怀远堡，以及与统万城遥遥对望的响水堡皆是如此。对"民俗控"来说，来横山最想见识的还是腰鼓表演。横山的老腰鼓不同于略洋气的安塞腰鼓，它的"土"让不少学者推测这里才是陕北腰鼓的发源地。

如今，北邻榆林城区的横山已撤县建区，"榆横一体化"是近几年的政策趋势，不过城区仍显陈旧杂乱，与榆阳区（榆林城区）的市容市貌还无法相比。

⊙ 景点

波罗堡　　　　　　　　　　　　　城堡

（见210页地图；县东北25公里波罗镇；免费）这是明长城36座营堡中开发力度较大的一座城堡。"波罗"来自梵语，据说北魏时这里已有古寺与石窟，但城堡始建于明正统十年（1445年），至清乾隆年间定型，城周1公里余，有东门（凝柴）、南门（重光）、大西门（凤翥）和小西门（通顺）。目前新修的仿古建筑与残破废弃的民居混杂于古堡之中，南城墙、南城门与北城墙都被翻修一新，东城墙依然保留着夯土残垣的状态。新铺就的明清商业街在古堡中轴线的位置，串联起玉皇阁和几条牌楼，本书作者调研期间空空如也，乏人问津。

接引寺占据古堡的西北部分，山门就在班车停靠的街上，可以作为探访波罗堡的起点。这座诞生于唐代的寺院依山而建，拾级而上可以看到主殿内残毁的石佛，据四块当代碑文记载，它曾经被西夏李元昊定为国寺。走到凌霄塔与望湖台附近，便可登上北城墙俯瞰无定河。随后沿着北城墙一直往东走会看到新老城墙的交界点。出于对老城墙的保护，请不要在残墙上行走，可以顺着东城墙下的步道一直走到南城门，再沿中轴线回到北边下山。接引寺门前的马路分外热闹，有很多小饭馆。

从横山汽车站可坐2路公交到达波罗堡。

怀远堡　　　　　　　　　　　　　城堡

（见210页地图；县城东2公里山上；免费）横山的古名便是怀远。怀远堡始建于明天顺二年（1458年），清代在横山境内设县时是县治所在。土地革命时，刘志丹曾率红军攻城未果。城堡几经战火和"文革"的破坏，老建筑损毁严重。城堡内的几座庙为新修，北城墙尚留门洞与残垣，可在此俯瞰城区。怀远堡本身看点不多，但离横山老城很近，顺道一游也不费工夫。在南二街沿东门沟路往上走，10~20分钟就能到城堡。

☆ 活动

横山老腰鼓　　　　　　　　　　 民俗活动

正月十五，横山区会有盛大的腰鼓表演。平常日子里，河滨公园偶尔会有自发的腰鼓表演，有时新店开张也会邀请腰鼓队助兴。"新冠"疫情期间，表演会暂停举行。

另辟蹊径

唐代古刹——五龙山法云寺

法云寺在横山区以东约25公里的五龙山上，不仅游人罕至，在农历三月十八庙会以外的日子，连本地香客都不多见，这倒成全了它的避世与清幽。法云寺始建于唐开元年间，至清代还被知县苏其焰推为怀远八景之首。尽管寺中造像都是后来新塑的，建筑也经过数次翻修，但整体格局都被很好地保存下来，寺庙依然有古色古香的味道。沿着窄而陡的石阶继续往上，会发现这是一座"上佛下道"、佛道合一的寺庙。古寺最著名的建筑是魁星楼，它坐落于古老大气的正方形全石台基之上，台基还嵌有一块上书"青云"的清乾隆年间的石匾。顺水泥路上山，你会看到右手边有一个石质水渠，水渠干涸时可以顺水渠抄近道上山到达寺庙，从山脚到寺庙步行约15分钟。

🛏 食宿

横山是靖边与榆林之间的必经之路，你可以安排白天游览横山，而后去榆林或靖边住宿。在横山汽车站附近有不少以"大酒店""国际酒店"为名的住处，其实都是条件普通的旅馆，几十元到上百元不等的价格倒也和条件相匹配。

横山的招牌美食就是一切和羊有关的食物，汽车站附近食肆众多。**横源特色大锅羊肉**（☎789 3999；自强西路与南大街交叉口以西约100米；人均70元；⏱8:30~21:30）离汽车站约5分钟步行距离，大锅羊肉适合多人分享。**祥舒炖羊肉**（☎158 9126 5558；自强东路与南大街交叉口以北约150米；人均30元；⏱8:30~21:30）离汽车站约10分钟步行距离，羊肉面很适合独行食客。

ℹ 到达和当地交通

榆林至横山开通城际公交后，原本走高速的班车线路取消，城际公交从**横山汽车站**（☎761 2243；怀远西路口）出发（5元；6:20~19:20，流水发车；1.5小时），停靠榆林南站。另有发往靖边（35元；7:00~19:00，流水发车；1小时）、延安（低速60元，7:00，8小时；高速75元，9:00，4小时）和西安（108元起；7:30，10:00，14:30；7小时）等地的班车。

靖边

与"文出两川"相对应的"武看三边"便包括了靖边，其地名中便暗含"绥靖边疆"的期许。与更西面的安边、定边相比，靖边还有更重大的意义，它是匈奴国建立过的唯一都城——统万城所在地。红柳河（无定河上游）兀自流淌，长城横贯东西，见证着古战场昔日烽火的历历往事。靖边的景点不多且分散，却有陕北地区人文与自然领域两大重量级看点——苍凉而壮观的统万城遗址是古迹爱好者绝不会错过的朝圣地，绮丽而魔幻的龙洲丹霞是让摄影师流连忘返的地质奇观。

靖边北邻内蒙古，越往西北走视野便越发开阔，边关大漠的景象也在眼前铺展开来。青银高速和包茂高速在靖边城外相交，太中银铁路穿城而过，旧时的军事要地，成了南来北往客方便抵达的西北小城，不如在此停下脚步，或畅游山水，或屏息怀古。

⊙ 景点

★ 统万城 古迹

（见211页地图；靖边县北60公里的红墩界镇白城则村；免费；⏱8:00~18:00）"统一天下，君临万邦"，大漠中赫然升起的雪白城池就这样孤傲地倚在陕蒙边界，这是中国唯一的匈奴国都遗址，也是匈奴称雄一时的历史佐证。东晋十六国之一的大夏，本是逐水草而居的游牧民族，在匈奴末代单于赫连勃勃的带领下，于当时还是"临广泽而带清流"的此处走下马背，修建起如此庞大的一座都城，所以统万城又被称为"赫连城"与"夏都"。难得的是，经过了1600多年的岁月洗礼，你仍能从统万城的废墟一窥它当年"高隅隐日，崇墉际云"的雄伟。统万城经历的加固与修复完全不着痕迹，残败的美感并没有被画蛇添足般的翻新工程破坏，而其城垣与同年代的遗迹相比，算是保存得非常完整了。这可能要归功于建造时使用的特殊材料——石灰、石英砂、白黏土和糯米汁所制成的"复合土"，这让城墙焕发出洁白的光彩，也使它坚硬无比，屹立千余年而不倒，时至今日，走在这座"白城子"之上，仍感觉如履岩石。绕目前保存下来的统万城遗址（即西城，东城已基本看不到古城痕迹）一周约5公里。南城墙多个**马面**（敌台）高30米左右，已被风化出很多孔洞，飞鸟在此筑巢。到南城墙西端后转而北行，会在西城墙看到一座已经历过考古发掘的保存完好的**瓮城**，城角上长出的一棵孤独的榆树让此情此景多了几分生机。城中有一座似是制高点的楼台，那便是祭祀用的**永安台**。之后，一路顺着北城墙和东城墙的残垣，便可以继续回到南城墙来。在东城墙，你可以看到一些以前居民在城中凿出的窑洞，出于文物保护的考量，他们已悉数迁走，你可以试着在某个人去楼空的院子里，寻找最早为统万城竖立的那块老**国保碑**。如果你在下午探访统万城，到日落时分，雪白的残墙会被夕阳染成金黄色，而如果碰上漫天晚霞（夏天居多），"白城子"又会泛起红光。

预计到2021年末，景区附近会建起统万城博物馆，届时收费情况和参观路线可能会

靖 边

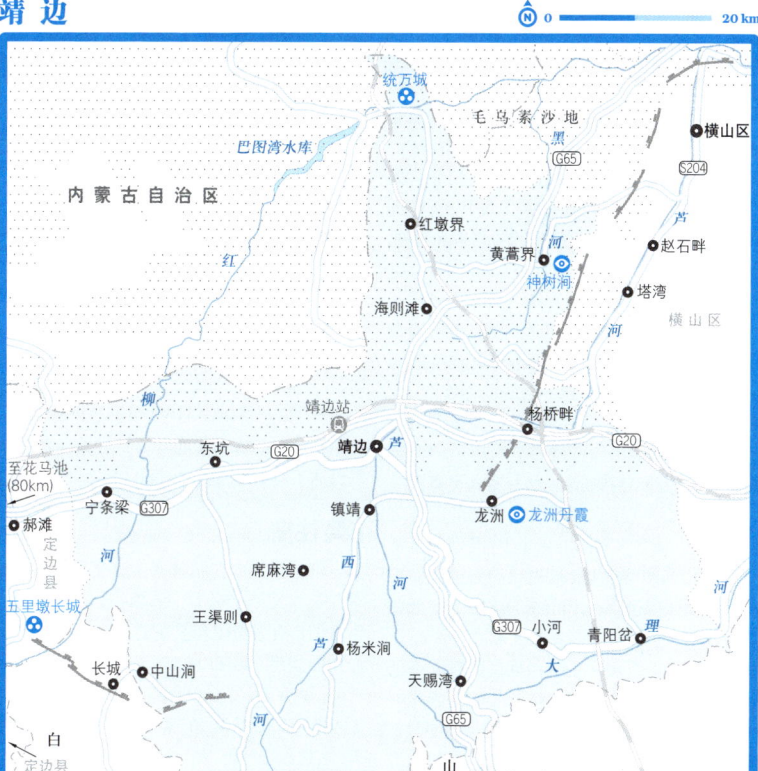

发生改变。可提前联系统万城讲解员李少鹏（☎137 2079 6726），他会提供详尽的统万城历史讲解（收费100元起）。

从靖边到统万城，可以坐去白城则村的班车，通常每天在12:30和16:30各有1班（15元；1.5小时），但不固定，建议提前电询靖边客运站，回程时间也请与司机确认。从白城则村走到统万城约3公里，可以请司机把你放在离统万城最近的路口，步行约2公里可达。如果要在统万城守候落日，那么当天很难折回靖边县城，可以去白城则村寻找提供住宿的农家，卫生室旁便有一家（☎130 3894 2441）。在下车的路口也有一家农家乐（☎132 8977 9766），条件都非常简单，价格是四五十元。或者你也可以试试找自驾旅行者或搭当地进城的车回县城，也可以托旅馆老板帮忙找车。从靖边包车去统万城往返要价200元起。

如果从靖边自驾前来，可以顺路游览神树涧（见本页地图；尔德井村），这里又被称为"怪柳林"，有很多栽于清代的古旱柳，在到达统万城之前，还可以跨省境造访内蒙古的巴图湾水库，在桥边、岸堤便可近距离欣赏清澈的湖水，和花60元门票进公园的所见相似。

龙洲丹霞 地质公园

（见210页地图；📞483 0101；靖边县东南22公里处龙洲镇；门票100元；⏰7:00~17:00）其实没有必要以"中国波浪谷"来附会美国亚利桑那州的"波浪谷"（The Wave），因为这里丹霞与黄土结合的地貌、险峻的古堡寨都是独树一帜的亮点。2021年初，经过了多年封闭建设的龙洲丹霞景区终于开放，长约6公里的木栈道贯穿起了火焰丹霞、赤壁丹霞、地心丹霞等不同地貌特征的景区。火焰丹霞波纹最柔和、色彩最鲜艳，呈现出舒缓的水流效果。赤壁丹霞位于清澈的流沙河两侧，与黄土地貌有机结合，断裂的崖壁线条更为凌厉，4月至8月可以试着来寻找国家一级保护鸟类黑鹳。而到了地心丹霞，你便开始在幽深的峡谷之中穿行，一汪碧水对岸的悬崖上，几眼窟洞正是传奇的闫家寨遗址。规范化的管理让你不用再冒着被某些私人向导蒙骗的风险（至今仍有人在入口附近招揽游客，无须理会），更重要的是，步道避免了游人直接踩在近一亿岁高龄的红砂岩上，这会对丹霞地貌造成不可逆的破坏。全程步行下来需要3个多小时。如果赶一大早前往，可以拍到朝霞中的火焰丹霞，快到中午时，走到地心丹霞景区，阳光恰好射进谷底。另一个选择则是在日落时静候夕阳洒在波浪谷中，景区清场约在19:00，注意控制时间。景区还修建了额外收费的玻璃栈桥与人行电梯等设施，反而影响了原有的和谐感，对年轻体健者来说，栈道和阶梯都很好走，无须多付费，扶老携幼倒是可以买一个轻松。

在前往龙洲丹霞的路上，你会经过一段明长城，而如果从景区门口继续往南走2公里左右，还可以看到西门台古城的夯土遗址。

如果想探访清晨的丹霞，你可以选择在龙洲乡住一晚，这里有数十元至上百元不等的旅馆。如果自驾的话，完全可以住在靖边县城，从县城过来仅需半小时左右车程。

靖边到龙洲乡的班车在作者调研时已被取消，只能在汽车站附近寻找包车，单程50元/车，往返依逗留时间而定，可高达200元。不过景区计划在2021年底开通从县城前来的旅游直通车，可在游览前电询。

🛏 住宿

靖边县城内住宿选择丰富实惠。汽车站所在的人民路上有不少酒店，连锁酒店是比当地的自有品牌更稳妥的选择。汽车站对面的星程酒店（📞481 8333；天赐路；标单/双181元起；📶❄🅿）是2021年新开的。锦江之星（📞804 7400；标双110元起；📶❄🅿）性价比更高，从这里步行至汽车站约1公里。

🍴 餐饮

靖边人民对于羊肉也有挑剔的味蕾。这里比榆林其他县城繁华很多，即使到了晚上11点后也很容易找到吃东西的地方。

野心勃勃的赫连勃勃与"君临万邦"的统万城

从史书记载中来看，赫连勃勃无疑是充满野心而冷血残暴的形象，但你也不能否认他的雄才伟略，以及他在北方少数民族历史中留下的浓墨重彩的一笔。赫连勃勃是十六国时期大夏开国皇帝，曾花6年（一说5年）时间建成了统万城，从此，这座都城便成了整个陕北地区民族冲突与融合的一个缩影。虽说冷血残暴、铲除异己是赫连勃勃的标签，但在他建都之后，统万城也确实见证了各族人民在此共同生活的繁荣之景。其实，他一改先辈居无定所的传统而建立都城的行为本身，也映射了他对中原主流文明的认同。统万城这座都市没有因为大夏的短命而早夭，从北魏到隋唐，它依然是北方的大城，曾经被作为夏州和朔方的州郡，到了唐末，则被李元昊的祖父设为党项族的都城——赫连勃勃和李元昊本为西夏的两支，并无亲族关系，先后在统万城建都倒是他们的一个交集。唐末诗人李益曾为统万城写下"故国关山无限路，风沙满眼堪断魂"的诗句。宋太祖出于军事目的，下令废城迁民，统万城从此淹没在历史之中。在宋朝毁城的时候，统万城人口数量已经达到了20万之多。

靖边汽车站时刻表

目的地	发车时间/班次	票价(元)	行程(小时)
榆林	6:00~19:00,流水发车	50	2
定边	7:30~17:30,流水发车	50	2
横山	7:30~17:30,流水发车	35	1.5
绥德	9:30、12:40、15:30	56	2
子长	13:00	40	3.5
西安	6:50、8:10、9:30、10:10、12:00、14:20、17:40	136	6
延安(经安塞高速口)	7:00~17:40,流水发车	50	2.5
银川	每天情况不同,请当天一大早电询	75	4.5
乌审旗	7:30、11:10、13:00、14:00、15:00、16:30	45	3.5

庞学勤四十里铺兄弟羊肉面 面条 ¥

(☏153 5389 6300;统万路与长城路交叉口以北50米;羊肉面27元起;◎8:00~22:00)羊肉与面是陕北最经典的搭配,如果没计划去四十里铺羊肉面的大本营绥德,那就在这里大快朵颐吧。

美味思家常菜馆 清真菜 ¥¥

(☏463 0338;长庆路南段宝龙达酒店北;手抓羊肉78元/斤;◎9:00~23:00)手抓羊肉很受好评。

乔沟湾老婆婆风干羊肉剁荞面 面条 ¥

(☏486 5456;长庆路与人民路交叉口;剁荞面34元起;◎7:30~22:00)剁荞面是靖边一大特色。这家店的羊肉汤和素汤也很不错,面和汤料都不限量供应,再辅以洋姜等作料,非常够味。

❶ 到达和离开

火车

作为太中银铁路线上的一站,从北京、太原、西安、延安、绥德、定边、银川、兰州、西宁等地均可坐动车直达靖边,不过去延安的话,汽车更快些。

长途汽车

靖边汽车站(☏463 0950;人民路;微信公众号:靖边汽车站)是榆林西部的交通枢纽,向东连接绥德,向南通往延安,北面有来自榆林的长途车,向西则可以经过定边去银川。

佳县

佳县有个美丽的古名,唤作"葭州",因芦苇丛生的佳芦河而得名,不过令这里景观真正不同凡响的,则是更为辽阔的黄河。这是一座依山而建的"3D"城市,纵横的街道切在山壁之上,在马路上便能从不同的视角看到黄河。悬于绝壁之上的香炉寺、云岩寺的平台以及道教圣地白云山,也都是俯瞰黄河的好地方。而沿黄公路佳县段也充满精彩,木头峪的老村落、谭家坪的天主教堂、艺术小镇峪口皆因与黄河毗邻而焕发出不同的光彩。

从佳县跨过黄河,你可以去造访山西的碛口和李家山,那里的镇子、村落格局和老建筑保存得更为完好。佳县还是中国红枣之乡,每年9月后,新鲜大枣便上市了。

◎ 景点

香炉寺 寺庙

(见210页地图;☏134 0292 5928;佳县城北老城路东;门票20元;◎8:00~17:00)这座建于明万历年间的寺庙规模并不大,但有真正的黄河绝壁奇景,尤其是观音阁,它孤立于山峰之外,由直径5米、高20多米的天然石柱兀然托举,高高地矗立在黄河之畔,三面悬空,仅由一座木桥与香炉主峰相连。登观音阁俯瞰黄河、大桥以及对岸的山西县城,别有一番壮阔。傍晚,夕阳为香炉寺的孤傲气质又添了几分柔和,这便是佳县八景之一的"香炉晚照"。真正行于其中,感觉并没有远观那样险峻,但还是要在安全范围参观,不要翻到栏杆外。香炉寺佛道合一,除观音阁外的其他庙宇建筑皆在主峰之上。可以顺景区边上的小路直接下到黄河边,感受一下欣赏香炉寺的

陕北村庄名中隐藏的地理密码

在黄土高原的山坡上、沟壑间,镶嵌着一座座村庄。你走在这片土地上,会发现很多地名有相同的后缀,却说不清其代表的意思,甚至会看到一些生僻字。其实,只要了解这些地名后缀的意思,也就大致能了解这个村庄处于什么样的地形中了。

峁(mǎo) 孤立的黄土丘,好像馒头状浑圆的山包,大多数峁是黄土梁受到进一步侵蚀切割形成的。

梁 在信天游中是不是常能听到"圪梁梁"这个词?梁便是指山谷或凹地之间的一块比较小的狭长高地,一般比两边的山矮得多。

塬 黄土高原地区因冲刷形成的高地,四边陡,顶上平坦开阔,由黄土覆盖。

圪(wā) 不管是官方读音还是陕北方言中,圪都读作"wā",但在一些当地看到的地名注音中,它却经常被标成"guā"。圪是土堆、山坡之意。

堰(yān) 两山之间的山地。

辿(chān) 字典中很难找到相关的官方释义,当地学者认为这个字是指"水边的高地"。

仰视视角。寺庙其实没有严格的开门时间,如果到达时大门紧闭,可以打电话请工作人员帮忙开门。

从客运站到香炉寺路程约1.5公里,公交车班次不多,且在主路下车后仍需走一大段山路,建议直接步行前往。通过老城墙门洞顺着坡道和指示便可以到达寺庙。

白云观　　　　　　　　　　　　道观

(见210页地图;📞601 0866,佳县城南约5公里的白云山上;门票1月至10月60元,11月至12月30元;⏰5:00~19:00)沿黄公路沿线,白云山上的白云观号称西北第一道教圣地,这里共有54座庙宇殿堂、99处古建筑、1900幅壁画、160块石碑和40余块匾额。建筑大多建于明清,虽以道教为主,但诸神荟萃,无论来求什么,总有对应的神仙庙观,难怪这里香火常年都很旺。

由于庙宇较多,游览时请按照一定的路线来走,否则会兜兜转转分不清方向。三清殿是白云观最早的一处庙宇,始建于宋代。真武大殿则是这里最豪华的一处殿阁,大殿门前常年香火旺盛,对面三洞戏台上的装饰也十分精致。注意,你会时不时遇上测字算卦的热情老道士,怎么应对就看你的抉择了。

白云山一年有三次大庙会:农历三月初三、四月初八和九月初九,周边信徒都会聚集于此,规模盛大。赶上庙会需要运气,听到白云观的音乐也需要运气。

佳县1路车的终点站便是白云山广场。庙会期间,可能会有专线车从榆林直达白云观,可通过榆林汽车站公众号获得相关信息。本书作者调研期间,白云山景区因疫情原因关闭,建议参观前电询。

云岩寺　　　　　　　　　　　　寺庙

(佳县木厂湾村北;免费;⏰8:00~18:00)这座佛道合一的寺院就在白云山到香炉寺的途中,也建在黄河畔的高崖之上。寺内凿在岩壁上的石窟以狭窄陡峭的石阶相连,其中一些宋代的造像十分珍贵,但大多都已被重新装饰彩绘过。根据李淞的《陕西佛教艺术》描述,榆林地区有11处可确定为宋元时期的石窟,其中最为明确的就有佳县云岩寺石窟。由于有明确纪年,这里的历史文物研究价值非常高。

包括主殿**大雄宝殿**在内的部分区域在作者调研期间并未开放。

1路车会经过云岩寺,游玩白云观回程时顺道一游很方便。从汽车站可以坐1路、2路到云岩寺,步行约需30分钟。

谭家坪天主教堂　　　　　　　　教堂

(沿黄公路佳县段;免费)在白云山以南约5公里的沿黄公路一侧,你很难注意到山上还有一座天主教堂,但请别错过它。沿着进村土路上山,一路皆是废弃破落的小院,不到10分钟爬到坡顶之后，一座气势不凡、细节精美的天主教堂会神奇地出现在眼前。谭家坪天主教堂在1900年前后由西班牙传教士主持建设，是榆林教区年代最久、保存最完整的教堂，呈现中西合璧的风格。教堂主殿平时处于锁闭状态，门上电话的钥匙主人已经年届八旬，且居住地距教堂尚有一段距离。这里最精彩的看点是你自己也能抵达的，从主殿左侧可以找到一段非常狭窄的石梯，拾级而上爬到教堂屋顶，哥特式风格的钟楼、十字架、流淌向天际的黄河和对岸延绵不绝的黄土高原会在眼前同框，令人深感震撼。

赤牛坬   村落

（见210页地图；☎697 0515；佳县城南约35公里；50元；⊙8:00~20:00）赤牛坬民俗村的旅游开发痕迹颇重，但它在普遍萧条冷清的陕北乡村中也算是独一无二的。这里交通并不算便利，只能自驾前往，但即使是旅游淡季也不乏游客。这里有几大看点：一是收集了民间各种物什的**陕北民俗博物馆**，窑洞里的布展主题全面、直观并充满亲和力；二是村民自发排练、在村里广场上表演的实景演出——"高高山上一头牛"（每周末及人多时的工作日13:30~14:00）；三是依山而建、相互连通的窑洞群，被当地人称为"小布达拉宫"。这里热火朝天的气氛与朴实的乡情让到访者觉得闹有闹的欢乐，俗有俗的可爱。村内**大食堂**可以点菜，也可自助（30元/人），不要错过好吃的枣糕，每年新春（非疫情期间）还会举办规模盛大的"千人枣糕宴"。

木头峪   古村落

（见210页地图；沿黄公路佳县段；免费）佳县县城以南约20公里处的沿黄公路边上立起了一座新修的大牌坊，显得有些不伦不类，穿过建设中的游客中心广场，才算真正走进了木头峪古村。很难想象这座破落的村子曾是商贾会聚的水旱码头，沟通了陕晋蒙之间的商路往来。如今一座座清冷的大院，正是当年衣锦还乡的陕帮商人留下的。

不少画家和摄影师会慕名来到木头峪，在这座黄河边的古村中寻找灵感。村口是一座小小的老庙，村内街巷纵横，古屋老树自有一种残败的美感。在村口聊天的几位老人几乎就是住在这里的全体村民了。宅子多为明清所建，是砖瓦抱厦的四合大院，大多早已人去楼空。**德福巷**的几处老宅原貌保持尚好，一座座石砌拱门由近至远排列，营造出一种纵深感。

村口广场上立起了对木头峪的改造计划展板，看到与村内古建筑很不相称的游客中心大楼，你可能希望这一切来得再晚一些。村内几乎没有食宿设施，公共交通极其不便，但自驾者值得一来。

🚶活动

九曲黄河阵   道教节日

白云观广场每年正月十五和九月初九都会举行隆重的**转九曲**。在《封神演义》里，九曲黄河阵是武王伐纣时遇到的奇阵，赵公明被姜子牙用钉头七箭书射死之后，他号称三道姑的三个妹妹（云霄、碧霄、琼霄）联合闻太师摆成了一个九曲黄河阵。出于对兄妹情的敬重，当地人对帮助纣王的三位道姑都很尊敬喜爱。除了白云观，神木的二郎山、吴堡古城和榆林城外的红石峡都有三圣母的塑像。黄河沿岸的山陕人民把九曲黄河阵当作一种祈福的仪式。在九曲每一弯的中心有九根高杆，上挂大灯笼或蜡烛，如果是灯笼，会写着福、禄、寿等字。凭着智力转完一圈的人，这一年都会没病没灾，生活健康。

佳县汽车站时刻表

目的地	发车时间/班次	票价（元）	行程（小时）
榆林	6:30~18:30，30分钟1班	49	2
绥德（经过米脂）	7:20	50	3
神木	7:30, 13:50	50	2.5
西安（经过延安）	7:30	130	8
太原	6:00, 8:00, 13:00	60	6

食宿

佳县当地最大的商业中心就是影剧院广场，主要的住宿和就餐点都在附近。沿着人民路、老城路都有些吃喝的地方，可以吃到抿节、羊肉面和烧烤。

❶ 到达和当地交通

佳县长途汽车站（☎672 1724；北门坡37号）有发往榆林、绥德、西安等地的班车。

吴堡石城

（见210页地图；吴堡县城东北3公里的山梁上；免费）黄河边有两座著名的"石城"，一为吴堡，二为府州，城内的建筑均为石质而非砖木结构。由于保护修缮工作颇为用心，吴堡可谓西北地区迄今保存最完好的千年古县城。古城罕有住户，老建筑或是被尊重原貌地"修旧如旧"，或是保持着颓败的状态，待技术与时机成熟再行修复，因此很难看到不和谐的元素。石城又被称为"铜吴堡"——"铜"意味着古城有铁壁铜墙般的防御体系与天险庇护，"吴"则指向了这里曾安置被俘吴人的往事。如今斯人已淹没在历史长河之中，但傲立于黄河西岸峭壁上的古城，依然不减当年易守难攻的雄天气度。

吴堡古城的县衙、庙宇等标志性建筑大多毁于侵华日军的炮火。1941年古县城被废弃，反而使得千年古城没有毁于"拆城运动"。推荐从南门进入，可以看到完整的瓮城与大气的城门。离入口不远处便是讲解员联系处，这里的工作人员会热情地带参观者免费参观古城并讲解（9:00~17:00）。可以沿东城墙的残垣一路向北，左手边是老旧残破的院落，向右则能俯瞰奔流不息的黄河，形态最完好的垛口就在东门遗址附近。城墙上并无护栏，边上便是悬崖，需留心脚下。从外围走到北门之后，转而南行，开始参观城内。目前整座古城仅有的一家居民，90多岁的王象贤老人和女儿便住在北门附近，老人著有一本《吴堡古城古韵》，可以购买，如果探访，建议不要多加打搅。县衙、书院和王思故居都修缮得不错，娘娘庙、城隍庙及文庙正殿还是未经修复的原始状态，而曾经最繁华的北大街，空余当年商号留下的废弃石窑洞。不要错过老县衙附近衙神庙侧壁的两幅古壁画。古城中发现的石碑现都收藏在管理所的院子里，它们都是反映吴堡历史的第一手资料，其中最古老的北魏碑将吴堡县的历史推到了1600多年前（石城则始建于约1000年前的五代北汉时期）。你可以最后回到南门，从原路返回县城。

食宿

用大半天时间参观石城绰绰有余，但如果受限于火车时刻（榆林方向前来的火车傍晚才到吴堡），或是把这里作为游览下一站前的落脚点，也可以在县城轻松找到住处。汽车站就在县城主路上，这里附近用餐选择也很多，有几十元至一二百元档次不等的住宿可供选择。《舌尖上的中国》曾在吴堡取景，让空心挂面被全国观众熟知。在吴堡、佳县一带，都有不错的挂面可以尝到，也有预包装的生挂面可以买回家。

❶ 到达和离开

火车

榆林与吴堡之间的火车行程只要1小时40分钟，而长途车则要开4个小时。不过，始发自呼和浩特，经榆林、绥德等地东进前往山西的列车路过吴堡时已是傍晚，你需要安排在吴堡住一晚。反方向始发自上海的车次则在上午10点多到达，正适合白天游览。你可根据自己的行程需求来选择坐火车还是汽车。

长途汽车

吴堡汽车站（☎652 1276；人民路）发往榆林的班车（46元；6:30、7:30、8:30、14:00、15:30；4小时）途经绥德（28元；1.5小时）。每天8:20有发往西安的班车，车程8小时，票价120元，途经延安（80元；4小时）。

自驾

吴堡紧靠沿黄公路。从佳县或延川方向到吴堡都很方便，如果从山西碛口前来，车程约1小时，可走黄河大桥。

❶ 当地交通

火车站与汽车站之间有公交车，但从县城到吴堡石城没有公共交通。可以从县城徒步上山到南门进入石城,约3公里。如果打车,提醒司机到石城南门,尽管县城路标显示车辆走北门,步行走南门,但其实前往南门的上山行车道已经修好,只是路标尚未更新,走北门会多绕10公里左右。

米脂

米脂出过两位家喻户晓的名人——貂蝉与李自成。前者只是传说中的人物;而历史中真实存在的闯王李自成,则为米脂留下了一座恢宏的"行宫"。然而,对米脂的了解若只停留在美女与行宫,就太遗憾了。今日米脂得名自"沃壤宜粟,米汁淅之如脂",尽管没有让人暴富的自然资源,但拥有足以滋养当地良田的水土;而米脂的古称"银州",揭示了它在历史中扮演的角色。在米脂西北约50公里的党岔镇(现划归横山区管辖),仍留有古银州遗址的国保碑,只是城迹实在难寻。另一处更易到达的遗迹,是北宋年间西夏国相修筑的罗兀城,城下的万佛洞中藏着宝贵的石窟彩绘。米脂也是亲近当地民居的好去处,姜氏庄园让你看到大户人家仿佛军事城堡般气派的窑洞建筑群,而李自成行宫山脚下的米脂老城里,则留住了陕北味道的烟火气。

◉ 景点

李自成行宫 历史建筑

(见210页地图;🕿621 5706;米脂县行宫路13号;门票30元,语音导览租赁15元/次,人工讲解60元/次;⊙夏季8:00~17:30,冬季8:00~17:00,提前半小时停止售票)这组位于米脂县城内盘龙山上的明清建筑群始建于明成化年间,当时是真武庙所在,并非由李自成兴建,或许因为他曾回米脂老家在此驻扎过,所以当地人就顺水推舟地称之为"李自成行宫"。这里也是米脂县博物馆所在地。

陕北的窑洞

传统的陕北人叫人进屋,会说"来窑里坐坐",哪怕他身后只是一座平房。所以如果在影视剧中听到陕北乡间有人说"回屋吧",那是不地道的。

最经典的窑洞样式便是依靠山坡和土塬建造的靠崖式窑洞,如延安大学的窑洞群、米脂中学后山的窑洞群,或者是由平地往下挖的下沉式窑洞。其实这都只是窑洞的一种形式——挖土式。另一种形式——箍窑式一般出自城市,常常被外人误认为仿窑洞建筑,但在陕北人概念里,它们也是窑洞。箍窑式窑洞又分为石窑和砖窑,那种"一砖到底"(砖箍窑、砖挂面、砖铺地)的窑洞往往是主人财力的象征。有的窑洞会高低错落布局,形成梯田般的层次,是陕北田园风光中最上镜的景致。

在一些仍保留着古老审美的窑洞内,你还能瞥见活泼生动的炕围画和巧婆姨亲手裁出的剪纸窗花。

在今天的陕北,你既能看到破落荒废的窑洞民居,也能看到豪华考究的窑洞庄园。窑洞的"可塑性"也很强,与明清四合院、欧式大教堂都可以实现毫无违和感的混搭。

陕北 **米脂**

一路拾级而上可以参观行宫的各个部分,这里的建筑群修缮完好,盘踞高地,颇具气势。正殿启祥殿正是李自成纪念馆的所在,横匾正是撰写长篇历史小说《李自成》的作家姚雪垠所题,里面陈列了关于李自成生平的相关图文资料。廊中的东汉画像石展中不乏精品。兆庆宫内则是"米脂婆姨史迹展",主要介绍米脂杰出女性事迹。

这里有俯瞰米脂老城的绝佳视角,出行宫正门往左就可以到达老城北门。

米脂老城   古城

(见227页地图)米脂老城始建于元代,没有得到系统保护或开发,也看不到足够兴旺的人气,但行走其中,市井气息仍在,有一种既真实又落破的氛围。老城已没有城墙,但北门保存完整,因城内星罗棋布的明清窑洞院落,米脂老城也被称作"窑洞古城"。从北门进入,左拐沿华严寺巷走上坡,可以看到已被住户占据的华严寺,原建筑外观尚可辨认。回到北门,顺小巷南行,在东大街的主街和支巷中,散落着一些依然保留着精致细节的窑洞,可以注意大门上的石雕和木雕。如果院门敞开,也可以观察一下照壁上的浮雕。与周围的建筑相比,东街小学颇为不同,修建于民国时期的门楼是西式风格,据说校园内保留着一座明代的文庙大成殿。街道上,一些老商号、旧址或故居外面,贴心地挂着介绍铭牌。

姜氏庄园   历史建筑

(见227页地图;米脂县城东南16公里处刘家峁村)姜氏庄园无疑是陕北最气派的窑洞之一。整个庄园从外围看像军事要地,高高的寨墙和城垛能保护里面的住户,同时还有暗道通向后山,以便土匪来袭时躲避,后山上又有炮台,可见其"防卫—退却—反攻—收复"的防御体系。庄园内的房屋分为下院、中院和上院,在当时分别由仆人、客人和主人居住,上院的窑洞正面有五孔窑,两边小门里各有两孔暗窑,两侧各有三孔窑,形成"明五暗四六厢窑"结构,是陕北窑洞建筑中的最高规格。另外,连通上院和下院的通道、上院门口的砖雕、厨房里的石制鱼头和鱼尾组成的出入水系统都处处体现了姜氏庄园设计、施工的巧夺天工。7路公交车连接县城与姜氏庄园。

作者调研期间,姜氏庄园处于维修关闭状态,如欲参观,可提前拨打当地文管局电话(622 1303)询问是否已开放。

红云山悬空寺(万佛洞)   寺庙

(见227页地图;134 0912 1748;榆林市榆阳区石崖底村红云山;免费;白天开放)释道共存的寺庙建筑群悬建在红云山半山腰的石崖之间,确实有点"悬空寺"的意味,其历史可追溯至北宋。而这里最值得探访的区域,则是因墙壁、石柱绘满佛像壁画而得名的万佛洞。石窟内部空间开阔,壁画主题并只是佛像,可以看到方柱侧面还有三教合一的图像。非常遗憾的是,万佛洞缺乏保护和管理,不仅无专人看护,连禁止使用闪光灯的标志都没有,400多年前留下的古壁画破损不堪,其局部细节中透出的美感与神韵更让人感到惋惜与痛心。

石窟有一架通往顶部的梯子,爬出天窗,就是当年修炼者使用过的洞窟,还可以看到简易的石凿井灶。从洞窟中向外望,山下景观尽收眼底。农历三月初三和七月十五有庙会。

如今红云山所在的村子石崖底(又称"石崖地",当地话念"石耐地")已属榆林市榆阳区管辖范围,但距离米脂县城更近。往返于榆林与米脂之间的长途车会经过距村子约1.5公里的国道路口。从米脂城内可以坐5路(5元)到红云山路口的牌坊处下车。回程时也可以到国道路口,搭去米脂或者榆林的车。

需要注意的是,如果说万佛洞,当地人一般默认是位于王沙沟的另一个**万佛洞**——大大小小的石窟凿于山崖上,迦蓝殿(正殿)内佛道合一,存有万佛石雕和精美的道家八卦莲花藻井,其他洞窟中的造像多为"文革"后重建。这个万佛洞就在从米脂到红云山途中中点附近的国道边上,去悬空寺的路上可顺道一游(约半小时后回到国道边拦车去悬空寺),乘3路、5路均可到达。

罗兀城遗址　　　　　　　　　　　古迹

(见227页地图;榆林市榆阳区石崖底村;免费)罗兀城建在悬空寺所在的红云山山顶,雄踞无定河西岸,地势险峻,1071年由西夏国相梁乙埋始建,10年后被宋军占据。从悬空寺山脚下顺指示牌西行,一条上山的土路会引你登顶,来到这千年前北宋和西夏长期对峙的军事要地遗址。尽管这里杂草丛生,已难寻城池痕迹,但你仍能看到若隐若现的残墙突起以及另一座山巅上的烽火台土墩,当不远处包西线列车呼啸驶过时,魔幻之感油然而生。

从悬空寺到罗兀城遗址的步行时间约为40分钟。沿途石崖上的风蚀壁龛地貌也很有意思。

🍴 食宿

如果姜氏庄园依然关闭的话,一个白天游玩米脂足矣,而且从红云山可以直接搭车去榆林,没必要走回头路回米脂。如果确实要住宿,热闹方便的银州北路有许多选择,其中2020年新开业的**米脂四季酒店**(☎635 6001;银州北路靠近黄西路口附近;标双180元起;📶❄)条件不错,离李自成行宫和老城步行约10分钟。

米脂的小吃有抿节、黑愣愣、碗托和驴板肠,酸汤抿节值得一试。猪头肉夹饼是好吃的快餐,**冯勇肉夹饼**(☎183 19122 1097;银州中路168号;肉夹饼5元起;⏱8:30~20:30)口碑不错。夜里的行宫西路上有许多烧烤摊位,青年路西段则是美食街所在,一长串全是馆子。如果去红云山的话,在国道路口等车时可以买个现烤的干炉饼子尝尝,那可是当年镇守此处的士兵的军粮。

ℹ 到达和离开

火车

从榆林到西安的火车途经米脂。榆林与米脂

"米脂的婆姨,绥德的汉"

很多人第一次听说米脂和绥德,大概都是因为这条谚语。有人认为米脂出美女是因为当地人有少数民族血统,也有人觉得是这里的水土养人的缘故。不过流传更广的讲法,是说四大美女之一貂蝉是米脂人,虽然并无确凿证据表明貂蝉是历史中真实存在的人物。出于相似的逻辑,说"绥德汉"是因为孔武有力的吕布和韩世忠都是绥德人,尽管有史料记载吕布其实生于今内蒙古包头地区。不过倒是有两位更早的好汉曾驻守并最终葬在了绥德,他们便是秦朝的太子扶苏与大将蒙恬。民间传说总是引人遐想,而这句话中还蕴藏着另一个有趣的猜测——"婆姨"被理所应当地认为是当地称呼妇女的土话,但其实这很可能是一个洋词。陕北方言中很多词汇来自佛道用语,有专家推测"婆姨"源自梵文"Upasika"(译作"优婆夷"),意思是"在家信佛的女子"。佛教是龟兹国在两汉时期带入陕北的,经过了千余年的口口相传,"婆姨"已经成为一个无关宗教的日常用词。而"米脂的婆姨,绥德的汉"究竟颜值如何,不如亲自去这两个南北相邻的县城看看吧。

之间车程三四十分钟，米脂到绥德之间只需十几到二十分钟，非常便捷。从米脂也可以坐火车去呼和浩特、神木、包头及鄂尔多斯等地。

长途汽车

在**米脂汽车站**（📞622 2179；210国道与人民路交叉口以南约150米）停靠的不少为过路车，没有准确的时刻表，如榆林与绥德之间的往返班车都途经米脂，从早上7点多到下午5点多都陆续有车，时间间隔在40分钟至1.5小时不等。从米脂到榆林约1.5小时，票价24元；到绥德约40分钟，票价15元。米脂与府谷、神木、大柳塔之间也有班车。参考时间可以查询"信天游369"微信公众号或电询汽车站。另外，米脂到靖边（50元；7:30；3.5小时）、银川（120元；9:00；7小时；途经定边80元；4.5小时）、西安（100元；8:00；7小时）、延安（60元；8:10；4小时）也有班车。汽车站没有正式的售票大厅，建议提前电询或直奔办公室咨询站内工作人员。

如果从榆林出发，比较合理的路线规划是乘坐前往米脂的班车，在离石崖底村最近的国道路口下车，参观完红圡山悬空寺壁画，在罗兀城遗址怀古之后，坐3路公交车或拦到米脂方向的任意班车，到国道上的王沙沟万佛寺略作游览，然后再到国道边拦车（3路、5路公交或去米脂的任意长途车），到达米脂县城，游览李自成行宫、老城和姜氏庄园，可以不走回头路。反向行之同理，但要注意，下午5点以后可能就没有班车了。

ⓘ 当地交通

米脂火车站在米脂县西南的无定河对岸，6路公交车可达，但班次非常少，好在火车站离县城并不远，到李自成行宫约2公里，可步行或打车（拼车价10元/人）。米脂汽车站到李自成行宫约1公里。这里的"松果"共享电瓶车非常适合作为县城内的交通工具。

绥德

绥德在榆林地区的东南部，既不挨大漠，也不临黄河，从自然风光上而言，这里没有什么太大的亮点，但它在历史中的重要地位仍值得你前往。绥德曾是明洪武年间九边重镇之一的延绥镇所在地，到了成化年间，延绥才北迁至榆阳（今榆林城区）。绥德源远流长的石雕工艺为这里留下了精美的汉画像石文物，直至今日，石雕依然是绥德县重要的产业之一，千狮桥和四十铺的石雕作品远近闻名。

便利的交通使绥德成了陕北旅游甚至跨省旅游的中转站。依靠在县城十字交会的西榆铁路、中太银铁路、210国道和307国道，你从这里可以便捷地抵达榆林、米脂、吴堡、子长、延安、靖边和省外的目的地。

⊙ 景点

疏属山　　　　　　　　　　　　　　　山

（见210页地图；绥德县城内；免费）县城中心的疏属山上建满了新新旧旧的民房，似乎并不起眼，你也许无法想象它在秦朝曾是重要的军事要塞，由进谏反对"焚书坑儒"而遭贬谪的大秦太子扶苏镇守，他最终也在此含冤自尽。走上山顶便可看到**公子扶苏墓**，可惜作者调研时，该区域正在封闭施工。

陕北的儿子——路遥

对很多文学爱好者而言，路遥之于陕北如同陈忠实之于关中、贾平凹之于陕南，他们是陕西这三个区域各自最具代表性的当代作家。路遥生于清涧，7岁后在延川长大，毕业于延安大学后留在延安工作，陕北的风土人情在他的小说、散文和诗歌作品中留下了深深的烙印。知名度最高的莫过于长篇小说《平凡的世界》，这本书以及所改编的影视剧都成了传播陕北文化的窗口。如今与路遥相关的几处景点成了书迷们的打卡地。清涧县路遥故居附近的**路遥纪念馆**（📞534 2568；210国道边；✹春夏季8:30~18:00，秋冬季8:30~17:30，闭馆前30分钟停止入内）颇具规模，其中路遥纪念馆免费参观，**路遥书苑**门票30元。另外，延川也有**路遥故居**。延安大学内内的**路遥墓**和**路遥文学馆**（见194页）也是很多书迷缅怀路遥的场所。**郭家沟**（见231页地图；县城东20公里满堂川乡；免费）与**高家堡**（见234页）都因作为电视剧《平凡的世界》取景地而受到关注。

绥 德

扶苏墓对面的绥德汉画像石馆（☎561 2318；疏属山顶；免费；⊙8:00~17:30）不容错过。绥德是陕北最早出土画像石的地方，西安碑林博物馆也从这里征集过不少珍品。这里的展品大多出土于东汉墓冢，结合了石刻和绘画艺术，采用平面减地浅浮雕加阴线或墨线刻画手法，被称为"石头上的剪纸"。由于汉代绥德处于胡汉进退、民族混居的动荡疆域，画像石的内容丰富、风格大胆，既有神鸟神兽、伏羲女娲等神话题材，又有车骑出行、王侯夜宴和农人耕作等现实题材，还有"荆轲刺秦"和"完璧归赵"等历史故事题材。馆中不仅有汉画像石的原品及拓片，还有汉代墓室的复制品。汉画像石馆隔壁是建于三五九旅司令部旧址的革命历史陈列馆。

到了宋代，延绥宣抚使在疏属山上建了绥德城郭，明洪武年间这里又得到了重修，如今，城池的北门永乐门是唯一遗留下来的城门。在疏属山中，还有绥德师范旧址及文庙可参观，山坡上的步道上有清晰的指示牌。

从绥德汽车站沿北门路向西走约200米，看到对面"疏属胜景"的牌坊，进去便是一路上坡的扶苏路。从山脚走到山顶的画像石馆不过10分钟。

党氏庄园　　　　　　　　　　历史建筑

（见本页地图；县城东南20公里白家硷乡贺一村；免费）"村是一座院，院是一山村"，这处保存完好的清代建筑群始建于嘉庆年间，经党氏家族六代人营建，形成如今的格局。整个庄园依山而建，每座窑洞院落看似独立，却彼此连通。门楼雕花、抱鼓石、影壁无不极尽精细，是那个时代陕北的典型庄园建筑，有很高的建筑艺术价值，成了不少剧组取景、艺术家采风的热门场所。庄园本来还建有严密的防卫设施，可惜城门、墙垣以及几座精美的牌坊都在"文革"期间被拆毁，庄园内的一些建筑也受到不同程度的破坏。这座本属党氏私财的庄园，同其他陕北豪宅一样，在土地革命期间被分给了村里多户人家。目前庄园内的14处院落大半已被荒弃，大门紧闭，而庄园的保护工作仍受资金掣肘，久久没有动静。试着找找"武举党应阳宅"的大门所在，那是庄园内最精美的院门，院内的照壁也大有可观。

党氏庄园目前不通班车，从县城打车单程需50元。作者调研期间，县城通往党氏庄园的快速路正在修建，非常难走，新路预计在2021年底通车，届时这里的交通状况应会有很大改善。

✦ 节日和活动

定仙墕娘娘庙花会 庙会

每年农历的三月十七至三月十九，定仙墕会举办会期3天的娘娘庙花会。花会包括接神牌、搭神棚、请神接神等一系列程序，但最有特色的莫过于与花有关的做花树、迎花、赛花、焚花等活动。

🍴 食宿

汽车站和千狮桥附近都是城里比较热闹的地方，吃饭住宿有很多选择，夜宵烧烤在周边的支路上。你可以在陕北各地看到绥德四十里铺羊肉面的招牌，来到它的老家，可千万别错过了。同陕北其他县市一样，这里的抿节、碗饦、煎饼小店，也基本不会让你失望。

北门坡小吃店 小吃 ¥

（北门街北门坡入口；☎188 9152 6660；人均30元；⏰7:30~18:30）榆林羊杂碎当属绥德最佳，而北门坡这家老店的羊杂碎总能吸引满店的食客。此外这里的油旋和猪头肉夹馍也值得推荐。

ℹ️ 到达和离开

火车

绥德火车站位于城北约6公里处，太中银铁路和西榆铁路在此交会。所以，从绥德前往西安、榆林、靖边、吴堡、太原等东、西、南、北方向上通火车的城市很方便。

长途汽车

绥德汽车站（☎563 2451；千狮路和北门路交叉口；微信公众号：绥德汽车站）是榆林南部的交通枢纽。开往榆林的班车从早上7:00到下午四五点都有，只是下午均为过路车，到达时间不确定。

神木

自榆林往东，跨过宽阔的秃尾河便到了神木。这是陕西省面积最大的县级市，东邻府谷，北与内蒙古接壤。传说城东南原有三棵护佑当地的神树，神木因此得名。但真正能代表这里历史意义的古地名，还是麟州。历史传说中杨家将的驻地杨家城，便是古麟州城遗址所在地。窟野河穿城而过，河边兀立着二郎山，山脊上寺庙建筑群一字排开，颇有气势，河岸不远处是生活气息依然浓郁的老城区。对远古文明爱好者而言，石峁遗址是不可错过的朝圣之地，附近的高家堡与大多数陕北古堡的沧桑落魄不同，行走其中仿佛置身年代戏的热闹片场。一路北行，在快到内蒙古的边缘，神湖红碱淖护佑着珍贵的遗鸥。神木各景点相对分散，除了二郎山与古城，其他几处都离市区不近，计划行程时需留足路途所需时间。

神田煤炭也是这里的关键词之一，尽管能源产业难免会面临资源枯竭的局面，神木物价较以前降了许多，但仍是陕北最贵的旅行目的地之一。

绥德汽车站时刻表

目的地	发车时间/班次	票价（元）	行程（小时）
西安	8:30	80	7
延安	7:00~17:00，流水发车	50	3.5
靖边	7:50, 11:40, 14:00	55	2
吴堡	14:30, 16:30	30	1.5
米脂（多为过路车）	7:00~16:00或17:00，多班	15	1

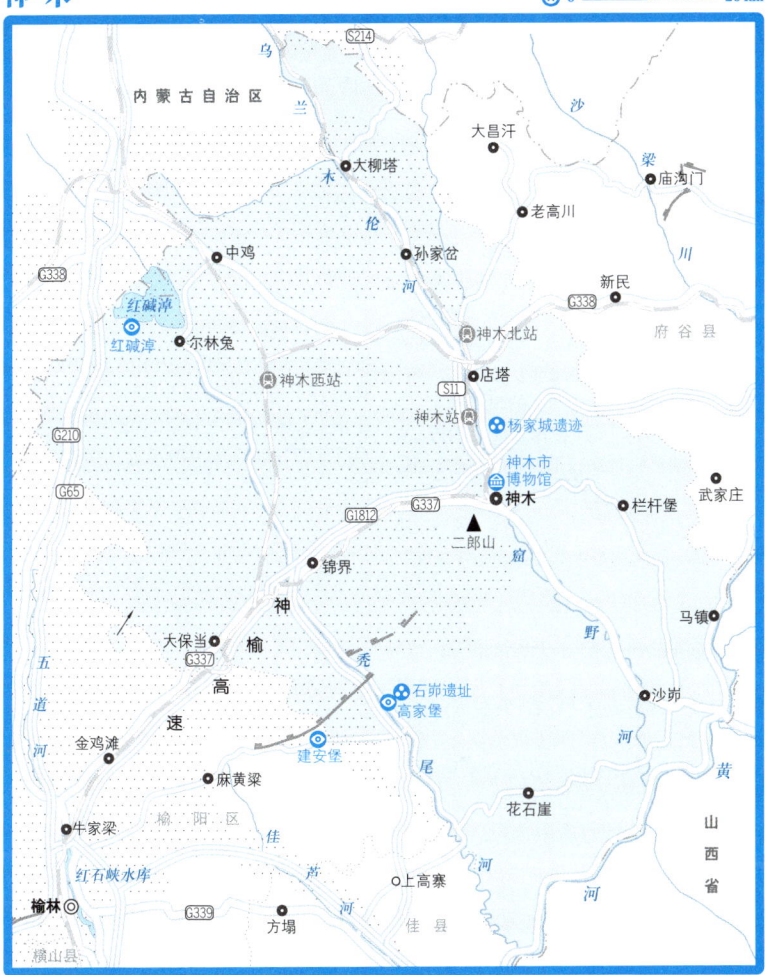

神 木

◉ 景点

二郎山 道观

（见本页地图；☎833 3859；神木县城西1公里处；免费；⏱8:00~17:00）二郎山与县城隔窟野河相望，从山脚不消半小时便可爬到山顶，沿着南北走向的山脊徐行，会经过一座座建在峭壁上的庙宇道观，这儿也有俯瞰神木市景的绝佳视角。

山上的寺庙大多始建于明代，经过了历年历代的重修，不过，在山顶的**二郎庙**、**三教殿**，以及山腰处**八仙洞**和**大雄宝殿**的古佛洞中，还能看到精美的**老壁画**，其中三教殿侧壁上的两幅壁画分别描绘了旧时二郎山东山和西山的盛景。在**地藏洞**里抬头仰望，保存完好的道家藻井上，八卦、龙凤和莲花的石雕细致生动。

景区入口就在连接县城与窟野河的二郎山大桥的西头，从县城可轻松走到。顺着登山步道参观地藏洞、八仙洞和**张公庙**（时常锁闭）后，回到**仁佑广场**，从后山上山爬到顶，一路北行就会经过寺庙建筑群，其中**步云桥**和去往**玉皇阁**的步道都狭窄而险峻。在山脊北端的山神庙折返,沿着西山的观光木栈道下山后,可以路过文化展厅,通过图文展示进一步了解二郎山。

农历正月初八、四月初八和六月二十二,二郎山都会举办传统庙会。

从汽车站可坐2路、8路公交车到体育中心下,过桥即达。

神木市博物馆
博物馆

(见233页地图;☎833 6932;麟州街第六小学北侧;免费,语音导览器20元,人工讲解20元/展厅,100元/全馆;⏰冬季9:00~17:00,夏季9:00~18:00,闭馆前1小时停止发票,周一闭馆)考古界响当当的名字——石峁遗址与大保当墓群都在神木境内,虽然其中出土的顶级国宝,如石峁玉雕双面人头像、战国鹰嘴金瑞兽、汉代青铜彩绘雁鱼灯在这里陈列的都是复制品(原物在陕西历史博物馆中),但你仍能在此一睹从新石器时期玉器、战国古琴,到游牧民族青铜器、汉画像石等数量繁多的罕见文物真品。

循着从地下一层到三层的参观路线,你可以顺次细品神木从远古到明清的一个个历史剖面。恐龙展厅里有中国最早发现的源自神木九龙山的恐龙足迹化石;先秦展厅中,石峁遗址出土的玉器与陶器散发着人类史前文明的光辉;移步楼上的展厅,墓葬中的"史书"——汉画像石旁边,是著名的大保当墓葬模型;秦汉展厅和唐宋元明清展厅里,除了一件件文物,关于长城堡寨、历代战争与民族融合的图文介绍也值得细细阅读。此外,杨家将文化展厅通过文字、图片、影像展示麟州城的历史和传说故事,可在去杨家城登麟州怀古前来此了解一下。

县城内坐2路车在六小下车即可。

红碱淖
湖泊

(见233页地图;☎848 2009;神木市尔林兔镇;门票30元;⏰4月1日至10月7日开放)在一片沙漠和黄土高原中,突然出现这样一个67平方公里的淡水湖,无怪乎红碱淖被本地人称作"神湖"。湖水中含有碱性物质,岸边晒干的地方会呈红色,红碱淖因此而得名。对观鸟爱好者来说,黑头、白身、红脚、赤喙的遗鸥是这里最大的亮点。遗鸥得名于"曾被遗忘和忽略的鸥",是世界濒危物种,喜欢择荒漠湖泊而居。每年4月至8月,遗鸥会在这里安家繁衍,6月至7月也成为最好的观鸟季节,尤其是清晨。湖泊南岸的红石岛是遗鸥群居繁殖的地方,受陕西野生动植物保护协会保护,游人禁止登岛。娱乐岛上有卡丁车(80元)、滑草(30元)等收费游玩项目,可坐游船(85元往返)上岛。坐船时务必保护好眼镜和相机镜头,因为含碱量颇高的湖水一不小心就会在上面留下伤痕。走到沙地最高处,你可以看到浩瀚的红碱淖被沙漠包围的壮丽景色。

从红碱淖到神木市区完全可以当天往返,但如果希望在昏拍出漂亮的照片,或是想赶上清早的最佳观鸟期,景区内有来客楼(☎869 6222;标双230元起)、鸥客来(☎176 0922 5485;标双290元起)两家宾馆可以住宿。

从神木到红碱淖每天有流水班车(30元;7:00~19:00;1.5小时)。

每年11月至次年3月的冰期,景区处于关闭状态,彼时景色也乏善可陈。

高家堡
城堡

(见233页地图;神佳公路和榆神公路交会处;免费)如果说其他大多数明代城堡会勾起你的怀古之思,高家堡则给了你一种穿越到20世纪的感觉——墙上"文革"时期的红字标语、怀旧的店铺街巷、布告栏贴着的电影海报,无不提示着人们这里曾是《平凡的世界》《龙岭迷窟》等剧的片场。或许因为热播剧提升了高家堡的知名度,与其他古堡衰败凋零的现状相比,高家堡保存完好、人气兴旺,有热闹的生活气息,还入驻了不少文化机构。古堡大体还是保持了旧时格局,东西南北四条大街在玉皇帝庙所在的中兴楼相交,可以登楼俯瞰整个高家堡。不要错过堡内的文化馆,这里有万里长城百年回望图片展,陈列了英国摄影师威廉·林赛历时30年在1908年威廉·盖洛拍摄的长城老照片的取景原址拍摄的长城"对比照",新老照片记载着万里长城百余年来的变与不变。

古镇入口处售卖的月饼值得一尝,入口外还有一排小餐馆,附近正在修建一座博物馆。没有必要住在高家堡,乘坐班车往返神木非常方便,可从神木汽车站出发(20元;

> **不要错过**

石峁遗址——中国最大的史前石城遗址

石峁遗址（见233页地图；📞861 5239；高家堡镇东4公里山上；免费；⏰9:00~17:00）离高家堡古城不远，一条刷成明黄色的醒目车道向山上蜿蜒而去，这是石峁遗址保护区的入口，也是你见证4300多年前人类文明奇观之旅的开始。

石峁遗址已勘探出的面积达400多万平方米，是目前发现的新石器时代晚期到夏早期规模最大的城址，其城垣建制、城防设施以及许多出土发现都让学者又惊又疑。惊的是规模如此庞大、建筑工艺如此成熟的古城得以现世，疑的是早在4300多年前真的有如此这般的古城吗？但其出土物的类型、形制都表明，石峁遗址非常符合龙山时代古城的特征。

石峁古城分内城与外城两部分，目前，外城的发掘工作已基本完成，你可以走进钢结构玻璃大棚罩着的参观区，遗址的模样凝固在了它刚重现天日的那一刻。沿着木栈道，可以观察到墩台、城墙、瓮城等建筑结构，也可以看到骇人的墓葬坑。参观区外是石峁考古团队的工作站，你可以试着拜访他们，工作人员有空的话会给你播放关于石峁遗址的纪录片。内城皇城台无疑是更引人惊叹的奇迹，这座约70米高的阶梯式金字塔外形的宫殿，是石峁统治者和领家家族的住所。其建筑主体结构保持得非常完整，你很难相信，这座高大的城池，已经历经了4000多年的岁月。不过，内城的考古发掘工作仍在继续，游人无法入内参观，你可以隔着铁丝网瞻仰，但不能拍照。

石峁的出土文物非常丰富，最为人知的便是4000多件玉器，可惜已有不少散落四方。城墙上的壁画遗迹更是价值非凡。近年来，古城内发现的纺织物残迹和扬子鳄骨板又成了考古界的一大新闻。城内的几处人头骨坑更是让这座城变得扑朔迷离。

石峁遗址的发现，将中华文明又向前推了600多年。也有学者认为，这是华夏文明发源于陕北高原的一项佐证，甚至，石峁可能就是黄帝的都邑。2020年，美国考古学会主办的《考古》杂志评选出了过去十年世界十大重大考古发现，石峁古城作为中国唯一的项目，与尼安德特人基因测序、埃及木乃伊作坊等考古发现一同入选。

去石峁遗址只能包车，从高家堡出发，往返50元起，具体金额视逗留时间而定。

8:50、9:40、10:40、11:20、12:30、16:00；1.5小时），原则上返程的发车频次与去程相同，但发车时间不定，可在来时上车后与司机确认。

杨家城遗迹　　　　　　　　　　　　古迹

（见233页地图；神木市区北20公里杨城村；免费）尽管新修的祠堂、烽火台比形迹难辨的遗址上更显眼，但在杨家城登高而望，残存的城墙、土墩反倒更显天然古朴。如果你是古代军事历史迷，可能不愿错过这里。

杨家城坐落在城东的杨城村（当地人称杨家村），已经被陕西省考古研究院认定为麟州古城遗址，即宋代著名杨家将驻军古城。这里还发现了多处保存较好的建筑遗址，比如刺史府。向远处望去，有些烽火台仅余夯土残迹，还有的已被翻修一新。

穿过牌楼，拾级而上，将军祠建在北宋纪念杨家将的将军庙原址之上。尽管是新修的建筑，但上山参观的过程还是充满了拜谒英雄的仪式感，祠堂内的展厅用塑像、壁画等形式讲述了杨业的生平事迹。

从神木汽车站到杨家城开通了往来频繁的班车（10元；6:30~17:30，约20分钟一班；0.5小时）。

神木老城　　　　　　　　　　　　古城

位于神木市内的老城区域不大，破落杂乱的老院子与缺乏个性的新修仿古建筑散落其中。老城以始建于明隆庆年间、在清代被焚毁后又重建的钟楼——凯歌楼为中心，向东西南北延伸出四条街道。目前，西大街区域的白家大院（📞133 9922 9253；北什字巷4号，不定时开放）与李家大院（📞151 2952 7042；拔贡巷2号；⏰8:00~17:30）均可参观，这两座清代四合院民居都是省文物保护单位。从西大街拐入北什字巷不久，便可看到左侧的白

另辟蹊径

长城古堡：榆林建安堡

相比同为陕北四大名堡的高家堡，虽然建于1474年的建安堡（见210页地图）也是电影《东邪西毒》等著名影视剧的取景地，但这里尽显凋敝之态。建安堡非常空旷，地广人稀（你在这里看到的牛羊恐怕比人要多），建筑物也所剩无几，翻新的几座庙宇在整个环境中反而显得有些突兀。不过，这里有清晰可见的城墙残垣，在几棵嶙峋老树的映衬下，更显苍凉。而新修的城门和每一处建筑物前有详尽的介绍铭牌，提醒你，这里也曾被开发成"景区"。

建安堡虽然属于榆林市榆阳区，但距离榆林市区有60多公里，反而是离高家堡更近。从高家堡到大河塔的班车经过建安堡附近，每天仅一班，返回很成问题。包车的话从高家堡来回需100元，性价比不高。所以这里更适合自驾者。

家大院，这座清代民居由同治年间的皮货商白赖瑞建造，影壁的砖雕与正屋中的木雕、匾额值得一赏，这里还未正式开放，但可以打房主电话预约。继续往巷子里头走，从右手边的支巷拔贡巷进入，就到了李家大院，此处已作为景点开放，各房间中展示着与拜寿、婚嫁等风俗相关的物件，请工作人员讲讲院子基于风水与实用性考量的精巧设计或许更有意思。

老城内其他民居大多不接待参观者，最好不要贸然打搅。不过可以去西大街皮房巷逛逛，看看比较原生态的民居外观，23号附近的影壁在院门外头，十分精美。

从二郎山入口出发步行20分钟，或乘坐2路、8路公交车，都可以到达老城。

🛏 住宿

汽车站附近有一些条件简单的招待所，滨河大道和体育中心（二郎山入口对面）附近也有一些酒店和旅舍，其中**神木宾馆**（☎237 8888；迎宾路中段；标双255元起；🛰❄🅿）条件较好，性价比也高。

🍴 餐饮

神木凉粉、炖羊肉、绿豆粉皮和烩菜是当地比较有特色的菜肴，在离汽车站较近的惠泉路和闹市东兴街一带都有不少吃饭的馆子。铧山路神木大兴影院对面的街上到了晚上全是夜宵。

ℹ 到达和离开

火车

神木有3座尚在运营的火车站。**神木站**（县城以北15公里）有列车往返西安、延安、绥德、榆林、宝鸡等地之间，从县城可坐5路公交车到达。**神木西站**（县城以西48公里）在包西线上，从乌海经包头到延安、西安，以及从鄂尔多斯去西安的车次都经过神木西。**神木北站**（县城以北30公里）在神朔地方铁路线上，仅府谷到神木的列车经停，记得坐到神木站再下车。

长途汽车

神木汽车站（☎832 2585；惠安路东头；微信公众号：神木汽车客运站）

ℹ 当地交通

沿滨河大道行驶的5路、8路等公交车串起了二郎山、老城、客运站和市博物馆等地。神木市很难打到网约车，但有共享自行车与助力车，在市区活动很方便。

神木汽车站时刻表

目的地	发车时间/班次	票价（元）	行程（小时）
榆林	8:00~18:00，约40分钟1班	46	1.5
府谷	7:00~17:30，1~1.5小时1班	34	1
绥德（经米脂）	6:40、12:30、13:20	70	4

府谷

府谷偏居陕西省的东北一隅,与山西隔黄河而望——几座壮观的黄河大桥连接两地,府谷方言已属于晋语系的范畴。而沿黄公路零公里碑以北,便是内蒙古的地界。这里不仅是见证古来征战往事的军事要地,也是人们走西口离乡谋生的出发关隘。长城、古堡等边关遗迹,从县城正西往东北方向延伸,一直到清澈平静的黄河之畔。

府谷是府州故城的所在地,常与西边的邻地神木并称"神府"。这既有现实的缘故,也有历史的渊源——府谷与神木同因煤矿资源而富庶;而在古时传说里,府谷的折家(余太君的家族)和神木的杨家将也是密不可分;20世纪三四十年代,这片区域曾先后以神府革命根据地、神府特区及神府县的名字留在地方志中。

府谷城区目前的几个区域,从东至西,恰好体现了它在不同时代的剖面。这里最早的县中心是俯视黄河的府州古城,至今仍有居民居住。之后中心不断西迁,现在最热闹的区域在人民路两侧的老城区。而这两年老城区再往西的新城区,也在如火如荼地建设中,县行政中心纷纷搬迁至此。

⊙ 景点

府州古城   古城

(见238页地图;县城以东1.5公里;免费)府州古城曾是府谷老城之所在,从明初兴建至今,格局依然保持得很完整。城里还有不少尚未迁走的住户,在峭壁上的城郭中,守着500年前的砖墙和悬崖下的滔滔黄河水。

从河滨的南门进入,最醒目的规整阶梯其实是新修的,顶上的门洞也是由之前的瞭望台改造而成,不如从左侧绕到古城真正的入口,沿老路登上城楼。你会先经过佛道相融的寺庙千佛洞,然后到达始建于清乾隆年间的荣河书院,经过修缮的老建筑依然古朴,别忘了去小亭子里体验一把古时学子"荣河听涛"的浪漫。继续走到高处,始建于明洪武年间、榆林地区规模最大的孔庙——**府谷文庙**(☎871 3289;府谷老城文庙街;免费;⊙9:00~18:00)是古城的一大亮点。虽然在作者调研期间,有彩色琉璃瓦的大成殿以及历史文化陈列室都门锁紧闭,但可以在院中欣赏精美建筑以及碑廊中从宋至清不同年代的石碑,石碑中有不少记录着与折氏家族有关的史实。

古城正在经历缓慢的修复工程,现在几个城门楼和城墙都已经重新翻修并包覆新砖,但原貌还是得到了尊重。从县城到古城,可沿河边公园步行,也可坐3路公交车到造船厂站下。

麻镇大庙(龙兴寺)   寺庙

(见238页地图;县城以北约50公里;免费)麻镇曾是陕晋蒙边界上繁华的关口,民国时甚至有"南有重庆,北有麻镇"的说法,你还能看到当年百姓往内蒙古"走西口"的那个"口子"。麻镇大庙始建于明初,寺庙建筑群的宏大规模,让人不难想象它曾经的旺盛香火,而如今它只是安静隐于日渐冷清的小镇之中。各殿内明代壁画精美得让人惊叹,但它们缺乏保护的现状引人唏嘘。前院部分殿堂里堆满了杂物,壁画已破损不堪,一定要走到最里一进的院子,在地藏殿楼上的**孔殿**、**三佛殿**、**三官殿**中,注意那些没被重描翻新过的老壁画,艺术价值非常之高——一幅幅吴带当风的神仙组图和充满透视感的亭台楼阁,既浪漫又隽永,那些充满立体感仿佛点睛之笔的金线勾勒,用的是颇为讲究的沥粉画手法。

有从县城发往麻镇的班车(见240页)。别忘了在镇上吃一碗口碑颇佳的麻镇驴肉碗托。如果自驾,可以从麻镇向清水镇方向继续行进,寻访府谷保存最完整的一段明城墙遗迹,以及经过修缮包砖的清水转角楼烽火台。

墙头村   村落

(见238页地图;县城东北约53公里,麻镇以东约8公里;免费)"墙头"的名字颇有来头,它的意思是"边墙起头之地",明长城在陕西境内东起墙头(西起定边),与黄河相遇,所以早前当地老百姓习惯性地将"墙头村"叫作"墙头起"。墙头村与山西河曲县仅一河之隔,这一段的黄河河道狭窄、水流平缓,你可以在河边找到古老的**墙头渡口**,可惜由于几

府谷

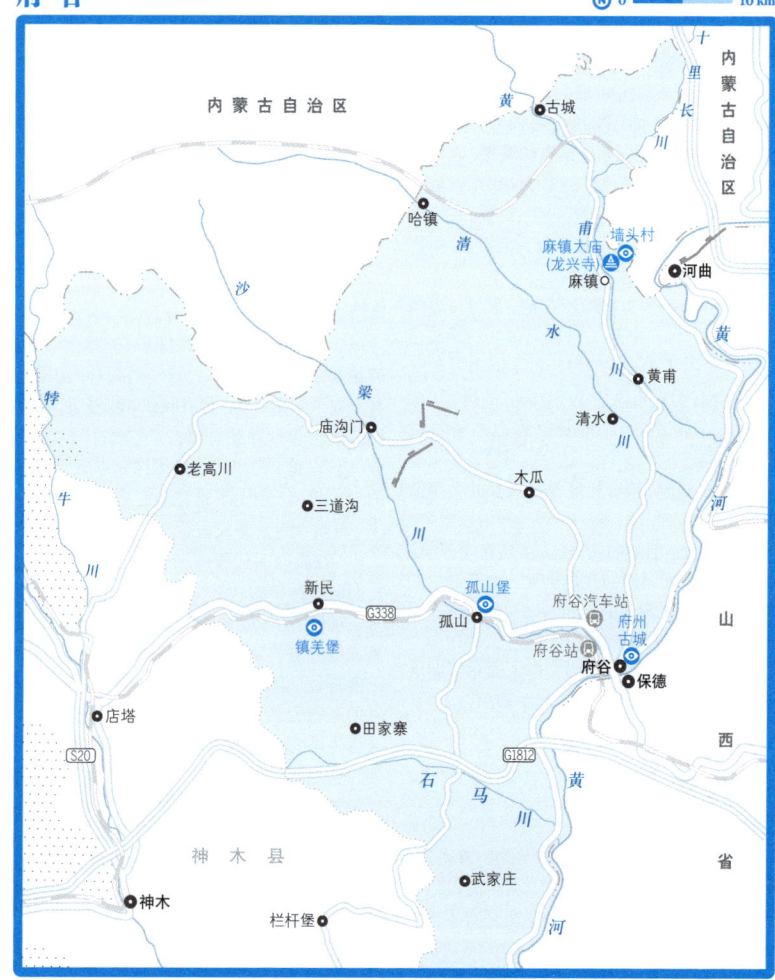

年前附近渡口的水上事故，这里的通航被叫停，且恢复之日遥遥无期，空余几艘搁浅的旧船。村子的西面是**秦晋蒙鸡鸣闻三省景区**，在俯瞰三省的小山头上，玻璃观光栈道旁竖起了一座雄鸡雕像，你甚至可以扫码花10块钱让它"鸣"上几声。景区边不远，便是**沿黄观光公路**（见202页方框）陕西段的北端尽头。距此约3公里的**莲花辿**，因绵亘在陕蒙两地的丹霞地貌仿佛盛开的火红莲花而得名，你可以让视线越过蜿蜒的黄河，远眺氤氲中的山西河曲。在墙头村以南5公里的赵家山上，有**黄河入陕第一湾**的观景台，从县城汽车站开往墙头村的班车（见240页）会经过山脚下。

孤山堡
城堡

（见本页地图；府谷西20公里孤山镇；免费）孤山是宋代著名的折氏家族起家之地，如今我们能看到的城堡建于明正统年间，还保留着完整的北门、瓮城和几段城墙，城隍庙、玉帝庙、钟楼和戏楼等老建筑散落堡中。堡内最有看点的古迹是**七星庙**（☎892 1021），又叫"昊天宫"，该庙始建年代不详，明万历间重修，其中砖石结构的大殿内墙底部四周直立，后变为八面收缩,一砖盖顶,无梁无柱,故称"无梁殿"。相传它是杨继业和折赛花(佘太君原型)成亲的地方,杨折联姻也使镇守麟州(现神木)的杨家军和镇守府州(现府谷)的折家军免去了干戈,共同保卫北宋边关。传说归传说,关于佘太君是否真有其人,学术界尚无定论,但府谷的折家将是历史中真实存在的。折氏是党项族的一支,自唐代起一直定居在府州,他们世代尚武,和后来建立西夏的党项族另一支被赐为李姓的拓跋氏有世仇,于是宋朝命折氏掌管府州,他们积极帮助朝廷抗击西夏160多年。但折氏一族随着北宋灭亡和蒙古的崛起而遭受几近灭族的境遇,此为后话。七星庙平时不开放,可提前打电话预约参观。

镇羌堡　　　　　　　　　　　　　　城堡

(见238页地图;府谷西35公里新民村;免费)镇羌堡是府谷五堡中最靠西的一座,它曾是新民镇的所在地,故现又名"新民堡"。如今镇政府与不少村民已迁往山脚下的新镇,但堡内仍留有部分住户,所以除了原貌保持完好的城墙、瓮城、水门与将台,行走在镇羌

另辟蹊径

府谷长城单日徒步

张怀树是一位府谷的教育工作者,也是长城文化及户外运动的深度爱好者,他为我们设计了一条体验府谷长城的单日徒步路线,以下是他的文字"直播"。

起点: 大占村(内蒙古自治区准格尔旗马栅乡)

终点: 转角楼

距离: 18公里

需时: 8~10小时

延绥镇的明长城起点,其实是在内蒙古准格尔旗马栅乡的大占村,中华人民共和国成立前,它一直都划归陕西省管理。所以,我和同伴的徒步路线从那里开始。

从府谷县城先坐班车到墙头村,沿黄河边上的公路走上5公里左右就可以到达大占村。在村里往西看,黄河畔的第一个墩台就叫"保河台",如今仅存夯土遗址。顺着保河台边上的山沟继续西行,可以远远望见山上的第二座烽火台——祝里台,祝里台所在的山峰便是梁龙头。从保河台到祝里台距离不远,约2公里,但需要走一段较陡的山路,直到看到雄踞山巅的烽火台,从此处可以远望蜿蜒的黄河以及对岸的河曲县城,俯瞰则是红崖白岩、如莲花怒绽的丹霞地貌。有意思的是,"祝里台"原名"逐虏台",因为乡间讹音才叫了现在的名字。烽火台下,一人多高的长城残迹向西延伸,我们继续西行,可以看到山下一座热闹的镇子,那便是下一站——麻镇,距此三四公里,但大多是好走的下坡路。走过一段窄窄的山脊,又是一段长城残迹,南北各有一个烽火台。墙南的烽火台保存很好,只有背面石条坍落,其他三面石砌完整;而墙北的烽火台只剩下土墩子。往山下看去,所留的残墙高3米左右,长数百米。走到麻镇之后,可以看到村头有一个烽火台的遗迹,被包上了崭新的砖,让人啼笑皆非。来一碗当地特色的驴肉碗托作为午饭吧,顺便参观一下著名的麻镇大庙壁画,再继续上路。

西行出麻镇不远就可看到长城遗迹,高两三米,有些地方甚至达到了五六米,公路就与城墙平行,挨得很近,有路的地方顺着公路走就行,但请不要在墙体上攀爬,容易对长城文物造成破坏。继续走三四公里便到了杨家峁。长城经过的山叫黎元山,山上庙宇名叫"智通寺",长城在这里特意拐了一个弯,将寺庙包入长城内,这也能看出先民对宗教的认同与尊重,即使是修长城这样的大事,也不肯强拆庙宇。顺长城西行到旧芭州,拐弯向南,城墙遗迹消失了,只能看到一个接一个的烽火台。我们以烽火台来判定行进的方向,直到走到转角楼——转角楼也被翻修过,但还算尊重了长城的原貌,外面搭有观光阶梯可以登高望远。从旧芭州到转角楼大约6公里。这里便是我们长城一日徒步的终点,回到大路上,便可以搭班车回府谷县城了。

府谷汽车站时刻表

目的地	发车时间/班次	票价（元）	行程（小时）
神木	6:30~18:00，流水发车	33	1.5
榆林	5:00~18:00，流水发车	80	2.5
延安	8:30，隔天发车	138	6
西安	6:00（硬座），16:00（卧铺），均路过延安高速路出口	200（硬座），220（卧铺）	10
大柳塔	6:00~14:50，约1小时1班	35	2
麻镇	10:20（目前每天有班次，之后可能调整，需电询）	18	1
墙头	8:30，11:00，15:00，16:30	21	1.5
新民	7:00~18:00，流水发车（路过孤山）	12	1

堡中，你仍能在老字号林立的街边、观音庙的古戏台旁，或是融合了明清民居与苏式建筑风格的小院前，感受到一丝生活气息。登临城中心的鼓楼，可以俯瞰堡寨。不要错过城堡外的水门，它位于路边一片杂乱无章的庄稼地中，但很多长城发烧友都因这个完整保存、可以钻进钻出的水门而来。它曾是城堡排水系统的一部分，也作为伏兵的藏身之处而存在。从汽车站有发往新民镇的班车（见本页）。

如果自驾，不妨继续前往新民镇的龙王庙村，你可以在山脊上看到一座未经后期修复，但包砖依然完好的烽火台，这在陕北的明长城体系中并不多见，它值得你徒步上山，近距离探访。

食宿

住在城郊的新汽车站附近，可以很方便地搭乘去各地的班车，但汽车站附近都是些小旅馆，条件有限。也可以选择城区的商务宾馆，吃住选择多，但交通较繁忙，到汽车站打车约20分钟，比如最热闹的人民路附近，有不少100多元的宾馆，不远处河滨路的山水阳光酒店（☎898 8881；河滨路1号；标间270元起，含早；☏✿）条件很好。还有一个折中的选择，便是住在万达广场周边，那里也有很多食宿可选，离汽车站3.5公里，骑电瓶车可轻松前往。如家酒店（☎872 5666；万达广场；标双160元起，含早；☏✿）是府谷为数不多的连锁酒店之一。

府谷的荞面碗托、小米凉粉、荞面灌肠都是特色小吃。府谷特产水果海红果非常不错，新鲜的可以在8月至9月吃到。城区人民路上小餐馆林立，万达广场对面的首信院中也藏着不少美味，其中陕北红石磨面（☎155 9420 3666；首信院内；人均16元；⏰8:00~21:30）与很多陕北的抿节馆子一样，有豪华版配置的调料选择。

ℹ 到达和离开

火车

有从安康途经西安、延安、榆林、神木等地往返府谷的列车，即安康—府谷（K8204/1，11:10到达）、府谷—安康（K8203/2，17:45发车），其中神木到府谷区段的铁路由神朔地方铁路运营，所以你在12306上查不到这一段。从府谷出发的话，可在每天15:00~17:30到府谷站（距人民路3.5公里，距万达广场1.5公里）领取兑换券，上车后补票。而去府谷时，则需提前买到神木的票，到了神木后再补票。这两段均不收补票手续费。

长途汽车

府谷汽车站（☎875 3238；县城以北约5公里；微信公众号：府谷汽车站）有发往陕西各地以及包头、呼和浩特、北京、太原、成都、西宁等地的跨省班车。上表中列出从府谷前往省内各地及县郊的部分班车，具体时间可能会调整，建议提前电询。

ℹ 当地交通

人民路在县城的中心地带。汽车站与火车站均在县城以北，万达广场约在从人民西路到火车站的中间位置。除了古城，府谷几乎所有景点都在需要乘班车前往的乡镇中，汽车站在县城以北5公里处，1路公交车连接了汽车站与县城。火车站在县城以北2.5公里处，6路公交车可达。共享电瓶车已覆盖府谷县城，非常方便。另外需要注意的是，府谷县正在经历行政中心西移的过程，在查询或问路时，如果涉及县政府或县医院等地，需先弄清楚是新址还是旧址。

定边

向北奔袭是内蒙古的大漠，向西一步则进入了宁夏的版图——在毛乌素沙地边缘建城的定边位于整个陕西省的最西端，毗邻银川和鄂尔多斯，它是陕北长城的西部起点，也是陕、宁、内蒙古三省区交界处的低调小城。在贾平凹20世纪80年代的散文《走三边》中，他曾生动地描述了在定边和安边的见闻。通常定边不易被旅行者关注，但如果你把距它仅1个多小时车程的银川机场作为起降地，那么定边很适合作为榆林之旅的第一站或最后一站，它确实有让你花个大半天时间逗留的理由。这里既有盐湖、沙地森林等自然景观，也有长城残垣这样的人文遗迹，每年8月和9月，荞麦花海与远处山坡上的风车会组成一幅美妙的乡野图景。还有，千万不要错过定边好吃的羊肉。

● 景点

定边尚缺乏旅游开发，虽说五里墩长城、花马池与盐湖等景点均在307国道沿线，但城际班车早已悉数弃国道而走高速了，所以搭乘公共交通工具前往边区之外的景点都不太现实。

从靖边一路向西前往定边，约在两县的中点位置，便是**五里墩长城**（见本页地图；定边县安边镇南约3公里处；免费）的遗迹。这里的墩台保存完好，外城、角楼和里面的防御工事都非常齐全，在亲近夯土堡垒的时候，请爱护文物，切勿入内攀爬。如果自驾，可走307国道，按导航拐入南向的支路到达五里墩。如果搭班车的话，司机只能把你放在安边镇的高速出口，那里离五里墩还有5公里多。

进入定边县城，醒目的**鼓楼**（即玉皇阁）位于热闹的中心区域，它是定边的重要地标，也是明长城遗址的一部分。鼓楼初建年份尚无定论，我们今天看到的鼓楼是基于明万历年间重修后的格局，作者调研期间正在经历又一轮修缮。在城中心以东仅3公里处，便是**马莲滩沙地森林公园**（免费；⊙全天），这里算是毛乌素沙漠治理的一处"标本"，你可

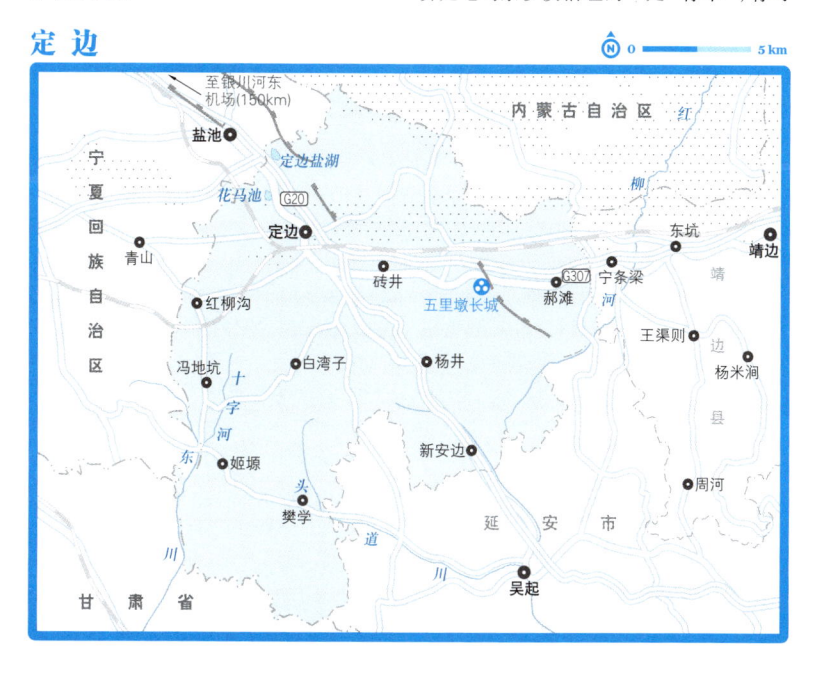

以在植于沙漠之上的树林中徜徉，不过再往里走走，还是能看到金黄色的沙丘——定边被称为建在沙漠上的县城是名副其实的。如果乘班车或火车来到定边，在县城内逛逛还是挺方便的，从火车站搭乘4路公交车，从汽车站搭乘3路公交车，均可到达县中心，打车约10元。从鼓楼再打车去马莲滩也是10元左右。

沿307国道继续往西走，离城区20公里开外，会依次经过路南的花马池（盐池），以及北面更大的一片盐湖。很难想象，花马池已有2000多年产盐史了，自唐代以来便一直受到朝廷重视，抗战期间也被红军视为重要的战略物资产地。1940~1942年，359旅曾在此处打盐，他们还在湖畔盐墙上留下了一大排窑洞。没有公共交通到达这两个盐湖，但如果恰好赶上有晚霞的天气，它们还是值得你从县城包车前往一饱眼福的，包车来回价格约为60元（如停留游览时间长，可与司机商量加价）。

从定边前往银川方向的班车（可途经银川机场）都会走青银高速，记得坐在右边，你会在宁夏盐池镇境内，透过车窗看到绵延数公里之长的长城残墙遗址。

食宿

通常没有必要在定边住宿，但如果到达较晚，可以在鼓楼周边方圆1公里之内找一家快捷酒店落脚，价格通常是100~200元。

产于盐池地区的羊肉之鲜美，自然不必多说。不管是焦香味浓的烙羊肉就饼，还是配上蒜醋保留鲜美原味的手抓羊肉，都让人"过口难忘"，抿一口5元/杯的八宝茶，口中便又多了一丝清甜。从鼓楼沿南大街南行约5分钟，向西拐入环南路，沿街有很多当地人青睐的清真馆子。大多数饭馆的羊肉都一斤起卖（85元起），**马学军清真餐厅**（☎189 6696 0844；面食人均13元起，羊肉人均45元起；⊙7:00~21:00）可为独行食客提供半斤手抓的选项。

到达和离开

火车

定边是太中银铁路线上的一站，从太原方向过来的列车会在途经绥德、靖边到达定边后，继续往宁夏西行而去。火车在时长、票价上都完胜

跨越省境，进出榆林

尽管榆林机场开通了往来部分地区的航班，但航线毕竟有限，所以很多以榆林为目的地的旅行者会转而选择同省通航目的地最多的西安作为中转站。可西安到榆林的动车最快也要5.5小时。

榆林地域辽阔，且与山西、内蒙古与宁夏接壤，榆林下辖的很多县市其实离邻省机场比榆林机场还要近得多，所以，不妨根据你计划在榆林行走的区域和路线，打开思路，将大交通的落脚点选在邻省，不走回头路。以下列出了几座离榆林较近的机场，以及与之相对应的线路参考：

宁夏银川河东机场 如果你希望以定边、靖边等榆林西部苍凉的风景作为此行的开端，可以飞到银川，从银川机场坐火车到银川火车站，同站转乘去定边/靖边的列车，或是预约定边的定制班车，直接从机场上车。两者总路程都是1.5~2小时。

太原武宿机场 如果想以黄河奇景开启你的榆林之旅，不妨飞到太原后，坐火车跨越黄河大桥，最快2个多小时，便可到达吴堡。游玩过吴堡之后，你可以坐长途车北上佳县、府谷，继续你的黄河之旅，也可以坐火车西行，前往绥德、榆林、靖边、子长等地。

内蒙古鄂尔多斯伊金霍洛机场 神木北邻鄂尔多斯，鄂尔多斯与神木之间的火车车程是30多分钟到1小时20分钟。从北到南游玩榆林的话，可以考虑一下到鄂尔多斯的航班。

陕北另一个通航目的地较多的城市是延安，如果落地延安的话，可以经子长进入靖边，从南至北行走榆林。

定边汽车站时刻表

目的地	发车时间/班次	票价（元）	行程（小时）	备注
榆林	9:00, 10:00, 11:30, 13:30, 16:00	82	4	
靖边	7:30~17:30，流水发车	41.5	2	
绥德	13:30	80.5	4	
银川	7:30~17:30，流水发车	60	2.5	如去银川机场可提前致电预约，商务车会绕行机场，价格80元，车程2小时
乌审旗	9:05, 14:35	70	3.5	

长途汽车，只是从东向西开来的火车到达定边时不是深夜就是下午。不过，由西往东的火车是有上午到达的班次的。定边火车站在市区以南约5公里处。

长途汽车

定边与榆林、绥德、靖边、银川、乌审旗等地之间均可坐长途汽车方便往来，其中，去银川的车可以经过银川河东机场。定边的长途汽车大多采取定制线路拼车的形式，建议提前致电汽车站告知目的地及出发时间，商务车司机会电话联系，如果顺路，他们会去你所在的地方接你，你就不用去汽车站等了。需要注意的是，**定边县客运站**（☏421 6452；西环路）是当地人口中的"汽车南站"，而很多电子地图指向的定边客运站其实是北站，现在已弃用了。

陕 南

包括➡

汉中	248
勉县	255
青木川	258
留坝	261
洋县	264
安康	270
石泉	273
凤堰古梯田	275
商洛	279
柞水	280

最佳就餐

➡ 谢师酒家（见276页方框）

➡ 顾氏民居（见272页）

➡ 刘丞相刘家面皮（见263页）

➡ 苏全五谷杂粮剪刀面（见286页）

最佳住宿

➡ 金台书院·兰因酒店（见283页）

➡ 书与房民宿（见262页）

➡ 千山瞿家大院民宿（见259页）

➡ 梦紫阳民宿（见277页）

为何去

巴山秦岭，汉水嘉陵，雄山和大河为陕南搭好了基本的框架，也注定了它和关中、陕北截然不同的气质和命运。高耸的秦岭延缓了西伯利亚冷空气的南下，陕南成了北方省份里的葱郁南方，山川纵横的地形又隔绝了人类文明肆无忌惮的扩张。在距离西安如此近的地方，秦岭南坡不仅维系着完整的垂直自然带分布，还成了"秦岭四宝"的伊甸园。

沿着汉江和嘉陵江，人类的足迹未曾缺席；层峦叠嶂下的蜿蜒古道，也是古人发现和开拓的证据。七条蜀道将陕南和富饶的天府之国连接起来，山峡间的水道通达江海，汉水上的船家曾载着一批又一批移民来到这片隐秘的土地。"山重水复疑无路"，这是你今天在陕南旅行仍然可能遇到的场景；"柳暗花明又一村"，山沟深处、悬崖高地的农家和山水自然相处的方式，是在这个飞速发展的时代尤其需要铭记的。

何时去

3月至5月 3月以古旱莲和樱桃花拉开序幕，油菜花在汉中盆地和凤堰古梯田盛放，山茱萸花则在佛坪和长青华阳孤芳自赏；4月的牛背梁和木王山，高山杜鹃姹紫嫣红；5月的秦楚古道，高山草甸染上一层绿意。西乡和紫阳的茶园已开始采摘春茶，春笋节节生长。

6月至8月 端午节，安康的赛龙舟活动如火如荼，随后比这更火热的是汉江沿岸的酷暑。躲在深山里的留坝、佛坪、长青华阳、柞水等纷纷成为宠儿。暑期也是雨水频繁的季节，塌方、滑坡时有发生。

9月至11月 凤堰古梯田的稻谷在9月摇曳着丰收的喜悦；10月的秦岭巴山仿佛在一夜之间变得色彩斑斓；11月中下旬，一些景区因进入森林防火期而开始闭园。

12月至次年2月 紫柏山、龙头山都有大草坡变成了滑雪场，山巅也常有雾凇奇观。过年前，一些人家仍然坚持着自制腊肉的传统，祭祖等民俗在陕南也保存得很好。

秦岭巴山古道多

李白的《蜀道难》感叹长安通蜀的路途艰辛,韩愈也在秦楚古道上"雪拥蓝关马不前"。先民们在陕南的崇山峻岭间开拓了多条古道,其中作为干线的有七条蜀道和两条"楚道"。蜀道号称"北四南三",分别指穿越秦岭的北段(关中至汉中,从西到东依次有故道、褒斜道、傥骆道和子午道),以及大巴山区南段(汉中至四川的金牛道、米仓道和荔枝道)。秦岭南坡的水系大都汇入汉江并流向湖北,"楚道"便很好利用了航运资源,一旦条件成熟便可在水陆之间切换:著名的蓝关道从长安直接朝向东南,借丹江水和河谷向下;名不见经传的乾佑道直接翻过了终南山,最终沿乾佑河和旬河并入汉江。

陕南山水十强

	景观评分	游览劳累指数	公交便利度	景区消费性价比
南宫山(见273页)	★★★	★★★	★★★	★★★
天竺山(见283页)	★★★	★★	★★	★★
紫柏山(见261页)	★★★	★	★★	★★
塔云山(见282页)	★★★	★★	★★	★★
木王国家森林公园(见282页)	★★★	★★	★	★★★
黎坪国家森林公园(见253页)	★★★	★	★★	★★
金丝峡(见285页)	★★	★★★	★★★	★
牛背梁(见280页)	★★	★	★★★	★
龙头山(见252页)	★★	★	★★★	★★
雁山瀑布(见274页)	★★	★	★★	★★

危险和麻烦

➡ **天气预报及时看** 夏季的降雨、冬季的降雪都会给陕南的山路带来极大的安全隐患,一定要及时关注天气预报。

➡ **勤打电话先确认** 陕南的公共交通班次、景区开放时间经常变更,强烈建议提前1天打电话确定,要去偏远住处也最好致电询问有无营业。

➡ **没有买卖没有杀害** 2020年起长江流域开始十年禁渔,陕南也包括在内;秦岭红豆杉等野生动植物产品更是严禁买卖,违者会受到法律制裁。

➡ **户外安全系心头** 切记任何情况下都不要单独行动;对普通旅行者而言,在河道戏水时如遇水变混浊,请立即撤退,那是上游发洪水的征兆。

快速参考

汉中
➡ 人口:321.1万
➡ 电话区号:0916

安康
➡ 人口:249.3万
➡ 电话区号:0915

商洛
➡ 人口:204.1万
➡ 电话区号:0914

如果你有

➡ **3天**

汉中游 清晨乘动车到汉中,抓紧时间去汉中市博物馆(见248页),下午还要去勉县拜谒武侯祠(见255页)和武侯墓(见255页)。第2天安排留坝紫柏山(见261页)和张良庙(见261页)的一日游。第3天前往秦岭腹地的长青华阳(见266页),看"秦岭四宝",游傥骆古道,逛华阳古镇,最后回洋县搭动车离开。

安康游 早上从西安乘大巴或火车到石泉,下午游览中坝大峡谷(见274页)和后柳古镇(见274页),晚上在石泉老街吃石锅鱼,看汉江夜景。第2天去汉阴,翻越凤凰山看凤堰古梯田(见275页),当晚经安康赶到岚皋住宿。第3天早起爬南宫山(见273页),正常情况下不仅完全来得及返回西安,还能享用一顿陕南农家饭。

➡ **7天**

见**陕南精华游**或**沿汉江旅行**(见40页)。

陕南亮点

盛夏躲进**留坝**（见261页），记得多留下几天

阳春三月沉醉于**汉中油菜花**（见252页方框）的金黄世界

凝视**汉中市博物馆**（见248页）珍藏的汉隶古刻

跋山涉水，走进陕西的"边城"**青木川**（见258页）

在**天竺山**(见283页)、**塔云山**(见282页)、**南宫山**(见273页)遇见"仙山"

看四季农时在**凤堰古梯田**(见275页)谱下的乐章

汉中

尽管今日的经济发展不甚景气，但汉中仍然是知名度仅次于省会西安、秦都咸阳和"红都"延安的陕西城市。它又和这三者截然不同：没有山河破碎的黄土高原，没有赳赳老秦的冷峻沧桑，汉中有的是秦岭南麓、汉江上游的青山秀水，有的是稻香两岸、川音袅袅的水乡柔情。它是大西北的"西南"，地理在这里重叠，历史在这里沉浮——从汉江到汉中，再从汉朝到汉民族，关于"汉"的脉络在这里尤其清晰，也是汉中人永不消减的骄傲。

历史

120万年前的汉江之滨，如今的南郑龙岗寺一带，出现了古人类生活的踪迹，比蓝田人还要早上10余万年。到了6000余年前，汉中的龙岗寺、李家村和何家湾的先民们步入了新石器时代，与半坡人几乎同期，这些遗址出土的仰韶彩陶暗示着秦岭两侧已有了文化交流。当黄河流域的青铜文明走向巅峰，城固和洋县同样响起了铿锵铸铜的声音，运送铜矿石的船舶沿着汉江从荆楚之地而来。

随着秦人兴起，汉中盆地一度成为秦国和蜀国的重点争夺对象。秦国最终胜出并吞并了蜀国，又在公元前312年在安康和鄂西北一带击溃楚国，于汉江上游地区置汉中郡，"汉中"之名首现于这片土地上。公元前206年秦朝新亡，刘邦受封汉王，汉中引以为傲的"两汉三国"拉开帷幕。刘邦一统天下后，定都长安，定国号为"汉"。随后，武帝朝的张骞、和帝朝的蔡伦皆从汉中走出，也都在史书中留名。东汉末年，张鲁割据汉中并传播五斗米道，这一事件正是道教正式形成的标志之一。张氏治下的汉中成了"当时最平静的地区"（范文澜《中国通史简编》），《三国演义》也用和西川（成都平原等）并列的"东川"指代这里。但秦蜀之间的地缘让这里再一次兵戈扰攘，刘备和曹操为争夺汉中正面交锋，诸葛亮又以此为北伐大本营，并度过了人生中最后8年时光。

唐朝，不畏"蜀道难"往返于长安和汉中乃至成都的商旅不计其数，其中还包括了三位皇帝。元代行政区划做出重大调整，汉中脱离了川峡四路（四川前身）的利州路，划归陕西行省所有。明清易代时这里同样损失惨烈，"湖广填四川"的浪潮中也有"湖广填陕南"的余波，如今的很多汉中人便是那次移民的后代。

1937年宝汉公路赶在"七七事变"爆发前贯通，汉中成为后方重镇，城固古路坝甚至和成都华西坝、重庆沙坪坝并称"抗战三大坝"。共和国成立后的"大三线"建设为汉中注入现代工业，但为了保护朱鹮等野生动物，以及为"引汉济渭""南水北调"等涵养优质水源，生态环境仍然是这里发展的重要考核指标。2007年西汉高速公路开通，2017年西成客运专线投运，汉中和秦岭另一侧的省城西安，联系得比以往任何一个时代都要紧密。

汉中市

2017年南郑撤县设区，让这个古老的地名又重新和汉中结合得无比紧密。如今的汉中市在行政上已拥有汉台、南郑两个区，它们以汉江为界，引以为傲的人文景观和喧嚣热闹的城市生活都在北岸，南岸的大巴山区扮演着后花园的角色，山山水水已有了不俗的风景。

◉ 景点

★ **汉中市博物馆**　　　　　　　　　　博物馆

（☏815 2188；微信公众号：汉中市博物馆；汉台区东大街26号；凭身份证免费；⊙周二至周日8:30~17:30，法定节假日照常开放）这里位于一处土台之上，因刘邦分封汉王时曾驻跸于此而拥有古汉台的名字。秦宫汉瓦荡然无存，后世兴修的官署园囿也随着战火换了一茬又一茬。如今这里尚存的望江楼、归荫堂都是复建的明清风格建筑，内置的造像、书画等陈列中规中矩，石鼓亭中传为刘邦上马石的月台苍玉也不过是旧式文人吟咏的对象，真正的宝藏要走进汉台碑林才能看见。

碑林院落左侧，褒斜古栈道陈列室概述了蜀道的历史背景。在另一侧褒斜道石门及其摩崖石刻"第一批全国重点文物保护单位"石碑的身后，石门十三品陈列室珍藏着在中国书法史上举足轻重的石刻真迹。它们原本位于石门栈道（见249页）的崖壁上，在20世纪70年代面临沉入新建的石门水库的危机。于是人们从百余件石刻中遴选出最具代表性的十三款作品，并以"**石门十三品**"的名号将其凿迁至古汉台保存陈列。和原生环境完全脱节的易地保护虽然在一定程度上削弱了这些摩崖的魅力，但仰视拙朴的古刻，人们仍然很容易被打动。

书法爱好者可在《**鄐君开通褒斜道摩崖**》(第二品)观摩到由篆变隶的字体演化，"汉三颂"之首的《**石门颂**》(第六品)、备受康有为和于右任推崇的《**石门铭**》(第十二品)更是学习汉隶、魏碑的临摹佳品。看到《**衮雪**》(第九品)二字，枭雄曹操的风采跃然眼前；取自河中巨石的《**玉盆**》(第七品)，相传则是出于留侯张良之手。十三品还具有珍贵的史料价值，比如《**杨淮表记**》(第六品)的家族仕途故事是研究汉代职官的好资料，三国遗存《**李苞通阁道**》(第十品)对了解魏蜀战争史也有一定参考意义。你可以租赁讲解仪(20元)或聘请导游(100元起)，让这段石刻之旅变得更加深入。

博物馆大门外是有公交9路、12路等停靠的古汉台站，从火车站可乘坐11路、16路在就近站点下车。

拜将坛　　　　　　　　　　　古迹

(☏251 3096；汉台区南一环路近银滩路；门票旺季3月至11月20元，淡季15元；⏲8:30~17:30)公元前206年，汉王刘邦"择良日，斋戒，设坛场，具礼"(《史记·淮阴侯列传》)，拜韩信为大将，随后开启了平定天下的楚汉战争。这里相传即为拜将旧址所在，但除了一块夜影神碑，其他诸如立着韩信巨像的巨大石坛、楚河汉界为中轴线的棋盘广场等都是不折不扣的现代作品。作为汉中博物馆的分馆，这里还布置有汉中历史文物展。清晨到访拜将坛，可以去西墙外的将坛西巷赶一场热闹地道的早市。

拜将坛距古汉台约1公里，建议步行或骑车前往。5路和13路公交车会停靠大门外的拜将坛公交站。

汉江风景带　　　　　　　　　河流

悠悠汉江是汉中地名的古老源头。如今，越来越漂亮的沿江公园也撑起了这座小城的颜面。汉江大桥北端的天汉广场，东侧是开发最早的滨江游乐园，夏夜常有音乐喷泉助兴；西侧的天汉湿地公园更具野趣，还可以跨过廊桥来到南郑区的地界。而在汉江大桥南端的南郑大河坎，整修后的滨江文化公园也成了南岸居民的休闲好去处。

天汉广场又叫桥北广场，途经这里的公交线路很多。去音乐喷泉可乘公交3路、5路在汉中茶城下车，6路公交的迪卡侬站离廊桥最近。

石门栈道　　　　　　　　　　水库

(☏229 0000；微信公众号：石门栈道风

另辟蹊径

寻觅汉中老城

市区以北4公里的**兴汉胜境**(☏400 091 6111；微信公众号：汉中兴汉胜境；汉台区傥骆路近丝绸路；门票100元，白天《汉颂》演出套票170元，晚间《天汉传奇》演出套票260元；⏲9:00~20:00)是汉中主打的仿古旅游风情小镇，但可能不是你会喜欢的地方。

如果你想在这座"国家历史文化名城"寻觅更多人文风情，离开古汉台后可去东侧、南侧的**丁字街和中山街**一带，重温昔日汉中老城的光景。这里两侧的民居多为出檐较长的悬山顶砖木建筑，拥有前店后居、下店上居的格局，只不过这些古旧的书屋、茶馆、裁缝店很多已经闭门多年，不再营业了。从这里的十字路口继续向东，一方铁栏杆围起的落寞水池是和古汉台、拜将坛合称"西汉三遗址"的刘邦**饮马池**。不远处的**东关正街**是另一段风貌犹存的老街，长约2公里，规模更大；街道西口附近，隔着围墙还能望见被圈在学校里的宋代**东塔**。

市区另一个有趣的怀古去处在汉中汽车站正对面——**古虎头桥遗址**是《三国演义》中马岱智斩魏延的地方。如今在车水马龙的大街旁，一块古碑立在商场底层，和门庭若市的肯德基做伴。

汉中城区

景区；勉县褒城镇北；门票60元；⊙8:30~17:40）
"穹隆高阁，有车辚辚；咸夷石道，驷牡其驷"（《石门铭》）的盛况早已化为云烟，1975年落成的石门水库更是彻底地改变了这里的地理环境。褒河峡谷的狭长水库成了景区的核心景观，游船（40元）项目应运而生；若能遇到泄洪，从近90米高的大坝垂下的水瀑也算壮观。

在这座水利风景区的水面下方，被淹没的古栈道本应是当之无愧的主角。史载东汉明帝年间（公元63~66年），官府用火烧水激的方法在褒谷南口最险处凿开了长约16米的石门。通过这条世界上最早的通车隧道，褒斜栈道上的商旅往来无阻，意气风发者留下了珍贵的摩崖石刻。如今，水库西岸的山崖上修建了全长1.8公里的仿古栈道，不仅集合了平梁立柱式、石基式、千梁无柱式等7种栈道形制，还依照石门的形态复原了一段隧道；留意石门驿站处的"国保碑"，那里的水下才是古石门所在处。紧贴大坝下游的褒河东岸也有一段栈道，那是抗战前夕修筑的宝汉公路，辟有连环三洞结构的新石门，一旁张佐

汉中城区

◎ 重要景点
1 汉中市博物馆 B3

◎ 景点
2 拜将坛 B3
3 丁字街和中山街 B3
4 东关正街 C3
5 古虎头桥遗址 B2
6 天汉湿地公园 A4
7 音乐喷泉 C4
8 饮马池 C3

◎ 住宿
9 艾斯国际酒店 B4

10 卓立酒店 B3

◎ 就餐
11 冬冬烤醋肚 C2
12 胡氏银河鲜鱼庄 C2
   将坛西巷早市 .... （见10）
13 前进路夜市 C1
   张明富面皮店 .... （见1）

◎ 交通
14 汉中客运枢纽站 B1
15 汉中汽车站 B2
16 汉中站 B1
17 机场巴士发车点 B2

周墓里安息的就是当年为保护古迹而让公路改走东岸的工程设计师。

本书作者调研期间，316国道上的景区东门因山体滑坡而关闭，旅行者须从褒河西岸的西门出入。西门离大坝还有近2公里，沿途尽是乏味的"文化景观"，这一段可乘观光小火车（12元）代步。褒河东岸属于汉台区的河东店镇，沿河有著名的"鲜鱼一条街"，每家餐厅都相差无几。镇上的褒国古镇是仿古建筑一条街，相传让周幽王烽火戏诸侯的褒姒就是从这里走出的。

从汉中市区乘公交21路、102路都可到景区西门附近，从勉县大众交通公司客运站（见257页）乘坐发往褒河的班车也可到达。褒河大桥东头的褒河汽车站（☏229 6354）只是一个售票处，有汉中（7:50、9:50、11:40、17:00）经国道开往留坝的班车经停。

天台国家森林公园　　　　　　　　山

（☏248 5190；汉台区武乡镇北6公里；门票30元；☉旺季3月至10月售票时间8:00~15:30，淡季售票时间8:00~15:00）距汉中市区仅18公里的距离，让这座天台山自豪地宣称是"全国距中心城市最近的国家级森林公园"。其实早在明清两代，这座道教名山就是汉中人就近游山的首选，"天台夜雨"还名列汉中八景之首。如今每逢周末，仍有不少市民来天台山郊游。这里的风景谈不上多令人惊艳，但松涛阵阵，古柏苍劲，清新的山野气息已经足够享受。景区也力所能及地提供了代步工具：售票处离登山步道起点（灵官殿）有6公里盘山公路，可选乘观光车（16元）；之后步行登顶约需1小时，有缆车（往返60元，单程上/下山40/30元）直达南天门。

在汉中市区乘坐公交26路可到景区大门。

红寺湖　　　　　　　　　　　　水库

（☏558 3777；南郑区黄官镇红寺湖路；门票45元，含游船；☉8:00~17:30）南郑舒缓的低山丘陵区有两座水库，湖光山色也算动人。红寺湖即红寺坝水库，岸边的田园村落淳朴依旧。春天油菜花盛开，西岸的公路（不必进入景区）是一条不错的观花路线。去红寺湖的路上还有南湖（☏569 6739；南郑区南湖路；门票40元，含游船；☉7:00~19:00），前身是强家湾水库，风景与红寺湖类似，但多了仿古建筑的点缀，不过很多设施维护欠佳。

汉中汽车站发往黄官镇的班车经过南湖大门口（6元；40分钟）和距红寺湖3公里的景区路口（8元；1小时），你也可直接坐到黄官镇上再找车去红寺湖（15元）。

小南海　　　　　　　　　　　　寺庙

（南郑区小南海镇南3公里；门票10元；☉8:00~18:00）坐落在峡谷底部的小南海是供奉观音菩萨的古刹，因有一条从喀斯特溶洞中淌出的暗河而别有风情。溶洞的上层已被辟为大佛洞景区（门票80元，含小南海），鲜艳俗气的灯光引导着游人在洞内穿梭，照亮了钟乳石、钙化池、石幔等典型的溶洞景观——当然，它们已被人们发动想象力，安上了各种

不要错过

汉中油菜花

汉中是否拥有"中国最美油菜花海"并无定论,但作为重要的粮油基地,每逢3月中上旬,汉中各县区的油菜花海蔚为壮观,已是影响力覆盖关中以及四川等邻近地区的旅行热点。

汉中的地理环境可分为中部的汉中盆地和环绕四周的秦巴山地,油菜花因此主要分为平原或缓坡上的花海,以及峡谷坝子中镶嵌的小片花田两种类型。前者主要在汉江两岸的汉中市(汉台)、南郑、勉县、城固、洋县、西乡等地,开阔之美无须赘言。后者规模较小,但和山林、溪流的结合也别有风味,在留坝、镇巴、宁强,以及勉县南部、西乡南部乡镇可以看到。每年都会举办的汉中油菜花节,主会场在各县区之间轮换,其他县区也会设分会场,但这些会场的最大用处是提供文艺演出和美食摊位,对自助旅行者而言吸引力不够。真正有用的,是节日期间其他景区推出的优惠票价,乘坐动车来汉中的旅行者也可能会享受一些门票折扣。

每年2月,汉中旅游局都会发布各县区的油菜花观光路线(可关注微信公众号"汉中市旅游"和"西safe本地宝")。线路每年大同小异,我们最推荐前往洋县(见264页)、勉县(见255页)赏花,两地油菜花种植面积都不小,还有朱鹮、武侯等亮点可顺道一游。观花时请爱惜农民的劳动成果,沿已有道路前行,切勿为了拍照而践踏油菜花。

乘坐阳安铁路上的普通火车移动赏花也颇有趣味。油菜花节期间,可能有往返于勉县和西乡并途经汉中和城固等站的多趟临时客车。在阳平关站和汉中站之间运行的8361/2次绿皮火车同样经典,它不仅串起了宁强、勉县西部的"山地油菜海",又在抵达汉中前穿梭于汉江两岸的平坦花海中。这趟火车本身也有特色,只挂5节车厢,最后一节还被改造为"乡村集贸市场",供村民在车上交易家禽和山货。

如果你搭乘的是西成客运专线的动车组列车,同样能在经过洋县、城固、汉中等地时看到壮阔的油菜花海。虽然动车速度很快,但路基也要高很多,能看到的景观其实并不逊色。

天马行空的名字。

汉中到小南海的客车(8元;1小时)要在南郑区大河坎的中园城公交站,也就是汉江大桥的南头乘坐。但班车一般只到镇上,还要再包车(15元)到寺庙。

龙头山   山

(📞815 8888;微信公众号:汉中龙头山度假区;南郑区小南海镇陈家坪村东;门票98元,强制缆车往返150元;⊙售票时间8:00~15:30)从金丝峡、牛背梁到塔云山、南宫山,陕南每隔几年就会换一处流行的自然景区。本书作者调研期间,最火的景区正是这座龙头山。铺天盖地的营销让这里充斥着花花绿绿的旅行团,周末和节假日,索道站外总要排起长队。崭新的景区设计也让这里在回收成本的路上快马加鞭,玻璃栈道、天梯(悬崖电梯)岂能不来打个卡?没有观光车和游步道上山,收费不菲

的索道就成了必选项。

当然,龙头山的自然风光也可圈可点。这里和四川巴中的光雾山相邻,同样位于大巴山西段米仓山的主梁上。光雾山的红叶节远近闻名,龙头山这边的也不差,而春天的杜鹃、冬天的雾凇、雨后的云海同样是过目难忘的美景。山上还有一座龙头山滑雪场,伴着积雪准时开放。龙头山正处于大力推广的阶段,常推出各种优惠,可在微信公众号上随时了解。

汉中汽车站在8:40、客运枢纽站在8:50都有发往龙头山的旅游专线(建议致电确定),往返58元,车程1.5小时,返程15:30发出。景区也有自己的专线车往来汉中,可致电咨询。

龙头山另一侧10余公里外就是四川光雾山的大坝景区(香炉峰),但在作者调研期间,这段从景区直接过去的公路不对外开放,

需绕行244国道或顺银昆高速南下。244国道山高路远，基本走向正是蜀道中的米仓道。

黎坪国家森林公园 峡谷

(☏569 1111；南郑区黎坪镇东南2.5公里；门票115元，含观光车；⌚售票时间8:00~16:30，冬天闭园) 黎坪和天台山一同在2002年获评国家森林公园，但呈现出的风貌完全不同。这里位于巴山腹地，山水俱佳，喀斯特地貌鬼斧神工，需要乘坐观光车深入峡谷，到每个景点再徒步，景观比起秦岭最南端的天台山要富有层次得多。黎坪相对偏僻，从汉中过来的70公里山路要开2个多小时，因此就算旺季游客也不算多。到访这片深山璞玉的最佳季节10月中下旬至11月中上旬的金秋，碧潭幽瀑和红叶金林交相辉映，"小九寨"的美名不胫而走。

汉中汽车站8:10有发往黎坪的旅游专线，往返68元，可到客运枢纽站接客，建议至少提前1天确认。返程车16:00发出，时间足够你在景区里玩好。

🛏 住宿

汉中最靠谱的住处是各大连锁品牌直营的商务快捷酒店，它们分布在市区各个区域，旺季之外不难找到百元特价房。

卓立酒店 客栈 ¥

(☏681 3333；汉台区拜将坛路近禹王宫巷；标单/双135/160元起；🛜❄🅿) 这里门口也挂着"古汉台花园民宿"的招牌，离拜将坛景区北门很近，附近的小巷每天清晨还有早市。酒店2021年开业，房间中规中矩，但后院的小花园在汉中市里算是很有特色。

艾斯国际酒店 酒店 ¥¥

(☏210 6666；汉台区滨江东路近银滩路；标双339元起，含双早；🛜❄🅿) 隔着一条马路就是滨江公园的地理位置，是这里的最大卖点。房间面积都在35平方米以上，且全部在23层以上，住进江景房(378元)可以俯瞰汉江东去，圆床房(430元)的客厅里还有浴缸。

🍴 就餐

兼具陕川风格是汉中饮食的最大特色。川菜和火锅店在街上到处可见，很多老字号出售陕南风味的羊肉泡馍，最负盛名的汉中面皮是将大米磨成浆，再做成凉皮的样子。前进路夜市是调研期间人气最旺盛的夜市。

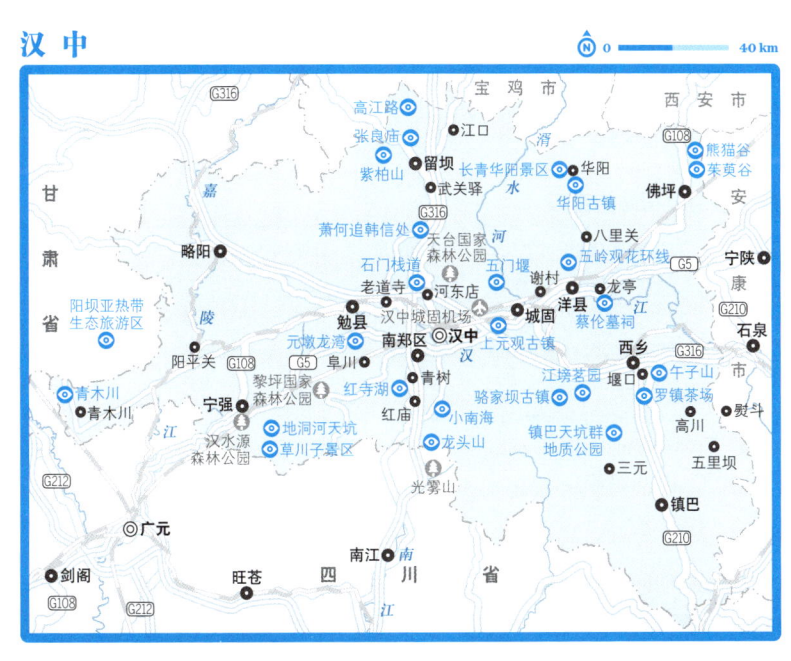

张明富面皮店
小吃 ¥

(📞187 2916 8868；汉台区东大街180号；面皮5元起，菜豆腐1元；⏰6:00至次日1:00)和关中面皮迥异的汉中面皮其实是热米皮。它是汉中人最爱的小吃，当地人只吃熟悉的味道或就近选择，说不上哪家最好。张明富是一家老字号，因为就在古汉台斜对面，成了汉中最出名的面皮店。记得像当地人一样配上一碗菜豆腐，可缓解面皮的辛辣。

胡氏银河鲜鱼庄
川菜 ¥¥

(📞222 1222；汉台区莲湖北路64号；人均90元；⏰10:30~21:00)这是汉中流行了20多年的鱼火锅店，饭点排队很正常。鱼按斤卖，有黄辣丁(50元)、江团(48元)、三道鳞(48元)、花鲢(32元)四种，可做香辣、麻辣、番茄、天麻等多种口味；也供应各种家常炒菜。

冬冬烤醋肚
烧烤 ¥¥

(📞138 9168 7641；汉台区东塔北路356号；人均60元；⏰17:00至次日2:00)酸辣口的烤醋肚(2元/串)很开胃，很容易为你打开大口撸串的节奏。本地人豪爽地灌着大乌苏，店家还贴心地准备好了醒酒汤(20元)。香辣苔皮(15元)也是这里的特色。

❶ 到达和离开

飞机
汉中城固机场(城固县柳林镇)在汉中市区以东17公里处，在作者调研期间，有飞往北京、上海、广州、深圳、杭州、乌鲁木齐等地的航线。

长途汽车
汉中的长途客运基本都由汉运司集团包揽，近年来由其开通的旅游专线也越来越多。市区主要的客运站有两个，其他诸如客运南站等都只是售票点，有些可联系顺路的班车进站接客。可通过微信公众号**汉中汽车站**查询并办理下述两座车站的票务，但各县车站目前只有部分长途车次可在该公众号上办理票务。若从安全性和舒适度考虑，前往宁强和佛坪两个西成客专沿线的山区县，乘坐动车的优势要明显多了。

汉中客运枢纽站(📞221 3322，旅游集散中心221 6611；汉台区火车站南出站口东侧)取代了原先汉中高客站的功能，为乘动车抵汉的游客提供"公铁换乘"的便捷服务。

汉中汽车站(📞221 3163，旅游集散中心225 1008；汉台区虎头桥路29-1号)即**汉运司车站**，有发往青木川(44.5元；7:30；4.5小时)、城固(8.5元；6:00~19:00，流水发车；1小时)、洋县(13元；6:00~19:00，流水发车；1.5小时)等地的车次。

火车
汉中站(汉台区站前路10号)被当地人称为**高铁站**。这里既停靠阳安铁路上的普通列车，也有班次众多的西成客专动车组。在此乘动车可到洋县西、西安北、华山北、洛阳龙门、平遥古城、广元、成都东、阆中、重庆北等站，普通火车开往阳平关、石泉县、安康、十堰、武昌。

汉中客运枢纽站时刻表

目的地	发车时间/班次	票价(元)	行程(小时)	备注
勉县	7:30~19:10，约36分钟1班	10	1	
略阳	8:00~19:00，约75分钟1班	38.5	2	高速
留坝	7:00~18:30，约每小时1班	26.5	1.5	高速
西乡	6:30~19:20，约40分钟1班	26.5	1.5	高速
镇巴	8:00~18:50，约50分钟1班	45.5	2.5	高速
安康	9:30, 10:30, 12:30, 13:30, 15:00, 17:00	70.5	3.5	高速
汉阴	9:20, 15:00	53.5	3	高速；经停石泉(45.5元；2.5小时)
南江	9:10, 11:10, 13:00, 14:00, 16:20, 18:00	50	2.5	高速；旺季可能开通光雾山的旅游专线

ℹ️ 当地交通

抵离机场

汉中城固机场有**机场巴士**（📞212 8938）往返于市中心的翔龙大酒店（汉台区莲湖西路近友爱路），票价8元，回城的末班会等候最后一趟飞机落地。也可以乘坐105路公交到城区，票价2元，末班车18:50。打车可能遭遇60元的一口价，滴滴约40元。机场外面的108国道是汉中往返城固、洋县的必经之路，白天很容易拦到过路班车。

作者调研期间，机场以南1公里的铁路**治江站**正在改造，按计划将恢复火车客运。

公交车和出租车

汉中公交线路比较发达，票价1~2元，大部分路线在19:30前后收班。打车时，拼车、一口价等不正规现象经常发生，当地人更倾向于使用滴滴等网络叫车平台。

勉县

小城勉县在"三国迷"心中的地位非同小可——这里是诸葛亮的安魂之处，定军山之战的胜利更宣告着蜀汉势力达到了巅峰。悠悠汉江摆脱了群山的束缚，在勉县的地界上第一次变得如汉般开阔，勉县旧名"沔阳"的"沔"，也正是汉江的一个古称。今天这座小城的生活波澜不惊，但历史的长河中确实有英雄人物从这里涌现出来。

⊙ 景点和活动

武侯墓　　　　　　　　　　陵墓

（📞331 6001；定军山镇诸葛村；门票旺季3月至11月60元，淡季40元；⏰旺季8:30~18:00，淡季8:30~17:30）公元234年，诸葛亮病逝于褒斜道北口的五丈原（见179页），随后按遗愿归葬汉中定军山下。"青山有幸埋忠骨"，这位在中国传统文化中集忠臣和智者于一身的完美人物，赢得了无数后人的推崇和敬仰。陆游曾在这里吟诗"定军山前寒食路，至今人杞丞相墓"，流传千载的**武侯墓清明庙会**更在近年来被打造成了"诸葛亮文化旅游节"。不过，除了庙会期间的一时喧嚣，武侯墓的游人通常不多，森然的古木、敞阔的殿堂簇拥着诸葛亮的墓冢，肃穆的气氛很适合追往凭吊。留意较小的那块墓碑，由清雍正帝的十七弟果亲王所立。

武侯墓在汉江南岸，距勉县城中心约4公里。这里没有公交线路可到，乘出租或网络叫车都很方便。

定军山　　　　　　　　　　山

（定军山镇南；免费；⏰24小时）除了绝妙的风水让诸葛亮相中置穴，定军山还因老黄忠智斩夏侯渊的三国故事而赢得了更大的名气。京剧《定军山》的黄忠堪称最经典的老生角色之一，1905年京剧大师谭鑫培在摄像机前录制了《定军山》片段，这里又和中国第一部电影结下了不解之缘。如今在景区西门外立有一座电影胶卷造像，上书"中国电影之乡"，纪念的就是这段往事。山上还有中军帐、督军台等仿古建筑，重立了"古定军山"碑。不过除了怀古，这里不过是一座树木茂盛、适合轻松登上的小山头。

从武侯墓一旁的公路向南1.5公里可到定军山西门，东门要从武侯墓东1.5公里处的诸葛村五组上去。景区在建西门，建成后可和南麓村庄的春季油菜花田连为一线。

武侯祠　　　　　　　　　历史建筑

（📞329 6212；武侯镇勉县一中东；门票旺季3月至11月50元，淡季30元；⏰9:00~17:30）虽然远不如成都武侯祠游人如织，但放在陕南来看，这里也称得上数一数二的热门景点了。作为始建年代最早（公元263年），也是唯一由皇帝（蜀汉后主刘禅）下旨修建的诸葛亮祠庙，勉县武侯祠号称"天下第一武侯祠"——要知道成都的那座，其实是后世一步步将武侯祠并入刘备的汉昭烈庙，并最终完全夺走"先帝"风头的。

最初，勉县武侯祠也是毗邻武侯墓而建，但因渡江拜祭不便，便在明正德年间被迁到了诸葛亮行辕相府故址，也就是县城以西3公里的现址。如今这里是七进院落的明清古建筑群，坐南朝北的格局寓意着诸葛亮北伐中原的夙愿。悬梁垂楹、刻石成碑的名流墨宝不胜枚举，最珍贵的莫过于一块名列"中国首批书法名碑"的**唐碑**。偏院的一株**古旱莲**同样价值不菲，400余载高龄的它是"汉中市花"，每逢3月中上旬盛放，来此赏花者摩肩接踵。

乘勉县公交3路可到武侯祠，在108国道上拦去阳平关、略阳方向的过路车也可到达。

另辟蹊径

从诸葛古镇到古阳平关

就算诸葛亮再神机妙算，面对着围绕武侯祠的这片仿古建筑群，肯定也会惊讶合不拢嘴。作为勉县鼎力打造的旅游项目，**诸葛古镇**（☎329 8908）是和袁家村相似的仿古小镇：进镇不收大门票，街上有特色美食、风情民宿和出租古装的店家，也有冷兵器博物馆（门票20元）、郡丞府（门票20元）、天下武侯祠展览馆（门票20元）等景点，《出师表》实景演出（票价198元）按计划会从每年3月下旬一直演到11月底（周一停演）。古镇西侧还有一条**诸葛街**（☎581 8899），同样是仿古景区，但由另一家旅游公司开发，收120元门票（常有半价优惠），每天有固定歌舞节目（不再收费）。

诸葛街西北方向耸立着明代古塔**万寿塔**，由此向西又是一条名为莲花村的仿古风情街，两侧其实是外立面做了仿古处理的民居。此处也正位于汉中盆地西缘，三国时的阳平关就设在这里，明清两代的勉县县城也在此处。长约1.5公里的街道上有一处"陆游醉羊"石刻，说的是陆游沿金牛道来到抗金前线汉中，经由此处写下《道中累日不肉食至西县市中得羊因小酌》的故事。街道尽头复建了**古阳平关**城楼，登楼远眺，马超的巨像耸立在路口。从这里沿汉江西去即金牛道，另一方向的沮水河谷则是通往沮县（今略阳；见260页方框）的陈仓道。

陕南 勉县

马超墓 陵墓

（武侯镇继光小学西；门票10元或持武侯祠门票参观；⏰9:00~17:30）在武侯祠以东仅500米处，一座青冢埋葬着另一位三国风流人物——蜀汉"五虎上将"之一的马超。这里保持着"前祠后墓"的格局，坟茔前的墓碑为清乾隆年间陕西巡抚毕沅所立，擅长金石地理之学的他对三秦大地古陵墓的考据做出了不小贡献。隔扣祠庙和墓园的水渠也有来头：它是民国时修建的灌溉工程**汉惠渠**，和"关中八惠"灌渠同为陕籍水利专家李仪祉的作品，在那个举步维艰的时代弥足珍贵。

勉县公交3路设有马超墓站。

勉县油菜花海 自然景观

发源于南郑巴山山区的漾家河在勉县南部的低山丘陵间蜿蜒流过，冲出了一座座肥沃的小坝子。**阜川镇**和**元墩镇**坐落其间，初春田野里的油菜花海和青山绿水做伴，是汉中最具代表的"山谷坝区"油菜花风景带。元墩镇最美处是号称"陕南第一湾"的**元墩龙湾**（免费），这里的河湾可漂竹筏，高处观景台的视野极具层次感。绿玉般的河湾、半岛上的金黄花海、层叠起伏的远山……随手便可拍下明信片般的风景。阜川镇的油菜花海规模更大，沿着村村通公路和农机路来一段花海徒步再合适不过。从勉县东北前往褒河（石门栈道）的途中，**老道寺镇**的油菜花海呈现的则是一望无际的平原风光。

勉县大众公交公司客运站有发往元墩（4元；30分钟）、阜川（6元；45分钟）方向和老道寺（6元；45分钟）、褒河（8元；1小时）方向的中巴，平均每半小时1班。自驾去阜川镇还可再向南行驶9公里，去小河庙村看看不逊色于西乡茶园（见268页方框）的茶山风光。大众客运站也有车发往小河庙，但班次不多。

九昱汉水温泉旅游度假区 温泉

（☎339 9999；微信公众号：九昱汉水旅游度假区；温泉乡郭家湾村；⏰11:00~22:00）这里拥有陕南最好的温泉资源，早在北魏《水经注》中就有记载，近代科学则测定其为高热医疗矿泉水，富含硫化物、氟和偏硅酸。度假区在2020年春天开始营业，建筑融入了两汉三国特色，泡池共有56个。温泉挂牌价198元，但通过网络预订很容易拿到86元的优惠票。作者调研期间，配套的酒店即将开业。附近的村庄也有一些温泉农家乐。

温泉位于县城东南9公里处，火花环岛有6路公交（6:20、8:30、11:00、13:50、17:00）可到，返程末班大约18:30路过。这里也有直通汉中的专线车，需要提前一天致电（☎222 5500）预约。

🛏 食宿

勉县是汉中的卫星城，两地间来往十分

便利,建议返回市里住宿。确需留宿且想住得有些特色,诸葛古镇里有几家仿古民宿可供选择。

"汉中名小吃"**定军炒面馆**(☏321 2404;和平路近聚兴巷;牛肉炒面10元起;⊙8:00~20:00)是很多勉县人从小吃到大的馆子,另一家老字号**宁老三鸡汤面皮**(新兴北路101号;鸡汤面皮5元;⊙6:00~19:00)也是当地人爱去的小吃店。

❶ 到达和当地交通

勉县汽车站(汉运司)(☏321 2317;和平路近定军山北路)有班车发往汉中客运枢纽站(10元;6:12~18:20,约36分钟1班;1小时),也有车发往略阳、宁强等地,车次经常变动,最好实时电询。错过汉中末班车的话,拼车(20元)也不难找。

勉县大众公交公司客运站(☏296 5888;和平西路近勉县三中)主营乡镇客车,可到阜川、元墩、褒河、云雾寺等地。位于城西108国道边的定军汽车站已建成多年,按计划将汇集上述两个车站的班次,但调研期间仍未有运营的具体计划。

勉县站(远车路)位于县城北2公里处,是阳安铁路上的小站,平时只有少量客车可到汉中、安康、阳平关、广元、成都等地。

勉县城内有多条公交路线,出租车和滴滴也很好用,武侯墓就有等候返程的车辆。

宁强

阳平关、五丁关、铁锁关、棋盘关……这一系列地名分布在宁强境内,提示着这里曾是一处要塞。坐落在陕西西南角落的宁强县和四川、甘肃相邻,旧名宁羌取"羌地永宁"之意,暗含着它的建制逻辑。汉江中源(大安河)和南源(玉带河)均在境内发源,又让小城骄傲地自称"三千里汉江第一城"。如今,宁强下辖的青木川已成为陕西省叫得上名号的旅游名镇,但其他区域仍然远离主流旅游视野。

离县城很近的**汉江源景区**(☏422 2385;二道河村;门票旺季3月至11月80元,淡季60元;⊙售票时间8:00~15:00)拥有风光旖旎的瀑布溪涧,爬到山顶的香坝能欣赏到开阔的山景,还能在玻璃吊桥上胆战心惊地走一走。但汉江的源头并不在景区内,南源在景区东门10

公里外的马家河村,中源就更远了。宁强公交6路连接景区东门和宁强南高铁站。在马家河村(有**汉水源头**的路标)可乘3路在回水河站下车,再步行3公里。

宁强另一个去处是县城南部的巴山山区。这里的毛坝河镇、禅家岩镇发育有成片的喀斯特地貌,悬崖峭壁相当壮观。在宁强以南70公里处,毛坝河镇的**草川子景区**(草川子村)几乎已到陕川交界处。这是米仓山深处一座世外桃源般的村落,草甸上牛羊成群,石林虽然规模不大,但草木丛生、野趣盎然,村里有简单干净的农家乐可供住宿。禅家岩镇是汉中天坑群的另一个集中分布区域,这里的**地洞河天坑**(冷水沟村东2公里)被国际著名洞穴探险家让·波塔西赞为"世界上最美的天坑"。通村公路绕坑延伸,建有观景台可俯瞰天坑。进出西方沟村则有一段**挂壁公路**,但是很短,和太行山挂壁公路相比不值一提。

宁强汽车站发往禅家岩(8:50,13:00,15:00)的班车可到天坑观景台。开往毛坝河方向(7:00、8:30、10:00、12:30、14:30、16:30)的班车途经西方沟村口,下车后步行1公里可到挂壁公路。草川子离毛坝河镇还有15公里,没有公共交通,从宁强乘坐发往三道河(13:00,15:00)的班车,可到距草川子5公里的路口。除草川子外,其他两处的游览都花不了多长时间,更推荐自驾。

🍴 食宿

来宁强不需要住宿,但这里的美食很有特色。**福兴老号王家核桃馍**(☏135 7164 1647;南大街近电信局;核桃馍1元;⊙6:00至售罄)和**王家麻辣鸡**(☏135 0916 5398;司法路近大街;土鸡65元/斤;⊙8:00至售罄)都称得上名满全汉中,**刘氏大安根面角**(☏133 7946 9833;东大街近南大街;根面角8元;浆水蝌蚪子5元;⊙8:00~22:00)也是特色餐饮。

❶ 到达和当地交通

宁强汽车站(☏422 1120;羌州中路10号)有发往青木川(33元;7:00,11:00,13:00;2.5小时)、勉县(高速;24.5元;8:00~18:00,每2小时1班;1.5小时)的班次。去广元和汉中也有客车,但乘公交1路、5路到县城东南3公里的高铁**宁强南站**(筒车河村）乘动车更快。广元方向（7:00, 11:30）的班车走的是108国道（和金牛道基本重合），沿途会经过"西秦第一关"棋盘关和明月峡所在的广元市朝天区。汽车时刻表变化较大，最好实时电询。

青木川

　　陕甘川三省交界处，秦岭和岷山连绵起伏，小镇青木川隐匿其中。它是陕南的"边城"，山野风光如诗如画，吊脚楼和风雨桥点缀其间。它也有自己的"土匪"传奇：20世纪20~40年代，本地豪强魏辅唐统治青木川二十余年，称霸一方的同时也让小镇成为商贸繁华、文教兴盛的深山传奇。2013年，改编自叶广芩小说《青木川》的电视剧《一代枭雄》以魏氏故事为原型，让这里的旅游业火了一把，此起彼伏的叫卖声在老街上重新响起。
　　今天，青木川仍然和青山、绿木、秀川为伴，而交通、酒店、景观等方方面面的改善，更让这段旅途变得相当惬意。

◉ 景点

　　进入**青木川古镇**（📞434 1555；微信公众号：青木川景区）无需门票，但有几处古建筑景点需购票参观。

回龙场老街　　　　　　　　历史街区

　　依河而建的青木川镇分为南北两岸，北岸的新街基本都是新建的仿古建筑；跨过**飞凤桥**就到了南岸，青石板铺就的清代**老街**伸展在脚下。老街长约700米，随河流的走向弯曲如龙，"回龙场"的名字便由此而来。充满秦巴山区风情的老街上，**洋房子（唐世盛）**的罗马风格石拱圆门和圆顶窗相当惹眼，不过它的内里仍是"一颗印"的中式传统院落。隔壁的**辅友社**原是魏辅唐创办的钱庄，印发的银票在陕甘川三省交界处广为流通。外观毫不起眼的**荣盛昌**，当年则是洋货云集的百货商场。

　　老街另有两处古建筑为收费**景点**（通票60元，或单独购票每处30元；⊙8:30~17:30）。**旱船房（荣盛魁）**曾是位于三省交界、众人皆知的纸醉金迷处，仿船造型独树一帜，不同包厢也是按照船舱等级排列的。**烟馆**是昔日畸形繁华的见证者，"三不管"的青木川在当时可谓种植、交易鸦片的"金三角"。

　　老街背后的山坡上，**辅仁中学早期建筑**据说将在新校舍修好后作为旅游景点对外开放。这座建筑可谓魏辅唐为青木川做出的最大贡献，而1952年，就在学校旁边，他以"反革命分子"的身份被公审枪决。

　　新街东头过铁索桥，沿木梯爬山10来分钟可到**回龙阁**，居高临下可俯瞰青木川全景。放眼望去，青灰色的屋瓦围出一座座天井，翠绿色的小河从峡谷远远流过来。小镇上空的炊烟流岚总是聚散无定，那段乡民自治往事的功过是非也已化为云烟。

魏氏宅院　　　　　　　　　历史建筑

　　（新街西北；门票30元，或持60元通票参观；⊙8:30~17:30）来到魏辅唐家，游客们更感兴趣的似乎总是这位"土皇帝"娶了几房老婆，导游口中"生男生女"的风水故事也为这里增添了又一个话题。其实这座青木川的地标建筑已被列为"中国20世纪建筑遗产"，宅院本身就很有看点。这里延续了当地传统的两进四合院格局，又由于新老两宅并列而立，从而形成了奇特的"田"字形布局。两宅的风格也有区别：老宅古朴典雅，门楣窗棂的雕花相当考究，是家眷们的生活区域；新宅融合了不少西方元素，青砖拱窗显得庄重肃穆，是魏辅唐接见商政要员的场所。

西沟　　　　　　　　　　　　河流

　　从青木川流过的小河叫金溪河，它的上游被称作西沟，山林深处生活着大熊猫、川金丝猴、羚牛等珍稀野生动物，目前已设立**青木川国家级自然保护区**。保护区腹地不适合擅自闯入，但沟口一带就有很不错的风景了。在这里，河床上的巨石截出了幽滩和叠瀑，夏天可过来戏水乘凉，遇到**青木川漂流**（📞438 8888；门票138元，含古镇接送）开放还能玩一把刺激。峡谷两岸的森林遮天蔽日，金秋季节层林尽染，同样值得一游。

　　从古镇沿金溪河向西，至镇政府后拐入北侧的赵家坝村，跨过一座铁索桥就到西沟的入口，单程约1公里。

🛏 住宿

　　青木川的住宿集中在新街。密密麻麻的民房基本每家都开有客栈，不讲究的话80元

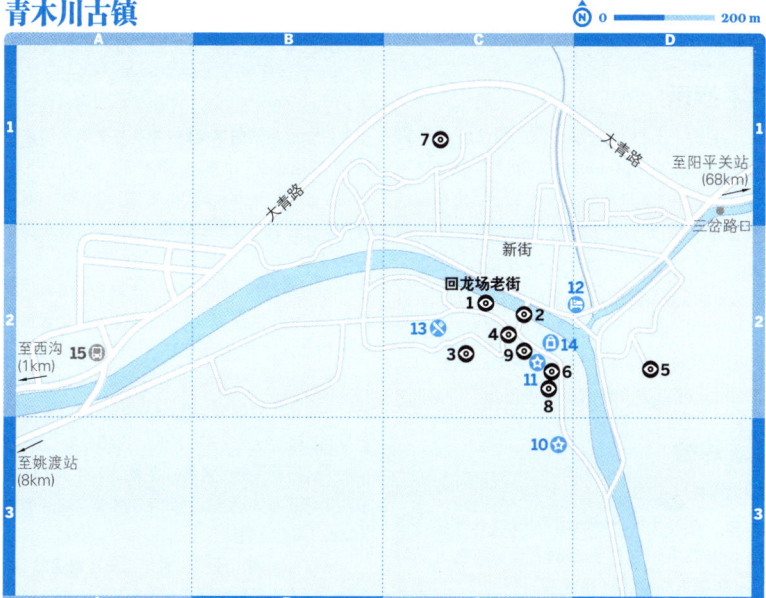

青木川古镇

青木川古镇

◎ 重要景点
1 回龙场老街 C2

◎ 景点
2 飞凤桥 C2
3 辅仁中学早期建筑 C2
4 旱船房 C2
5 回龙阁 D2
6 荣盛昌 C2
7 魏氏宅院 C1
8 烟馆 C2
9 洋房子 C2

◎ 娱乐
10 羌族傩戏绝技演出 C3

11 寻梦青木川 C2

◎ 住宿
喜鹊民宿 ....（见6）
12 云山花筑酒店 D2

◎ 就餐
13 回龙烤鱼 C2

◎ 购物
14 种德书屋 C2

◎ 交通
15 青木川汽车站 A2

（非旺季）住一晚不成问题。**云山花筑酒店**（☏136 1916 4362；新街河滨东段；标单/双170元起，含双早；☎❄）看门面就知道住宿条件比其他小客栈好很多。

老街上也有少量住宿。**种德书屋**（见260页）可提供未加修饰的简朴普间（60元），**喜鹊民宿**（☏159 2942 5250；老街中段；标单/双200元起；☎❄）是老街稀缺的古屋改造客栈。

住在镇外可享受到田园风情。镇东1公里的**千山瞿家大院民宿**（☏151 2916 3003；罗家沟村；标单/双300元起，含双早；☎❄Ⓟ）由坐落在茶园中的历史建筑改造，颇有度假氛围。

✘ 就餐

老街上支摊出售的核桃馍、麻辣鸡、豆腐干很可能就会填饱你的肚子；新街上几步一家的餐厅，供应着木桶鱼、地锅鸡、川菜等各种外来美食。**回龙烤鱼**（☏137 4036 3890；

老街西段；黔鱼45元/斤；◎10:00~22:00）是难得的本土老字号大餐，很受当地人推崇。

☆ 娱乐

老街上有两处表演可看。舞台剧寻梦青木川（票价128元；◎13:30, 19:00）在辅友社上演，伴着历史建筑里的灯光音效，一代枭雄的风云往事仿佛浮动在眼前。羌族傩戏绝技演出（☎135 7148 5076；票价50元；◎10:00、15:00，节假日加演17:00）的表演地点在和关帝庙共处一院的辅仁剧社，你能欣赏到这种根植于秦巴山区西部羌汉杂居地区的古老民间艺术，上刀山、过刀桥等环节足够猎奇。

🛍 购物

种德书屋 书店

（☎151 9162 9366；老街中段）在紧跟古镇商业化潮流的邻居们的衬托下，这里尤显珍贵。老主人徐种德曾受魏辅唐资助外出读书，返乡后在魏氏"宁西人民自卫总队"任职。20世纪80年代魏氏平反后，有关青木川、魏辅唐的史料整理都少不了他的帮助。如今书屋由徐老的儿子经营，家人的生活和出售的书籍一同挤在略显凌乱的前厅里。

❶ 到达和离开

青木川汽车站位于新街向西500米处的镇政府旁，每天有发往汉中（44.5元；7:00；4.5小时）、宁强（33元；7:00, 11:00, 13:00；2.5小时）的班车，也有去宝成铁路阳平关站（宁强县阳平关镇康宁路）的12路公交（14元；6:30、7:30、8:10、9:30、10:40、12:30、14:00、15:00、17:00；2小时）。当地人习惯在新街东头的三岔路口候车，上述车次都会经过。

从汉中过来，可在汉中汽车站乘坐青木川的班车（7:30），这趟班车可以去高铁站旁的客运枢纽站（7:50）接客，但需要提前致电枢纽站预约。若嫌车程过长，可先乘动车到宁强南站，再进城换班车。错过宁强发往青木川的直达车，也可乘坐宁强11路（8元；6:30~17:55，约40分钟1班；1.5小时）到阳平关镇，再转12路抵达青木川；12路末班通常在17:30发车，可致电宁强公交服务热线（☎422 0055）确认。

从广元过来，最好先乘坐火车在姚渡站（四川省广元市青川县姚渡镇东北9公里）下车，出站后有三轮车和私家车载客到10公里外的青木川，收费10元。从姚渡站可继续乘火车去陇南、兰州等地。青木川至阳平关半路上的燕子砭每天13:30有一班客车去甘肃康县阳坝镇，镇北的阳坝亚热带生态旅游区（☎0939 512 1929；门票40元，强制观

值得一游

略阳掠影

在汉中的西北角，略阳是秦岭深处又一座颇有历史的小城。城边流过的嘉陵江伴随着它的起源与发展，途经略阳的蜀道之故道的别名就叫嘉陵道，沿江铺设的宝成铁路更在"大三线"建设时期为略阳打下了工业基础。也有人泛舟往来略阳，两处值得一看的古迹都是古代水运史的见证。

城里的江神庙（☎482 2350；嘉陵南路近高台巷；免费；◎周二至周日9:00~17:00，法定节假日照常开放）曾是船帮会馆，因融入了古羌族元素而别具一格。古戏台栏板上的浮雕既有熊、猪、猴等兽头图案，也有头插翎毛、脚穿皮靴的古羌族人物形象。

城南3公里的灵岩寺（☎483 1302；灵岩路；门票8元；◎9:00~17:00）文物价值更高。这座山崖古寺号称"陕南小碑林"，收藏的《郙阁颂》是和《石门颂》（见249页）、《西狭颂》齐名的"汉三颂"，曾经立在路边的《仪制令》则为中国最早的交通规则。还有一块石碑上有四个未曾收录于辞典的大字，相传是武则天所造——她随父亲客居广元，曾和师友们乘船逆流至此游玩。

汉中客运枢纽站、勉县汽车站、宁强汽车站都有班车往来略阳汽车站（☎482 2350；象山路近自强路），从青木川过来，可在燕子砭或阳平关换乘火车抵达略阳站（车站路）。江神庙在县城里，步行可到；去灵岩寺打车约15元，也可在城南彩虹桥乘坐发往乐素河的公交（2元）。

光车28元)有胜过西沟的自然风光。

留坝

"留坝,留下吧!"秦岭深处这座小城的旅游宣传语让人在离开时心生不舍,"全域旅游"的发展定位,又让留坝人面对游客时既能保持山里人的纯朴热情,也能把握城里人的需求。这里的山山水水曾在旧时隔绝了外部世界,如今则凭借天生丽质吸引西安人来避暑消夏。然而谁留下了呢?相传2200年前,韩信弃楚归汉伊始,并不受刘邦重视,便想出汉中去他他处,到留坝却遇到"寒溪夜涨",挡住去路,随后被萧何追到,最终留了下来。

⊙ 景点

张良庙 历史建筑

(☏396 6003;留侯镇庙台子村;门票旺季3月至11月50元,淡季30元;⊙8:30~17:30)尽管门外就是316国道,但秦岭深处的位置还是让这里仿佛隐士一般远离尘嚣,毕竟"谋圣"张良最让人羡慕的,不仅是"兼济天下"的运筹帷幄,更是"独善其身"的急流勇退。相传张良辞官后于紫柏山下辟谷隐修,400年后,十世孙张鲁便在这里修建了**汉张留侯祠**。如今张良庙保存下来的都是明清以来的古建筑,但整体布局和山野风水结合得很好;楹联匾额和摩崖碑刻上的赞誉之辞,以及进履桥、授书楼等依典故而造的景观也为这里营造出很好的怀古氛围。由于和张道陵、张鲁家族的渊源,张良被后人列为道家真人。张良庙至今仍是道教全真派的保安观,常能听到道士们诵经打醮;庙里还有一处石洞,相传为道教"十大洞天"的**第三洞天**。

汽车站有公交发往张良庙(3元;7:20、9:30、13:00、16:00;返程8:20、10:30、14:00、17:00),但常变动,请及时询问。汉中汽车站发往凤县的班车(10:10、14:30)也途经张良庙,凤县回汉中方向(8:20、10:20)的车大约在发车后1.5小时经过这里。在留坝叫滴滴可能会无人应答,打车单程15公里会收约40元。

紫柏山 山

(☏398 0168;留侯镇闸口村北;门票35元;⊙售票时间8:30~16:30)位于留坝和宝鸡凤

自驾高江路

秦岭云深不知处,长约35公里的**高江路**为过往车辆铺展了美妙的风景长卷。公路西起紫柏山东麓316国道上的高桥铺村,东抵褒斜道(244国道)上的江西营村,前后半段分别编号为X301和S221,沿途串起多座曾经不知魏晋的小山村,"空山新雨后"的凛冽通透更能锦上添花。最漂亮的季节在"天气晚来秋",即10月下旬至11月初的深秋,水杉、鹅掌楸等树木映透出时令的色彩,驶入高江路就像在五彩缤纷的树洞中穿梭,江西营的4000年古银杏也投下了金色的涟漪。

县交界处的紫柏山,因张良隐居的故事而在秦岭群山中声名鹊起。北坡的凤县和南坡的留坝各有一座紫柏山景区,相比而言,留坝这边的景色可能要更美一些。

紫柏山素有"七十二洞、八十二坦、九十二峰"之说,山顶的"坦"是别处难见的景观。它们是高山草甸上一口口形状如锅的凹地,古人认为是流星砸出来的(这也增加了"天地和合"的道家色彩),用科学解释的话,则为喀斯特地貌中的岩溶漏斗。最美的季节是6月至9月绿草茵茵的时候,尤以7月各种小野花盛开时为妙;其他季节草色枯黄,景色逊色很多。2020年底景区开放了冬季旅游,现在人们也能冒着严寒上来观冰赏雪了。紫柏山金顶的海拔2610米,气温比留坝县城大概要低10℃,记得穿够衣服。

本书作者调研期间,由石板店上山的前山步道已经封闭多年。所有人都要在后山的宽沟游客中心搭索道上山(双程80元,单程上/下50/40元);游客中心旁边也有通往山顶的车行道,但通常不对游客开放。

通往紫柏山的公路就在张良庙一旁,由此向西22公里即到游客中心和索道站。留坝汽车站有发往紫柏山的客车(10:00,返程16:00),但常有变动,可电询车站或景区。自驾来紫柏山更好,在张良庙通往索道的半路上,**情人谷**的秋色斑斓胜似油画。游完紫柏山不必原路返回,向南到闸口石(营盘村)可拐入狮子沟牧场，再经另一处以红叶闻名的太子岭，最终从火烧店镇返回316国道——这样回留坝县城约62公里，虽是乡道，但路况不错。营盘村有紫柏山国际滑雪场（☏3955956），滑雪季可能会开通往返汉中的旅游直达车。

留坝老街 历史街区

县城里长约700米的老街曾是连云栈道上的重要驿站，如今也是留坝旅游版图上的重要一站。昔日，风刀霜剑中走来的秦岭商旅在这里获得短暂的安歇和及时的补给，人畜皆饱后再度启程；今天，修旧如旧的老街北半段挂起了大红灯笼，外来者在民宿、书店和咖啡馆里享受着旅行的乐趣。走出老街还有清乾隆时留坝厅老城墙的遗址，也就是从那时起，这片大山深处人烟稀少的地方才有了单独的县级建制。

距张良庙2.5公里的留侯镇（枣木栏村）被打造成了留侯古镇。这里同样是连云栈道的必经之地，但两侧的房子是风格朴实的秦岭民居。过去农历逢一、四、七有留侯老集，如今改成了每周六中午举办一次集市，附近的村民会来摆摊出售山货和西洋参——留坝是重要的西洋参种植基地。发往张良庙的公交途经留侯古镇。

食宿

和陕南其他山区县一样，留坝的风味美食也是竹笋、土鸡、腊肉、野菌等。在老街上灯红酒绿的餐厅就能吃到时令美味，价格略贵但也在正常范围内。

留坝的民宿却在整个陕南数一数二，能与其媲美的只有柞水（见280页）。这里将民宿产业作为"全域旅游"的重要发展方向，目前已形成老街、楼房沟、闸口石、火烧店等多处中高端民宿分布区，秦岭·宿集等知名品牌也在积极引入中。它们大多价格不菲，一些甚至会整院出售，一晚收费高达1600元。我们比较推荐书与房民宿（☏392 8555；老街76号；标单/双285元起，含双早；🛜），分供销社和书房两个院子，供销社门前是老屋，后院的客房在一栋有些设计感的新楼里；书房则完全是一栋老屋子改建的，风格更加怀旧。

同样在"全域旅游"的号召下，留坝旅游沿线的村镇大都有干净的农家宾馆（房间60~100元），很适合只想单纯过几天山居生活的旅行者。"秦岭最美小镇"火烧店、紫柏山下的闸口石村、高江路上的两河口村，都是不错的去处。

ℹ️ 到达和当地交通

留坝汽车站（☏392 1208；紫柏路185号）主营发往汉中的高速班车（25元；6:40~18:20，约40分钟1班；1.5小时），也有前往张良庙（7:20, 9:30, 13:00, 16:00）、火烧店（11:30, 16:00）、两河口（8:00, 11:30）、闸口石（15:40）的乡镇客车。

城固

城固似乎只是汉中的另一个卫星城，但城里几座高耸立的张骞雕像向人们宣示着自己也有辉煌的历史——丝绸之路的先行者是从城固走出的。小城的骄傲可不止于此，即便是最家常的汉中面皮，城固人也坚持认为城固的面皮子才是最好的。

👁 景点

张骞纪念馆 世界遗产

（☏272 7771；饶家营村；门票旺季3月至11月60元，淡季40元；⏰周二至周日9:00~17:00，法定节假日照常开放）随着2014年张骞墓作为"丝绸之路：长安—天山廊道的路网"的一个遗产点申遗成功，这位"丝绸之路开拓者"的陵寝便成了陕南唯一的世界遗产点。史载公元前114年，博望侯张骞逝于都城长安，还葬故乡城固，这座覆斗形的坟冢正是他的魂归之处。墓前左右两侧各有一座小亭，内置一对汉代石刻石虎，檐匾上的"石虎"二字则是取自《石门十三品》。正殿里供奉着手持旌节的张骞铜像，两旁的人物分别是他的匈奴妻子和向导堂邑父。

借申遗东风将张骞墓修葺一新的同时，城固县博物馆也在一旁全新落成，并和张骞墓共享一张门票。这里的镇馆之宝是商代晚期的兽面纹铜方罍，第二展厅城固出土青铜器特展值得细看。20世纪50年代起陆续出土的城（固）洋（县）商代青铜器，其文化性质至今仍未在学术界内形成共识，它们和殷墟、三星堆、盘龙城等同期青铜器既有关联又有区别的特征，不禁让人浮想联翩。第一展厅**叩古宝山**单元的陈列对象也具有重要的考古价值：宝山遗址不仅是城固青铜器的主要出土区域，其仰韶文化层发现的倒焰窑还被誉为"中华第一窑"。**西北联大在城固**的展厅称得上意外惊喜，这段被遗忘的往事对陕南乃至整个西北地区的高等教育都有重大的意义。远的不说，张骞墓前就有一块**联大碑**，是1938年历史系师生在挖掘甬道后，因发现了一块博望侯的封泥而确定此墓为张骞墓而立的。

纪念馆在城固县城中心以西约4公里处，没有公交，可打出租车或通过滴滴叫车前往。

城固钟楼　　　　　　　　　　历史建筑

（钟楼街近朝阳路）和端庄大气的西安钟楼相比，城固老城中心的清代钟楼就像一位小家碧玉，浑身上下透露出汉江船女的玲珑秀气。这里没有开放登楼，只能站在街道仰望，好在**南街**的旧铺面保存得不错，几家老字号的场景就像纪录片中的一样。

城固公交6路和环线公交901路、902路的集灵小学站离钟楼很近。

五门堰　　　　　　　　　　　　古迹

（桔园镇许家庙村东南）这里可以看作陕南的另一处"世界遗产"，2017年，包括山河堰、五门堰和杨镇堰在内的**汉中三堰**成功申报世界灌溉工程遗产。综合多种因素看，位于城固县城以北13公里处号称"陕南都江堰"的五门堰，是其中最值得旅行者一探究竟的。

汉江左岸支流湑水河在许家庙村拐出了直角大弯，充满智慧的古人早在王莽居摄二年（公元7年）就于此驻堰截水，巧夺天工的设计让其旱时蓄水灌溉，汛时不碍泄洪。五门堰的名字来源于南宋初年的一次改建，从此渠首并列五洞进水。后世历代继续扩建，最终让五门堰的灌区大幅度增加，为城固"稻畦千顷，烟火万家"的富足景象做出了不可磨灭的贡献。今天的五门堰仍然发挥着作用，漫步其间，可见**引水堰坝**让河水放缓变向，**五洞梁**引出的激流又沿着灌溉渠道奔腾远去。一旁的**龙门寺**汇集了50余块碑刻，打造出一片水利文献主题的碑林。空中不时有水鸟翩跹

飞过，更为这幅天人合一的山水画增添了别样风情。

在城固客运中心乘坐开往许庙的班车（5元；6:00~18:20，约15分钟1班；30分钟）可到五门堰路口，之后再步行400米即可。汉中汽车站也有直达桔园的班车（8.5元；1小时15分钟），途经许家庙村。许家庙村西1公里的确有一个**桔园景区**（免费），10月橘子成熟时可来此体验生态采摘，4月底到5月初则有橘子花清香扑鼻。

上元观古镇　　　　　　　　　　古镇

位于汉江南岸的这座小镇又叫**南乐堡**，始建于明末，至今已有约400年历史。鼎盛时期，上元观是富甲一方的商贸重镇，高墙深壕环抱着四街十巷，但如今也和其他古镇一样，面临着年轻劳动力严重外流的情况。老街重新装饰得有些过猛，不过冷清的人气让这里像极了一个不怎么成功的"网红"拍照景点。想寻找一些昔日风情，可以去东街的**申家茶馆**坐坐。上元观的红豆腐很有名，北门内有总经销店。

在城固客运中心乘坐开往南乐的班车（5元；6:00~18:20，15分钟1班；30分钟）即到古镇。汉中汽车站也有车直达南乐（7元；1小时）。

🛏 食宿

机场所在的柳林镇国道边上有一家名气很大的**刘丞相刘家面皮**（☎153 9935 2209；邮政储蓄银行西；面皮4.5元起），最好赶在中午前到店。在县城的话可以去**老字号原公杂烩**（☎130 0846 7820；友谊路近劳动路；杂烩12元起；⊙10:00~21:00），品尝这道当地民间土席上很重要的菜品，粉蒸排骨（22元）也备受好评。

城固住宿缺乏特色，建议去旅游业较发达的汉中或洋县过夜。

ℹ 到达和当地交通

汉中汽车站和**城固汽车站（汉运司）**（☎729 3188；汉白路近西关街）之间有频繁的班车（8.5元；1小时）往来，途经机场门外，末班通常19:00；若要前往洋县和西乡，在站外直接拦过路车即可。**城固客运中心（县运司）**（☎729 3056；汉

白路近劳动路)位于汉运司车站西100米处,前往桔园、南乐等乡镇要来这里乘车。

城固也有两个火车站,分别是普通火车停靠的**城固站**(张骞路南端),以及经停动车的**城固日站**(丝路大道北端)。后者距县城中心5公里,可坐公交201路到达,滴滴叫车约需12元。

洋县

"翩翩兮朱鹭,来泛春塘栖绿树"(张籍《朱鹭》),在1200年前就被唐朝诗人赞颂过的朱鹮(即朱鹭),到1981年几乎灭绝,最后7只朱鹮就是在洋县被发现的。如今世界上5000多只朱鹮都是它们的后代,保护朱鹮成了中国保护生物多样性的成功案例,"朱鹮之乡"洋县也迫不及待地给各个景区冠以"朱鹮"的头衔,朱鹮湖(傥河水库)、朱鹮梨园等应运而生。为了保护这种珍稀动物,洋县人40年间的确在经济发展方面做出了较大的牺牲,但同时也重现了"翠微深处是洋州"的生态美景。依托着这些优良资源,洋县的旅游业发展得很不错,和留坝同为汉中最重视旅游开发的两个县。我们可以进一步期待元代木构智果寺等历史建筑开放旅游的那一天。

⊙ 景点

开明寺塔   塔

(唐塔街开明广场)关中古塔群的质量和密度在全国范围内名列前茅,而在陕南,洋县也幸运地保留下一座千年唐塔。这座十三级密檐式佛塔始建于盛唐开元年间,当地还流传着中唐德宗因奉天之难沿傥骆道入汉中(784年),为悼念因路途艰辛而辞世的唐安公主而在洋县立塔的故事。

唐塔西北300米处的南大街、小西街一带是洋县老城的所在地,如今还留有旧时风貌,也有不少老字号小吃店,有兴趣可以过去逛逛。

唐塔位于县城中心,从汽车站步行不远,在洋县西站可乘3路、9路等公交在开明广场站下车。

蔡伦墓祠   历史建筑

(📞844 2317;龙亭镇;门票旺季3月至11月35元,淡季25元;⏰8:30~17:00)公元105年(东汉和帝年间),宦官蔡伦成功改进了造纸工艺。由于他获封龙亭侯,新工艺造出的纸便被称为"蔡侯纸",很快在官方和民间推广开来。作为造纸术"发明人"的蔡伦可谓名扬千古,但他又是一个失败的宫斗者。121年蔡伦"饮药而卒",葬在封地龙亭,后世为了纪念便在此培墓修祠。历经战火更迭,这里现存的殿堂基本都是清代重建的,除了墓冢外,最老的古物当数甬道上的一对宋朝石羊,正殿匾额的"蔡侯祠"三字则出自唐德宗之手。近年来景区新建的**蔡伦纸文化博物馆**,最关键的"荡料入帘"步骤还有匠人在现场还原。

在洋县西站乘公交5路前往华亭镇,下车后向南步行10分钟就到蔡伦墓祠。

洋县油菜花海   自然景观

洋县的油菜花种植规模不小,还随着秦岭南麓的余脉勾勒出柔和的曲线,整齐的村舍、翱翔的朱鹮、穿梭的高铁等又为金黄的花海点缀了灵动的元素;多条观花路线和景观台的设计,也让不同类型的旅行者都能在洋县轻松痴迷于"汉中油菜花"的灿烂光芒中。

如果不自驾的话,县城周边就有两个足够好看的观花点。洋县旅游局(门口就是洋县举办油菜花节的主会场)以北1公里的**龙山观花点**是一条环小丘陵的栈道,登高爬低的过程中,可以南望平原地带上的花海无边,北瞰山脉起伏间的金黄"补丁"。另一个观花点是县城东北另一座小山头上的**朱鹮梨园**,西成客专的高架桥从南入口旁驶过,登上高处,能望见动车组列车在金色花海中飞驰而过。油菜花期通常也正是梨花期,深入景区,入目一片金黄雪白。龙山和梨园都在县城边上,打车或滴滴叫车都很方便,洋县西站也有11路公交到朱鹮梨园。

驾车在油菜花海中穿村下乡更为惬意,全长22公里的**五岭观花环线**堪称整个汉中观油菜花的精品路线。环线起点就在龙山观花点下,向西北经过邓家村,继续前行是**傥河湖光山色观光点**。这里依托着傥河水库的狭长湖面,对岸的田畦或是泛金的油菜花,或是翠绿的麦苗,还散落着家家户户的小楼小院。沿公路从大坝底下驶向对岸,随后到**西岭村**、**四郎村**、**田岭村**一带,观花环线高潮迭起,每转一个弯道都有引人停车驻足的田园美景。

不要错过

在洋县看朱鹮

县城北4公里的**朱鹮生态园**（☏831 9567；周家坎村；门票30元；◑旺季3月至10月8:00~18:00，淡季8:00~17:00）是朱鹮国家级自然保护区设立的救护饲养中心，能看到无精打采的圈养朱鹮，其中一些已被企业、明星乃至日本相关机构和人士领养。乘洋县公交6路可到这里，但作者调研期间暂停运营；也可以乘坐发往华阳、四郎、白石等北部乡镇的客车，在立着"朱鹮发现地"雕塑的路口下车，再向北步行500米。

但这样的网罩鸟园当然算不得朱鹮的"故乡"，广阔天地间自由翱翔的野生朱鹮才是洋县最美的精灵。据统计，目前洋县的野生朱鹮数量已达2000多只，陶醉油菜花海之余请记得仰望天空，很有机会邂逅它们翩跹飞过的身影。在金沙湖、雷草沟水库等朱鹮夜宿地，清晨和傍晚有可能看到它们成群结队外出觅食或归巢；在傥河、华阳镇上的酉水河等水草丰茂处，可留意湿地中"朱鹭戏蘋藻，徘徊流涧曲"（南陈后主陈叔宝《朱鹭》）的画面。

洋县良好的自然地理条件不仅让朱鹮种群繁衍壮大，其他鸟类也因此得到了保护，比如朱鹮并称为"洋县三绝"的红腹锦鸡、绶带鸟。如今八里关镇正在打造"国际观鸟小镇"，镇西北2.5公里的银厂沟村搭起了一座**朱鹮观鸟点**（免费）的小屋，窗外的荷塘常有朱鹮、鸳鸯等鸟类觅食。镇上的**观鸟小镇农家乐**（☏150 2916 2485；标双100元）可提供食宿，并帮忙安排观鸟行程。农历逢三、六、九是八里关的赶集日，此时到访可多体验一番人文风情。洋县发往华阳的班车走新路，途经八里关镇和银厂沟口。

你也可以直接联系草坝村的**朱鹮人家**（☏150 2966 1698；标双120元），其主人华英是洋县有名的观鸟向导，可提供野外观察（300元/天含向导和车辆费用，自驾车只收200元向导费）、鸟塘观鸟（拍鸟机位100元）等专业服务。

陕南 洋县

再往前，**天庄天梯观光点**有梯田油菜花可看，**高河花谷观光点**虽然景致一般，但河谷中常有各种水鸟栖息。环线将在**冯岭村**并入230省道，也就是连接洋县和长青华阳的新路。省道两旁，冯岭村和**白石村**的油菜花同样洋洋洒洒，可为观花环线画上圆满句号。上述观景点配有免费停车场，沿途重要路口也都有路标，走岔了也不要紧，比如四郎村南下**草坝村**的这段乡道，盛放的花海不比环线沿途差。

🛏 住宿

洋县的住宿选择不少，但多为快捷商务类型的酒店。图省心可以入住**汉庭优佳酒店**（☏588 0666；青年路朱鹮广场；标单/双166/175元；❄ P）等连锁酒店。政府经营的**洋县宾馆**（☏821 2361；学巷街41号；标双145元起，含双早；❄ P）重新装修过，也是舒适之选。

🍴 餐饮

源味汤锅（☏588 8866；园林路朱鹮广场；莲藕排骨汤锅88元起；◑11:30~23:30）开业多年依旧人气未减，很适合你在陕南的一路咸辣中换换清淡口味。据说因为坐落在傥骆古道南口，洋县人受关中影响，很喜欢面食，老城里的**费家枣糕馍**（☏137 7284 4147；南街134号；枣糕馍2.5元；◑6:00至售罄）、**翟家烧饼**（☏139 9262 4043；东大街188号；炕炕馍2元，核桃馍1元；◑6:00至售罄）便是他们会一口气打包几十个馍馍的老店。嘈杂的**和平路夜市**和**北城夜市**适合不拘小节者晚上去觅食。

在很多超市都能买到到处打广告的**谢村黄酒**（唐德宗便贡之"浊酒醉洋州"）。如果你是资深酒徒，干脆去县城以西10公里的108国道上的谢村镇，探访那里的小酒坊，现场寻味吧。

ℹ 到达和当地交通

洋县汽车站（汉运司）（☏831 7613；小西街近南环路）有发往汉中（13元；19:00前；1.5小时；至城固5元）、安康（54元；9:50；3小时；至石泉36.5元，汉阴48.5元）的班车。

洋县运输公司车站（县运司）（☏821 2167；西环北路近西文明街）是另一个对旅行者比较有用的车站，有车前往华阳（18元；老路7:00、8:30、10:30、

13:30、15:30、16:30，新路7:30、9:30、12:30、16:10、17:30；老路2小时15分钟，新路1小时15分钟）和西乡（15.5元；8:00、9:10、13:30、14:30；1小时45分钟）。

洋县西站（戚氏镇竹园村）距县城仅3公里，是西成客专上的动车站，每天都有频繁的车次往返于西安、汉中、佛坪、广元、成都等地。

洋县有多条公交线路，动车站就有多路停靠，可在网络地图上查询，或咨询洋县公交公司（☎821 2273）。出租车和滴滴叫车都很方便，包车走五岭观花环线半天约需200元。

长青华阳

长青国家级自然保护区生活着"秦岭四宝"，傥骆古道的历史辉煌在华阳古镇留有余音。洋县以北50公里的这片深山腹地，被人誉为陕西的"小香格里拉"，镇区1100余米的海拔、天然的森林和清泉更让这里成为避暑疗养胜地。洋县油菜花盛放的季节，山上的长青华阳还有些清寒，只有山茱萸花在努力释放春意；当汉江盆地被可怕的酷暑笼罩，这里是云雾缥缈间的清凉世界，不多住几天简直遗憾。

◉ 景点

华阳古镇 古镇

行过山路十八弯，风尘仆仆地来到华阳古镇，你可能会首先为它的规模之大而震惊。比起秦岭深处的其他小镇，华阳的确实称得上人烟稠密了。它是在傥骆古道翻过最危险的主线、到达秦岭南麓后的第一处小坝子，昔日繁华自有定数。历史上华阳曾两度设县，正是傥骆道最热闹的唐朝和清代。唐朝三位翻越秦岭逃跑的皇帝中，德宗和僖宗走的就是这条道。清代复设华阳县，它又和佛坪厅（见267页）一同挑起了傥骆道最后的辉煌。有趣的是日本还流传着杨贵妃假死后，从马嵬坡正对面的傥骆道北口向南逃逸，最终借水路辗转东瀛的故事；而在游客中心南1公里的西水河中，正好有一块巨石形如女子侧卧，便被冠名为**贵妃石**。

如今的华阳镇由南侧的老街、北侧的新街组成。2011年一场洪水让清代老街遭受了灭顶之灾，本书作者调研期间重建工程已基本完成，除了古戏台和风雨桥显得有些轻佻，老街两侧的铺面还是维系了过去的风格，只是它们大都紧闭门面，尚未恢复营业。

新街上，门口画着世界自然基金会熊猫标志的**长青国家自然保护区访客信息中心**内有3000余幅保护区生物多样性的图片，如遇开放可别错过。新街岔路口东、客运站斜对面有**朱鹮邮局**，内售朱鹮画面的明信片（1.6元）。

长青华阳景区 峡谷

（☎837 2088；微信公众号：华阳景区；门票90元，强制观光车35元；⊙8:00~17:30，冬天闭园）曾经以人工投喂来吸引野生金丝猴的金猴谷在2019年关闭，这里如今整合成为动物园性质的**秦岭四宝园**，让旅行者能够轻松地观赏到这四种国宝级的珍禽异兽，只是观赏过程略显无趣罢了。景区的另一部分是**傥骆古道**，可以沿山谷里复建的栈道步行观光。陕南也有其他重修古栈道的景区，但华阳这里的深山僻谷是别处不曾有的，春天谷口盛放的山茱萸花也是一绝。

2021年3月起，华阳镇南500米的新游客服务中心投入使用，旅行者需要去那里购票，再开始乘车观光。

🛏 食宿

镇上的住宿主要集中在新街和酉水河两岸。**古道庭院客栈**（☎139 9190 0995；新街访客信息中心南；标双188元起；🛜 🅿）拥有一个漂亮的大院子，新装修的客房很舒服。**华阳印象宾馆**（☎837 2608；新街中心小学对面；标单/双108元；🛜 ❄ 🅿）简单干净，性价比很高。如果想和山水住得更近，龙吟峡（傥骆古道）入口、距镇子3公里的**古道山居酒店**（☎837 2333；县坝村8组17号；标双145元起；🛜 ❄ 🅿）颇有"柳暗花明又一村"的氛围。

神仙豆腐、竹笋土鸡、腊肉、糍粑都是华阳餐桌上的常客，你可以在**秦韵人家**（☎150 2916 3455；新街访客信息中心南）等餐厅品尝，分量都很大。

ℹ 到达和离开

华阳客运站（新街岔路口东）有发往洋县县运司的班车，分老路（18元；6:40、8:30、10:30、12:30、

14:30、16:40；2小时15分钟）和新路（18元；7:00、8:40、10:00、12:30、15:00、16:00、17:30；1小时15分钟）两种。班次经常调整，可留意车站门口的告示，或致电洋县运输公司（☎8212167）。

从华阳古镇向西北行驶70公里可到太白县的黄柏塬（见175页），包车单程250元。这是一条风光绝佳的深山公路，但沿途常有塌方等地质灾害，自驾者一定要提前在镇上打听清楚近况。

佛坪

这是陕西省人口最少的县（常住3万人），却又拥有最多的野生大熊猫（130只）。于是佛坪不仅成了全球野生大熊猫密度最大的区域，还是"人均大熊猫"最多的地方。在这个秦岭主脊大熊猫走廊带上的纯山区县中，佛坪国家级自然保护区、观音山国家级自然保护区恪尽职守，更像猫、头更圆的大熊猫秦岭亚种，也让人直呼可爱。

◉ 景点

熊猫谷 动物园

（☎899 2044；长角坝镇大平峪；门票旺季3月至11月50元，淡季35元；◴旺季8:00~18:00，淡季8:30~17:30）这里一直以来都是佛坪的王牌景点，金丝猴和红腹锦鸡的意外亮相，也让到访的游人意犹未尽。不过作者调研期间，因为种种原因，金丝猴和红腹锦鸡无缘再见，熊猫谷又回到了起点。在模拟秦岭野外生存环境的大熊猫野训基地里，游客可站在栈道上，观摩两头大熊猫憨态可掬的模样；但让人遗憾的是，之前生活在这里的棕色熊猫七仔也已转移他处。看完熊猫，"谷"里的山涧风景可顺带一游。108国道边的售票处到熊猫基地有1.5公里上坡路，观光车往返票价10元，返程不妨存车步行，沿着溪畔栈道一溜烟玩下来。

熊猫谷在县城以北22公里处，可在高铁佛坪站外乘坐3路公交（5元；去程8:30、10:30、13:30、15:30，返程9:30、12:00、14:30、16:30、40分钟）前往。打车单程60元。

秦岭人与自然宣教中心 博物馆

（☎891 3798；黄家湾路近秦泉路西侧；门票60元；◴9:00~18:00）这是佛坪国家级自然保护区在县城开办的科教展馆，拥有的秦岭野生动物标本超过350件，因而号称"西北动物标本展览第一馆"。镇馆之宝是世界上发现的第一只棕色大熊猫——丹丹的实体标本，数量众多的植物标本和实景照片也能让参观者对秦岭的自然生态有更全面的了解。带孩子的旅行者建议请讲解（40元），没有比这里更好的生物课堂了。乘坐连接高铁站和汽车站的佛坪8路，在佛坪中学站下车最近。

佛坪国家级自然保护区（www.fpbhq.cn）是2021年设立的大熊猫国家公园秦岭片区的核心，调研期间并不对外开放旅游。但每逢暑假，这里可能会有针对学生的野外科普团，可致电保护区管理局（☎891 6905）了解详情。

茱萸谷 自然景观

（长角坝镇沙窝村）早春时节，油菜花在汉江沿岸各区县开得如火如荼，秦岭高处的另一种黄花——山茱萸也在尽情盛放，为春寒料峭的山谷披上了黄纱般的霓裳。佛坪号称"中国山茱萸之乡"，全县据统计共有10万余亩山茱萸，沙窝村是最集中的一个分布区。这里如今安上了"茱萸谷"的旅游名字，村子打理得干净整洁，还有多家农家乐提供食宿。10月下旬山茱萸结出可爱的红色小果，这段采摘季也是来茱萸谷的另一个好时机。

佛坪高铁站有发往沙窝的班车（5元；7:30、13:30；40分钟；花期可能加开班次），到达后会立即返回。自驾更方便，还可沿着村村通公路继续深入山谷——这一带目前在规划打造**秦岭国宝旅游度假区**，野生动物要凭运气才能看到，但清潭密林一直都在。

🛏 食宿

预算有限的旅行者，可直奔仿古风格的老街找住处，不少家庭旅馆标间100元上下；也可以在**凯途青旅**（☎136 2916 0666；黄家湾路22号；铺30元；🛜 🅿）和翻越秦岭的骑行者共处一室。紧邻宣教中心的**秦岭寓舍**（☎134 7430 6875；黄家湾路89号；铺60元，标单/双220元起，含双早；🛜 ❄ 🅿）也有铺位，公共空间摆满了大大小小的熊猫玩偶。2021年刚开业的**明珠大酒店**（☎181 9161 3339；塘湾路近体育馆；标单/双188/218元起，含双早；🛜❄️P）一切都是崭新的，许多房间带有落地飘窗。佛坪也是秦岭山居中高端民宿的分布区，县城以东4公里的王家湾村三组就有一家**秦岭山觅静居**（☎173 2320 0235；标单/双280元起；🛜❄️P）。

老街是佛坪餐厅密度最大的地方，可以吃到佛坪三香、神仙豆腐、粉皮腊肉等地方特色。

ⓘ 到达和当地交通

随着西成客专的开通，**佛坪汽车站**（☎891 2324；迎宾路4号）发往汉中、洋县、西安等地的高速大巴不再是出行首选，去石泉（23.5元；8:40、14:30；2小时）的班车还有些用途。

西成客专上的**佛坪站**（东岳殿村）在县城中心以南2公里处，开往县城的佛坪8路平均30分钟1班，末班通常在最后一班动车到站后发出。

佛坪县城向南30公里到西汉高速（G5）大河坝出入口的公路已经拓宽，但向北经熊猫谷至黑河国家森林公园（见123页）、周至的108国道仍然路窄弯多，且容易起雾，自驾需注意。

西乡

位于汉中盆地东缘的西乡，如今凭借着樱桃和茶叶小有名气。历史上这里是子午道和荔枝道递交接力棒的地方，杨贵妃期盼的荔枝便和西乡擦肩而过。而在此1000年后，伊斯兰教的传教者也来到西乡，为汉江流域插入了异域文明的旗帜。

⊙ 景点

鹿龄寺 清真寺

（汉白路67号；免费）这座陕南小城竟然藏着中国伊斯兰教的一处重要地点，因为创始人祁静一在西乡传教并归真于此，鹿龄寺便成了大拱北门宦的三大重要地点之一。清康熙五十八年（1719年）祁静一病逝，信徒们将他安葬在一座小亭子里。祁氏遗骨在不久后运回了老家甘肃河州（今临夏），但围绕**悠然亭**（非穆斯林不准进入）建起的鹿龄寺仍然具有重要的朝圣意义。

中国内地的伊斯兰教在清代形成了独特的门宦制，大拱北门宦即为四大门宦的卡迪林耶门宦的主要流派。祁静一的中国传统文化造诣很深，他还将伊斯兰教苏非派的遁世隐修和老庄哲学的"清静无为"思想相结合。从外观上看，鹿龄寺是一片飞檐翘角的中式砖木建筑群，砖雕题刻、参天古树随处可见。院里还有一对石鹿，相传是祁静一救助过的两只鹿，寺名即由此而来。

值得一游

西乡赏茶

在今天的茶叶产区中，纬度颇高的汉中名气并不算大。但根据历史记载，茶最早的产地在巴山峡川（陆羽《茶经》），有人考证正是大巴山区的西乡、镇巴等地。这里云雾如纱、夜雨绵绵，天生就是出云雾茶的好地方，午子仙毫、定军茗眉、宁强雀舌……都曾享誉一方。近些年通过整合，汉中仙毫等品牌在国内市场上的认可度逐步提升，成为仅次于紫阳富硒茶（见277页方框）的陕青（陕西青茶）。

西乡是汉中各县区茶园面积最大的一个，2021年已达36万亩。当地也在积极发展茶园旅游观光，毕竟宛若抹茶蛋糕的茶垄，对秦岭北麓的陕西人而言可是新鲜到了极致。你可以在游完午子山后，去后山的茶场看看，或是回到堰口镇拦南下的班车，去10公里外的**罗镇茶场**看看。更偏远的高川镇、五里坝镇也有层层叠叠的茶园风光，西乡汽车站有车过去，但山高路远最好自驾，还可不走回头路继续前往熨斗古镇（见274页）。

我们更推荐的是骆家坝途中距峡口镇西5公里的**江塝茗园**。这里峡谷风光无比清秀，茶树从水滨一直种到了山上，偶尔还有几只朱鹮从头顶掠过。春天是西乡茶最重要的收获季，能看到采茶炒青的劳作场景，也可以直接向茶农购买当年的新茶，价格最起码比外面便宜一半，但要注意有些路边兜售的散茶可能是冒牌货。乘坐西乡往返骆家坝的车即可在江塝村下车。

另辟蹊径

到镇巴看天坑

2016年底,"汉中发现世界级天坑群"的消息惊天出世——毕竟在这个"卫星满天飞"的时代,人类生活史悠久的汉中竟然还能有"地理大发现"般的惊喜,实在有些不可思议。

纬度高、海拔高,近年来的科考为汉中天坑群贴上了这样的标签,宁强(见257页)禅家岩等四大分布区的基本情况也已探明。其中,镇巴县三元镇北30公里处,巴山林林场的天坑群最具代表性,当地政府也在朝着打造镇巴天坑群地质公园(📞671 7979)的方向努力。作者调研期间,科普介绍牌和路标已经立好,进出这一带的公路也得到了修缮,但一切也就止于此,没有携带无人机的话,很可能连天坑全景都很难看清楚。

最容易到达的是心形的天悬天坑,林场大楼向北1.5公里即是路口,再踩着明显的土路步行600米就到。圈子崖天坑规模最大,520米的口径放到全世界也能排得上号。去这里可沿公路一直向前,经倒洞、凌冰洞、三郎坝草甸和简陋的高山村落黎溪坪,约15公里后到达徒步入口,再踏着竹林小径深入1.1公里,才能到达天坑上入口;倒洞北侧不远处也有一条徒步小路可去天坑下入口,但长约3.5公里,难度要大很多。

天悬天坑路口旁的双河村有巴山林农家小院(📞136 6916 9009)和天坑缘(📞187 9165 2292)提供食宿,建议提前一天联系店家。

镇巴汽车站(📞671 2022;新街近海壕街)有两班车可到黎溪坪村(35元;发车12:30,16:00;3小时;返程7:00,10:00),但依靠公共交通游览各处景点很难实现。自驾可搜索黎(梨)溪坪村,过三元镇后拐入红鱼村方向就只有一条路,进入林场范围后,详细的路牌指示总会及时出现在路边。

陕南 西乡

鹿龄寺在县城西北片区,可乘西乡公交2路在樱桃大道站下车,从城里打车过来只需起步价。

樱桃沟　　　　　　　　　　　　自然景观

(莲花村;免费)西乡号称"中国三大樱桃产地"之一,这里的樱桃花海花期比汉中油菜花还要早上10几天,同样也是一年一度的"必爆款"。每逢二三月之交,县城北侧的樱桃沟就进入了最佳赏花期,雪白花树间到处是慕名而来的游人,莲花水库锦上添花,让这里的风景更加灵动。西乡樱桃通常在4月中下旬成熟,面向游人的采摘项目应运而生。

西乡公交2路可到樱桃沟,从鹿龄寺走过去也就10分钟。

骆家坝古镇　　　　　　　　　　　古镇

在陕南这个不缺古镇的地方,骆家坝的标签是茶园风光。这里邻近西乡"母亲河"牧马河的源头,巍峨的米仓山横亘在南,河谷两侧的坡地上栽种着一畦畦茶树。古镇已有千余年历史,但现存的明清老街仅200米长,其余多为巴山民居风格的新建小楼。好在滋润了好茶的小气候总是烟雨蒙蒙,为这里的石磴桥、水磨坊和茶园披上雨幕,让外来者顿生"误入桃花源"的意境。沿牧马河继续逆流而上1.5公里,还可以踏着栈道进入回龙大峡谷一游。贪恋这里的宁静风光?古镇上有几家客栈可供过夜。

西乡汽车站有发往骆家坝的班车(10元;6:30~18:00,约30分钟1班;1小时15分钟),返程末班17:00发车。

午子山　　　　　　　　　　　　　山

(📞637 1154;堰口镇南;门票旺季3月至11月30元,淡季20元;⏲售票时间8:30~16:30)"山不在高,有仙则名",这座并不算高的小山遍布道观,供奉着真武大帝、雷公祖师和玉皇大帝等各路神仙。前山是登山石梯,爬1小时到顶,沿途有摩崖石刻、碑碣浮雕以及苍翠遒劲的白皮松可看。后山为午子山茶场的盘山公路,可从堰口镇驾车7公里,经此直达距山顶很近的位置。这一带正是巴山蜀道荔枝道的北端,泾洋河在山下冲出的峡谷即为古道的走向。建议清晨或者阴雨天气登山,大晴天的中午过于炎热暴晒;若能遇上雨后天晴,青山茶园间云雾缥缈,更让人流连忘返。

午子山位于西乡县城东南12公里处,乘公交101路(2元)可直达前山,返程末班车18:30发车。

🛏 食宿

樱桃花期或果期,住进樱桃沟的农家院别有情调。其他季节可选择城里的**途客尚邻酒店**(☎632 5777;汉白路9号;标单/双178元起,含双早;🛜❄🅿),离鹿龄寺和廊桥都是轻松步行可到的。

肖记馄饨馆(☎134 6864 2678;金牛路近东康巷;鸡汤馄饨12元起;⊙6:30~14:30)和隔壁的**陕南薛家羊肉汤**(☎180 9161 1996;金牛路122号;清汤15元起,烩馍25元起;⊙6:00~14:00)是解决早午餐的好地方。伴着夜风,牧马河廊桥一带的烧烤、火锅、串串等餐厅,更适合你悠闲地享用夜宵。

ℹ 到达和当地交通

西乡汽车站(☎622 1787;汉白路197号)有发往汉中的高速班车(25.5元;6:20~19:30,约40分钟1班;1.5小时),也有一些走国道的班车会经过城固。这里也有车次前往洋县(15.5元;8:00、9:10、13:30、14:30;1小时45分钟)、镇巴(21.5元;8:30、10:50、12:50、16:30;1小时15分钟)、石泉(20.5元;7:30、9:20、11:20、13:20、15:20、17:00;2小时)。

西乡站(金牛路北端)位于阳安铁路上,有车发往西安、汉中、城固、石泉、汉阴、安康等地。

西乡的公交车主要跑近郊乡镇,专跑县城的有2路公交,在汽车站附近都能坐到。

安 康

安康缺少汉中盆地那样的平坦沃土,因此也少有农耕时代的偏安心态。越来越多的支流在这里汇入汉江,江涛变得越发奔腾,载着船帮勇敢无畏地航行远方;下一站就是茫茫楚地,那里的江湖气也随着昔日的汉江移民,早早地扎下根来。安康的水又因山而格外多情,巴山深处的碧潭宛如璞玉,江峡两岸的梯田、茶园和村落不绝如缕,山环水绕的天然胜景升华为"形而上"的思辨。这片山穷水复的热土上,尽管"五里不同音",但所有人都在用自己的方式追求着安康的愿望。

安康市

眺望一派祥和的汉江风光,多少人能联想到1983年那场给安康造成巨大损失的特大洪水?观摩一时激烈的龙舟竞赛,汉江内河航运黄金时代的辉煌又能体会到几分?无论功过,汉江和这座小城的联系早已是血浓于水般亲密,"汉水安康"是人们给这里最好的寄语。

👁 景点

安康博物馆   博物馆

(☎328 7945;微信公众号:安康博物馆;黄沟路近汉江三桥头;凭身份证免费;⊙周二至周日9:00~17:00,法定节假日照常开放)汉江北岸的这座博物馆凭借端庄大气的仿古建筑外观,率先吸引过过往旅人的目光。它出自"新唐风"大师张锦秋院士的设计,拥有高台临江、秦地楚风等风格。馆内常设三个基本陈列,分别是聚焦于自然生态的"天赋安康"、关注人文历史"脉源安康"和体现城市发展"筑梦安康",关于"大三线"建设的临展也有看头。"镇馆之宝"西周**史密簋**位于"方国史话"单元,内底的93字铭文记载了西周中期两位将领奉诏讨伐东方诸侯的史实。博物馆顶楼视野很好,可眺望汉江东去穿城而过。公交7路、9路、22路、32路都设有博物馆站。

坐落在汉江北岸的**藏一角博物馆**(☎318 1361;段家巷近香溪路;凭身份证免费;⊙周二至周六9:00~12:00和14:00~17:00,7月至8月下午场15:00开门)曾为安康博物馆的旧址。如今馆内陈列有私人收藏家捐赠的邮票、钱币、票证等展品,感兴趣的话可安排在去香溪洞的路上参观。

汉江风景带   河流

安康拥有狭窄的河谷地形,两岸城区的建设水平也较平均,江景要比汉中好看。参观完安康博物馆,不妨移步汉江北岸,看看**汉调二黄广场**上《铡美案》等曲目的人物塑像——汉调二黄又称汉剧,是陕南特有的地方戏种。下游方向1公里处,汉江大桥头的仿古**安澜楼**气势十足,可惜并未开放登楼。由此

安康

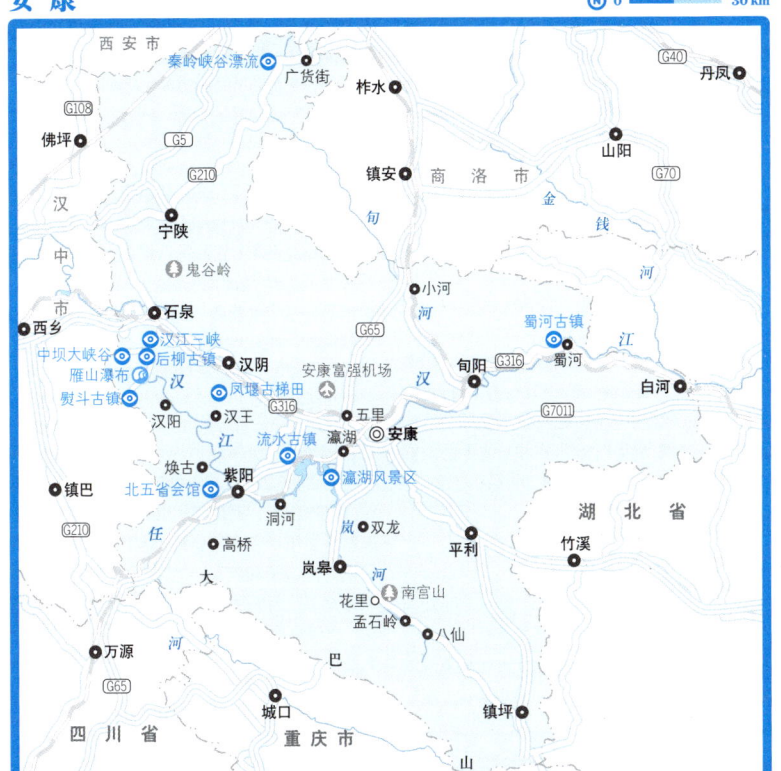

再向东1.8公里，另一座高阁西城阁已辟为**安康美术馆**(免费)，内有一些陕南风情的绘画。

汉江南岸更加热闹。和安澜楼隔江相对的汉水龙舟文化园前身是上河街码头，如今改造成亲水绿地，有很多观景餐厅可供消遣。大桥头向东，北内环路外的汉江公园是安康沿江人气最旺的地方，这里在防洪堤基础上改建而成，地势较低的栈道和绿地每逢暴雨仍逃不掉被淹没的命运。大堤的南侧立面复建成了城墙的外观，水西门等城门也已重新设立。大堤东端还有一座**移民博物馆**(☏323 9323；凭身份证免费；⊙同藏一角博物馆)，记录着水运移民历史。大堤下方的安康老城也可顺带一游，小北街上有硕果仅存的老房子，箩子巷和南、北正街一带则有几座外观显眼的清真寺，一家家清真泡馍、烧烤、羊肉饺子馆更让这里成为安康版的"回民美食街"。

乘2路、7路公交车在大桥北头的滨江路口站下车即到安澜楼。西城阁位于拐往火车站的路口，12路在此设站。环线公交3路可到达南岸江滨各处。

香溪洞 道观

(☏328 7906；香溪路南端；免费；⊙8:00~17:00)旧时安康八景之首的"古洞仙踪"说的便是这片南郊的园林式道观。这里有香溪、纯阳、文昌、祖师等8个洞穴，还有明清和近代修建的亭台楼阁散落其间，整体而言是躲避城市喧嚣的好去处，南门外一座座农家乐也说明了这里在安康人心中的定位。

香溪洞共有两座大门，不想爬山可从南门进入，再一路下坡游览，于北门结束行程。南门距环城南路上的香溪路口3公里，北门有1.5公里距离。调研期间，乘坐8路、21路公交车可在路口处的香溪文化广场站下车，再打车或步行进去。

瀛湖风景区 水库

(📞400 176 1766；微信公众号：瀛湖景区；瀛湖镇；门票70元；⊙8:30~16:30)这里号称"陕西千岛湖"，成因也很类似，为安康水电站大坝截流汉江而成的水库，水质同样很清澈。景区观光很流程化，必须乘坐游船，分班船(40元/人；⊙淡季12:00、14:00，旺季10:30、12:00、15:00；常有调整，建议电询)和包船(300元/船)两种方式，沿途分别在"百鸟苑"玉兴岛、"爱情岛"金螺岛、兼具水上乐园和度假酒店的翠屏岛停靠，全程需3~4小时。

30路公交可到景区门口，票价5元。想看湖光山色也并非必须进入景区，沿湖村落由公路串起，自驾很方便。也可在安康城西客运站乘车去水库西头的流水古镇：镇子已不算古，但坐落于半岛三面环水，乘船、吃鱼、住宿都很完善。

✹ 节日

受到楚文化的影响，每年端午节，安康都会在汉江上举办盛大的赛龙舟活动，届时在两岸江都能观赏到各代表队百舸争流的赛况。有趣的是，我们在端午节也会说"端午安康"。

🛏 住宿

安康的酒店业和其他小城市没有太大区别，江北岸有一些江景酒店可算特色。明江国际酒店(📞818 8888；滨江大道4号；标单/双315/295元，含双早；📶❄🅿)的江景房(425元起)都在12层以上，风景很好。

🍴 餐饮

五里稠酒因制作工艺和原料不同，和西安黄桂稠酒的口味完全不同。没时间去五里镇采购的话，市里也有一家正宗的五里稠酒(📞153 1981 9792；新城北路近巴山中路；⊙7:30~20:00)可供沽酒。

顾氏民居 陕菜 ¥¥

(📞810 0988；小北街54号；人均60元；⊙10:00~20:30)明末大儒顾炎武晚年曾定居渭南华阴，他的一支后人又在清末辗转到了安康，这里便是他们所建的古民居。1983年安康遭遇特大洪水，这座古宅被浸泡了两天但未被冲毁。坐在古色古香的庭院里可品尝紫阳蒸盆子、干煸魔芋丝、小黄鱼贴饼等各种本地菜，楼上关于民居历史的陈列可作为你的"开胃菜"。

谭家蒸面总店 小吃 ¥

(📞189 9250 6990；培新街77号；蒸面5元起；⊙6:00~19:00)汉中人爱吃面皮，安康的特色小吃则是蒸面。它们的口感有些相似，不过安康蒸面的确是用面粉做的。黄豆芽是蒸面必配的浇头，免费的玉米稀饭也是每家店都会供应。安康大街小巷到处都是蒸面馆，许多只开到中午；谭家名气大生意也好，因此延长了营业时间。

三友包子铺 小吃 ¥

(📞320 2233；兴安中路77号；素/荤包8/10元，罐罐鸡16元；⊙10:00~21:00)这里曾被联合国教科文组织专家安德鲁·赛卫尔称为"安康城最好的包子和鸡汤"，如今也继续用小笼包和罐罐鸡，为安康市民供应着多年不变的美味。店里还有蒸饺、面条、砂锅和炒菜，是吃得简单却不随便的好去处。

ℹ 到达和离开

飞机

安康富强机场(五里镇西北5公里)是2020年投入使用的新机场，距安康市中心20公里。作者调研期间，通航城市有北京、上海、广州、深圳、重庆等地。

长途汽车

安康汽车站(📞381 6673；巴山东路5号)又叫**城东客运站**，有发往岚皋(22元；7:00~17:30，约半小时1班；1小时15分钟)、石泉(26.5元；6:40~18:30，约40分钟1班；1.5小时)、紫阳(26.5元；9:30~17:00，约1小时1班；1.5小时)、旬阳(18元；7:10~18:30，约20分钟1班；1.5小时)等地的班车。

安康高速客运站(📞333 6851；安康大道近高新大道)即顺康高客站，有班车发往西安(70.5元；7:00~19:00，约20分钟1班；3小时15分钟)、咸阳机场(99元；7:00~18:50，约1小时1班；4小时)、汉阴(普线17.5元，高速20元；6:15~18:30，约1小时1班；普线1.5小时，高速1小时)、汉中(70元；

9:30、10:30、12:30、13:30、15:00、17:00；3.5小时)。车站距市中心约7公里，可乘7、12、13路公交到达。

安康城西客运站(☏318 8218；育才路155号)有车去流水镇(16元；7:30~17:30，1小时1班；1小时15分钟)，也有去紫阳的班车(26.5元；7:00~18:20，约1小时1班；1.5小时)。

安康城北客运站(☏326 8475；进站西路2号)就在火车站旁，主营跨省长途汽车，开往重庆巫溪(8:30，可在城东客运站9:00上车)的班次能直接插入长江三峡腹地。

除了城西站，上述车站的班次均可在微信小程序"畅途网"提前购票。

火车

安康站(进站路1号)位于襄渝、阳安、西康铁路的交会点上，是陕西重要的铁路枢纽，可在此乘车前往全国许多城市。这里也开通了往返西安的动集列车(二等座70元；2小时40分钟)。

❶ 当地交通

抵离机场

机场巴士(☏321 2313)票价12元，从市委家属院(香溪路27号)出发，沿途设有明江酒店等站点，班次根据机场航班安排。

公交车和出租车

安康公交线路比较发达，票价2元，通常在19:30~20:00收班；开往瀛湖、恒口等地的长途线分段计费。出租车起步价6元/2.5公里，之后1元/公里，最好拦黄色车身的，司机通常都会打表，也可直接使用滴滴等叫车软件。

南宫山

(☏251 0007；微信公众号：南宫山景区；岚皋县南宫山镇北；门票旺季3月至11月90元，淡季50元；⏰售票时间旺季8:00~15:30，淡季11:00~14:00)在漫林碧透的大巴山脉中，南宫山因4亿年前古火山喷发留下的峥嵘石林而显得超群绝伦。北宋年间道教占据了这座奇山，但在清代中后期，这里已演变成了佛教圣地。巨崖下方的**真身殿**供奉的就是那时弘一大师(非李叔同)的真身，一旁的**大雄宝殿**也是近年来复建的，但规模宏大、造型多样，是不可多得的优秀仿古建筑。这一带也正是南宫

山的精华，若是运气好遇到"仙山隔云海"，或是赶着红叶季和雪景来，宛如游戏场景般的仙侠景观更会让人不虚此行。与之相比，**金顶**(2267米)只是一个风景平平的地标打卡点。

南宫山的登山线路有两条。大部分旅行者会选择**南线**，大门就在541国道旁。从这里需乘坐观光车(往返40元，候车时间可能较长)盘山而上，抵达半山腰的谢家坪后再开始爬山，之后的游程需3~4小时。更传统的路线是**北线**，需在541国道柴垭子隧道前拐入旅游公路，前行10公里经过位于宏大村的北门，再向前10公里的公路尽头才是步行入口二郎坪，由此爬山到金顶往返约需2小时。山上石径很陡又比较湿滑，一定要穿对鞋子。喜欢爬山的话还有环线可走，玩1天都不够。

🛏 食宿

大雄宝殿楼上的**金顶宾馆**(☏130 3891 4288；标双280元)可提供住宿和餐饮。景区南门、北门外的农家乐更多，标单/双60元起。**南宫山心海生态度假山庄**(☏180 0915 1556；标单/双168元；❄✱🅿)位于南门向内1公里的茶场里，是这一片最好的住处。

住在岚皋县城选择更多，还有不可辜负的各色美食，河街和廊桥都是当地人喜欢去的美食街。岚皋本地的麻辣烫做法很有特点，可去**六口麻辣烫**(☏150 0915 6488；怡园巷近建设路；人均20元；⏰10:30~21:00)尝尝。

❶ 到达和离开

在安康城东客运站乘坐高速班车(22元；7:00~17:30，约半小时1班；1小时15分钟)到达**岚皋汽车站**(☏226 5853；罗景坪社区)后，即可换乘发往花里(南宫山镇)、孟石岭的班车直达南宫山南门(9元；40分钟)。如果住在岚皋县城，直接在南宫路东一路路口候车即可。岚皋汽车站每周三、六、日有发往北门的旅游专线车(往返35元)，可直达北线登山起点二郎坪，务必提前致电车站确定。岚皋回安康的车18:00前流水发车。

石泉

石泉是汉江流入安康的第一站，但和汉中盆地的开阔平坦相比，这里是山岭起伏间

的秀川青谷，不用出县城很远就能找到漂亮的山水。石泉又是子午古道南端的一个重要出口，今天也成了西安人去陕南出游的重要目的地。小城的旅游业因此搞得如火如荼，差不多算是安康最具旅游气质的地方了。

◎ 景点

石泉老街　　　　　　　　　　　历史街区

长约650米的清代老街见证了汉江航运的旧日辉煌，如今也担负起石泉打造陕南旅游名城的重任。穿过题书"秀挹西江"的西门或"远瞩金州"的东门，青石板老街铺展足下。石泉县署等经过修缮已对外开放，石泉博物馆(凭身份证免费；⊘周二至周日9:00~21:30)陈述着过往风云。夜幕中，家家户户门外都会点亮红灯笼，流光溢彩很有古装影视剧的氛围。别忘了向南穿过小巷来到江边，看这一江春水如何畅快东流。周五晚至周日，老街常有县太爷巡街、花鼓子等表演，可去凑个热闹。

老街位于县城中心，在汽车站乘1路、在火车站乘专线公交在樱花广场站下车最近。

后柳古镇　　　　　　　　　　　　古镇

正如"后柳"之名能咏出一首杨柳依依的田园诗，这里更让人流连忘返的也是荷塘惊鹭、水暖鸭知的水乡风情。古街只有短短150米，还好街尾的石阶旁生出一棵"屋包树"的老皂角树，多少挽回了一些古镇的颜面。

从石泉朝汉江下游方向行驶18公里即到后柳。刚告别县城没多远，汉江便一头钻进了峡谷中。之后从莲花石开始、终到喜河镇的20公里即为汉江三峡，由凤凰峡、柳溪峡(后柳段)和香柏峡及其他河段拼接而成。由于地处喜河水电站的库区，汉江三峡不再山高水深，但一路风光苍翠，倒也能成就一段水上悠闲游。你可在起点莲花古渡弃车乘船，往返航程约1.5小时，船票100元/人；也可在客流量更大的后柳古镇码头找到游船，这里除了全程航线，也有40分钟体验游可选，船票50元/人，非旺季船家常会给出20元的优惠价。

石泉公交9路(3元；30分钟)发往后柳古镇，始发站在樱花广场北的向北路上，往返熨斗、藕阳(汉阳)的班车也从后柳路过。旺季县城的江南码头(☏638 5322；南滨大道近长安大道)可能有游船发往后柳，单程票价100元。

中坝大峡谷　　　　　　　　　　　峡谷

(☏631 5916；后柳镇中坝村西5公里；门票60元；⊘8:30~17:30)峡谷中瀑布丛生、瀑潭相映的清凉世界，让这里成为避暑纳凉的好去处，每到暑假便有不少年石泉的游客将这里排进行程。大家穿梭在栈道和吊桥上，享受着深山溪涧和瀑布水珠带来的"天然空调"，不过瘾的话还有漂流(125元)可玩。全程步行往返需1.5~2小时，也可在景区门口乘车(10元)先到高处的峡谷出口，一路下坡反向游览。可在被打造成中坝作坊小镇的中坝村略作停留，这是一个汇集了多行业传统作坊的仿古小镇景区，但调研期间仍旧欠缺人气。

后柳古镇向西进山12公里即到中坝大峡谷，可在到达后柳镇后，致电景区联系车辆来接。

雁山瀑布　　　　　　　　　　　峡谷

(☏677 1066；喜河镇北3公里；门票50元；⊘9:00~17:00)这里和中坝大峡谷风景很像，同为水系发达的喀斯特峡谷地貌，草木掩映下的水色流光溢彩。不过雁山瀑布近几年才开始开发旅游，森林植被等原生环境保持得要更好一些。作者调研期间，峡谷开发了总长度的三分之二，步行往返需3~4小时，且无交通工具可以代步，更适合体力充沛、喜欢爬山的旅行者一探。

乘坐石泉发往熨斗、藕阳(汉阳)的班车在景区路口下车，再步行10分钟即到景区门口。

熨斗古镇　　　　　　　　　　　古镇

和汉江畔的"水乡古镇"后柳不同，熨斗是巴山怀抱中的"深山古镇"，通往四川的古驿道便是这里成为一方重镇的根源。过去汉江船运的商品在喜河卸下，驮上马背经熨斗即到西乡(见268页)的高川，再往前就可汇入荔枝道去往四川了。古镇的名字来源于坝子地形很像熨衣服用的熨斗，但现存的老街不长，不到10分钟就能走穿，翻山越岭至此可能有些不值当。不过"仁者乐山，智者乐水"，就看你属于哪种了。

镇子西侧的燕翔洞(☏632 3998；门票80

子午道上广货街

210国道上的宁陕县广货街镇，一听地名就让人联想到百货云集的商贸集散地，事实上它也正是沿秦岭子午道翻越分水岭后到达的第一个集镇。如今广货街镇西8公里的**秦岭峡谷漂流**（☎400 849 1000；票价168元）在关中小有名气，暑期西安城南客运站还有专发这里的班车，周边的农家乐也在此时接纳了不少避暑客。石泉、安康都有班车发往**宁陕汽车客运站**（☎682 2866；子午路近长安西街），在站内可换乘中巴抵达漂流景区和广货街镇上。

广货街附近有几条优质的自驾路线。210国道从秦岭北麓上来正经过沣峪（见119页），到广货街后西行24公里即到朱雀国家森林公园。也可从广货街沿211国道东行40公里去牛背梁（见280页），这段公路几乎紧贴秦岭主脊南侧而行，草甸、森林、峡谷、山村等各色美景络绎不绝。

元；◉8:30~17:30）全长有十几公里，但目前只开发了很小一部分，千百年来的人类活动也对原有的石灰岩地貌造成了较大破坏，并非溶洞观光的好选择。

位于新区的石泉客运站有发往熨斗的班车（16元；9:00~17:00，2小时1班；1.5小时），可在汉江大桥北的转盘候车。自驾者可从熨斗直接向北22公里抵达中坝大峡谷，但建议提前打听最新路况。

鬼谷岭　　　　　　　　　　　　　　山

（☎631 3000；云雾山镇官田村北；门票80元；◉售票时间8:30~16:00）这里又叫云雾山，云雾缭绕间流传着纵横家创始人鬼谷子的故事，鬼谷岭的名字显然也更合旅游市场的口味。近年当地大兴土木，在山腰处挖出了人工湖智海，又在湖畔建起了纪念鬼谷子的大殿和博物馆；从智海往上，需要乘坐景交车（40元）到智岭再开始爬山，约1.5小时可到制高点智巅，幸运者将有云海相迎。作者调研期间，通往山顶的索道正在建设中。

石泉樱花广场北有直达景区的公交（6元；6:30~17:30，每小时1班；45分钟）。

食宿

从西门进入老街，每走几步就是一家石锅鱼店，来石泉吃鱼似乎也成了游客的必修课。这些店的口味和价格相差无几，鱼都是现杀按斤卖的，花鲢28元，江团38元，黄辣68元，人均要近百元才能吃好。

汉江沿岸近年来出现了不少中高档酒店，**易桦智能精品酒店**（☎666 2888；滨江大道东段8号；标双228元起，含双早；⓪❄Ⓟ）值得考虑，但特价房（198元）面积很小，并不推荐。也有不少人会选择住在后柳古镇，享受汉江边的水乡风韵。

❶ 到达和当地交通

石泉客运站（☎631 1050；杨柳新区东）主营安康（25元；1.5小时）和西安（70元；3小时45分钟）方向的高速大巴，也有去佛坪（24元；9:00，14:30；2小时）、西乡（21元；7:30，9:40，11:30，13:00，14:30，16:10；2小时）、宁陕（21元；8:30，10:30，12:30，14:00，15:30，17:00；2小时）和汉中（45元；10:30；2.5小时）的班次。前往熨斗等乡镇的车也从这里发出，去凤堰古梯田可乘坐开往藕阳（汉阳）的客车（15元；8:00，8:40，9:20，14:50，15:50，16:50；1.5小时），再换乘前往汉阴的车次。

石泉县站（七里村）位于汉江南岸，可在此乘普通火车前往阳安铁路各站，还可乘动集列车往返西安。连接江北岸和火车站的新桥正在建造，目前仍需绕道西侧的汉江大桥过江。

石泉老街西门外的**樱花广场**是县内交通的重要枢纽，去火车站、后柳、鬼谷岭、界牌村的公交车都在此发车。

凤堰古梯田

汉阴县南，凤凰山和汉江在**漩涡镇**相遇，湖广移民则在镇北的山坡上开启了一段农耕传奇。据族谱记载，清乾隆二十一年（1756年），长沙吴上铭、吴上铨兄弟家族逆江而上，一路辗转发现了这片日照充沛、泉系发达的山谷坡地，最终选择定居于此，开始了垦荒筑田的生活。历经代的不断增修,这里已形成总面积1.2万亩、级数均在200级左右的连绵梯田,且因有凤江、东河、堰坪三大片区而合称凤堰古梯田。近年来,这片秦巴山区罕见的大型梯田赢得了游客青睐。3月油菜花黄,6月放水插秧,9月稻谷丰收等都吸引了络绎不绝的参观者,隆冬季节若逢冷空气越过秦岭,皑皑白雪落在层层梯田上,更是不可多得的人间美景。

从汉阴县城过来要先爬20余公里的盘山公路,翻越海拔1500米的凤凰山。垭口之后的 云海观景台 并无很好的梯田景观,但可遥望 擂鼓台 的5座侧峰。继续向前即驶入 凤江(黄龙)梯田 的观景范围,这里位于较高处,梯田更陡,但由于年轻劳动力流失等原因,油菜花等农作物的种植情况不甚理想。沿公路继续下山,已连成一片的 东河梯田 和 堰坪梯田 因为旅游开发,每逢初春仍会化身遍地油菜花的金黄世界。这一带的花海深处,茨沟村的 吴家花屋 具有典型的江南民居特色,它也和冯家堡子、太平寨、黄龙庙等一起作为 凤堰古梯田移民生态博物馆景区 (✆521 2222)的收费景点对外开放,若想参观需买门票(10~30元,通票50/80元)。本书作者调研期间,景区在筹划推出观光车(全程30元)。

食宿

紧邻汉漩路的堰坪村有许多农家宾馆,平时标间80元起,油菜花季节略有上涨,或按照100元/人包早晚两餐收费。凤江梯田住宿较少,离黄龙庙比较近的 山水田园 (✆182 9153 0162)可作为备选。

到达和离开

凤堰各村高低错落,范围很广。汉阴汽车站 (✆521 2569;凤凰大道近祥和街)发往漩涡(20元;7:50~18:50,1.5小时1班;1小时45分钟)、汉阳(25元;8:30,11:30,14:30,16:30;2小时)的班车只能覆盖汉漩路沿途的村子,好在已包括了东河、堰坪梯田。面的也是主要出行工具,你能在各村候车亭发现跑该线路司机的电话号码,也能在汉阴汽车站附近遇到他们。

安康、西安、汉中都有班车和火车前往汉阴。从石泉来凤堰可先乘火车到汉阴站(火车站路),再打车(5元)去汉阴汽车站,也可经汉阳(藕阳)转车。石泉经汉阴到安康的低速班车已停运,两县之间坐汽车需乘石泉6路到终点界牌村再换汉阴2路。

从漩涡镇向东10公里可到紫阳县的汉王镇(汉城)。那里每天有4班 快艇 (✆135 7144 7383;50元;去程7:30、8:30、12:00、14:00,返程9:30、11:00、14:00、16:00;1小时)沿汉水下到紫阳县,也有班次更多的客车可搭。

紫阳

名声越来越响的紫阳富硒茶为这座小城招来了旅行者,它的更多妙处也在慢慢揭开面纱:地名紫阳来源于紫阳真人,汉江航运传统尚未完全消失,陡峭山坡上的县城号称"小重庆"。揖拜道君后泛舟汉水,云雾缥缈间辞过一城喧嚣和两岸茶山,是紫阳最动人的篇章。

景点

仙人洞真人宫 道观

(紫阳沟;免费)北宋神宗年间,耄耋之

汉阴不只有炕炕馍

提起汉阴,陕西人的第一反应很可能是在叫"汉阴炕炕馍"的芝麻烙饼,其实这座小城的餐饮业甚至可以用卧虎藏龙来形容。挂满各样奖状的 谢师酒家 (✆568 2999;双星小区;人均50元;☉9:00~20:00)名副其实,酸辣茴香小鱼(48元)入味可口,白火石汆汤(68元)被端上桌后记得举好手机准备拍照。陕南石叁珍蘑菇宴 (✆529 3333;秀岭小区;人均80元;☉9:00~21:00)竟然自称"博物馆",人多的话,可以直接按人数配出一套蘑菇宴,令人再满足不过了。

酒足饭饱之际,不妨去老城西侧的 三沈纪念馆 (新街40号;免费;☉周二至周五8:30~17:30,周末及法定节假日9:00~17:00)了解沈士远、沈尹默、沈兼士这三位从汉阴走出的近代文化大师。之后可就近来到月河畔的明代古城墙,看斑驳青石上长出的离离青草。

值得一游

探访紫阳富硒茶

"自昔关南春独早,清明已煮紫阳茶"(清叶世倬《春日兴安舟中杂咏》),紫阳毛尖、紫阳翠峰、紫阳银针一直以来都是陕青的代表,近年来的科学研究又为紫阳戴上了"硒谷之乡"的帽子,紫阳富硒茶的新招牌应运而生,已在茶叶市场上闯出了名堂。

和西乡茶园观光(见268页方框)一样,紫阳同样开展着茶山旅游,以配合茶产业的整体发展。每年3月底官方会举办开茶节,宣告从采摘明前茶开始,紫阳的春茶季拉开序幕。对旅行者而言,最方便到达的一座茶山是北五省会馆背后山上的半亩茶园(向阳镇木鱼包;免费)。这是营梁村的一处村办茶厂,茶垄间点缀着零星的樱花树以涵养水土,观光栈道和售卖文创产品的半亩供销社也让这里的参观更显正规。从北五省会馆沿盘山公路向上4公里即到茶园,也可向当地人打听小路,能节省不少脚程。

紫阳县城西南30公里处的高桥镇坐落在种满茶树的连绵山丘间,风景无边,是茶山观光的另一个好去处。紫阳汽车站有发往高桥镇的流水班车(17元;1小时15分钟),也可在北五省会馆下方过吊桥,于任河对岸的省道上拦招。

汉江上游沿岸的焕古镇正在打造"硒茶小镇"。这里被誉为紫阳茶的最佳产区,据说古代被列为贡茶的"紫邑宦镇毛尖"就由此出产。调研期间前往焕古,最潇洒的公共交通方式莫过于在紫阳港乘坐发往汉城的快艇(20元;20分钟),中途上岸。

县城里到处都有茶叶店,还有一个茶叶市场,都可选购富硒茶;而直接在茶山向茶农购买,通常会拿到更优惠的价格。

年的浙江名道张伯端"择兴安之汉阴山中修炼"。元代全真教盛极一时,遂将奉张伯端为始祖、流传于南方的丹派道统"收编"为全真教南宗。明朝中叶,"汉阴成道"之地因张伯端"紫阳真人"的道号而更名紫阳,并沿用至今。了解过这段历史,便能知晓这座和张伯端息息相关的道观对紫阳的历史沿革有多重要了。不过有些可惜的是,在20世纪六七十年代修建襄渝铁路的过程中,原本紧邻汉江的道观被迫迁址,好在复建的真人宫坐落在幽谷之中,宗教活动也得到了延续。

拜完真人宫,有余力的话还可去东邻的文笔山公园登高望远,将汉江对岸的"小重庆"紫阳城尽收眼底。如果对道教很感兴趣,县城山坡高处的紫云宫也可一探。

仙人洞真人宫在汉江南岸,可沿大桥过江,再右转循小路前往。

北五省会馆　　　　　历史建筑

(向阳镇瓦房店村;免费;⊙8:30~12:00,13:00~17:00)汉江上游的最大支流任河刚接纳了巴山西来的渚河,便在不远处注入了悠悠汉江。优越的地理位置成就了这里的往昔辉煌:清代沿任河进入川东北的商旅熙来攘往,瓦房店一跃成为"小汉口",五庙六馆热闹非凡。不过随着20世纪末安康水电站(瀛湖)的建设,这里多处古建筑遭遇了灭顶之灾,好在最宏伟的北五省会馆保存了下来。这里的北五省指山西、陕西、河北、河南、山东,会馆则由清乾隆年间一直修到了同治年间才完工,大殿内部300余平方米的壁画保存得相当完整,《三国演义》和"二十四孝"等传统故事的场景清晰可辨。

会馆在紫阳县城西边10公里处,乘紫阳旅游专线公交(2元;20分钟)可到。

🛏 食宿

紫阳蒸盆子名气不小,作为当地除夕团圆饭上的压轴大菜,它可是用料讲究又分量十足的一道大杂烩蒸菜,餐厅里最小份也要卖将近200元。好在西关市场里五花八门的小吃店,已经能让独自旅行者和小团体吃得很满足了。

西关市场正是紫阳的商业中心,住在这一带的酒店能尽享小山城的世俗欢乐。茶山住宿也是紫阳一大特色,在半亩茶园、高桥镇等观光区域不难找到,梦紫阳民宿(☎4420002;高桥镇双龙村;标单/双360元;🛜❄🅿)

是比较文艺的一家。

❶ 到达和当地交通

紫阳客运站（📞451 2888；曹家坝）除了安康（25.5元；1.5小时）、西安（95元；4小时）方向的高速大巴，其他车次都是发往汉王（汉城）、高桥等县内乡镇的，开往焕古等地的面的也能在站外找到。乘公交1路可从城中心到车站。

紫阳站（进站路）是襄渝铁路的一站，乘火车可到安康、西安、万源、重庆等地。站外有公交6路。

在汉江上游过度梯级开发后，曾经无比繁忙的内河航运消失殆尽，唯有**紫阳港**（河堤路近汉江大桥）仍有定期发班的汉江客船。下水方向的洞河航线最多（0.5~1小时1班），不过都是慢船（8元；1小时20分钟），17:00前都有客船回城。快艇跑汉王镇（汉城，📞135 7144 7383；50元；9:30, 11:00, 14:00, 16:00；1小时）的上水路线，终点离凤堰古梯田所在的漩涡镇只有10公里路程。作者调研期间，汉王经紫阳到洞河的二级公路正在修建，未来这些航线也很有可能退出市场。

自驾者将在紫阳县城迎来地道的山城体验：几条主街都是单行道，一不留神没拐过弯，就要在城里再绕一圈；西关市场的停车场竟然在地下四五层，但只要继续下行便可直接开到汉江畔。

旬阳

2021年刚刚设立县级市的旬阳，干净整洁又高楼林立的城区已有了小城市的架势。这里位于乾佑古道并入汉江水路的关节处，山水形胜堪称一绝，历史风云也留有回响，很适合"小城爱好者"轻松一游。

◉ 景点

旬阳太极城   街区

汉江上游第二大支流旬河在即将汇入汉江前，天造地设般拐出了一个太极两仪般的S形大弯。在古人口中，这一带的地形被称为"金线吊葫芦"。1988年，一位作者来旬阳写报告文学，登高望远间发现"葫芦岛"用"太极岛"来形容更加贴切，无怪乎当地民间一直流传有伏羲制卦的传说。

如今，环绕县城的八座小峰被对应到了八卦各爻，**宋家岭观景台**正好处于"兑卦"。登高俯瞰，太极城的"阳鱼岛"部分正是旬河西北岸的新城片区，另一半"阴鱼"则为**旬阳老城**，可深入一游。由于地处河口的重要地理位置，小山梁上的老城修建得就像军事堡垒。如今虽然老屋所剩无几，但穿过**西城门**，迷宫般的巷道高低错落，仍能依稀体验到昔日风采。老城制高点的明代文庙已有**旬阳博物馆**（免费；⊙周二至周日9:00~17:00）坐落其中，附近另有**中国汉江航运博物馆**（免费）不定期开放。

前往宋家岭观景台可以打车（20元）或滴滴叫车。旬阳1路终点就在老城，也可提前在花栗碥站下车，走台阶由西门步入老城。方向感好的话，还可从宋家岭观景台择路直接下到老城。

蜀河古镇   古镇

就像两河交汇成就了白河、旬阳、吕河、洞河、喜河这样的汉江名镇，这里也因控守蜀河河口的位置而兴盛一时，镇名同样直接取用了支流蜀河的名字。清中后期，汉江航运进入鼎盛期，蜀河作为陕川农产品外运、汉口工业品内输的重要转运站，帆樯林立，商号云集，也创造了属于自己的"小汉口"传奇。不过和陕南其他临江古镇一样，蜀河早就由于汉江上游的梯级开发和航路中断而被釜底抽薪，近几十年乡镇建设的新浪潮又对古民居造成了巨大的破坏。今天古镇的临街一排几乎都是顶着徽派马头墙、一家更比一家高的新楼，但走进背后的深巷，古镇的生活气息仍在，老式剃头铺的场景更像凝固了时光。镇上也有几座古建筑修缮后对外免费开放。居高临下的**杨泗庙**曾为船帮会馆，庙外平台的江景很开阔，一旁墙上有明朝和现代几次洪水水位高度的石刻。**黄州馆**由湖北黄州籍的客商兴建，是陕南规模最大的一组宫殿式建筑群，如今内部有蜀河非物质文化遗产的相关介绍。镇尾的**清真寺**建于明嘉靖年间，整体建筑呈中式传统风格，伊斯兰文化元素点缀其间。

通常你无须在蜀河留宿。古街有几家餐厅提供"蜀河八大件"，为八凉八热、八荤八素的当地传统大餐。独自旅行者可在镇上来一碗陕南风味的羊肉泡，蜀河的清真美食也是小有名气。

蜀河在旬阳县城以东52公里处。旬阳县

秦头楚尾白河县

汉江在白河县已是陕西和湖北两省的界河，继续向前则流入了十堰、武当山一带。汉江航运时代，白河也是一方重镇，这里的桥儿沟就是当年湖广移民凿山而建的老街。白河县城的险峻地形同样令人印象深刻。老城坐落在汉江南岸的一座山头上，楼房都像吊脚楼一样打深地基，弯绕盘旋的街道多是单行道，堪称安康的另一个"小重庆"。以狮子山社区为中心的新城建在了山背后的白石河谷中，仰望可见老城在山脊上耸立。

白河客运站（☎781 2177；老白路40号）有发往安康、十堰、西安等地的班车。这里也有火车可坐：东去十堰方向要去县城西6公里的**白河县站**（前坡村），车站建在了桥上，在旬白路上拦任何一趟西行的中巴都能抵达；西往安康方向要在狮子山新城的**白河东站**（车站路）乘车，部分站台位于山洞内。白河地理条件之复杂，从这两座各具特色的火车站就可见一斑。

运司有频繁的班车发往蜀河方向（17元；1.5小时）。蜀河还有直达西安三府湾客运站的班车（6:30；返程13:40）。襄渝铁路设有蜀河站，位于上游4公里处的汉江对岸。本书作者调研期间，蜀河站每天有两趟火车停靠，有客船（☎138 9151 3925；5元）在火车站和交警大队之间摆渡。蜀河汉江大桥因年久失修已拆除重建，自驾者需摆渡过江才能继续东行。按计划，新大桥将在2022年3月底开通。

❶ 到达和当地交通

少有人在旬阳住宿，从这里前往安康或者西安的交通都很便捷。**旬阳高客站**（☎720 8176；滨河西路356号）每天18:00前都有发往西安的高速大巴（65元；4小时），去安康和蜀河要在**旬阳汽车站（县运司）**（☎720 2694；商贸大街46号）坐车。旬阳有**旬阳站**（进站路）和**旬阳北站**（白柳镇）两个火车站，请看清楚在哪个车站坐车。北站距旬阳市区有9公里的路程，坐公交3路（3元）能到。

商 洛

出了陕西省就默默无闻的商洛市，从地理和人文角度来看似乎是由两部分捏合而成的。商洛、丹凤、商南一线自古就是关中去往湖北的通途大道，商於(wū)古道、蓝关古道或者"商山名利路"说的正是这里。"关中四关"之一的武关也在此处，至今武关之内几个县区的方言、饮食和西安都无太大差异。而西面的柞水、镇安山高水深、道路逶迤，这里的发展轴线是南北向的乾佑河—旬河峡谷，除了行政之外，如今和商洛的联系依然并不算多。在明清大移民的背景下，长江移民和关中客籍在此混居，柞水和镇安的方言因此融汇了南腔北调，甚至被一些语言学家认为是江淮官话的最北分布区。

商洛市

商洛市区常被本地人叫作商州，也因贾平凹的《商州》系列而在文学圈内小有名气。贾平凹的老家正在丹凤县的棣花古镇（见285页），从那里跨过丹江大桥就到商洛了。

不过商洛似乎不太吸引旅行者，在这里看看**商洛博物馆**（☎231 3422；微信公众号：商洛市博物馆；工农路近西关街；凭身份证免费；⊙周二至周五9:00~11:00和14:00~17:00，夏季下午场15:00开门，双休日和法定节假日9:00~17:00）就可以离开了。博物馆规模偏小，只能了解到包括商於古道在内的商洛历史概况。馆建同时也是清代重建的大云寺，可以追溯至唐武则天时代，是她为证天命而在两京诸州敕建的多座大云寺之一。在汽车站乘16路公交车，西门口站下车即到；火车站过来可坐5路、11路在南门口站下车。

❶ 到达和当地交通

商洛市汽车客运站（☎285 0009；龟山大道近迎宾大道）又叫**商州客运站**，有频繁的车次发往西安（43.5元；7:00~19:10；2.5小时）和商洛各县，也有直达安康（94元；9:00，14:00；4.5小时）、渭南（39.5元；9:00，14:00；2.5小时）的车次。去华山

商洛

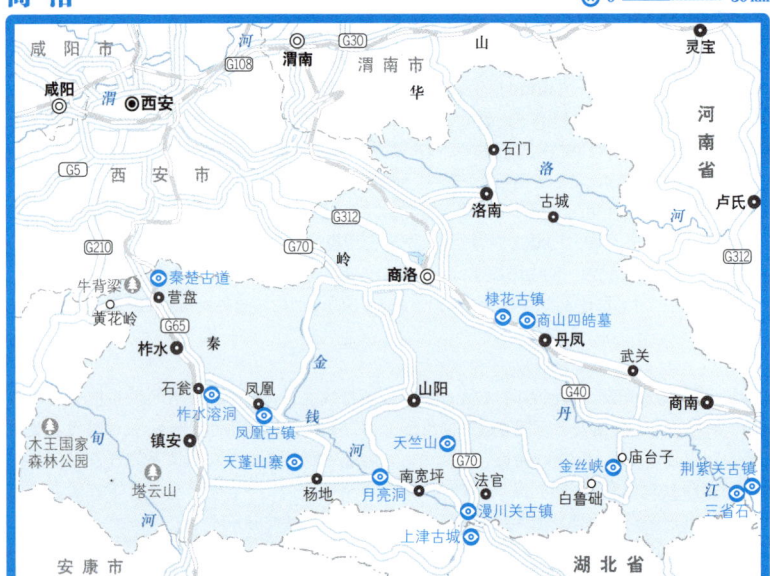

除了在渭南中转，还可先乘车到**洛南汽车客运站**（☎732 2509），再转乘洛南发韩城（9:00）、澄城（11:30）、大荔（13:00）等地的班车，在华阴罗敷下车再换公交进城。洛南到罗敷段跑242国道约需2.5小时，沿途可观洛河上游，最后40分钟的花岗岩峡谷更是无比壮观。通过微信公众号"商洛智慧出行"可查询和网购商洛各区县汽车站的部分车票。

商洛站（沙河子镇）在市区以东8公里处，有5路、11路公交可到。其中乘5路向东可一直坐到棣花古镇。

柞水

从西安正南方翻上终南山就到了柞水。这是离省城最近的秦岭南坡，只需钻过一条世界级的公路隧道，便能和大秦岭的山山水水亲密拥抱。

◉ 景点

牛背梁　　　　　　　　　　　　　　　山

（☎428 3666；营盘镇朱家湾村北；门票110元；⊙售票时间8:00～16:00，冬天闭园）从海拔1300米到2800米处，秦岭主脊南坡的牛背梁呈现出鲜明的植被垂直景观带：锐齿槲栎林、桦木林、巴山冷杉林、亚高山灌丛依次生长，观赏效果和科研价值都很高。近年来，亚高山灌丛草甸区以**牛背梁国家级自然保护区**核心地带的名义不再对外开放，旅游观光在海拔2495米处的南天门就结束了。

景区由"山水游憩区"羚牛谷和"峰林景观区"六尺岭两部分组成。绿树葳蕤、清泉飞流的羚牛谷长约3.7公里，步道入口就在售票处旁，出口处则建有索道下站。花1.5～2小时走穿羚牛谷，再坐索道（上行/下行80/65元）直达六尺岭最高处的南天门，已成了大众观光的轻松路线。六尺岭的登山步道就这样留给了爬山爱好者：它由海拔1700米的月亮垭开始，4.8公里的石阶路通往南天门，一路是针叶林，4月至5月还点缀着盛放的杜鹃花，沿途有不少远眺牛背主梁视野绝佳的地方。前往月亮垭可在售票处乘坐观光车（单程30元），观光车过月亮垭后再往前开3.5公里即到羚牛谷出口。

景区大门外的**老林峡谷漂流**（票价90元）漂程较短，相比而言营盘镇北3公里的**柞水峡谷第一漂**（☎435 2666；票价108元）更值得一玩，它就在往返牛背梁的必经之路旁。

从农家乐到高端民宿等多个档次的住宿，挤满了景区大门外的朱家湾村，夏季会有不少西安人来这里小住避暑。

柞水客运站18:00前有流水班车前往牛背梁（9元；1小时）。从西安过来，可乘柞水的班车在营盘（营镇）高速出口下车，再等过路的牛背梁班车；返程不必去县城转车，营盘镇社区服务中心对面有客运公司售票点，可联系大巴过来载客。景区也会开通往西安方向的直通车（往返68元；单程1小时），详情可电询。

秦楚古道　　　　　　　　　　　　　　　　山

（☎428 3961；门票85元；营盘镇秦丰村北4公里；⏱售票时间8:30～15:00，冬天闭园）柞水也是一条河流的名字，而後被唤作乾佑河。乾佑河南流汇入旬阳，最终归于汉江通达湖北，如今的211国道、包茂高速、西康铁路也都是沿乾佑河谷铺设的。和另一条通往楚地的蓝关古道相比，乾佑古道名气并不大。这个依托着乾佑古道终南山段的景区，便使用了噱头十足的"秦楚古道"之名。

牛背梁的高山区不再开放旅游，但这里仍能提供行走秦岭主脊高山草甸的体验。主脊同时又是秦岭南北分界线和长江黄河分水岭，能看到"南草北木"的景观。登顶的石板路仍然比较原生态，据说就是古道的遗存。景区的游客接待中心设在秦丰村翠微宫大酒店旁，建议在此乘坐观光车（往返50元），到5公里外公路尽头的耍钱场再开始徒步，之后往返草甸约需3小时。

更野的玩法是继续向北，穿越终南山的茫茫草甸下到翠华山（见116页）。这条户外路线不算难，从耍钱场算起，6～8小时就可穿到翠华山景区内的甘湫池，但仍然建议你做好万全准备并结伴而行，尽早出发。如遇雨雪大风等天气预报，切勿冒险。

秦楚古道景区的路口在营盘前往牛背梁的半路上，拐入前行6公里即到游客接待中心。从营盘镇或牛背梁包车单程50元，柞水客运站11:00、16:30也有车发往秦楚古道。

柞水溶洞　　　　　　　　　　　　　　　　洞穴

（☎432 9208；下梁镇石瓮子村南；门票102元；⏱旺季3月至11月8:30～17:00，淡季9:00～17:00）柞水南部已探明有115个溶洞，2016年柞水溶洞国家地质公园批准设立。对旅游业而言，开发最早最完善、景观也具代表性的天佛洞就是柞水溶洞的代名词。近年来景区又新打造了古道岭景点，为秦岭古道背景下开发的悬崖栈道，玻璃栈道（10元）、观光火车（50元）、高空滑索（50元）、玻璃滑道（30元）等游乐项目层出不穷，再加上溶洞内早就为体力不济者准备好的电梯（40元）和滑梯（30元），让人不禁感慨，"老陕"在旅游景区开发方面还是很有天赋的，这不，景区大名也随之升级成了秦岭洞天福地。

作为北方难得的大型溶洞，洞天福地吸引了不少省内旅行者，当地人也都想从中分一杯羹。柞水溶洞福缘漂流（☎418 8188；票价138元）能为避暑之旅更添清凉，天佛洞北2公里的风洞（门票40元）同为柞水溶洞群的一部分，斜对面山上1公里的天书寨则是集美食小吃、农业采摘等功能于一体的仿古风情村落。

柞水往返镇安的班车途经景区门口，约半小时1班，十分方便。西安汽车站（火车站）每天有多班客车直达柞水溶洞（33.5元；7:30～11:30每小时1班，13:00、14:00、15:30、17:00、18:30；2小时；返程17:30前）。也可乘火车到柞水站，出站后下到国道就能拦镇安方向的班车。

🍴 食宿

柞水黑木耳是当地特色，全县有不少木

另辟蹊径

陕西也有凤凰古镇

柞水县城东南40公里的凤凰镇也被当地人称为凤镇，它坐落在社川河谷，是秦岭山中的又一处古驿站。清代豫、鄂、川等地的客商来此经商定居，如今镇子也留有一小段清代老街，能看到顶着徽派马头墙的古民居和商铺，仍在烧炉打铁的铁匠铺、街边摆摊贩售的山货也会让城里人觉得新鲜。柞水客运站发往柴庄的班车可到凤镇（11元；7:30～17:40，约40分钟1班；1小时）。如果你从商洛过来，可乘坐发往柞水的低速班车在凤镇（33元；11:10；2小时15分钟）下车。

耳种植基地，餐厅里也能吃到各种以木耳入菜的美食。当地人称为"黑皮子"的黑米擀面皮，口感和关中擀面皮略有区别，值得一尝。

由于离西安太近了，柞水也是主打"终南山居"概念民宿的重要分布地。它们几乎都分布在牛背梁到广货街（见275页方框）的国道沿线，阳坡院子（☎428 5222；营盘镇朱家湾村二组；标双900元起，含双早；❄✳Ⓟ）是比较高端的一家。

❶ 到达和当地交通

柞水客运站（☎456 8999；石七路近盘龙桥）有频繁的车次前往西安城南客运站（30.5元；6:30~18:30，流水发车；1小时15分钟），柞水溶洞发省汽车站的大巴也会来此补客，往返西安方向会穿越全长18.02公里的**终南山隧道**，它是世界上第二长的公路隧道。这里也有开往商洛、镇安的车次，发往牛背梁、凤镇等地的乡镇班车相当规范。

柞水站（下梁镇庙湾村）坐落在西康铁路上，有少量客车停靠；车站在县城以南5公里处，可下坡到国道上乘公交1路进城。

镇安

从柞水再往南35公里的镇安，同样是西安人躲进山里享清闲的方便去处。近年来这个山区县的旅游开发越发成熟：县城里的唐风古寺神似奈良，深山中的杜鹃花海不输川滇，小有名气的道教仙山，也有堪比华山的险峻风骨。

◉ 景点

金台山 寺庙

（☎533 8901；迎宾路近樱花路；免费；⏲8:00~22:00）秦岭山中多古刹，镇安城内的**兴隆寺**正是其中之一。它本名兄兴寺，唐朝时是密宗祖庭大兴善寺（见87页）的属寺，后世几度兴衰。近年来"唐密"作为一种宗教和文化现象都呈复兴之势，兴隆寺的密宗法源也被重新拾起。唐密具有"两部一具，金胎合曼"的特征，新建的兴隆寺唐风浓郁，且分为山下的**胎藏界**和山上的**金刚界**两部分，金台山的名字也由此而来。**弘法殿**里供奉着惠果和空海大师，日僧空海在青龙寺（见92页）向惠果求取密法，带至东瀛后，将"唐密"以"东密"的形式延续了下来。最高处的**金台五重宝塔**完美地借用了秦岭山景，尚未完工的二期工程也在塔后继续进行。

镇安县城不大，从火车站、汽车站来金台山都在步行范围内。

塔云山 山

（☎188 9159 2222；微信公众号：陕西塔云山景区；柴坪镇东；门票旺季3月至11月100元，淡季70元，强制观光车20元；⏲售票时间8:00~16:00）都说"天下名山僧占多"，而从另一角度来看，也正是出家人的开道结庐，让许多山岳走进了人类社会的视野，更有甚者，他们也为崇山峻岭雕琢出令人印象深刻的景观。镇安县城西南35公里的塔云山就是如此。早在明正德年间，山上的道士们在三面悬崖的**金顶**（海拔1666米）之巅修筑了**观音殿**，面积虽小（6平方米）却占尽了天地造化。这样的奇景赢得了"秦岭第一仙境，天下最险道观"的赞誉，旅行者慕名而来，胆战心惊又心满意足地登顶览胜。而观音殿供奉的慈航道人也是佛教中的观音菩萨，农历二月十九、六月十九、九月十九，塔云山都有庙会。

在景区售票处乘车到天池垭广场，之后步行往返山顶约需3小时，也有索道（双/单程85/50元）和滑道（30元）可选。景区门外和公路边有很多农家宾馆，标间100元左右。

镇安客运站（商运站）5月至10月有多班发往塔云山的班车（去程7:40，9:20，11:00，13:50，16:00，17:10；返程7:30，9:20，11:00，13:00，15:30，17:30），其他月份班次减少。

木王国家森林公园 山

（☎528 9678；木王镇桂林村；门票150元，含观光车，2日内有效；⏲售票时间8:00~16:30，冬天闭园）木王山4月的高山杜鹃花海堪称秦岭一绝，10月至11月的斑斓秋色也足够惊艳，其他季节来此爬山玩水也要比去其他景区清静得多。由于离最近的高速路口还有近70公里盘山路，这里在近些年内应该不会被"旅行团化"。景区主要由两部分组成，去**双头马**爬山，在**四海坪**玩水，到了杜鹃花季，观光车还会在茨苅观景台停留。景区门口有**木王杜鹃山庄**（☎528 9111；标间198元；❄Ⓟ），1公里外的桂林村（杨泗）有更多选择。

建议自驾。镇安新汽车站14:20有一趟到桂林村的班车，但次日大清早就发车进城了。

🛏 食宿

镇安是板栗的优质产区，10月为收获季节。当地特色早餐有水煎饼，金源大酒店西侧的小巷汇集了多家老字号，可以去尝尝。

很多山沟里都有整齐干净的住处，前往塔云山途中的<u>童话磨石沟欢乐农场</u>因为是亲子主题，中高档住宿最为集中。县城里首选<u>金台书院·兰因酒店</u>（☎536 8866；金台山下；标单/双215/209元，含双早；🛜🅿）。酒店本身就是仿唐文化旅游区的一部分，很多房间隔窗就能看到五重宝塔。

ℹ 到达和当地交通

镇安客运站（商运司）（☎532 2975；永安路近迎宾路）有发往西安（39.5元；6:00~18:40，流水发车；2~2.5小时）、商洛（68元；9:30~17:00，约1.5小时1班；2.5小时）、柞水（20元；6:40~18:20，流水发车；1小时15分钟；途经柞水溶洞）、山阳（40元；14:00；1.5小时）等地的班车，去塔云山的车也在这里坐。

镇安客运站（永安运司）（☎532 8666；迎宾路近中医院）又叫**新汽车站**。这里也有去西安的班车，去杨地的车（8:30, 12:30）可到天蓬山寨（见284页方框）。

镇安站（樱花路东端）是西康铁路的车站，每天有多班列车停靠。

山阳

"山南水北为阳"，历史上的山阳有很多个，但唯有商洛南部的山阳至今还保留着这个古县名。这里地处商山之南，再往前就是湖北省。碍于交通，山阳的绝美山岳在过去一直难以到达。近年来高速公路相继开通，但目前而言，这里仍然远离主流旅游路线。

👁 景点

天竺山 山

（☎888 8882；微信公众号：陕西商洛天竺山；天竺山镇僧道关村西；门票旺季3月至11月80元，淡季50元；⏱售票时间8:00~15:00）虽名为"天竺"，山阳的这座却是道教名山。<u>云盖观</u>、<u>双峰观</u>镶嵌在山峦高处，常见道士伫立悬崖边，身后云海涌动、群峰俯首，一派仙风道骨。天竺山本身也颇具仙山气质，亿万年的地壳运动再配以风化、剥蚀、水流切割等作用，让这里遍布峭壁绝顶、冈岭深峡；迎风浴雪的马尾松林、变幻莫测的雾霭山岚，也为天竺山增添了更多色彩。登上海拔2074米的<u>天竺大顶</u>迎风眺望，天地大美莫过于此。每年农历四月初八至十一，天竺山会举办庙会。

景区目前开放的是位于僧道关村的东门，徒步爬山单程要3小时。旅行者大都选择乘坐索道（往返130元，单程上/下80/60元），从山腰的三分之二处再开始步行，之后约1小时即可登顶。僧道关村到处都是农家宾馆，标间60元起。

山阳华龙汽车站发往漫川关的低速班车经过僧道关村的天竺山路口（12元；1.5小时），下车后步行10分钟即到游客中心。返程直接在公路边候车即可，通常17:00前都有车；不放心可提前联系<u>漫川汽车站</u>（☎832 2673），了解回程的低速车班次。

漫川关古镇 古镇

从小镇漫川关继续向前6公里即可进入湖北地界。这里控守着和商於古道同为长安通楚大路的上津古道，"朝秦暮楚"的成语相传由此而生，水码头百艇联樯、旱码头千蹄接踵的盛况亦曾经久不息。

如今漫川关的面貌和国内其他古镇景区并无二致，同样由保存着"真古董"的核心区和外围仿古街两部分组成。全国重点文物保护单位<u>骡帮会馆</u>晚清建筑群是镇子的核心，围绕着一片小广场，马王庙、关帝庙、北会馆、武昌馆等环绕而立，合称<u>鸳鸯戏楼</u>的两座并排戏楼更为漫川关人提供了难忘的回忆。据老人说，以前逢节过节这里要唱"对台戏"，秦楼吼秦腔，楚楼唱楚歌，各展身手互不相让。今天难得遇到这一"戏坛盛事"，但仍可沿着秀美的金钱河峡谷，继续南下15公里去<u>上津古城</u>（湖北省十堰市郧西县上津镇）看看保存完整的古城墙。漫川镇东北7公里的<u>法官镇</u>有梯田可看，也可顺路一游。

鸳鸯戏楼旁的<u>山西大院客栈</u>（☎152 9156 7783；标单/双128元起；🛜🍴）是不错的过夜之选。包括四蒸碗、四盘菜的"漫川八大件"是当地的传统宴席，人数足够就别错过。

另辟蹊径

自驾山阳深山处

山阳西南群山深处有两处"养在深闺人未识"的景区,很适合自驾游,不仅可躲避人潮,也能在游完天竺山、漫川关后不走回头路,折返山阳或继续西行去镇安、柞水。乘坐开往杨地方向的班车也可到达两处景点,但要做好留宿或者搭车的准备。

距山阳县城50公里的月亮洞(杨地镇金盆村;门票60元;售票时间8:00~17:00)开发了1.5公里的探洞步道,风景毫不逊于柞水溶洞。继续西行20余公里,天蓬山寨(杨地镇西北;门票80元;售票时间8:00~16:00)是古时候山民为躲匪患在险要处砌造的石头寨,山中的清瀑幽谷很好地保持了原始风貌。景区南北两门相距甚远,北门在距杨地镇16公里的白庙子村,南门在镇西北2公里处的双岭村,两门外有车辆提供摆渡服务(25元),体力有限的话建议从北门进,由高到低开始游览。月亮洞和天蓬山寨门外的村子都有不少农家乐,后者在景区北门内还建有丹青·吊脚楼民宿(177 9150 8480),由18栋小木屋构成。

山阳华龙汽车站有班车(高速28元,低速23元;7:30~17:30,约每小时1班;高速1小时,低速2.5小时)前往漫川汽车站(832 2673;廊桥西侧),返程末班17:00。暑假西安纺织城客运站可能会开通直达漫川关的班车(71.5元;去程8:00;3.5小时;可绕停天竺山;返程6:30)。漫川关包车到上津60元,上津到郧西的流水班车末班17:30,每天8:30还有一趟直达西安的班车。

🛏 食宿

你可以住在漫川关古镇,或在天竺山下的农家乐休息一晚。

山阳的羊肉泡因在煮制的过程中加入了羊油熬成的辣油而独具特色,张家羊肉泡(南大街近西城路;羊肉泡馍25元起;7:00~21:00)是这座秦岭小山城的寒日慰藉。

ℹ 到达和当地交通

山阳客运站(商运司)(832 2445;北新街329号)有前往西安(46.5/50.5元;6:40~18:30,流水发车;2.5~3小时)、商洛(20.5元;7:00~18:30,流水发车;1小时15分钟)的班车,去漫川关(9:30)、镇安(9:00)、商南(7:00、13:00)、十堰(10:00)也有少量班次。

山阳华龙汽车站(832 2673;花园路近县河桥)主营开往乡镇方向的车,有去漫川关(7:30~17:30,约每小时1班)、杨地(12:30,15:00)的车次。

山阳有几条公交线路,但汽车站和老城区很近,步行就能到。

丹凤

依托着商於古道的历史背景,小城丹凤的旅游业和商洛其他县城大不一样。这里没有(或者尚未开发)让人叫绝的大山大川,却在努力描摹着一幅江山古道上的行旅画:马队不再,荷塘流水的驿站古镇温存依旧;船帮消逝,丹江上的漂流继续泛起白涛。

⊙ 景点

船帮会馆   历史建筑

(332 2121;江滨北路近花庙路;凭身份证免费;8:00~12:00和14:00~18:00,夏季下午场15:00开门,双休日9:00~17:00)这座晚清建筑的门楼上书"明王宫",主供的明王是从湖广地区沿长江及其支流传来的水神杨泗。作为昔日的船帮会馆,这里的一大盛事是请戏班子给明王老爷唱戏(同时也让船工纤夫们在劳作之余娱乐休息)。门楼背后的花戏楼因此修得相当华丽,生动的雕刻、精妙的藻井、端正的牌匾,都很下功夫。

会馆斜对面是丹江漂流(338 9900;票价128元)的码头,这段漂流比较平缓,老少咸宜。会馆北侧的街区为龙驹寨老街,贾平凹写过"丹江……流过商县三百里路,也不见成什么气候,只是到了龙驹寨……三水相汇,河面冲开……丹江便有了吼声",龙驹寨正是商山路的水旱要冲,可在此弃马乘船或舍舟登陆。

船帮会馆位于县城中心,可乘丹凤1路在丹江漂流站下车。

凤冠山　　　　　　　　　　　　　　山

（☎338 8080；新凤街北；门票60元；⊙售票时间8:00～16:00）丹凤的"凤"，指的便是这座宛若凤冠的石峰。山上的曲折栈道串起了12座石窟，内有文昌帝君、释迦牟尼、太上老君等儒释道三教的造像，但历史和艺术价值都不算高。相比而言，还是怪石嶙峋的自然风光更让人印象深刻。从售票处算起，步行上下游山需1.5～2小时。

乘丹凤3路、5路公交在人大路口站下车，由公安局斜对面的台阶向上爬10分钟即到售票处。

商山四皓墓　　　　　　　　　　陵墓

（商镇中心街近汉皓街；免费）商山四皓是秦朝末年因不满焚书坑儒暴行而躲进商山隐居的四位博士，西汉初年他们又应邀出山辅佐太子刘盈，从而让汉高祖刘邦放弃了"废长立幼"的想法。传统文化中他们是有名望隐士的代名词，这里相传即是四位老人的陵园，有不少碑碣和绘画。站在镇上向南眺望，一座形态奇特宛如"商"字的山峰正是**商山**。

这里位于丹凤县城去棣花古镇的必经之路旁，乘坐丹凤2路或商洛往返丹凤和商南的班车都能抵达。

棣花古镇　　　　　　　　　　　民俗村

丹凤县城西13公里的棣花镇，其历史渊源是商於古道上的棣花驿，但今天游客来此大都是奔着贾平凹。这里正是贾平凹的老家，如今的旅游开发也和他息息相关，有免费对外开放的**贾平凹文学馆**等。主街**清风街**为商於古道经过的路段，街边还建起了白居易下榻处之类的仿古景点，以表彰他"应为邮亭名棣华"的贡献。**千亩荷塘**也是这里的核心景观，盛夏荷香扑鼻是比春季棣棠花开更受欢迎的景致。金代建筑**二郎庙**常被旅行者匆匆略过，但论年代，它可是陕西省现存木建筑中年长的一座，很有可能仅次于长武县的昭仁寺大殿（见159页方框）。宋金对峙时期，两国合约划分的国界便从棣花驿穿过，如今镇上设有**宋金街**以纪念这段历史，还安排了展示宋金对峙史的《棣花往事》舞台剧（票价50元），具体场次可致电景区（☎326 5555）或关注微信公众号"棣花古镇"了解。棣花古镇半天可游完，如果喜欢这里的仿

古田园风，有不少客栈可供留宿。

商洛往返丹凤、商南的班车途经古镇，丹凤2路（2元；25分钟）也频繁地发往这里。前往商洛还可自行跨过镇西的丹江大桥，另一头就有商洛的5路公交，能到火车站和市区。

🏠 食宿

丹凤葡萄酒是秦岭另一个"养在深山人未知"的特产。县城里到处都有经销商，请认准"丹凤葡萄酒厂"出产的老牌子，或者直接去**陕西丹凤葡萄酒厂**（中心街26号）门口的直营店挑。面食爱好者也不要错过**詹氏炉齿面**（广场北路21号；炉齿面7元起；⊙15:00～23:00）。

如果留宿县城，可考虑住在丹江沿岸，**丹江酒店**（☎203 2588；江滨北路近广场南路；标单/双126元；⊛❄🅿）性价比很高。

ℹ 到达和当地交通

丹凤汽车站（☎332 2383；中心街近车站路）有频繁的车次发往西安（52元；7:00～18:00；3小时）和商洛（13元；6:15～18:10，流水发车；1小时），去商南（19元；1.5小时）主要在312国道拦从商洛发商南的过路车。

丹凤站（鹿池村）是宁西铁路的车站，位于县城东1.5公里处。

发往火车站、棣花古镇的丹凤1路、2路沿县城主干道中心街行驶，乘车很方便。

金丝峡

（☎656 6888；微信公众号：金丝峡；商南县金丝峡镇南18公里；门票100元，含观光车；⊙旺季3月9日至11月7:30～17:00，淡季8:00～16:00）几年前的金丝峡是陕南最火的景区，如今退去了热度，除了长假之外很难再遇到拥挤人潮，峡谷中的水声也重新变得悦耳起来。

金丝峡谷长达10.5公里，我们建议从镇上的游客中心或前山门陆督门，先乘坐观光车到后山门栗园门再开始游览。这样一路向下，边走边赏景需3～4小时，而且也能一开始就游览景区精华的丹江源和黑龙峡，但由于从高到低，每一座瀑布都是先从上方看到的，略显遗憾。过黑龙峡已走完四分之三的行

另辟蹊径

三省石

商南县城东南60公里是陕西、河南、湖北三省交界处，那里镶嵌了一块三棱形的石头，它被形象地称为三省石，一条街上的邻居们也分属三省。这条街（或者说是村里的路更合适）叫**白浪街**，但似乎只具有打卡意义，我们更推荐旅行者将重点放在向东3公里的河南**荆紫关古镇**。这个丹江畔的小镇占据了秦楚通道的咽喉位置，长约1.2公里的清代老街保存完好，放在整个北方都是数一数二的。

商南县运司每天有3班车前往白浪（30元；8:00，12:30，14:40；1.5~2小时），白浪回商南的车6:00、7:20、12:30发出，还有一班直发西安的车（6:00；绕行荆紫关）。荆紫关5:20有1班车前往南阳，去淅川的班次较多，16:30收班。白浪街东南4公里处湖北那边的镇子通常被称为程家台，有发往十堰（6:40，14:20）和郧县（即郧阳区；6:00）的班车。

程，之后再穿过白龙峡就能出谷了。黑、白龙峡交界处的灵官殿还有一条登山路可上石燕寨眺望山景，一旁有索道（双/单程80/50元）可省一半路程。为保证游玩时间，闭园前4小时游客中心发最后一班进景区的车。

金丝峡附近有两个漂流景区。**金丝峡丹江漂流**（☎656 3888；票价128元）在金丝峡镇上，强度不高，游客多以互相泼水为乐。**金丝峡溶洞漂流**（☎656 3666；票价118元）位于镇子到景区半路上的太子坪村，但溶洞只是一个噱头。

🛏 食宿

从金丝峡镇到前山门，沿途18公里布满了各式各样的酒店，便宜的农家宾馆60~100元一晚，条件最好的**欣·沐阳民宿**（☎656 5888；金丝峡镇王家坡村；标间/双480元起，含早；🛜❄🅿）每天还会推出一间不含早餐的特价房（298元）。

干炸丹江小野鱼、神仙凉粉、炒腊肉、糍粑都是地方特色，到了商南县城，还可以去**苏全五谷杂粮剪刀面**（☎637 3998；滨河西路近凤仪路；剪刀面15元起；⏰10:30~22:30）来一份热腾腾的剪刀面。

ℹ 到达和离开

乘坐西安城南、省汽车站、纺织城发往商南的班车，都可购买到金丝峡的票（54/60元；3.5小时），下车即到游客中心，返程也在此购票候车。**商南汽车站**（**商运司**；☎637 1710；长新路近文化路）和**商南恒丰汽车客运站**（**县运司**；☎632 7123；长新路355号）相隔仅150米，两个站都有去金丝峡的客车，但应首选商运司的车（10:20，12:20，15:20，17:20；1小时），县运司的车多为通村客运，不上高速很费时间。

从山阳过来，可乘坐发往商南县运司的车（去程7:00，13:00；返程7:00，13:30），在金丝峡游客中心下车。从丹凤过来，除了在商南转车，也可乘丹凤县内班车先到竹林关，那里离金丝峡镇仅18公里，9:00~14:30，约每1.5小时就有1班开往金丝峡方向的车。返回丹凤时，除了按以上两种方式"逆行"，也可在游客中心坐开往西安的高速大巴，于丹凤服务区下车再自行出站。

在宁西铁路**商南站**（复兴路北端）转乘公交1路可到县运司和商运司。如果想去河南、湖北继续旅行，除了坐火车外，还可去商运司乘坐开往西峡（9:40~18:00）、南阳（8:00）的班车，或去县运司乘坐到十堰（7:30，13:30）、南阳（8:00）、西峡（6:30~13:30）的班车。

了解陕西

今日陕西 288
省会西安坐拥诸多政策利好，对周边城市产生强烈的虹吸效应。"十四运"的召开让陕西有机会展示过去多年的建设成果和这个西部省份无限的可能性。

历史 291
从115万年前的蓝田猿人、6000年前的半坡彩陶，到公元前221年秦始皇统一六国，公元775年盛唐衰落……陕西的历史沉浮散落在陵墓、博物馆和石窟石刻上。

丝绸之路起点 304
汉武帝时期，繁华的长安城以丝绸揭开长达千年的远途贸易。远道而来的胡人和特产沿着条条大路前往长安，"胡姬招素手，延客醉金樽"的异域风情，让长安成为7~8世纪世界上国际化程度最高的都会。

陕西人 307
"生、冷、蹭、倔"并不能完全概括陕西人，"外冷内热"与"性格豪爽"才道出了陕西南北方人们的性格差异。陕西方言在流行文化中的传播，也让这个历史深厚而略显保守的省份，表现出了更为开放与幽默的一面。

艺术 311
在这片历史悠久的土地上，陕西的艺术留在了诗歌里、绢画上、庙堂中。今天，它也盛放在农民画鲜亮的色彩与腰鼓震天的响声里。

饮食 315
陕西美食之旅，千万不要止于肉夹馍、凉皮和羊肉泡馍，陕北的洋芋擦擦和陕南的菜豆腐定会让你印象深刻，还有新派陕菜等你品尝。

环境 320
沿黄河自北向南700余公里，便从黄土高原的戈壁跃过龙门，进入关中的八百里秦川。翻过秦岭已是苍郁的亚热带森林，蜀道的另一头就是四川了。

今日陕西

省会西安高歌猛进,"千万级人口"和"万亿元GDP"两大目标都已实现,"省会首位度"得到了进一步的提升。黄土高坡和秦巴山区的自然生态恢复良好,"全域旅游"势头良好,但年轻的劳动力仍在快速流失,乡村衰落之势难以逆转。机遇和困境并存,陕西的今日和明天,充满着无尽挑战。

阅读陕西

《平凡的世界》(路遥著)普通人在大时代历史进程中走过的艰难曲折道路,尤其适合在陕西的黄土地演绎。

《陇关道》(胡成著)重走丝绸之路起点段(长安到金城)的人文旅行笔记,落寞的记忆中隐藏着关中的骄傲。

《长安之春》(石田干之助著)日本学者怀着憧憬敬仰之心,从全唐诗和唐代笔记中摘抄整理出来的长安生活场景。

观影陕西

《长安十二时辰》(曹盾导演)根据马伯庸同名小说改编的古装悬疑剧,对唐长安城的还原堪称近年来影视作品中的典型。

《黄河谣》(滕文骥导演)讲述了黄河岸边一个脚户跋涉一生的故事,壶口瀑布的雄浑与黄土古村的静美让人难忘。

《一代枭雄》(余丁、王雷导演)以青木川枭雄魏辅唐为原型的另类陕西故事,带着鲜活灵动的山林草木气息。

人口和经济,一枝独秀的省城

人口是经济发展的重要基石。2021年全国第七次人口普查数据公布:从2010年到2020年,陕西常住人口从3732.7万人增加到3952.9万人,距离4000万人只有一步之遥。而在全省人口总量增加220万的大背景下,省会西安的人口更是从10年前的846.8万人跃升至1295.3万人,不仅远远超越了"千万级"目标,还以448.5万人的增量和全省人口近三分之一的占比,佐证了西安对周边城市强烈的虹吸效应。

近年来,做大、做强现代都市圈成了国家发展的重要战略。西安领衔"关中平原城市群",又是"国家中心城市"和"一带一路"重镇,坐拥诸多政策利好,是陕西全省乃至西北地区发展的重要引擎。2020年西安GDP超过1万亿元,成功跻身"万亿元俱乐部城市",三星园区、华为西研所、中欧班列……都是这些数据中颇有含金量的部分。仅次于"北上广深"四大一线城市的地铁客运强度,也印证着这座城市的社会活力。

房地产市场的持续火爆,是西安飞速发展的另一个标志性事件。2017年,西安城区的新房均价从每平方米7000元起飞,仅仅4年便翻倍到了2021年初的每平方米1.5万元。然而和全国绝大部分城市一样,西安普通市民的工资收入增幅远远没能跟得上房价的涨速。有人就此担忧,西安房价飞涨不仅透支了未来,也在"吸血"周边各城人民的购买力——西安人口的急剧增长,正和进省城置业潮、西安落户新政放开等紧密相关。

2020年陕西交出的GDP答卷为2.6万亿元,在全国31个省级行政区中排名第14,6.75万元的人均GDP也略高于全国平均水平。陕西的整体成绩算得上优良,但除了西安,其他各地级市的数据却不怎么好看。全省GDP排名第二的榆林因煤油气资源而享有很高的人均GDP,但也因为产业单一而受"新冠"疫情冲击较大,2020年GDP竟表现为同比负增长。相比而言,其他各市的情况更加不容乐观,大都面临着人口流失的不利局面,商洛、安康、延安等地甚至还人口和GDP双双减少。在"强省会"的发展模式下,西安和各地级市之间的平衡点在何处,仍需要继续寻找,慢慢磨合。

自然和文化,盘活中的一局棋

数千年的历史进程早已证明,陕西的核心非西安莫属,围绕"大西安"发展的模式无可厚非。如今,三秦大地的各个角落也在积极地取长补短,调动优势资源为其服务,同时谋划自身的相应发展。

过去多年,自然生态的治理和改善在陕西当属首要任务。森林覆盖率提升的效果立竿见影:经过几代人退耕还林、人工造林的不懈努力,以陕北为核心的黄土高原成了全国连片增绿幅度最大的地区,水土流失综合治理率超68%,土壤流失量减少85%。黄土高原在变绿,黄河在变清,就连雨水似乎也比以前多了。近年来陕西的空气质量也有不同程度的好转,但每逢冬季,关中平原仍然会遭遇严重的雾霾。

秦岭是重要的自然生态高地,对其展开全方位、高标准的保护,对于陕西乃至整个中国都意义重大。佛坪、牛背梁等国家自然保护区的核心地带正式封闭,熊猫谷、长青华阳投喂野生金丝猴以便游客观赏的行为也已被叫停。几年前秦岭北麓违建别墅群的彻底整治,因为撬动了背后复杂的利益群体而引发了深度关注;秦岭南麓作为汉江和嘉陵江上游,则是2021年开启的"长江十年禁渔计划"的重要覆盖区域。

在"拉动内需"的强烈导向下,"靠山吃山"的旅游业也得到了进一步的发展。秦巴山区中的留坝、佛坪、柞水、岚皋等地,人口最多不过十来万,在过去都是举步维艰的贫困县。而近年来生态农业和"全域旅游"等一系列发展,带领这些山区县在2020年集体完成了"脱贫摘帽"的任务;不过2021年初洛南爆出了脱贫造假的丑闻,虽然官方复审后表示"退出合规",但也让人对这一历史性成就的实现关切满满。

作为历史文化大省的陕西,能提供"文化自信"的人文资源更是无比丰富。近两年,西安咸阳机场三期扩建和西安火车站北广场在施工时由于新发现了古墓群而随即转为考古现场,汉长安城、唐桥陵、周原等一系列水准很高的考古遗址公园和博物馆的相继落成,更为陕西的文化旅游增添了不少光芒。2021年5月,大明宫含元殿的复建、隋唐长安城博物馆的开办等项目也

快速参考

人口(2020年):**3952.9万**

面积:**20.58万平方公里**

国内生产总值GDP(2020年):
2.6万亿元

GDP增长率(2020年):**2.2%**

人均可支配收入(2020年):**2.6万元**

接待游客数量(2019年):**7.1亿人次**

每100个陕西人中

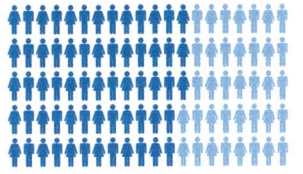

63 人生活在城镇
37 人生活在乡村

人口(每平方公里)

西安　　　　　关中

陕北　　　　　陕南

≈ 73人

聆听陕西

《我的黄金时代》（黑撒乐队出品）用西安话跟你谝，"怎样和《西安女娃》在《这个古城》《醉长安》"。

《华阴老腔一声喊》（谭维维和老腔艺人合作）老腔和现代摇滚完美结合的新潮作品，似乎在证明西安才应是中国摇滚之乡。

信天游（陕北民间艺人流传）中国民歌界的一朵奇葩，抑扬顿挫的曲调像极了黄土高原的千沟万壑，苍茫恢宏之中深藏着凄然和悲壮。

已提上日程。

不过对普通观光客而言，大唐不夜城等"网红"景区的魅力要大得多，西安市政府也在几年前就和抖音开启了战略合作，试图用"网红城市"的流量引导发展。有人将这种"文旅融合发展"看作将传统文化中的一部分进行现代化重塑，也有人对其中的过度商业化、文化庸俗化和同质化忧心忡忡。这方面最典型的案例，大概就是数不胜数的复制袁家村模式的民俗旅游村了，它们中有不少已在近几年倒闭，空留一片片人去楼空的仿古建筑群。要做一个真正的、有质量的旅游大省，展现开发和管理方面的智慧，对于目前的陕西，仍然是一个不小的挑战。

陕西"十四运"，吹响新号角

举办大型综合运动会对基础设施的提升毋庸置疑，还能额外在居民综合素质、政府管理组织等方面起到改善作用。2021年9月，中华人民共和国第十四届运动会在陕西省举办，这是国内规格最高、规模最大、竞技水平最高的运动会第一次来到中西部地区。"新冠"疫情尚未结束，这届主题口号为"全民全运，同心同行"的全运会，对于西安市和陕西省是一次树立形象、展示未来的难得机遇。

为了办好"十四运"，陕西各界做出了不少努力，普通市民最直观的印象，大概就是各座城市的路面都变得更宽更整洁。2021年夏，直通奥体中心的西安地铁14号线开通，由渭河、灞河、沣河及秦岭环山带组成的"三河一山"绿道投入使用……西安越来越有国际大都市的面貌。陕西省的高铁修建暂无亮点，但老铁路上增开的动集列车，也让D字头车次覆盖了更多城镇，围绕西安的半小时或1小时生活圈仍在继续扩大。

历 史

一首长达26分钟的音乐MV《陕西木有啥》，从"教民稼穑"的后稷一路唱到了"西咸一体化"。100多万年的文明之光始终温暖着这片土地，"中国"二字在这里诞生，汉文化更从这里走向了世界。"木有啥"唱出了陕西人的骄傲，正是有了过往的历史，才有了今日的陕西。

聚落成城以前的文明之光
百万年前的汉中与蓝田

20世纪60年代，在蓝田县公王岭，人们从积压的红土层底部的钙质结核土中，发现了一位女性的头骨化石。好奇而有探索精神的科学家对其进行了面貌复原，于是便得到了一个眉骨高耸、鼻翼肥大、嘴巴宽厚且向前伸出的猿人形象。这个发现震惊了当时的考古学界，被国际考古界誉为20世纪60年代的考古重大发现。蓝田猿人不仅是迄今发现的陕西境内最早的原始人类，而且也是亚洲北部最早的直立人，早于北京猿人和爪哇的直立猿人。这是一个有剑齿象、大熊猫、爪兽、毛冠鹿、水鹿生活的时代，从此地出土的动物化石证明了这一点；而这一时期的人类已经能制作和使用尖状器、砍砸器、刮削器和石片、石核等生产工具了。

2015年11月，考古与古人类学家对汉中龙岗寺遗址的发掘研究也有了阶段性的进展，证据显示：这里在100多万年前就有丰富的人类活动，再次证明了汉水流域是中国古代文明的重要发祥地之一。

彩陶记录的新石器时代

在距今6000多年前的半坡人时期，陕西进入了仰韶文化阶段，人类文明程度向前大大迈进。结绳记事的方式已经不能满足半坡人交流的渴

大事年表	115万年前	23万至18万年前	6000年前
	蓝田猿人出现。	旧石器时代中期，大荔人出现，他们以狩猎为生。大荔人遗址于1978年被发现。	典型母系氏族公社在半坡出现，半坡遗址在20世纪50年代被发现并进行挖掘。

求,他们在彩陶上刻画多种不同的符号,表达自己的思想。红色的人面鱼纹彩陶盆,让我们体会到半坡人对生命的尊重:将夭折的孩子埋葬在陶制的瓮棺里,然后用人面鱼纹小盆扣住棺扣,在小盆底部挖出小小的孔,供孩子的灵魂自由出入,这样的方式体现着半坡人朦胧的"灵魂不死"的宗教观念。

清亮的泾河水与浑黄的渭河水交汇在西安的高陵区,从而有了"泾渭分明"的自然景象和成语。在2004年西安泾渭产业园基建项目中,推土机一铲下去,竟然铲出一些陶片。这些陶片的出土证明了这是一座主要以庙底沟文化和半坡时期文化遗存为主的史前聚落遗址,其存在时间为距今6000年到5000年前。在遗址中发现了疑似墙基的遗存,考古专家由此推断,中国最早和规模最大的"城市"将在这里揭开面纱,它的面积达到24.5万平方米,相当于40个标准足球场大小。有研究者认为,这一遗址很可能是正处在兴起阶段的黄帝氏族聚落为城的地方。随着黄帝部族的壮大,也许正是其"迁徙往来无常处"而一路东进,才留存下了灵宝西坡、郑州新郑等地的城市遗址。等到了"诸侯咸尊轩辕为天子"的时候,陕西成为历史上最伟大的周、秦、汉、唐所在之基础也就形成了。

华夏之初与一统天下
造字圣人,白水仓颉

2000多年前的人们在今白水县城东北35公里处的史官乡建造了仓颉庙。传说仓颉是白水人,而且是黄帝的史官,是一位长着四只眼睛的天神。兽踪鸟迹给了他灵感,于是他仿照这些痕迹创造了文字,并教会人们使用文字来记录身边的一切。仓颉成为中国文字时代来临的象征。

在纸张发明前,人们将文字刻在身边各种不易损毁的东西上,从而令文字有了不同的名字,如在周原发现的兽骨龟甲上的甲骨文、青铜礼器上的金文等。唐朝初年,中国现存最早的石刻文字——石鼓文在宝鸡陈仓被发现。当时发现了10个像鼓一样硕大的石头,其上凿刻着青铜器上的籀文(大篆),共700字左右(现仅存272字),以四言诗的形式,记述了秦王室的狩猎活动,这在当时引起轰动,杜甫、韩愈都吟诵过它,历代帝王视之为国宝。

全国共有10,000多件青铜器保存至今,其中有5000件出土于陕西。中国青铜器的四大国宝即毛公鼎、散氏盘、大盂鼎和虢季子白盘都在此列。

公元前11世纪	公元前361年	公元前246年至公元前236年	公元前246年至公元前208年
周武王灭商建周,定都镐京,史称西周。	商鞅在秦国实行变法。	秦修建郑国渠,西起泾阳,向东流入洛河,全长150公里,是当时渭河北岸重要的农田灌溉水利设施。	秦修建秦始皇陵,历时39年。20世纪70年代秦始皇陵兵马俑被发现并进行挖掘。

这些青铜器集中出土于周原。陕北、陕南由于草原文化、巴蜀文化的影响，都有与周原青铜器风格迥异的珍品出土，以西周时期为主。在国家重点工程——夏商周断代工程中，它们起到了巨大的作用，如1966年临潼出土的利簋，其上的铭文记载了周武王伐商是在甲子日这一天，为断代工程推定武王伐商在公元前1046年提供了实物依据。

周族强盛，制礼作乐

周人奉后稷为始祖，其名意为"农业神"。相传炎帝的后裔姜嫄在野外踩踏了一个巨人脚印，于是受孕生下儿子，取名为"弃"。弃长大后生活在陕、甘之间，担任周部族的首领，"教民稼穑"，将部族发展壮大，被周人称为后稷。后稷子孙不断迁徙，最终到达了环境优越的岐山脚下，营造了城邑，并将这里打造成富庶之地。自此，一个新的地名"周原"诞生了，标志着这一地区成为周人的地盘。最终，周武王在牧野之战中彻底打败了商纣王，赢得了江山。

武王的弟弟周公姬旦深知治国之难，在王朝建立之后，为了更好地实施统治和管理，便将此前社会中的风俗习惯加以规范，创制了一套礼仪模式，并严格地遵守、执行。在"制礼"的同时，周公还"作乐"，也就是制作音乐、舞蹈，并将其与所制定的礼仪配合使用，以求达到最佳的和谐状态。后来的孔子、孟子都十分推崇"礼乐"，并不断加以完善，形成了以"礼""仁"为中心的"孔孟之道"，奠定了中国传统儒家文化的基础，周公也被尊为儒家的创始者。

3100年前的"中国"

1963年，一个铜尊在宝鸡的一户农家小院里被一位姓陈的农民从土崖上刨了出来，并顺手当成了自家的储粮罐。后来因为生活拮据，这位农民把它连同其他破烂一起卖到了废品收购站，得了30块钱。1965年9月，铜尊被宝鸡市博物馆的一位职工发现，随即被收藏在该馆。

1975年，时任上海市博物馆馆长的马承源先生在清除铜尊的蚀锈时，发现了内壁底部的铭文，共12行122字，记载了西周早期周成王营建陪都洛邑（今洛阳）的重要历史事件，与古代文献《尚书·召诰》《逸周书·度邑》等相合。而"余其宅兹中国，自兹乂民"一句中，"中国"二字赫然其上，意思是"天下的中央地区"。这是"中国"一词最早的文字记载。马承源考证该铜尊是一位姓何的人所制，遂将其命名为"何尊"。

公元前221年	公元前214年	公元前206年	公元前139年和公元前119年
秦始皇统一六国，中国历史上第一个君主专制国家出现。	秦始皇派大将军蒙恬修筑长城。	刘邦称汉中王，4年后称帝，并定都长安，史称西汉。	张骞先后两次奉命出使西域，开辟并巩固了丝绸之路。

四通八达的秦朝路网

1980年12月,兵马俑发现6年后,在秦始皇陵园区域内发现了两辆铜车马。两车前后排列,前面的是"敞篷车",简洁大方,后面的是封闭的"高级卧铺",仅车盖的直径就达4米,而且装饰精美。

高档的车要配高速的路,秦人以咸阳为中心,修筑了四通八达的道路网。

东方和南方是由李斯主持修建的秦驰道,这是全国的"交通干线"。驰道的宽度达"五十步",约合今69米,在这样宽的道路上已经有了分道线,天子车驾所走的宽度有"三丈",约为今7米,而且是在道路的中心位置,那是等级的标志。驰道高于一般的路面,两旁种着树木。

北方是为了抗击匈奴而修建的秦直道,长度合今1500多公里,经考古勘察由陕西淳化县梁武帝村秦林光宫遗址北行,至子午岭上,进入鄂尔多斯草原,经内蒙古鄂尔多斯市东胜区西南,在昭君坟附近渡过黄河,抵达内蒙古包头市西南的秦九原郡治所。这条秦直道遗迹,至今还有很多保存了下来,有的路段还可以使用,从路面的残存宽度看,可供十多乘战车并行,亦便于骑兵驰骋。

西南,秦始皇派常頞开辟了一条由今四川宜宾到云南曲靖的"五尺道",将四川盆地和云贵高原连接起来,并通过秦惠王所修的"金牛道",穿越巴山,进入秦岭的陈仓故道,将西南地区与咸阳连接起来。

勤政重农,秦人崛起

陕西别称"三秦"。项羽封秦降将章邯、司马欣、董翳为王,陕西的大部分地方都在这三个秦王的统治范围内,"三秦"由此而来。而"陕西"之名最早出现在北宋,元代正式称为"陕西省"。明代改奉元城为西安府,"西安"和"陕西省"之名自此沿用至今。

西周孝王曾封给养马人非子一块土地,地名秦(甘肃清水县),在戎狄之间。非子的曾孙秦仲攻西戎战死,子孙都勠力攻戎,国势渐盛。"钟鸣鼎食"的西周王朝不幸衰落,公元前770年,周平王逃亡洛邑(今洛阳)。大夫襄公因为护驾有功,被擢升为诸侯,并得到关中西部岐山以西的地方作为奖赏。自秦穆公起,秦尚贤重民,并在生产方式上完成了从游牧到农耕的转变,秦国自此迈入了农业经济时代。孝公时任用商鞅进行变法,废除旧制,发展经济,使秦成为战国七雄中实力最强的国家。四川的都江堰、陕西的郑国渠和广西的灵渠这三大著名水利工程,让秦统一后拥有了充足的粮草和物资;不惜代价在远离都城的北方边塞修建的万里长城和秦直道,则抵御了来犯的匈奴;同时,秦朝采用各种手段打击分崩离析的诸侯国。从最初励精图治,积蓄国力,到后来的富强统一,数代秦人都付出了艰辛的努力。如今,陕西境内散布着众多与秦人相关的遗迹,每一处遗迹都诉说着

约公元前104年至公元前91年	公元67年	105年	581年
司马迁撰写并完成中国第一部纪传通史——《史记》。	东汉明帝夜梦金人,派人前往西域求得佛像和《四十二章经》,佛教因此正式由官方引入中国。	蔡伦将造纸术写入奏章,连同所造植物纤维纸呈送朝廷。这种纸被称为"蔡侯纸",后在全国风行。	北周杨坚废周建隋,是为隋文帝,定都长安。

不同的往昔，贯穿着辉煌与辛酸。

汉人、汉字与大汉王朝

秦二世胡亥被赵高逼死在咸阳望夷宫，秦王朝即将崩溃。一场鸿门宴改变了历史的走向，西汉王朝得以建立。随着汉朝影响的扩大，当时的世界充盈着"汉"味儿。为了与敌对的胡人（主要指匈奴人）相区分，他们称自己为"汉人"，自己的文字也成了"汉字"，更大而广之，将整个文化都称为"汉文化"。

紫气东来的汉初盛世

据说在东周末年，驻守函谷关的将领尹喜通晓天象，望见紫气东来，认为是圣人将要驾临的预兆。后来他终于等来了骑着青牛的老子。尹喜恭敬地迎请老子，老子在他的请求下来到秦岭山中的楼观台，写出了《道德经》。黄老思想即从此而来，并结合了法家学说，政治上主张君主"无为而治"，简政宽刑，轻徭薄赋，到西汉时期尤其盛行，从而造就了"文景之治"的繁荣与昌盛。

《道德经》造就了中国本土的宗教——道教。东汉时期，张陵创建的五斗米道吸收了道家的学说，奉《道德经》为经典，奉老子为创始人，将此前的阴阳五行、神仙方术之说等纳入一个完整的理论体系，形成了中国的原始宗教。到魏晋南北朝时期，道家学说逐渐完善。

儒家思想在汉代复兴。汉武帝听从了大儒董仲舒的建议，"罢黜百家、独尊儒术"，以中央的力量来推行儒家文化，再次恢复了因秦始皇"焚书坑儒"而被打入冷宫的儒家文化。董仲舒推行的"三纲五常"，使君臣、父子、夫妻的等级关系更加明确，"仁、义、礼、智、信"成为衡量忠、孝是否两全的标准。

张骞出使西域凿空丝绸之路

在闻名遐迩的敦煌莫高窟第323窟中，唐代人绘制了一幅名为《张骞出使西域图》的壁画。汉代张骞出使西域共有两次，第一次是奉汉武帝之命联络月氏人夹攻匈奴，不想使命没有完成，却意外发现在大汉以外还有更广阔的世界。接着，汉武帝再次派张骞出使西域，一直走到楼兰、焉耆、乌孙，而他的副手继续西行，走遍了中亚、南亚，直到西亚，并间接了解到经过西南方向到身毒（今印度）的道路。从此，长安与地中海之间被连通

585年
隋朝发3万人修筑长城，东自河（黄河），西至绥（今绥德），绵延700里。586年，发10万男丁修长城。

618年
李渊起兵逼恭帝禅位，建立唐王朝。

626年
秦王李世民发动"玄武门之变"，杀太子李建成、齐王李元吉及其诸子。后李世民被高祖立为太子。626年，李世民即位，史称唐太宗。

629年
玄奘自长安取道西域赴天竺（今印度）取经。

起来，从今甘肃、新疆直到中亚、西亚，汉朝的丝绸沿着这条道路被运往国外，这条路因而有了"丝绸之路"的美名。随着丝绸之路贸易的往来，汉朝的声名与繁荣远播。张骞也因为"凿空"的卓越贡献而被封为博望侯。

一个多世纪后，追随着张骞的精神，陕西人班超在西域再次大败匈奴，并派副手甘英出使大秦，即当时的罗马帝国，创造了中外交流史上的又一壮举，班超后被封为定远侯。

唐代与外界的文化交流因丝路而日趋频繁，张骞也因此被绘制在敦煌壁画里。直至今天，这条横贯欧亚大陆的贸易要道依然被铭记。

长安城里的敦煌菩萨

东汉明帝夜梦金人，随即派人前往西方求得佛像和《四十二章经》。在归来的途中，人马曾停留在今兴平市区内，并举行了简短的礼佛仪式。待他们走后，当地人在此处建了一座纪念性建筑，以后这里便渐渐演变成一座寺院，这就是现在的南塔和北塔之所在地——清梵寺。回到长安后，佛像和佛经被供奉在长安城的青门外。佛教至此传入了中原，其与中国本土道教之争也随即开始。到西晋时期，从西域来了一位高僧竺法护，住在长安的敦煌寺里，长期从事译经工作，被称为敦煌菩萨。至今，汉长安城遗址内还矗立着他的舍利塔。长安城不仅最早接受了佛教文化，而且较大规模的译经活动就是从竺法护开始的。

佛教刚传入中国时，人们并没有将它与当时的神仙信仰区别开来，认为佛也是一位神仙，于是将佛的图像放在摇钱树或者装灵灰的魂瓶上，作为陪葬，希望保佑死者魂灵安泰。在陕西汉中，这样的摇钱树出土较多，而在南方则出土了较多的魂瓶。

汉唐之间

汉朝之后，陕西的历史渐次进入魏晋，随后又进入十六国时代。少数民族政权在此先后建立了四个王朝，即前赵、前秦、后秦、大夏，让整个魏晋南北朝时期的陕西站在了战争的核心地带，直到北周统一了北方，这个混乱的局面才结束。

说真话的舌头

鄠邑草堂寺位于秦岭北麓的圭峰山下，始建于东晋末年，距今1500多年，是鸠摩罗什译经地和舍利塔所在地，也是中国佛教宗派三论宗的

634年	641年	690年	755~763年
李世民在龙首原上修永安宫，次年改名大明宫。662年起扩建，此后唐历代皇帝都住在大明宫。	文成公主从长安出发赴西藏，与吐蕃赞普松赞干布成婚。	中国唯一一位女皇帝武则天在长安即位。	安史之乱，导致唐帝国走向衰落。

祖庭。

鸠摩罗什是龟兹（今新疆库车一带）人，因讲经生动，通彻达理，在西域各国都非常有名气。每次讲经时，很多国王都会长跪在讲经台侧面，让罗什踩着自己的膝盖登座讲经。

前秦国王苻坚久仰罗什大名，派大将吕光率兵攻克龟兹国，俘虏了国王。吕光逼迫罗什娶了龟兹国王的女儿，随即带着他和战利品返回长安。到了凉州，吕光得知苻坚被杀，便在凉州（今甘肃武威）自封为王，并将罗什软禁在凉州。17年后，后秦王姚兴再次征战凉州，将罗什迎请到长安。

姚兴在长安不仅为罗什建造草堂寺、逍遥园，供其居住和译经，而且常常在罗什译经的时候，亲自为其捧着经书。"不依国主，则佛事难立"，对罗什来说，此时正是大力传播佛教的好时机。罗什在长安组织了强大的译经场，有弟子上千人，将长安佛教带入了首个辉煌时代。罗什成为中国佛教三大译经家之一，其所译《中论》《百论》《十二门论》，成为以后中国佛教三论宗的理论依据，而罗什也被三论宗奉为创宗之祖。

罗什在长安圆寂前曾预言，如果自己的译经是准确无误的，则火化后舌头不烂。果如其言，在他圆寂后，弟子将遗体火化，唯有舌头不烂，于是便收其舍利，建塔以供。罗什所译的佛经，据《出三藏记集》记载，共有35部、297卷；而《开元录》记载，则共有74部、384卷。虽然数字不同，但无人能指出其译文的失误，至今广为流传。

孤独墓志里的辉煌人生

"大周高祖武皇帝孝陵"的志石（刻有墓志铭的石碑）孤独地躺在博物馆的展柜里，没有与它同等级的遗物陪伴。人们从这方志石前走过，常常忽略了它的存在。而能读懂它的人，都知道志石的主人是北周武帝宇文邕，一位杰出的政治家和军事家。他对北周进行了一系列改革，使北周国力增强，并以关中为根据地，统一了中国北方。可惜正当他打算"平突厥，定江南"，实现统一全国理想的时候，却病逝于出征前夕，令世人为其抱憾。能更深地读懂他的人，知道他是中国佛教史上"三武一宗法难"事件中的"一武"——一位灭佛的皇帝。他以非流血的方式，拆除天下佛寺4600多座，让超过26万僧尼还俗，使之成为纳税户，还将寺院数千万顷的土地收归国家。武帝对繁盛的佛教给予了强烈的打击，为国家减轻了沉重的经济负担，为自己统一中国的理想增加了兵员。

1262年	1369年	1370-1378年	1556年
元代设立陕西行省，辖地包括今陕西全境及甘肃兰州以东和内蒙古鄂尔多斯市中部以南各地。	明朝将元朝所设的"奉元路"改为"西安府"，西安之名由此开始。	明朝修建西安城。西安城墙是现今中国保存最完整的古城墙。	1月23日午夜，陕西华县发生了8.0级（据当今科学家估算地震烈度达11度）大地震，直接死亡人数达83万。

拜火教的色彩

在陕西历史博物馆中陈列的北周粟特人安伽石榻上，贴金雕刻有一幅表现胡腾舞场面的宴饮图，虽掩埋地下千年，画面依然保持着亮丽清晰的色彩。图上，参加宴饮的人们高鼻深目，留着络腮胡子，手里端着波斯特有的来通杯，各色器皿上也都雕刻着波斯风格的纹饰图案。石榻上大小各异的图案共有56幅，大多是描绘宴饮的欢快场面，而宴饮的场景或是在家中与亲友，或是在野外与商旅，更有悠闲的车马出行图和祆教的祭祀图，人身鹰足、戴着口罩的祆教祭司形象真实地出现在图案中。这位生活在长安城里的粟特人安伽，史书中记载他曾是同州（今陕西大荔一带）萨宝、大都督，除了负责管理来华贸易的粟特商人外，还是祆教的首领。石榻上的图案与典籍记载相契合，可谓是图画版的传记了。

粟特人原来居住在以撒马尔罕为中心的阿姆河以东、以北地区，来到中国后，便将自己的国名用来作为姓氏，如康业、安伽等。从长安城东南白鹿原起到蓝田，以及渭河以北，都可以找到粟特人的足迹。他们信奉祆教，这个曾经作为古代波斯帝国（今伊朗）国教的宗教，因为对火的狂热崇拜，在中国又被称为拜火教、火祆教。

在西安，历史学家还发现了同属粟特人的墓葬康业墓和史君墓。随着这些粟特墓葬的发掘，粟特文化在长安的发展状况被清晰地呈现了出来，为研究中西文化交流提供了可靠的实物依据。

不孤独的独孤信

陕南旬阳县有一座独孤信墓，墓主人是西魏"八柱国"（西魏时期受封的八位柱国大将军）之一。那里出土了一枚高4.5厘米、宽4.35厘米的球棱体印章。这枚印章拥有26个面，其中14个正方形印面上镌刻着独孤信的不同官职和谦称，如"大司马印""柱国之印""臣信上疏""臣信上章""独孤信白书""耶敕"等，方寸之间透出鲜卑文化和汉族文化的韵味。

独孤信本人是鲜卑人，这枚小小的球棱体印章折射了他与周围人的关系，包括他的大女儿（北周明帝的皇后）、四女儿（其子为唐朝开国皇帝李渊）以及七女儿（隋朝开国皇帝杨坚的皇后）。鲜卑人与汉人的婚姻，造就的不再仅仅是单一的家庭，而是北周直至隋唐时代的关陇统治集团。正是由于集团统治者与少数民族的血缘关系，才使汉人摒弃了高傲的文化歧视态度，改变了将少数民族文化视为蛮夷落后文化的观念，以平等的姿态和

1644年	1935年	1936年	1949年
李自成改西安为长安，号称西京，正式建国，国号大顺。	1月，陕北省苏维埃政府诞生。10月19日，中央红军经过二万五千里长征到达陕北吴起镇，与陕北红军会师。	12月12日，张学良与杨虎城发动兵谏以期停止内战，史称"西安事变"。	5月20日，西安解放。

政策对待一切民族文化，才有了隋唐的统一和繁荣。可惜，独孤信这位"中国第一老丈人"却没能看到。

难舍唐风
创于马上的盛唐
20世纪初，一群盗窃者来到唐太宗李世民的昭陵前，发现了六匹健美的骏马雕像，爱不释手，于是挥起屠刀，对其中的两匹骏马进行了"宰割"。骏马被割裂成块状，装在密闭的箱子里，盗卖到万里之遥的大洋彼岸，这两匹骏马至今仍在美国费城宾夕法尼亚大学博物馆中孤独相伴。而盗窃者第二次再来盗割并准备偷运的时候，被当地人发现并集体追缴，这次他们没有得手。遍体鳞伤的四匹宝马最后辗转珍藏在碑林博物馆中。

这六匹骏马代表着唐太宗早期创建唐帝国时的六次重大战役，它们为他的征战奉献了生命。由于人马之间难舍的情怀，太宗在胜利之后，便请当时的绘画大师阎立德、阎立本兄弟设计了"六骏"的形象，雕刻出来，让它们守护在自己的陵墓旁。

无字碑
那是一座高山，也是一座陵墓，埋葬着中国唯一一位女皇武则天和她的丈夫唐高宗李治。陵墓前竖立着一块高大的石碑，石碑素面朝天，未落文字。

这个12岁丧父、跟着母亲备受族兄虐待的孩子，14岁成了唐太宗的才人"武媚娘"，同时也博得太宗之子李治的爱恋。李治即位后，27岁的武则天升为昭仪，还生下了她的第一个儿子李弘。高宗因为常常患病，不能理政，权力渐渐落入封后的武则天手中。690年，武则天坐上女皇的宝座，将李唐的天下换成武姓的大周，在以后的统治中取得了卓著成就。对内，她让酷吏彻底下台，改革用人制度，提拔人才，在经济上提出薄赋敛、息干戈、省力役等主张以保障农时；对外，她平定边患，先后将吐蕃、突厥、契丹统治的区域收归武周，并设立了自己的统治机构。在她执政的半个世纪中，生灵涂炭的日子成为过去，社会在平和中繁荣发展。

长恨歌
在2010年6月的中国文化遗产日，一座唐代的石棺椁被追缴回西安，那是唐玄宗的宠妃武惠妃的棺椁。虽然武惠妃生前尚未被封为皇后，然而她

历史 难舍唐风

陕西省的七处丝绸之路遗产点

2014年6月22日，中国、哈萨克斯坦和吉尔吉斯斯坦三国跨国联合申报的"丝绸之路：长安—天山廊道路网项目"，顺利入选世界文化遗产。被正式列入世界遗产名录的诸多遗产点中，有7处位于陕西省，分别是：汉长安城未央宫遗址、唐长安城大明宫遗址、大雁塔、小雁塔、兴教寺塔、彬县大佛寺石窟、张骞墓。

1958年	1974年	1981年	1981年
1月，宝鸡到成都的宝成铁路建成通车。这是中国第一条电气化铁路，它连接起西北和西南两大经济中心，从此难于上青天的蜀道变为通途。	4月，陕西临潼县（今西安市临潼区）下河村村民在打井过程中发现了秦始皇陵兵马俑坑，由此揭开了"世界第八大奇迹"的面纱。	夏季，西安出现大规模的用水短缺，城区连续几天停水。这之后的10多年间，水荒时有发生。直到2001年黑河引水二期工程完成，西安才彻底告别水荒。	5月，在陕西省秦岭南坡的洋县境内发现朱鹮。

唐代的马不仅是行军打仗的工具。人们还骑马狩猎、打马球、出游，并且训练马在皇帝的宴会上舞蹈和敬酒。在陕西唐墓出土的大量骑马俑和壁画作品中，马和骑手装备精美，尤其是红妆点缀的女骑手，身着隐现的轻纱、低胸的马服，风姿绰约，妩媚动人。

的墓葬却是皇后等级的，可见玄宗对她的怀念。然而渐渐地，玄宗的悲伤被另一位美人的欢颜抚平，儿媳杨玉环走进了他的生活，他把三千宠爱都放在她一人身上。华清池里云蒸雾绕的温柔，秦岭古道上扬鞭策马递送的荔枝，长安宫殿里的霓裳羽衣舞，正是开元盛世的惬意生活。

然而，安史之乱的硝烟摧毁了这一切，玄宗在匆忙逃往四川的途中，遭遇兵谏，被迫将杨贵妃赐死在马嵬坡。待他再次返回长安时，已是萧萧落木，爱人不在，而辉煌的大唐荣光也渐渐离他远去……

西安不再是长安

唐朝衰亡后，西安不再是都城了。如今可见的西安古城是于明代历时四年改建而成的。朱元璋亲自下令由西安府长兴侯耿炳文、都指挥使濮英监修，将西部和南部唐代夯筑的城墙遗址包裹在新城墙里面，并从东部和北部做了一定扩展，形成今天的格局。在含光门城墙遗址，我们还可以看到唐代的遗存。西安现有城墙的周长近12公里，高约12米，除了东、南、西、北四个高大的主城门以外，还有不对称的小城门，四角还有角楼。墙体内部以黄土夯打筑成，此后又在外部包裹了青砖，并在城墙上修筑了排水沟，使这座城墙固若金汤。

苏东坡的东湖

1062年，苏轼在凤翔府任签书判官时，在这里修建了东湖，并植柳栽藕，建亭台楼榭，为凤翔的百姓带来了旖旎的南方风光。他自己也常在南湖边与友人谈诗论事，雅兴所至，甚至还请人到远隔数里的终南山仙游寺取水，因为那里曾有一个深深的水潭，潭内清澈的泉水便是其所爱。

没有主人的行宫

陕西俗语云："米脂的婆姨绥德的汉，清涧的石板瓦窑堡的炭。"米脂出美女，例如中国古代四大美人之一的貂蝉。然而米脂也出了一位勇猛的起义军领袖。李自成这位骁勇善战的"闯王"，于1644年元月在西安建立了大顺政权，以迅雷之势向北京出发，3月便攻入京城，迫使崇祯皇帝自缢，结束了明朝276年的统治。可惜胜利也将李自成推向了断头台，在夺得江山后的短短一年多时间内，他便因骄奢导致军队和将领战斗力低下，最终被清军剿灭。

就在战争的间歇，李自成派侄子返回家乡，在米脂县城北的马鞍山

1987年

在重修扶风县法门寺的半边塔和清理塔基时，发现唐代地宫，出土释迦牟尼佛真身舍利及唐代皇室供奉的大量金银法器。此次发现震惊世界，是唐代和佛教考古的一大发现。

1991年

6月，陕西历史博物馆建成，成为中国第一座现代综合博物馆。周恩来总理在70年代做的"陕西要建一座新的现代化博物馆"的指示终于得以实现。

1992年

3月，西安被批准为内陆开放城市。

2004年

5月，秦岭野生动物园对外开放，在这里可以看到秦岭四大国宝——羚牛、金丝猴、熊猫、朱鹮。

上，将原有的真武祖师庙扩建成了自己的行宫。整座建筑依山而建，占地面积有3300多平方米，由乐楼、梅花亭、捧圣楼、二天门、玉皇阁、启祥殿、兆庆宫等组成。行宫虽然建成，主人却还没有来得及居住，便在1645年的夏天被杀，唯有魂归故里。

烈火中的陕西

西安事变

1936年12月12日凌晨，临潼的华清池五间厅响起枪声，子弹打在蒋介石房间的窗棂上，震惊中外的"西安事变"爆发。蒋介石随即被押送西安，张学良、杨虎城向全国发出"八项主张"的通电。17日，中国共产党派周恩来到西安，与张学良、杨虎城共同商讨并进行同南京方面的谈判。22日，南京政府派宋美龄、宋子文到西安参与谈判。24日，蒋介石被迫口头接受了包括停止剿共、联合红军抗日等在内的六项承诺，西安事变和平解决，十年内战终于结束。25日，蒋介石在张学良陪同下离开西安，并于26日抵达南京，将张学良扣留。

红色陕北

陕北根据地的建立有着雄厚的革命基础。从1922年开始，这里就有了共产党的支部。1930年后，刘志丹、谢子长等在陕北、陕甘边一带开始创立革命武装和创建革命根据地。1934年12月，红二十七军八十四师正式成立，陕北19个县的红色政权也相继成立。1935年1月，陕北省苏维埃政府诞生。2月，中共西北工委宣告成立，从而统一了陕甘边、陕北两区的领导，西北革命根据地建立。

宝塔山上，宋人范仲淹在此抗金时曾留下"嘉岭山"三字墨宝。1937年1月13日，毛泽东、朱德、周恩来等率领中共中央和红军参谋部，从保安（今子丹）进驻嘉岭山对面的凤凰山，从此，宝塔下的"嘉岭山"不仅有了新的名字"宝塔山"，而且有了自己的声音，成为中国革命的象征。1938年11月，党中央机关搬迁到杨家岭。中央书记处在1944年至1947年3月，来到了以瓜果著称的枣园，继续领导全党的整风运动和大生产运动。

历史的财富

汉唐盛世，难以计数的丝绸精品经丝绸之路被运送到西域各国，并一

2006年
9月，西安地铁项目正式获得国家批准，西安开始修建地铁。

2008年
丝路沿线各国联合申遗行动开始。中国有48处文物点被列入申遗预备名单，陕西省占了四分之一。

2010年
西安到郑州高速铁路建成通车，这是西北第一条高速铁路，陕西进入高铁时代。

2011年
陕西省境内免费开放的博物馆增至48家。

陕西近世文化名人遗迹

于右任

"三间老屋一古槐,落落乾坤大布衣",在三原县城,当地人就是这样形容这座院子和其主人于右任的。于右任是近代书法大家,著有《标准草书千字文》等,曾任国民政府审计院长、监察院长。1949年赴台后,故乡成为他一生的遥望。一首《望大陆》,透着大陆与故乡都不可见的悲伤,飘荡在海峡两岸,令人神伤。

汉阴三沈

汉阴三沈纪念馆位于安康市汉阴县城新街,原为汉阴书院和江南会馆旧址。有三沈主展厅、沈尹默先生展厅、沈士远和沈兼士先生展厅、汉水文化和汉阴文物展厅等。汉阴沈家三兄弟的祖父,随ے宗棠从浙江来到汉阴担任要职,父亲曾是这里的最高地方官。三兄弟在汉阴出生、成长,之后到国外留学,学成回国。他们追随蔡元培从事中国教育与社会革新运动,在新诗创作、诗词学、书学、语言文学、文献档案学等领域,都开启了一代新风。尤其是沈尹默,更与陈独秀、李大钊、钱玄同、胡适和高一涵等北大五教授共同担当了《新青年》杂志的主编,推动了新文化运动的诞生。而且他以书法上的成就,被海内外公认为一代书宗和现代中国书法第一人。

吴宓

抗战期间,泾阳县安吴堡是爱国青年培训基地,"安吴青训班"的名字伴随着上万的青年出现在抗日战场。这是清代当地远近闻名的安吴寡妇创建的大型庄园。1894年,国学大师吴宓出生在此,1978年,他走完了84年的坎坷人生,永远地安息于此。

吴宓的名字,在数年前知者甚少,而且故居残败破落,无人问津。他是中国近代一位才华横溢的诗人、《红楼梦》研究专家和中国比较文学的创建者,培养了钱锺书、季羡林、曹禺等文学大家。"文革"中,他被扣上反动学术权威的帽子,惨遭批斗,丧失了生活自理能力,后被其胞妹吴须曼领回了安吴堡,直到生命尾声。

直西行到欧洲的罗马。长安成为一条漫长文明之路的起点,一根纤细的蚕丝铺就了2000年的繁华道路,随着丝绸一起走出长安城门的,还有陕西以及中国的文明。

而历史也成为陕西特殊的文化财富。建于明代的西安城墙曾险些被拆除,而当它的价值被认可后,又被重新修葺。新中国成立后,曾有发掘秦始皇陵的激进动议,但为妥善保存文物,它迄今还在沉睡。2008年3月开始免费开放的陕西历史博物馆,每日都能看到游客排着长队等待进馆的场

2011年	2013年	2013年	2014年
9月,西安地铁2号线通车,成为西北第一条地铁线路。	4月,在榆林市清涧县辛庄村发现一组商代晚期建筑遗迹。	9月,西安地铁1号线通车,与2号线呈"十"字形贯通西安城地下。	6月22日,丝绸之路东段申遗成功,陕西有7处遗产点,居全国各省区之首。

景。经过大规模拆建以后,大明宫成为新景观,但真实的大明宫早已不复存在。丝绸之路的历史意义自不待言,丝路申遗中不断出现的争议,却不仅仅是历史学家的事了。

2015年夏初,在联合申遗的丝绸之路东段,陕西省独占了7个世界遗产点。历史无疑是陕西的特殊财富,而历史的分量不仅在于其积淀深厚,更在于今人承袭了多少古人的精神。

2014年	2015年	2015年	2021年
年底,周至楼观台多只大熊猫死亡。	夏季,陕西各地频发暴雨,佛坪、山阳发生了泥石流,长安区小峪河村突发山洪,造成多人遇难。	11月,考古学家公布汉中龙岗寺遗址发掘进展,认为其地质绝对年代在120万年以上,成为陕西迄今发现的最早旧石器文化遗址。	2月,在西安咸阳国际机场扩建工程中,考古工作者勘探发现了超过3500座古墓。

丝绸之路起点

伴随着悠悠驼铃,繁华的东方之都长安用丝绸开启了长达千年的远途贸易。在这条从太平洋直抵地中海的大道上,征服者、商队、先知、僧人奔走往来。他们激起的涟漪从丝绸之路的一端发源、震荡、放大,并彻底改变了人类的发展轨迹。至今,这座城市的魅力仍然难以抵挡。

2014年,中国和哈萨克斯坦、吉尔吉斯斯坦成功联合申报了世界遗产"丝绸之路:长安—天山廊道路网"。其实,丝绸之路是后人对这条商贸通道的称呼,由德国人李希霍芬(Ferdinand von Richthofen, 1833~1905年)于1877年提出。在此之前的历史上,这条通道并没有确切名称,更像是

上图:唐代三彩载乐骆驼俑,陕西历史博物馆藏

一个穿越山川沙漠且没有标志的道路网络。它从长安出发，经玉门关到葱岭（今帕米尔高原），往西经中亚、西亚，最终到欧洲。因以**丝绸**制品为最重要的货物，这条路被称为"**陆路丝绸之路**"。虽然学界对于起点城市存在争论，但西汉时期的长安城作为丝绸之路的东方起点是毋庸置疑的。

早在春秋战国时期，欧亚大陆的沙漠、草原和山谷中已有一支支商队漫行其中，交易玉石、海上特产等，但不成规模。直到汉武帝反击匈奴，张骞踏上"**凿空之旅**"，带回大宛、大月氏、乌孙等西域国的信息，汉朝以中央集权国家姿态设置西域都护府，**丝绸之路上国与国之间的贸易通道才正式开辟**。大量丝帛由此西运，古罗马执政官和贵族以身着"塞里斯"（Seres，当时欧洲国家对中国的称呼）出产的丝绸衣物为荣，汉代贵族妇女则使用波斯进口的螺子黛来画眉。**丝绸**为中国带来了滚滚财富，汉代官府于是大力推动养蚕缫丝业的发展。陕西历史博物馆展出的一只精美的鎏金铜蚕，正是这一时期的见证。到了唐朝，长安城在"贞观之治"和"开元盛世"之下，以整齐划一的108坊城市面貌，展现了国际大都市的风范，将丝绸之路的繁盛推向顶峰。开远门和西市聚集了酒肆、衣行、药店、铁铺、绢行等220个行业的众多店铺，堪比那个时代的国际贸易中心。数万胡人寓居周边，如《长安十二时辰》中发生骚乱的祆祠所在的怀远坊就位于西市南侧。而"兼容并包"的政策，促进了胡乐和胡舞的流行，唐代女性可自由穿着翻领上衣和条纹裤的胡装，甚至是男装。与此同时，养蚕制丝技术传入中西亚，同当地的毛、麻纺相结合，创造出波斯、大食等西域诸国的"番锦"。

在公元前1世纪前后，佛教从印度由陆路东传，经西域各国，沿丝路进入中国。不过最初佛教思想和译经在传播时与道教的神仙思想结合紧密，直到魏晋南北朝时才逐渐独立，帝王名士对佛教的推崇令其迅速发展起来。随着大批印度和西域佛教僧侣如鸠摩罗什等会集唐长安城译经弘法，长安成为全国向往的"佛都"，吸引了来自朝鲜半岛、日本等国的遣唐僧到此求法。也因此，佛教八宗除天台、禅宗以外，皆源于长安，又有佛教六大祖庭都在长安的说法。除此之外，号称"三夷教"的拜火教（也称祆教）、摩尼教和景教也传至长安，坊市里因此设有多座胡寺祆祠。隋唐时期更设立"萨保"（亦作"萨宝"）官职，管理在中原地区居住的西域胡人及其宗教活动。值得一提的是，伊斯兰教也是唐代传入中国的。

隋炀帝的世界博览会

隋大业五年（609年），隋炀帝发动了一次规模盛大的御驾亲征。他的队伍不仅有军人，还有整支宫廷乐队、厨师，携带了各色珍贵文物，甚至一个移动的庞大宫殿——观风行殿。这支军队沿河西走廊的丝绸之路故道前进，一直抵达焉支山下，将占据丝绸之路多年的吐谷浑彻底征服，威慑突厥。但青年天子隋炀帝的野心并不止于吐谷浑，他在焉支山脚下汉与匈奴大战的故地召开了一次盛大的"万国博览会"，在自己的移动宫殿中招待了西域三十多国的使节，"盛陈文物，奏九部乐，设鱼龙曼延"，丝绸之路重镇高昌等地的王侯均陪坐在侧，最后射禅焉支山。这一次"万国博览会"显露了隋炀帝的雄心，他不仅要做汉人的帝王，也要当游牧人的"天可汗"，此举还标志着中原政权将强势覆盖丝绸之路沿线地区和疆域。此后，隋炀帝又在洛阳举办博览，重在招揽客商。虽然儒生们攻击他奢侈，但以今人的视角来看，这种布局世界贸易的眼光可能超越了时代。

保存玄奘灵骨的兴教寺

战国时期,中原一带的饮食结构非常简单,大豆当饭,豆叶当菜,此外再没有什么珍馐佳肴。随着西域诸国的使节、商人纷纷进入汉长安,葡萄、苜蓿、胡瓜(黄瓜)、菠菜以及"胡葱""胡蒜""胡荽"(香菜)等异域物种纷纷加盟中国菜谱。石榴还被赋予"多子多福"的文化含义,成为如今西安市的市花。而西方风格的孔雀、忍冬草等动植物图案,也融入汉文化当中。到了唐代,毕罗(抓饭)、胡饼、烧饼、搭纳(油酥饼)等传入长安街肆,饮食选择更加丰富。龟兹乐中的"五旦七声"乐律改进了中原乐制,其乐器中的箜篌、琵琶、横笛、排箫、腰鼓、羯鼓、铜钹等亦丰富了中原乐器。白居易的"霓裳羽衣曲"也源于龟兹乐舞,唐朝最流行的胡旋舞则来自中亚的康国(乌兹别克斯坦)。

1000多年前,随着传统陆权的衰落和海路的地理大发现,丝绸之路渐渐归于沉寂,长安也失去了首都之光辉。但它的魅力越陈越香,如今更是在"一带一路"的大环境下,重新成为世人关注的焦点。

陕西人

唐及唐以前的华夏帝国史，基本上都以陕西为轴心。秦人、汉人、唐人似乎都是旧时对陕西人的称呼。历史深深地刻印在陕西的土地上，也在陕西人的语言与性格中留下了难以磨灭的痕迹。

何为陕西人

说到陕西人的面相，其特征多为国字脸、鼻直口方、棱角分明，这或许来自一些人对秦始皇陵兵马俑的刻板印象。其实，秦俑的脸型就是以关中地区的秦人脸型为主塑造的。这些脸型和发型配合起来，不仅有"国"字，还有"日、甲、由、申、用、自、目、风、田"共十个汉字。兵俑无一例外是单眼皮，所以许多学者也认为，最早的陕西人乃至纯正的中国人都是单眼皮，后来通过和西方族裔的通婚才有了双眼皮，这种说法显然有点儿牵强附会了。

有趣的是，陕西虽然被包括在传统意义上的"中原"（一般认为是汉族人聚居的地域，还涵盖河南和山西南部等地）范围内，但诞生于陕西的炎帝和同样生活于陕西的秦人，在早期历史上都曾被视为少数族群。所以也有人认为，"汉族"只是某一时期人为的地区性划分，并不具有作为一个民族的特定意义，只是为了区别于周边地区而建构的。

从如今陕西省的行政区划来看，陕西人既不是共同方言凝结成的族群，也不享有共同的文化传统，在地理上秦岭又将陕西拦腰截断，历史上"走西口，下四川"的人口流出，也让"何为陕西人"变得难以界定。陕西的关中人则认为，只有生长在帝陵排成行的关中平原的，才是地地道道的陕西人。所以，你干脆还是去陕西历史博物馆的三大展厅，观摩从秦俑到明陶俑上的那一张张脸谱，看看哪个年代的造像更像今天的陕西人吧。

地理和人口

陕西北部为黄土高原，中部为关中平原，南部为秦巴山脉，陕北、关

炎帝是陕西人吗？

华夏民族的祖先黄帝部落和炎帝部落，据说就起源于陕西渭水流域。炎帝始生于姜水（今陕西宝鸡市清姜河），传说他牛首人身，头上有角。然而《山海经》中关于炎帝的记述也只有寥寥数字，西周文献并未提及，其氏族谱系和后世子孙的记载，也多在更晚的作品中根据神话传说补辑而成。有学者认为，这恰恰说明在西周以前，炎帝尚未被认为是中原人的始祖，而当时活跃于陇西的北狄，则被认为是炎帝的后裔，与西戎交好，后投奔了一心伐戎的秦穆公。

中、陕南并称"三秦",人口分布中间稠密、南北稀疏。榆林和延安所在的陕北是黄土高原的中心,土地广袤,植被稀少,人口仅有590万人,不到陕西省总人口的15%。历史上陕北处于从农业民族向游牧民族过渡的中间地带,以西北少数民族、山西移民为主要人口迁入来源,但由于经常遭受战乱,加之自然因素的作用,陕北人口的波动较为剧烈,迁出陕北的人颇多,有的甚至向西北长城外的少数民族地区迁移。这就是中国移民史上著名的"走西口"。

关中指渭河平原,在陕西中部、秦岭北麓,号称"八百里秦川"。关中包括西安、铜川、渭南、宝鸡、咸阳等城市,有时也将三门峡的部分地区归入关中。自古富庶繁华的关中,总喜欢把别处以"东西南北"命名,自己则永远立足坐标系的正中。关中人口最为密集,积聚了陕西省总人口的65.5%。人口的流动性也大,外来人口主要在西安务工、经商、求学。

陕南山川秀美,气候宜居,总人口约775万人,占陕西省总人口的19.6%,多为农业人口。历史上陕南就是人口迁徙频繁的地区,陕南毗邻劳务输出大省四川,改革开放后陕南人也成为陕西省外出务工、经商的一支生力军。在陕西省流出省外的人口中,陕南人占了近一半,多迁往广东、长三角、北京、山西等8个区域。因地质灾害与交通不便,如今的陕南正面临着一个新的移民时期。

陕西人的性格

关中的秦腔高亢激越,陕北的信天游悠远单纯,陕南的民歌委婉舒展,陕西不同地域的民间文化,渗透出陕西人多样的群体性格。在性别上,陕西人也极富特点,陕西男子常被人称作"冷娃",外表冷峻、寡言少语、朴讷诚笃、刚正实诚;陕西女子的气质兼具南北特点,软硬结合、嬉笑怒骂,情景喜剧《武林外传》里,操着一口陕西话的掌柜佟湘玉,也让人们对陕西女娃有了更为丰富的认识。

陕西曾见证了中华文明最辉煌的时期,看尽繁华与沧桑的陕西人,骨子里有一种与生俱来的优越感,自信甚至自大,这种优越感凝结了陕西人这个群体。明清时期"天下会馆属陕西",在商业上,陕西人特别注重扶助同乡。与此同时,这样的优越感也形成了难以消解的历史惰性。国学大师吴宓生于陕西泾阳,他将陕西人的群体性格归纳为"生、冷、蹭、倔",这似乎已将性格豪爽的陕北人与外冷内热的陕南人排除在外了。但说话直杠杠,人前脸板得平平的,"蹭"劲儿上来就火暴如同毛栗,倔起来十头牛拉不回,也确是陕西人性格的真实体现。

"冷娃"这个词尤适合于形容关中地区的青年男性,出身于长安的前国民党高级将领张灵甫,更被人们视为此种性格特征的代表人物。

汉中人的盆地性格

汉中夹在秦岭、巴山之间,像四川一样,也是盆地地形,有学者认为,汉中是中国最早被称为"天府之国"的地方。盆地性格让汉中游离于"三秦"之外,关中评价这里的人是"汉中皆蜀种,无与秦人事"。汉中人有着与生俱来的安逸心态,难免让人以为其保守和慵懒,但凡有太阳的天气,男女老幼都走到坝子上,晒太阳,享受生活;同时他们又对外界事物有很强的防备心理,对陌生人也比较冷淡,不过这可能是汉中人外冷内热的表象罢了。他们始终随着角色的变化而审时度势,这大概也体现出盆地人圆滑的一面吧。

南北腔调大不同

如今关中方言中的词汇还保留着过去的韵味,让我们揣摩一下这些词吧:彘(猪)、咥(吃)、嫽(美)、碎(小)、雀(鸟)、横(凶)、谝(说)。关中话里还有一些有趣的用法,比如"眼",好看叫顺眼,讨厌叫训眼、日眼,麻烦叫麻眼,难看叫伤眼。还有"二",如二溜子、二混子、二痞子、二赖子、二吊子、二毛子、二蛋子、二杆子、二糊涂、二不拉子、二货子、二茬子、二八卦子等。此外"达"也是,有制达(这儿)、雾达(那儿)、啊达(哪儿)。

陕北话常常"怪"得让人匪夷所思,比如这些词:甚(什么)、星宿(星星)、龙抓(雷击)、战风(逆风)、山水(洪水)、土疙瘩(土块)、年是(去年)、尔格(现在)、多会儿(什么时候)、金稻黍(玉米)、红稻黍(高粱)、棒棒(高粱秆)、树不浪(树干)、牲灵(牲口)。

陕南的词汇让四川人理解起来或许不难,如:斗篷(雨帽)、撑花(雨伞)、裹肚(棉袄)、铺盖(被褥)、笤帚(扫帚)、老木(棺材)、夹夹(背心)、裓子(汗衫)、卧龙(腰带)、裹缠(绑腿)、毛铁(斧头)、提兜(箩筐)、筐筐(竹篮)、舀舀(水瓢)、挖挖(勺子)、缸缸(茶杯)、瓢儿(调羹)、勾搭(吊钩)。

陕西方言

陕西被认为是汉语重要的起源地之一。陕西方言由关中话、陕北话和陕南话三部分构成。关中话属于中原官话,分为东府话(西安、渭南、铜川及咸阳)和西府话(宝鸡及咸阳西部)。相传汉字是被称作"文字初祖"的仓颉(今宝鸡人)创造的。自西周开始,关中话就被称为"雅言",当时的周朝官方语言为西岐(今宝鸡)语言。秦国统一天下之后,实行"车同轨,书同文,行同伦",以小篆作为官方文字,那时关中话的地位就如同今天的普通话。这种情况一直持续到唐宋时期,随着政治经济中心的东移,关中话已不再是最显赫的官方语言。现代的关中话融合了各地官话、方言,用几经变迁的关中话去读当年的唐诗,只能寻得少许当年的味道。

陕北方言属西北官话和晋语,和关中话不同,方言受山西影响较大,由于与西北地区的游牧民族长期交流,也杂入一些蒙古语,至今保留入声。在陕北民歌里,我们还能听到很多叠词与叠字,比如这样的歌词:"青线线,蓝线线,蓝格英英的彩""黑顶顶头发白格生生牙""我晓得天下黄河九十九道弯哎,九十九道弯上九十九道船"。

秦巴山脉将陕南隔绝成一个相对封闭的地带,形成了独特的陕南方言。陕南南部多楚语、蜀语,属西南方言区。北部少量县区因为与关中的经济文化交流多,属西北方言区。陕南人讲话婉转悠扬,吐字较快,咬音较轻。整体上巴山北麓接近川北口音,如南郑、镇巴、岚皋;秦岭南麓又与关中方言相似,如洋县、佛坪、商洛。

宗教和族群

历史上长安曾是世界上最大的都市,不同信仰、国籍、族群的人在此共生,外国的使臣、僧侣和商人逐渐融入长安社会的方方面面,曾一度呈现天下共主、万国来朝的盛世景况。

陕西被视为道教的发祥地,终南山更是有名的修隐之地,隐士文化影响了陕南人的个性。长安被称作佛教的第二故乡,无论是玄奘西行的

在《武林外传》《疯狂的赛车》《天下无贼》《有话好好说》《高兴》等喜剧作品中,我们都能听到好玩逗趣的陕西话;黑撒乐队、马飞、王建房和玄乐队等陕西本土乐队和歌手用的都是陕西方言;来自铜川的苗阜、王声组建的青曲社,干脆用陕西话说起了相声。

老陕爱说啥?

谝: 聊天，闲聊，又叫"谝闲"。

嫽: 好，"嫽咋咧"意即棒极了。

瓜: 笨，不精明，"瓜怂"是常用的骂人话。

故事，还是法门寺的考古发现，都足以说明西安在佛教传播中不可忽视的地位。唐朝时景教（基督教聂斯脱利派）在长安兴盛，多由非汉族民众信奉，李世民曾批准教徒在长安兴建庙寺，如今基督教在陕西有了更广泛的传播。

　　伊斯兰教在西安的盛行，从如今气势恢宏的回坊就可见一斑，回坊仍保持着过去市井的气息，走街串巷让人仿佛回到清时。西安回族的族源比较复杂，至今也没有定论。陕西的少数民族人口中有部分穆斯林，2014年的数据显示，陕西登记的清真寺有105座，更有许多外来流动人口，共同为西安增添了一抹西北伊斯兰风情。

艺术

从黄土高原到秦巴山地，浓烈丰富而有层次的绚丽文化在肆意绽放。在陕西，艺术不仅存在于过去的朝堂，在如今的民间也有了更为多样化的表达。在太白山登顶念过"太白与我语，为我开天关"后，再看长安画派笔下的陕西乡情，你一定会收获不一样的陕西印象。

文学的陕西和陕西的文学
唐诗与陕西

在描写陕西风物的文学作品里，没有什么能比得上唐诗的优美与凝练。唐最初从陇西发展起来，按照黄仁宇先生的"大历史观"，陕西正是游牧区与农耕区的分界，且唐代开国时多在北方用兵，也正因如此，加之疆土辽阔，唐代诗人将诗歌中的时间与空间扩大到了"前不见古人，后不见来者"的高度。"诗仙"李白曾在长安任"供奉翰林"的虚职，每登一次太白山，必歌一首太白诗；"诗圣"杜甫在关中颠沛流离，忧愤中写下了许多诗歌。二人虽都不是陕西人，但他们在这里都留下了最脍炙人口的诗篇，离开后亦有诸多名句倾诉了怀念陕西的离愁别绪。

陕西文学

现实主义文学似乎是陕西现当代文学的主调，有着深厚的土壤。现当代三秦作家，大多具有陕西人沉稳的秉性，深深扎根于这片黄土地中，以这里悠长深厚的历史、独特而富于变化的风光和丰茂的人文底蕴脉络为给养，自成一派，倔强生长。从路遥、贾平凹到陈忠实，再到叶广芩，陕西作家的作品基调都平实质朴，又不乏空灵，宛如黄土高原沟壑上盘桓的风。作家王蓬虽是西安人，但其作品则写出了陕南山地生活的情义与情致。

陕西自古崇文重教的传统，也使作家和文学作品在当地有众多拥趸。在许多陕西人心目中，家乡走出的作家和家乡的风景名胜一样值得称道，在一些小县城的新华书店，都能找到当地作家的作品专架。

阅读陕西

贾平凹
《商州三录》

陈忠实
《白鹿原》

叶广芩
《老县城》

路遥
《平凡的世界》

高建群
《统万城》

王蓬《水葬》

读唐诗要用陕西话？

唐诗里，许多用现代普通话朗诵找不到韵脚的诗句，用陕西话一读，却另有一种抑扬顿挫的押韵感。有人说，这是因为陕西曾经是周、秦、汉、唐四大朝代的国都所在地，陕西方言曾经是当时的官方语言，《诗经》《史记》以及唐诗中都可寻觅到诸多陕西词源，所以用陕西话读唐诗，或许能读出几分当时的味道来。

当代美术

长安画派

新中国成立前后,长安画派异军突起,画作笔触细腻,却有着区别于江南山水的雄浑,风格或大气恢宏,或苍劲沉厚,或灵气盎然。长安画派是现代国画最重要的流派之一,代表人物有赵望云、石鲁、何海霞、方济众等。开山画家赵望云提出"一手伸向传统,一手伸向生活",在对传统笔法探索创新的同时,其创作内容也广泛无拘,作品以表现黄土高原淳朴雄奇的山水画和表现善良质朴的陕北农民形象的人物画为主。赵望云不但描摹山水挥洒自如,画驴也活泼而不失精准,因此得雅号"赵望驴"。长安画派另一位画家黄胄师从赵望云,画驴也是一绝,曾被赵先生称赞:"黄胄画的驴能踢死人!""文化大革命"爆发后,画派一度中断创作。20世纪80年代以后,画派的新一代涌现出来,在题材内容的开拓和表现形式的创新上都进行了积极的探索。

> 长安画派创始人之一石鲁,原名冯亚珩,为表达对明末清初画家石涛和鲁迅先生的敬仰而改名"石鲁"。

民间美术

除却学院派绘画,民间美术是陕西美术的重要组成部分,其中剪纸和塑像最富有浓郁的陕西味儿。逢年过节,陕西各处都喜欢用剪纸来装饰家里,其中以陕北剪纸最有特色。陕北有蒙地宗教的痕迹,也有江南戍边移民的遗风,再加上塞北人的豪放性格,故而其剪纸艺术融汇了各种风格又自成一体。和剪纸技艺一脉相传的皮影制作,则更多与老腔演唱相结合来多元呈现,以关中地区西府凤翔和东府华县两地的制作技艺为最优。通过古墓中的陪葬陶俑,可以追溯陕西泥塑的悠久历史,凤翔彩色泥塑是传承数百年的民间技艺,色彩鲜艳、造型活泼,与渭北延安的彩色"花馍"面塑相映成趣,而富平的陶艺则十分现代化、国际化。

民间美术中还有一种特殊的形式——户县(鄠邑)农民画,它因色彩斑斓、形象夸张而具有一种质朴又怪诞的美感。其画法本起源于民俗绘画,多为农妇自娱涂鸦,乡情野趣随性而至,不成体系画派。在20世纪50年代,这种画被赋予了宣传属性,并定名为农民画,以美院教师下乡开办农民美术训练班的形式,鼓励广大群众进行创作,描绘内容也多为红色题材。20世纪70年代,户县农民画发展到巅峰,国务院曾组织户县农民画全国巡展,政府也在户县(今鄠邑)拨款建立了农民画博物馆。美术史教授程征先生,曾在其著作中这样评论户县农民画:"……用起重机吊起大玉米棒或划着豆荚渡江之尖的虚构图景,后来常被认为是'亩产万斤'式浮夸的写照,然而艺术作为情感的形式,它所表达的(是)感情和愿望而非现实,现实固然虚假荒唐,感情和愿望却虔诚热烈。"改革开放之后,农民画内容回

唐代画家阎立本

陕西作为中国历史最悠久的省份之一,不论是原始绘画还是宗教与皇家墓室壁画,都在中国古代绘画史上占有重要一席。唐初著名画家阎立本就是一位地道的陕西人,他出生于雍州万年县(今西安市临潼区),以描画历代帝王面目而闻名,其《步辇图》(故宫博物院藏)、《历代帝王图》(美国波士顿美术馆藏)都是初唐美术作品的典型代表。他笔下的人物特点突出,设色古雅,被誉为"丹青神化",其本人虽官拜右丞相,无奈政治才华平庸,一生仅留下"驰誉丹青"之名。

归自由丰富，新一代画家层出不穷，作品也随着文化旅游的发展而逐渐走向市场化，加上美院学生们的模仿和探索，如今关中鄠邑、陕北的安塞和洛川等地形成了不少画庄。

音乐和舞蹈
从民歌到摇滚

最让陕西音乐出彩的要数陕北民歌。曾经人人传唱的经典歌曲《东方红》，正是由陕北民歌《骑白马》改编而来的。20世纪八九十年代，银屏上大刮"西北风"，陕北音乐元素也凭借电影、电视而广为传播，留下了不少带着黄土高坡味儿的流行歌曲。

关中地区的传统音乐说来说去都逃不出"秦腔"这个关键词。秦腔又称乱弹，传统秦腔把艰辛化为对生活的热情，唱来悲怆而有力。由于老陕的倔性子拒绝流行化的变革，秦腔没有像二人转那般全国流行，但其在关中地区的生命力旺盛得让人感叹：关中各县市节庆乃至开业都少不了秦腔表演，小馆子里也会播秦腔做背景乐，就连国际化的省城西安，大剧场里的秦腔演出即使天天开演也十分上座，傍晚的市民公园里也有不少人怡然自得地吼着秦腔，秦腔茶室则以一种更为江湖的形式继承着秦腔正当的传统。西安最初的摇滚，可以说有着秦腔的一脉骨血，张楚、郑钧这些早期摇滚明星都是西安人，借着西洋乐器的章法吼出了陕西人的直辣感情，许巍在北上之前也曾在西安组建乐队。如今西安摇滚乐的风格也慢慢发展得更为多元化：黑撒乐队是把陕西话玩成嘻哈的好玩乐队，风格也糅合了蓝调爵士和电子等元素；王建房、玄乐队、西安老钱、马飞等，以其各自不同的音乐风格，在近几年的音乐选秀节目上备受青睐，让更多人注意到了"陕派"音乐人及其独特的地域风格。

除了秦腔以外，关中地区其他传统戏曲也各具特色。西府眉县与鄠邑的眉鄠戏更柔美，东府老腔和碗碗腔在外行人听来区别不大，但如果你在旅途中询问当地老乡"这是不是秦腔"时，他一定会认真地给你讲讲关中诸多剧种的差异。

陕南民歌的产生和特点也与陕南的移民历史有关，以民间仪式的伴唱为主，多有川楚之风，唱词、唱腔也更为生活化。因陕南的多样地貌，民歌的内容也大有不同，既有唱"放羊"的，也有唱"赛龙船"的。

鼓舞和傩舞

安塞腰鼓活而不乱，几人到几百上千人都能起跳，狂放自如也不失整齐铿锵，脚下故意踢起的黄灰伴着刚刚之气挥洒，洒出一腔对土地的感谢与歌颂，成为世人眼中最有陕西味道的舞蹈。有学者考证，陕西民间现有鼓舞70多种。除了安塞腰鼓以外，还有洛川蹩鼓、宜川胸鼓、咸阳牛拉鼓等，都独具风格。不同的鼓舞不仅从鼓的形制上保持着上古时期的样子，而且表演形式、风格、活动目的和鼓舞的表现内容，也都在不同程度上保有传统文化和古代乐舞的一些痕迹。

戴着傩面"跳鬼戏"的傩舞，也和陕南有莫大的渊源。安康曾出土经考证为殷商时代的傩舞面具，也有研究者据此相信，陕南是傩舞的起源地之一。傩舞也叫"端公舞"，其中面具是最引人注目的道具，"摘下面具是人，戴上面具是神"。如今在陕南的秦巴山区，如汉中的宁强、城固，偶尔还

电影

> **关于陕西的纪录片**
> 《道情》纪实跟拍道情戏班
> 《铁路沿线》描摹宝鸡铁路的边缘人群
> 《瓦斯》讲述铜川陈家山矿难5年后的情景
> 《陈炉》展现黄土高原腹地的陶瓷古镇

成立于1958年的西安电影制片厂，是新中国成立以后西北第一个电影制片基地，见证了共和国电影的发展。中国电影第五代导演的领军人物张艺谋和陈凯歌的电影渊源都在西影厂。由陈凯歌执导、张艺谋摄像的《黄土地》使得两人同时成名，也把陕西浓墨重彩的黄土风光，骤然呈现在观众们看惯了青山绿水的视网膜上。时任西影厂厂长的吴天明慧眼推新人，也是陕西电影得以走向辉煌的原因之一。

1986年，西安电影制片厂导演吴天明执导的《老井》捧走日本东京电影节金麒麟大奖，作为男主角的张艺谋，也凭借此片获得最佳男演员奖，之后张艺谋踏上了导演之路。

随着第五代导演在影视方面的沉寂，影视作品中的陕西形象逐渐由画面变为声音：在《武林外传》和《疯狂的石头》等热门作品中，陕西话作为辨识度颇高的特色方言活跃出境。张艺谋在奥运会开幕式上呈现的腰鼓与人俑，也可以说是另一种陕西影像的展示。而西安电影制片厂在2000年已改组为西部电影集团，让人对陕西电影的力量又多了几分期许。

中国电影资料馆这座保存珍贵电影拷贝的档案馆，除了在北京有电影资料库外，另外一个收藏胶片的影片底片素材库，就藏在骊山脚下的临潼。

建筑

在跨越中国南北方交界线的陕西，环境是对每个地区建筑形态最初的影响因素。大体来看，从无檐到短檐再到长檐，从不用瓦到单层瓦再到双层瓦，从土坯顶到平屋顶再到斜屋顶，是从干燥的黄土高原到八百里秦川，再到多雨潮湿的陕南建筑的变化趋势。而悠久的历史和丰富的人文风情，也为各地的建筑添上了不同的风貌。

> **最美建筑 TOP5**
> 西安化觉巷清真大寺（见77页）
> 韩城文庙（见138页）
> 三原城隍庙（见160页）
> 青木川魏氏宅院（见258页）
> 佳县香炉寺（见223页）

关中传统宅院格局中正大方，细节以石雕、砖雕和木雕最为出彩。仍有些略显颓色但不减端庄的老宅院，藏在西安城墙根的小巷里，整个关中平原上，也散落着许多大气而华美的旧时院落，有些被整体搬迁到关中民俗艺术博物院保存。关中地区佛教兴盛，也有悠久的城隍信仰。清真寺入乡随俗成为中式庭院，大殿屋顶上大多铺着色泽澄净的琉璃瓦。你乘车路过一个个小镇时，也很可能遇到几座明清古塔孤立在原野中。

比起关中地区建筑上深厚的人文印记，陕北的建筑十分服帖于自然。陕北窑洞在延安、榆林等地最为集中，看似粗犷随意，却从选址到结构和装饰都精心度量。窑洞的使用寿命一般在百年以上，几代人建造的窑洞群还组合成了家族院落。在从渭北高原向陕北高原爬升的大小山塬上，也能见到不少依山构筑的单体窑洞。

山脉与河流是影响陕南聚落形态的主要原因。历史上的移民迁入也是影响陕南建筑风格的重要因素，安康地区和汉中地区虽然是近邻，但两处的建筑是一个有楚风遗韵，另一个却具巴蜀风情，历史上徽商到这里经营也带来了小规模的徽派建筑群。陕南人在这个相对封闭的生活环境中安居乐业，因此建筑的文化气息普遍弱于现实功能，表现出更为朴素生活化的外观。

饮食

陕西的饮食有比陕西更加绵长的历史，不仅兼收了不同民族的饮食风味，更因地跨中国南北方而呈现出双重的地域色彩。虽然八大菜系中并无陕菜，但吃不尽的上千种面食，以及"酸辣香"的陕西菜肴，都足以为你的怀古之旅增添一些美味的记忆。

陕西人的饮食给人留下的大多是粗犷豪放的印象，正如陕西人的性格一样。泡馍、凉皮、肉夹馍这些小吃早已名声在外，就连当地人对这些陪伴自己长大的食物，也没有更多言语上的描述，只会告诉你："这家的肉夹馍嫽咋咧（好吃）！"其实陕西美食的历史可追溯至西周时期，经过千余年的发展，又继承了历代宫廷小吃的技艺，才有了现在种类繁杂到难以尽数的陕西饮食体系。在当地人心中，没有经过至少上百年时间的考验，是担不起"传统"这两个字。虽然从外表来看可能有些朴实，但陕西美食的精心和讲究之处多有深厚的传统，可以说是抓住了生活在这片土地上所有人的心。陕西人的恋家和饮食有很大关系，远行归家的人必定要先吃上一顿当地的饭食，在外打拼的人嘴里永远念叨家中的一碗面条。个中滋味由胃入心，深深地烙印在老陕人的记忆深处。

陕西味道：酸与辣

走进陕西的餐馆，桌上永远会摆放着两个调味瓶，一瓶是醋，一瓶是油泼辣子。酸与辣是陕西人最喜欢的两种味道，无论是吃面条条、饺子、包子、凉菜，这两种调味品都是只能多不能少的。餐馆老板为了方便，索性提前做好准备，任你添加。酸得爽快，辣得过瘾，只有满足了这两样，老陕人才觉得吃得痛快。

陕西的岐山县从西周时期开始，就有了酿醋的历史，这里生产的岐山醋尤其出名，而岐山人更是把醋淋漓尽致地用到了有名的岐山臊子面上，汤多面少，酸味突出。因为岐山人做肉臊子的时候要加入大量陈醋，而醋也成了天然防腐剂，可以让肉臊子长久保存，所以家家户户常备肉臊子，随

明明是馍夹肉，为什么要叫肉夹馍？

外地人首次听说肉夹馍，都认为与事实不符。其实这是来源于古汉语的省略句式。原本应该是"肉夹于馍"，省略介词后就是"肉夹馍"了。单是关中地区的肉夹馍就有三种不同的类型。宝鸡西府的肉臊子夹馍，臊子中加入了陈醋，吃起来酸爽过瘾。西安的腊汁肉夹馍，讲究用老汤卤肉，肉要软烂醇香，馍要外酥里软。潼关肉夹馍，使用的面饼与白吉馍不同，外表焦黄，呈层状，条纹清晰，饼酥肉香，油而不腻。

时取用。

"陕西八大怪,辣子是道菜。"对陕西人来说,有时只要一个蒸馍加上厚厚一层油泼辣子,撒上盐巴,就可以美美地吃一顿了。制作油泼辣子,各家都有自己的秘方,精心选择的辣子面、芝麻、各种香料必不可少,油温的拿捏全靠经验,低温、中温、高温,分三次用油浇熟、泼香、泼红。色泽红亮、香辣诱人的油泼辣子是陕西人离不了的调味品。陕西秦镇米皮出名的原因,除了那里的米皮口感"瓤活"以外,就是油泼辣子尤其香得馋人。

陕西小吃

陕西地域窄长,北到榆林能够一览大漠风光,南到安康又是一片青山绿水。所谓"靠山吃山,靠水吃水",丰富的地理地貌,让陕西这片土地上的美食也丰富了起来。

人们耳熟能详的泡馍、凉皮等都应算是关中小吃,代表了以西安为中心的关中地区的饮食。西安的小吃主要又分回民小吃和汉民小吃两大类。凉皮、肉夹馍、葫芦头(猪大肠)泡馍,都是汉民小吃的经典代表。其实回族人显然对经营小吃生意更加在行,以至于羊肉泡馍成了西安人最不能忘怀的家乡味儿。西安小吃大都是老字号,但是开分店、扩门面的倒不多。店家的手艺都是祖辈传承而来的,很多店主都坚持每天定量供应,一旦卖完就只能"明天请早"了。他们没有强烈的服务意识,也不把你当外人。很多老食客喜欢的就是这种老地方、老伙计、老味道。食客在这里也完全不用拘束,尽可以大声说话,大口吃饭。

相较于关中,地处黄土高原中心的陕北物产比较贫乏,盛产的是牛羊肉、土豆和各种杂粮。所以陕北人想着法儿把土豆和杂粮做出了各种花样,洋芋擦擦、荞面饸饹、糜子糕都是常见的吃食。一定不能错过陕北的羊肉,尤其是横山羊,肉质鲜嫩、无膻味、香味浓郁。陕北的大地里生长着地椒草和红葱,它们是羊肉的绝好配料,去膻提香,有了这两种食材,陕北的羊肉即使不加调料微炖,也能让人吃得满口留香。羊杂会被做成杂肝汤,不忌食内脏的食客可以一试。

穿过秦岭就到了陕南,秦巴山区正好在南北交会的特殊位置,这里气

陕西八大怪

面条像腰带

锅盔像锅盖

辣子是道菜

板凳蹲起来

帕帕头上戴

房子半边盖

姑娘不对外

唱戏吼起来

好吃的伴手礼

黄桂稠酒 始于商周,色泽浓白,汁稠醇香,味似酒糟,酒精含量很低,小孩也能适量饮用。

腊牛羊肉 色泽红润,带回家可以直接食用。回坊的店家都有抽真空的机器,包装好能保存一周左右。

空心挂面 古老的面食小吃,制作工艺烦琐,光洁耐煮,最适合用来做酸汤面。

油泼辣子 有玻璃瓶分装好的,也有礼盒包装的,不辣但绝对够香。

乾县锅盔 乾县有三宝:锅盔、挂面、豆腐脑。这里的锅盔闻着香,吃着起酥,携带方便,保存时间长。

石子馍 将饼坯放置在烧热的石子上烙制而成,经久耐放,油酥咸香,很好消化。

岐山肉臊子 岐山肉臊子方便保存,可以买到瓶装的,回家直接取用即可。

水晶饼 被誉为秦式糕点之首,德懋恭生产的水晶饼是陕西人过节送礼必备。

候温暖湿润,农作物丰富,鱼稻、麦粟兼备,使得陕南人尤其擅长制作腌菜、腊味、河鲜和山珍。汉中热面皮是不得不尝的陕南小吃,大米磨成米浆,上笼蒸成薄皮儿,趁热加上醋、油泼辣子等调味,口感香滑软糯,吃起来有些像广东肠粉,味道却以陕西人最爱的酸辣为主。还有菜豆腐,豆浆中加入浆水菜酸汤形成豆腐块,质地细嫩,色泽清白如玉,酸香爽口。到了安康,制作腊肉则是当地家家户户的传统,熏制好的腊味可长期保存,终年享用,可佐餐、下酒、宴客,也是逢年过节最不可缺的美食。

陕西人的面食

关中平原土地肥沃,尤其适合种植小麦,所以面食自古以来就是当地人饮食的根本所在。面粉到了陕西人手里会变化出无数种可能,锅盔、面条、花馍等,一天吃一种也能一个月不重样。臊子面、裤带面、摆汤面、蘸水面、刀削面、干拌面……单是臊子面又有岐山臊子面、关中臊子面等地域上的差别。每个陕西人对面条都有自己的坚持,薄厚、宽窄、嚼劲儿都成了会影响食欲的关键。在他们眼中,机器压制的面条只能是时间仓促时的无奈选择,想吃到好的面条,一定得先花工夫把面团反复揉上劲,经过擀压,或扯,或拉,或犁(犁面就是把擀好的面用刀切成细条),有了手的温度,吃到嘴里才暖心暖胃。以前当地有句话是"好媳妇,一碗面",只要有一个会做面的媳妇,就能让男人看到幸福生活的希望。面食的花样不止于面条,面粉和不同分量的水调和,运用揉、搓、搅等各种手法,就会呈现不同的状态,煎饼、鱼鱼儿、麻食等,种类繁多,超乎想象。

有句老话叫"不时不食",就是说饮食一定要顺应季节,这一点也充分体现在陕西人的面食情结里。开春,头茬韭菜割过以后是尝鲜的最好时候,面粉兑水和成糊状,摊成煎饼,卷入炒好的韭菜、豆芽、土豆丝,咬一口仿佛就能感受到整个春天的清香味道。韭菜做馅可以包饺子、包包子、炸菜盒,都是这个季节的美味。炎炎夏日里,陕西人也有办法用面食来解暑降温,再普通不过的面汤里放入芹菜窝成浆水,酸爽开胃,是当地人天然的"藿香正气水",一碗浆水汤下肚保证你暑意全消。用浆水菜做成的浆水鱼鱼儿、浆水面,会让人立马食欲大增。每年的6月中旬是收割麦子的时候,新收的麦子要静置至少3个月以上,晾干后才能拿来磨成面粉,这样能增加筋度。所以到了秋天,陕西人才能真正尝到新麦的滋味。对喜好面食的人来说这是真正幸福的时刻,新麦香味浓重,口感筋道,咀嚼后会有甘甜的回味,无论蒸馒头还是做面条,都能透出那种原始质朴的滋味。冬日里可以暖身发汗的美食就更多了,比如泡馍、烩麻食、臊子面等,还有一种叫老鸹撒,类似于面疙瘩,两头尖中间圆,用甲鱼汤和各种蔬菜烩成,既有营养又补身。

传承发展中的陕菜

陕菜历史悠久,却并未包含在中国八大菜系之中,反倒不如陕西小吃那样负有盛名。如今传统美食越来越受关注,陕菜才慢慢有了重新发展之势。传统陕菜要求主味突出,滋味纯正,以鲜香、脆嫩、清爽、酥烂为主。陕北、关中、陕南的菜肴风味又不尽相同,葫芦鸡、烩三鲜、煨鱿鱼丝、带把肘子都是关中道上的菜肴;铁锅炖羊肉、红焖羊肉自然是陕北风味;而陕南菜的独特风格在于酸辣重口,喜欢用泡菜、辣椒调味,土豆片炒腊肉、

> 需要多少泡馍的汤量有专门的说法——"水围城"是指汤量偏大;"口汤"是指要求泡馍吃完以后,刚好剩下一口汤;"干泡"是指汤量极少,吃完泡馍不见汤。

陕西的葫芦鸡是陕西菜中的金牌菜品，经过煮、蒸、炸多重工序，整只鸡上桌，皮酥肉嫩，一旦动筷，骨肉自然分离，香烂味醇，还要配一小碟椒盐。在西安饭庄、西安人民大厦等传统陕菜饭店里，都能尝到正宗的葫芦鸡。

鸭嘴鱼、紫阳蒸盆子都是当地的代表菜品。

最近几年，陕西逐渐出现了很多以经营新派陕菜为主的中高档私房菜餐厅，主厨当中有资历深厚的传统陕菜烹饪大师，也有年轻、时尚、有创意的厨艺界新秀。他们共同的目标就是改良发展传统陕菜，将它以更完美的形式呈现给食客。新派陕菜依旧保留了传统陕菜的主要味道，但在造型上吸取了淮扬菜等其他菜系精致的装盘技巧，将营养、器皿、意境与菜品相结合，给人更好的美食体验。

好酒好茶

"黄桂稠酒"是陕西人的发明，它是米酒的浓稠升级版，加入甘醇的桂花提味，是陕西人家的必备饮品。当地有很多文人论证，"李白斗酒诗百篇"喝的就是这种酒，因此黄桂稠酒在陕西的普及完全应了陕西人的心理：继承老祖宗的传统是他们展示品位的最好方式。

老"国"字号的西凤酒，口感极为浓烈，度数高、酒劲大，在崇尚有香调、温和的新口感的白酒客中，不是那么容易被接受，但是西凤之于陕西人，就和二锅头之于北京人一样，要的就是这个范儿。

陕西当地的啤酒有汉斯和蓝马两种品牌，口感偏淡。

陕南是陕西茶叶的集中产地，茶叶种类很多，其中汉中仙毫、紫阳毛尖、午子仙毫和富硒茶较有名气，入口鲜香甘醇，耐泡且有保健作用。但因为交通不便，不善推广，这些茶多是自产自销，在陕西境内流通。

节庆与风俗中的吃食

传统的春节和元宵节仍是陕西每年最热闹的节日，大多还是以吃饺子和元宵为主，辅以丰盛的家常菜。赶上城隍庙会和元宵节会，也能让你过足小吃的眼瘾和嘴瘾。

如遇乡下婚嫁，还有可能看到乡下酒席，可以尝到很多传统的陕菜。土灶做成的"八大碗""十二件"是丧葬婚嫁中的传统菜肴，很有讲究，规矩颇多，并且程序复杂，曾在乡村宴席上辉煌过数十年。这种宴席通常临时搭建土灶，厨师也都是各个村子里的名厨。"八大碗"以烧、烩、蒸为主，通常包括带把肘子、甜盘子、扣肉、粉蒸肉和丸子汤等8道菜。其中扣肉是经典菜式，以五花猪肉为原料，切成大块，配上佐料，经过煮、炸、蒸后出锅，肥而不腻、入口即化、老少咸宜。"十二件"则是凉热皆有、荤素搭配，其中大的热菜和"八大碗"类似。席面的菜式也不完全固定，富人家讲究

怎样吃得像个老西安？

游客们通常会在中午或者晚上吃一碗泡馍，但在老西安的传统里，泡馍其实是一天的早饭。吃泡馍的时候，只要馆子不是很忙，就一定要自己掰馍，越碎越好，边掰馍边和人"谝"。泡馍有优质和普通两个选择，我们推荐普通的，这样更能吃到地道的本味。馍掰好以后，可以根据自己的喜好告诉服务员你泡馍需要多少汤。热馍上桌特别烫，不要搅拌，越搅馍越糊，要用筷子从碗边刮馍吃，就上糖蒜一块吃，"嫽咋咧"！

西安人吃面前会先要一碗热面汤泡着，一边等面一边剥蒜，如果桌子上没有生蒜，就问老板要，老西安人吃面时，没有生蒜就不高兴。热面上桌，再就着生蒜一起吃面，几口面下一口蒜，面吃得差不多了，再喝温度刚好的面汤，俗语说"原汤消原食"，就是这个理儿。

排场，原料更丰富，菜也更精细；经济状况一般的人家菜式朴素一些，但规矩一点都不会少。不过随着日子越过越好，土灶已渐渐消失在人们的视野里。如今在一些土菜馆还能尝到这些传统的陕菜，但平常人家已经极少再做席面了。

　　陕西居住着一定数量的穆斯林，因此开斋节也是很重要的节日。开斋节（伊斯兰教历的10月1日）是穆斯林斋月结束的日子。开斋节前有一个月的斋戒，每天黎明至黄昏这一段时间禁止一切饮食，其他时间饮食则不受限制。斋戒的最后几天，穆斯林还会准备馓子、油香、花花等传统食品走访亲朋好友。开斋节当天，过节的人家会做丰盛的传统食品，全家人聚在一起，庆祝节日。

环 境

南北分界线从秦岭—淮河一线穿过，中国的南方和北方在此相遇。在陕西旅行，你会遇见西北荒漠，撞上亚热带森林，戈壁斜阳落进深山烟雨，一时是裸露的大地上戳着寥寥几株栎树和莎草，一时是苍郁的森林，远远传来的水声告诉你，瀑潭就藏在不远的地方。

> 黄河在陕西省的流域面积占全省面积的一半还多，但水量和长江根本不在一个数量级，加之挨着黄土高原，使这里降雨稀少。

地理与地貌

陕西位于中国大陆中部，东边与山西隔黄河相望，西边则与甘肃和宁夏相连，北边接壤内蒙古，南边则紧挨着四川、重庆、湖北与河南。陕西的面积近于浙江和江苏的总和，但山地和丘陵几乎占了全省总面积的四分之三。

陕西省呈南北略狭长的形状，且地貌差异明显，在大地上纵跨三个大地质构造单元，南北地势高，中部较低。我们也可以此为据，简单粗暴地将其横切为三大块，从北到南分别是：陕北高原、关中平原和秦巴山地。

陕北高原占了陕西的半壁江山，以黄土高原为主体，海拔900～1500米，在历史上是农牧民族拉锯战的主战场。如果你在飞机起落时稍加留意，就会发现这片大地上植被残存无几，唯有沟壑纵横如叶脉般排布，确实值得嘹亮地喊出"我家住在黄土高坡"。东边的省界黄河在这一段深深切进地壳，形成绝壁林立的晋陕大峡谷。中间的关中平原，由地层断落下陷的黄河最大支流渭河冲积形成。这里比南北都要低洼，地势平坦，农耕发达，人口稠密，历来是陕西最富足的地方。南边的秦巴山地已属长江流域，这里是"两山夹一川"：东西走向的秦岭和大巴山两条山脉，夹着狭长的汉江谷地，而汉江正发源于秦岭西段南坡，并有诸多支流。作为中国南北方分界线的秦岭，不仅栖居着种类繁多的野生动物，也有极为丰富的植

黄土高原的土是从哪儿来的？

黄土高原的黄土层据说可达200米厚，地质学家们争论了很多年这些黄土是从哪儿来的。100多年来，他们提出了20多种假说，有说是被大风从其他地方刮过来的，有说是水冲当地岩石而来的，也有说是当地岩石风化来的，还有人说是风与水合作形成的，等等。近些年，经过补充修正的"新风成说"最为人所接受。想研究黄土的来源，土层剖面是最好的材料，延安市洛川县是可供研究的典型样本（洛川国家黄土地质公园）。剖面上，一层黄土代表着寒冷干旱的几万年，一层红壤则代表着温暖潮湿的几万年，层层叠叠如大地年轮。土层里的植物孢子、种子、动物乃至早期人类化石，也都常常用来给土层在时间轴上定位。

正如喜马拉雅山"长高"一样，黄土高原也在继续增长，而且近几万年来，每1万年会长高1米多，增长速度似乎变快了些。

陕北高原

假如你从北部进入陕西,第一段路一定会让你叫苦不迭。你将首先遭遇一片沙漠(确切地说是内蒙古的毛乌素沙地),狂风碎石黄沙,彻头彻尾的塞外风情。这片荒漠属于陕北风沙高原,行政区划上归属榆林市,其间点缀着许多大大小小的湖泊(当地人称"海子")。中国最大的沙漠淡水湖红碱淖号称"昭君泪",镶嵌在沙漠中尤为美丽,只可惜由于注入河流的上游建坝截流和采矿等原因,湖体日渐萎缩。2014年,红碱淖自然保护区晋升为省级自然保护区。

这片荒漠的南边有许多不同朝代修建的长城遗址,至今仍沿着东北—西南方向绵延横亘。这些便是农耕民族战胜游牧民族的丰碑。翻过它们再往南,你就踏上了黄土高原。这里是中国黄土分布的中心区域,也是水土流失最严重的地方。

在黄土高原上行走,每个人都会不由自主地感慨大自然的力量。风从沙漠和戈壁搬运过来原生的黄土,水则侵蚀出了如今的千沟万壑。如同大自然的"鬼斧",黄河的干流和无定河、延河、洛河三条支流,都在这里雕琢着自己的作品。黄河在晋、陕之间自北向南纵切黄土高原,一路到龙门流出峡谷进入平原,在陕西省内蜿蜒了700余公里,长期巨量的侵蚀造就了黄河流域沟壑纵横的景观。陕北西北的定边县就是陕西全省年降水量最少的地方,这里与甘肃交界处的花马池盐湖,也是历史上著名的盐场。

关中平原

风尘仆仆地穿过黄土高原,翻过一段有裸岩的北山,你就走到了"八百里秦川"——渭河平原。地质学上称之为"渭河地堑",两边的地块(黄土高原、秦岭山脉)上升时,这里整块陷落下沉。平原形成后,渭河及其支流携带大量泥沙填充、淤积,便成了沃野千里、自古丰饶的关中。

渭河下切,越流越深,加上偶尔的地壳抬升运动,河流两侧出现十分典型的阶梯形地貌。这种阶梯又被渭河的支流切割破碎。无定河、延河、洛河、泾河等较大的河流两岸,都发育着自己的河漫滩和阶地。黄土台塬分布于二级阶地的外侧,呈台阶状,当地人从最高一级台阶往下数,依次称为"头道塬""二道塬""三道塬"等。赫赫有名的五丈原、白鹿原指的就是这类地貌。不过,这些三国时期一马平川的大平原,经过隋唐畜牧变农耕、农耕变畜牧的反复塑造,尤其是经历了唐宋时期番兵驻军屯田,以及宋代弓箭手的"给田募役",早已残破不堪、沟壑万千,没有了当初的风貌。

秦巴山地

陕西南部的秦巴山地是中国生态环境保存得最好的地区之一,各大高校和研究院所都纷纷在此建立科考站。根据陕西省2015年发布的年度环境状况公告,截至2014年底,全省共有23个国家级自然保护区,有一多半都在秦岭上。

东西走向的秦岭是昆仑山脉的延伸,长约1500公里,主体在陕西和四川。秦岭南侧的景致完全不像陕西,倒是更接近水润俏丽的四川,悠长缓和、河流源远流长;北坡陡峭,号称"九州之险",多断崖峡谷、瀑布、急流

村庄名里的地理名词

干旱的黄土高原并非滴雨不下,它的年降水量甚至不低于华北平原的一些地方。短时而集中的降水来势汹汹,将深厚的黄土塑造得千姿百态一你也可以说它是"山河破碎"。流水侵蚀出的沟谷,将平坦的黄土塬划成一条条宽窄不一的山顶平地(梁),甚至一个个馒头状的山包(峁)。处于这些位置的村庄也因势而得名。

环境 地理与地貌

季风吹过陕西

陕西纵跨近8个纬度,地貌丰富,气候类型也很多样。总的来说属于典型的大陆性气候,四季分明,冬冷夏热,昼夜温差大。

冬夏、干湿的明显差异,主要是因为这里季风性气候显著,加之地理环境差异也很明显,造就了陕西南北部的气候差别。陕北四季晴朗,天高云淡,干燥少雨;陕南则常年湿润葱郁。关中和陕南7月下旬至8月中旬的盛夏尤为严酷,极少降水,气温常在35℃以上,但夏季仍为雨季,尤其在陕南,近年夏天频频出现极端暴雨天气,引发泥石流和山体滑坡,道路塌方等事故时有发生。关中平原和汉中谷地都在少雨区,热起来与长江沿岸的各大火炉相比也毫不逊色。秦岭山地的垂直气候变化剧烈,即使盛夏前往太白山登顶,也要穿上厚厚的御寒衣物——陕西最冷的地方并不是吹着大风的陕北,而是秦岭海拔2500米以上的山区。

和险滩,有72峪(深切峡谷)。

秦岭山体是花岗岩,形成时拔起得突兀,海拔多在1000~3000米。天气好的时候,从西安城里望过来,秦岭如同海面上的冰山。它阻隔了北方干冷空气南下和南方湿热空气北上,于是秦岭—淮河一线就成了我国南北最重要的自然分界线。地理上它隔开黄河与长江水系,气候学家视其为温带季风气候与亚热带季风气候、湿润与半湿润地区的分界线;植物学家认为温带落叶阔叶林和亚热带常绿阔叶林在此交会;动物学家见到古北界和东洋界的不同物种在此共同生存……这条线还勾勒出1月平均气温0℃等温线,如果你在冬季翻越秦岭,能看到北边河流冰封冻结、南边小溪水声潺潺的景象。即使是乘车路过,窗外的农田和作物都会有所不同:北旱地南水田,北麦南稻,北花生南油菜,北甜菜南甘蔗,令人难忘。

继续向南就是汉江谷地和大巴山。这片区域一点儿也不"西北",也总有人将陕南与四川相比。汉江谷地两侧多石质山地,小峡谷与宽谷坝子交错,常常出现"山重水复疑无路,柳暗花明又一村"的景致。大巴山褶皱、断裂强烈,是典型的岩溶地貌,与湖北的神农架、巫山相连,是陕西与四川的界山。

野生动植物

由于陕西自然条件复杂,所处地理位置不仅是南北过渡带,也是东西交会之地,所以植被类型的南北差异十分明显,从长城沿线的温带草原带,经过渭河谷地向南,秦巴山地已经是落叶阔叶与常绿阔叶混交林。而且秦岭的大多数植物品种都生长在秦巴山地中。作为自然的南北分界线存在的秦岭,同时也是动物地理区的东洋界和古北界的分界线,生活在这里的脊椎动物就占中国脊椎动物总种数的近四分之一。秦岭末端又与青藏高原衔接,成为华北、华中和青藏高原三地生物的交会过渡地带,也是生物种源的汇集处。

由于人类长期生活在秦岭以北的关中和陕北地区,几乎所有地面的自然面貌都已经被开发殆尽。尤其是陕北大部分地面皆被垦种过,如今绝大部分地面裸露,仅在南部山地留有小片森林。近年来,关中的田野上又重新出现了野鸡(环颈雉),这或许是野生动物生存空间回归的一种体现。秦岭3000多米的海拔则为植被的垂直地带性分布提供了天然的条件,在不同的气候、降水量和植被条件下,这里也有诸多飞禽走兽栖居,更是许多古老孑遗生物的避难所。也许正是因为这里山高路陡,阻挡了人类的脚步,才使一些珍稀动植物仍存于世上,除了"秦岭四宝"——朱鹮、大熊猫、金丝猴和羚牛以外,红豆杉、冷杉、厚朴、独叶草等也得以存活。

植物

陕西最北的榆林荒漠属于长城沿线风沙草原植物小区,生长着一丛丛"灰头土脸"看不出所以然的各种草本,它们的茎叶往往坚硬割手,根系十分发达,可以连续铺展数米。这里的植物和内蒙古草原"血脉相连",或沙生,或喜盐碱,是世界上最顽强的植物种群。

陕北中部丘陵沟壑纵横,地表切割严重。有植被的地方生长着长芒草、艾蒿和百里香等植物,也生长着栎树、油松、侧柏、桦树等高大的树木,却多属人工植被,谁也不知道这里原来是草原还是森林。

太白山是秦岭的主峰,除了有独叶草、星叶草、红豆杉等珍稀植物以外,还有许许多多以"太白"冠名的植物,如太白红杉、太白杨、太白贝母、太白参、太白美花草等,十分值得一看。

爬秦岭的时候如果一路向上,明显的植被垂直地带性分布就会呈现在你的眼前。最易辨认的是树木叶子逐渐变小:山脚是阔叶林,叶片轻薄舒展,对着阳光几乎是透明的;越往上爬,叶子逐渐变小、颜色变深,植被变为针阔叶混交林,出现寒冷地方才有的桦木林;再往上,就是以冷杉、落叶松等为主的针叶林了。如果你能再坚持一段路,林地会戛然而止,草地出现,这是高海拔特有的高山灌丛草甸。秦岭的桦木林尤为特别,以红桦为主,而不是人们熟知的白桦,红桦的树皮是鲜红色的,也像白桦那样裂开挂在树上,像红旗般迎风招展。

翻过秦岭就进入了陕南,这里是常绿或落叶阔叶林的天下。秦岭的南坡还有大片竹林。大巴山虽然没有秦岭高,但也有自己的特有植物——崖柏,以及其他一些珍稀植物,如光叶珙桐、巴山榧等。

动物

由于秦岭以北被开发得太久,陕北高原和关中平原已经很难见到野生的大型哺乳动物了。陕西的绝大多数野生动物都生活在秦岭之中。国宝大熊猫是中国野生动物中的明星。人们往往以为只有四川才有大熊猫,这可能是因为四川大熊猫的媒体曝光率较高。事实上,陕西佛坪的野生大熊猫分布密度远远高于四川,每2~3平方公里就生活着一只大熊猫。秦岭大熊猫鼻骨比四川大熊猫短五分之一,所以看起来脸更圆,神态更萌。但要注意的是,虽然以竹子为主食,熊猫的脾气可不是看上去那么可爱,千万不要惊扰它们。

在秦岭,动物也随着植被的垂直分布栖息于不同的地带中。海拔700~1300米的落叶阔叶林中生活着灰头绿鸦、猫头鹰等鸟类,"四宝"之一的朱鹮也在这一地带生存。秦岭南坡的溪流库塘中栖息着大鲵和中华大蟾蜍,灌草丛中的蛇类也很常见。自1300米向上到海拔3000米左右的地带,低处的落叶林带有狍、麝、熊、獾,海拔2500米的峻岭则是金丝猴生活的地方,这些川金丝猴毛色金黄,鼻孔仰面朝天,又称"仰鼻猴"。川金丝猴与大熊猫的栖息地重叠,因此为保护大熊猫而建立的保护区,也带给了它

沙棘、沙竹、臭柏、长芒草、猪毛蒿等,都是生命力顽强、征服黄土的第一批植物,被称为"先锋植物"。如果它们出现在了原来良好的草场上,就意味着原先的植被已退化,只剩下别的植物不能存活的空间。

如果你实在喜爱大熊猫，成都大熊猫繁育中心和央视合作推出了一个网站：iPanda熊猫频道（https://www.ipanda.com/），并在iPanda的手机应用程序上24小时直播国宝们的动态。

们不少好处。2600米以上的桦木林带中，还有珍稀的鬣羚等食草动物。在海拔2800~3400米的冷杉、落叶松林带中，动物比下面少了很多，但珍稀的羚牛恰恰生活在这一区域，同时这里也是岩羊等耐寒动物的隐居之地，它们常在悬崖峭壁上活动。秦岭的羚牛非常漂亮，皮毛是金色的，在阳光下异常华丽。最高处的高山灌丛草甸是太白藏鼠兔的生活场所，岩羊与羚牛等动物也会时常光顾这里。

主要环境问题
空气污染

当人人都在谈论PM2.5时，就说明本地的空气质量已经到了令人无法忽视的程度。陕北的煤炭工业所带来的污染，绝非"空气污染"这四个字可以概括。燃煤污染空气，带来酸雨，改变河流的水质。城市里蒙着灰灰的一层尘埃，令人分外压抑。铜川水泥产业所造成的粉尘污染，也为陕西的空气带来了相当数量的PM10微粒。

据陕西省大气污染防治机构的通报，目前陕西已经出现了臭氧浓度过高、范围扩大的状况，形成了臭氧污染，在夏季尤为严重。由于部分地区夏季日照强，又没有风，臭氧浓度便随着日照时间延长而逐渐加强，在低空形成对人体有害的光化学烟雾。空气污染从另一角度促进了秦岭的旅游开发，因为有秦岭这个天然的"森林氧吧"，依附于秦岭的诸多森林公园成了陕西人躲避城市空气污染的最佳选择。

水土流失

陕西是中国水土流失最严重的省份之一，而这正是黄土高原面临的最大环境问题。这里属半干旱区，黄土极易受到暴雨、径流的侵蚀。极为脆弱的自然生态系统中还叠加了极不合理的强烈人类活动。历史上，这里是游牧民族与农耕民族拉锯战的战场，至今仍是重要的农耕区。人类活动改变了小环境，进一步影响了大环境。河道迁移，滩涂增多，黄土被搬运，环境的改变又迫使人们重新选择居住地以及农耕、畜牧的土地……周而复始，便造成了当地和黄河下游的糟糕环境。国家每年都投入巨资在这里进行生态环境建设，努力推行退耕还林还草。但也有中科院研究人员认为，这里的植被恢复应该进入自然演替阶段，不宜继续人工扩大面积，否则植被对土壤水分需求量越来越大，反而会导致水分亏缺越发严重，甚至造成植被和生态系统退化。

野生动物栖息地支离破碎

尽管秦岭有国宝，但道路的修建和人类居住地的扩大，一直在不断将野生动物的栖息地切割成一个个孤岛。秦岭的大熊猫和四川西北部横断山中的大熊猫本是一家，但如今却已无法互相走动、交流。破碎化的栖息地对应着小而多的保护区，这样的结果就是孤岛上的动物们基因库太小，逐渐各自灭亡。保护野生动物，不仅要保证它们能够栖息的面积足够广阔，还要保护整个区域里的各种生物及其关系和所处环境。

大熊猫国家公园

2021年10月12日，在《生物多样性公约》缔约方大会第十五次会议上，大熊猫国家公园正式设立。整个国家公园由四川省岷山片区、邛崃山一大相岭片区、陕西省秦岭片区、甘肃省白水江片区组成，总面积27,134平方公里，有野生大熊猫1631只。

生存指南

出行指南 **326**
住宿 326
证件 327
保险 327
银行 328
购物 328
邮政 328
电话 329
上网 329
旅游信息 329
气候 329
工作时间 330
团队游 330
摄影摄像 330
危险和麻烦 330
独自旅行者 331
无障碍旅行 331
女性旅行者 331
LGBT+旅行者 331
志愿服务 331
活动 332

交通指南 **334**
到达和离开 **334**
飞机 334
火车 334
长途汽车 334

省内交通 **335**
飞机 335
火车 335
长途汽车 335
自驾游 336
搭便车 336
自行车 336
当地交通 **336**
公交车 337
地铁 337
出租车 337
自行车 337

健康指南 **338**
出发前 **338**
保险 338
其他准备 338
常备药品 338
旅途中 **339**
传染性疾病 339
环境引发的疾病和不适 .. 340
女性健康 341

幕后 **342**
索引 **344**
地图图例 **349**
我们的作者 **350**

出行指南

住宿

在陕西的城市和乡镇都不难找到性价比不错的住处，西安等关中地区、汉中和延安等较热门的旅游目的地选择尤其丰富，但淡旺季的价格波动也更明显，尤其是华山、太白山、壶口瀑布等知名景点，在暑期的周末以及小长假等绝对旺季，房价可能比淡季翻上几倍。此外，一些季节性较强的地区，如春天看油菜花的汉中、勉县、洋县等，夏季主打避暑的秦岭周边景区，以及春节期间陕北横山、安塞的腰鼓表演或宝鸡虢镇、陇县社火等民俗活动举办期间，当地的住处同样抢手，遇上这些情况都需要预订。与此同时，秦岭周边景区，如黄柏塬、黑河国家森林公园厚畛子镇、周至老县城以及陕北的壶口瀑布等景点的农家乐，冬季大多闭门歇业，出发之前建议致电确认。

另有一点需要注意，不少酒店会在网站上标注带有空调，但空调没有暖风，冬季仍会使用集中供暖（通常为11月15日至次年3月15日），其中不乏政府接待酒店和一些高档酒店。这意味着在极易遭遇强降温天气的11月初和3月底，房间没有暖气或电热毯供应。

陕西大部分住处仍需缴纳押金（与订房网站给你的福利没有关系），用现金或手机支付皆可。

食宿价格范围

本书所列的食宿是按照作者推荐程度而不是价钱高低排列的，推荐度高的会排在前面。书中我们标注的房价，一般为标间价，即包含一张大床或两张小床，以及独立卫生间。普通间没有独立卫生间。青年旅舍会加标床位价格。除非特别注明，否则房价不含早餐。所有的价钱都是淡季价。

分类	住宿价格范围	就餐价格范围
¥（经济）	200元以下	人均50元以下
¥¥（中档）	200~400元	人均50~100元
¥¥¥（高档）	400元以上	人均100元以上

青年旅舍

在青年旅舍很容易得到包车拼车、旅游路线或拼团等旅游信息，也有可能结交到行程相仿的旅伴，那里提供的电脑、自助洗衣甚至简易厨房等设施也很适合独自出行的旅行者。但你如果喜欢私密、安静的环境，青旅并不是最好的选择。

截至2021年，陕西只有西安的4家青年旅舍加入了**国际青年旅舍组织中国总部**（YHA China；www.yhachina.com），持有YHA会员卡（年费50元）可以享受会员价，通常是每个铺位便宜5元。不过订房网站通常会有更便宜的房价。西安也有不少独立运营的青年旅舍，不过部分开在居民楼公寓中的青年旅舍卫浴数量不足，在旺季常需要排队。除西安以外，仅在咸阳和华山景区周边有少量青年旅舍。

民宿、客栈和农家乐

在距离市区较远的景区内或景区周边，常有不少当地村民将自家住房改建成家庭旅馆、客栈或农家小院。住在这里不仅可以对当地的风土人情有更多了解，吃到当地特产或农家美味，比较成熟的经营者还会根据周边资源提供一些旅游服务,比如洋县的农家乐可安排观鸟行程,太白山和勉县的一些农家乐出售温泉或滑雪优惠票等。

民居、客栈和农家乐的条件普遍比较"接地气",不过房价随设施和旅游季节波动较大,若对住宿条件要求较高,最好先看房再决定。以淡季为例,大多数农家乐标间为60~100元,而一些设施齐备、颇有设计感或拥有景观的民宿房价也可高达数百元。此类住宿还有一个优势,若要前往一些公共交通抵达不便的景区或村镇,老板大多能提供有偿或无偿的交通接驳服务,位于景区内的民宿甚至还能帮你省去门票或观光车费用。

西安市内和周边(尤其是蓝田)有许多不错的民宿,一些市区的民宿拉开窗帘就能看城墙(见98页方框)。利用延安、铜川的窑洞和咸阳三原柏舍村的地坑院开设的民宿都极具陕西特色;韩城党家村、铜川陈炉古镇、澄城尧头窑、延川黄河蛇曲国家地质公园等景区的农家乐可深入体验当地文化;岐山北郭民俗村、礼泉袁家村、洽川湿地的农家乐适合品尝当地美味;秦岭周边如周至老县城、黄柏塬大箭沟,以及汉中的留坝、长青华阳、安康的石泉、商洛的山阳等地的农家乐都是山清水秀的避暑胜地,适合小住几日。

连锁快捷酒店

陕西的地级市有各种档次的连锁酒店,而越来越多的经济型连锁快捷酒店也入驻了各个县城。这些酒店拥有市中心或靠近交通枢纽的地理位置,加上标准化的配置和服务流程,不失为保守又放心的选择。订房时不妨留意一下开业时间或最近一次装修时间,超过5年的房间设施通常会有不同程度的老化,近两三年装修过的通常状态较好,可以放心入住。

在陕西各县城(尤其是关中地区)设点较多的连锁品牌有汉庭、尚客优、如家和格林豪泰等,价格多在百元上下,新开业的会稍微贵些。城市里通常还有亚朵、全季、丽枫、锦江之星等中档连锁酒店,房价从150元到两三百元不等。

小型酒店和私人旅馆

这类住宿在县城和乡镇最为常见,条件设施稍优于农家乐,不少新开的小酒店设施和卫生都能与快捷连锁酒店比肩,价格一般在150元内。由于是个体经营,试着跟老板讲讲价,大多都有松动的可能。

度假村

陕西的度假村通常是在环境、景观较好或有特殊自然资源的地方,也有一些在景区附近,但并不普遍。在西安临潼、蓝田及太白山的汤峪等地有一些温泉度假村,适合经济和时间都较为宽裕的旅行者。

露营

除了长线的秦岭徒步需要扎营外,常规线路没有露营需求。太白山、关山草原等景区允许露营。不过山区和草原天气多变,早晚温差大,要做好防雨防寒的准备。秦岭山林中不仅有众多野生动物,夏天的蚊虫、蛇和胡蜂对露营者也颇具威胁,必须做好相关防护和应急预案。

长期或短期租房

几乎各大订房网站都有"短租公寓"的栏目,供旅行者短租小住,这种住宿方式尤其适合家庭游。单人出行可选择在**爱彼迎**(zh.airbnb.com)上与房东共享一套公寓,或许还能得到一些实用的旅行信息。在预订前,要用你的江湖经验确定一下房东是否可靠,女性旅行者可以尽量选择同性房东以降低风险。秦岭周边各景区附近的农家乐适合夏季避暑小住,可直接致电讲价。

证件

在陕西省内旅行,最好随身携带身份证。许多博物馆都需要实名登记或凭身份证领票,乘坐市际班车也需凭身份证买票。此外,65岁以上的中老年人凭身份证可购买半价景区门票,70岁以上可免门票。

学生、军人、导游和记者等务必带上相关证件,有可能享受门票优惠。不过研究生证已经被大多数景点排除在外。

保险

为了尽可能地降低旅行风险,购买保险非常重要。一份合适的旅游保险可以对你旅行中因人身意外、财物遗失、医疗急救乃至交通延误而产生的损失进行一定比例的赔偿。当然在购买前,还应仔细推敲每一项条款。

一般来说,旅游意外险包括航空意外,这通常比单独购买航空意外险更实惠。如你在行程中偶有参团旅行，它还可以作为"旅行社责任险"的补充。非自驾旅行者去往某些景点需要包车，而大多数车辆为私人运营，这意味着一旦出事没有任何保障可言，所以一份旅游意外险对自助游的旅行者十分必要。但传统的旅游意外险并不包括极限运动造成的损失，尤其是户外运动或难度较高的秦岭徒步穿越等，应提前购买人身意外伤害险。美亚保险推出的"畅游神州"和"驴行天下"都承保多种热门户外运动项目，后者包括无海拔高度限制的登山、野外生存和自由攀岩等项目。

在购买火车票、长途汽车票时，一些车站会主动搭售保险。根据保险自愿的原则，旅客有权拒绝（最好购票时提前声明）。即使没有另外购买保险，票面也已经包含了承运者的保险责任。因此如果发生意外，依然有权进行索赔。

如果租车进行自驾游，建议事先了解车辆已上保险的范围，此外建议加购一份"不计免赔险"。这个险种能将大部分车主事故责任所承担的赔偿金额转嫁给保险公司，一般每天30~50元。若携带比较昂贵的相机等装备，也可以考虑购买财产险。

银行

陕西的各地级市和县城，都很容易找到银行和带有银联标志的自助取款机。在比较发达的乡镇基本也有农业银行或建设银行，但农村信用社和邮政储蓄银行更为普遍。跨行取款会产生额外费用，而同行异地取款的手续费已经取消。

移动支付在陕西已经十分普遍，不管是景区、餐厅、宾馆，还是乘坐班车或公交车，一般只要有手机信号的地方就支持移动支付，微信支付比支付宝更普遍。不过还是建议你携带一些现金和零钱以备不时之需，前往偏远村落或山区可按一天300元的预算准备现金。

购物

传统的陕西特色伴手礼非形形色色的手工艺品和农副产品莫属。西安自然是采购的大本营，回坊、东大街和书院门就够你慢慢淘上一天。各大城市的大型超市也基本都有陕西特色食品专柜，不过景点售卖的皮影、剪纸等手工艺品很有可能是流水线产品。如果你正好到了这些商品的原产地，在当地购买会更正宗且更划算，何况现在物流发达，你可以随时快递到家，不用为一路背着而烦恼。此外，各大博物馆的文创商店为古老的文物赋予了时髦的创意和设计，从首饰、服饰到文具、摆件无所不包，也不失为一种新潮又不失内涵的礼品。

陕北比较常见的纪念品是剪纸和腰鼓，宝塔山游客中心二层有一家规模较大的纪念品商店。安塞有不少剪纸、农民画和布堆画的工作室；榆林的陕北婆姨剪纸是剪纸艺人曹宏霞的工作室，最便宜的只需20多元；在洛川，你甚至可以联系或拜访毛麻绣、蹩鼓、泥塑、农民画、树皮画等手工艺工作室，把"非遗"带回家。

此外，洛川苹果、延川红枣、延安小米、佳县吴堡空心挂面和各色杂豆等是较为有名的农产品。

在关中，宝鸡凤翔有"民间工艺美术之乡"之称，以泥塑著称的六营村更是会集了一大批能工巧匠。整个村庄如同一个大型手工艺展销市场，泥塑、马勺脸谱、麦秆画、皮影等都能买到。渭南富平陶艺村的陶艺作品、澄城尧头窑遗址的黑陶纪念品和铜川陈炉古镇的瓷器也都颇具代表性。富平柿饼和韩城大红袍花椒都是中国国家地理标志产品，携带方便。许多大小餐厅或超市也有擀面皮、岐山臊子肉、油泼辣子等特色小吃的真空包装或礼盒售卖。

陕南这片秦岭南麓的青山秀水孕育了丰富、天然的山珍，大巴山的香菇、木耳、核桃、板栗、猕猴桃、腊肉等货真价实，汉中仙毫和紫阳富硒茶、丹凤葡萄酒和安康稠酒也很有名。

邮政

县城一级都有邮局，寄包裹不是问题。**国家邮政局**（http://www.spb.gov.cn/）的网站可以查到可供参考的邮政资费。不过现在民营快递网络已经遍布乡镇，申通、圆通、韵达、顺丰等公司在县一级以上行政区就有营业网点，收寄东西都很方便。

在西安大唐不夜城的大唐邮驿、延安黄帝陵的皇帝祈福邮局、汉中华阳古镇的朱鹮邮局等主题邮局都有独家明信片或邮票，也可加盖特殊的纪念章或邮戳。

电话

无论是移动、联通还是电信，在陕西绝大部分县、市一级的城镇都有手机信号且设有营业厅。不过无线通信在秦岭区域和陕北乡间等远离城镇的公路上还不稳定，总体来说，移动和电信的信号覆盖较广，联通通常在稍偏僻点儿的地方就信号全无。

因为手机已经非常普及，公用电话几乎绝迹。如果拨打报警电话，使用座机能方便警方迅速定位。

上网

与中国大部分地方相似，陕西各城乡都不难找到网吧，但它们大多为网游爱好者而设，少数也安装了简单的办公软件。如果需要处理文件，最好先确认机器是否安装了相关应用程序。在网吧上网均需出示二代身份证。

几乎所有的住宿、餐厅甚至大部分的博物馆和大型景点都提供免费无线网络，部分青年旅舍、连锁快捷酒店和中高档宾馆会提供公用电脑。

旅游信息

各市县的旅游部门和主要景区大多开通了自己的官方微信公众号或网站，实时更新和推送本地旅游信息。微信公众号"陕西省文化和旅游厅""西安旅游信息咨询指南"，以及各市文旅部门的官方微信皆为每日更新，内容也可靠实用。对于夏冬两季常闭天气关闭的秦岭周边景区，直接致电可以获得更靠谱的开放情况和路况信息。在热门目的地的车站和较成熟的旅游景点周边，通常有游客中心提供咨询服务。当地的出租车司机、农家乐老板、导游、汽车站周边的商贩也是不错的信息来源。青年旅舍的公共空间也是交换旅游信息的好地方。

西安市内各大汽车站、重要地铁转运站都设立了游客中心。其中，回坊"人文荟萃"石牌坊北侧的**阿莲城市游客服务中心**（☏87616284；莲湖区北院门159号；⊙9:00-21:00）、钟楼基座东侧的**钟楼旅游集散中心**（☏400 0011 116）和**城南旅游集散中心**（☏8964 0860；客运站外东侧；⊙7:30~19:00）提供丰富的资讯，可免费取用地图和购买周边游产品（需提前一天预订）。

另外，往来陕西各市、县之间班车班次大多可以通过微信小程序"出行365"查询和预订。

气候

请参见22页了解陕西的最佳旅行季节。**中国天气网**（www.weather.com.cn）有陕西所有市、县的天气预报，有一些甚至可预报至40天后。

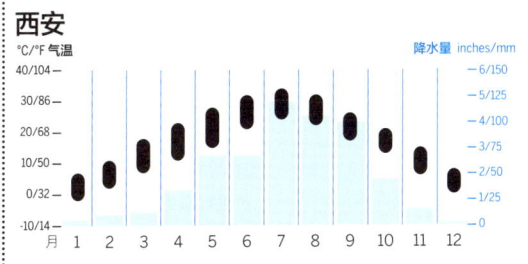

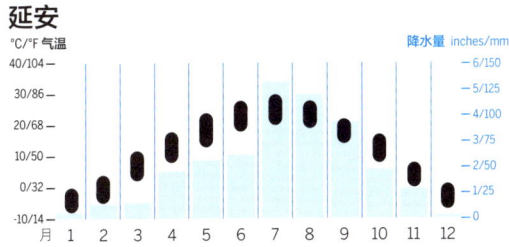

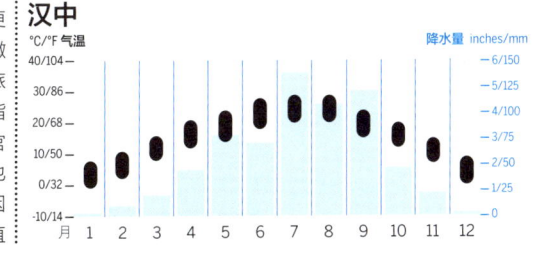

西安

延安

汉中

工作时间

陕西大部分景点全年开放，旺季（3月至11月）的营业时间会比淡季（12月至次年2月）长0.5~1小时。大多数博物馆周一闭馆，但也有例外，例如关中各唐陵和汉陵的博物馆、法门寺博物馆、西安碑林博物馆、韩城梁带村芮城遗址博物馆等全年开放。大部分博物馆提前0.5~1.5小时停止入场。秦岭周边景区如太白山、华山、黄柏塬、黑河森林公园等冬季受天气影响较大，景区内的缆车、观光车甚至前往景区的公路都会因极端天气关闭，前往这些景区之前务必致电景区确认，以免白跑。

各地银行和邮局的营业时间一般在8:30或9:00开始，17:00或17:30结束，中午时常会有约2小时的休息时间。餐馆的营业时间多为10:30~14:00和17:30~21:00，旅游业火爆的城市总有烧烤夜市为你服务到深夜。不过对乡镇来说，所有的营业时间都很随性。

团队游

自助旅行者去往交通不便或较为偏远的目的地，可以考虑参加当地旅行社组织的团队游。不过团队游多以大型热门景点或针对当地人的赏花游、民俗村游为主，也许会浪费一些时间在购物上。一些户外俱乐部或青年旅舍组织的团队活动或许更符合背包客的口味。

西安是陕西团队游最成熟、选择也最丰富的地方。在咸阳国际机场T2、T3出口，以及各大汽车站和重要的地铁站，都有旅游信息咨询中心和旅游集散中心，包括西安汽车站、鼓楼广场等，可以预订一日或多日游行程。比较热门的一日游包括去往西安周边的兵马俑（或含华清池）、翠华山、太平国家森林公园，以及省内的华山、壶口瀑布、波浪谷（靖边龙洲丹霞）、法门寺（或含乾陵、茂陵）等地，二日游则多为两个一日游的组合。携程、飞猪等旅游平台或当地旅行社都有发团，不妨先比较再报名，参团前务必签订正规的旅游合同。

若想参加秦岭徒步等户外活动，务必团队出行。由于户外运动风险较大，私人招募的结伴出行并不可靠，而参加户外俱乐部组织的活动也需要注意甄别其运营资质，确认服务内容、旅行保险和免责条款。如要求旅行者签免责声明，则意味着此次活动的组织者可躲避责任，人身安全完全由旅行者自己负责。

此外，西安也开通了去往华山、兵马俑等地的旅游直通车，费用包括往返车费、门票和索道费用以及导游服务和保险。延安汽车南站下属的旅行社开通了去往黄河蛇曲地质公园、壶口瀑布、雨岔大峡谷和龙洲丹霞景区的行程，4人即可成行。

摄影摄像

陕西古建筑众多，一些墓道、寺庙和建筑内部通常取景位移有限，光线阴暗又禁止使用闪光灯，大光圈的广角变焦镜头更有帮助。如果想更好地拍摄古建筑细节，比如藻井结构、雕刻纹路等，长焦镜头加三脚架更为稳妥。陕北和关中平原风沙较多，需准备好塑料袋或保鲜膜等防风沙道具，冬季拍照要注意给相机保暖，并多带几块电池。

在地形复杂的地方拍照需要眼观六路，量力而行，不要为了一张照片酿成悲剧。在高速路桥停车拍照，对自己和他人都不负责任。如果要拍当地人文民俗，请在将相机瞄准对方前先征得同意，拍完要表示感谢。

危险和麻烦

整体来说，陕西对旅行者较为友好。虽然2016年前后，关于西安和法门寺等热门地区的旅游乱象报道令人心有余悸，不过经过近年来的大力整治，到作者调研时情况已有所改善。不过出门在外保持警惕，多留个心眼总不是坏事。

交通安全

关中平原的道路网络最发达，路况也最好，但也别因此放松警惕。作为陕西旅游最热门的区域，这里在旅游旺季总是交通事故频发。宝鸡经陇县往平凉方向的85国道重型货车特别多，需注意避让。陕北地区台塬起伏，沟壑纵横，盘山路上常年跑着不少重型卡车，自驾必须格外谨慎。又因陕北地广人稀，城镇间距离较远，要注意经常检查车辆状况，保证油气充足。

陕南山区蜿蜒的盘山路对自驾考验更大。秦岭地区气候多变，雨季雾气重重，还有可能发生泥石流和塌方，冬天则会因道路结冰而封路。因此自驾陕南随时都要留意路况新闻，最好不要把行程安排得过满，留出一些机动时间以应对突发状况。通常当地政府、旅行或交通运输部门的微信公众号都会及时更新道路情况，可提前关注。到了当地，也可以向客运站或景区人员打听路况信息。

乘坐长途班车切记系好安全带。西安发往兵马俑的914/915路开得又快又猛，被本地人戏称为"疯狂老鼠"。无论在哪里，在路边拦车都不要站到行车道上，最好穿亮色的衣服，佩戴防尘的头巾和口罩。包车尽量选择整体状况较好的车子和稳重有经验的司机，务必谈好价格再上车。

捐客

捐客在所有城市都不可避免，但在各大交通枢纽，尤其是西安火车站和汽车站外最为泛滥。少数情况下他们是有帮助的，更多情况下会将你引向一处家庭旅馆、一趟私营的旅游班车或者毫无价值的一日游。秦始皇陵兵马俑、乾陵、龙洲丹霞等一些大型景区仍然有无证向导在景区外拉客，但这些景区的设施已十分成熟，无须为游览路线担心，若想听讲解可联系景区正规导游。法门寺东门外聚集的捐客主要想让你到他们的餐厅、宾馆用餐或住宿，简单谢绝即可。

偷窃和欺诈

一般来说，车站和知名景区是偷窃高发地点，在人流量较大的商业区也要格外留意。如果住在青年旅舍，电脑、相机等贵重物品和现金不要随意留在房里，锁在储物柜里或寄存在前台更加保险。

出行前最好对当地一些常用的造假、敲诈伎俩多加了解。临潼的旅游秩序仍然比较混乱，之前兵马俑曾出现过以假乱真的国营班车和假景区，现在仍有与正规讲解员穿着相同的"野导"营业。切记在临潼，除了秦始皇陵、兵马俑和华清池外，对任何其他名称的景点都要仔细甄别。陕西历史博物馆的倒票"黄牛"和"野导"仍然存在，所以任何服务都最好从官方途径购买。旅途中没有免费的午餐，切记占小便宜吃大亏。

独自旅行者

独自旅行可以和当地人有更多的互动，不过需要独自解决路上遇到的问题，对旅行经验的要求稍高一些。不过陕西人大多热心实在，独自旅行者在这里还算安全。关中地区绝大多数景点有公共交通到达，但陕北和陕南不少景区需要包车，可能需要独自支付比较昂贵的费用。好在陕西的面食和小吃数不胜数，独自吃饭也不会尴尬。不过炒菜分量较大，一个人吃别点太多。

当然，你也可以在青年旅舍看看是否有人拼车、拼餐或结伴同行。

无障碍旅行

与陕西其他地区相比，残障旅行者在西安市区旅行会相对通畅。西安的大雁塔、大唐芙蓉园等景区以及大多数博物馆都有比较完善的无障碍设施，所有的地铁站也配有无障碍电梯和无障碍车厢。如果能解决往返交通问题，周边的法门寺、秦始皇陵兵马俑等大型景区也有较好的配套设施。

旅行时记得携带残疾证，尽量选择乘坐飞机和入住高级酒店，到当地后或可雇请旅行社协助。

女性旅行者

整体来说，陕西人对女性旅行者是友好、尊重的，甚至还会提供更多的关照。但有些民族风俗需要注意，例如不穿暴露的服装进入宗教场所。旅途容易让人产生浪漫的感觉，人与人的距离也很容易拉近，但和陌生人打交道还是得留个心眼，与异性往来的注意事项和平时生活中近似。

爱美的女士需做好应对黄土高原的沙尘和紫外线的准备，帽子、防晒霜、面膜、唇膏等防晒补水的物件一样也别落下。

LGBT+旅行者

与中国大多数省份类似，陕西的城市对同性恋者的接纳程度比乡村更高。只要不过分张扬，就不会遇到很大麻烦。当地的同性恋志愿团体也在为这一群体争取更多理解，有时会举办一些活动。微信公众号**西安RELAX同学社**提供一些西安LGBT+（女同性恋者、男同性恋者、双性恋者与跨性别者及其他）人群交友和聚会的信息。

志愿服务

将旅行和公益活动结合

起来，会让旅程更有意义，也会加深你对旅行目的地的了解。环境和生态保护是永恒的课题。作为旅行者，请践行环保原则，至少做到在景区不留下垃圾、不浪费食物、节约用水用电，更不能擅闯自然保护区的核心区域、非法捕猎等。更多信息请参见48页"负责任的旅行"。

活动
徒步和登山

陕西的徒步活动大多与山有关，而且多集中在秦岭区域。但我们不建议你独自前往或参与任何民间自发组织的景区外的徒步或探险活动。若想一睹秦岭风采，不少已开发为景区的山野仍让你过把瘾，如华山（见131页）、太白山（见172页）、南宫山（见273页）等，强度不算低，而且安全较有保障。勇敢者还可挑战一下夜爬华山（见133页方框），到东峰顶上守候日出。此外，路线较长但比较平缓的黄柏塬到老县城穿越（见124页）和秦楚古道翠华山穿越（见116页）也都是不错的一日徒步路线。

需要提醒的是，在景区内不按常规线路行走，或没有装备和食物饮水补给的"爬野山"行为也是不受认可的。

自行车

骑行是一种更主动和自由的游玩方式。在西安城墙上（见71页）和城墙根（见80页）骑自行车最方便也最轻松。也可以花一两天时间在西安近郊骑行，比如从西安到汉阳陵或丰裕口。一些自行车俱乐部会组织到秦岭等热门目的地的骑行，不妨提前上网查询，或关注微信公众号"陕西乐行单车户外俱乐部"了解相关活动。

沿108国道穿越陕西、从沣峪口经广货街到牛背梁都是比较热门的长途骑行线路。由北方或东部省份入川、进藏、去云南的旅行者，几乎都会选择210国道，秦岭的精华尽在其中。

观鸟

从南到北，一年四季，陕西都有适合观鸟的胜地。秦岭的自然环境适宜鸟类栖居，汉中洋县栖息着2000多只野生朱鹮（见265页方框）以及红腹锦鸡、绶带鸟等鸟类，近年来洋县还打造了国际观鸟小镇迎候鸟类爱好者。洽川黄河湿地滩涂上，黑鹳、苍鹭、鸳鸯以及赤麻鸭等40余种留鸟在此常驻，每年10月至次年4月还有上百种鸟类来此越冬，其中不乏丹顶鹤、白天鹅、大鸨、灰鹤等数十种国家一、二级保护动物（见145页方框）。而在夏天，大量遗鸥飞抵延安神木红碱淖（见234页），6月至7月是最佳观赏季。你或许还能在龙洲丹霞看到黑鹳的身影（见222页）。

漂流

陕西境内拥有黄河和长

秦岭穿越需谨慎

横亘在陕西南部的秦岭一直是资深户外爱好者的天堂，不懈探索的驴友们在这里踩出了数不清的徒步线路，让专业或业余的徒步爱好者前赴后继。但因为山地海拔较高，天气多变，地形复杂，线路也不清晰，频发的登山事故始终在为探险者敲响警钟。与此同时，人类的到来对秦岭的生态环境造成了不可逆的破坏，动物与人类的对抗加剧，一些驴友和当地人因受动物攻击遇险。2018年5月，一队驴友从宁陕县登山到秦岭东梁和西梁赏杜鹃，途中一位成员遭遇羚牛猛烈撞击致死。2019年6月，一位西安驴友徒步时在紫阁峪附近遭黑熊袭击后坠入山崖，近40小时后被成功救援，但面部严重受伤。此外，在秦岭被毒蛇咬伤或胡峰蜇伤致死的惨剧也频频发生。

无论是出于生态保护还是人身安全，我们都不建议旅行者进行任何景区之外的徒步活动。但如果你心意已决，务必选择正规的团队并购买保险，不要参加私人招募活动，更不能只身犯险。2016年4月1日实施的《陕西省旅游条例》规定，组织"驴友"穿越秦岭等具有危险性的健身探险旅游活动，应根据穿越地点提前5天到所属的文体行政部门备案。因此，务必确认你的活动组织者已经按要求备案，若出现事故或能更及时地得到救援。否则一经发现，你可能还要缴纳罚款。而前往严令禁止的"鳌太线"已属违法，因非法穿越造成保护区自然资源和生态环境破坏的，需要追究刑事责任。

江两大水系，漂流项目主要集中在陕南，包括安康石泉的中坝大峡谷漂流（见274页）、宁陕广货街的秦岭峡谷漂流（见275页）、商洛丹凤的丹江漂流（见284页）和汉中的青木川漂流等。关中地区有太白山漂流（见174页）和泾阳郑国渠旅游风景区的泾河大峡谷漂流等可玩，漂流活动大多在每年6月至9月开放。想来点特别体验，到勉县元墩龙湾景区（见256页）可在油菜花海中乘竹筏漂流，而在陕北延川县的黄河蛇曲地质公园（见200页），3月至11月可乘羊皮筏子"漂流"清水湾。

需要注意的是，陕南一些景区周边会有村民自行开设的漂流项目，游玩之前最好确认是否有营业资质，否则财产和人身安全都无法得到保障。

温泉

陕西的地热资源丰富。西安周边的临潼和蓝田的汤峪镇（东汤峪）是泡温泉最方便的去处；勉县九昱汉水温泉旅游度假区（见256页）的温泉水富含硫化物、氟和偏硅酸，被测定为"高热医疗矿泉水"；"中国地热城"咸阳的海泉湾温泉世界（见152页）如同一个大型温泉游乐场，可以玩上好几天。宝鸡太白山下的汤峪镇（西汤峪）也有不少中高端温泉酒店和度假村（见174页），从太白山下来好好放松一下再合适不过。

滑雪

陕西没有特别出名的滑雪胜地，近年来不少景区为发展冬季旅游打造了几处滑雪场，带有初级滑道和一些冰雪游乐设施，适合初学者或游乐者前往。汉中龙头山（见252页）和紫柏山（见261页）、宝鸡太白山（见172页）和鳌山、铜川照金香山（见186页）和玉华宫（见186页），这些地方的滑雪场都可以作为冬季户外运动目的地的备选。

骑马

在陕西骑马的机会不多，但也有少数景点推出骑马服务，例如乾陵，可以坐在马背上登顶陵山转一圈。宝鸡陇县的关山草原（见182页）有陕西罕见的草原景色，夏天也有骑马活动。

交通指南

到达和离开

陕西地处中国的地理中心,去往任何省市都比较便利。飞机自然是耗时最短的长途交通工具,从邻近省份坐高铁和动车来陕也很方便,远途目的地"夕发朝至"的火车卧铺同样很受欢迎,跨省巴士只在某些特定路线才会作为出行首选。

飞机
机场

目前陕西有5个民用机场,宝鸡凤翔机场正在建设中。

西安咸阳国际机场(XIY;☏029 96788;见107页)是西北地区最大的航空枢纽,到国内各大城市都有航线,正常情况下还有为数不少的国际航班。**榆林榆阳机场**(UYN;☏0912 354 7114;见217页)有航班直飞西安、北京、上海、广州、武汉、昆明、银川等地。**延安南泥湾机场**(ENY;☏0911 881 2277;见197页)有航班直飞西安、北京、上海、广州、武汉、成都、银川等地。**汉中城固机场**(HZG;☏0916 269 2046;见254页)有航班直飞北京、上海、广州、银川、乌鲁木齐等地。**安康富强机场**(AKA;☏0915 220 3333;见272页)有航班直飞北京、广州、重庆、杭州等地。

航空公司

经营陕西航线的主要航空公司有:

中国东方航空(MU;☏95530)
海南航空(HU;☏950718)
中国南方航空(CS;☏95539)
中国国际航空(CA;☏95583)
春秋航空(9C;☏95524)、**幸福航空**(JR;☏400 868 0000)和**长安航空**(9H;☏9507 1199)是以西安咸阳国际机场为基地的地方航空公司。

机票

陕西目前有超过300条国内外航线。**天巡**(www.tianxun.com)是比较机票价格的常用搜索引擎。在**携程**、**去哪儿**、**飞猪**等旅游门户网站预订机票后,建议在出行前确认出票。也可在各航空公司的官网或微信小程序上直接预订,有可能得到最低折扣。

火车

中国铁路东西向大动脉**陇海铁路**是普速火车进出陕西的主要通道,"八百里秦川"关中被其横穿,**太中银铁路**、**襄渝铁路**、**宁西铁路**通达陕北、陕南,同样有多趟客车在跑;**宝成铁路**;**宝中铁路**、**包西铁路**、**侯西铁路**、**同蒲铁路**也由外省进入陕西,但客运火车的班次越发稀少。西安、安康、绥德和宝鸡是陕西省内的普铁枢纽。旺季往返于西安和北京、上海等地的"夕发朝至"Z字头列车卧铺很受欢迎。

高铁时代围绕着西安枢纽规划了"米"字形网络,目前已建好**郑西高铁**、**西宝—西兰客专**、**大西客专**、**西成客专**、**西银客专**等线路,西安往返成都、重庆、洛阳、平遥、太原、天水、兰州、西宁、银川等地的G/D字头列车对旅行者很有用。

长途汽车

陕西位居中东部省份前往西北、西南的要冲,过境的**G108**(京昆线)、**G210**(满防线)、**G310**(连共线)、**G312**(沪霍线)、**G316**(福兰线)等都在国道网络中举足轻重,**京昆高速**(G5)、**青银高速**(G20)、**连霍高速**(G30)、沪陕高速（G40）、包茂高速（G65）、**福银高速**（G70）、**银昆高速**（G85）等也一同撑起了国家高速公路的框架。

通常而言，邻省县市之间的班车只在铁路不发达的情况下才会成为首选。放在陕西，这样的路线有潼关—风陵渡、靖边—乌审旗、汉中—南江等。西安对鄂西北、豫西南、陇东南也有很强的辐射力，有高速大巴往返那里的各县市。

省内交通

陕西省面积不大，省内空中航线并不多，较为发达的陆路交通已经能满足大众出行需求。

飞机

榆林机场是陕西第二大机场，和西安、汉中之间都有通航。延安也有不少往返外地的航班会经停西安。

火车

西安是中国铁路的重要枢纽之一，也是陕西铁路网的中心。从**西安站**前往除了汉中、铜川之外的省内各地级市都有普速列车，去榆林、安康还额外开通了动集列车（绿色动车组）。**西安北站**则有开往宝鸡、渭南、咸阳、延安、汉中等方向的高铁和动车。对旅行者来说，西安往返华山、韩城、乾县、佛坪、洋县等旅游目的地的G/D字头列车十分有用。

作者调研期间，**关中城际铁路**因故停工，恢复计划未知。为弥补这一损失，西安铁路局在既有铁路线上开行了更多的动集列车。陇海铁路即将开通宝鸡—西安—潼关的绿色动车组，阳安铁路汉中—安康段、宁西铁路西安—商南段以及咸铜铁路也有相应计划。

长途汽车

陕西的公路客运同样以西安为中心。由于高速公路飞速拓展，几乎省内所有县市都有高速大巴往返省城，也包括秦岭巴山的一众山区小县，榆林等偏远县市还有"夕发朝至"的卧铺大巴，但从体验和

绿皮火车风景线

车次	运营区间	线路	主要看点	可中转目的地	备注
6063/4	宝鸡—广元	宝成铁路	宝鸡—秦岭看观音山展线（见168页方框），两当以南的嘉陵江峡谷越发壮观	阳平关站，可中转前往青木川、勉县、汉中	
8359/60	宝鸡—社棠	陇海铁路（宝天铁路）	渭河上游峡谷	社棠站属于甘肃天水，可中转前往麦积山石窟	12306不发售车票，需到站购票或上车补票，调研期间8359次宝鸡站8:00发车
8355/6/7/8	西安—前河镇	陇海—咸铜—梅七铁路	梅家坪向北驶入黄土丘陵和煤矿区		12306只发售西安—阎良区间的车票，其他区间需车上补票
7005/6	西安—榆林	包西—甘钟（老包西）—包西铁路	蒲城到甘泉之间可观赏北洛河的河曲地貌		
8361/2	阳平关—勉县	阳安铁路	3月可赏汉中油菜花（见252页方框）		

安全性考虑都应尽量避免乘坐。各市前往下属县城也有稳定班次，或高速或低速（走国道、省道）。平原地区两个邻县之间一般也有班车往来，通常走国道或省道。乡镇班车的频次和人口密度息息相关，关中平原、汉江沿线的人口大镇和所属县城之间可以做到流水发车，秦岭巴山深处、黄土高原腹地的村镇可能一天只有一辆车跑个来回——这时建议你直接留下司机电话，方便离开时联系。

陕西的高速大巴相当规范，站内售票，严禁超员，通常也要求对号入座。但跑国道、省道乃至县乡道的班车就比较随意了，路上招手即停，偶尔还会有超员、"倒卖"乘客等违规情况。如今一些县乡班车也被收编为地方公交，有些还要求必须在站牌处乘坐，入乡随俗就好。

注意，在重要的传统节假日，可能因为一些司机要回家过节，部分班车会停开。夏季陕南山区的暴雨和冬季全省范围的强降雪，都有可能让固定班车临时取消。如果时间紧凑又遇恶劣天气，一定要先打电话向车站咨询，以免影响旅程。

西安、延安、汉中等地的客运站，以及一些热门景区在旅游旺季会开通旅游专线，通常出售往返车票加门票的优惠套餐，停留的时间也足够你在景区玩个够，不失为好选择。

自驾游

自驾无疑是最自由灵活、效率最高的交通方式。陕西整体路况良好，省内各主要城市已有神州、一嗨等租车门店进驻，也让自驾旅行越来越受欢迎——尤其当你要驶入陕北、陕南，或是在关中"走陵"（见127页）、探访秦岭七十二峪时，一辆车可省去很多麻烦。同样，关中环线（见127页方框）虽有频繁的公共交通，但自驾探访沿途景点会让吃喝玩住更加游刃有余。

需要注意，秦岭、大巴山、黄土高原的公路坡多弯急，高速公路也常有连绵不断的隧道群，降雨、降雪、沙尘暴等恶劣天气更会带来极大的安全隐患，自驾务必格外谨慎，并根据天气状况随时调整或缩减行程。

搭便车

从个人安全角度考虑，搭便车并不是我们所推荐的，关中平原、汉中盆地等公共交通发达的区域也几乎用不到。但如果去比较偏僻的地方，没有班车或车次时间不合适，搭便车是最后的可选方式。切记安全比时间更重要，独行者（尤其是女性）在有其他选项的前提下最好避免搭便车。

搭便车最好在白天。等车时可在司机常停靠的地点张望，如加油站、路边食宿点等，上下坡、弯道这些不方便停车的地方则不适合拦车。若有女性或当地人同行，让他们出面成功的概率会更大。识别目的地的车牌号也是搭便车技巧，比如汉中市的陕F、榆林市的陕K等。

尽量不要搭乘已有很多乘客的车，上车前可先判断一下司机和车上的人是否善良。主动向司机询问搭车费用，除了表达友好外也可避免司机坐地起价；若司机健谈，建议保持合适的言辞尺度聊天，会让旅途更轻松。保险起见，建议将车牌号和接下来的行程发给亲友。

自行车

在中国少有人将自行车当成跨城交通工具。通常情况下，骑行会作为一种户外活动出现，在陕西也不例外。热门的骑行路线大都是挑战秦岭盘山路，强度和难度都不算低，可参考"出行指南"的"活动"部分（见332页）。

当地交通

除了西安，陕西的城镇都不大，公交车、出租车、网约车、共享单车都比较普及，城内出行不用操心，大不了还有陕西版的三轮车——蹦蹦车可以载你出行。

最后的汉江航运

中国的内河航运消失殆尽，很少有人能想到，在陕西这个传统意义上的北方省份竟然还有一段保留了下来——不过当然是在秦岭以南了。汉江上游，安康紫阳（见278页）仍有去往汉王镇、洞河镇的固定客船，这几乎是曾经无比繁忙的汉江航运的最后遗留了。

公交车

陕西所有地级市的公交线路都比较发达,且可在主流网络地图上查询到具体站点。本书作者调研期间,除了陕南三市公交收班时间较早,其他各市的主要线路都能运营到21:00左右,省会西安还有通宵公交。越来越多的县城也开通了公交,有的还承担起通村客运的职责。大部分城内公交票价1~2元,且几乎都能使用微信或支付宝支付。稍显不便的是很多小地方的公交无报站提示,可事先把目的地告知司机或其他乘客,请他们到站时招呼,或者自己盯紧手机地图上的实时定位。

地铁

本书作者调研期间,西安已开通8条地铁线路,收班时间都在22:30~23:30,可刷微信或支付宝的乘车码。按计划,横穿东、西大街的6号线二期和环线走向的8号线,将于2025年前开通。

出租车

陕西所有县城级别以上的城镇都有出租车。一般而言,地级市的出租车都会打表计费,但拼客、拒载等屡见不鲜,汽车站、火车站外非候客区的出租车更是常直接报出高于正常范围的"一口价"。小县城的出租车基本不打表,不出城有固定价,出城要讨价还价。

越来越多的当地人倾向于用网络平台叫车。还有一个有趣的现象,陕北、陕南一些县乡镇如果没有网约车,那么当地的出租车通常会比较多,而且要价较为规范。

自行车

陕西省内很多城镇都有共享单车和共享电动车,可作为城内短距离出行的方便工具,注意安全即可。

咸阳原上的机场城际

连接北客站(高铁西安北站)和西安咸阳机场的**机场城际**由西安地铁运营。旅行者在享受便利的同时,在这条穿行于咸阳原的高架线路上,还能遥望汉高祖长陵、汉惠帝安陵等"汉九陵"的巨型封土堆。不妨提前在网络地图上标注好这些汉家陵阙,在刚下飞机后就来一场长安穿越之旅。

健康指南

在健康和卫生方面,陕西是一个相对安全且设施完善的目的地。需要注意的问题主要来自气候。陕西昼夜温差较大,春、秋两季天气尤其变化多端,需要预备季节跨度较大的衣物并及时增减。陕西南部夏季潮湿多雨,北部常年干燥,皮肤敏感人群需适当准备常用药物。另外,陕西的饮食以面食和肉类为主,口味偏辣,最好主动补充蔬菜、水果,或携带一些补充维生素的药物,以防上火或便秘。

陕西医疗资源最丰富的自然是西安,但所有的地级市都有三级甲等医院。主要旅游目的地所在的城镇都有医疗机构,也能方便地找到药店。

出发前

保险

谁也无法预料旅途中的事故或疾病。如果你打算进行爬山、徒步、漂流、滑雪等户外活动,即便经验丰富,一份合适的保险也非常必要。具体内容可参见"出行指南"章节中的保险部分(见327页)。

其他准备

出发前一定要确认自身的健康情况。如打算长期旅行,最好在启程前做个简单的体检,尽早发现心肺肾功能的异常情况,以评估你计划的旅行时长和强度是否合适,并对旅程做适当调整。如果平时有牙病,即使不那么严重,也需要去检查一下,因为牙病一旦急性发作,需要专科医生和器械才能处理,不是每个地方都有条件。好腿脚自然是旅行的关键,临行前不妨学习一些避免肌肉和关节损伤的知识和救治处理方法,比如一些简单的拉伸运动就可缓解长途步行后的肌肉疲劳。如果平时佩戴隐形眼镜,应该备一副有框眼镜,近视镜或老花镜的佩戴者除备用眼镜外,最好也带上眼科医生开的配镜处方。

长期服用的慢性病药物或保健药物,以及个人需要的某种特定药物,务必备齐足够的品种和数量,因为在当地可能会买不到。在你的行囊中应该多带一些常用药品。为避免麻烦,医生提供的处方或证明文件一定要字迹清晰,以证明你用药的合法性、经常性。

常备药品

推荐放入个人药品箱中的医疗物品:

→ 对乙酰氨基酚(布洛芬、泰诺)或阿司匹林——用于止痛或退烧。

→ 医用酒精棉球、碘伏棉球、纱布、创可贴和其他创伤敷料,云南白药气雾剂、扶他林软膏和跌打损伤药油和药膏——用于皮肤、关节和肌肉小创伤。

→ 百多邦、达克宁——用于各种细菌、真菌性皮肤感染。

→ 多种维生素——在长途旅行中,饮食中的维生素含量可能不足。

→ 含避蚊胺(DEET)成分的外用驱蚊剂和风油精。

→ 喷涂于衣物、帐篷和床单的含胺菊酯成分的杀虫剂。

→ 春、夏季节去秦岭山区穿越时可带一些蛇药。

→ 感冒和流感药。

→ 藿香正气水、十滴水和仁丹——防中暑。

→ 黄连素片、思密达、保济丸和其他胃药——治疗腹泻和肠胃不适。

- 晕海宁——防止晕车。
- 防晒霜、保湿唇膏——防止晒伤、干燥。
- 避孕药品。
- 剪刀、电子体温计、镊子——急救用品;注意:飞机上禁止携带水银体温计,剪刀则需托运。

旅途中

如果你得了(或感觉得了)重病、急症,千万不要拖延。总的来说,山区或乡镇的医疗条件不够完善,尽可能到县级以上地区的医疗机构就诊。在绝大多数地区,如需要紧急医疗救助,请拨打**医疗急救电话**(☏120)。如需要非处方药物,可在各地药店直接购买。太白山、华山等景区都有专用的救援电话,进入景区前可留意并记下。

传染性疾病
流感和肺炎

流感多发于冬、春两季,症状包括全身酸软无力、畏寒、头痛和发热等。若出现上述症状,建议减轻旅行强度,服用感冒药并静养。由于流感或重感冒首先会使肺功能减弱或产生障碍,由此影响全身重要器官供养,所以对65岁以上老人及心脏病、糖尿病患者可能有严重威胁。少数流感患者可能继发肺炎,普通细菌性肺炎有不同程度的畏寒、发热、咳嗽和咳痰症状,严重时还会出现胸闷、胸痛,此时需要及时中止旅行回家就医。

人体免疫缺陷病毒/艾滋病(HIV/AIDS)

感染人体免疫缺陷病毒(HIV)可能导致致命的获得性免疫缺陷综合征(AIDS)。艾滋病疫情在陕西呈低流行态势。截至2020年10月31日,陕西全省报告现有艾滋病病毒感染者和病人17,488例,在全国排18位。艾滋病通过性接触、血液和母婴传播,在2020年陕西报告的感染病例中,通过性接触传染的比例高达98.6%。因此洁身自好和做好性行为的安全措施不可忽略。如需输液注射或小手术,必须到正规医疗机构,以确保器械使用安全。

狂犬病

乡间和山野徒步最常见的是被狗咬伤。被任何动物咬伤后,都应立即寻求医疗指导并进行暴露后的治疗。如果是轻微咬伤,应就地用大量清水冲洗伤口,如果有条件,用20%肥皂水混合0.1%的苯扎溴铵反复冲洗20~30分钟,再用清水冲洗。冲洗时尽量把伤口扩大,并用力挤压周围软组织,以便把伤口上的动物唾液和血液冲洗干净。冲完后马上用酒精或碘酒擦拭伤口内外,要尽量让伤口裸露,不要包扎敷裹。尽量在24小时内注射狂犬疫苗。

肝炎

肝炎是全世界范围内的一种常见病,类型众多但症状基本相似,包括食欲减退、恶心、呕吐、乏力、尿色深等。

在旅途中主要是预防经消化道传播的甲肝和戊肝,注意饮食卫生和如厕卫生是避免感染的基本原则。勤洗手,少吃生冷食物,尽量自备筷子或使用公筷——甲肝病毒在100℃的高温下1分钟就会失去活性,食物和餐具都最好煮沸消毒。

目前只有预防甲肝和乙肝的疫苗,需提前接种。如出现症状并经抽血检查肝功能有病理改变,应避免劳累或中止旅行。

真菌感染

不洁的卫生习惯和炎热潮湿的环境较容易导致真菌

关于新型冠状病毒肺炎(COVID-19)的健康和出行贴士

截至本书出版时,新型冠状病毒肺炎(COVID-19)仍在全球流行。虽然国内疫情形势并不严峻,常规旅行并不会额外增加风险,但我们仍建议旅行者结合实际情况决定出行,在做好自身防护的同时遵守当地的防疫要求,保持良好的卫生习惯。

针对疫情期间的个人防护,可参考世界卫生组织(www.who.int/zh/emergencies/diseases/novel-coronavirus-2019/advice-for-public)的详细建议。

疫情期间,博物馆等景区均可能实行预约制,须至少提前1天或当场预约。通常可在相应景区的微信公众号进行预约,可在制定行程时事先了解。

感染，皮肤癣菌病是其中最为常见的一种，根据不同发病部位分为足癣（脚气）、手癣、体癣、股癣、甲癣和头癣等，通常通过感染真菌的人或动物传染。

避免真菌感染需要注意个人卫生，内衣裤、袜子和毛巾要经常更换并晒干。穿着宽松、透气的服装也有帮助。感染后，可以用肥皂水擦洗感染区域，用清水冲洗并擦干，再涂抹抗真菌药膏或药粉。保持患处清洁、干燥有助于抑制真菌繁殖。

环境引发的疾病和不适

腹泻

水土不服、饮食不洁或气候变化都有可能导致轻微腹泻。此时可多喝水，注意饮食清淡，减少食量，让胃肠道充分休息，也可服用保济丸之类的中成药调节胃肠功能。腹泻可能会引起脱水，主要表现为烦躁、口渴等，儿童和老人尤其应注意及时补水，饮用淡盐水或运动饮料即可。如严重腹泻，可及时补充糖盐水，将6匙糖、半匙盐加入1升水中饮用。口服量应与呕吐和排便量相当，暂时停止进食。腹泻是体内排出毒素的途径，本身是一种身体自行保护性症状，因此不要自行乱服止泻药物。同时，应尽快就医，及时治疗和休息。

皮肤晒伤

夏、秋季在陕西境内旅行，特别是在陕北和关中地区，一定要注意防晒。干燥的天气和强烈的紫外线会对暴露的皮肤造成损害。户外活动时，物理防晒的保护更全面。可选择穿着宽松透气的长袖长裤、防晒袖套，佩戴头巾或帽子，并尽量避免在每天最热的时候（11:00~14:00）长时间暴露在太阳下。不可避免暴露的部分皮肤，则应该注意涂抹防晒霜，以SPF30+为宜，并注意补涂。如果皮肤已经晒伤，应避免阳光直射，并视情况冷敷、用药或就医。

中暑

在紫外线强烈、干燥闷热的环境中，体内水分不易蒸发，极易出现中暑症状。中暑症状多为突发，伴有虚弱、恶心、身体热燥、体温超过41℃、眩晕、失去协调性和抽搐，严重时甚至昏迷失去知觉。出现中暑症状时，要立即到凉爽通风的环境内休息。症状严重时，可帮助患者脱衣扇风降温，并做头部、颈部、腋下和腹股沟处常温湿毛巾外敷或冰敷。口服藿香正气水、仁丹、十滴水等中成药疗效较快，同时可以在太阳穴和人中等神经密集处，涂抹清凉油或酒精，快速进行物理降温，直到症状缓解。

风沙伤害

陕北特别是榆林地区秋、冬季多风沙。风沙对人体各器官都会造成不同程度的伤害，尤其是风沙入眼，很可能引起眼睛干涩疲劳，也可能进一步引发角膜炎等炎症。防风沙护目镜则可以在很大程度上阻挡风沙，一个多用途的户外头巾则可以同时保护口鼻。随身携带眼药水并及时使用，能有效缓解风沙对眼部造成的损伤。

蚊虫叮咬

在较偏僻的山区、乡村或景区内一些条件有限的住处，床垫和被褥中难免有臭虫、跳蚤、扁虱等小虫子存在。与野外的猫、狗等小动物接触也容易让虫子找上门来。最好自带睡袋或隔脏床单，尽量避免与当地动物发生肢体接触。提前在身上喷一些花露水，也能起到少许防范作用。

如果床单或墙上有血迹，就很可能有臭虫存在。臭虫通常会藏在人的体毛里、衣服上，人被叮咬后体表会长出一片非常痒的疙瘩，可以用浓肥皂水清洗患处。专门的药粉和洗发水能够杀灭跳蚤。如有蜱（扁虱）吸附在皮肤上，应该用镊子夹住它的头，然后轻轻向上拉。拽蜱的后部会促使它的排泄物通过吸附的嘴部进入皮肤，增加感染和疾病的风险。涂抹药物对蜱基本不起作用。

染上这些寄生虫的衣服或床单都应该用热肥皂水洗涤，并且在阳光下晒干。

蛇咬伤

秦岭区域山高林密，生态环境极佳，即使是修好的步道旁也偶有蛇出没。在穿越山林时一定要穿靴子、袜子和长裤，最好把长裤扎在袜子或靴子里，不要留有空隙。不要把手伸进洞穴和裂缝中。一般来说，你不去招惹蛇，蛇也不会主动攻击你。

被毒蛇咬后应立即坐下或者躺下，限制受伤肢体活动。绑扎被咬伤的肢体，这是阻止毒液吸收简便、有效也最容易做到的办法。用橡皮带

致命的胡蜂

胡蜂以食用森林树木中的昆虫为生，在陕西省主要分布于陕西南部的秦岭地区。每年7月至10月干旱、温度较高时是胡蜂最活跃的时期。9月中旬陕南山区板栗、核桃等作物成熟时，采摘者最易被胡蜂所伤。而秋季进山的户外运动者也容易遭胡蜂蜇咬。据统计，秦岭周边地区的医院自每年5月起收治的胡蜂蜇伤患者就开始明显增多，每天有5~10例被蜇伤的患者，而近年胡蜂蜇人致死的事件频有发生。

胡蜂对气味和颜色较敏感，因此要避免涂抹香水或穿鲜艳的衣服。若遭遇蜂群袭击，应尽快用衣物包裹暴露部位，躲避到开阔的场所，蹲伏不动比抱头逃窜要强，更不要反复扑打蜂群。被胡蜂蜇咬后会出现不同程度的头痛、呕吐、心慌等症状。可先转移到安全区域处理，拔除蜇伤处的螫针后用手挤压出毒液，用酸性液体（如食醋）清洗或涂抹蜇伤处，以中和碱性蜂毒。但对没有经验的旅行者来说，建议立刻就医，急救不及时有可能引起肝、肾等脏器功能衰竭。

或绳子捆绑伤口的近心端（每隔15分钟左右松开绳子一两分钟），把伤口保持在低于心脏的位置。手指或脚趾被咬伤绑扎根部，脚和小腿被咬伤绑扎膝关节下，大腿被咬伤绑扎大腿根部，手掌和前臂被咬伤绑扎肘关节上。绑扎同时可冷敷伤肢，有条件的话将伤肢泡入冷水中，也可直接用冰块冷敷。如带有蛇药可立即口服或敷于伤口，同时迅速寻求医疗救助，不要学电视剧用嘴吸毒。伤者应保持心情平静，过于紧张会加速血液循环，毒素散发更快。如果可能的话，拿死蛇去医院做鉴定后购买抗蛇毒血清是最保险的。弄不到死蛇也可以多拍几张照片给医生看，但不要试图捉活蛇，以免再度被蛇咬。

女性健康

在陕西的城市旅行，女性卫生用品是容易获得的。避孕药品的选择可能比较有限，因此应携带适量的自用避孕品。

在炎热的气候下，服用抗生素、穿着合成纤维内裤、出汗和使用避孕药都有可能导致阴道的真菌感染。常规治疗最好局部使用克霉唑等栓剂或阴道软膏。尿道感染可能由脱水或者长时间乘坐汽车而没有机会上厕所导致，尿道感染会出现尿频、尿急、尿痛症状，多喝水多排尿是最简洁的办法，可服用清热解毒的中成药治疗，如需服用抗生素需要寻求专业指导。保持良好的个人卫生习惯，穿宽松的衣服和纯棉内裤并经常换洗，有助于预防这些感染。

幕 后

说出你的想法

我们很重视旅行者的反馈——你的评价将鼓励我们前行,把书做得更好。我们同样热爱旅行的团队会认真阅读你的来信,无论表扬还是批评都非常欢迎。虽然很难一一回复,但我们保证将你的反馈信息及时交到相关作者手中,使下一版更完美。我们也会在下一版特别鸣谢来信读者。

请把你的想法发送到 **china@cn.lonelyplanet.com**,谢谢!

请注意:我们可能会将你的意见编辑、复制并整合到Lonely Planet的系列产品中,例如旅行指南、网站和数字产品。如果不希望书中出现自己的意见或不希望提及你的名字,请提前告知。请访问lonelyplanet.com/privacy了解我们的隐私政策。

作者致谢

孙澍

感谢亮哥连续21天的自驾相助,以及文康在这段旅途中的相伴。感谢路上偶遇的很多陕南人,虽然只是一面之缘,但你们热情地提供帮助和信息,为我完成这次调研助力良多。

龚宥文

感谢丁宁分享回坊美食,小翠和李靖推荐的小众博物馆和餐饮信息,杨帆指引搭车看景路线,终南山民宿老板推荐的徒步小径。感谢一路上遇到的无名好心人,分享隐形菜谱、电瓶车接送、风俗讲解。感谢沐昀、小可的专业和耐心,以及队友孙澍、苗苗和谢莹。最后感谢父母,你们是我最坚强的后盾。

何苗苗

感谢老谭一路不惜劳苦地保驾护航,让我深入又效率地完成了整个调研;感谢父母一如既往的大力支持,让我毫无后顾之忧地一直行走;感谢韩城博物馆杨馆长、强老师和张老师,不厌其烦地为我解答问题;感谢东道主孙澍在老家请我大吃西府小吃;感谢这本书的编辑和作者们,与你们合作非常顺利愉快!

谢莹

感谢陕北让我报上了人生中的第一个户口。感谢好队友——沐昀的信任、老陕孙澍知无不言的分享,以及宥文、苗苗的鼓励支持。感谢张怀树、缓山、杨明、小草等老师的指点。感谢李叔、樊叔等长辈的热情款待。感谢吕顺清、李强、罗帝的"四轮加持",让我有机会深入公共交通难以企及的区域。感谢在路上每一份来自陌生人的善意。最重要的感谢,依然放在最后,依然留给家人。

声明

本书地图由中国地图出版社提供，审图号GS（2021）6878号。

封面图片：身着袍服的三彩男装女俑，陕西历史博物馆藏，视觉中国提供。

关于本书

这是Lonely Planet《陕西》的第4版。本书的作者为孙澍、龚宥文、何苗苗和谢滢。在此一并致谢上一版《陕西》的作者谢滢、孙澍、郑娜娜、李桃和田添。

本书由以下人员制作完成：

项目负责	关媛媛	**编　　辑**	戴　舒　苑志强
项目执行	丁立松		李偲涵　林紫秋
内容策划	沐　昀　李小可	**地图编辑**	刘红艳
视觉设计	庹桢珍	**流　　程**	王若玢
协调调度	沈竹颖	**制　　图**	张晓棠
		排　　版	北京梧桐影电脑科技有限公司
执行出版	马　珊		
总　　编	朱　萌		感谢洪良、刘燕对本书的帮助。
责任编辑	叶思婧		

索 引

A
安康市 270~273, **271**
安塞 197~199

B
八仙庵 91
白鹿原影视城 114~115
白云观 224
半坡博物馆 92
宝鸡民俗博物馆 166
宝鸡青铜器博物院 164~166, **57**
宝鸡市 164~170, **165**
宝庆寺塔 81
宝塔山 194
彬州 159~160
彬州大佛寺石窟 159, **38~39**

C
蔡伦墓祠 264
草堂寺 120
浐灞生态区世博园 92~93
长安 116~120, **116**
长乐塬抗战工业遗址 166~167
长青华阳 266~267
陈炉古镇 184
城固 262~264
重阳宫 121
慈善寺石窟 181
翠华山 116~117

D
大佛寺石窟 198
大明宫遗址公园 93~95
大散关 167
大唐不夜城 87~88
大唐芙蓉园 88
大唐秦王陵 166
大唐西市博物馆 95~97
大兴善寺 87
大雁塔 85~86, **9**
党家村 141
党氏庄园 231~232
定边 241~243, **241**
定军山 255
东岳庙 81
都城隍庙 79
杜陵遗址生态公园 90~91

E
二郎山 233~234

F
法门寺 170, **46~47**
沣峪 119
凤翔 177~178
凤堰古梯田 275~276, **41**
佛坪 267~268
府谷 237~241, **238**

G
甘泉雨岔大峡谷 208~209
高家大院 77
鼓楼 75, **11**

000 地图页码
000 图片页码

关山草原 182~183
关中民俗博物馆 119
鬼谷岭 275

H
含光门遗址博物馆 71
韩城 137~143, **137**, **46~47**
韩城博物馆 138
汉武帝茂陵 149~151
汉阳陵国家考古遗址公园 151
汉长安城未央宫遗址公园 95
汉中 248~255, **251**, **253**
合阳 143~145
黑河国家森林公园 123~124
横山 219~220
红碱淖 234
红石峡 215
红云山悬空寺(万佛洞) 228~229
后柳古镇 274
壶口瀑布 199~200, **53**
鄠邑 120~122
华清宫 112
华山 131~136, **132**, **14~15**
华阳古镇 266
化觉巷清真大寺(东大寺) 77
黄柏塬 175~177
黄帝陵 205~206
黄河龙门 142
黄河蛇曲国家地质公园 200~201, **200**
回坊 75~77, **76**

J
佳县 223~226

姜子牙钓鱼台 167~168
金丝峡 285~286
金台山 282
泾阳崇文塔 162
净业寺 118~119
靖边 220~223, **42~43**

K

开明寺塔 264
开元寺塔 159~160

L

蓝田 114~116
蓝田猿人遗址 114
老潼关 136~137
黎坪国家森林公园 253, **42~43**
礼泉 155~157
李自成行宫 227~228
梁带村芮国遗址博物馆 141
临潼 110~114, **111**
临潼博物馆 112~113
麟游 180~182
留坝 261~262, **17**
龙门洞 182
龙头山 252~253
龙洲丹霞 222
陇县 182~183, **32**
楼观台 122~123
洛川 206~208
洛川国家黄土地质公园 207
洛川会议旧址 207

M

马超墓 256
漫川关古镇 283~284
米脂 227~230, **227**
勉县 255~257
明秦王府城墙遗址 82
木王国家森林公园 282~283

N

南宫山 273
南五台 117~118
宁强 257~258

牛背梁 280~281

P

蒲城 145~147

Q

岐山 178~180
洽川黄河湿地 143~144
桥儿沟革命旧址 192
桥陵国家考古遗址公园 145~146
秦楚古道 281
秦二世遗址公园 89~90
秦始皇兵马俑博物馆 110~112, **13**
秦始皇陵遗址公园（丽山园）112
青龙寺 92, **32**
青木川 258~261, **259**, **18**
曲江池遗址公园 88~89

S

三原 160~162
山阳 283~284
陕西历史博物馆 82~85, **9**, **54~55**
陕西水利博物馆 156~157
商洛市 279~280, **280**
商山四皓墓 285
少华山 131
神木 232~236, **233**
石峁遗址 235
石泉 273~275
蜀河古镇 278
绥德 230~232, **231**

T

太白山国家森林公园 172~175, **173**
太平森林公园 121
太平寺塔 179
唐惠陵博物馆 146
唐乾陵 157~158, **12~13**
唐顺陵 151~152
天台国家森林公园 251

天坛遗址公园 88
天竺山 283
铜川市 183~187
统万城 220~222, **18**

W

瓦窑堡革命旧址纪念馆 204~205
万安禅院石窟 206
渭南市 130~131
文峰木塔 160~161
卧龙寺 81
吴堡石城 226~227
五丈原诸葛亮庙 179
武侯祠 255
武侯墓 255

X

西安碑林博物馆 73~74, **9**
西安博物院 86, **56**
西安城墙 71~73, **10~11**, **50~51**
西安市 70~110
先秦陵园博物馆 177~178
咸阳博物院 149
咸阳市 149~155, **150**, **153**
香炉寺 223~224, **44~45**
小雁塔 86~87
兴教寺 118
兴庆宫公园 91~92
熊猫谷 267
旬阳 278~279

Y

延安 191~197, **191**
延川 200~203
雁山瀑布 274
杨虎城将军公馆 146~147
洋县 264~266, **41**
药王山 185
耀州窑博物馆 183~184
瀛湖风景区 272
永兴坊 81~82
榆林 210~243, **210**, **212**
榆林市汉画像石博物馆 212~213
袁家村 156

云居寺 79
熨斗古镇 274~275

Z

柞水 280~282
张骞纪念馆 262~263
张良庙 261
张学良将军公馆 81
昭陵 155
志丹永宁山古寨 209~210
中坝大峡谷 274
中国户县农民画展览馆 121
终南山 17, 117
钟楼 74~75
钟山石窟 203~204, **26**
周公庙 179
周至 122~125
子长 203~205
紫柏山 261~262
紫阳 276~278

记事本

记事本

地图图例

景 点
- 佛寺
- 城堡
- 教堂
- 清真寺
- 纪念碑
- 孔庙
- 道观
- 世界遗产
- 博物馆
- 遗址
- 酒窖
- 动物园
- 温泉
- 剧院
- 一般景点

活动、课程和团队游
- 潜水/浮潜
- 划艇
- 滑雪
- 冲浪
- 游泳/游泳池
- 蹦极
- 徒步
- 帆板
- 其他活动、课程、团队游

住 宿
- 酒店
- 露营

就 餐
- 就餐

饮 品
- 酒吧
- 咖啡

娱 乐
- 娱乐

购 物
- 购物

实用信息
- 银行
- 使馆
- 医院/药店
- 网吧
- 公安局
- 邮局/邮筒
- 公共电话
- 卫生间
- 旅游信息
- 无障碍通道
- 其他信息

地 理
- 海滩
- 灯塔
- 瞭望台
- 山峰
- 栖身所、棚屋
- 森林公园

行政区划
- 首都
- 省级行政中心
- 地级市行政中心
- 自治州行政中心
- 县级行政中心
- 乡、镇、街道
- 村

交 通
- 机场
- 过境处
- 公共汽车
- 渡船
- 地铁
- 停车场
- 加油站
- 自行车租赁
- 出租车
- 火车站
- 有轨电车
- 索道缆车
- 其他交通工具

道 路
- 高速公路
- G213 国道
- S203 省道
- X013 县、乡道
- 铁路
- 地铁
- 收费公路
- 高速公路
- 一级公路
- 二级公路
- 三级公路
- 小路
- 未封闭道路
- 购物中心/商业街
- 台阶
- 隧道
- 步行天桥
- 步行游览路
- 小路

境 界
- 国界
- 未定国界
- 地区界
- 军事分界线/停火线
- 省界
- 未定省界
- 特别行政区界
- 地级界
- 县级界
- 海洋公园界
- 城墙
- 悬崖

水 系
- 河流、小溪
- 间歇性河流
- 沼泽
- 礁石
- 运河
- 湖泊
- 干/盐/间歇性湖
- 冰川

地区特征
- 海滩/沙漠
- 基督教墓地
- 其他墓地
- 公园/森林
- 运动场所
- 重要景点(建筑)
- 一般景点(建筑)

注：并非所有图例都在此显示。

我们的故事

一辆破旧的老汽车，一点点钱，一份冒险的感觉——1972年，当托尼（Tony Wheeler）和莫琳（Maureen Wheeler）夫妇踏上那趟决定他们人生的旅程时，这就是全部的行头。他们穿越欧亚大陆，历时数月到达澳大利亚。旅途结束时，风尘仆仆的两人灵机一闪，在厨房的餐桌上制作完成了他们的第一本旅行指南——《便宜走亚洲》(Across Asia on the Cheap)。仅仅一周时间，销量就达到了1500本。Lonely Planet 从此诞生。

如今，Lonely Planet在爱尔兰、美国、中国和英国都设有办公室，拥有图书、社交网络、杂志等多种媒体平台的产品。在中国，Lonely Planet 被称为"孤独星球"。我们恪守托尼的信条："一本好的旅行指南应该做好三件事：有用、有意义和有趣。"

我们的作者

沐昀

内容策划 北京人，厦门大学硕士、视觉中国签约摄影师。曾是Lonely Planet《甘肃和宁夏》《安徽》《贵州》等旅行指南和《经典摄影旅程》等旅行读物的中文作者，为《丝绸之路》等60余本Lonely Planet图书做过内容策划，也曾是"Best in Travel 2020"榜单的终选评委。

孙澍

统筹作者；陕南、关中 重返家乡调研，他前往了秦岭南麓的陕南三市。在这片关中人口中的"南山"，他沿着几条古老的蜀道穿梭南北，看遍了壮阔的油菜花海和山茱萸林，偶遇了朱鹮、鸳鸯等野生动物，也为一些历史古迹的消失而扼腕叹息。汉江上的客船尤其让他印象深刻，碧水悠悠，只是再也不能一帆直下汉口了。他还撰写了"计划你的行程"部分章节、"今日陕西"和"交通指南"章节。

龚宥文

西安和周边 西安是她最初的旅行目的之一，可惜每次到访都是匆匆而过，这让行走河西走廊无数趟的她一直深感遗憾。所以这次故地重游，她很兴奋终于能深入城墙各角落和终南山林，也发现了很多当年未注意到的有趣之处。目前，她致力于推广人文实践教育，也曾参与Lonely Planet《甘肃和宁夏》《IN·台湾》《IN·厦门》等多本书的调研和写作。她还撰写了"省钱妙计"章节。

何苗苗

关中 在"十朝都会"南京的调研正捉襟见肘时，她就接到陕西的任务。她很快选择了相对低调的关中地区，这也是这个祖籍渭南的广东人第一次有机会深入认识自己的故乡。关中深厚的历史底蕴让她折服，人人称赞的小吃却难以消受，但她还是在汉兵马俑的长相上印证了自己的归属。有了关中的"底气"，她希望下回有机会去西安好好走一走。她还撰写了"带孩子旅行"章节、"出行指南"和"健康指南"章节。

谢滢

陕北 幼年时在陕北生活的短暂经历,在这个江南姑娘的心里种下了对西北情有独钟的种子。第二次参与《陕西》指南的创作,她终于如愿迎来了深入探索陕北的机会。在行前阅读、路上调研和纠结写稿的整个过程中,她无数次问自己,是否真正理解了这片土地——对陕北的爱让她痛并快乐着。平日在码字与纪录片工作之间游走,已参与了20余本Lonely Planet指南的调研撰写或内容策划。她还撰写了"负责任的旅行"章节。

陕 西

中文第四版

© Lonely Planet 2021
本中文版由中国地图出版社出版

© 书中图片版权归图片持有者所有，2021

版权所有。未经出版方许可，不得擅自以任何方式，如电子、机械、录制等手段复制，在检索系统中储存或传播本书中的任何章节，除非出于评论目的的简短摘录，也不得擅自将本书用于商业目的。

图书在版编目 (CIP) 数据

陕西／爱尔兰 Lonely Planet 公司编；孙澍等著. -- 3 版. -- 北京：中国地图出版社，2021.12
（中国旅行指南系列）
ISBN 978-7-5204-2619-0

Ⅰ.①陕… Ⅱ.①爱… ②孙… Ⅲ.①旅游指南－陕西 Ⅳ.① K928.941

中国版本图书馆 CIP 数据核字 (2021) 第 238990 号

出版发行	中国地图出版社
社　　址	北京市白纸坊西街 3 号
邮政编码	100054
网　　址	www.sinomaps.com
印　　刷	北京华联印刷有限公司
经　　销	新华书店
成品规格	197mm×128mm
印　　张	11
字　　数	599 千字
版　　次	2021 年 12 月第 3 版
印　　次	2021 年 12 月北京第 1 次印刷
定　　价	79.00 元
书　　号	ISBN 978-7-5204-2619-0
审 图 号	GS（2021）6878 号
图　　字	01-2014-1155

如有印装质量问题，请与我社发行部（010-83543956）联系

虽然本书作者、信息提供者以及出版者在写作和出版过程中全力保证本书质量，但是作者、信息提供者以及出版者不能完全对本书内容之准确性、完整性做任何明示或暗示之声明或保证，并只在法律规定范围内承担责任。

Lonely Planet 与其标志系 Lonely Planet 之商标，已在美国专利商标局和其他国家进行登记。不允许如零售商、餐厅或酒店等商业机构使用 Lonely Planet 之名称或商标。如有发现，急请告知：lonelyplanet.com/ip。